CRIMES HEDIONDOS E EQUIPARADOS

O GEN | Grupo Editorial Nacional – maior plataforma editorial brasileira no segmento científico, técnico e profissional – publica conteúdos nas áreas de concursos, ciências jurídicas, humanas, exatas, da saúde e sociais aplicadas, além de prover serviços direcionados à educação continuada.

As editoras que integram o GEN, das mais respeitadas no mercado editorial, construíram catálogos inigualáveis, com obras decisivas para a formação acadêmica e o aperfeiçoamento de várias gerações de profissionais e estudantes, tendo se tornado sinônimo de qualidade e seriedade.

A missão do GEN e dos núcleos de conteúdo que o compõem é prover a melhor informação científica e distribuí-la de maneira flexível e conveniente, a preços justos, gerando benefícios e servindo a autores, docentes, livreiros, funcionários, colaboradores e acionistas.

Nosso comportamento ético incondicional e nossa responsabilidade social e ambiental são reforçados pela natureza educacional de nossa atividade e dão sustentabilidade ao crescimento contínuo e à rentabilidade do grupo.

ROGÉRIO GRECO

CRIMES HEDIONDOS E EQUIPARADOS

- ORGANIZAÇÃO CRIMINOSA
- TORTURA
- TERRORISMO

- O autor deste livro e a editora empenharam seus melhores esforços para assegurar que as informações e os procedimentos apresentados no texto estejam em acordo com os padrões aceitos à época da publicação, e todos os dados foram atualizados pelo autor até a data de fechamento do livro. Entretanto, tendo em conta a evolução das ciências, as atualizações legislativas, as mudanças regulamentares governamentais e o constante fluxo de novas informações sobre os temas que constam do livro, recomendamos enfaticamente que os leitores consultem sempre outras fontes fidedignas, de modo a se certificarem de que as informações contidas no texto estão corretas e de que não houve alterações nas recomendações ou na legislação regulamentadora.

- Fechamento desta edição: *21.09.2023*

- O Autor e a editora se empenharam para citar adequadamente e dar o devido crédito a todos os detentores de direitos autorais de qualquer material utilizado neste livro, dispondo-se a possíveis acertos posteriores caso, inadvertida e involuntariamente, a identificação de algum deles tenha sido omitida.

- Atendimento ao cliente: (11) 5080-0751 | faleconosco@grupogen.com.br

- Direitos exclusivos para a língua portuguesa
  Copyright © 2024 by
  Editora Atlas Ltda.
  Uma editora integrante do GEN | Grupo Editorial Nacional
  Travessa do Ouvidor, 11 – Térreo e 6º andar
  Rio de Janeiro – RJ – 20040-040
  www.grupogen.com.br

- Reservados todos os direitos. É proibida a duplicação ou reprodução deste volume, no todo ou em parte, em quaisquer formas ou por quaisquer meios (eletrônico, mecânico, gravação, fotocópia, distribuição pela Internet ou outros), sem permissão, por escrito, da Editora Atlas Ltda.

- Capa: Fabricio Vale

- CIP – BRASIL. CATALOGAÇÃO NA FONTE.
  SINDICATO NACIONAL DOS EDITORES DE LIVROS, RJ.

G829c
Greco, Rogério

Crimes hediondos e equiparados / Rogério Greco. – 1. ed. – Barueri [SP]: Atlas, 2024.

Inclui bibliografia
ISBN 9786559775521

1. Direito penal - Brasil. 2. Crime hediondo - Brasil. I. Título.

23-85613 CDU: 343(81)

Meri Gleice Rodrigues de Souza – Bibliotecária – CRB-7/6439

A Jesus Cristo, o autor e consumador da nossa fé.

O AUTOR

Rogério Greco, ocupando, atualmente, o cargo de Secretário de Estado de Justiça e Segurança Pública de Minas Gerais, integrou o Ministério Público de Minas Gerais entre 1989 a 2019. Foi vice-presidente da Associação Mineira do Ministério Público (biênio 1997-1998) e membro do conselho consultivo daquela entidade de classe (biênio 2000-2001). É membro fundador do Instituto de Ciências Penais (ICP) e da Associação Brasileira dos Professores de Ciências Penais, e membro eleito para o Conselho Superior do Ministério Público durante 2003, 2006 e 2008; Professor do Curso de Pós-graduação de Direito Penal da Fundação Escola Superior do Ministério Público de Minas Gerais; Pós-doutor pela Università degli Studi di Messina (Itália); Doutor pela Universidade de Burgos (Espanha); Mestre em Ciências Penais pela Faculdade de Direito da Universidade Federal de Minas Gerais (UFMG); formado pela National Defense University (William J. Perry Center for Hemispheric Defense Studies) (Estados Unidos); especialista em Direito Penal (Teoria do Delito) pela Universidade de Salamanca (Espanha); Membro Titular da Banca Examinadora de Direito Penal do XLVIII Concurso para Ingresso no Ministério Público de Minas Gerais; e palestrante em congressos e universidades em todo o País. É autor das seguintes obras: *Direito penal* (Belo Horizonte: Cultura); *Estrutura jurídica do crime* (Belo Horizonte: Mandamentos); *Concurso de pessoas* (Belo Horizonte: Mandamentos); *Direito penal: lições* (Rio de Janeiro: Impetus); *Curso de Direito Penal: parte geral e parte especial* (São Paulo: Método); *Código Penal comentado: doutrina e jurisprudência* (São Paulo: Método); *Direito penal estruturado* (São Paulo: Método); *Atividade policial: aspectos penais, processuais penais, administrativos e constitucionais* (Rio de Janeiro: Impetus); *Vade Mecum Penal e Processual Penal* (Coordenador) (Rio de Janeiro: Impetus); *A retomada do Complexo do Alemão* (Rio de Janeiro: Impetus); *Virado do avesso: um romance histórico-teológico sobre a vida do apóstolo Paulo* (Rio de Janeiro: Nah Gash); *Sistema prisional: colapso atual e soluções alternativas* (Rio de Janeiro: Impetus); *Terrorismo* (Rio de Janeiro: Impetus); *Organizações criminosas* (Rio de Janeiro: Impetus); *Tortura* (Rio de Janeiro: Impetus); *Abuso de autoridade* (Salvador: Juspodivm); e *Derechos humanos, crisis de la prisión y modelo de justicia penal* (Espanha: Publicia Editorial). É embaixador de Cristo.

Fale direto com o autor pelo *e-mail*
rogerio.greco@terra.com.br,

pelo Instagram **@rogerio.greco**

e pelos *sites*:
<**www.rogeriogreco.com.br**> e
<**institutorogeriogreco.com.br**>.

NOTA DO AUTOR

Durou três anos, aproximadamente, o ministério de Jesus. Durante esse tempo, Ele revolucionou todos os conceitos, quebrou dogmas e instituiu a lei do amor. Nunca as pessoas foram tão bem acolhidas. Quando as repreendia, o fazia com um carinho inigualável. Os homens que estiveram lado a lado com Jesus testemunharam Seus milagres: a cura de pessoas paralíticas, cegas, coxas, a expulsão de demônios, a ressurreição de mortos...

No entanto, lendo os evangelhos, pude perceber que, mesmo estando ao lado do próprio Deus, seus discípulos não pareciam reconhecer-Lhe a divindade. Tudo era muito sobrenatural, e os homens que O acompanhavam ainda não estavam preparados para tantas revelações. Eram, na verdade, muito religiosos, mas não conheciam a Deus. Muitos tentavam cumprir as leis que haviam sido determinadas por Deus a Moisés, mas, na verdade, não passavam de ritualistas. O coração deles estava direcionado para outras coisas que não a adoração legítima.

Durante o tempo em que permaneceu ensinando as pessoas sobre o amor de Deus e a vinda próxima de Seu reino, Jesus, por diversas vezes, predisse sua morte. Aquilo tudo soava muito estranho aos ouvidos daquelas pessoas. Não entendiam bem a mensagem que o Mestre tentava lhes passar. Jesus veio a este mundo como um cordeiro, preparado para o sacrifício. Sua morte era inevitável, para que nós tivéssemos vida. Ele veio para nos resgatar, para nos comprar por um preço muito alto, mas as pessoas não conseguiam entender a grandiosidade dessa mensagem.

Tudo era muito bom, divertido, alegre. Jesus ensinava as pessoas com carinho, exemplificando de acordo com a capacidade e a cultura de cada um. Os milagres aconteciam naturalmente, e a fama de Jesus crescia cada vez mais. Entretanto, chegou o momento do sacrifício. Sua missão estava próxima do fim.

Na noite em que os judeus celebravam a Páscoa, comemorando a saída do povo do Egito, da escravidão à terra prometida, Jesus reuniu-se com seus discípulos e tentou, mais uma vez, explicar-lhes a necessidade de Sua morte. Pegou um pedaço de pão e repartiu entre eles dizendo, simbolicamente, que aquele era o Seu corpo, que era dado em favor deles. Tal como aconteceu com o pão, que fora partido na presença de todos, assim fariam a Jesus. Ele também seria moído por nós.

No instante seguinte, pegou o cálice de vinho e disse que ele representava o Seu sangue, que também seria derramado por nós. Todos olharam atônitos para aquela cena. Mais tarde compreenderiam, exatamente, o que aquilo significava.

Logo depois da ceia, Jesus, junto com alguns de Seus discípulos, foi orar no monte das Oliveiras, aguardando Sua prisão e Sua morte. Sua agonia era tão grande, Seu nível de estresse tão alto que Seu suor se misturava com sangue, saindo-Lhe dos poros. Os guardas chegaram, prenderam Jesus e O levaram. Era o início do ato final. Sua vitória se aproximava. Todos aqueles que se diziam seus amigos O abandonaram, à exceção de algumas mulheres e, ao que parece, um de Seus discípulos chamado João.

Pedro, que havia testemunhado tantos milagres, logo após a prisão de Jesus, ao ser reconhecido por algumas pessoas como um de Seus seguidores, amedrontado, negou veementemente que O conhecia. Todos tinham medo de morrer, em virtude de terem sido seguidores de Jesus. Parece que haviam se esquecido de que estavam caminhando com o próprio Deus. Não se lembravam mais da transformação da água em vinho, da multiplicação dos pães, da cura do gadareno endemoniado, da ressurreição de Lázaro, enfim, esqueceram-se de a Quem serviam e se acovardaram.

Depois de preso, humilhado e açoitado, veio a crucificação – uma das mortes mais horrorosas que alguém podia suportar. A crucificação conduzia à morte por asfixia. Muitas vezes, era lenta, agonizante. Esse era o momento esperado por Jesus. Aos olhos do mundo, loucura; aos olhos de Deus, a redenção pelos nossos pecados. Jesus havia nos comprado com Seu sangue e com Sua carne. Nosso preço foi muito alto. Ele era o nosso Cordeiro.

Muitos foram mortos e crucificados pelo Império Romano. No entanto, de todos eles, somente um ressuscitou. O Seu nome é Jesus, o Príncipe da Paz, o Pai da Eternidade. Essa é a razão da minha fé. Não fosse a ressurreição, Jesus poderia ser considerado um mártir, um profeta qualquer. A diferença fundamental entre Jesus e todos os demais é que Ele está vivo! O Deus que se fez carne para pagar todas as nossas dívidas ainda vive, hoje.

A prova maior que tenho dessa ressurreição é o próprio testemunho de Seus discípulos e a história do povo judeu. Se fizermos uma comparação entre o comportamento dos discípulos antes e depois da ressurreição, veremos que houve uma mudança radical. Se tomarmos o exemplo de Pedro, aquele mesmo que negou Jesus por três vezes, com medo de ser morto por ser um seguidor da "seita do nazareno", e observarmos sua atitude no final de seu ministério pastoral, veremos a modificação. A história nos conta que Pedro, muitos anos depois da ressurreição de Jesus, também foi morto crucificado. Contudo, quando estava se dirigindo ao local da execução, percebendo que também seria crucificado, disse ao seu carrasco que "ele não era digno de morrer como seu Mestre", sendo, então, crucificado de cabeça para baixo.

Outra mudança que me faz acreditar ainda mais na ressurreição diz respeito ao apóstolo Paulo, um judeu fariseu, profundo conhecedor das escrituras, que odiava os cristãos. Acreditava que blasfemavam contra o nome de Deus dizendo que Jesus era o Messias. Sua perseguição era cruel. Paulo se regozijava com a morte dos seguidores de Jesus. Fazia de tudo para prendê-los. Entretanto, um dia, Paulo também teve um encontro verdadeiro com Jesus. Diz a Bíblia, no livro de Atos, capítulo 9, versículos 1 a 7:

> "Saulo, respirando ainda ameaças e morte contra os discípulos do Senhor, dirigiu-se ao sumo sacerdote e lhe pediu cartas para as sinagogas de Damasco, a fim de que, caso achasse alguns que eram do Caminho, assim homens como mulheres, os levasse presos para Jerusalém. Seguindo ele estrada afora, ao aproximar-se de Damasco, subitamente uma luz do céu brilhou ao seu redor, e, caindo por terra, ouviu uma voz que lhe dizia: Saulo, Saulo, por que me persegues? Ele perguntou: Quem és tu, Senhor? E a resposta foi: Eu sou Jesus, a quem tu persegues; mas levanta-te e entra na cidade, onde te dirão o que te convém fazer."

A partir desse instante, Paulo passou a ser o maior pregador da Palavra de Deus. Aquele a quem perseguia passou a ser a razão de sua fé. Paulo, que tinha tudo para ser um dos homens importantes de seu tempo, renunciou a tudo para seguir a Jesus. De perseguidor, passou a perseguido; de caçador, a caça. Como ele mesmo diz na segunda carta dirigida à Igreja de Corinto (versículos 24 a 29), narrando suas aventuras em prol da pregação do evangelho de Cristo, além das prisões, fora cinco vezes açoitado pelos judeus; por três vezes, fustigado com varas; uma vez, apedrejado; naufragou três vezes; sem contar os perigos que correu viajando pelo deserto, pelas cidades, pelos rios etc.

Por que razão Paulo deixaria todo o seu conforto, todo o seu *status*, para passar a ser tratado como um "criminoso", um inimigo de seu povo? Para essa pergunta, só temos uma resposta: Paulo entendeu que o túmulo estava vazio! Jesus não se encontrava mais no túmulo em que permaneceu durante três dias. Ele havia ressuscitado e se revelado a Paulo. Jesus se revelou a Paulo, assim como se revelou a mim também. Eu, que não era digno de conhecer a Jesus, fui escolhido por Ele. Agora, seja dentro de um livro de Direito Penal, seja mesmo testemunhando para amigos, desconhecidos etc., minha meta é fazer que todos tenham esse encontro verdadeiro. Nada do que consta neste livro poderá resolver o problema da humanidade. A única forma de resolvermos todos os nossos problemas chama-se *Jesus*. Não há outro caminho além dEle. Jesus disse que Ele era o Caminho, a Verdade e a Vida, e ninguém iria ao Pai se não fosse por Ele. Não existem vários caminhos que levam a Deus como muitas pessoas acreditam. Se você crê que a Bíblia é a Palavra de Deus, o que nela está escrito é que Jesus é o *único* caminho, e não mais um caminho ao lado de outros.

Jesus disse, em Apocalipse, capítulo 3, versículo 20: "Eis que estou à porta e bato; se alguém ouvir a minha voz e abrir a porta, entrarei em sua casa e cearei com ele, e ele, comigo". Se você quiser ter um encontro com Jesus, entregar-Lhe sua vida, eu o convido a fazê-lo. Você é livre para aceitar ou rejeitar esse convite. O máximo que posso fazer é convidá-lo.

Se quiser aceitá-lo, faça a oração a seguir. Se concordar com ela, diga um *amém* bem forte, com todo o seu sentimento:

> *Senhor Jesus, eu não Te vejo, mas creio que Tu és o Filho de Deus. Agradeço-Te, Jesus, por ter morrido em meu lugar naquele madeiro, levando todas as minhas transgressões. Reconheço, Jesus, que Tu és o único Senhor e Salvador da minha alma. Escreve meu nome no Livro da Vida e me dá a salvação eterna. Amém.*

Que Deus abençoe você. Maranata!

Rogério Greco

SUMÁRIO

PARTE I

CRIMES HEDIONDOS

Capítulo 1 – Crimes Hediondos **3**

1. Introdução 3

2. Conceito de crime hediondo 5

3. Rol das infrações penais hediondas 7

    3.1. Homicídio (art. 121), quando praticado em atividade típica de grupo de extermínio, ainda que cometido por um só agente, e homicídio qualificado (art. 121, § 2º, incs. I, II, III, IV, V, VI, VII, VIII e IX) – inc. I do art. 1º 7

        3.1.1. Homicídio 8

        3.1.2. Homicídio simples considerado como crime hediondo 9

        3.1.3. Homicídio qualificado 12

        3.1.4. Homicídio qualificado-privilegiado como crime hediondo 15

    3.2. Lesão corporal dolosa de natureza gravíssima (art. 129, § 2º) e lesão corporal seguida de morte (art. 129, § 3º), quando praticadas contra autoridade ou agente descrito nos arts. 142 e 144 da Constituição Federal, integrantes do sistema prisional e da Força Nacional de Segurança Pública, no exercício da função ou em decorrência dela, ou contra seu cônjuge, companheiro ou parente consanguíneo até terceiro grau, em razão dessa condição – inc. I-A do art. 1º 16

    3.3. Roubo – inc. II do art. 1º 21

        3.3.1. Roubo circunstanciado pela restrição de liberdade da vítima (art. 157, § 2º, inc. V) – alínea *a* do inc. II do art. 1º 21

        3.3.2. Roubo circunstanciado pelo emprego de arma de fogo (art. 157, § 2º-A, inc. I) ou pelo emprego de arma de fogo de uso proibido ou restrito (art. 157, § 2º-B) – alínea *b* do inc. II do art. 1º ... 22

        3.3.3. Roubo qualificado pelo resultado lesão corporal grave ou morte (art. 157, § 3º) – alínea *c* do inc. II do art. 1º 23

    3.4. Extorsão qualificada pela restrição da liberdade da vítima, ocorrência de lesão corporal ou morte (art. 158, § 3º) – inc. III do art. 1º 26

    3.5. Extorsão mediante sequestro e na forma qualificada (art. 159, *caput*, e §§ 1º, 2º e 3º) – inc. IV do art. 1º 29

        3.5.1. Modalidades qualificadas 33

	3.5.2. Delação premiada no crime de extorsão mediante sequestro ..	36
3.6.	Estupro (art. 213, *caput* e §§ 1º e 2º) – inc. V do art. 1º	39
	3.6.1. Introdução	39
	3.6.2. Estupro simples como crime hediondo	41
	3.6.3. Estupro virtual e desnecessidade de contato físico	42
3.7.	Estupro de vulnerável (art. 217-A, *caput* e §§ 1º, 2º, 3º e 4º) – inc. VI do art. 1º	43
3.8.	Epidemia com resultado morte (art. 267, § 1º) – inc. VII do art. 1º	48
3.9.	Falsificação, corrupção, adulteração ou alteração de produto destinado a fins terapêuticos ou medicinais (art. 273, *caput* e § 1º, § 1º-A e § 1º-B, com a redação dada pela Lei nº 9.677, de 2 de julho de 1998) – inc. VII-B do art. 1º	50
3.10.	Favorecimento da prostituição ou de outra forma de exploração sexual de criança ou adolescente ou de vulnerável (art. 218-B, *caput* e §§ 1º e 2º) – inc. VIII do art. 1º	51
3.11.	Furto qualificado pelo emprego de explosivo ou de artefato análogo que cause perigo comum (art. 155, § 4º-A) – inc. IX do art. 1º	56
3.12.	Genocídio – inc. I do parágrafo único do art. 1º	58
	3.12.1. Revogação do art. 2º da Lei nº 2.889/56 pelo art. 8º da Lei nº 8.072/90	61
	3.12.2. Diferença entre o genocídio e o homicídio praticado em atividade típica de grupo de extermínio	62
	3.12.3. Competência para julgamento do genocídio	62
3.13.	Posse ou porte ilegal de arma de fogo de uso proibido – inc. II do parágrafo único do art. 1º	64
3.14.	Comércio ilegal de arma de fogo – inc. III do parágrafo único do art. 1º	65
3.15.	Organização criminosa, quando direcionada à prática de crime hediondo ou equiparado	66
3.16.	Crimes previstos no Decreto-Lei nº 1.001, de 21 de outubro de 1969 (Código Penal Militar), que apresentem identidade com os crimes previstos no art. 1º da Lei nº 8.072/1990...	66

Capítulo 2 – Organização Criminosa, quando Direcionada à Prática de Crime Hediondo ou Equiparado **69**

1.	Noções introdutórias	69
2.	Características essenciais das organizações criminosas	89
3.	Conceito de organização criminosa	93
	3.1. Breve histórico	93
	3.2. O conceito jurídico-penal	99
	3.3. Atos terroristas e infrações penais previstas em tratados e convenções	109
4.	O crime de organização criminosa	110
	4.1. Introdução	110

SUMÁRIO | XV

4.2.	Classificação doutrinária	111
4.3.	Objeto material e bem juridicamente protegido	111
4.4.	Sujeitos ativo e passivo	111
4.5.	Consumação e tentativa	112
4.6.	Elemento subjetivo	113
4.7.	Pena e ação penal	113
4.8.	Da hediondez	114

5. O crime de obstrução da Justiça 114

5.1.	Introdução	114
5.2.	Classificação doutrinária	116
5.3.	Objeto material e bem juridicamente protegido	116
5.4.	Sujeitos ativo e passivo	116
5.5.	Consumação e tentativa	117
5.6.	Elemento subjetivo	117
5.7.	Pena e ação penal	117

6. Majorante do emprego de arma de fogo 117

7. Circunstância agravante em razão do exercício de comando da organização .. 119

8. Afastamento cautelar 122

9. Perda da função do servidor público 124

10. Da participação de policial nos crimes de que trata a Lei nº 12.850/2013 125

11. Dos aspectos relacionados à execução da pena 127

12. Da investigação e dos meios de obtenção da prova 128

12.1. Captação ambiental de sinais eletromagnéticos, ópticos ou acústicos ... 129

12.1.1. Dispensa de licitação e de publicação resumida dos contratos 131

12.2. Colaboração premiada 132

12.2.1. Conceito e noções introdutórias 132

12.2.1.1. Conceito legal e natureza jurídica 133

12.2.2. Pressupostos de validade 134

12.2.2.1. Voluntariedade da colaboração 134

12.2.2.2. Acompanhamento de todos os atos pelo defensor do colaborador 135

12.2.2.3. Efetiva colaboração 135

12.2.2.4. Homologação judicial 136

12.2.2.5. Renúncia ao direito constitucional ao silêncio 136

12.2.2.6. Confidencialidade 136

12.2.3. Resultados possíveis 136

12.2.3.1. A identificação dos demais coautores e partícipes da organização criminosa e das infrações penais por eles praticadas 136

	12.2.3.2.	A revelação da estrutura hierárquica e da divisão de tarefas da organização criminosa	137
	12.2.3.3.	A prevenção de infrações penais decorrentes das atividades da organização criminosa	137
	12.2.3.4.	Localização de eventual vítima com a sua integridade física preservada	138
12.2.4.	Do prêmio		138
	12.2.4.1.	Redução da pena	141
	12.2.4.2.	Substituição da pena privativa de liberdade por restritiva de direitos	141
	12.2.4.3.	Perdão judicial	141
	12.2.4.4.	Imunidade processual	142
	12.2.4.5.	Progressão de regime	142
12.2.5.	Do procedimento da colaboração premiada		142
	12.2.5.1.	Negociação	142
	12.2.5.2.	Da proposta de colaboração e do termo de confidencialidade	144
	12.2.5.3.	Da formalização	146
	12.2.5.4.	Homologação judicial	147
	12.2.5.5.	Diligências de averiguação e produção de provas	148
	12.2.5.6.	Concessão premial	149
12.2.6.	Natureza jurídica e valor probatório		149
12.2.7.	Da retratação e da rescisão		151
12.2.8.	Dos direitos do colaborador		152
12.3.	Da ação controlada		154
12.3.1.	Entrega vigiada		155
12.3.2.	Requisitos		155
12.4.	Infiltração de agentes		157
12.4.1.	Conceito		157
12.4.2.	Da qualificação do agente infiltrado		157
12.4.3.	Fase procedimental adequada		159
12.4.4.	Legitimados e limites da infiltração		159
12.4.5.	Intervenção do Ministério Público		160
12.4.6.	Pressupostos		161
12.4.7.	Limite temporal		161
12.4.8.	Do relatório final das atividades		162
	12.4.8.1.	Do relatório periódico	163
12.4.9.	Da necessidade da medida		163
12.4.10.	Do sigilo		164

12.4.11. Natureza jurídica e valor probatório 164

12.4.12. Da sustação da infiltração 166

12.4.13. Dos excessos 166

12.4.14. Das infrações penais praticadas pelo agente infiltrado 167

12.4.15. Dos direitos do agente infiltrado 168

12.4.16. Do agente infiltrado virtual 170

12.5. Do acesso a registros, dados cadastrais, documentos e informações 171

12.5.1. Do fornecimento de dados pelas empresas de transporte 172

12.5.2. Dos extratos telefônicos 173

13. Dos crimes ocorridos na investigação e na obtenção da prova 174

13.1. Revelação da identidade do colaborador 175

13.1.1. Introdução 175

13.1.2. Classificação doutrinária 176

13.1.3. Objeto material e bem juridicamente protegido 176

13.1.4. Sujeitos ativo e passivo 176

13.1.5. Consumação e tentativa 176

13.1.6. Elemento subjetivo 177

13.1.7. Pena, ação penal e suspensão condicional do processo 177

13.2. Colaboração fraudulenta 177

13.2.1. Introdução 177

13.2.2. Classificação doutrinária 179

13.2.3. Objeto material e bem juridicamente protegido 179

13.2.4. Sujeitos ativo e passivo 179

13.2.5. Consumação e tentativa 179

13.2.6. Elemento subjetivo 179

13.2.7. Pena, ação penal e suspensão condicional do processo 180

13.3. Quebra do sigilo das investigações 180

13.3.1. Introdução 180

13.3.2. Classificação doutrinária 180

13.3.3. Objeto material e bem juridicamente protegido 180

13.3.4. Sujeitos ativo e passivo 181

13.3.5. Consumação e tentativa 181

13.3.6. Elemento subjetivo 181

13.3.7. Pena, ação penal e suspensão condicional do processo 181

13.4. Sonegação de informações 181

13.4.1. Introdução 181

13.4.2. Classificação doutrinária 182

13.4.3. Objeto material e bem juridicamente protegido 182

	13.4.4. Sujeitos ativo e passivo	182
	13.4.5. Consumação e tentativa	182
	13.4.6. Elemento subjetivo	182
	13.4.7. Pena, ação penal, transação penal e suspensão condicional do processo	182
14.	Prazos e procedimento	183
	14.1. Intervenção do réu delatado no processo	183
	14.2. Do colegiado e das varas criminais colegiadas	184
15.	Da vedação da liberdade provisória	184
16.	Dos efeitos da condenação	185
17.	Sigilo judicial	185
18.	Do crime de associação criminosa	187

PARTE II

INFRAÇÕES PENAIS EQUIPARADAS AOS CRIMES HEDIONDOS

Capítulo 1 – Tortura		**191**
1.	Introdução	191
2.	Diplomas internacionais contra a tortura	193
3.	Do conceito internacional de tortura	195
4.	Determinações internacionais aos Estados para que proíbam e impeçam as torturas e as penas ou os tratamentos cruéis, desumanos ou degradantes	197
5.	Formas de tortura durante a história	198
6.	Terrorismo como (falso) discurso legitimador da tortura	201
7.	Previsão legal de proibição da tortura no Brasil	206
8.	Crime de tortura	210
	8.1. Tortura a pessoa presa ou sujeita à medida de segurança	221
9.	Tortura imprópria	223
10.	Modalidades qualificadas	225
11.	Causas especiais de aumento de pena	228
12.	Efeitos da condenação	231
13.	Proibição de concessão de fiança, graça ou anistia	232
14.	Regime inicial de cumprimento da pena	235
15.	Extraterritorialidade	236
16.	Pena, ação penal, suspensão condicional do processo, competência para julgamento	237
17.	Destaques	238
	17.1. Tortura praticada por policial militar	238
	17.2. Exame pericial	238
	17.3. Federalização da tortura	239

17.4.	Imprescritibilidade da tortura	240
17.5.	Imprescritibilidade das ações indenizatórias motivadas pela tortura	240
17.6.	Diferença entre tortura qualificada pelo resultado morte e homicídio qualificado pelo emprego de tortura	241
17.7.	Tortura e lesões corporais de natureza leve	241
17.8.	Tortura, maus-tratos e lesão corporal em situação de violência doméstica	241
17.9.	Tortura como meio para a realização de outro crime	241
17.10.	Tortura e improbidade administrativa	242

Capítulo 2 – Terrorismo **243**

1.	Introdução	243
2.	Motivação que impulsiona o terrorismo	252
	2.1. Como se forma um terrorista	254
3.	Programado para matar: a mente de um terrorista	259
4.	O ciclo do atentado terrorista	264
5.	Estrutura dos grupos terroristas	265
6.	O terrorismo e a guerra irregular	267
7.	Terrorismo, guerra de guerrilha e crime comum	272
8.	Comando Vermelho (CV) e Primeiro Comando da Capital (PCC): criminosos comuns ou grupos terroristas?	276
9.	Mídia a serviço do terrorismo	279
10.	Algumas tipologias do terrorismo	283
	10.1. Terrorismo de Estado	283
	10.2. Terrorismo doméstico, internacional e transnacional	285
	10.3. Terrorismo positivo e terrorismo negativo	285
	10.4. Narcoterrorismo	286
	10.5. Ecoterrorismo	288
	10.6. Ciberterrorismo	288
11.	Direito Penal do Inimigo e Terrorismo	289
12.	Terrorismo *vs.* Direitos e garantias fundamentais	295
13.	Exemplos de grupos terroristas que surgiram nos séculos XX e XXI	302
	13.1. Sendero Luminoso	303
	13.2. Talibã	308
	13.3. Estado Islâmico	316
14.	Recrutamento, radicalização e financiamento do terrorismo	323
15.	O 11 de Setembro de 2001 e Suas Consequências	332
16.	Inteligência, antiterrorismo e contraterrorismo	338
17.	Fundamentalismo religioso	340
18.	Homens-bomba (martírio e atentados suicidas)	357

19.	Lobos solitários (ratos solitários)		364
20.	A criminalização do terrorismo		367
21.	Terrorismo: configuração		370
22.	Atos de terrorismo		373

22.1. Explosivos, gases tóxicos, venenos, conteúdos biológicos, químicos e nucleares 373

    22.1.1. Introdução 373

        22.1.1.1. Explosivos 373

        22.1.1.2. Gases tóxicos, venenos, conteúdos biológicos, químicos 376

        22.1.1.3. Nucleares 380

        22.1.1.4. Outros meios capazes de causar danos ou promover destruição em massa 380

    22.1.2. Classificação doutrinária 381

    22.1.3. Objeto material e bem juridicamente protegido 381

    22.1.4. Sujeitos ativo e passivo 382

    22.1.5. Consumação e tentativa 382

    22.1.6. Elemento subjetivo 382

    22.1.7. Modalidades comissiva e omissiva 382

    22.1.8. Pena, ação penal e competência para julgamento 382

22.2. Sabotagem e apoderamento 382

    22.2.1. Introdução 382

    22.2.2. Classificação doutrinária 386

    22.2.3. Objeto material e bem juridicamente protegido 387

    22.2.4. Sujeitos ativo e passivo 387

    22.2.5. Consumação e tentativa 387

    22.2.6. Elemento subjetivo 388

    22.2.7. Modalidades comissiva e omissiva 388

    22.2.8. Pena, ação penal e competência para julgamento 388

22.3. Atentar contra a vida ou a integridade física de pessoa 388

    22.3.1. Introdução 388

    22.3.2. Classificação doutrinária 391

    22.3.3. Objeto material e bem juridicamente protegido 391

    22.3.4. Sujeitos ativo e passivo 391

    22.3.5. Consumação e tentativa 391

    22.3.6. Elemento subjetivo 391

    22.3.7. Modalidades comissiva e omissiva 392

    22.3.8. Pena, ação penal e competência para julgamento 392

23. Causas de atipicidade formal (cláusulas de contenção do tipo penal) 392

24.	Organização terrorista	393
	24.1. Introdução	393
	24.2. Classificação doutrinária	397
	24.3. Objeto material e bem juridicamente protegido	398
	24.4. Sujeitos ativo e passivo	398
	24.5. Consumação e tentativa	398
	24.6. Elemento subjetivo	398
	24.7. Modalidades comissiva e omissiva	399
	24.8. Pena, ação penal e competência para julgamento	399
25.	Atos preparatórios de terrorismo	399
	25.1. Introdução	399
	25.2. Das condutas equiparadas aos atos preparatórios (ou atos preparatórios em espécie)	402
	25.3. Classificação doutrinária	405
	25.4. Objeto material e bem juridicamente protegido	405
	25.5. Sujeitos ativo e passivo	405
	25.6. Consumação e tentativa	405
	25.7. Elemento subjetivo	406
	25.8. Modalidades comissiva e omissiva	406
	25.9. Pena, ação penal e competência para julgamento	406
26.	Planejamento, preparação e execução	407
	26.1. Introdução	407
	26.2. Modalidade equiparada	408
	26.3. Classificação doutrinária	410
	26.4. Objeto material e bem juridicamente protegido	410
	26.5. Sujeitos ativo e passivo	410
	26.6. Consumação e tentativa	411
	26.7. Elemento subjetivo	411
	26.8. Modalidades comissiva e omissiva	411
	26.9. Pena, ação penal e competência para julgamento	411
27.	Lesão corporal grave – majorantes	412
28.	Desistência voluntária	413
29.	Investigação, processamento e julgamento	414
30.	Medidas assecuratórias	416
	30.1. Alienação antecipada	419
	30.2. Liberação dos bens, direitos e valores	420
	30.3. Comparecimento pessoal do acusado ou de interposta pessoa	421
	30.4. Medidas assecuratórias para reparação do dano ou pagamento de prestação pecuniária, multa e custas	421

CRIMES HEDIONDOS E EQUIPARADOS – ROGÉRIO GRECO

30.5. Administração dos bens, direitos ou valores sujeitos a medidas assecuratórias 422

30.6. Remuneração do administrador 423

31. Tratado ou convenção internacional 424

Capítulo 3 – Tráfico ilícito de entorpecentes e drogas afins **429**

PARTE III

CARACTERÍSTICAS DOS CRIMES HEDIONDOS E EQUIPARADOS

Capítulo 1 – Proibições **435**

1. Proibição de concessão de anistia, graça e indulto 435

2. Proibição de concessão de fiança 438

Capítulo 2 – Prisão e Penas **439**

1. Possibilidade de concessão de liberdade provisória 439

2. Regime inicial de cumprimento de pena 440

3. Progressão de regime 442

4. Possibilidade de recorrer em liberdade 444

5. Prisão temporária 445

6. Estabelecimento penal federal de segurança máxima 446

7. Livramento condicional 448

7.1. Pena privativa de liberdade igual ou superior a dois anos 449

7.2. Comprovado bom comportamento durante a execução da pena; não cometimento de falta grave nos últimos 12 (doze) meses; bom desempenho no trabalho que lhe foi atribuído; e aptidão para prover a própria subsistência mediante trabalho honesto 449

7.3. Tenha reparado, salvo efetiva impossibilidade de fazê-lo, o dano causado pela infração 450

7.4. Cumpridos mais de dois terços da pena, nos casos de condenação por crime hediondo, prática de tortura, tráfico ilícito de entorpecentes e drogas afins, tráfico de pessoas e terrorismo, se o apenado não for reincidente específico em crimes dessa natureza 451

7.5. Crimes cometidos com violência ou grave ameaça à pessoa 453

7.6. Impossibilidade do livramento condicional nos crimes hediondos com resultado morte 453

8. Prioridade para a tramitação dos processos que apurem a prática de crimes hediondos 453

Capítulo 3 – Associação Criminosa **455**

1. Aplicação da causa especial de aumento de pena do parágrafo único do art. 288 do CP à associação criminosa qualificada 456

2. Delação premiada no crime de associação criminosa para fins de prática de delitos previstos na Lei nº 8.072/90 457

Bibliografia **459**

PARTE I

CRIMES HEDIONDOS

Capítulo 1

CRIMES HEDIONDOS

1. INTRODUÇÃO

O final da década de 80 do século passado foi marcante para o Brasil. Depois de um período conturbado, em que até mesmo grupos de extrema-esquerda se digladiavam contra o governo militar, o País começou a respirar ares de democracia. Havia necessidade, portanto, de construção de um novo arcabouço constitucional, que desse primazia a esse pensamento político. Para tanto, em 1º de fevereiro de 1987, foi instalada, no Congresso Nacional, a Assembleia Nacional Constituinte, tendo o Deputado Ulysses Guimarães como seu Presidente, que tinha por finalidade elaborar uma Constituição de cunho democrático. Após ter sido votado e aprovado o texto final da nova Constituição Federal, os trabalhos dos legisladores constituintes foram encerrados em 2 de setembro de 1988, tendo nossa Carta Magna sido promulgada em 5 de outubro daquele mesmo ano.

Embora fosse fruto de um movimento democrático, a Constituição Federal não deixou de ser influenciada por pensamentos de lei e ordem – de esquerda ou mesmo de direita. Certo é, tal como acontece ainda nos dias de hoje, que o Brasil assistia, apavorado, o crescimento da criminalidade urbana, principalmente em razão do surgimento e fortalecimento de facções criminosas, como foi o caso do chamado Comando Vermelho, no Rio de Janeiro, que havia sido criado em 1979, no interior da Penitenciária da Ilha Grande. Os criminosos deixaram de ser simples "ladrões de galinhas" ou de integrar grupos desorganizados e passaram a tomar conta de territórios, nos quais reinavam sob o império do medo, com o poder das armas longas, a exemplo dos fuzis, que começavam a ser utilizados pela citada facção criminosa, para espanto e pavor de toda a população carioca.

Essa criminalidade teve clara repercussão no íntimo dos legisladores constituintes, que foram pródigos em prever, no seio do texto constitucional, temas ligados às áreas penal e processual penal. Assim, trouxeram a seguinte previsão, no inc. XLIII do art. 5º de nossa Lei Maior, que diz, *in verbis*:

> (...)
> XLIII – a lei considerará crimes inafiançáveis e insuscetíveis de graça ou anistia a prática da tortura, o tráfico ilícito de entorpecentes e drogas afins, o terrorismo e os definidos como crimes hediondos, por eles respondendo os mandantes, os executores e os que, podendo evitá-los, se omitirem;
> (...).

Com essa redação, a Constituição obrigava o legislador infraconstitucional a legislar sobre a matéria, fazendo-o especificar quais seriam as infrações penais classificadas como hediondas que, além da tortura, do tráfico ilícito de entorpecentes e drogas afins e do terrorismo, mereceriam um tratamento mais rigoroso por parte do Estado.

Sabemos que existem "ondas" de criminalidade, que variam de tempos em tempos. Durante certo período, percebemos um número assustador de roubos a carros-fortes; em outros, o roubo de cargas de caminhões impera. No momento, a criminalidade está voltada, sobretudo, para os roubos em caixas eletrônicos praticados, normalmente, por criminosos que integram o que se convencionou chamar de "novo cangaço" ou "domínio de cidades".

Naquela época, ou seja, ao tempo da promulgação da Constituição de 1988, era altíssimo o índice do crime de extorsão mediante sequestro, previsto no art. 159 do Código Penal, principalmente os praticados na cidade do Rio de Janeiro, sob as ordens do Comando Vermelho e de outras facções criminosas. Era o recurso de que esses criminosos se valiam para poderem adquirir, com fartura, drogas e armamentos.

É do conhecimento de todos que os legisladores são movidos por fatos de repercussão social. À vista disso, após o sequestro de Abilio Diniz, executivo do grupo Pão de Açúcar, ocorrido em 11 de dezembro de 1989, por integrantes do Movimento de Esquerda Revolucionária (MIR), e também do empresário Roberto Medina, em 6 de junho de 1990, quando este último saía de seu local de trabalho, no prédio da agência de publicidade Artplan, no bairro da Lagoa, no Rio de Janeiro, sequestro que foi realizado por 10 homens, tendo o empresário sido liberado em 21 de junho, após pagamento de resgate no valor de 4 milhões de dólares, segundo noticiou a imprensa[1], foi elaborado, então, projeto de lei, e vários substitutivos, que culminaram em sua aprovação, surgindo em nosso ordenamento jurídico a Lei nº 8.072, de 25 de julho de 1990, dispondo sobre crimes hediondos, nos termos do art. 5º, inc. XLIII, da Constituição Federal, além de determinar outras providências.

Percebe-se, portanto, que, em menos de dois anos da promulgação da Constituição Federal, já havia sido editada a legislação que dispunha sobre os chamados crimes hediondos. Como observaram com perfeição Alberto Silva Franco, Rafael Lira e Yuri Felix:

> "O que teria conduzido o Poder Executivo a solicitar com tanta rapidez a normatização desses crimes? A resposta pode ser encontrada na enorme repercussão na opinião pública, provocada pelos meios de comunicação social, da prática do crime de extorsão mediante sequestro, fato delituoso que atingia a mais alta camada social e que até então não era praticamente registrado nas estatísticas criminais. O tema entrou, então, na pauta social. Emissoras de televisão, jornais e revistas de grande circulação passaram a tratar o tema da extorsão mediante sequestro com especial ênfase, criando ao mesmo tempo, um sentimento geral de insegurança e uma exigência de rigor maior no combate à toda criminalidade violenta. O sequestro de Abilio Diniz e a acusação de que nele estavam envolvidas pessoas pertencentes a determinado partido político, foram suficientes para que se atribuísse também ao delito uma conotação política e para que aumentasse o tom das vozes daqueles que pleiteavam uma reforma penal que agravasse a punição de crimes mais violentos. O sequestro posterior do empresário Roberto Medina, em meados de 1990, serviu de pretexto maior para a produção do projeto de lei tendente a reprimir o crime hediondo."[2]

E continuam dizendo, com precisão:

> "Os meios de comunicação de massa tinham conseguido a final atingir seu objetivo: a opinião pública estava totalmente aderente ao seu ponto de vista; reconhecia a existência de grave problemática social para a qual a única solução que se mostrava adequada e ingente era a formatação de propostas de caráter penal.
>
> Daí, à formulação do projeto de lei, tratando dos crimes hediondos, o passo foi pequeno."[3]

---

[1] Disponível em: <http://www.midiaeviolencia.com.br/index.php?option=com_content&view=article&id=9%3Asequestro-de-roberto-medina&catid=25&Itemid=140>. Acesso em: 29 jan. 2016.

[2] FRANCO, Alberto Silva; LIRA, Rafael; FELIX, Yuri. *Crimes hediondos*, p. 158-159.

[3] FRANCO, Alberto Silva; LIRA, Rafael; FELIX, Yuri. *Crimes hediondos*, p. 159.

Desde a sua publicação, a Lei nº 8.072 veio sofrendo modificações, principalmente ampliando o rol das infrações penais consideradas como hediondas. Infelizmente, mesmo com as modificações trazidas pelas Leis nº 13.964, de 24 de dezembro de 2019, e nº 14.344, de 24 de maio de 2022, não chegou o momento de alguns crimes contra a Administração Pública fazerem parte do seu rol. Obviamente que políticos corruptos não permitiriam, por exemplo, que o crime de corrupção passiva fosse reconhecido como hediondo, com todas as consequências que lhe são inerentes. Como diz o ditado popular, "ninguém atira contra o próprio pé".

2. CONCEITO DE CRIME HEDIONDO

Movido por um sentimento equivocado de que o recrudescimento das penas, o tratamento mais duro e inflexível do Direito Penal, teria o condão de resolver os problemas que afligem a sociedade no que diz respeito ao avanço da criminalidade, principalmente a violenta, o legislador constituinte resolveu utilizar uma expressão que tivesse o condão de transmitir essa mensagem para a população em geral, gerando uma falsa sensação de segurança.

Utilizou-se, portanto, a expressão *crimes hediondos* no inc. XLIII do art. 5º da Constituição Federal, determinando que a *lei* fizesse a definição, ou seja, apontasse o rol daquelas infrações penais que, devido à sua extrema gravidade, poderiam gozar do *status* de hediondas.

A palavra *hedionda* nos dá a ideia de algo grave, que provoca repulsa, sórdido, enfim, algo que nos causa espécie quando dele tomamos conhecimento.

Pela redação do mencionado inciso, podemos perceber que nossa Carta Magna adotou o chamado *sistema legal* para a definição dos crimes hediondos, cabendo tão somente ao legislador apontar quais seriam essas infrações penais, deixando de lado, outrossim, os dois outros sistemas de classificação, vale dizer, o *sistema judicial*, em que competiria ao julgador, na análise do caso concreto, concluir que o delito praticado era de natureza tão grave, que comportaria ser chamado de hediondo, ou mesmo o *sistema misto*, em que, segundo as lições de Renato Brasileiro de Lima, em vez de se preestabelecer "um rol taxativo de crimes hediondos, o legislador apresenta apenas um conceito, fornecendo alguns traços peculiares dessas infrações penais"[4].

Não restam dúvidas de que, entre os três sistemas de classificação, vale repetir – o *sistema legal*, o *sistema judicial* e o *sistema misto* –, o sistema legal é o único que nos traz a segurança e a certeza jurídicas necessárias ao reconhecimento de uma infração penal como hedionda. Claro que o sistema não é perfeito, pois o legislador, como sempre acontece, erra nas suas escolhas. Muitas vezes, movido pela pressão da mídia, adota posturas equivocadas. Contudo, de toda forma, esse ainda é o sistema mais seguro, visto que o rol dessas infrações penais reconhecidas como hediondas sempre será taxativo. Por mais que se possa entender que esse ou aquele crime, devido à sua evidente gravidade, deveria constar do rol dos crimes hediondos, se não estiver presente no elenco trazido pela lei, jamais poderá gozar dessa condição e, consequentemente, ser tratado com os rigores da Lei nº 8.072/90.

É a própria lei, portanto, por meio de um critério político-criminal de escolha dos comportamentos e dos bens juridicamente protegidos pelos tipos penais incriminadores, que

---

[4] LIMA, Renato Brasileiro de. *Legislação criminal especial comentada*, p. 29.

aponta aqueles que considera hediondos. Existe, portanto, um *processo de etiquetagem*, em que o legislador define, escolhe, as infrações penais que farão parte do rol considerado como hediondo. Daí a redação do art. 1º da Lei nº 8.072, de 25 de julho de 1990:

> **Art. 1º** São considerados hediondos os seguintes crimes, todos tipificados no Decreto-Lei nº 2.848, de 7 de dezembro de 1940 – Código Penal, consumados ou tentados:
>
> I – homicídio (art. 121), quando praticado em atividade típica de grupo de extermínio, ainda que cometido por um só agente, e homicídio qualificado (art. 121, § 2º, incisos I, II, III, IV, V, VI, VII, VIII e IX);
>
> I-A – lesão corporal dolosa de natureza gravíssima (art. 129, § 2º) e lesão corporal seguida de morte (art. 129, § 3º), quando praticadas contra autoridade ou agente descrito nos arts. 142 e 144 da Constituição Federal, integrantes do sistema prisional e da Força Nacional de Segurança Pública, no exercício da função ou em decorrência dela, ou contra seu cônjuge, companheiro ou parente consanguíneo até terceiro grau, em razão dessa condição;
>
> II – roubo:
>
> a) circunstanciado pela restrição de liberdade da vítima (art. 157, § 2º, inciso V);
>
> b) circunstanciado pelo emprego de arma de fogo (art. 157, § 2º-A, inciso I) ou pelo emprego de arma de fogo de uso proibido ou restrito (art. 157, § 2º-B);
>
> c) qualificado pelo resultado lesão corporal grave ou morte (art. 157, § 3º);
>
> III – extorsão qualificada pela restrição da liberdade da vítima, ocorrência de lesão corporal ou morte (art. 158, § 3º);
>
> IV – extorsão mediante sequestro e na forma qualificada (art. 159, *caput*, e §§ 1º, 2º e 3º);
>
> V – estupro (art. 213, *caput* e §§ 1º e 2º);
>
> VI – estupro de vulnerável (art. 217-A, *caput* e §§ 1º, 2º, 3º e 4º);
>
> VII – epidemia com resultado morte (art. 267, § 1º);
>
> VII-A – (Vetado);
>
> VII-B – falsificação, corrupção, adulteração ou alteração de produto destinado a fins terapêuticos ou medicinais (art. 273, *caput* e § 1º, § 1º-A e § 1º-B, com a redação dada pela Lei nº 9.677, de 2 de julho de 1998);
>
> VIII – favorecimento da prostituição ou de outra forma de exploração sexual de criança ou adolescente ou de vulnerável (art. 218-B, *caput*, e §§ 1º e 2º);
>
> IX – furto qualificado pelo emprego de explosivo ou de artefato análogo que cause perigo comum (art. 155, § 4º-A).

Como alerta Cláudia Barros Portocarrero:

"Transportando a definição dada pelo Estatuto Penal Repressivo para o elenco do art. 1º, na Lei dos Crimes Hediondos adotou um processo de 'colagem'. Esse processo define exatamente aquele procedimento por nós adotado ao manipularmos os nossos computadores pessoais, quando, para colarmos parte de um texto em outro, selecionamos o que queremos ver reproduzido, copiamos e colamos no texto novo."[5]

Da mesma forma, consideram-se como hediondos, nos termos do parágrafo único do art. 1º da Lei nº 8.072, com a redação que lhe foi dada pela Lei nº 13.964, de 24 de dezembro de 2019, *in verbis*:

> **Parágrafo único.** Consideram-se também hediondos, tentados ou consumados:
>
> I – o crime de genocídio, previsto nos arts. 1º, 2º e 3º da Lei nº 2.889, de 1º de outubro de 1956;

---

[5] PORTOCARRERO, Cláudia Barros. *Leis penais especiais comentadas para concursos*, p. 83.

> II – o crime de posse ou porte ilegal de arma de fogo de uso proibido, previsto no art. 16 da Lei nº 10.826, de 22 de dezembro de 2003;
>
> III – o crime de comércio ilegal de armas de fogo, previsto no art. 17 da Lei nº 10.826, de 22 de dezembro de 2003;
>
> IV – o crime de tráfico internacional de arma de fogo, acessório ou munição, previsto no art. 18 da Lei nº 10.826, de 22 de dezembro de 2003;
>
> V – o crime de organização criminosa, quando direcionado à prática de crime hediondo ou equiparado.
>
> VI – os crimes previstos no Decreto-Lei nº 1.001, de 21 de outubro de 1969 (Código Penal Militar), que apresentem identidade com os crimes previstos no art. 1º dessa Lei.

Assim, por conta da redação legal, somente os delitos existentes no Código Penal, arrolados pelo mencionado art. 1º, e também os crimes de genocídio, posse ou porte ilegal de arma de fogo de uso proibido, tráfico internacional de arma de fogo, acessório ou munição e organização criminosa, quando direcionado à prática de crime hediondo ou equiparado, é que podem ser reconhecidos como hediondos.

Vale ressaltar, ainda, que, de acordo com as redações constantes dos arts. 1º e 2º da Lei nº 8.072/90, que tiveram por fundamento o inc. XLIII do art. 5º da Constituição Federal, por definição, a prática da tortura, o tráfico ilícito de entorpecentes e drogas afins e o terrorismo, por mais incrível que isso possa parecer, não podem gozar do *status* de hediondo, recebendo, no entanto, o mesmo tratamento legal.

Para o reconhecimento da natureza hedionda da infração penal, não importa tenha ela sido consumada, ou mesmo tentada, bastando que seja uma daquelas previstas no elenco já citado. Assim, por exemplo, se agente com *animus occidendi*, ou seja, agindo com vontade de matar, valendo-se de uma emboscada, efetua os disparos necessários a fim de causar a morte da vítima que, mesmo atingida, é levada ao hospital e sobrevive, deverá o agente ser responsabilizado pela prática de uma tentativa qualificada de homicídio, infração penal considerada como hedionda, nos termos da parte final do art. 1º da Lei nº 8.072/90.

3. ROL DAS INFRAÇÕES PENAIS HEDIONDAS

Conforme redação constante do art. 1º da Lei nº 8.072/90, são considerados hediondos os crimes indicados nos itens seguintes, todos tipificados no Código Penal, consumados ou tentados.

3.1. Homicídio (art. 121), quando praticado em atividade típica de grupo de extermínio, ainda que cometido por um só agente, e homicídio qualificado (art. 121, § 2º, incs. I, II, III, IV, V, VI, VII, VIII e IX) – inc. I do art. 1º

Como dissemos anteriormente, a Lei de Crimes Hediondos veio sofrendo inúmeras alterações ao longo dos anos, e a primeira delas ocorreu com o advento da Lei nº 8.930, de 6 de setembro de 1994, que deu nova redação ao seu art. 1º, nele fazendo incluir o delito de homicídio, previsto no art. 121 do Código Penal, quando praticado em atividade típica de grupo de extermínio, ainda que cometido por um só agente, e também o homicídio qualificado, previsto no art. 121, § 2º, do mesmo diploma legal.

Inicialmente, o delito de homicídio não havia sido elencado pelo art. 1º da Lei de Crimes Hediondos. Essa modificação se deu por conta de um projeto de lei, fruto de iniciativa popular. Isso porque, em 28 de dezembro de 1992, a atriz e bailarina Daniella Perez, com apenas 22 anos de idade, foi brutalmente morta por Guilherme de Pádua e sua então esposa Paula Thomaz, que nela desferiram 18 golpes, valendo-se de uma tesoura. O homicídio foi praticado na Barra da Tijuca, um bairro da zona oeste da cidade do Rio de Janeiro, logo após Daniella Perez e Guilherme de Pádua terem saído de uma gravação nos estúdios da Rede Globo, onde ambos participavam de uma mesma novela (*De Corpo e Alma*), atuando como um casal apaixonado.

Tal fato repercutiu nacional e internacionalmente. A mãe de Daniella Perez, Glória Perez, inconformada pela ausência de previsão do delito de homicídio na Lei nº 8.072/90, passou a se mobilizar, colhendo assinaturas em todo o País, com o fim de modificar a Lei de Crimes Hediondos, tendo obtido, aproximadamente, 1 milhão e 300 mil assinaturas. Assim, essas assinaturas, pugnando pela modificação da Lei de Crimes Hediondos, foram levadas ao Congresso Nacional, amparadas pelo § 1º do art. 61 da Constituição Federal, que diz:

> **Art. 61.** A iniciativa das leis complementares e ordinárias cabe a qualquer membro ou Comissão da Câmara dos Deputados, do Senado Federal ou do Congresso Nacional, ao Presidente da República, ao Supremo Tribunal Federal, aos Tribunais Superiores, ao Procurador-Geral da República e aos cidadãos, na forma e nos casos previstos nesta Constituição.
> § 1º (...)
> § 2º A iniciativa popular pode ser exercida pela apresentação à Câmara dos Deputados de projeto de lei subscrito por, no mínimo, um por cento do eleitorado nacional, distribuído pelo menos por cinco Estados, com não menos de três décimos por cento dos eleitores de cada um deles.

O inc. I do art. 1º da Lei nº 8.072/90, com a redação que lhe foi dada pela Lei nº 14.344, de 24 de maio de 2022, aponta as modalidades do delito de homicídio que serão reconhecidas como hediondas, dizendo:

> (...)
> I – homicídio (art. 121), quando praticado em atividade típica de grupo de extermínio, ainda que cometido por um só agente, e homicídio qualificado (art. 121, § 2º, incisos I, II, III, IV, V, VI, VII, VIII e IX);
> (...).

3.1.1. *Homicídio*

O homicídio simples, previsto no *caput* do art. 121 do Código Penal, cuja pena de reclusão varia de 6 (seis) a 20 (vinte) anos, possui a redação mais compacta de todos os tipos penais incriminadores, que diz: matar alguém. É composto, portanto, do núcleo matar e do elemento objetivo alguém. *Matar* tem o significado de tirar a vida; *alguém*, por seu turno, diz respeito ao ser vivo, nascido de mulher. Somente o ser humano vivo pode ser vítima do delito de homicídio.

Assim, o ato de matar alguém tem o sentido de ocisão da vida de uma pessoa por outra pessoa. Dessa forma, podemos identificar, com clareza, nesse tipo penal, o seu núcleo, o sujeito ativo, o sujeito passivo, o objeto material, assim como o bem juridicamente protegido.

Localizado após as causas de diminuição de pena, encontra-se o homicídio qualificado, cominando uma pena de reclusão, de 12 (doze) a 30 (trinta) anos, para aquele que causar a morte de alguém: I – mediante paga ou promessa de recompensa, ou por outro motivo torpe; II – por motivo fútil; III – com emprego de veneno, fogo, explosivo, asfixia, tortura ou outro meio insidioso ou cruel, ou de que possa resultar perigo comum; IV – à traição, de emboscada, ou mediante dissimulação ou outro recurso que dificulte ou torne impossível a defesa do ofendido; V – para assegurar a execução, a ocultação, a impunidade ou vantagem de outro crime; VI – contra a mulher por razões da condição de sexo feminino (inserido pela Lei nº 13.104, de 9 de março de 2015); VII – contra autoridade ou agente descrito nos arts. 142 e 144 da Constituição Federal, integrantes do sistema prisional e da Força Nacional de Segurança Pública, no exercício da função ou em decorrência dela, ou contra seu cônjuge, companheiro ou parente consanguíneo até terceiro grau, em razão dessa condição (inserido pela Lei nº 13.142, de 6 de julho de 2015); VIII – com emprego de arma de fogo de uso restrito ou proibido (inserido pela Lei nº 13.964, de 24 de dezembro de 2019); e IX – contra menor de 14 (quatorze) anos (inserido pela Lei nº 14.344, de 24 de maio de 2022). Sendo qualificado o homicídio, deverá o julgador, após concluir que o fato praticado pelo agente era típico, ilícito e culpável, levando em consideração o critério trifásico do art. 68 do Código Penal, fixar a pena-base nos limites nele previstos.

A consumação do delito de homicídio ocorre com o resultado morte, já mencionado, sendo, *in casu*, perfeitamente admissível a tentativa, tendo em vista tratar-se de crime material e plurissubsistente, sendo possível a hipótese de fracionamento do *iter criminis*. O agente, portanto, deverá agir com *animus necandi*, dirigindo finalisticamente sua conduta no sentido de causar a morte da vítima. Apesar da possibilidade de o resultado morte ocorrer até mesmo dias ou meses após a prática da conduta levada a efeito pelo agente, para fins de aplicação da lei penal, considera-se praticado o crime, nos termos do art. 4º do Código Penal, no momento da ação ou da omissão, ainda que outro seja o momento do resultado.

3.1.2. *Homicídio simples considerado como crime hediondo*

Relembram Alberto Silva Franco, Rafael Lira e Yuri Félix que:

> "As chacinas da Candelária e de Vigário Geral, no Rio de Janeiro, aliadas ao assassinato da artista de televisão, Daniela Perez, deram o pano de fundo necessário para que os meios de comunicação social iniciassem uma ampla e intensa campanha com o objetivo de incluir o delito de homicídio no rol dos crimes hediondos."[6]

A mídia, mobilizando as massas populares, fez que fosse ampliado o elenco das infrações consideradas hediondas para nele inserir o delito de homicídio, o que foi efetivamente concretizado, por intermédio da Lei nº 8.930, de 6 de setembro de 1994, que deu nova redação ao inc. I do art. 1º da Lei nº 8.072/90, sendo sua redação atual fruto das modificações implementadas pela Lei nº 14.344, de 24 de maio de 2022.

Interpretando a redação do inciso I do mencionado artigo, podemos concluir que o *homicídio simples* também passou a gozar do *status* de crime hediondo – se praticado em *atividade típica de grupo de extermínio* –, mesmo que cometido por uma só pessoa.

Desde a inovação trazida para o bojo da Lei nº 8.072/90, a doutrina vem se perguntando, incessantemente, o que vem a ser *atividade típica de grupo de extermínio*.

Antonio Lopes Monteiro, buscando resolver essa *vexata quaestio*, destaca:

> "Quererá, talvez, o legislador referir-se ao famigerado 'esquadrão da morte', quiçá aos atuais 'justiceiros' ou a pessoas pagas para 'apagar' pequenos delinquentes? Temos nossas dúvidas,

---

6   FRANCO, Alberto Silva; LIRA, Rafael; FELIX, Yuri. *Crimes hediondos*, p. 560-561.

até porque, se a um ou a outro se quisesse reportar a lei, inútil destacar esta figura como hedionda, já que homicídios assim praticados qualificam-se pelo motivo torpe (art. 121, § 2º, I) ou por emboscada, ou outro recurso que dificulte ou torne impossível a defesa do ofendido (inciso IV), ou até, na pior das hipóteses, por motivo fútil (inciso II). É por isso que não entendemos a finalidade desta inclusão."[7]

No mesmo sentido, são precisas as lições de Rogério Sanches Cunha, quando assevera:

"O dispositivo é alvo de críticas, especialmente em razão da carência de precisão de seu texto, que não define o número mínimo de agentes que devem integrar o grupo, bem como deixa de conceituar o que se deve entender por 'atividade típica de grupo de extermínio'. Com efeito, deve o legislador evitar ao máximo a inclusão, no ordenamento jurídico, de dispositivos que não atendam ao princípio da taxatividade. A lei penal não pode ser indeterminada, provida de conteúdo demasiadamente genérico e que dificulte sua interpretação, especialmente no que tange à conduta incriminada."[8]

Assim, perguntamo-nos, para efeito de reconhecimento do *grupo de extermínio*, qual seria o número mínimo de participantes, uma vez que a palavra *grupo*, utilizada pelo texto legal, pressupõe mais de uma pessoa, pois, obviamente, não existe grupo de um só.

Embora o inc. I do art. 1º da Lei nº 8.072/90 utilize a expressão *ainda que cometido por um só agente*, após se referir ao homicídio, quando praticado em atividade de grupo de extermínio, isso quer significar que o homicídio pode ter sido executado por uma única pessoa, e que, ainda assim, será reconhecida a atividade de grupo de extermínio se houver entre seus integrantes o concurso de pessoas, esse vínculo que os une na prática de uma mesma infração penal, embora cada um deles possa levar a efeito uma tarefa diferente. Desse modo, por exemplo, nada impede que o grupo de extermínio decida pela morte de alguém e selecione somente um de seus membros para a execução do crime. Ainda assim, como se percebe, estará caracterizada a atividade típica de grupo de extermínio, não havendo necessidade de que mais de uma pessoa pratique atos de execução.

Ultrapassada essa questão, fica a pergunta: qual seria o número mínimo de pessoas exigido para efeitos de reconhecimento do grupo de extermínio? Três correntes se formaram.

A primeira delas exige tão somente o mínimo de duas pessoas, a exemplo de Fernando Capez, quando diz que:

"O grupo pode ser formado por, no mínimo, duas pessoas (como no caso da associação criminosa da lei de drogas – art. 35 da Lei nº 11.343/2006), admitindo-se, ainda, que somente uma delas execute a ação."[9]

Por sua vez, a segunda corrente afirma que, para a caracterização do grupo de extermínio, seria necessário o concurso de, no mínimo, três pessoas, uma vez que, conforme posição adotada por Alexandre de Moraes e Gianpaolo Poggio Smanio, pode-se:

"Considerar a existência de um grupo de extermínio a partir de três pessoas, desde que essa associação tenha por finalidade a mortandade, a chacina, de pessoas determinadas por uma

---

[7] MONTEIRO, Antonio Lopes. *Crimes hediondos*, p. 46.

[8] CUNHA, Rogério Sanches et al. *Legislação criminal especial*, p. 496.

[9] CAPEZ, Fernando. *Curso de Direito Penal*: legislação penal especial, v. 4, p. 200.

característica especial, seja política, social, religiosa, racial, étnica seja qualquer outra capaz de caracterizar a vítima ou as vítimas como membros de um grupo a ser exterminado."[10]

Por fim, a última corrente, à qual nos filiamos, entende que, para a caracterização do grupo de extermínio, exige a lei um número mínimo de quatro pessoas. Ao contrário do que ocorre com o delito de associação criminosa, previsto pelo art. 288 do Código Penal, em que o tipo penal, corretamente, aponta o número de pessoas necessário à sua caracterização, vale dizer, no mínimo três (ou mais pessoas), a Lei nº 8.930, de 6 de setembro de 1994, ao incluir o inc. I ao art. 1º da Lei nº 8.072/90, não teve essa preocupação, como bem apontado anteriormente por Rogério Sanches Cunha, deixando essa margem de dúvida na interpretação. No entanto, com todo o respeito às posições em contrário, entendemos como correta aquela que exige o número mínimo de quatro pessoas.

Nesse sentido, Alberto Silva Franco, Rafael Lira e Yuri Félix, com precisão, buscando o significado da palavra *grupo*, prelecionam:

"Em matéria penal, a ideia de grupo vincula-se, de imediato, a uma hipótese de crime plurissubjetivo, mas, nesse caso, quantas pessoas devem, no mínimo, compor o grupo? O texto é totalmente silente a respeito. Mas é óbvio que a ideia de 'par' colide, frontalmente, com a de 'grupo': seria, realmente, um contrassenso cogitar-se de um grupo composto de duas pessoas... De uma forma geral, quando estrutura uma figura plurissubjetiva, o legislador penal, em respeito ao princípio constitucional da legalidade, não deve deferir, ao juiz ou ao intérprete, a tarefa de especificar o número mínimo de agentes. Deve quantificá-la, de pronto. A simples discussão sobre essa matéria evidencia a falha de técnica legislativa e põe a nu a ofensa ao princípio constitucional já mencionado. Um tipo penal não pode ficar para a garantia do próprio cidadão – e a legislação penal nada mais é, em resumo, do que uma limitação do poder repressivo estatal em face do direito de liberdade de cada pessoa – na dependência dos humores ou dos azares interpretativos do juiz."[11]

Concluem os renomados autores que a palavra *grupo* denota a necessidade de, pelo menos, quatro pessoas, posição que mais se coaduna com uma interpretação sistêmica e a morfologia da palavra *grupo*.

Conquanto possa haver divergência em relação ao número mínimo exigido, podemos tomar como referência o conceito de organização criminosa trazido pela Lei nº 12.850, de 2 de agosto de 2013, que requer a associação de quatro ou mais pessoas.

A prática ainda demonstra que, quando estamos diante de *grupos de extermínio*, o número de seus componentes é, inclusive, bem superior a quatro pessoas. A questão, portanto, cinge-se à necessidade de uma correta interpretação do tipo penal, independentemente do que ocorre na realidade prática.

Ainda poderíamos adicionar, já que não há consenso sobre o que seja *atividade típica de grupo de extermínio*, aqueles comportamentos dirigidos a destruir os grupos apontados pela Lei nº 2.889/56, que define e pune o crime de genocídio, a saber, grupo nacional, étnico, racial ou religioso.

Enfim, apesar da previsão contida na Lei nº 8.072/90, inserindo, no rol das infrações hediondas, o homicídio simples, conforme destacado, se a conduta do agente, mesmo não

---

[10] MORAES, Alexandre de; SMANIO, Gianpaolo Poggio. *Legislação penal especial*, p. 57.
[11] FRANCO, Alberto Silva. *Crimes hediondos*, p. 260.

agindo em concurso, se caracterizar como *atividade típica de grupo de extermínio*, dificilmente não encontraremos uma qualificadora para essa motivação.

Podemos, assim, concluir, com Guilherme de Souza Nucci, que:

> "'A atividade típica de grupo de extermínio sempre foi considerada pela nossa jurisprudência amplamente majoritária um crime cometido por motivo torpe',[12] razão pela qual se torna impossível a ocorrência de homicídio simples, praticado por conta dessa motivação."

3.1.3. Homicídio qualificado

O § 2º do art. 121 do Código Penal cuidou do chamado homicídio qualificado. As qualificadoras estão divididas em quatro grupos, em razão dos quais a pena relativa ao crime de homicídio passa a ser a de reclusão, de 12 (doze) a 30 (trinta) anos, a saber:

a) motivos;
b) meios;
c) modos;
d) fins.

As qualificadoras que correspondem aos motivos estão elencadas nos incisos I (paga ou promessa de recompensa, ou por motivo torpe); II (motivo fútil); VI (contra a mulher por razões da condição de sexo feminino); VII (contra autoridade ou agente descrito nos arts. 142 e 144 da Constituição Federal, integrantes do sistema prisional e da Força Nacional de Segurança Pública, no exercício da função ou em decorrência dela, ou contra seu cônjuge, companheiro ou parente consanguíneo até terceiro grau, em razão dessa condição); e IX (contra menor de 14 [quatorze] anos).

No inciso III, diz a lei penal que qualifica o homicídio o emprego de veneno, fogo, explosivo, asfixia, tortura ou outro meio insidioso ou cruel, ou de que possa resultar perigo comum, apontando, assim, os meios utilizados na prática da infração penal. Da mesma forma, o inciso VIII prevê outra qualificadora em virtude dos meios utilizados, ou seja, qualifica quando o agente se vale do emprego de arma de fogo de uso restrito ou proibido. No inciso IV, o Código Penal arrolou, a título de qualificadoras, os modos como a infração penal é cometida, vale dizer, à traição, de emboscada ou mediante dissimulação ou outro recurso que dificulte ou torne impossível a defesa do ofendido. No inciso V, o homicídio será qualificado pelos fins quando for levado a efeito para assegurar a execução, a ocultação, a impunidade ou a vantagem de outro crime. A Lei nº 13.104, de 9 de março de 2015, fez inserir mais um inciso ao § 2º do art. 121 do Código Penal, criando, no inciso VI, o chamado feminicídio, quando o homicídio é praticado contra a mulher por razões da condição de sexo feminino. Aqui, como se percebe, existe uma motivação especial, razão pela qual optamos por subdividi-la em relação aos motivos apontados nos incisos I e II.

Mediante paga ou promessa de recompensa, ou por outro motivo torpe

O inc. I do § 2º do art. 121 do Código Penal prevê a modalidade qualificada do homicídio cometido mediante paga ou promessa de recompensa, ou por outro motivo torpe. *Ab initio*, deve ser ressaltado que a lei penal, usando o recurso da interpretação analógica, aponta que tanto a paga quanto a promessa de recompensa são consideradas motivos torpes.

---

[12] NUCCI, Guilherme de Souza. *Código Penal comentado*, p. 381.

Torpe é o motivo abjeto que causa repugnância, nojo, sensação de repulsa pelo fato praticado pelo agente.

Por seu turno, a *paga* é o valor ou qualquer outra vantagem, tenha ou não natureza patrimonial, recebida antecipadamente, para que o agente leve a efeito a empreitada criminosa. Já, na *promessa de recompensa*, como a própria expressão está a demonstrar, o agente não recebe antecipadamente, mas, sim, existe uma promessa de pagamento futuro.

Motivo fútil

O inc. II do § 2º do art. 121 do CP prevê também a qualificadora do motivo fútil. *Fútil* é o motivo insignificante, que faz o comportamento do agente ser desproporcional.

São exemplos clássicos de motivação fútil, apontados pela doutrina, o cliente que mata o garçom por entregar-lhe o troco errado ou aquele que mata seu devedor que não havia quitado, no tempo prometido, sua dívida de R$ 1,00 (um real). Enfim, motivo fútil é aquele no qual há um abismo entre a motivação e o comportamento extremo levado a efeito pelo agente.

Com emprego de veneno, fogo, explosivo, asfixia, tortura ou outro meio insidioso ou cruel, ou de que possa resultar perigo comum

O inc. III do § 2º do art. 121 do Código Penal prevê o homicídio qualificado pelos meios utilizados pelo agente na prática do delito. Por mais uma vez, utilizou a lei penal o recurso da interpretação analógica, vale dizer, a uma fórmula casuística – veneno, fogo, explosivo, asfixia, tortura –, o legislador fez seguir uma fórmula genérica – ou outro meio insidioso ou cruel, ou de que possa resultar perigo comum. Tal recurso visa preservar, na verdade, o princípio da isonomia, a partir do qual situações idênticas merecerão o mesmo tratamento pela lei penal, ou seja, tudo aquilo que for considerado meio insidioso, cruel ou de que possa resultar perigo comum qualificará o homicídio, a exemplo das hipóteses mencionadas expressamente pelo inciso III (veneno, fogo, explosivo, asfixia e tortura).

À traição, de emboscada, ou mediante dissimulação ou outro recurso que dificulte ou torne impossível a defesa do ofendido

O inc. IV do § 2º do art. 121 do Código Penal, também se valendo do recurso da interpretação analógica, assevera que a traição, a emboscada, a dissimulação ou qualquer outro recurso que dificulte ou torne impossível a defesa do ofendido igualmente qualificará o homicídio.

A fórmula genérica contida na parte final do inciso IV em estudo faz menção à utilização de recurso que dificulte ou torne impossível a defesa do ofendido. Dificultar, como se percebe, é um *minus* em relação ao tornar impossível a defesa do ofendido. Naquele, a vítima tem alguma possibilidade de defesa, mesmo que dificultada por causa da ação do agente. O tornar impossível é eliminar, completamente, qualquer possibilidade de defesa por parte da vítima, a exemplo do caso em que esta é morta enquanto dormia.

Para assegurar a execução, a ocultação, a impunidade ou a vantagem de outro crime

O inc. V do § 2º do art. 121 do diploma repressivo diz respeito ao homicídio praticado para fins de assegurar a execução, a ocultação, a impunidade ou a vantagem de outro crime.

Isso significa que, toda vez que for aplicada a qualificadora em estudo, o homicídio deverá ter relação com outro crime, havendo, outrossim, a chamada *conexão*.

Contra mulher por razões da condição de sexo feminino (feminicídio)

Em 9 de março de 2015, fruto do Projeto de Lei do Senado nº 8.305/2014, foi publicada a Lei nº 13.104, que criou, como modalidade de homicídio qualificado, o chamado feminicídio, que ocorre quando uma mulher vem a ser vítima de homicídio simplesmente por razões de sua condição de sexo feminino

Devemos observar, entretanto, que não é pelo fato de uma mulher figurar como sujeito passivo do delito tipificado no art. 121 do Código Penal que já estará caracterizado o delito qualificado, ou seja, o feminicídio. Para que reste configurada a qualificadora, nos termos do § 2º-A do art. 121 do diploma repressivo, o crime deverá ser praticado por razões de condição de sexo feminino, o que efetivamente ocorrerá quando envolver:

> (...)
> I – violência doméstica e familiar;
> II – menosprezo ou discriminação à condição de mulher.

Para fins de reconhecimento das hipóteses de violência doméstica e familiar, deverá ser utilizado como referência o art. 5º da Lei nº 11.340, de 7 de agosto de 2006, que diz, *in verbis*:

> **Art. 5º** Para os efeitos desta Lei, configura violência doméstica e familiar contra a mulher qualquer ação ou omissão baseada no gênero que lhe cause morte, lesão, sofrimento físico, sexual ou psicológico e dano moral ou patrimonial:
> I – no âmbito da unidade doméstica, compreendida como o espaço de convívio permanente de pessoas, com ou sem vínculo familiar, inclusive as esporadicamente agregadas;
> II – no âmbito da família, compreendida como a comunidade formada por indivíduos que são ou se consideram aparentados, unidos por laços naturais, por afinidade ou por vontade expressa;
> III – em qualquer relação íntima de afeto, na qual o agressor conviva ou tenha convivido com a ofendida, independentemente de coabitação.
> Parágrafo único. As relações pessoais enunciadas neste artigo independem de orientação sexual.

O inc. II do § 2º-A do art. 121 do Código Penal assegura ser também qualificado o homicídio quando a morte de uma mulher se dá por menosprezo ou discriminação a essa sua condição. *Menosprezo*, aqui, pode ser entendido no sentido de desprezo, sentimento de aversão, repulsa, repugnância a uma pessoa do sexo feminino; já *discriminação* tem o sentido de tratar de forma diferente, distinguir pelo fato da condição de mulher da vítima.

Contra autoridade ou agente descrito nos arts. 142 e 144 da Constituição Federal, integrantes do sistema prisional e da Força Nacional de Segurança Pública, no exercício da função ou em decorrência dela, ou contra seu cônjuge, companheiro ou parente consanguíneo até terceiro grau, em razão dessa condição

A Lei nº 13.142, de 6 de julho de 2015, inseriu o inc. VII no § 2º do art. 121 do Código Penal, criando mais uma modalidade qualificada, na hipótese em que o agente praticar o crime de homicídio contra autoridade ou agente descrito nos arts. 142 e 144 da Constituição Federal, integrantes do sistema prisional e da Força Nacional de Segurança Pública, no exercício da função ou em decorrência dela, ou contra seu cônjuge, companheiro ou parente consanguíneo até terceiro grau, em razão dessa condição.

De acordo com a redação constante do inc. VII do § 2º do art. 121 do Código Penal, são considerados sujeitos passivos os integrantes:

(...)

I – das Forças Armadas – Exército, Marinha ou Aeronáutica (art. 142 da CF);

II – da Polícia Federal (art. 144, I, da CF);

III – da Polícia Rodoviária Federal (art. 144, II, da CF);

IV – da Polícia Ferroviária Federal (art. 144, III, da CF);

V – das Polícias Civis (art. 144, IV, da CF);

VI – das Polícias militares e corpos de Bombeiros militares (art. 144, V, da CF);

VII – polícias penais federal, estaduais e distrital (art. 144, VI, da CF);

VIII – das Guardas municipais (art. 144, § 8º, da CF);

IX – do sistema Prisional;

X – da Força nacional de segurança Pública (Lei nº 11.473/2007).

Da mesma forma, serão considerados sujeitos passivos o cônjuge, companheiro ou parente consanguíneo até o terceiro grau, em razão dessa condição, ou seja, considerando seu vínculo familiar com qualquer uma das autoridades ou agentes previstos pelos arts. 142 e 144 da Constituição Federal, conforme elenco anteriormente indicado.

Com emprego de arma de fogo de uso restrito ou proibido

O inc. VIII do § 2º do art. 121 do Código Penal, que fazia parte do chamado "Pacote Anticrime", havia sido vetado pelo Presidente da República. Contudo, na sessão de 19 de abril de 2021, o referido veto foi rejeitado pelo Congresso Nacional, que inseriu tal inciso no Código Penal. Assim, nos termos do mencionado inciso VIII, o emprego de arma de fogo de uso restrito ou proibido importará no reconhecimento do homicídio qualificado.

Contra menor de 14 (quatorze) anos

Em 24 de maio de 2022, foi publicada a Lei nº 14.344, criando mecanismos para a prevenção e o enfrentamento da violência doméstica e familiar contra a criança e o adolescente, que ficou conhecida como "Lei Henry Borel", em alusão a uma criança com apenas 4 anos de idade que foi brutalmente espancada e morta em um apartamento localizado na Barra da Tijuca, no Rio de Janeiro, cujo homicídio foi atribuído ao seu padrasto, com a conivência de sua própria mãe.

A nova lei criou mais uma qualificadora no § 2º do art. 121 do Código Penal, inserindo o inciso IX, prevendo, agora, o delito de homicídio contra menor de 14 (quatorze) anos.

3.1.4. *Homicídio qualificado-privilegiado como crime hediondo*

A segunda parte do inc. I do art. 1º da Lei nº 8.072/90 aponta o homicídio qualificado, em todas as suas modalidades (art. 121, § 2º, I, II, III, IV, V, VI, VII, VIII e IX), como infração de natureza hedionda.

Admitindo-se, como o faz majoritariamente nossa doutrina, a possibilidade de coexistência de um homicídio qualificado-privilegiado, o privilégio teria o condão de afastar a natureza hedionda das qualificadoras?

Tecnicamente, a resposta teria de ser negativa, pois a Lei nº 8.072/90 não faz qualquer tipo de ressalva que nos permita tal ilação. Na verdade, diz, textualmente, que o homicídio qualificado goza do *status* de infração penal de natureza hedionda. O chamado privilégio nada mais é do que uma simples causa de redução de pena, a ser analisada no terceiro momento do critério trifásico, previsto pelo art. 68 do Código Penal.

Assim, sendo reconhecido o homicídio qualificado, deverá o julgador fixar a pena-base levando em conta as balizas mínima (12 anos) e máxima (30 anos) previstas no § 2º do art. 121 do estatuto repressivo. Somente no terceiro momento, quando da aplicação das causas de diminuição de pena, é que fará incidir o percentual de redução de um sexto a um terço.

Como se percebe, a infração penal não deixa de ser qualificada em razão da existência de uma minorante (privilégio).

Contudo, majoritariamente, a doutrina repele a natureza hedionda do homicídio qualificado-privilegiado, haja vista que – é o argumento – não se compatibiliza a essência do delito objetivamente qualificado, tido como hediondo, com o privilégio de natureza subjetiva.

Nesse sentido, assevera Fernando Capez:

"Reconhecida a figura híbrida do homicídio privilegiado-qualificado, fica afastada a qualificação de hediondo do homicídio qualificado, pois, no concurso entre as circunstâncias objetivas (qualificadoras que convivem com o privilégio) e as subjetivas (privilegiadoras), estas últimas serão preponderantes, nos termos do art. 67 do CP, pois dizem respeito aos motivos determinantes do crime."[13]

Guilherme de Souza Nucci complementa o raciocínio anterior dizendo:

"Não deixa de ser estranha a qualificação de hediondo (repugnante, vil, reles) a um delito cometido, por exemplo, por motivo de relevante valor moral ou social. Ainda que possa ser praticado com crueldade (qualificadora objetiva, que diz respeito ao modo de execução), a motivação nobre permite que se considere delito comum e não hediondo, afinal, acima de tudo, devem-se considerar os motivos (finalidade) do agente para a consecução do crime e não simplesmente seus atos."[14]

3.2. Lesão corporal dolosa de natureza gravíssima (art. 129, § 2º) e lesão corporal seguida de morte (art. 129, § 3º), quando praticadas contra autoridade ou agente descrito nos arts. 142 e 144 da Constituição Federal, integrantes do sistema prisional e da Força Nacional de Segurança Pública, no exercício da função ou em decorrência dela, ou contra seu cônjuge, companheiro ou parente consanguíneo até terceiro grau, em razão dessa condição – inc. I-A do art. 1º

O inc. I-A foi inserido no art. 1º da Lei nº 8.072/90 por meio da Lei nº 13.142, de 6 de julho de 2015, passando a reconhecer como crime hediondo a lesão corporal dolosa de natureza gravíssima e a lesão corporal seguida de morte, previstas, respectivamente, nos arts. 129, § 2º, e 129, § 3º, ambos do Código Penal, desde que praticadas contra autoridade ou agente descrito nos arts. 142 e 144 da Constituição Federal, integrantes do sistema prisional e da Força Nacional de Segurança Pública, no exercício da função ou em decorrência dela, ou contra seu cônjuge, companheiro ou parente consanguíneo até terceiro grau, em razão dessa condição.

Assim, para que sejam entendidas como hediondas, tais modalidades de lesão corporal devem ter sido praticadas por conta dessa especial motivação.

De acordo com a redação constante do inc. I-A do art. 1º da Lei nº 8.072/90, são considerados sujeitos passivos dos crimes de lesão corporal de natureza gravíssima, ou lesão

---

[13] CAPEZ, Fernando. *Curso de Direito Penal*, v. 2, p. 42.
[14] NUCCI, Guilherme de Souza. *Código Penal comentado*, p. 389.

corporal seguida de morte, que têm o condão de etiquetar a infração penal como hedionda, os integrantes:

> (...)
>
> I – das Forças Armadas – Exército, Marinha ou Aeronáutica (art. 142 da CF);
>
> II – da Polícia Federal (art. 144, I, da CF);
>
> III – da Polícia Rodoviária Federal (art. 144, II, da CF);
>
> IV – da Polícia Ferroviária Federal (art. 144, III, da CF);
>
> V – das Polícias Civis (art. 144, IV, da CF);
>
> VI – das Polícias Militares e corpos de Bombeiros Militares (art. 144, V, da CF);
>
> VII – polícias penais federal, estaduais e distrital (art. 144, VI, da CF);
>
> VIII – das Guardas Municipais (art. 144, § 8º, da CF);
>
> IX – do Sistema Prisional;
>
> X – da Força Nacional de Segurança Pública (Lei nº 11.473/2007).

Da mesma forma, serão considerados sujeitos passivos o cônjuge, companheiro ou parente consanguíneo até o terceiro grau, em razão dessa condição, ou seja, considerando seu vínculo familiar com qualquer uma das autoridades ou agentes previstos pelos arts. 142 e 144 da Constituição Federal, conforme elenco anteriormente indicado.

A primeira indagação que poderia surgir com relação à interpretação do inciso em estudo diz respeito à abrangência da palavra *autoridade*. Assim, indagamos, o atentado contra a integridade física de qualquer autoridade, a exemplo dos membros da Magistratura ou do Ministério Público, em razão da função por eles exercida, com o objetivo de causar-lhes lesão corporal gravíssima, ou mesmo se viesse a ocorrer uma lesão corporal seguida de morte, teria o condão de caracterizar como hedionda a infração penal? Respondendo afirmativamente a essa indagação, Francisco Dirceu Barros, ao dissertar sobre a qualificadora constante do inc. VII do § 2º do art. 121 do Código Penal, cujo raciocínio se aplica perfeitamente *in casu*, assevera que:

> "Usando a interpretação analógica e atendendo ao princípio da legalidade, entendemos que a *ratio legis* não foi alcançar todas as espécies de autoridades do Brasil e sim aquelas que exercem funções semelhantes às definidas no próprio inciso, quais sejam, as autoridades do sistema de segurança pública assim definidas como os membros do Poder Judiciário e do Ministério Público.
>
> Perceba que o legislador, logo após o uso da terminologia 'autoridade', usa a frase 'OU' agente descrito nos arts. 142 (*Forças Armadas*) e 144 (*Policiais*) da Constituição Federal, integrantes do sistema prisional e da Força Nacional de Segurança Pública, ou seja, todos são 'autoridades', 'agentes' e 'integrantes' do sistema de segurança pública.
>
> Portanto, podem ser agentes passivos do homicídio funcional, os ministros do STF, membros dos Tribunais Superiores, desembargadores dos Tribunais de Justiça, magistrados federais e estaduais, membros do Ministério Público da União e membros dos Ministérios Públicos dos Estados quando forem vítimas no exercício da função ou em decorrência dela, e seus respectivos cônjuges, companheiros ou parentes consanguíneos até terceiro grau, em razão da motivação funcional do crime."[15]

---

[15] BARROS, Francisco Dirceu. *Os agentes passivos do homicídio funcional*: Lei nº 13.142/2015. A controvérsia da terminologia autoridade e o filho adotivo como agente passivo do homicídio funcional.

Com toda vênia, ousamos discordar. Isso porque, segundo nosso posicionamento, quando a lei faz menção à autoridade e, em seguida, utilizando a conjunção alternativa *ou*, cita também o agente, quer dizer que nem sempre aquele elencado pelos arts. 142 e 144 da Constituição Federal poderá ser considerado como uma autoridade, já que utilizamos essa denominação, especificamente, para aqueles que, normalmente, exercem o comando, possuem hierarquia superior, a exemplo do que ocorre com os delegados de polícia, seja na esfera estadual, seja mesmo na federal.

Por outro lado, os arts. 142 e 144 da Constituição Federal não fazem menção ou mesmo não nos permitem ampliar seu espectro de abrangência, a fim de entendermos que outras autoridades (juízes, promotores de justiça etc.) estejam por eles englobadas. Isso porque estão inseridos em capítulos específicos da Constituição Federal, vale dizer, Capítulo II (das Forças Armadas) e Capítulo III (Da Segurança Pública), referentes ao Título V (Da Defesa do Estado e Das Instituições Democráticas).

Dessa forma, só estão abrangidos pelo inc. I-A do art. 1º da Lei nº 8.072/90 aqueles que exerçam uma função policial *lato sensu*, e não as demais autoridades, mesmo que ligadas de alguma forma à Justiça Penal.

Merece destaque, ainda, a menção à autoridade ou ao agente integrante do sistema prisional. Interpretando corretamente a amplitude, Rogério Sanches Cunha adverte que:

> "Estão abrangidos, nessa categoria, não apenas os agentes presentes no dia a dia da execução penal (diretor da penitenciária, agentes penitenciários[16], guardas etc.), mas também aqueles que atuam em certas etapas da execução (comissão técnica de classificação, comissão de exame criminológico, conselho penitenciário etc.). E não poderia ser diferente. Imaginemos um egresso, revoltado com os vários exames criminológicos que o impediram de conquistar prematura liberdade, buscando vingar-se daqueles que subscreveram o exame, contra eles pratica homicídio. Parece evidente que o crime de homicídio, além de outras qualificadoras (como a do inc. II), será também qualificado pelo inc. VII."[17]

Para que se reconheçam como hediondas a lesão corporal gravíssima e a lesão corporal seguida de morte, é preciso que tenham sido praticadas enquanto algumas das autoridades ou agentes anteriormente mencionados estavam no exercício da função ou em decorrência dela.

Infelizmente, temos tido notícias frequentes de policiais mortos ou feridos gravemente durante o exercício de suas funções. Em muitos casos, criminosos passam em frente a postos policiais, ou mesmo diante de viaturas, e efetuam disparos com armas de fogo. Isso ocorre, inclusive, em locais supostamente pacificados, a exemplo das comunidades cariocas, onde já foram instaladas Unidades de Polícia Pacificadora. Da mesma forma, quando criminosos identificam ou descobrem locais de residências de policiais, vão à sua captura, a fim de matá-los ou feri-los gravemente. Quando os crimes são praticados nessas circunstâncias, ou

---

06.08.2015. Disponível em: <http://jus.com.br/artigos/41302/os-agentes-passivos-do-homicidio--funcional-lei-n-13-142-2015>. Acesso em: 5 ago. 2015.

[16] Obs.: atualmente reconhecidos como polícias penais federal, estaduais e distrital, nos termos do inc. VI do art. 144 da Constituição Federal, de acordo com a redação que lhe foi conferida pela EC nº 104, de 4 de dezembro de 2019.

[17] CUNHA, Rogério Sanches. *Nova Lei nº 13.142/2015*: breves comentários. Disponível em: <http://www.portalcarreirajuridica.com.br/noticias/nova-lei-13-142-15-breves-comentarios-por-rogerio--sanches-cunha>. Acesso em: 5 ago. 2015.

seja, durante o exercício da função ou em decorrência dela, é que se poderá reconhecer sua natureza hedionda.

O que queremos afirmar, com isso, é que não é pelo fato de ser vítima de uma lesão corporal gravíssima, ou mesmo de uma lesão corporal seguida de morte, uma autoridade ou agente descrito nos arts. 142 e 144 da Constituição Federal que, automaticamente, entenderemos pelo reconhecimento da natureza hedionda do crime. Isso porque a lesão corporal gravíssima ou mesmo a lesão corporal seguida de morte de uma dessas pessoas poderá ser ocasionada por diversos outros motivos que afastarão a sua natureza hedionda. Assim, por exemplo, se, durante uma discussão sobre futebol, o agente acaba causando uma lesão corporal gravíssima em um policial militar que com ele se encontrava no interior de um bar, o fato não enseja o reconhecimento do crime hediondo.

Será possível, ainda, o reconhecimento da natureza hedionda desses delitos, mesmo na hipótese em que a autoridade ou o agente descrito nos arts. 142 e 144 da Constituição Federal já estiver aposentado, desde que, como temos frisado, os delitos se deem em razão da função que exercia anteriormente. Assim, não é incomum que, por exemplo, alguém venha a produzir uma lesão corporal gravíssima em um policial que acabara de se aposentar, pelo simples fato de haver exercido suas funções na polícia militar, na polícia civil etc.

Se a lesão corporal gravíssima ou a lesão corporal seguida de morte forem praticadas contra cônjuge, companheiro ou parente consanguíneo até terceiro grau, de alguma das autoridades ou agentes descritos nos arts. 142 e 144 da Constituição Federal, em razão dessa condição, os crimes também serão considerados como hediondos. No que diz respeito ao cônjuge ou companheiro, não há dúvida na interpretação. O problema surge quando a lei faz menção a parente consanguíneo até o terceiro grau. *Parentes consanguíneos* seriam pai, mãe e filhos (em primeiro grau), irmãos, avós e netos (em segundo grau) e tios, sobrinhos, bisavós e bisnetos (em terceiro grau). *Parentes por afinidade*, que não estão abrangidos pela qualificadora em estudo, são sogro, sogra, genro, nora, padrasto, madrasta, enteados e cunhados.

Como a lei utilizou a palavra *consanguíneo*, como ficaria a situação do filho adotivo, mesmo que a Constituição Federal, em seu art. 227, § 6º, tenha proibido quaisquer designações discriminatórias? O art. 1.593 do Código Civil diz que o parentesco é natural ou civil, conforme resulte de consanguinidade ou outra origem. Assim, temos que concluir, forçosamente, que não existe consanguinidade quando o filho é adotivo, mesmo que não possamos mais utilizar essa expressão discriminatória. Não há consanguinidade, ou seja, relação de sangue, que permita o reconhecimento de um tronco comum com relação ao filho adotivo. Dessa forma, infelizmente, se a lesão corporal gravíssima ou a lesão corporal seguida de morte forem praticadas contra o filho adotivo de um policial, em razão dessa condição, não poderemos reconhecer sua natureza hedionda, tendo em vista que, caso assim fizéssemos, utilizaríamos a chamada analogia *in malam partem*.

Nesse sentido, preleciona Eduardo Luiz Santos Cabette, acertadamente, que:

"Se um sujeito mata o filho consanguíneo de um policial (parentesco biológico ou natural), é atingido pela norma sob comento. Mas, se mata o filho adotivo do mesmo policial (parentesco civil), não é alcançado. Não é possível consertar o equívoco legislativo mediante o recurso da analogia porque isso constituiria analogia 'in mallam partem', vedada no âmbito criminal. Efetivamente houve um grande equívoco do legislador nesse ponto específico. A única consolação em meio a essa barbeiragem legislativa é o fato de que a morte de um filho adotivo de um policial, por exemplo, em represália ou vingança pela atividade deste último, configurará tranquilamente o 'motivo torpe' e fará do homicídio um crime qualificado da mesma maneira, tendo em vista o mero simbolismo da norma que veio a lume com a Lei nº 13.142/2015."[18]

Em sentido contrário, entendendo pela possibilidade da aplicação da qualificadora do filho adotivo, aduz Francisco Dirceu Barros:

"A Constituição Federal equipara os filhos adotivos aos filhos consanguíneos, *vide* o § 6º do art. 227, *in verbis*:

'Os filhos, havidos ou não da relação do casamento, ou por adoção, terão os mesmos direitos e qualificações, proibidas quaisquer designações discriminatórias relativas à filiação'.

Portanto, se o mandamento constitucional preconiza que os filhos adotivos são equiparados aos consanguíneos, a ilação lógica é a de que quem mata, por motivos funcionais, filho adotivo de uma das pessoas elencadas no art. 121, § 2º, VII, do Código Penal, comete homicídio funcional.

Não estamos fazendo uso da analogia *in malam partem*, pois não existe lacuna a ser preenchida e a norma constitucional não permite fazer nenhuma discriminação."[19]

Nos termos do § 2º do art. 129 do Código Penal, são consideradas lesões corporais gravíssimas, punidas com uma pena de reclusão, de dois a oito anos, se do comportamento praticado pelo agente resultar, para a vítima:

> (...)
> I – incapacidade permanente para o trabalho;
> II – enfermidade incurável;
> III – perda ou inutilização do membro, sentido ou função;
> IV – deformidade permanente;
> V – aborto:
> (...).

A lesão corporal seguida de morte está tipificada no § 3º do art. 129 do Código Penal, que diz:

> (...)
> § 3º Se resulta morte e as circunstâncias evidenciam que o agente não quis o resultado, nem assumiu o risco de produzi-lo:
> Pena – reclusão, de quatro a doze anos.

---

[18] CABETTE, Eduardo Luiz Santos. *Homicídio e lesões corporais de agentes de segurança pública e forças armadas*: alterações da Lei nº 13.142/2015. Disponível em: <http://jus.com.br/artigos/40830/homicidio-e-lesoes-corporais-de-agentes-de-seguranca-publica-e-forcas-armadas-alteracoes-da-lei-13-142-15>. Acesso em: 5 ago. 2015.

[19] BARROS, Francisco Dirceu. *Os agentes passivos do homicídio funcional*: Lei nº 13.142/2015. A controvérsia da terminologia autoridade e o filho adotivo como agente passivo do homicídio funcional. 06.08.2015. Disponível em: <http://jus.com.br/artigos/41302/os-agentes-passivos-do-homicidio-funcional-lei-n-13-142-2015>. Acesso em: 5 ago. 2015.

Trata-se, neste último caso, do chamado crime preterdoloso, em que há dolo (de lesão) na conduta e culpa no que diz respeito ao resultado (morte), ou seja, dolo no antecedente e culpa no consequente.

3.3. Roubo – inc. II do art. 1º

3.3.1. *Roubo circunstanciado pela restrição de liberdade da vítima (art. 157, § 2º, inc. V) – alínea a do inc. II do art. 1º*

A restrição de liberdade da vítima foi prevista no inc. V do § 2º do art. 157 do Código Penal como uma causa especial de aumento de pena do delito de roubo e, agora, também figura no rol das infrações penais consideradas como hediondas, após a modificação levada a efeito na Lei nº 8.072/90 pela Lei nº 13.964, de 24 de dezembro de 2019.

Inicialmente, faz-se mister registrar o fato de que essa causa especial de aumento de pena foi inserida no Código Penal, basicamente, em virtude do chamado sequestro-relâmpago, no qual, durante, por exemplo, a prática do crime de roubo, a vítima é colocada no porta-malas do seu próprio veículo e ali permanece por tempo não prolongado, até que os agentes tenham completo sucesso na empreitada criminosa, sendo libertada logo em seguida.

Não podemos, entretanto, entender que toda privação de liberdade levada a efeito durante a prática do roubo se consubstanciará na majorante em estudo. Pode ser, inclusive, que se configure infração penal mais grave.

A doutrina tem visualizado duas situações que permitiriam a incidência da causa de aumento de pena em questão, agora reconhecida como hedionda, a saber: *a)* quando a privação da liberdade da vítima for um *meio* de execução do roubo; *b)* quando essa mesma privação de liberdade for uma garantia, em benefício do agente, contra a ação policial.

Devemos concluir, ainda, que a vítima mencionada pela majorante é a do próprio roubo, pois, caso contrário, o crime poderá se constituir em extorsão mediante sequestro, previsto pelo art. 159 do Código Penal.

Vale o alerta feito por Cezar Roberto Bitencourt, ao afirmar:

> "Quando o 'sequestro' (manutenção da vítima em poder do agente) for praticado *concomitantemente* com o roubo de veículo automotor ou, pelo menos, como *meio de execução* do roubo ou como *garantia contra ação policial*, estará configurada a *majorante* aqui prevista. Agora, quando eventual 'sequestro' for praticado *depois da consumação do roubo* de veículo automotor, sem nenhuma conexão com sua execução ou garantia de fuga, não se estará diante da *majorante especial*, mas se tratará de concurso de crimes, podendo, inclusive, tipificar-se, como já referimos, a extorsão mediante sequestro: o extorquido é o próprio 'sequestrado'."

Além disso, para que seja aplicada a causa especial de aumento de pena, a privação da liberdade não poderá ser prolongada, devendo-se, aqui, trabalhar com o *princípio da razoabilidade* para efeitos de reconhecimento do *tempo* que, em tese, seria suficiente para ser entendido como majorante, e não como figura autônoma de sequestro ou mesmo extorsão mediante sequestro.

Devemos lembrar que a causa especial de aumento em estudo é benéfica ao agente, pois evita a imposição do concurso de crimes, razão pela qual deverá ser criteriosa a sua aplicação, para não se chegar a conclusões absurdas, em detrimento das vítimas dessas infrações penais.

Assim, imagine-se a hipótese na qual os agentes, depois de subtraírem os pertences da vítima, a mantenham presa no interior do porta-malas de seu próprio automóvel, a fim de que pratiquem vários roubos durante toda a madrugada, utilizando o veículo a ela pertencente, que lhes servirá nas fugas. O fato de ter permanecido privada de sua liberdade durante toda a madrugada é tempo mais que suficiente para se configurar o crime de sequestro, que deverá ser reconhecido juntamente com o delito de roubo, aplicando-se a regra do concurso material.

Agora, suponha-se que o agente, pretendendo a subtração do veículo de propriedade da vítima, depois de anunciar o roubo, a coloque dentro do porta-malas, saindo em direção a uma via de acesso rápido. Algum tempo depois, quando já se encontrava em local adequado para a fuga, quando já não mais corria risco de ser interceptado pelos policiais que, em tese, seriam avisados pela vítima, caso esta não tivesse sido privada da sua liberdade, o agente estaciona o veículo e a liberta. Nesse caso, deverá responder pelo roubo, com a pena especialmente agravada nos termos do inc. V do § 2º do art. 157 do Código Penal.

3.3.2. Roubo circunstanciado pelo emprego de arma de fogo (art. 157, § 2º-A, inc. I) ou pelo emprego de arma de fogo de uso proibido ou restrito (art. 157, § 2º-B) – alínea b do inc. II do art. 1º

O emprego de arma de fogo e arma de fogo de uso restrito foi previsto nos §§ 2º-A e 2º-B do art. 157 do Código Penal como majorante no delito de roubo e, agora, também figura no rol das infrações penais consideradas como hediondas, após a modificação levada a efeito na Lei nº 8.072/90 pela Lei nº 13.964, de 24 de dezembro de 2019.

O emprego da arma de fogo agrava especialmente a pena em virtude de sua potencialidade ofensiva, conjugada com o maior poder de intimidação sobre a vítima. Os dois fatores, na verdade, devem estar reunidos para efeitos de aplicação da majorante. Dessa forma, não se pode permitir o aumento de pena quando a arma de fogo utilizada pelo agente não tinha, no momento da sua ação, qualquer potencialidade ofensiva por estar sem munição ou mesmo com um defeito mecânico que impossibilitava o disparo. Embora tivesse a possibilidade de amedrontar a vítima, facilitando a subtração, não poderá ser considerada para efeitos de aumento de pena, tendo em vista a completa impossibilidade de potencialidade lesiva, ou seja, a de produzir dano superior ao que normalmente praticaria sem o seu uso.

Entendendo pelo afastamento da majorante nas hipóteses de arma de fogo desmuniciada, bem como pela dispensabilidade da sua apreensão e realização de perícia, desde que existentes outros meios de prova de sua utilização, assim decidiu o Superior Tribunal de Justiça:

(...)

II – Pedido de exclusão da causa de aumento de pena prevista no inciso I do § 2º-A do Código Penal. A jurisprudência desta Corte é assente no sentido de que a utilização de arma desmuniciada, como forma de intimidar a vítima do delito de roubo, caracteriza o emprego de violência, porém não permite o reconhecimento da majorante de pena, uma vez que está vinculada ao potencial lesivo do instrumento, dada a sua ineficácia para a realização de disparos. Todavia, "se o acusado sustentar a ausência de potencial lesivo da arma empregada para intimidar a vítima, será dele o ônus de produzir tal prova, nos termos do art. 156 do Código de Processo Penal" (HC n. 96.099/RS, Rel. Min. Ricardo Lewandowski, Tribunal Pleno, *DJe* de 05/06/2009). Na espécie, caberia ao paciente demonstrar que a arma era desprovida de potencial lesivo, o que não ocorreu na situação narrada na inicial (EREsp n. 961.863/RS, Terceira Seção, Rel. Min. Celso Limongi (Desembargador convocado do TJ/SP), Rel. p/ Acórdão Min. Gilson Dipp, *DJe* de 6/4/2011).

III – De toda sorte, reitere-se que a Terceira Seção desta Corte, quando do julgamento do EREsp n. 961.863/RS, submetido à sistemática dos recursos repetitivos, firmou o entendimento no sentido de que, para a incidência da causa especial de aumento prevista no art. 157, § 2º, inciso I, do Código

> Penal, é dispensável a apreensão e realização de perícia no respectivo objeto, desde que existentes outros meios que comprovem a utilização da arma de fogo na prática delituosa. Com efeito, restando comprovado o uso da arma de fogo por outros meios de prova, mostra-se adequada a incidência da causa de aumento prevista no art. 157, § 2º-A, inciso I, do Código Penal, sendo prescindível sua apreensão e perícia, mesmo diante da égide da Lei n. 13.654/2018. Nesse diapasão: HC n. 508.924/SP, Quinta Turma, Rel. Min. Ribeiro Dantas, *DJe* de 18/06/2019; AgRg no HC n. 473.117/MS, Quinta Turma, Rel. Min. Reynaldo Soares da Fonseca, *DJe* de 14/02/2019; HC n. 369.630/SP, Quinta Turma, Rel. Min. Reynaldo Soares da Fonseca, *DJe* de 4/10/2016; e HC n. 214.150/MG, Sexta Turma, Rel. Min. Nefi Cordeiro, *DJe* de 25/2/2016.A doutrina se digladia quanto à necessidade de ser a arma de fogo efetivamente empregada, para efeitos de se praticar a violência ou a grave ameaça, ou se bastaria o seu uso ostensivo, para fins de reconhecimento da causa especial de aumento de pena (STJ, AgRg no HC 665.770/GO, 5ª T., Rel. Min. Jesuino Rissato, Des. Convocado do TJDF, j. 14.09.2021).

Empregar a arma de fogo significa utilizá-la no momento da prática criminosa. Tanto emprega a arma de fogo o agente que, sem retirá-la da cintura, mas com a mão sobre ela, anuncia o roubo, intimidando a vítima, como aquele que, após sacá-la, a aponta em direção à sua cabeça. O importante é que ela seja utilizada durante o roubo, mesmo que a ameaça seja levada a efeito implicitamente, como no exemplo anteriormente fornecido.

Nos termos do art. 3º, parágrafo único, II e III, do Anexo I (Regulamento de Produtos Controlados), Título I (Disposições Preliminares), Capítulo I (Da Fiscalização de Produtos Controlados), do Decreto nº 10.030, de 30 de setembro de 2019, são consideradas armas de fogo de uso restrito e uso proibido:

> (...)
> II – arma de fogo de uso restrito – as armas de fogo automáticas, de qualquer tipo ou calibre, semiautomáticas ou de repetição que sejam:
> a) não portáteis;
> b) de porte, cujo calibre nominal, com a utilização de munição comum, atinja, na saída do cano de prova, energia cinética superior a mil e duzentas libras-pé ou mil seiscentos e vinte joules; ou
> c) portáteis de alma raiada, cujo calibre nominal, com a utilização de munição comum, atinja, na saída do cano de prova, energia cinética superior a mil e duzentas libras-pé ou mil seiscentos e vinte joules;
> III – arma de fogo de uso proibido:
> a) as armas de fogo classificadas como de uso proibido em acordos ou tratados internacionais dos quais a República Federativa do Brasil seja signatária;
> b) as armas de fogo dissimuladas, com aparência de objetos inofensivos;
> (...).

3.3.3. Roubo qualificado pelo resultado lesão corporal grave ou morte (art. 157, § 3º) – alínea c do inc. II do art. 1º

Antes da modificação trazida pela Lei nº 13.964, de 24 de dezembro de 2019, somente o latrocínio encontrava-se no rol das infrações penais consideradas hediondas. Agora, de acordo com a redação constante da alínea *c* do inc. II do art. 1º da Lei nº 8.972/90, todas as hipóteses previstas no § 3º do art. 157 do Código Penal passam a ser consideradas hediondas, vale dizer, a lesão corporal grave e a morte.

Os incs. I e II do § 3º do art. 157 do Código Penal, com a nova redação que lhes foi conferida pela Lei nº 13.654, de 23 de abril de 2018, preveem duas modalidades de roubo qualificado pelo resultado, *in verbis*:

> (...)
> § 3º Se da violência resulta:
> I – lesão corporal grave, a pena é de reclusão de 7 (sete) a 18 (dezoito) anos, e multa;
> II – morte, a pena é de reclusão de 20 (vinte) a 30 (trinta) anos, e multa.

Inicialmente, vale ressaltar que a lei penal exige que os resultados previstos no mencionado § 3º sejam provenientes da *violência* praticada pelo agente, entendida, no sentido do texto, como a *vis corporalis*, ou seja, a violência física empregada contra a pessoa. Se, por exemplo, na execução de um crime de roubo, cometido com o emprego de *grave ameaça*, a vítima vier a sofrer um colapso cardíaco, falecendo durante a ação criminosa, o agente não poderá responder pelo fato a título de latrocínio, porque o resultado morte da vítima não foi decorrente da violência por ele empreendida, mas, sim, de sua grave ameaça. Poderá, se for o caso, ser responsabilizado pelo roubo (sem a qualificadora do resultado morte), além do homicídio (doloso ou culposo, se o agente conhecia o problema cardíaco da vítima, variando de acordo com o seu elemento subjetivo).

Os resultados qualificadores especificados pelos incs. I e II do § 3º do art. 157 do Código Penal, com a nova redação que lhe foi dada pela Lei nº 13.654, de 23 de abril de 2018, são: *a)* lesão corporal de natureza grave (aqui compreendidos os §§ 1º e 2º do art. 129 do Código Penal); *b)* morte (latrocínio). Esses resultados podem ser imputados a título de dolo ou culpa, isto é, durante a prática do roubo, o agente pode ter querido causar, efetivamente, lesões graves na vítima, ou mesmo a sua morte, para fins de subtração de seus bens, ou tais resultados podem ter ocorrido durante a empresa criminosa sem que fosse intenção do agente produzi-los, mas causados culposamente. Assim, segundo a posição majoritária da doutrina, os incs. I e II do § 3º do art. 157 do Código Penal cuidam de crimes qualificados pelo resultado (lesão corporal grave ou morte) que poderão ser imputados ao agente a título de dolo ou culpa. Importante frisar, ainda, que em hipótese alguma o agente poderá ser responsabilizado pela ocorrência de um resultado que não lhe era previsível, não se aceitando, pois, o raciocínio da chamada responsabilidade penal objetiva, conhecida, ainda, por responsabilidade penal sem culpa ou pelo resultado, uma vez que o art. 19 do estatuto repressivo determina, expressamente, que: *Pelo resultado que agrava especialmente a pena, só responde o agente que o houver causado ao menos culposamente.*

As qualificadoras retromencionadas – lesão corporal grave e morte – são aplicadas em ambas as espécies de roubo, vale dizer, o roubo próprio e o roubo impróprio. O importante, como já registramos anteriormente, é que tenham sido consequência da violência utilizada.

A morte, que qualifica o roubo, faz surgir aquilo que doutrinariamente é reconhecido por *latrocínio*, embora o Código Penal não utilize essa rubrica. Assim, se, durante a prática do roubo, em virtude da violência empreendida pelo agente, advier a morte – dolosa ou mesmo culposa – da vítima, poderemos iniciar o raciocínio correspondente ao crime de latrocínio, consumado ou tentado, conforme veremos mais adiante.

Em sentido contrário, aduzindo que o resultado morte somente pode ser atribuído ao agente a título de culpa, Israel Domingos Jorio, em monografia específica sobre o tema, traçando um paralelo entre diversos delitos que preveem a morte como qualificadora do crime, preleciona:

"Se o agente quis o estupro e quis o homicídio, não há razão para se apenar apenas um dos crimes e desconsiderar o outro. Praticou dois crimes e deve responder por ambos, um e outro. A morte, como resultado, não é exaurimento de conduta dolosa tendente ao estupro; é resultado provocado por ação consciente, que preenche todos os requisitos necessários à tipificação do crime de homicídio. Não se trata, pois, de uma ação, com uma única finalidade, e dois resultados diversos, mas, sim, de duas ações, duas finalidades e dois resultados perseguidos pelo agente.

Não se diga que esta lógica não se aplica aos crimes patrimoniais. Não há, para tanto, qualquer explicação razoável."[20]

Ao latrocínio e ao roubo qualificado pelas lesões corporais de natureza grave não se aplicam as causas de aumento de pena previstas no § 2º do art. 157 do Código Penal, em virtude de sua localização topográfica. Imagine-se, por exemplo, que a vítima esteja a serviço de transporte de valores (inciso III), quando é interceptada por dois agentes (inciso II) que, munidos com armas de fogo (inc. I do § 2º-A), contra ela atiram querendo a sua morte, para que possam realizar a subtração. Por intermédio desse exemplo, podemos perceber a ocorrência de três causas de aumento de pena. No entanto, nenhuma delas poderá ser aplicada ao latrocínio, a título de majorante, uma vez que, se fosse intenção da lei penal aplicá-las às modalidades qualificadas, deveriam estar localizadas posteriormente ao § 3º do art. 157 do Código Penal. Assim, conclui-se, as majorantes previstas nos §§ 2º e 2º-A do mesmo artigo somente são aplicadas àquilo que as antecede, isto é, as duas modalidades de roubo simples, seja próprio *(caput)*, seja mesmo impróprio (§ 1º).

Tem-se afirmado, com razão, que a morte de qualquer pessoa, durante a prática do roubo, que não alguém do próprio grupo que praticava a subtração, caracteriza o latrocínio. Desse modo, por exemplo, se integrantes de uma associação criminosa ingressam em uma agência bancária e matam, imediatamente, o segurança que ali se encontrava, a fim de praticar a subtração, já se poderá cogitar do latrocínio, consumado ou tentado, dependendo do caso concreto, bem como da posição que se adote. No entanto, conforme esclarece Weber Martins Batista:

> "Não se pode falar em latrocínio, se é um dos agentes que morre, ferido por tiro disparado pela vítima, pela polícia, ou por qualquer pessoa que veio em socorro desta, pois tal morte *não* foi praticada por qualquer dos sujeitos ativos do crime. Mas se acontecer – hipótese que não é incomum nos roubos à mão armada – que um dos agentes dispare arma na direção de terceiro e atinja e mate um companheiro, o fato caracteriza o latrocínio."[21]

Pode ocorrer, ainda, que, durante a prática do roubo, várias pessoas sejam mortas. Nesse caso, haveria *crime único* (latrocínio), devendo as várias mortes ser consideradas tão somente no momento de aplicação da pena-base, ou se poderia, no caso, cogitar de *concurso de crimes*, considerando-se cada morte como uma infração penal (consumada ou tentada)?

O Superior Tribunal de Justiça já se posicionou no seguinte sentido:

> 1. A jurisprudência desta Corte, ao analisar o tema, firmou-se no sentido de que, configurado o crime de latrocínio, com única subtração patrimonial e mais de um resultado morte, com autonomia de desígnios, fica caracterizado o concurso formal impróprio, previsto no art. 70, parte final, do Código Penal, segundo o qual as penas cominadas serão aplicadas cumulativamente, seguindo a previsão do concurso material de crimes. 2. No caso dos autos, correta a decisão que entendeu configurado o concurso formal impróprio, uma vez que, embora tenha ocorrido a subtração de um único patrimônio, porquanto pertencentes ao casal, os acusados, com desígnios autônomos, praticaram atos de violência dirigidos de modo particular a cada uma das vítimas, o que demonstra o dolo específico

---

[20] JORIO, Israel Domingos. *Latrocínio*, p. 238.

[21] BATISTA, Weber Martins. *O furto e o roubo no direito e no processo penal*, p. 286.

> para cada ato colateral envolvendo a conduta delitiva roubar, provocando intencionalmente cada uma das mortes (STJ, AgRg no AgRg no AREsp 1.873.668/SC, 5ª T., Rel. Reynaldo Soares da Fonseca, j. 03.08.2021).

Portanto, quando estivermos diante de várias subtrações com vários resultados morte, nada impedirá o raciocínio do concurso de crimes. Assim, imagine-se que, durante a prática de um roubo em um prédio de apartamentos, os agentes acabem subtraindo os bens de várias pessoas, causando a morte de algumas delas. Poderá se cogitar, *in casu*, de concurso de latrocínios, com as discussões que lhe são pertinentes, que girarão em torno da natureza desse concurso de crimes (concurso material, concurso formal, ou, ainda, crime continuado).

Compete ao juízo singular o julgamento dos fatos que envolvam o crime de latrocínio. Mesmo que o agente tenha dolosamente causado a morte da vítima para fim de subtração de seus bens, não poderá ser submetido a julgamento pelo Tribunal do Júri, a não ser, por exemplo, na hipótese de conexão com um caso que deva ser submetido a julgamento pelo Tribunal popular, haja vista que a este compete julgar os *crimes dolosos contra a vida*, e, no tipo penal que prevê o latrocínio, o bem jurídico por ele precipuamente protegido é o *patrimônio*, em face de sua inserção no Título II do Código Penal (Dos Crimes contra o Patrimônio).

3.4. Extorsão qualificada pela restrição da liberdade da vítima, ocorrência de lesão corporal ou morte (art. 158, § 3º) – inc. III do art. 1º

O inc. III do art. 1º da Lei nº 8.072/90 foi modificado pela Lei nº 13.964, de 24 de dezembro de 2019. Em sua redação anterior, havia somente a previsão para a extorsão qualificada pela morte. Agora, todas as hipóteses constantes do § 3º do art. 158 do Código Penal farão parte do rol das infrações penais consideradas como hediondas, a saber: *a)* restrição da liberdade da vítima; *b)* lesão corporal grave; e *c)* morte.

É impressionante a falta de técnica do legislador. Isso porque o Código Penal faz distinção entre três espécies de lesão corporal, que podem ser entendidas como leve, grave e gravíssima. Ao mencionar simplesmente a lesão corporal no inc. III do art. 1º do Código Penal, a lei não apontou qual delas poderia ser considerada hedionda quando viesse a ocorrer durante a prática do delito de extorsão.

Contudo, como, ao final da redação do mencionado inciso III, encontramos, entre parênteses, menção ao § 3º do art. 158 do Código Penal, consequentemente temos que entender que somente a lesão corporal grave (e aqui também compreendida a gravíssima) é que qualifica o crime de extorsão e o reconhece como hediondo.

Da mesma forma, quando faz menção à restrição da liberdade, obrigatoriamente, temos que reconhecer que somente aquela restrição que for condição necessária para a obtenção da vantagem econômica é que foi a prevista pelo inc. III do art. 1º da Lei nº 8.072/90.

Feitas essas observações, vale dizer que a Lei nº 11.923, de 17 de abril de 2009, incluiu o § 3º ao art. 158 do Código Penal, criando, assim, mais uma modalidade do chamado sequestro-relâmpago, além daquela prevista pelo inc. V do § 2º do art. 157 do mesmo diploma repressivo.

Em virtude da nova disposição legal, temos que, *ab initio*, levar a efeito a distinção entre o sequestro-relâmpago, que configura o delito de extorsão, e aquele que se consubstancia em crime de roubo.

Infelizmente, a lei penal cedeu à pressão de parte de nossos doutrinadores que, ainda seguindo as orientações de Hungria, conjugadas com os ensinamentos de Luigi Conti, afirmava que a diferença entre os delitos de roubo e extorsão residiria, fundamentalmente, no fato de que, naquele, o agente podia, por si mesmo, praticar a subtração, sem que fosse necessária a colaboração da vítima; na extorsão, ao contrário, a consumação somente seria possível se a vítima cooperasse com o agente, entregando-lhe a vantagem indevida.

Assim, além de levarem a efeito a diferença entre a *contrectatio* e a *traditio*, procuraram distinguir os delitos com base no critério da "prescindibilidade ou não do comportamento da vítima", afirmando que, se a obtenção da vantagem patrimonial fosse impossível sem a sua colaboração, estaríamos diante de um crime de extorsão; por outro lado, ou seja, se, mesmo sem a colaboração da vítima, fosse possível o sucesso da empresa criminosa, o crime seria o de roubo.

A fim de distinguir essas duas situações, tem-se exemplificado com os crimes praticados contra vítimas que se encontram em caixas eletrônicos. Dessa maneira, tendo em vista que, para que o agente tenha sucesso na obtenção da vantagem indevida, a vítima, obrigatoriamente, deverá efetuar o saque, mediante a apresentação de sua senha, o fato, para a maioria de nossos doutrinadores, deveria ser entendido como extorsão.

Infelizmente, não se tem considerado a possibilidade de decisão da vítima, ou seja, não se tem levado em consideração se a vítima, na situação em que se encontrava, tinha ou não um tempo razoável, ou mesmo se podia resistir ao constrangimento que era praticado pelo agente. Weber Martins Batista analisando, com precisão, a distinção entre os crimes de roubo e extorsão, preleciona:

> "Se o agente ameaça a vítima ou pratica violência contra ela, visando a obter a coisa *na hora*, há roubo, sendo desimportante para caracterização do fato que ele tire o objeto da vítima ou este lhe seja dado por ela. É que, nesta última hipótese, não se pode dizer que a vítima agiu, pois, estando totalmente submetida ao agente, não passou de um instrumento de sua vontade. Só se pode falar em extorsão, por outro lado, quando o mal prometido é futuro e futura a obtenção da vantagem pretendida, porque neste caso a vítima, embora ameaçada, não fica totalmente à mercê do agente e, portanto, participa, ainda que com a vontade viciada, do ato de obtenção do bem."[22]

A Lei nº 11.923, de 17 de abril de 2009, como dissemos, criou outra modalidade qualificada de extorsão, acrescentando o § 3º do art. 158 do Código Penal, tipificando o delito de *sequestro-relâmpago*, mesmo que não tenha consignado, expressamente, esse *nomen juris* como rubrica ao mencionado parágrafo, dizendo, *in verbis*:

(...)

§ 3º Se o crime é cometido mediante a restrição da liberdade da vítima, e essa condição é necessária para a obtenção da vantagem econômica, a pena é de reclusão, de 6 (seis) a 12 (doze) anos, além da multa; se resulta lesão corporal grave ou morte, aplicam-se as penas previstas no art. 159, §§ 2º e 3º, respectivamente.

Dessa forma, para que se configure o delito em estudo, há necessidade de que a vítima tenha sido privada de sua liberdade, e essa condição seja necessária para obtenção da vantagem econômica.

Essa privação da liberdade deverá ocorrer por tempo razoável, permitindo, assim, que se reconheça que a vítima ficou limitada em seu direito de ir, vir ou mesmo permanecer, em virtude do comportamento levado a efeito pelo agente.

---

22 BATISTA, Weber Martins. *O furto e o roubo no direito e no processo penal*, p. 301.

Por outro lado, a privação da liberdade da vítima deve ser um *meio*, ou seja, uma *condição necessária*, para que o agente tenha sucesso na obtenção da vantagem econômica. Citam-se como exemplos dessa hipótese quando a vítima é obrigada a acompanhar o agente a um caixa eletrônico a fim de efetuar o saque de toda a importância disponível em sua conta bancária, ou mesmo aquele que obriga a vítima a dirigir-se até a sua residência, a fim de entregar-lhe todas as joias existentes no seu cofre, que somente poderia ser aberto mediante a apresentação das digitais do seu proprietário.

Faz-se mister ressaltar que, para nós, os exemplos anteriores se configurariam delito de roubo, com a causa especial de aumento de pena prevista no inc. V do § 2º do art. 157 do Código Penal, uma vez que a vítima não tinha liberdade de escolha. No entanto, para a maioria de nossa doutrina, seria um exemplo de extorsão, com restrição de liberdade da vítima.

De acordo com nosso posicionamento, minoritário por sinal, dificilmente seria aplicado o novo parágrafo do art. 158 do estatuto repressivo, pois a vítima, privada de sua liberdade mediante o constrangimento praticado pelo agente, não teria como deixar de anuir à exigência da entrega, por exemplo, da indevida vantagem econômica.

Ocorreria, por outro lado, o sequestro-relâmpago, característico do crime de roubo, para a maioria de nossos doutrinadores, quando o agente pudesse, ele próprio, sem a necessidade de colaboração da vítima, subtrair os bens móveis que desejasse. Assim, por exemplo, pode ocorrer que o agente, ao se deparar com a vítima, que dirigia seu automóvel, anuncie o roubo e, ato contínuo, a coloque no porta-malas e siga em direção a um lugar ermo, afastado, impedindo-a, dessa forma, de se comunicar imediatamente com a polícia.

Como se percebe, neste último caso, o agente poderia, sem a colaboração da vítima, subtrair seu automóvel. Entretanto, privou-a de sua liberdade, razão pela qual não haveria dúvida na aplicação do inc. V do § 2º do art. 157 do Código Penal, fazendo que a pena aplicada ao roubo fosse aumentada de um terço até a metade.

Merece ser frisado que a Lei nº 11.923, de 17 de abril de 2009, desigualou o tratamento até então existente entre os crimes de roubo e extorsão, cujos arts. 157 e 158 do Código Penal, respectivamente, preveem as mesmas penas no que diz respeito à modalidade fundamental (reclusão, de 4 a 10 anos, e multa), bem como à majorante de 1/3 (um terço) até a metade para algumas hipóteses similares, e, ainda, penas idênticas se da violência resultar lesão corporal grave ou morte.

Agora, a privação da liberdade da vítima importará no reconhecimento de uma qualificadora (art. 158, § 3º, do CP), em vez de uma causa especial de aumento de pena como havia sido previsto inicialmente para o crime de roubo (art. 157, § 2º, V, do CP). Assim, fatos semelhantes terão penas diferentes, ofendendo-se, frontalmente, os princípios da isonomia, da razoabilidade e da proporcionalidade.

Além disso, como alerta, com precisão, Eduardo Luiz Santos Cabette:

> "Nos casos de roubos qualificados por lesões graves ou morte, onde houve restrição da liberdade da vítima, e extorsões nas mesmas condições, estas serão sempre apenadas com mais rigor. Nestes casos a Lei nº 11.923/2009 manda aplicar à extorsão com restrição da liberdade as mesmas penas do crime de extorsão mediante sequestro qualificado (art. 159, §§ 2º e 3º, CP). Assim sendo, enquanto nos casos de roubo as penas variam entre 'reclusão, de 7 a 15 anos' (lesões graves) e 'reclusão, de 20 a 30 anos' (morte); nos casos de extorsão as sanções vão gravitar entre 'reclusão, de 16 a 24 anos' (lesões graves) e 'reclusão, de 24 a 30 anos' (morte). É realmente de se indagar: o que justifica essa discrepância?
>
> Deixando um pouco de lado essas falhas grotescas da nova legislação, tem-se que, com o advento do novo § 3º do art. 158, CP, dever-se-á verificar em cada caso concreto se ocorreu

Parte I • **Capítulo 1** • CRIMES HEDIONDOS | 29

um roubo ou uma extorsão. Em se formando um juízo de roubo, aplica-se o art. 157, § 2º, V, do CP; caso contrário, concluindo-se pela ocorrência de extorsão, aplica-se o art. 158, § 3º, do CP.

Note-se que no caso do roubo a ocorrência de lesões graves ou morte afasta a aplicação do § 2º, V, do art. 157, CP, prevalecendo o § 3º do mesmo dispositivo. Já na extorsão deve-se atentar para que se houver lesões graves ou morte, sem que o agente tenha obrado com restrição da liberdade da vítima, aplica-se o § 2º do art. 158, CP, que remete às penas do art. 157, § 3º, CP. Quando ocorrerem os mesmos resultados (lesões graves ou morte), mas o agente tiver atuado mediante restrição da liberdade da vítima, aplica-se o § 3º, *in fine*, do art. 158, CP, que remete às penas do art. 159, §§ 2º e 3º, CP."[23]

Outro problema que deve ser enfrentado diz respeito à possibilidade de se raciocinar, igualmente, com o delito de sequestro, previsto no art. 148 do Código Penal, em concurso com o delito de extorsão. Como dissemos anteriormente, para que se caracterize a modalidade qualificada de extorsão, mediante a restrição da liberdade da vítima, esta, ou seja, a restrição da liberdade, deve ser um *meio* para que o agente tenha a vantagem econômica.

Assim, raciocinemos com o seguinte exemplo: imagine-se a hipótese em que o agente, depois de constranger a vítima, por telefone, a entregar-lhe determinada quantia, marque com ela um local para a entrega do dinheiro. Ao receber o valor exigido, o agente, acreditando que a vítima estivesse sendo seguida, a fim de assegurar a sua fuga, a coloca no porta-malas de seu automóvel e, com ela, vai em direção a uma cidade vizinha, distante, aproximadamente, 50 km do local da entrega do dinheiro, onde, após se assegurar de que não estava sendo seguido, a liberta.

Nesse caso, tendo em vista a sua natureza de crime formal, a extorsão havia se consumado anteriormente, quando da prática do constrangimento pelo agente. Ao privar a vítima de sua liberdade, nesse segundo momento, o agente pratica, outrossim, o delito de sequestro, que não serviu, como se percebe, para a prática da extorsão. Aqui, portanto, teríamos o concurso entre o delito de extorsão, tipificado no *caput* do art. 158 do Código Penal, e o delito de sequestro ou cárcere privado, previsto pelo art. 148 do mesmo diploma repressivo.

Se a finalidade da privação da liberdade da vítima for a obtenção, para si ou para outrem, de qualquer vantagem, como condição ou preço do resgate, o fato se amoldará ao delito de extorsão mediante sequestro, tipificado no art. 159 do Código Penal.

3.5. Extorsão mediante sequestro e na forma qualificada (art. 159, *caput*, e §§ 1º, 2º e 3º) – inc. IV do art. 1º

O crime de extorsão mediante sequestro talvez tenha sido um dos que mais ganharam espaço em nossa mídia no final do século XX, motivando até mesmo a edição de leis mais severas, que pregavam o recrudescimento das penas, bem como o seu cumprimento mais prolongado no cárcere.

Tanto seu tipo básico, previsto no *caput* do art. 159 do Código Penal, quanto suas modalidades qualificadas, elencadas nos §§ 1º, 2º e 3º do mesmo artigo, são consideradas infrações penais hediondas, conforme previsão constante do inc. IV do art. 1º da Lei nº 8.072/90.

---

[23] CABETTE, Eduardo Luiz Santos. *A Lei nº 11.923/2009 e o famigerado sequestro-relâmpago. Afinal, que raio de crime é esse?* 06.05.2009. Disponível em: <http://jus2.uol.com.br/doutrina/texto.as-p?id=12760>. Acesso em: 29 ago. 2009.

30 | CRIMES HEDIONDOS E EQUIPARADOS – ROGÉRIO GRECO

Alberto Silva Franco, Rafael Lira e Yuri Felix, em obra específica sobre os crimes hediondos, apontando as origens de sua criação, esclarecem:

"Sob o impacto dos meios de comunicação de massa, mobilizados em face de extorsões mediante sequestro, que tinham vitimizado figuras importantes da elite econômica e social do país (caso Martinez, caso Salles, caso Diniz, caso Medina etc.), um medo difuso e irracional, acompanhado de uma desconfiança para com os órgãos oficiais de controle social, tomou conta da população, atuando como um mecanismo de pressão ao qual o legislativo não soube resistir. Na linha de pensamento da *Law and Order*, surgiu a Lei nº 8.072/90, que é, sem dúvida, um exemplo significativo de uma posição político-criminal que expressa, ao mesmo tempo, radicalismo e passionalidade."[24]

Certo é que o crime de extorsão mediante sequestro encontra-se no rol das infrações penais mais graves, e que mais estragos faz à vítima e aos seus familiares. Tanto é verdade que a maior pena existente em nosso ordenamento jurídico-penal é a cominada à extorsão mediante sequestro com resultado morte, que varia de 24 (vinte e quatro) a 30 (trinta) anos de reclusão, sendo pequena a margem entre as penas mínima e máxima para que o julgador possa individualizá-la com maior precisão.

O tipo fundamental do art. 159 do Código Penal aponta os elementos indispensáveis ao reconhecimento do crime de extorsão mediante sequestro, por meio da seguinte redação:

> **Art. 159.** Sequestrar pessoa com o fim de obter, para si ou para outrem, qualquer vantagem, como condição ou preço do resgate:
> (...).

Assim, verifica-se, pela redação anteriormente transcrita, que a extorsão mediante sequestro se encontra no catálogo daqueles crimes considerados complexos, sendo, pois, o resultado da fusão de várias figuras típicas, a exemplo do sequestro, que é utilizado como um meio para a prática da extorsão. Na verdade, trata-se de uma modalidade especializada de extorsão, justamente pelo meio utilizado, vale dizer, a privação da liberdade da vítima.

Dessa forma, podemos identificar os seguintes elementos que compõem o delito em estudo: *a)* privação da liberdade de alguém; *b)* especial fim de agir, caracterizado pela finalidade do agente de obter, para si ou para outrem, qualquer vantagem, como condição ou preço do resgate.

A privação da liberdade, utilizada como meio para a prática do crime de extorsão mediante sequestro, é a mesma referida no art. 148 do Código Penal e, aqui, possui uma finalidade especial: a obtenção de *qualquer vantagem*.

Poder-se-ia indagar a respeito da sua natureza, já que a lei penal faz menção genérica a *qualquer vantagem*, não exigindo expressamente, inclusive, que essa vantagem seja *indevida*. Hungria, analisando a redação legal, diz:

"O art. 159 fala em 'qualquer vantagem', sem dizê-la expressamente *indevida*, como faz quanto à extorsão *in genere*, pois seria isso supérfluo, desde que a sua ilegitimidade resulta de ser exigida como preço da cessação de um crime. Se o sequestro visa à obtenção da vantagem

---

[24] FRANCO, Alberto Silva. *Crimes hediondos*, p. 90-91.

devida, o crime será o de 'exercício arbitrário das próprias razões' (art. 345), em concurso formal com o de *sequestro* (art. 148)."[25]

Assim, embora o art. 159 do diploma repressivo não faça menção expressa à indevida vantagem, temos que compreendê-la como consignada implicitamente pelo mencionado tipo penal, sob pena de ser realizada, como propôs Hungria, a desclassificação para outra figura típica.

Além de indevida a vantagem, entendemos que não é exatamente *qualquer uma* que permite o raciocínio do crime de extorsão mediante sequestro, mas tão somente a vantagem que tenha *valor econômico*, de natureza patrimonial, uma vez que o tipo do art. 159 está inserido no Título II do Código Penal, relativo aos crimes contra o patrimônio. Portanto, de acordo com uma interpretação sistêmica do Código Penal, devemos entender que a vantagem exigida como condição ou preço do resgate deve ter natureza patrimonial, pois, caso contrário, poderá configurar outra infração penal.

Imagine-se a hipótese daquele que sequestre o filho da mulher pela qual estava apaixonado, alegando que somente restituirá a liberdade da criança caso venha a ter com ela relações sexuais. Poderíamos, no exemplo fornecido, até visualizar uma *vantagem de natureza sexual* obtida mediante a privação da liberdade de alguém. No entanto, poderia o agente responder pelo delito de extorsão mediante sequestro? Entendemos que não. Nesse caso, deveria ser responsabilizado pelo sequestro da criança (art. 148 do CP), em concurso com o crime de estupro (art. 213 do CP).

Nesse sentido é a posição majoritária da doutrina. Afirma Fragoso que "a ação deve ser praticada para obter *qualquer vantagem*, como preço ou condição do resgate. Embora haja aqui uma certa imprecisão da lei, é evidente que o benefício deve ser de ordem econômica ou patrimonial, pois de outra forma este seria apenas um crime contra a liberdade individual"[26]. Ainda, Luiz Regis Prado diz que:

> "(...) no que tange à *vantagem* descrita no tipo, simples interpretação do dispositivo induziria à conclusão de que não deva ser necessariamente econômica. Contudo, outro deve ser o entendimento. De fato, a extorsão está encartada entre os delitos contra o patrimônio, sendo o delito-fim, e, no sequestro, apesar de o próprio tipo não especificar a natureza da vantagem, parece indefensável entendimento diverso."[27]

Mirabete também esclarece que, tratando-se de "crime contra o patrimônio, há que se entender que se trata de qualquer vantagem patrimonial (dinheiro, títulos, cargo remunerado etc.)"[28].

Em sentido contrário, assevera Damásio:

> "Qualquer vantagem diz respeito a 'qualquer vantagem' mesmo, sendo irrelevante que seja devida ou indevida, econômica ou não econômica. Se exigirmos que a vantagem seja econômica e indevida, como ocorre na extorsão, não estaremos diante da tipicidade do fato, pois

---

[25] HUNGRIA, Nélson. *Comentários ao Código Penal*, v. VII, p. 72.

[26] FRAGOSO, Heleno Cláudio. *Lições de direito penal*: parte especial (arts. 121 a 160 CP), p. 320.

[27] PRADO, Luiz Regis. *Curso de Direito Penal Brasileiro*, v. 2, p. 417.

[28] MIRABETE, Júlio Fabbrini. *Manual de direito penal*, v. 2, p. 253.

que o CP fala em 'qualquer vantagem', não a especificando. Que 'qualquer vantagem' é esta que precisa ser econômica e indevida?"[29]

Cezar Roberto Bitencourt, defendendo a interpretação ampla da expressão *qualquer vantagem*, acompanha Damásio, justificando que:

"A *natureza econômica da vantagem* é afastada pela elementar típica *qualquer vantagem*, que deixa clara sua abrangência. Quando a lei quer limitar a espécie de vantagem, usa o elemento normativo *indevida, injusta, sem justa causa* (...). Assim, havendo *sequestro*, para obter *qualquer* vantagem, para si ou para outrem – não importando a natureza (econômica ou não) ou espécie (indevida ou não) –, como *condição ou preço* do resgate, estará caracterizado o crime de extorsão mediante sequestro."[30]

Sabemos, ao contrário do que afirma o velho chavão que diz que "a lei é sábia", que ela não possui essa característica generosa. O legislador penal, em várias passagens do Código, pecou pela falta de técnica, fazendo que os intérpretes tivessem trabalho redobrado no momento de extrair o alcance legal. Por isso, faz-se mister a aplicação de todos os instrumentos de interpretação disponíveis, principalmente a chamada interpretação sistemática. Figurativamente, não analisamos uma estrela solitariamente. Devemos buscar a sua constelação, descobrindo sua galáxia, para termos a noção do Universo. Da mesma forma, a fim de melhor compreendermos um artigo, buscamos saber, por exemplo, a que capítulo pertence, e este, consequentemente, em que Título está inserido, relativo a que Código. Nesse sentido, orienta Manoel Messias Peixinho:

"Quando se fala em interpretação sistemática, tem-se em mente a interpretação harmoniosa do ordenamento jurídico. Não se deve, em nenhuma hipótese, apartar a norma do seu contexto (a lei em tela, o Código: Penal, Civil etc.) e muito menos na sua sequência imediata (nunca se deve ler só um artigo, leiam-se também os parágrafos e os demais artigos)."[31]

Como se percebe sem muito esforço, os artigos que antecedem ao crime de extorsão mediante sequestro têm como finalidade a obtenção de vantagem de natureza patrimonial, pois, no roubo, a conduta do agente é dirigida à subtração da coisa alheia móvel e, na extorsão, à obtenção de uma indevida vantagem econômica. Por que razão somente no delito de extorsão mediante sequestro a obtenção de qualquer vantagem, não importando a sua natureza, poderia ser a finalidade especial do agente?

Tendo em vista a interpretação sistêmica, não há como aderir à tese segundo a qual a expressão *qualquer vantagem*, contida como elemento do art. 159 do Código Penal, diz respeito a toda e qualquer vantagem, tenha ou não natureza patrimonial, pois isso ofenderia o sistema no qual está inserido o crime de extorsão mediante sequestro, cujo bem precipuamente protegido é, efetivamente, o patrimônio.

Assim, concluindo, a expressão *qualquer vantagem* significa tão somente aquela de natureza patrimonial, afastando-se todas as demais, que poderão configurar outros tipos penais que não a extorsão mediante sequestro.

---

[29]   JESUS, Damásio Evangelista de. *Direito penal*, v. 2, p. 370.

[30]   BITENCOURT, Cezar Roberto. *Tratado de direito penal*, v. 3, p. 139.

[31]   PEIXINHO, Manoel Messias. *A interpretação da Constituição e os princípios fundamentais*, p. 39-40.

Não há necessidade, ainda, que a vítima seja removida para outro local, podendo o delito ocorrer dentro de sua própria residência, desde que o agente a prive de sua liberdade com o fim de obter qualquer vantagem, como condição ou preço para que possa voltar a exercer o seu direito de ir, vir e permanecer.

Cleber Masson nos esclarece, ainda, que:

"*Condição de resgate* diz respeito a qualquer tipo de comportamento, por parte do sujeito passivo, idôneo a proporcionar uma vantagem econômica ao criminoso. A vítima patrimonial faz ou deixa de fazer algo que possa beneficiar o sequestrador. Exemplos: assinatura de um cheque, entrega de um documento, elaboração de uma nota promissória etc. De outro lado, *preço do resgate* se relaciona à exigência de um valor em dinheiro ou em qualquer outra utilidade econômica. Nesse caso, o ofendido paga alguma quantia em troca da liberdade do sequestrado. Exemplos: entrega de determinada quantia em pecúnia, tradição de um automóvel etc."[32]

3.5.1. Modalidades qualificadas

Os §§ 1º, 2º e 3º do art. 159 do Código Penal preveem as modalidades qualificadas, dizendo, *in verbis*:

> § 1º Se o sequestro dura mais de 24 (vinte e quatro) horas, se o sequestrado é menor de 18 (dezoito) ou maior de 60 (sessenta) anos, ou se o crime é cometido por bando ou quadrilha[33]:
> Pena – reclusão, de 12 (doze) a 20 (vinte) anos.
> § 2º Se do fato resulta lesão corporal de natureza grave:
> Pena – reclusão, de 16 (dezesseis) a 24 (vinte e quatro) anos.
> § 3º Se resulta a morte:
> Pena – reclusão, de 24 (vinte e quatro) a 30 (trinta) anos.

Tendo em vista as características que lhe são peculiares, faremos a análise individualizada de cada uma das qualificadoras elencadas.

Se o sequestro dura mais de 24 (vinte e quatro) horas

A primeira qualificadora é de natureza objetiva, pois a lei penal determina que, se a privação da liberdade durar mais do que 24 horas, a pena cominada será de reclusão, de 12 (doze) a 20 (vinte) anos.

Faz-se mister observar que a contagem do prazo tem início a partir do momento em que a vítima se vê, efetivamente, privada de sua liberdade. Assim, por exemplo, se foi sequestrada às 15 horas e 30 minutos, a partir desse exato instante é que começa a contagem do prazo de 24 horas determinado pelo § 1º do art. 159 do Código Penal.

O fundamento de tal qualificadora reside na maior reprovabilidade do comportamento daquele que priva, por um período prolongado, a vítima de sua liberdade, aumentando-lhe

---

[32]   MASSON, Cleber. *Direito penal esquematizado*: parte especial, v. 2, p. 471.

[33]   A Lei nº 12.850, de 2 de agosto de 2013, substituiu a rubrica que constava no art. 288 do CP, modificando, ainda, sua redação original. Assim, onde se lê quadrilha ou bando, leia-se *associação criminosa*, sendo exigido, com essa modificação legal, um número mínimo de três pessoas para sua formação.

os danos psicológicos, não somente com relação a ela, vítima, como também a seus familiares. O sentimento de incerteza, de insegurança, no que diz respeito ao futuro, aumenta a cada instante em que a vítima se encontra à mercê dos sequestradores, merecendo, portanto, uma pena mais exacerbada.

Por outro lado, a existência da aludida qualificadora afasta, quase que totalmente, a possibilidade de alguém ser condenado pela modalidade fundamental do crime de extorsão mediante sequestro, pois, como regra geral, a vítima permanece em poder dos sequestradores por tempo superior a 24 horas.

Se o sequestrado é menor de 18 (dezoito) ou maior de 60 (sessenta) anos

A idade daquele que foi privado de sua liberdade também é um dado de natureza objetiva que merece ser considerado para efeitos de reconhecimento da qualificadora. Tanto a vítima com pouca idade como aquela que já se encontra em idade avançada ficam mais fragilizadas nas mãos dos sequestradores.

Afirma Hungria que "a circunstância de ser a vítima *menor de 18 anos* (isto é, que ainda *não completou* tal idade) também justifica a agravação especial, porque torna mínima, quando não nenhuma, a possibilidade de eximir-se ao sequestro, ao mesmo tempo que é infringida a incolumidade especialmente assegurada à criança e ao adolescente"[34].

O § 1º do art. 159 teve sua redação modificada pela Lei nº 10.741, de 1º de outubro de 2003, que, dispondo sobre o Estatuto da Pessoa Idosa, fez acrescentar, como mais uma modalidade qualificada, o fato de ser o sequestrado maior de 60 (sessenta) anos de idade.

Merece registro o fato de que a idade das vítimas deverá ser conhecida, pois, caso contrário, poderá ser alegado o chamado erro de tipo. Assim, por exemplo, se o agente sequestra a vítima, que imagina contar com mais de 20 anos de idade, quando, na realidade, tem apenas 17 anos, não poderá incidir a qualificadora, se provada a hipótese de erro.

A idade dela deverá ser demonstrada nos autos por meio de documentos próprios, conforme determina o parágrafo único do art. 155 do Código de Processo Penal, com a nova redação que lhe foi dada pela Lei nº 11.690, de 9 de junho de 2008, que diz: *Somente quanto ao estado das pessoas serão observadas as restrições estabelecidas na lei civil.*

Se o crime é cometido por bando ou quadrilha (leia-se, associação criminosa)

Para que se possa aplicar a qualificadora em estudo, é preciso que exista, efetivamente, a formação da associação criminosa, nos moldes preconizados pelo art. 288 do Código Penal, com a nova redação que lhe foi conferida pela Lei nº 12.850, de 2 de agosto de 2013. Portanto, deve haver a associação não eventual de pessoas, o que exige certa *estabilidade* ou *permanência,* para o fim específico de cometer crimes, vale dizer, um número indeterminado de delitos. Caso ocorra a reunião eventual de três ou mais pessoas, para o fim específico de praticar um único crime de extorsão mediante sequestro, restará afastada a qualificadora.

Hungria, na primeira metade do século XX, dissertando sobre as origens da qualificadora da quadrilha ou bando (atualmente entendida como associação criminosa) no crime de extorsão mediante sequestro, diz:

"A qualificativa de ser o crime cometido por *bandoleiros* ou *quadrilheiros* (isto é, indivíduos associados para o fim de cometer crimes, o que, em si mesmo, já constitui crime, *ut* art. 288

---

[34] HUNGRIA, Nélson. *Comentários ao Código Penal*, v. VII, p. 73.

do Cód. Penal) teve a sugeri-la a assustadora atividade dos *gangs* norte-americanos (cujo exemplo tende a difundir-se universalmente), organizados para a prática de *kidnappings*, atestando um aberrante recrudescimento da criminalidade violenta da época moderna."[35]

Se os poucos casos, naquela época, de extorsão mediante sequestro praticados por associações criminosas já assustavam o grande penalista brasileiro, que diria o notável jurista se estivesse vivo, nos dias de hoje, presenciando a indústria do sequestro que alimenta o crime organizado?!

Se do fato resulta lesão corporal de natureza grave

O § 2º do art. 159 do Código Penal comina uma pena de reclusão de 16 (dezesseis) a 24 (vinte e quatro) anos, se *do fato* resulta lesão corporal de natureza grave.

Inicialmente, devemos observar que, quando o mencionado § 2º inicia sua redação usando a expressão *se do fato resulta...*, está querendo, conforme entendemos, dizer que, se do sequestro, isto é, se da privação da liberdade da vítima, resultar lesão corporal grave, o delito será reconhecido como qualificado. Em nossa opinião, portanto, somente qualificará o delito se o próprio sequestrado for a vítima das lesões corporais graves, e não outras pessoas, a exemplo do que ocorre com o latrocínio, em que o roubo, como vimos, será qualificado desde que haja a morte de qualquer pessoa que não alguém do próprio grupo.

Nesse sentido, afirma Noronha:

> "Refere-se a lei *ao fato*, isto é, ao sequestro, considerado em toda sua duração, que só termina com a liberdade do sequestrado. O legislador, neste passo, só volve suas vistas a *esse ofendido*, conquanto nesta espécie de crime haja pluralidade de vítimas: a que tem sua liberdade coarctada e a que sofre a lesão patrimonial. Muito embora, às vezes, ambas as lesões recaiam sobre a mesma pessoa, é frequente que isso não aconteça. Essa interpretação é ditada pela Exposição de Motivos do Código Penal de 1940: 'Se do fato resulta a morte do sequestrado, é cominada a mais rigorosa sanção penal do projeto: reclusão por 20 a 30 anos'. Daí, se a lesão corporal grave ou a morte recair sobre sujeito passivo da lesão patrimonial, não haverá lugar a sanção agravada, imperando no caso as regras do concurso de delitos."[36]

Assim, não podemos concordar com Cezar Roberto Bitencourt quando afirma que a lesão corporal grave "tanto pode ser produzida na vítima do *sequestro* como na vítima da *extorsão* ou em qualquer outra pessoa que venha a sofrer a violência"[37], pois, de acordo com a redação legal, a qualificadora somente incidirá se *do fato do sequestro*, quer dizer, se da privação da liberdade da vítima, vier a ocorrer lesão corporal grave.

Trata-se, aqui, de crime qualificado pelo resultado, podendo este ser atribuído ao agente a título de dolo ou mesmo culpa. Desse modo, pode o agente querer e, efetivamente, produzir as lesões graves na vítima, ou elas podem ter ocorrido em razão de culpa, oportunidade em que se poderá levar a efeito o raciocínio correspondente ao crime preterdoloso.

Se as lesões corporais de natureza grave sofridas pela vítima forem provenientes de caso fortuito ou força maior, não poderão ser imputadas ao agente, por força do art. 19 do Código Penal, que diz que, *pelo resultado que agrava especialmente a pena, só responde o agente que o houver causado ao menos culposamente*.

---

[35] HUNGRIA, Nélson. *Comentários ao Código Penal*, v. VII, p. 74.

[36] NORONHA, Edgard Magalhães. *Direito penal*, v. 2, p. 276.

[37] BITENCOURT, Cezar Roberto. *Tratado de direito penal*, v. 3, p. 146.

Merece ser ressaltado, ainda, o fato de que, quando a lei penal se refere às lesões corporais graves, está abrangendo, com essa locução, tanto as lesões corporais graves, previstas pelo § 1º do art. 129 do Código Penal, quanto as lesões corporais gravíssimas, tipificadas no § 2º do mesmo artigo.

A pena mínima cominada à extorsão mediante sequestro qualificada pela lesão corporal de natureza grave foi aumentada pela Lei nº 8.072/90, passando de 12 (doze) para 16 (dezesseis) anos, mantendo-se, contudo, a pena máxima cominada em abstrato, que é de 24 (vinte e quatro) anos de reclusão, sendo, contudo, suprimida a pena de multa originalmente cominada a essa modalidade qualificada.

Se resulta morte

O § 3º do art. 159 do Código Penal comina uma pena de reclusão, de 24 (vinte e quatro) a 30 (trinta) anos, se do fato resulta a morte.

Vale, aqui, tudo o que dissemos com relação à qualificadora da lesão corporal de natureza grave, ou seja:

a) que a qualificadora somente terá aplicação se ocorrer a morte da vítima do sequestro, isto é, aquela que teve cerceada a sua liberdade ambulatorial;

b) a morte pode ter sido provocada dolosa ou culposamente, tratando-se, portanto, de crime qualificado pelo resultado que admite as duas modalidades;

c) não poderá ser aplicada a qualificadora ao agente caso o resultado morte seja proveniente de caso fortuito ou força maior, em obediência ao art. 19 do Código Penal.

Assim, imagine-se a hipótese em que a vítima seja levada a cativeiro e, por isso, deixe de tomar os remédios que eram indispensáveis à manutenção da sua vida, mesmo depois de solicitá-los aos sequestradores, vindo, pois, a falecer. Podemos entender, nesse exemplo, pelo crime de extorsão mediante sequestro qualificado pelo resultado morte, uma vez que esta se deu pelo fato do sequestro, além de, no mínimo, ter sido previsível pelos agentes, que foram informados pela própria vítima da necessidade da ministração dos medicamentos.

O crime de extorsão mediante sequestro qualificado pelo resultado morte possui a maior pena cominada na Parte Especial do Código Penal, variando de 24 (vinte e quatro) a 30 (trinta) anos de reclusão, após a modificação levada a efeito pela Lei nº 8.072/90, que, por seu turno, eliminou a cominação da pena de multa.

3.5.2. Delação premiada no crime de extorsão mediante sequestro

A Lei de Crimes Hediondos fez inserir o § 4º ao art. 159 do Código Penal, criando uma causa especial de diminuição de pena na seguinte hipótese de delação premiada, dizendo:

> (...)
>
> § 4º Se o crime é cometido por quadrilha ou bando, o coautor que denunciá-lo à autoridade, facilitando a libertação do sequestrado, terá sua pena reduzida de um a dois terços.

Rogério Sanches Cunha, analisando a referida inserção legal, preleciona que:

"O art. 7º da Lei nº 8.072/90 acrescentou ao art. 159 do CP a figura da delação premiada, premiando o quadrilheiro com diminuição de pena se decidir denunciar os coautores à autoridade, facilitando a libertação do sequestrado.

Ao mencionar 'crime cometido por quadrilha ou bando' afastou do benefício a extorsão mediante sequestro praticada em concurso de agentes (por duas ou mais pessoas, sem estabilidade."[38]

A Lei nº 9.269, de 2 de abril de 1996, corrigindo essa falha, modificou o § 4º do art. 159 do Código Penal, dizendo:

> (...)
> § 4º Se o crime é cometido em concurso, o concorrente que o denunciar à autoridade, facilitando a libertação do sequestrado, terá sua pena reduzida de um a dois terços.

Assim, de acordo com a redação legal, são três os requisitos exigidos para que seja levada a efeito a redução de um a dois terços na pena aplicada ao agente, a saber:

a) que o crime tenha sido cometido em concurso;
b) que um dos agentes o denuncie à autoridade;
c) facilitação da libertação do sequestrado.

O primeiro dos requisitos diz respeito ao fato de que somente poderá ser aplicada a minorante na hipótese de o crime ser cometido em concurso. Aqui, basta que duas pessoas tenham, agindo em concurso, praticado o delito para que a uma delas seja possível a delação.

O segundo requisito diz respeito ao fato de ter o agente que *denunciar*, isto é, levar ao conhecimento da autoridade o sequestro, não havendo necessidade de indicar o coparticipante, mas de tão somente informar a prática do crime. A lei não exige que o outro coparticipante seja preso ou mesmo responsabilizado criminalmente para que se possa aplicar a minorante. No entanto, é preciso ter a certeza de que o crime foi praticado em concurso de pessoas, pois, se o agente o praticou sozinho, mesmo que arrependido, não poderá ser beneficiado com a redução de pena.

A autoridade mencionada pelo parágrafo pode ser delegado de polícia, promotor de Justiça, juiz de direito, enfim, qualquer autoridade que possa conduzir a solução do caso.

O último requisito exige que a denúncia do coparticipante facilite a libertação do sequestrado. Na verdade, a denúncia, segundo entendemos, deve conduzir, obrigatoriamente, à libertação do sequestrado, pois a delação premiada tem em mira mais a vítima do sequestro do que o agente que o praticou. Se, por exemplo, após denunciar à autoridade a prática do sequestro, indicando o local do cativeiro, a vítima tiver sido transferida para outro lugar, obviamente que não poderá o agente ser beneficiado, visto que a sua delação em nada facilitou a sua libertação.

Por outro lado, se o resgate já tiver sido pago, poderá o agente ser beneficiado se a vítima não tiver, ainda, sido libertada? Sim, uma vez que a lei penal não exige a recuperação da vantagem obtida pelos demais agentes com o delito, mas, sim, a facilitação da colocação em liberdade da vítima.

---

[38] CUNHA, Rogério Sanches. *Legislação criminal especial*, p. 516.

Em sentido contrário:

> A delação premiada pressupõe a informação à autoridade e o efeito de facilitar a libertação do sequestrado (§ 4º, art. 159 do CP, acrescentado pela Lei nº 8.072/90). Sendo assim, não há delação quando a libertação da vítima se dá após o recebimento do preço do resgate, ainda que nenhuma outra violência tenha sido praticada contra ela. Outrossim, não existe a prescrição da pretensão punitiva, pois não supera os doze anos o lapso temporal entre a última causa interruptiva (sentença condenatória) e a presente data. Com esse entendimento, a Turma deu provimento ao recurso do MP para afastar a redução da pena referente à delação premiada. Precedente citado do STF: HC 69.328/SP, *DJ* 05/06/92 (STJ, REsp 223.364/PR, 6ª T., Rel. Min. Hélio Quaglia Barbosa, j. 30.06.2005, *RSTJ* v. 199, p. 625).

Apesar das decisões, em sentido contrário, de nossos Tribunais Superiores, ousamos deles discordar, uma vez que, se a lei penal é omissa nesse sentido, é sinal de que não foi sua intenção exigir também o não pagamento do resgate como mais um requisito necessário à concessão da redução de pena relativa à delação premiada.

Conforme preleciona Rogério Sanches Cunha:

"Trata-se de causa obrigatória de redução de pena, isto é, presentes os seus requisitos, é direito subjetivo do réu ver sua pena diminuída proporcionalmente ao maior ou menor auxílio prestado (aferido pela presteza na liberação do sequestrado)."[39]

Merece ser ressaltado, contudo, que parte de nossa doutrina entende, corretamente em nossa opinião, que o § 4º do art. 159 do Código Penal foi tacitamente revogado pelo art. 13 da Lei nº 9.807, de 13 de julho de 1999, que diz:

> **Art. 13.** Poderá o juiz, de ofício ou a requerimento das partes, conceder o perdão judicial e a consequente extinção da punibilidade ao acusado que, sendo primário, tenha colaborado efetiva e voluntariamente com a investigação e o processo criminal, desde que dessa colaboração tenha resultado:
> I – a identificação dos demais coautores ou partícipes da ação criminosa;
> II – a localização da vítima com a sua integridade física preservada;
> III – a recuperação total ou parcial do produto do crime.
> Parágrafo único. A concessão do perdão judicial levará em conta a personalidade do beneficiado e a natureza, circunstâncias, gravidade e repercussão social do fato criminoso.

Segundo as lições de Renato Brasileiro de Lima:

"O disposto no art. 159, § 4º, do Código Penal, teria sido tacitamente revogado pela Lei nº 9.807/99, que também tratou da delação premiada em seu art. 13, prevendo, todavia, vantagens mais benéficas que uma simples diminuição de pena – perdão judicial e consequente extinção da punibilidade. De fato, apesar de o art. 13 da Lei nº 9.807/99 não se referir expressamente ao art. 159 do Código Penal, quando se atenta para a redação de seus três incisos (I – a identificação dos demais coautores ou participes da ação criminosa; II – a localização da vítima com a sua integridade física preservada; III – a recuperação total ou parcial do produto do crime), é fácil deduzir que o único crime em que os três objetivos podem ser simultaneamente atingidos seria o de extorsão mediante sequestro. Logo, como se trata de lei posterior que tratou do assunto, temos que o art. 159, § 4º, do CP, encontra-se tacitamente revogado."[40]

---

[39] CUNHA, Rogério Sanches. *Manual de direito penal*: parte especial, volume único, p. 317.

[40] LIMA, Renato Brasileiro de. *Legislação criminal especial comentada*, p. 108.

No mesmo sentido, afirmam Alberto Silva Franco, Rafael Lira e Yuri Felix, dizendo:

"Embora diversos diplomas posteriores à Lei nº 9.269/96 apresentassem, com denominações diferentes, hipóteses bem ajustáveis ao instituto da delação premiada, força é convir que a amplitude atribuída a esse instituto pela Lei nº 9.807/99 dá suporte à afirmação de que se trata de norma legal revogadora da Lei nº 9.269/96."[41]

3.6. Estupro (art. 213, *caput* e §§ 1º e 2º) – inc. V do art. 1º

3.6.1. Introdução

A Lei nº 12.015, de 7 de agosto de 2009, caminhando de acordo com as reivindicações doutrinárias, unificou, no art. 213 do Código Penal, as figuras do estupro e do atentado violento ao pudor, evitando, dessa forma, inúmeras controvérsias relativas a esses tipos penais, a exemplo do que ocorria com relação à possibilidade de continuidade delitiva, uma vez que a jurisprudência de nossos Tribunais, principalmente os Superiores, não era segura.

A nova lei optou pela rubrica *estupro*, que diz respeito ao fato de ter o agente constrangido alguém, mediante violência ou grave ameaça, a ter conjunção carnal ou a praticar ou permitir que com ele se pratique outro ato libidinoso. Ao que parece, o legislador se rendeu ao fato de que a mídia, bem como a população em geral, usualmente denominava "estupro" o que, na vigência da legislação anterior, seria concebido por atentado violento ao pudor, a exemplo do fato de um homem ser violentado sexualmente. Agora, como veremos mais adiante, não importa se o sujeito passivo é do sexo feminino, ou mesmo do sexo masculino, que, se houver o constrangimento com a finalidade prevista no tipo penal do art. 213 do diploma repressivo, estaremos diante do crime de estupro. Em alguns países da Europa, tal como ocorre na Espanha, esse delito é chamado de *abuso sexual*[42].

Analisando a redação dada ao *caput* do art. 213 do Código Penal, podemos destacar os seguintes elementos: *a)* o constrangimento, levado a efeito mediante o emprego de violência ou grave ameaça; *b)* que pode ser dirigido a qualquer pessoa, seja do sexo feminino, seja do masculino; *c)* para que tenha conjunção carnal; *d)* ou, ainda, para fazer que a vítima pratique ou permita que com ela se pratique qualquer ato libidinoso.

De acordo com a redação legal, verifica-se que o núcleo do tipo é o verbo *constranger*, aqui utilizado no sentido de forçar, obrigar, subjugar a vítima ao ato sexual. Trata-se, portanto, de modalidade especial de constrangimento ilegal, praticado com o fim de fazer o agente ter sucesso no congresso carnal ou na prática de outros atos libidinosos.

Para que se possa configurar o delito em estudo é preciso que o agente atue mediante o emprego de violência ou de grave ameaça. Violência diz respeito à *vis corporalis, vis absoluta*, ou seja, a utilização de força física, no sentido de subjugar a vítima, para que com ela possa praticar a conjunção carnal, ou a praticar ou permitir que com ela se pratique outro ato libidinoso.

As vias de fato e as lesões corporais de natureza leve são absorvidas pelo delito de estupro, pois que fazem parte da violência empregada pelo agente. Se da conduta praticada pelo agente resultar lesão corporal de natureza grave ou a morte da vítima, o estupro será qualificado, nos termos dos §§ 1º e 2º do art. 213 do Código Penal.

---

[41]   FRANCO, Alberto Silva; LIRA, Rafael; FELIX, Yuri. *Crimes hediondos*, p. 527.

[42]   Cf. arts. 181 a 183 do Código Penal espanhol.

A grave ameaça, ou *vis compulsiva*, pode ser direta, indireta, implícita ou explícita. Assim, por exemplo, poderá ser levada a efeito diretamente contra a própria pessoa da vítima ou pode ser empregada, indiretamente, contra pessoas ou coisas que lhe são próximas, produzindo-lhe efeito psicológico no sentido de passar a temer o agente. Por isso, a ameaça deverá ser séria, causando na vítima um fundado temor do seu cumprimento.

Vale ressaltar que o mal prometido pelo agente, para efeito de se relacionar sexualmente com a vítima contra a sua vontade, não deve ser, necessariamente, injusto, como ocorre com o delito tipificado no art. 147 do Código Penal. Assim, imagine-se a hipótese daquele que, sabendo da infidelidade da vítima para com seu marido, a obriga a, com ele, também se relacionar sexualmente, sob pena de contar todo o fato ao outro cônjuge, que certamente dela se separará.

Não exige mais a lei penal, para fins de caracterização do estupro, que a conduta do agente seja dirigida contra uma *mulher*. No entanto, esse constrangimento pode ser dirigido finalisticamente à prática da conjunção carnal, vale dizer, a relação sexual normal, o coito vagínico, que compreende a penetração do pênis do homem na vagina da mulher.

A conduta de violentar uma mulher, forçando-a ao coito contra sua vontade, não somente a inferioriza como também a afeta psicologicamente, levando-a, muitas vezes, ao suicídio. A sociedade, por seu turno, tomando conhecimento do estupro, passa a estigmatizar a vítima, tratando-a diferentemente, como se estivesse suja, contaminada com o sêmen do estuprador. A conjugação de todos esses fatores faz que a vítima, mesmo depois de violentada, não comunique o fato à autoridade policial, fazendo parte, assim, daquilo que se denomina *cifra negra*.

Hoje, com a criação das delegacias especializadas, pelo menos nas cidades de grande porte, as mulheres são ouvidas por outras mulheres sem o constrangimento que lhes era comum quando se dirigiam aos homens, narrando o ocorrido. Era, na verdade, a narração de um filme pornográfico, no qual o ouvinte, embora fazendo o papel de austero, muitas vezes praticava atos de verdadeiro *voyeurismo*, estendendo, demasiadamente, os depoimentos das vítimas tão somente com a finalidade de satisfazer-lhe a imaginação doentia.

Foi adotado, portanto, pela legislação penal brasileira, o *sistema restrito* no que diz respeito à interpretação da expressão *conjunção carnal*, repelindo-se o *sistema amplo*, que compreende a cópula anal ou mesmo o *sistema amplíssimo*, que inclui, ainda, os atos de felação (orais).

Hungria traduz o conceito de conjunção carnal dizendo ser "a cópula *secundum naturam*, o ajuntamento do órgão genital do homem com o da mulher, a intromissão do pênis na cavidade vaginal"[43].

Merece registro, ainda, o fato de que a conjunção carnal também é considerada um ato libidinoso, isto é, aquele em que o agente deixa aflorar sua libido, razão pela qual a parte final constante do *caput* do art. 213 do Código Penal utiliza a expressão *outro ato libidinoso*.

A redação do art. 213 do Código Penal considera como estupro, ainda, o constrangimento levado a efeito pelo agente no sentido de fazer a vítima, seja do sexo feminino, seja mesmo do sexo masculino, praticar ou permitir que com ela se pratique outro ato libidinoso.

Na expressão *outro ato libidinoso*, estão contidos todos os atos de natureza sexual, que não a conjunção carnal, que tenham por finalidade satisfazer a libido do agente.

O constrangimento empregado pelo agente, portanto, pode ser dirigido a duas finalidades diversas. Na primeira delas, o agente obriga a própria vítima a praticar um ato libidi-

---

43 HUNGRIA, Nélson. *Comentários ao Código Penal*, v. VIII, p. 116.

noso diverso da conjunção carnal. Sua conduta, portanto, é *ativa*, podendo atuar sobre seu próprio corpo, com atos de masturbação, por exemplo; no corpo do agente que a constrange, praticando, *v.g.*, sexo oral; ou, ainda, em terceira pessoa, sendo assistida pelo agente.

O segundo comportamento é *passivo*. Nesse caso, a vítima permite que com ela seja praticado o ato libidinoso diverso da conjunção carnal, seja pelo próprio agente que a constrange, seja por um terceiro, a mando daquele.

Dessa forma, o papel da vítima pode ser *ativo, passivo* ou, ainda, simultaneamente, *ativo e passivo*.

Luiz Regis Prado elenca alguns atos que podem ser considerados libidinosos, como a:

> "*Fellatio* ou *irrumatio in ore*, o *cunnilingus*, o *pennilingus*, o *annilingus* (espécies de sexo oral ou bucal); o coito anal, o coito *inter femora*; a masturbação; os toques ou apalpadelas com significação sexual no corpo ou diretamente na região pudica (genitália, seios ou membros inferiores etc.) da vítima; a contemplação lasciva; os contatos voluptuosos, uso de objetos ou instrumentos corporais (dedo, mão), mecânicos ou artificiais, por via vaginal, anal ou bucal, entre outros."[44]

3.6.2. Estupro simples como crime hediondo

Inicialmente, quando da entrada em vigor da Lei nº 8.072, em sua redação original, o *caput* do seu art. 1º dizia ser considerado hediondo o delito de estupro e, entre parênteses, apontava o art. 213, *caput, e* sua combinação com o art. 223, *caput* e parágrafo único, do Código Penal.

Essa redação fez que surgisse uma discussão doutrinária e jurisprudencial sobre o tema, pois uma primeira corrente se formou no sentido de que o estupro simples, ou seja, a sua modalidade fundamental, prevista no *caput* do art. 213 do diploma repressivo, não poderia gozar do *status* de crime hediondo, com todas as consequências que lhe eram inerentes, uma vez que a mencionada redação legal exigia, para efeitos de reconhecimento da natureza hedionda do crime, a sua combinação com o art. 223, *caput* e parágrafo único, ou seja, havia necessidade de que, do estupro, adviesse lesão corporal de natureza grave ou mesmo a morte da vítima.

Conforme esclarece Renato Brasileiro de Lima, naquela época, parte da doutrina entendia que:

> "O estupro e o extinto crime de atentado violento ao pudor seriam considerados hediondos apenas se qualificados pelos resultados lesão grave ou morte. Entendia-se que a conjugação 'e' inserida na redação original dos incisos V e VI do art. 1º da Lei nº 8.072/90 teria o significado de 'combinado com', estabelecendo uma relação de dependência necessária entre o tipo penal simples e os resultados agravadores – lesão corporal de natureza grave e morte, inseridos, à época, no art. 223, *caput* e parágrafo único, respectivamente. Destarte, na forma simples, estupro (CP, art. 213, *caput*) e atentado violento ao pudor (CP, revogado art. 214, *caput*) não podiam ser considerados crimes hediondos."[45]

Em 6 de setembro de 1994, a Lei nº 8.930, ao dar nova redação ao art. 1º da Lei nº 8.072/90, em vez de acabar definitivamente com a polêmica criada, manteve a redação origi-

---

[44] PRADO, Luiz Regis. *Curso de Direito Penal Brasileiro*, v. 2, p. 601.

[45] LIMA, Renato Brasileiro de. *Legislação criminal especial comentada*, p. 45-46.

nal existente com relação ao fato de ser o estupro simples considerado ou não crime hediondo, dizendo, em seu inciso V:

> (...)
> V – estupro (art. 213 e sua combinação com o art. 223, *caput* e parágrafo único);
> (...).

Entretanto, nossos Tribunais Superiores, corretamente, já haviam começado a decidir que a redação legal não afastava a natureza hedionda do estupro simples, dizendo:

> Os crimes de estupro e atentado violento ao pudor, ainda que em sua forma simples, configuram modalidades de crime hediondo porque o bem jurídico tutelado é a liberdade sexual e não a integridade física ou a vida da vítima, sendo irrelevante, para tanto, que a prática dos ilícitos tenha resultado lesões corporais de natureza grave ou morte (STJ, REsp 1.110.520/SP, 3ª Seção, Rel. Min. Maria Thereza de Assis Moura, j. 26.09.2012, *DJe* 04.12.2012).

Em 7 de agosto de 2009, foi publicada a Lei nº 12.015, que, além de outras providências, alterou, mais uma vez, o inc. V do art. 1º da Lei nº 8.072/90, que passou a ter a seguinte redação:

> (...)
> V – estupro (art. 213, *caput* e §§ 1º e 2º);
> (...).

Hoje em dia, já não mais se discute se o estupro simples é considerado uma infração penal de natureza hedionda, estando pacificado o entendimento nesse sentido. Assim, tanto o estupro simples, tipificado no *caput* do art. 213, e suas modalidades qualificadas, previstas nos §§ 1º e 2º, todos do Código Penal, gozam do *status* de crime hediondo, aplicando-se-lhes, portanto, as disposições contidas na Lei nº 8.072/90.

3.6.3. Estupro virtual e desnecessidade de contato físico

Poderá ocorrer, inclusive, a hipótese do chamado *estupro virtual*, ou a *distância*, em que, por exemplo, o agente, por meio de uma *webcam*, ou mesmo mediante programas de telefones celulares, pelos quais se pode efetuar chamadas de vídeo, tal como ocorre com o WhatsApp, constrange a vítima, mediante grave ameaça, a praticar, nela própria, atos libidinosos, forçando-a a se masturbar.

Verifica-se, portanto, a falta de necessidade de contato físico do agente, que poderá estar a milhares de quilômetros de distância do seu agressor, restando, da mesma forma, configurado o estupro.

Dissertando sobre o tema, Francisco Dirceu Barros afirma, com precisão, que é:

> "(...) plenamente possível virtualmente alguém ser constrangido, mediante violência ou grave ameaça a praticar ou permitir que com ele se pratique atos libidinosos ou até mesmo conjunção carnal."[46]

---

[46] BARROS, Francisco Dirceu. *Tratado doutrinário de direito penal*, p. 1540.

3.7. Estupro de vulnerável (art. 217-A, *caput* e §§ 1º, 2º, 3º e 4º) – inc. VI do art. 1º

A partir da década de 80 do século passado, nossos Tribunais, principalmente os Superiores, começaram a questionar a presunção de violência constante do revogado art. 224, *a*, do Código Penal, passando a entendê-la, em muitos casos, como relativa, ao argumento de que a sociedade do final do século XX e início do século XXI havia modificado significativamente, e que os menores de 14 anos não exigiam a mesma proteção que aqueles que viveram quando da edição do Código Penal, em 1940.

No entanto, doutrina e jurisprudência se desentendiam quanto a esse ponto, discutindo se a aludida presunção era de natureza relativa (*iuris tantum*), que cederia diante da situação apresentada no caso concreto, ou de natureza absoluta (*iuris et de iure*), que não admitia prova em contrário, não podendo ser questionada. Sempre defendemos a posição de que tal presunção era de natureza absoluta, pois, para nós, não existe dado mais objetivo do que a *idade*.

Em inúmeras passagens, o Código Penal se vale tanto da idade da vítima quanto do próprio agente, seja para aumentar a pena, a exemplo do que ocorre com o art. 61, II, *h*, quando o crime é praticado contra pessoa maior de 60 (sessenta) anos, seja para levar a efeito algum cálculo diferenciado, como ocorre com a prescrição, ao se reduzirem os prazos pela metade quando o agente, ao tempo do crime, era menor de 21 (vinte e um) anos, ou maior de 70 (setenta), na data da sentença, conforme determina o art. 115 do Código Penal etc.

Assim, não se justificavam as decisões dos Tribunais que queriam destruir a natureza desse dado objetivo, a fim de criar outro, subjetivo. Infelizmente, deixavam de lado a política criminal adotada pela legislação penal e criavam suas próprias políticas. Não conseguiam entender, *permissa venia*, que a lei penal havia determinado, de forma objetiva e absoluta, que uma criança ou mesmo um adolescente menor de 14 (quatorze) anos, por mais que tivesse uma vida sexualmente ativa, não era suficientemente desenvolvido para decidir sobre seus atos sexuais. Sua personalidade ainda estava em formação. Seus conceitos e suas opiniões não haviam, ainda, se consolidado.

Dados e situações não exigidos pela lei penal eram considerados no caso concreto, a fim de se reconhecer ou mesmo afastar a presunção de violência, a exemplo do comportamento sexual da vítima, do seu relacionamento familiar, da sua vida social etc. O que se esquecia, infelizmente, era que esse artigo havia sido criado com a finalidade de proteger esses menores e punir aqueles que, estupidamente, deixavam aflorar sua libido com crianças ou adolescentes ainda em fase de desenvolvimento.

Hoje, com louvor, visando acabar, de uma vez por todas, com essa discussão, surgiu, em nosso ordenamento jurídico penal, fruto da Lei nº 12.015, de 7 de agosto de 2009, o delito que se convencionou denominar *estupro de vulnerável*, justamente para identificar a situação de *vulnerabilidade* em que se encontra a vítima. Agora, não poderão os Tribunais entender de outra forma quando a vítima do ato sexual for alguém menor de 14 (quatorze) anos.

Nesse sentido, vale transcrever parcialmente a Justificação ao projeto que culminou com a edição da Lei nº 12.015, de 7 de agosto de 2009, quando diz que:

"O art. 217-A, que tipifica o estupro de vulneráveis, substitui o atual regime de presunção de violência contra criança ou adolescente menor de 14 anos, previsto no art. 224 do Código Penal. Apesar de poder a CPMI advogar que é absoluta a presunção de violência de que trata o art. 224, não é esse o entendimento em muitos julgados. O projeto de reforma do Código Penal, então, destaca a vulnerabilidade de certas pessoas, não somente crianças e adolescentes com idade até 14 anos, mas também a pessoa que, por enfermidade ou deficiência mental, não possuir discernimento para a prática do ato sexual, e aquela que não pode, por qualquer motivo, oferecer resistência; e com essas pessoas considera como crime ter conjunção carnal ou praticar outro ato libidinoso; sem entrar no mérito da violência e sua presunção. Trata-se de objetividade fática".

Em sentido contrário, Guilherme de Souza Nucci preleciona que, mesmo após a edição do novo tipo penal, a discussão ainda se mantém, dizendo que:

"O nascimento do tipo penal inédito não tornará sepulta a discussão acerca do caráter relativo ou absoluto da anterior presunção de violência. Agora, subsumida na figura da *vulnerabilidade*, pode-se considerar o menor, com 13 anos, absolutamente vulnerável, a ponto de seu consentimento para a prática sexual ser completamente inoperante, ainda que tenha experiência sexual comprovada? Ou será possível considerar relativa a vulnerabilidade em alguns casos especiais, avaliando-se o grau de conscientização do menor para a prática do ato sexual? Essa é a posição que nos parece mais acertada. A lei não poderá, jamais, modificar a realidade do mundo e muito menos afastar a aplicação do princípio da intervenção mínima e seu correlato princípio da ofensividade."[47]

Com a devida vênia, ousamos discordar do renomado autor. Isso porque, como dissemos anteriormente, a determinação da idade foi uma eleição político-criminal feita pelo legislador. O tipo não está presumindo nada, ou seja, está tão somente proibindo que alguém tenha conjunção carnal ou pratique outro ato libidinoso com menor de 14 anos, bem como com aqueles mencionados no § 1º do art. 217-A do Código Penal.

Como já observamos, existe um critério objetivo para análise da figura típica, vale dizer, a idade da vítima. Se o agente tinha conhecimento de que a vítima era menor de 14 anos, mesmo que já prostituída, o fato poderá se amoldar ao tipo penal em estudo, que prevê o delito de *estupro de vulnerável*.

Nesse sentido:

> **Súmula nº 593 do STJ:** O crime de estupro de vulnerável se configura com a conjunção carnal ou prática de ato libidinoso com menor de 14 anos, sendo irrelevante o eventual consentimento da vítima para a prática do ato, sua experiência sexual anterior ou existência de relacionamento amoroso com o agente.

Assim, de acordo com a redação constante do *caput* do art. 217-A do Código Penal, podemos destacar os seguintes elementos: *a)* a conduta de *ter* conjunção carnal; *b)* ou *praticar* qualquer outro ato libidinoso; *c)* com pessoa menor de 14 (quatorze) anos.

O núcleo *ter*, previsto pelo mencionado tipo penal, ao contrário do verbo *constranger*, não exige que a conduta seja cometida mediante violência ou grave ameaça. Basta, portanto, que o agente tenha, efetivamente, *conjunção carnal*, que poderá até mesmo ser consentida pela vítima, ou que com ela pratique outro ato libidinoso. Na verdade, esses comportamentos previstos pelo tipo penal podem ou não ter sido levados a efeito mediante o emprego de violência ou grave ameaça, característicos do constrangimento ilegal, ou praticados com o consentimento da vítima. Nesta última hipótese, a lei desconsidera o consentimento de alguém menor de 14 (quatorze) anos, devendo o agente, que conhece a idade da vítima, responder pelo delito de estupro de vulnerável.

---

[47] NUCCI, Guilherme de Souza. *Crimes contra a dignidade sexual*: comentários à Lei nº 12.015, de 7 de agosto de 2009, p. 37.

Como deixamos entrever, embora a lei não mencione expressamente o constrangimento praticado contra vítima menor de 14 (quatorze) anos, com a finalidade de ter, com ela, conjunção carnal ou praticar outro ato libidinoso, não podemos excluí-lo do tipo penal em estudo.

O novo tipo penal, como se percebe, busca punir com mais rigor comportamentos que atinjam as vítimas por ele mencionadas. Não seria razoável que, se não houvesse violência ou grave ameaça, o agente que tivesse, por exemplo, se relacionado sexualmente com vítima menor de 14 (quatorze) anos respondesse pelo delito de estupro de vulnerável, com uma pena que varia entre 8 (oito) a 15 (quinze) anos de reclusão, enquanto aquele que tivesse, *v.g.*, se valido do emprego de violência ou grave ameaça, com a mesma finalidade, fosse responsabilizado pelo delito tipificado no art. 213 do Código Penal, com as penas variando entre um mínimo de 6 (seis) e um máximo de 10 (dez) anos.

O mundo globalizado vive e presencia a atuação de pedófilos, que se valem de inúmeros e vis artifícios, a fim de praticarem algum ato sexual com crianças e adolescentes, não escapando de suas taras doentias até mesmo os recém-nascidos.

A *internet* tem sido utilizada como um meio para atrair essas vítimas para as garras desses verdadeiros psicopatas sexuais. Vidas são destruídas em troca de pequenos momentos de um prazer estúpido e imbecil.

As condutas previstas no tipo penal do art. 217-A são as mesmas daquelas constantes do art. 213 do Código Penal, e a diferença existente entre eles reside no fato de que, no delito de estupro de vulnerável, a vítima, obrigatoriamente, deverá ser menor de 14 (quatorze) anos de idade.

Por isso, remetemos o leitor ao que foi dito quando do estudo do mencionado art. 213 do Código Penal, para não sermos repetitivos.

No que diz respeito à idade da vítima, para que ocorra o delito em estudo, o agente, obrigatoriamente, deverá ter conhecimento de ser ela menor de 14 (quatorze) anos, pois, caso contrário, poderá ser alegado o chamado *erro de tipo*, que, dependendo do caso concreto, poderá conduzir até mesmo à atipicidade do fato, ou à sua desclassificação para o delito de estupro, tipificado no art. 213 do Código Penal.

Assim, imagine-se a hipótese em que o agente, durante uma festa, conheça uma menina que aparentava ter mais de 18 anos, devido à sua compleição física e ao seu modo de se vestir e se portar, fazendo uso de bebidas alcoólicas etc., quando, na verdade, ainda não havia completado os 14 (quatorze) anos. O agente, envolvido pela própria vítima, resolve, com o seu consentimento, levá-la para um motel, onde com ela mantém conjunção carnal. Nesse caso, se as provas existentes nos autos conduzirem para o erro, o fato praticado pelo agente poderá ser considerado atípico, tendo em vista a ausência de violência física ou grave ameaça.

Considera-se vulnerável não somente a vítima menor de 14 (quatorze) anos, mas também aquela que possui alguma enfermidade ou deficiência mental, não tendo o necessário discernimento para a prática do ato, ou aquela que, por qualquer outra causa, não pode oferecer resistência, conforme se verifica pela redação do § 1º do art. 217-A do Código Penal.

Percebe-se, sem muito esforço, que o legislador criou uma figura típica em substituição às hipóteses de presunção de violência constantes do revogado art. 224 do Código Penal. Assim, no *caput* do art. 217-A foi previsto o estupro de vulnerável, considerando como tal a vítima menor de 14 (quatorze) anos. No § 1º do mencionado artigo foram previstas outras causas de vulnerabilidade da vítima, ou seja, quando, por enfermidade ou deficiência mental, não tem o necessário discernimento para a prática do ato, ou, por qualquer outra causa, não pode oferecer resistência.

Na antiga redação do revogado art. 224 do Código Penal, a alínea *b* mencionava a alienação mental e a debilidade mental. Hoje, o art. 217-A faz menção à enfermidade ou à deficiência mental.

José Jairo Gomes, dissertando sobre o assunto, com precisão, assevera:

> *"Enfermidade* é sinônimo de doença, moléstia, afecção ou outra causa que comprometa o normal funcionamento de um órgão, levando a qualquer estado mórbido. Apresentando base anatômica, a doença enseja a alteração da saúde física ou mental. Pode ser provocada por diversos fatores, tais como: carências nutricionais, traumas decorrentes de impactos físico ou emocional, ingestão de tóxicos (drogas e álcool), parasitários (por ação de vermes, fungos), infecciosos (por ação de vírus, bacilos, bactérias), degenerativos (inerente ao próprio organismo, como a arteriosclerose, tumores e cânceres em geral).
>
> Logo, por *enfermidade mental* deve-se compreender toda doença ou moléstia que comprometa o funcionamento adequado do aparelho mental. Nessa conceituação, devem ser considerados os casos de neuroses, psicopatias e demências mentais.
>
> *Deficiência*, porém, significa a insuficiência, imperfeição, carência, fraqueza, debilidade. Por *deficiência mental* entende-se o atraso no desenvolvimento psíquico."[48]

De acordo com o *Manual Merck de Medicina*, retardo mental, subnormalidade mental ou deficiência mental é "a habilidade intelectual subnormal presente desde o nascimento ou infância precoce, manifestada por desenvolvimento anormal e associado a dificuldades no aprendizado e adaptação social"[49].

Preleciona Odon Ramos Maranhão que:

> "Antigamente as expressões 'frenastenia' (escola italiana), 'debilidade mental' e 'oligofrenia' serviam para se designar os atrasos do desenvolvimento que a Classificação Internacional de Doenças (CID 10) hoje denomina 'retardo mental'. Sabe-se, seguramente, que não é apenas a esfera cognitiva a afetada, mas há o comprometimento global da personalidade.
>
> Conceitua-se da seguinte forma: 'Retardado mental é uma condição de desenvolvimento interrompido ou incompleto da mente, a qual é especialmente caracterizada por comprometimento de habilidades manifestadas durante o período de desenvolvimento, as quais contribuem para o nível global da inteligência, isto é, aptidões cognitivas, de linguagem, motoras e sociais."[50]

Além do critério biológico (enfermidade ou deficiência mental), para que a vítima seja considerada pessoa vulnerável, não poderá ter o necessário discernimento para a prática do ato (critério psicológico), tal como ocorre em relação aos inimputáveis, previstos pelo art. 26, *caput*, do Código Penal.

É importante ressaltar que não se pode proibir que alguém acometido de uma enfermidade ou deficiência mental tenha uma vida sexual normal, tampouco punir aquele que com ele teve algum tipo de ato sexual consentido. O que a lei proíbe é que se mantenha conjunção carnal ou pratique outro ato libidinoso com alguém que tenha alguma enfermidade ou deficiência mental que não possua o necessário discernimento para a prática do ato sexual.

---

[48] GOMES, José Jairo. *Teoria geral do direito civil*, p. 65.

[49] MERCK et al. *Manual Merck de Medicina*, p. 2.087.

[50] MARANHÃO, Odon Ramos. *Curso Básico de Medicina Legal*, p. 327.

Existem pessoas que são portadoras de alguma enfermidade ou deficiência mental que não deixaram de constituir família. Assim, mulheres portadoras de enfermidades mentais, por exemplo, podem, tranquilamente, engravidar, ser mães, cuidar de suas famílias, de seus afazeres domésticos, trabalhar, estudar etc. Desse modo, não se pode confundir a proibição legal constante do § 1º do art. 217-A do Código Penal com uma punição ao enfermo ou à pessoa com deficiência mental.

Portanto, repetindo, somente aquele que não tem o necessário discernimento para a prática do ato sexual é que pode ser considerado vítima do delito de estupro de vulnerável.

Também previu o § 1º do art. 217-A do Código Penal o estupro de vulnerável quando a vítima não puder, por qualquer outra causa, oferecer resistência.

O item 70 da Exposição de Motivos da Parte Especial do Código Penal, mesmo dizendo respeito às hipóteses da revogada presunção de violência, elenca uma série de situações em que se pode verificar a impossibilidade de resistência da vítima:

> Seja esta resultante de causas mórbidas (enfermidades, grande debilidade orgânica, paralisia etc.), ou de especiais condições físicas (como quando o sujeito passivo é um indefeso aleijado, ou se encontra acidentalmente tolhido de movimentos).

Os meios de comunicação, incluindo, aqui, a *internet,* têm divulgado, infelizmente com frequência, casos de abusos por parte de médicos, e de outras pessoas ligadas à área da saúde, contra pacientes que, de alguma forma, são incapazes de oferecer resistência, inclusive mostrando cenas chocantes e deprimentes.

Vale recordar algumas situações em que uma pessoa, em estado de coma, engravidou, supostamente, de um enfermeiro encarregado de prestar os cuidados necessários à manutenção de sua vida vegetativa; ou ainda daquele cirurgião plástico que, depois de anestesiar suas pacientes, fazendo-as dormir, mantinha com elas conjunção carnal; ou daquele terapeuta que abusava sexualmente de crianças e adolescentes depois de ministrar-lhes algum sedativo.

Não importa que o próprio agente tenha colocado a vítima em situação que a impossibilitava de resistir ou que já a tenha encontrado nesse estado. Em ambas as hipóteses, deverá ser responsabilizado pelo estupro de vulnerável.

Poderão ser reconhecidos também como situações em que ocorre a impossibilidade de resistência por parte da vítima os casos de embriaguez letárgica, sono profundo, hipnose, idade avançada, impossibilidade, temporária ou definitiva, de resistir, a exemplo daqueles que se encontram tetraplégicos etc.

Odon Ramos Maranhão, com acerto, alerta que, igualmente, ocorrerá a incapacidade de resistência quando houver *deficiência do potencial motor,* dizendo o renomado autor que:

> "Se a vítima não tiver ou não puder usar o potencial motor, é evidente que não pode oferecer resistência. Assim, doenças crônicas e debilitantes (tuberculose avançada, neoplasia grave, desnutrições extremas etc.); uso de aparelhos ortopédicos (gesso em membros superiores e tórax; gesso aplicado na coluna vertebral; manutenção em posições bizarras para ossificação de certas fraturas etc.); paralisias regionais ou generalizadas; miastenias de várias causas etc. são casos em que a pessoa não pode oferecer resistência. Às vezes, não pode sequer gritar por socorro, seja pela grave debilidade, seja pelas condições do local onde se encontre."[51]

---

[51] MARANHÃO, Odon Ramos. *Curso Básico de Medicina Legal,* p. 209.

Também há os casos em que o agente, por exemplo, almejando ter relações sexuais com a vítima, faz que esta se coloque em estado de *embriaguez completa*, ficando, consequentemente, à sua disposição para o ato sexual. Se a embriaguez for parcial e se a vítima podia, de alguma forma, resistir, restará afastado o delito em estudo.

Verifica-se, nas situações elencadas pelo § 1º do art. 217-A do Código Penal, a impossibilidade que tem a vítima de expressar seu consentimento para o ato, devendo a lei, portanto, procurar preservar a sua dignidade sexual.

Além de alterar o Código Penal, a Lei nº 12.015, de 7 de agosto de 2009, incluiu o delito de estupro de vulnerável no rol das infrações penais consideradas hediondas, como se verifica pela redação do inc. VI do art. 1º da Lei nº 8.072/90.

Tal como ocorre com o delito de estupro, tipificado no art. 213 do Código Penal, dependendo da hipótese concreta, será possível a ocorrência do chamado estupro virtual que envolve pessoa vulnerável. Assim, por exemplo, alguém, mediante o emprego de grave ameaça, praticada via *webcam*, poderá forçar uma criança a se masturbar, incorrendo na prática do delito previsto no art. 217-A do estatuto repressivo.

3.8. Epidemia com resultado morte (art. 267, § 1º) – inc. VII do art. 1º

O delito de *epidemia* vem tipificado no art. 267 do Código Penal. Rogério Sanches Cunha nos esclarece que:

> "Este crime passou a fazer parte de diversos ordenamentos jurídicos após a Primeira Guerra Mundial, período em que foram utilizados, como 'armas' germes patogênicos para fim de combate, prática vedada por convenções internacionais após o armistício, e que não se repetiu no segundo grande conflito."[52]

Mediante análise da mencionada figura típica, podemos destacar os seguintes elementos: *a)* a conduta de causar epidemia; *b)* mediante a propagação de germes patogênicos.

O núcleo *causar* é utilizado no texto legal no sentido de produzir, originar, provocar a epidemia.

Por *epidemia* deve ser entendida uma doença que surge rapidamente em determinado lugar e acomete, simultaneamente, grande número de pessoas.

Para efeitos de cometimento do delito em estudo, o agente se vale da *propagação* de germes patogênicos. *Propagar* deve ser entendido como espalhar, difundir etc. Explica Noronha que a lei:

> "Não se preocupa com o modo de propagação – inoculação, contaminação, disseminação etc. – desde que seja idôneo. Quer por contágio direto, quer indireto (através de pessoas ou coisas portadoras de micróbios), pode ocorrer a propagação. Várias e diversas são as vias de penetração escolhidas por esses micro-organismos: pele, mucosas, serosas, sangue, sistema nervoso."[53]

Germes patogênicos, conforme esclarece Fragoso, citando a Exposição de Motivos do Código Penal italiano, "são todos os micro-organismos (vírus, bacilos e protozoários), capazes de produzir moléstias infecciosas"[54].

---

[52] CUNHA, Rogério Sanches. *Manual de direito penal*: parte especial, volume único, p. 633.

[53] NORONHA, Edgard Magalhães. *Direito penal*, v. 4, p. 5.

[54] FRAGOSO, Heleno Cláudio. *Lições de direito penal*: parte especial, v. 3, p. 200.

Cuida-se, *in casu*, de uma infração penal de perigo comum e concreto, haja vista que o art. 267 encontra-se inserido no Capítulo III (Dos Crimes Contra a Saúde Pública), que, por sua vez, está localizado no Título VIII da Parte Especial do Código Penal, que prevê os crimes contra a incolumidade pública. Dessa forma, além de expor a perigo um número indeterminado de pessoas, tal situação deverá ser, efetivamente, demonstrada no caso concreto.

Existe, no entanto, controvérsia doutrinária a respeito da natureza do delito de epidemia, a exemplo de Celso Delmanto, Roberto Delmanto, Roberto Delmanto Junior e Fábio M. de Almeida Delmanto,[55] que entendem ser presumido o perigo no delito *sub examen*, denotando, assim, sua natureza de infração penal de perigo abstrato. De outro lado, Noronha, juntamente com outros autores, entende que é de *dano* o delito tipificado no art. 267 do Código Penal, quando diz: "Trata-se de crime de dano, pois não há negar a existência de lesão efetiva e concreta na *epidemia*"[56].

Há, ainda, uma posição intermediária, adotada por Paulo José da Costa Júnior, ao asseverar: "Trata-se de crime de dano, pela lesão efetiva ocorrida, e de crime de perigo, para os que não foram atingidos"[57].

Merece ser esclarecida, inclusive, a diferença entre *epidemia*, *pandemia* e *endemia*. A epidemia diz respeito a um aumento de casos de determinada doença em várias regiões, mas sem uma escala em âmbito global. Pode ocorrer em determinados bairros, municípios, estados ou mesmo em âmbito nacional. Na pandemia, por outro lado, há uma disseminação mundial de uma doença, a exemplo do que aconteceu, em 2009, com a gripe suína (H1N1) e, mais recentemente, com a Covid-19. Já a endemia se dá quando uma doença ocorre em determinada região, mas sem aumentos significativos do número de casos, a exemplo da febre amarela.

O delito tipificado no art. 267 do Código Penal se consuma quando o agente vem a causar a epidemia mediante a propagação de germes patogênicos, gerando, efetivamente, perigo à incolumidade pública.

Dessa forma, haverá necessidade de ser demonstrada a situação de perigo criada pelo agente, cuja conduta tinha por finalidade causar a epidemia, gerando perigo, assim, a um número indeterminado de pessoas.

Por intermédio da Lei nº 8.930, de 6 de setembro de 1994, o delito de epidemia com resultado morte, previsto no § 1º do art. 267 do Código Penal, foi inserido no inc. VII do art. 1º da Lei nº 8.072/90.

Determina o § 1º do art. 267 do Código Penal que, resultando do fato a morte, a pena é aplicada em dobro.

Cuida-se, nesse caso, de delito preterdoloso, em que o agente deverá ter causado dolosamente a epidemia, sendo-lhe imputado o resultado morte, porém a título de culpa.

Se ocorrer mais de um resultado morte, o agente continuará a responder por um único delito de epidemia, não havendo, nesse caso, concurso de crimes.

Caso o agente tenha querido a produção do resultado morte, deverá responder pelos delitos de epidemia e homicídio (ou genocídio, dependendo da hipótese), em concurso formal impróprio.

---

55 DELMANTO, Celso et al. *Código Penal comentado*, p. 542.

56 NORONHA, Edgard Magalhães. *Direito penal*, v. 4, p. 5.

57 COSTA JÚNIOR, Paulo José da. *Curso de Direito Penal*: parte especial, v. 3, p. 87.

50 CRIMES HEDIONDOS E EQUIPARADOS – ROGÉRIO GRECO

3.9. Falsificação, corrupção, adulteração ou alteração de produto destinado a fins terapêuticos ou medicinais (art. 273, *caput* e § 1º, § 1º-A e § 1º-B, com a redação dada pela Lei nº 9.677, de 2 de julho de 1998) – inc. VII-B do art. 1º

O delito tipificado no art. 273, *caput* e parágrafos, do CP teve também sua redação significativamente modificada pela Lei nº 9.677, de 2 de julho de 1998, que aumentou de forma exponencial as penas a ele originariamente cominadas.

O próprio *nomen juris* da infração penal foi modificado de *alteração de substância alimentícia ou medicinal* para *falsificação, corrupção, adulteração ou alteração de produto destinado a fins terapêuticos ou medicinais*.

O legislador, no final do século passado, entendeu que a infração penal prevista pelo art. 273 do CP era tão grave que a inseriu no rol daquelas consideradas hediondas pela Lei nº 8.072, de 25 de julho de 1990, inserção essa realizada pela Lei nº 9.695, de 20 de agosto de 1998.

Hoje, portanto, o delito de *falsificação, corrupção, adulteração ou alteração de produto destinado a fins terapêuticos ou medicinais* encontra-se inserido no inc. VII-B do art. 1º da lei que dispôs sobre os crimes hediondos.

Assim, de acordo com a redação da mencionada figura típica, constante do art. 273, *caput*, do CP, podemos apontar os seguintes elementos: *a)* a conduta de corromper, adulterar, falsificar ou alterar; *b)* produto destinado a fins terapêuticos ou medicinais.

Corromper tem o significado de estragar, decompor, tornar podre; *adulterar* importa em deturpar, deformar; *falsificar* significa reproduzir, imitando; *alterar* quer dizer mudar, modificar, transformar.

A conduta do agente deve ter por objeto produto destinado a fins terapêuticos ou medicinais, vale dizer, conforme preconiza Damásio de Jesus, "toda substância, sólida ou líquida, empregada na cura ou prevenção de moléstias"[58].

Determina, ainda, o § 1º do art. 273 que *nas mesmas penas incorre quem importa, vende, expõe à venda, tem em depósito para vender ou, de qualquer forma, distribui ou entrega a consumo o produto falsificado, corrompido, adulterado ou alterado.*

O § 1º-A aponta, inclusive, os produtos que devem ser compreendidos no delito tipificado no art. 273 do Código Penal, asseverando serem os *medicamentos, as matérias-primas, os insumos farmacêuticos, os cosméticos, os saneantes e os de uso em diagnóstico*. Cezar Roberto Bitencourt esclarece sobre os elementos que integram o mencionado parágrafo, dizendo:

> *"Medicamento* (...) é a substância destinada à cura ou ao alívio de doenças, bem como ao combate de males e enfermidades; *matéria-prima* (substância a partir da qual se pode fabricar ou produzir outra); *insumos farmacêuticos* (produtos combinados resultantes de várias matérias-primas); *cosméticos* (produtos destinados à limpeza, conservação e maquiagem da pele); *saneantes* (produtos de limpeza em geral)"[59].

O § 1º-B, por seu turno, aduz que está sujeito às penas do art. 273 do Código Penal quem pratica as ações previstas no § 1º em relação a produtos em qualquer das seguintes condições:

---

[58]   JESUS, Damásio Evangelista de. *Direito penal*, v. 3, p. 355.

[59]   BITENCOURT, Cezar Roberto. *Tratado de direito penal*, v. 4, p. 243.

> (...)
>
> I – sem registro, quando exigível, no órgão de vigilância sanitária competente;
>
> II – em desacordo com a fórmula constante do registro previsto no inciso anterior;
>
> III – sem as características de identidade e qualidade admitidas para a sua comercialização;
>
> IV – com redução de seu valor terapêutico ou de sua atividade;
>
> V – de procedência ignorada;
>
> VI – adquiridos de estabelecimento sem licença da autoridade sanitária competente.

Cuida-se, *in casu*, de crime de perigo comum e concreto, haja vista que o comportamento praticado pelo agente deve colocar em risco a incolumidade pública, devendo ser efetivamente demonstrado no caso concreto.

Trata-se, ainda, de tipo misto alternativo, no qual a prática de mais de um comportamento importará infração penal única.

Indignados com a nova redação legal, bem como com as penas excessivas cominadas ao art. 273 do Código Penal e, ainda, com sua inclusão no rol das infrações penais consideradas hediondas, Alberto Silva Franco, Rafael Lira e Yuri Felix, com acerto, preconizam:

> "A falsificação de um cosmético, como um batom, ou de produto destinado à higienização doméstica, ou ainda a exposição à venda de produto adquirido de estabelecimento sem licença da autoridade sanitária competente são ações que não chegam a ofender, de modo significativo, o bem jurídico que se buscou proteger (a saúde pública). Além disso, para as ações exemplificadas são cominadas penas reclusivas chocantes (entre dez a 15 anos), o que evidencia a total carência de proporção entre a gravidade das condutas empreendidas e as consequências punitivas delas decorrentes. Ademais, essa desproporção fica mais à mostra quando o preceito sancionatório formulado pelo legislador dá, como no caso do art. 273 do Código Penal, um tratamento punitivo mais rigoroso a condutas valorativamente menos graves: a pena do homicídio simples (mínimo de seis anos de reclusão) é inferior à pena de falsificação ou de alteração de cosméticos ou saneantes ou de ilícito administrativo alçado à categoria de fato criminoso (mínimo de dez anos de reclusão). A conclusão final é, portanto, pela manifesta ofensa aos princípios constitucionais da ofensividade e da proporcionalidade."[60]

3.10. Favorecimento da prostituição ou de outra forma de exploração sexual de criança ou adolescente ou de vulnerável (art. 218-B, *caput* e §§ 1º e 2º) – inc. VIII do art. 1º

O art. 218-B foi inserido no Código Penal pela Lei nº 12.015, de 7 de agosto de 2009, criando uma modalidade especial de delito de favorecimento da prostituição ou outra forma de exploração sexual, inicialmente com o *nomen juris* de favorecimento da prostituição ou outra forma de exploração sexual de vulnerável.

A Lei nº 12.978, de 21 de maio de 2014, modificou a rubrica original do art. 218-B e o delito em estudo passou a ser reconhecido como *favorecimento da prostituição ou de outra forma de exploração sexual de criança ou adolescente ou de vulnerável*. Tal modificação teve o condão de evitar algumas confusões em virtude dos elementos constantes do tipo penal, ou seja, como, inicialmente, a rubrica (ou indicação marginal) fazia menção apenas à exploração sexual de vulnerável, e o tipo apontava como um dos sujeitos passivos alguém menor

---

[60] FRANCO, Alberto Silva; LIRA, Rafael; FELIX, Yuri. *Crimes hediondos*, p. 546-547.

de 18 (dezoito) anos, surgia a dúvida se o conceito de vulnerável havia sido ampliado nessa hipótese, abrangendo os adolescentes entre 14 e 18 anos de idade incompletos.

Agora, com a nova rubrica, a dúvida foi eliminada, uma vez que, no *nomen juris* do delito, constam, expressamente, como seus sujeitos passivos, criança (pessoa até doze anos de idade incompletos), adolescente (aquela entre 12 e 18 anos de idade) e vulnerável (o menor de 14 anos, bem como aquele que, por enfermidade ou deficiência mental, não tem o necessário discernimento para a prática do ato sexual, ou que, por qualquer outra causa, não pode oferecer resistência, nos termos preconizados pelo art. 217-A, e seu § 1º, do Código Penal).

Além da mudança do *nomen juris* do art. 218-B do Código Penal, a Lei nº 12.978, de 21 de maio de 2014, inseriu a infração penal em estudo no rol dos crimes considerados hediondos pela Lei nº 8.072/90, a ela acrescentando o inciso VIII.

Assim, de acordo com a nova definição legal, podemos destacar os seguintes elementos que compõem a figura típica: *a)* as condutas de *submeter, induzir* ou *atrair à prostituição ou outra forma de exploração sexual*; *b)* alguém menor de 18 (dezoito) anos; *c)* ou que, por enfermidade ou deficiência mental, não tem o necessário discernimento para a prática do ato; *d)* facilitando, impedindo ou dificultando que a vítima a abandone.

A partir do I Congresso Mundial contra a Exploração Sexual Comercial de Crianças e Adolescentes, realizado em Estocolmo, em 1996, foram definidas quatro modalidades de exploração sexual, a saber: prostituição, turismo sexual, pornografia e tráfico para fins sexuais.

Pode ocorrer que a exploração sexual da vítima não resulte, para ela, em qualquer lucro. Pode ser que se submeta a algum tipo de exploração sexual somente para que tenha um lugar onde morar, o que comer etc. A mídia tem divulgado, infelizmente, com uma frequência considerável, casos em que pessoas são exploradas sexualmente por outra em virtude da condição de miserabilidade em que se encontram. Por isso, permitem que seus corpos sejam usados por pessoas inescrupulosas e, com isso, passam a receber o básico para sua subsistência. Na verdade, saem da situação de miserabilidade para a de pobreza. Muitas, inclusive, trocam seus corpos por drogas.

Assim, inicialmente, faz-se mister conceituar o que vem a ser prostituição. Eva T. Silveira Faleiros faz uma abordagem específica do tema ligada diretamente a crianças e adolescentes, dizendo:

> "A prostituição é definida como a atividade na qual atos sexuais são negociados em troca de pagamento, não apenas monetário, mas podendo incluir a satisfação de necessidades básicas (alimentação, vestuário, abrigo) ou o acesso ao consumo de bens e de serviços (restaurantes, bares, hotéis, *shoppings*, butiques, diversão).
>
> Trata-se de prática pública, visível ou não, semiclandestina, utilizada amplamente e justificada como necessidade da sexualidade humana, principalmente a masculina, embora farisaicamente abominada.
>
> A prostituição tem diferentes formas: (garotas(os) de programa, em bordéis, de rua, em estradas), serviços e preços.
>
> A bibliografia sobre esta problemática no Brasil, pesquisas e testemunhos de vítimas evidenciam que as crianças e adolescentes trabalham, em geral, na prostituição de rua (cidades, portos, estradas, articulada com o turismo sexual e o tráfico para fins sexuais), ou em bordéis (na Região Norte em situação de escravidão). Muitos são moradores de rua, tendo vivenciado situações de violência física ou sexual e/ou de extrema pobreza e exclusão, de ambos os sexos, crianças, pré-adolescentes e adolescentes, pouco ou não escolarizados. Trata-se

de trabalho extremamente perigoso e aviltante, sujeito a todo o tipo de violência, repressão policial e discriminação.

As instituições (governamentais, não governamentais, internacionais), profissionais, pesquisadores e estudiosos da exploração sexual vêm questionando o termo *prostituição* de crianças e adolescentes, por considerarem que estes não optam por este tipo de atividade, mas que a ela são levados pelas condições e trajetórias de vida, induzidos por adultos, por suas carências e imaturidade emocional, bem como pelos apelos da sociedade de consumo. Neste sentido, não são trabalhadores do sexo, mas prostituídos, abusados e explorados sexualmente, economicamente e emocionalmente."[61]

Dessa forma, com a inserção do art. 218-B no Código Penal pela Lei nº 12.015, de 7 de agosto de 2009, podemos entender que as condutas previstas no tipo penal em estudo podem ter por finalidade *outra forma de exploração sexual* que não a prostituição em si, ou seja, não há necessidade de que exista o comércio do corpo, mas de que tão somente a vítima seja explorada sexualmente, nada recebendo em troca por isso, amoldando-se a esse conceito, como já dissemos anteriormente, o turismo sexual e a pornografia.

O núcleo *submeter*, utilizado pelo novo tipo penal, fornece-nos a ideia de que a vítima foi subjugada pelo agente, tendo que se sujeitar à prática da prostituição ou a outra forma de exploração sexual. *Induzir* tem o significado de incutir a ideia, convencer alguém a se entregar à prostituição ou mesmo a outra forma de exploração sexual; *atrair* significa fazer que a pessoa se sinta estimulada à prática do comércio do corpo ou de qualquer outro tipo de exploração sexual. Induzir e atrair são, na verdade, situações muito parecidas, de difícil separação. O agente pode, por exemplo, induzir uma pessoa à prostituição, atraindo-a com perspectivas de riquezas, de aumento do seu padrão de vida, de possibilidade de viagens internacionais, enfim, a atração não deixa de ser um meio para que ocorra o induzimento.

Também incorre no delito em estudo aquele que facilita a prostituição ou outra forma de exploração sexual. Aqui é denominado *lenocínio acessório*. Conforme salienta Luiz Regis Prado, ocorre a facilitação quando o agente, "sem induzir ou atrair a vítima, proporciona-lhe meios eficazes de exercer a prostituição, arrumando-lhe clientes, colocando-a em lugares estratégicos etc."[62]. A diferença desse comportamento típico para os anteriores residiria no fato de que, no induzimento ou na atração de alguém à prostituição ou a outra forma de exploração sexual, a vítima ainda não se encontrava prostituída, tampouco explorada sexualmente por alguém; ao contrário, na facilitação, o agente permite que a vítima, já entregue ao comércio carnal ou a outra forma de exploração sexual, nele se mantenha com o seu auxílio, com as facilidades por ele proporcionadas.

Também se configura o delito em estudo quando a conduta do agente é dirigida a impedir que a vítima abandone a prostituição ou outra forma de exploração sexual. Como se percebe pela redação típica, a vítima se encontra no exercício pleno da prostituição ou de outra forma de exploração sexual e deseja abandoná-la, havendo a intervenção do agente no sentido de impedi-la, fazendo, por exemplo, que tenha que saldar dívidas extorsivas relativas ao período em que permaneceu "hospedada às expensas do agente", ou com algum artifício que a faça sopesar necessidade de permanecer no comércio carnal etc.

---

[61] FALEIROS, Eva. T. Silveira. *A exploração sexual de crianças e adolescentes no Brasil: reflexões teóricas, relatos de pesquisas e intervenções psicossociais,* p. 78-79.

[62] PRADO, Luiz Regis. *Curso de Direito Penal Brasileiro:* parte especial, v. 3, p. 277.

Por meio da modificação feita pela Lei nº 12.015, de 7 de agosto de 2009, também aquele que vier a *dificultar* que alguém menor de 18 (dezoito) anos ou que, por enfermidade ou deficiência mental, não tendo o necessário discernimento para a prática do ato, abandone a prostituição ou outra forma de exploração sexual responderá pelo delito tipificado no art. 218-B do Código Penal. *Dificultar* tem o sentido de atrapalhar, criar embaraços, com a finalidade de fazer que a vítima se sinta desestimulada a abandonar a prostituição ou outra forma de exploração sexual.

O art. 218-B do Código Penal ainda exige, para efeitos de sua caracterização, que a vítima seja alguém *menor de 18 (dezoito) anos* ou que, *por enfermidade ou deficiência mental, não tenha o necessário discernimento para a prática do ato.*

Inicialmente, em se tratando de vítima menor de 18 (dezoito) anos, somente poderá ser responsabilizado pelo delito em estudo o agente que tiver efetivo conhecimento da idade da pessoa que por ele fora submetida, induzida ou atraída à prostituição ou a outra forma de exploração sexual, ou que a tenha facilitado, ou mesmo impedido ou dificultado o seu abandono. O erro sobre a idade da vítima poderá importar desclassificação do fato para a figura prevista pelo art. 228 do Código Penal.

Cleber Masson, acertadamente, conclui:

"No crime do art. 218-B do Código Penal, é importante destacar, não se exige a efetiva prática de conjunção carnal ou outro ato libidinoso com a vítima. O crime se esgota com o favorecimento da prostituição ou outra forma de exploração sexual de vulnerável. Pune-se o proxeneta (ou alcoviteiro), ou seja, o intermediário, o agenciador das relações sexuais entre as vítimas e terceiros.

Deveras, quem mantém conjunção carnal ou outro ato libidinoso com pessoas vulneráveis responde pelo crime de estupro de vulnerável, nos termos do art. 217-A do Código Penal."[63]

Cuida-se de tipo misto alternativo, em que a prática de mais de um comportamento previsto no *caput* do art. 218-B importará crime único.

Assevera o § 1º do art. 218-B do Código Penal que, *se o crime é praticado com o fim de obter vantagem econômica, aplica-se também multa.* É o que se denomina *proxenetismo mercenário.*

Diz o § 2º do art. 218-B do Código Penal, *in verbis*:

(...)

§ 2º Incorre nas mesmas penas:

I – quem pratica conjunção carnal ou outro ato libidinoso com alguém menor de 18 (dezoito) e maior de 14 (quatorze) anos na situação descrita no *caput* deste artigo;

II – o proprietário, o gerente ou o responsável pelo local em que se verifiquem as práticas referidas no *caput* deste artigo.

O inc. I do § 2º do art. 218-B do Código Penal, visando evitar a prática da prostituição, bem como qualquer outro tipo de exploração sexual com os menores de 18 (dezoito) e maiores de 14 (quatorze), pune com as mesmas penas cominadas pelo preceito secundário

---

[63] MASSON, Cleber. *Direito penal*: parte especial, v. 3, p. 81.

do art. 218-B do Código Penal aqueles que com eles praticam a conjunção carnal ou outro ato libidinoso.

Embora, nos dias de hoje, a prostituição ainda seja um comportamento lícito, tolerado pelo Direito, em se tratando de menores de 18 (dezoito) anos, acertadamente, a nosso ver, deverá haver a responsabilização penal daquele que com eles praticaram os comportamentos sexuais previstos pelo inc. I do § 2º do art. 218-B do Código Penal. Por mais que se diga que tanto as meninas quanto os rapazes acima de 14 anos já possuem um amplo conhecimento ligado à área sexual, principalmente pela fartura de materiais disponíveis, temos que preservar ao máximo sua indenidade sexual, ou, pelo menos, até que atinjam a maioridade, aos 18 anos completos.

Para que o agente responda nos termos do inc. I do § 2º do art. 218-B do Código Penal deverá, obrigatoriamente, ter conhecimento da idade da vítima. O erro sobre a idade importará atipicidade do comportamento. Assim, por exemplo, se o agente se relaciona sexualmente com uma prostituta, imaginando fosse ela maior de 18 anos, quando, na verdade, ainda contava com 17 anos de idade, não poderá ser responsabilizado pelo tipo penal em estudo, pois o erro em que incorreu afastará o dolo e, consequentemente, a tipicidade do fato.

Renato Marcão e Plínio Gentil advertem, com precisão, que:

"O que o novo tipo penal (art. 218-B, § 2º, I) define é a prática de qualquer ato libidinoso com menor de dezoito e maior de quatorze anos já prostituído ou vítima de alguma espécie de exploração sexual.

Significa dizer que é lícito ter relação sexual com pessoa maior de quatorze e menor de dezoito anos, desde que ela consinta, *fora do ambiente da exploração sexual* – quem sabe até mesmo contribuindo, dessa maneira, para sua degradação e, mais tarde o ingresso na prostituição. Mas fazer a mesma coisa com quem já está prostituído passa agora a constituir crime, punido com reclusão de quatro a dez anos, a mesma pena atribuída ao roubo."[64]

Também deverá ser responsabilizado com as penas previstas no *caput* do art. 218-B do Código Penal o *proprietário*, o *gerente* ou o *responsável* pelo local em que se verifiquem as práticas da prostituição ou outra forma de exploração sexual envolvendo menores de 18 (dezoito) anos ou alguém que, por enfermidade ou deficiência mental, não tenha o necessário discernimento para a prática do ato.

Cuida-se, na verdade, de uma modalidade assemelhada ao delito de *casa de prostituição*, tipificado no art. 229 do Código Penal. No entanto, em virtude da maior gravidade dos fatos, por envolver a prostituição ou outra forma de exploração sexual, por exemplo, de menores de 18 (dezoito) anos, ou mesmo a exploração sexual de alguém com enfermidade ou deficiência mental, que não tenha o necessário discernimento para o ato, as penas são duas vezes maiores do que aquelas previstas no preceito secundário do tipo penal que prevê o delito de *casa de prostituição*.

Deve ser frisado, ainda, que o proprietário do local somente será punido pelo delito em estudo se tiver conhecimento de que na sua propriedade é praticada a prostituição ou outra forma de exploração sexual com as pessoas elencadas pelo tipo penal do art. 218-B do Código Penal. Assim, por exemplo, se tiver alugado um imóvel que, supostamente, seria utilizado para fins comerciais, mas que, na realidade, é um local destinado à prostituição, se tal fato não for do seu conhecimento, não poderá ser responsabilizado criminalmente, sob pena de aceitarmos a chamada responsabilidade penal objetiva, amplamente rejeitada pela nossa doutrina.

---

[64] MARCÃO, Renato; GENTIL, Plínio. *Crimes contra a dignidade sexual*, p. 251-252.

3.11. Furto qualificado pelo emprego de explosivo ou de artefato análogo que cause perigo comum (art. 155, § 4º-A) – inc. IX do art. 1º

A Lei nº 13.964, de 24 de dezembro de 2019, modificando a Lei nº 8.072/90, inseriu o inciso IX em seu art. 1º, passando a considerar como hediondo o furto qualificado pelo emprego de explosivo ou de artefato análogo que cause perigo comum (art. 155, § 4º-A).

As modernas tecnologias fizeram com que a criminalidade optasse por novas práticas ilícitas lucrativas. Os roubos a bancos deixaram de ser comuns, pois envolvem riscos maiores para o grupo criminoso, tendo em vista a possibilidade real de confronto com a polícia, captura de seus membros, dificuldade de fuga etc.

Os caixas eletrônicos passaram, portanto, a ser o alvo principal desses grupos, uma vez que são instalados em inúmeros e diversos lugares (postos de gasolina, fachada dos bancos, em casas lotéricas, supermercados etc.) e, normalmente, permitem o armazenamento de uma quantidade considerável de dinheiro.

Via de regra, os criminosos, a fim de subtrair os valores depositados nesses caixas eletrônicos, utilizavam-se de explosivos, durante a madrugada, na calada da noite, sem a presença de qualquer pessoa por perto. Por não existir violência ou ameaça contra qualquer pessoa, essas explosões em caixas eletrônicos eram tipificadas tão somente como delitos de furto, normalmente considerados como qualificados em virtude, muitas vezes, da destruição ou rompimento de obstáculo, ou do concurso eventual de pessoas, conforme previsto nos incisos I e IV do § 4º do art. 155 do Código Penal, cuja pena cominada varia entre 2 (dois) a 8 (oito) anos de reclusão e multa.

Como se percebe sem muito esforço, a pena era pequena para fatos de tamanha gravidade, e já se pugnava pelo seu aumento, o que foi efetivamente levado a efeito pela Lei nº 13.654, de 23 de abril de 2018, que inseriu o § 4º-A ao art. 155 do Código Penal, criando uma qualificadora específica quando houver o emprego de explosivo ou de artefato análogo que cause perigo comum, cominando uma pena de reclusão de 4 (quatro) a 10 (dez) anos e multa.

Explosivo, de acordo com a definição do Esquadrão Antibombas do Batalhão de Operações Policiais Especiais – BOPE – do Estado de Minas Gerais, é o produto que, por meio de uma excitação adequada, se transforma rápida e violentamente de estado gerando gases, altas pressões e elevadas temperaturas, sendo a explosão o escape súbito e repentino de gases do interior de um espaço limitado, gerando alta pressão e elevada temperatura[65]; ou, ainda, conforme preleciona Walter Dornberger:

> "Explosivos são substâncias ou compostos que, por ação de uma causa externa (calor, choque, descarga elétrica etc.), são capazes de gerar explosão, uma reação química caracterizada pela liberação, em breve espaço de tempo e de forma violenta, de calor, gás e energia mecânica. São usados como carga em bombas, granadas e minas; como propelentes para projéteis de armas leves e artilharia; e em engenharia, terraplanagem, mineração e demolição (militar ou comercial) de construções e outras estruturas.
>
> Explosivos são classificados em 'baixo' e 'alto' poder explosivo. Baixo-explosivos agem por 'deflagração', através de combustão, da queima do material, com a explosão se propagando a alta velocidade subsônica, da ordem de centímetros ou metros por segundo, exemplo: pólvora negra e todos os propelentes. Alto-explosivos agem por 'detonação', através da quebra da estrutura molecular do material, com a explosão se propagando a velocidade supersônica,

---

[65] Materiais de instrução cedidos gentilmente pelo Ten. Francis Albert Cotta, explosivista do BOPE-MG.

da ordem de 1.000 a 10.000 metros por segundo, exemplo: nitroglicerina e todos os explosivos modernos"[66].

Conforme preleciona José Sérgio Marcondes:

"A descoberta dos explosivos se deu na China no ano 1000 d.C., com a descoberta da pólvora: um pó preto formado pela mistura de carvão, enxofre e salitre (nitrato de potássio), utilizado então apenas para fabricar fogos de artifício.

Possuem em sua composição química componentes que possuem alta energia interna, os quais, quando sensibilizados por um acionador, liberam essa energia na forma de calor e ondas de choque.

As ondas de choque são, normalmente, responsáveis pela maior quantidade de danos ocasionados por uma explosão.

Para ser considerado um explosivo a substância tem que ter uma instabilidade natural que possa ser acionada por uma chama, choque, atrito ou calor"[67].

Os explosivos podem ser classificados em: a) explosivos industrializados e comercializados (*EOD – Explosive ordinance disposal*); b) artefatos explosivos improvisados (*IEDD – Improvised explosive device disposal*); ou c) munições não explodidas (*UXO – Unexpoded ordinance*).

O Exército brasileiro, por meio de Comando Logístico, editou a Portaria nº 42, de 28 de março de 2018, estabelecendo procedimentos administrativos para o exercício de atividades com explosivos e produtos que contêm nitrato de amônio, e, em seu Anexo A, inseriu um glossário dos termos e expressões utilizados na referida portaria, que deverão ser utilizadas na interpretação do conceito de explosivo, utilizado pelo § 4º-A do art. 155 do Código Penal, dizendo:

> Cargas moldadas – são explosivos com formato fixo, predefinido, de acordo com um molde inicial; o tipo mais comum possui um orifício cônico em seu corpo destinado a concentrar a energia da explosão em uma direção específica; o funcionamento desses dispositivos é baseado no efeito Monroe ou "carga oca", é muito utilizado em munições para perfuração de blindagens.
>
> Cordel detonante – tubo flexível preenchido com nitropenta, RDX ou HMX, destinado a transmitir a detonação do ponto de iniciação até a carga explosiva; seu tipo mais comum é o NP 10, ou seja, aquele que possui 10 g de nitropenta/RDX por metro linear. Para fins de armazenamento, a unidade a ser utilizada é o metro.
>
> Explosivos granulados industriais – são composições explosivas que, além de nitrato de amônio e óleo combustível, possuem aditivos como serragem, casca de arroz e alumínio em pó (para correção de densidade, balanço de oxigênio, sensibilidade e potencial energético); também são conhecidos comercialmente como granulados, pulverulentos, derramáveis ou nitrocarbonitratos.
>
> Explosivos plásticos – são massas maleáveis, normalmente à base de ciclonite (RDX), trinitrotolueno, nitropenta e óleos aglutinantes, que podem ser moldadas de acordo com a necessidade de emprego. São os explosivos mais cobiçados para fins ilícitos por sua facilidade de iniciação (é sensível à espoleta

---

[66] DORNBERGER, Walter. *Explosivos, incendiários e pirotécnicos*. Disponível em: <http://www.clubedos-generais.org/site/artigos/154/2014/08/explosivos-incendiarios-e-pirotecnicos/>. Acesso em: 27 maio 2018.

[67] MARCONDES, José Sérgio. *Explosivo: O que é? Definições, tipos, classificação, legislação*. Disponível em: <https://www.gestaodesegurancaprivada.com.br/explosivo-o-que-sao-quais-os-tipos/>. Acesso em: 27 maio 2018.

comum no 8), por seu poder de destruição e por sua praticidade. São também conhecidos como cargas moldáveis.

Explosivos tipo ANFO – são misturas de nitrato de amônio e óleos combustíveis. Explosivos tipo dinamite – são todos os que contêm nitroglicerina em sua composição, exigindo maior cuidado em seu manuseio e utilização devido à elevada sensibilidade.

Emulsão – são misturas de nitrato de amônio diluído em água e óleos combustíveis obtidas por meio de um agente emulsificante; contêm microbolhas dispersas no interior de sua massa responsáveis por sua sensibilização; normalmente são sensíveis à espoleta comum no 8 e, eventualmente, necessitam de um reforçador para sua iniciação.

Emulsão bombeada – são explosivos tipo emulsão a granel, bombeados e sensibilizados diretamente no local de emprego por meio de unidades móveis, de fabricação ou de bombeamento.

Explosivos tipo emulsão encartuchada – são explosivos tipo emulsão embalados em cartuchos cilíndricos, normalmente de filme plástico, sensibilizados desde a fabricação.

Explosivos tipo lama – são misturas de nitratos diluídos em água e agentes sensibilizantes na forma de pastas; também conhecidos como "slurries" (ou, no singular, "slurry").

Gelatina explosiva – é uma mistura de nitrocelulose e nitroglicerina utilizada na fabricação de explosivos tipo dinamite. Em decorrência, algumas dinamites são denominadas gelatinosas ou semigelatinosas conforme a quantidade de gelatina explosiva presente em sua composição.

GHS (Sistema Harmonizado Globalmente para Classificação e Rotulagem de Produtos Químicos) – é uma metodologia para definir os perigos específicos de cada produto químico, para criar critérios de classificação segundo seus perigos e para organizar e facilitar a comunicação da informação de perigo em rótulos e fichas de informação de segurança.

IIS – Identificação Individual Seriada.

(...)

Pólvora negra – mistura de nitrato de potássio, carvão e enxofre.

Reforçadores – são acessórios explosivos destinados a amplificar a onda de choque para permitir a iniciação de explosivos em geral não sensíveis à espoleta comum no 8 ou cordel detonante; normalmente são tipos específicos de cargas moldadas de TNT, nitropenta ou pentolite.

Retardos – são dispositivos semelhantes a espoletas comuns, normalmente com revestimento de corpo plástico, que proporcionam atraso controlado na propagação da onda de choque. São empregados na montagem de malhas que necessita de uma defasagem na iniciação do explosivo em diferentes pontos ou de detonações isoladas, a fim de oferecer maior segurança à operação.

Para que a qualificadora em estudo possa ser efetivamente aplicada, o explosivo utilizado deve causar uma situação de perigo comum, ou seja, a um número indeterminado de pessoas.

3.12. Genocídio – inc. I do parágrafo único do art. 1º

O delito de genocídio, desde a publicação original da Lei nº 8.072/90, passou a figurar no rol das infrações penais hediondas. Atualmente, por conta das alterações levadas a efeito pelas Leis nos 8.930, de 6 de setembro de 1994, 13.497, de 26 de outubro de 2017, e 13.964, de 24 de dezembro de 2019, encontra-se previsto no inc. I do parágrafo único do art. 1º da Lei nº 8.072/90, que diz, *in verbis*:

Parágrafo único. Consideram-se também hediondos, tentados ou consumados:

I – o crime de genocídio, previsto nos arts. 1º, 2º e 3º da Lei nº 2.889, de 1º de outubro de 1956; (Incluído pela Lei nº 13.964, de 2019)

(...).

Os arts. 1º, 2º e 3º da Lei nº 2.889, de 1º de outubro de 1956, por sua vez, consideram como genocídio:

> **Art. 1º** Quem, com a intenção de destruir, no todo ou em parte, grupo nacional, étnico, racial ou religioso, como tal:
>
> a) matar membros do grupo;
>
> b) causar lesão grave à integridade física ou mental de membros do grupo;
>
> c) submeter intencionalmente o grupo a condições de existência capazes de ocasionar-lhe a destruição física total ou parcial;
>
> d) adotar medidas destinadas a impedir os nascimentos no seio do grupo;
>
> e) efetuar a transferência forçada de crianças do grupo para outro grupo;
>
> Será punido:
>
> Com as penas do art. 121, § 2º, do Código Penal, no caso da letra *a*;
>
> Com as penas do art. 129, § 2º, no caso da letra *b*;
>
> Com as penas do art. 270, no caso da letra *c*;
>
> Com as penas do art. 125, no caso da letra *d*;
>
> Com as penas do art. 148, no caso da letra *e*;
>
> **Art. 2º** Associarem-se mais de 3 (três) pessoas para prática dos crimes mencionados no artigo anterior:
>
> Pena: Metade da cominada aos crimes ali previstos.
>
> **Art. 3º** Incitar, direta e publicamente alguém a cometer qualquer dos crimes de que trata o art. 1º:
>
> Pena: Metade das penas ali cominadas.
>
> § 1º A pena pelo crime de incitação será a mesma de crime incitado, se este se consumar.
>
> § 2º A pena será aumentada de 1/3 (um terço), quando a incitação for cometida pela imprensa.

A palavra *genocídio* não existia até 1944. Sua criação se deve a um advogado judeu polonês, Raphael Lemkin, que, naquele ano, na sua obra intitulada *Axis Rule in Occupied Europe* (*O Poder do Eixo na Europa Ocupada*), publicada nos Estados Unidos, encontrou um termo que descrevesse as atrocidades cometidas pelo nazismo, principalmente durante a Segunda Guerra mundial.

Genocídio é o resultado da fusão da palavra grega *genos,* que tem o significado de *raça, tribo, nação,* com o sufixo latino *cídio,* que significa *matar.* Conforme nos esclarece Carlos Canêdo:

> "Oficialmente, o termo apareceu pela primeira vez na Resolução nº 96 (I), adotada em 11 de dezembro de 1946, pela Assembleia-Geral das Nações Unidas, que o declarou ser crime de Direito Internacional, alertando para a necessidade de elaboração de uma convenção a seu respeito e, ao mesmo tempo, iniciando esforços nesse sentido."[68]

O genocídio, no entanto, não é um acontecimento recente. A história nos mostra que, ao longo dos anos, foram inúmeras as suas ocorrências. Relembra Antonio Lopes Monteiro que:

> "Destruição de Cartago pelos romanos é considerada um dos antecedentes históricos de maior claridade de conduta genocida, traduzida na famosa frase de Catão: 'Ceterum censeo Carthaginem esse delendam'. O sacrifício dos cristãos decretado pelos imperadores pagãos, tudo se insere neste contexto de interpretação genocida.
>
> Mas passando por cima de uma série de acontecimentos, que, como esses citados, estariam também na linha de comportamento genocida, é após a Primeira Guerra Mundial que vamos

---

[68] CANÊDO, Carlos. *O genocídio como crime internacional*, p. 86.

encontrar um movimento ordenado e coerente visando a uma tomada de posição diante desse problema que nada tinha de moderno."[69]

Mesmo sem um nome específico, esse movimento citado por Antonio Lopes Monteiro começou com o Tratado de Versalhes, levado a efeito entre a Alemanha, perdedora da Primeira Guerra Mundial, e as demais potências. Tal tratado foi firmado em 28 de junho de 1919, e apontava a Alemanha como a responsável pelo início da guerra, além de impor-lhe uma série de restrições, principalmente no que diz respeito à diminuição do seu exército, à cessão de exploração de recursos econômicos de regiões estratégicas do país, sem falar na imposição de indenizações altíssimas.

No entanto, foi a partir do final da Segunda Guerra Mundial (1939-1945), após o mundo ter tomado conhecimento estarrecido do massacre de mais de seis milhões de judeus, que, em 9 de dezembro de 1948, a Assembleia Geral das Nações Unidas aprovou, por meio da Resolução nº 260 A (III), por unanimidade, a Convenção para a Prevenção e a Repressão do Crime de Genocídio, sendo Raphael Lemkin, criador do termo *genocídio*, um dos redatores de seu projeto.

No Brasil, a referida Convenção foi promulgada pelo Decreto nº 30.822, de 6 de maio de 1952.

Nos termos do art. 2º da Convenção para a Prevenção e a Repressão do Crime de Genocídio, assim como do art. II do decreto presidencial que a promulgou no Brasil, *entende-se por genocídio qualquer dos seguintes atos, cometidos com a intenção de destruir no todo ou em parte, um grupo nacional, étnico, racial ou religioso, como tal:*

a) *matar membros do grupo;*
b) *causar lesão grave à integridade física ou mental de membros do grupo;*
c) *submeter intencionalmente o grupo a condição de existência capazes de ocasionar-lhe a destruição física total ou parcial;*
d) *adotar medidas destinadas a impedir os nascimentos no seio de grupo;*
e) *efetuar a transferência forçada de crianças do grupo para outro grupo.*

Deve-se ressaltar, ainda, que o crime de genocídio, de acordo com a Convenção sobre a Imprescritibilidade dos Crimes de Guerra e dos Crimes contra a Humanidade, adotada pela Resolução nº 2.391, da Assembleia Geral das Nações Unidas, em 26 de novembro de 1968, é considerado imprescritível, conforme se verifica pelo tópico 2 do art. 1º da referida Convenção, que diz:

> **Art. 1º** São imprescritíveis, independentemente da data em que tenham sido cometidos, os seguintes crimes:
> 1. (...)
> 2. Os crimes contra a humanidade, sejam cometidos em tempo de guerra ou em tempo de paz, como tal definidos no Estatuto do Tribunal Militar Internacional de Nuremberg de 8 de agosto de 1945 e confirmados pelas Resoluções nº 3 (I) e 95 (i) da Assembleia Geral das Nações Unidas, de 13 de fevereiro de 1946 e 11 de dezembro de 1946; a evicção por um ataque armado; a ocupação; os atos desumanos resultantes da política de "Apartheid"; e ainda o crime de genocídio, como tal definido na Convenção de 1948 para a prevenção e repressão do crime de genocídio, ainda que estes atos não constituam violação do direito interno do país onde foram cometidos.

---

[69] MONTEIRO, Antonio Lopes. *Crimes hediondos*, p. 138.

Com tudo isso, mesmo com toda a legislação preventiva no âmbito internacional, o mundo ainda assistiu a inúmeros episódios de horror, característicos do crime de genocídio, a exemplo do que ocorreu na Bósnia (1992 a 1995), onde aproximadamente 100 mil pessoas foram mortas, e mais de 20 mil mulheres foram estupradas; no Iraque, onde Saddam Hussein (1986 a 1989) ordenou a morte da população curda; em Ruanda (1994), onde as forças extremistas hutus realizaram a matança de quase um milhão de pessoas pertencentes à etnia tútsi, mortes essas, em sua maioria, realizadas brutalmente com facões; sem falar, obviamente, no fato que motivou, basicamente, toda a legislação que lhe foi posterior, talvez no maior e mais estarrecedor acontecimento da história, durante a Segunda Guerra Mundial (1939-1945), quando mais de 6 milhões de judeus foram mortos na Europa, depois de uma perseguição insana e cruel pelos nazistas, chamada de *solução final*, expressão utilizada para se referir ao plano de completa exterminação do povo judeu.

3.12.1. Revogação do art. 2º da Lei nº 2.889/56 pelo art. 8º da Lei nº 8.072/90

Muito se tem discutido a respeito da revogação do art. 2º da Lei nº 2.889/56 pelo art. 8º da Lei nº 8.072/90, que dizem, respectivamente:

> **Art. 2º** Associarem-se mais de 3 (três) pessoas para prática dos crimes mencionados no artigo anterior:
> Pena: Metade da cominada aos crimes ali previstos.
> **Art. 8º** Será de três a seis anos de reclusão a pena prevista no art. 288 do Código Penal, quando se tratar de crimes hediondos, prática da tortura, tráfico ilícito de entorpecentes e drogas afins ou terrorismo.

Como a Lei nº 8.072/90 considerou o delito de genocídio uma infração penal hedionda, gozando desse *status*, isso, por si só, faria que a associação de três ou mais pessoas, ou seja, a reunião, não eventual, para a prática de qualquer dos comportamentos previstos nas alíneas *a* a *e* do art. 1º da Lei nº 2.889/56, fosse punida, agora, com uma pena de reclusão de três a seis anos, conforme previsão contida no art. 8º da Lei nº 8.072/90?

Alberto Silva Franco, Rafael Lira e Yuri Felix entendem que:

> "A associação criminosa, quando se tratar de crimes hediondos, prática de tortura, tráfico ilícito de entorpecentes e drogas afins ou terrorismo, possui uma sanção punitiva própria: a pena reclusiva variável entre três a seis anos. Ora, a associação de mais de três pessoas para o fim de praticar qualquer das modalidades de genocídio descritas no art. 1º da Lei nº 2.889/56, será agora punida com a pena cominada no art. 8º da Lei nº 8.072/90 e não mais de acordo com as sanções previstas no art. 2º da Lei nº 2.889/56."[70]

Ousamos discordar dos ilustres autores. Isso porque a Lei nº 2.889/56 criou uma modalidade especial de associação criminosa, diferente daquela citada pelo art. 288 do Código Penal, a que se refere, especificamente, o art. 8º da Lei de Crimes Hediondos.

Se não bastasse, para que se reconheça a associação criminosa prevista no art. 2º da Lei nº 2.889/56, além de a finalidade específica dos agentes ser a prática de qualquer dos crimes definidos no art. 1º da referida lei, é diferente o número de participantes entre o citado art. 2º, que exige o mínimo de quatro pessoas, e o número daqueles que integram a associação criminosa prevista no art. 288 do Código Penal, vale dizer, o mínimo de três pessoas.

---

[70] FRANCO, Alberto Silva; LIRA, Rafael; FELIX, Yuri. *Crimes hediondos*, p. 591-592.

CRIMES HEDIONDOS E EQUIPARADOS – ROGÉRIO GRECO

Assim, com todo o respeito às posições em contrário, entendemos que não houve revogação do art. 2º da Lei nº 2.889/56 pelo art. 8º da Lei nº 8.072/90, e esta última terá aplicação, além de tortura, tráfico ilícito de entorpecentes e drogas afins ou terrorismo, em toda associação criminosa destinada à prática de crimes hediondos, à exceção do crime de genocídio, cuja regra será aquela prevista no art. 2º da Lei nº 2.889/56.

3.12.2. Diferença entre o genocídio e o homicídio praticado em atividade típica de grupo de extermínio

Renato Brasileiro de Lima traça, com precisão, a diferença entre o delito de genocídio e o homicídio praticado em atividade típica de grupo de extermínio, dizendo:

"a) no homicídio de grupo de extermínio, o objetivo do agente não é o de destruir o grupo, no todo ou em parte, mas sim o de eliminar apenas alguns de seus integrantes, daí por que o crime estará caracterizado ainda que uma única vítima seja morta. De seu turno, o crime de genocídio pressupõe o dolo específico de destruir, no todo ou em parte, determinado grupo; b) desde que presente a impessoalidade da conduta delituosa, a atividade típica de grupo de extermínio pode visar pessoa integrante de qualquer espécie de grupo (*v.g.*, social, racial, econômico étnico etc.). O crime de genocídio, por sua vez, tem como sujeito passivo apenas grupo *nacional, étnico, racial ou religiosa* (Lei nº 2.889/56, art. 1º, *caput*); c) o crime de homicídio praticado em atividade típica de grupo de extermínio é obrigatoriamente cometido mediante a morte de alguém (CP, art. 121, *caput*). Em sentido diverso, consoante disposto na Lei nº 2.889/56, o delito de genocídio pode ser praticado não apenas através da morte de membros do grupo, como também por meio da causação de lesão grave à integridade física ou mental de seus integrantes, pela sujeição intencional do grupo a condições de existência capazes de ocasionar-lhes a destruição física total ou parcial, pela adoção de medidas destinadas a impedir os nascimentos no seio do grupo ou pela transferência forçada de crianças do grupo para outro grupo".[71]

Além dessas distinções, o renomado autor adverte que, como regra, o Tribunal do Júri será o competente para o julgamento dos homicídios praticados pelo grupo de extermínio; no entanto, aquele tribunal popular somente será competente para julgamento do crime de genocídio se este for praticado mediante a morte de membros do grupo nacional, étnico, racial ou religioso.

3.12.3. Competência para julgamento do genocídio

Vimos que o art. 1º da Lei nº 2.889/56 diz que se *entende por genocídio qualquer dos seguintes atos, cometidos com a intenção de destruir no todo ou em parte, um grupo nacional, étnico, racial ou religioso, como tal:*

a) *matar membros do grupo;*

b) *causar lesão grave à integridade física ou mental de membros do grupo;*

c) *submeter intencionalmente o grupo a condições de existência capazes de ocasionar-lhe a destruição física total ou parcial;*

d) *adotar medidas destinadas a impedir os nascimentos no seio do grupo;*

e) *efetuar a transferência forçada de crianças do grupo para outro grupo.*

---

[71] LIMA, Renato Brasileiro de. *Legislação criminal especial comentada*, volume único, p. 55-56.

Analisando o referido artigo, podemos perceber que, em pelo menos duas alíneas, estamos diante de crimes dolosos contra a vida, vale dizer, na alínea *a*, encontra-se previsto o delito de homicídio (art. 121 do CP) e, na alínea *d*, o delito de aborto (art. 125 do CP).

Assim, teríamos crimes que seriam da competência do Tribunal do Júri e outras infrações penais que competiriam ao juízo singular monocrático. Qual, entretanto, seria a Justiça competente, vale dizer, a Justiça Estadual ou a Justiça Federal?

Como é cediço, o genocídio é um crime contra a humanidade e importa, consequentemente, em grave violação aos direitos humanos. A Emenda Constitucional nº 45, de 30 de dezembro de 2004, incluiu o inc. V-A, bem como o § 5º, ao art. 109, que cuida da competência dos juízes federais, dizendo:

> **Art. 109.** Aos juízes federais compete processar e julgar:
> (...)
> V-A – as causas relativas a direitos humanos a que se refere o § 5º deste artigo.
> (...)
> § 5º Nas hipóteses de grave violação de direitos humanos, o Procurador-Geral da República, com a finalidade de assegurar o cumprimento de obrigações decorrentes de tratados internacionais de direitos humanos dos quais o Brasil seja parte, poderá suscitar, perante o Superior Tribunal de Justiça, em qualquer fase do inquérito ou processo, incidente de deslocamento de competência para a Justiça Federal.

Dessa forma, entendemos que competirá à Justiça Federal processar e julgar o crime de genocídio, não importando em qual das suas modalidades. Se o genocídio envolver crimes dolosos contra a vida, a competência será do Tribunal do Júri na Justiça Federal; nas demais infrações, competente será o juiz federal monocrático.

Essa foi a posição adotada pela Supremo Tribunal Federal, conforme se verifica pela ementa a seguir transcrita:

> 1. Crime. Genocídio. Definição legal. Bem jurídico protegido. Tutela penal da existência do grupo racial, étnico, nacional ou religioso, a que pertence a pessoa ou pessoas imediatamente lesionadas. Delito de caráter coletivo ou transindividual. Crime contra a diversidade humana como tal. Consumação mediante ações que, lesivas à vida, integridade física, liberdade de locomoção e a outros bens jurídicos individuais, constituem modalidade executórias. Inteligência do art. 1º da Lei nº 2.889/56, e do art. 2º da Convenção contra o Genocídio, ratificada pelo Decreto nº 30.822/52. O tipo penal do delito de genocídio protege, em todas as suas modalidades, bem jurídico coletivo ou transindividual, figurado na existência do grupo racial, étnico ou religioso, a qual é posta em risco por ações que podem também ser ofensivas a bens jurídicos individuais, como o direito à vida, a integridade física ou mental, a liberdade de locomoção etc. 2. Concurso de crimes. Genocídio. Crime unitário. Delito praticado mediante execução de doze homicídios como crime continuado. Concurso aparente de normas. Não caracterização. Caso de concurso formal. Penas cumulativas. Ações criminosas resultantes de desígnios autônomos. Submissão teórica ao art. 70, *caput*, segunda parte, do Código Penal. Condenação dos réus apenas pelo delito de genocídio. Recurso exclusivo da defesa. Impossibilidade de *reformatio in peius*. Não podem os réus, que cometeram, em concurso formal, na execução do delito de genocídio, doze homicídios, receber a pena destes além da pena daquele, no âmbito de recurso exclusivo da defesa. 3. Competência criminal. Ação penal. Conexão. Concurso formal entre genocídio e homicídios dolosos agravados. Feito da competência da Justiça Federal. Julgamento cometido, em tese, ao tribunal do júri. Inteligência do art. 5º, XXXVIII, da CF, e art. 78, I, cc. art. 74, § 1º, do Código de Processo Penal. Condenação exclusiva pelo delito de genocídio, no juízo federal monocrático. Recurso exclusivo da defesa. Improvimento. Compete ao tribunal do júri da Justiça Federal julgar os delitos de genocídio e de homicídio ou homicídios dolosos que constituíram modalidade de sua execução (STF, RE 351.487, Tribunal Pleno, Rel. Min. Cezar Peluso, j. 03.08.2006).

3.13. Posse ou porte ilegal de arma de fogo de uso proibido – inc. II do parágrafo único do art. 1º

O delito de posse ou porte ilegal de arma de fogo de uso proibido encontra-se previsto no § 2º do art. 16 da Lei nº 10.826, de 22 de dezembro de 2003, que diz:

> **Art. 16.** Possuir, deter, portar, adquirir, fornecer, receber, ter em depósito, transportar, ceder, ainda que gratuitamente, emprestar, remeter, empregar, manter sob sua guarda ou ocultar arma de fogo, acessório ou munição de uso restrito, sem autorização e em desacordo com determinação legal ou regulamentar
> Pena – reclusão, de 3 (três) a 6 (seis) anos, e multa.
> § 1º Nas mesmas penas incorre quem:
> I – suprimir ou alterar marca, numeração ou qualquer sinal de identificação de arma de fogo ou artefato;
> II – modificar as características de arma de fogo, de forma a torná-la equivalente a arma de fogo de uso proibido ou restrito ou para fins de dificultar ou de qualquer modo induzir a erro autoridade policial, perito ou juiz;
> III – possuir, detiver, fabricar ou empregar artefato explosivo ou incendiário, sem autorização ou em desacordo com determinação legal ou regulamentar;
> IV – portar, possuir, adquirir, transportar ou fornecer arma de fogo com numeração, marca ou qualquer outro sinal de identificação raspado, suprimido ou adulterado;
> V – vender, entregar ou fornecer, ainda que gratuitamente, arma de fogo, acessório, munição ou explosivo a criança ou adolescente; e
> VI – produzir, recarregar ou reciclar, sem autorização legal, ou adulterar, de qualquer forma, munição ou explosivo.
> § 2º Se as condutas descritas no *caput* e no § 1º deste artigo envolverem arma de fogo de uso proibido, a pena é de reclusão, de 4 (quatro) a 12 (doze) anos.

Nas últimas décadas, temos presenciado o crescimento assustador de facções criminosas que, como regra, se utilizam de armamentos de fogo em seus atos criminosos, muitas vezes com sofisticação superior até mesmo àqueles utilizados pelas Forças de Segurança Pública.

Nos termos do art. 3º, parágrafo único, III, do Anexo I (Regulamento de Produtos Controlados), Título I (Disposições Preliminares), Capítulo I (Da Fiscalização de Produtos Controlados), do Decreto nº 10.030, de 30 de setembro de 2019, são consideradas armas de fogo de uso proibido:

> (...)
> III – arma de fogo de uso proibido:
> a) as armas de fogo classificadas como de uso proibido em acordos ou tratados internacionais dos quais a República Federativa do Brasil seja signatária;
> b) as armas de fogo dissimuladas, com aparência de objetos inofensivos;
> (...).

O art. 14 do Decreto nº 11.615, de 21 de julho de 2023, diz, também:

> **Armas e munições de uso proibido**
> **Art. 14.** São de uso proibido:
> I – as armas de fogo classificadas como de uso proibido em acordos ou tratados internacionais dos quais a República Federativa do Brasil seja signatária;

II – os brinquedos, as réplicas e os simulacros de armas de fogo que com estas possam se confundir, exceto as classificadas como armas de pressão e as réplicas e os simulacros destinados à instrução, ao adestramento ou à coleção de usuário autorizado, nas condições estabelecidas pela Polícia Federal;

III – as armas de fogo dissimuladas, com aparência de objetos inofensivos; e

IV – as munições:

a) classificadas como de uso proibido em acordos ou tratados internacionais dos quais a República Federativa do Brasil seja signatária; ou

b) incendiárias ou químicas.

Cuida-se, como se percebe, de uma norma penal em branco (ou primariamente remetida) heterogênea ou heteróloga. Por conta disso, o intérprete terá que buscar seu complemento em outro diploma legal a fim de compreender e aplicar o tipo penal.

Crime comum, tanto no que diz respeito ao sujeito ativo quanto ao sujeito passivo; doloso; de perigo comum e abstrato; comissivo (podendo, no entanto, ser praticado via omissão imprópria na hipótese em que o agente, gozando do *status* de garantidor, dolosamente, não impedir que o sujeito pratique o comportamento previsto pelo tipo); de forma livre; instantâneo; monossubjetivo; plurissubsistente; transeunte.

Qualquer pessoa poderá ser sujeito ativo. O sujeito passivo é a sociedade.

A incolumidade pública é o bem juridicamente protegido pelo tipo penal que prevê o delito do § 2º do art. 16 da Lei nº 10.826/2003.

O objeto material é a arma de fogo de uso proibido.

Cuida-se de um crime de perigo abstrato, presumido, consumando-se tão somente com a prática da conduta descrita no núcleo do tipo.

A tentativa é admissível.

O delito de posse ou porte de arma de fogo de uso proibido somente pode ser praticado dolosamente, não havendo previsão para a modalidade culposa.

A pena é de reclusão, de 4 (quatro) a 12 (doze) anos.

A ação penal é de iniciativa pública incondicionada.

3.14. Comércio ilegal de arma de fogo – inc. III do parágrafo único do art. 1º

O crime de comércio ilegal de arma de fogo foi incluído na Lei nº 8.072/90 por meio da Lei nº 13.964, de 24 de dezembro de 2019. O delito em análise encontra-se previsto no art. 17 da Lei nº 10.826, de 22 de dezembro de 2003, que diz, *in verbis*:

Art. 17. Adquirir, alugar, receber, transportar, conduzir, ocultar, ter em depósito, desmontar, montar, remontar, adulterar, vender, expor à venda, ou de qualquer forma utilizar, em proveito próprio ou alheio, no exercício de atividade comercial ou industrial, arma de fogo, acessório ou munição, sem autorização ou em desacordo com determinação legal ou regulamentar:

Pena – reclusão, de 6 (seis) a 12 (doze) anos, e multa.

§ 1º Equipara-se à atividade comercial ou industrial, para efeito deste artigo, qualquer forma de prestação de serviços, fabricação ou comércio irregular ou clandestino, inclusive o exercido em residência. (Redação dada pela Lei nº 13.964, de 2019)

§ 2º Incorre na mesma pena quem vende ou entrega arma de fogo, acessório ou munição, sem autorização ou em desacordo com a determinação legal ou regulamentar, a agente policial disfarçado, quando presentes elementos probatórios razoáveis de conduta criminal preexistente.

Importante ressaltar que, de acordo com o *caput* do mencionado artigo, as condutas por ele previstas somente serão consideradas como típicas se forem praticadas *no exercício de atividade comercial ou industrial,* e o § 2º equipara à atividade comercial ou industrial qualquer forma de prestação de serviços, fabricação ou comércio irregular ou clandestino, inclusive o exercido em residência.

Por essa razão que, com acerto, Cláudia Barros Portocarrero e Wilson Luiz Palermo Ferreira, no que diz respeito ao sujeito ativo, prelecionam:

"Não pode ser qualquer pessoa autor do crime em estudo, apenas o comerciante ou o industrial que realiza as atividades referidas no artigo. Observar que não se pode considerar comerciante de armas alguém que tenha, um dia, vendido uma arma, na medida em que não existe atividade comercial sem habitualidade. Trata-se, pois, de crime próprio."

Crime próprio, misto alternativo (em que a prática de mais um comportamento previsto no tipo importará uma única infração penal), de perigo abstrato, doloso, não transeunte (pois há necessidade de realização de prova pericial comprovando-se que se tratava de arma de fogo, acessório ou munição).

O delito se consuma quando o agente, efetivamente, pratica quaisquer comportamentos previstos no tipo penal.

Em se tratando de um crime plurissubsistente, em que é possível o fracionamento do *iter criminis,* poderá ser reconhecida a tentativa.

Sujeito passivo é o Estado.

A incolumidade e a segurança públicas são os bens juridicamente protegidos pelo tipo penal em estudo. Objeto material são a arma de fogo, o acessório ou a munição.

O delito de comércio ilegal de arma de fogo apenas pode ser praticado dolosamente, não havendo previsão para a modalidade de natureza culposa.

A pena é de reclusão, de 6 (seis) a 12 (doze) anos, e multa.

A ação penal é de iniciativa pública incondicionada.

3.15. Organização criminosa, quando direcionada à prática de crime hediondo ou equiparado

Por se tratar de um tema complexo, optamos por analisar mais detidamente as organizações criminosas em um capítulo distinto, o que será feito mais adiante.

3.16. Crimes previstos no Decreto-Lei nº 1.001, de 21 de outubro de 1969 (Código Penal Militar), que apresentem identidade com os crimes previstos no art. 1º da Lei nº 8.072/1990

O inciso VI foi inserido ao parágrafo único do art. 1º da Lei nº 8.072/1990 por meio da Lei nº 14.688/2023, que alterou, significativamente, o Decreto-Lei nº 1.001, de 21 de outubro de 1969 (Código Penal Militar), a fim de compatibilizá-lo com o Código Penal, bem como com a Constituição Federal e com a Lei de Crimes Hediondos.

Essa alteração ocorre décadas após a entrada em vigor da Lei nº 8.072/1990, que elencou um rol extenso de crimes considerados como hediondos e afins e que também tinham previsão no Código Penal Militar, a exemplo do que ocorre com os delitos de homicídio (art. 205 do CPM), estupro (art. 232 do CPM) etc., mas que não podiam receber o mesmo tratamento constante naquele diploma legal, uma vez que isso se consubstanciaria no uso de analogia *in malam partem*, vedada em razão do princípio da legalidade.

Hoje, tal disparidade foi eliminada com a edição da Lei nº 14.688/2023, devendo o militar que praticar crimes similares àqueles previstos pela Lei nº 8.072/1990, seguir as regras que são aplicadas a todos, indistintamente, a exemplo da proibição de concessão de anistia, graça, indulto, fiança etc.

Capítulo 2

ORGANIZAÇÃO CRIMINOSA, QUANDO DIRECIONADA À PRÁTICA DE CRIME HEDIONDO OU EQUIPARADO

Rogério Greco e Paulo Freitas[1]

1. NOÇÕES INTRODUTÓRIAS

A delinquência organizada constitui, atualmente, uma séria e preocupante ameaça para a sociedade mundial e para a manutenção de um estilo de vida de acordo com os princípios de um Estado social e democrático de Direito e de um Estado de bem-estar social.

Essa ameaça apresenta-se como um desafio ainda maior se admitirmos que não se trata de um fenômeno que conhecemos com a necessária profundidade, tampouco conseguimos definir com precisão cirúrgica. Quando invocamos, então, a expressão que hoje se tornou corriqueira no mundo todo, "luta contra o crime organizado", talvez o primeiro, se não o maior desafio, seja compreender o que pretendemos combater.

Como adverte Roland Hefendehl, catedrático de Direito Penal da Universidade de Dresden:

"A criminalidade organizada existe, ela é perigosa e, portanto, deve ser combatida. Agora, se não podemos definir exatamente a criminalidade organizada, disto deriva então que os prognósticos acerca de sua periculosidade somente podem ser determinados vagamente. Por esta mesma razão, a pergunta sobre qual deve ser a maneira de combatê-la cai igualmente no âmbito do indeterminado."[2] (tradução livre)

Mas a delinquência organizada não é fenômeno inaudito, muito menos uma novidade recente surgida apenas na era da globalização ou fruto da sociedade pós-moderna. A delinquência organizada existe desde sempre. Merino Herrera e Paíno Rodríguez[3] citam como exemplos de criminalidade organizada os primeiros grupos de assaltantes de estradas da Antiguidade, passando pelos sicários da Palestina do século I e os assassinos da Pérsia do século XI, até os grupos de bandoleiros da Espanha romântica. Em outras palavras, a história

---

[1] Promotor de Justiça em Minas Gerais. Doutorando em Direito Penal e Política Criminal pela Universidade de Salamanca, na Espanha. Mestre em Direito Público pela Universidade Federal de Uberlândia. Especialista em Corrupção, Criminalidade Organizada e Terrorismo pela Universidade de Salamanca, na Espanha. Especialista em Direito Processual Penal. Especialista em Direito Constitucional. Professor Universitário e de cursos de pós-graduação em Direito. Coordenador Regional do Gaeco em Minas Gerais.

[2] HEFENDEHL, Roland. ¿La criminalidad organizada como fundamento de un Derecho Penal de enemigo o de autor? *Derecho Penal y Criminología*, v. 25, n. 75, p. 57-70, jun. 2004.

[3] MERINO HERRERA, Joaquín; PAÍNO RODRÍGUEZ, Francisco Javier. *Lecciones de criminalidad organizada*.

está repleta de exemplos do que hoje enquadraríamos sem nenhuma dificuldade no conceito de criminalidade organizada.

E o crime organizado nos moldes em que conhecemos na atualidade – referindo-se a um conceito de criminalidade moderna – teria suas origens, para alguns autores, na Itália do século XIX e, para outros, nos Estados Unidos da América do século XX. "Efetivamente, as primeiras estruturas organizadas no âmbito delinquencial têm suas raízes principalmente nesses dois países, com origens muito próximas entre si"[4] (tradução livre).

> "Na Itália, três são os focos principais que entre o início e meados do século XIX veriam nascer a moderna delinquência organizada: Sicília e a máfia Siciliana, Nápoles e a Camorra, Calábria e a máfia Calabresa. Nos Estados Unidos da América, a delinquência organizada está vinculada aos primeiros clãs irlandeses e judeus das grandes cidades da costa oeste e, posteriormente, ao surgimento da máfia ítalo-americana, sobretudo a partir do advento da Lei Seca (1919-1931)."[5] (tradução livre)

Todavia, embora com amplos antecedentes históricos, o crime organizado dos dias atuais guarda profundas marcas que o distinguem dos grupos de criminosos do passado. É Laura Zuñiga Rodríguez, jurista espanhola, quem as sintetiza de forma magistral:

> "O modelo de participação em associação (ou organização) criminosa, com amplos antecedentes históricos, com forte raiz no Direito Comparado, deve ser agora analisado à luz de uma nova macrocriminalidade, que atua realizando ações de amplo espectro, em que os sujeitos ativos costumam ser grandes organizações criminosas, os bens jurídicos são plurais (de índole coletiva e individual) e as vítimas são praticamente indeterminadas. A criminalidade organizada de nossos dias, que se manifesta no tráfico de pessoas, de crianças, de órgãos humanos, na prostituição, na lavagem de capitais, no tráfico de drogas etc., tem sido capaz de se beneficiar dos avanços tecnológicos e da liberdade dos mercados para dar um salto qualitativo em sua atuação criminógena e nos oferecer um tipo de delinquência que parece não ser facilmente definível com os parâmetros tradicionais das categorias penais."[6] (tradução livre)

A criminalidade organizada de nossos dias é, de fato, "uma atividade delitiva especialmente complexa, que demanda um planejamento, perícia e clandestinidade continuada"[7] (tradução livre). É um fenômeno complexo, porque se compõe de atividades ilegais com diversas funções e desenvolvidas por múltiplos sujeitos, de forma continuada e permanente, protraindo-se no tempo; multidimensional, porque o fenômeno se manifesta por meio de grupos que exploram um ou mais mercados ilícitos e que se valem de múltiplas atividades instrumentais; e, especialmente, lesivo no que se refere às suas consequências econômicas, sociais e humanas[8].

---

[4] MERINO HERRERA, Joaquín; PAÍNO RODRÍGUEZ, Francisco Javier. *Lecciones de criminalidad organizada*, p. 40.

[5] MERINO HERRERA, Joaquín; PAÍNO RODRÍGUEZ, Francisco Javier. *Lecciones de criminalidad organizada*, p. 40.

[6] RODRÍGUEZ, Laura Zuñiga. *Criminalidad de empresa y criminalidad organizada*. Lima: Jurista Editores, 2013. (Colección de Ciencias Penales, n. 4).

[7] FRAMIS, Andrea Giménez-Salinas; ESPADA, Laura Requena; IBÁÑEZ, Luis de la Corte. ¿Existe un perfil de delincuente organizado? Exploración a partir de una muestra española. *Revista Electrónica de Ciencia Penal y Criminología,* n. 13-03, p. 03:1-03:32, 2011.

[8] VAN DIJK, J. *The world of crime*: breaking the silence on problems of security, justice and development across the world. London: Sage, 2008.

O crime organizado se trata, realmente, de uma grande ameaça aos aspectos fundamentais da vida econômica, social e institucional, como afirmam Carmen Jordá-Sanz e Laura Requena Espada[9], e seu surgimento e crescimento são facilitados e até fomentados pelos avanços tecnológicos, comerciais e econômicos frutos da globalização.

"Os avanços científicos, tecnológicos, comerciais, econômicos, a enorme abertura de fronteiras, o livre câmbio e o rápido deslocamento do novo, constituem condições que ao convergirem com o desenvolvimento da sociedade pós-industrial e com fenômenos como a globalização, a denominada sociedade de risco, sociedade da informação e com a geração de novas formas de conflito, facilitam e incentivam novas formas de criminalidade. Dentre estas, a criminalidade organizada nos moldes hoje conhecidos."[10] (tradução livre)

Mas não para por aí. A criminalidade organizada de nossos tempos possui, normalmente, um caráter transnacional e, ordinariamente, envolve a corrupção de agentes públicos, quando não se destina, ela própria, ao desvio de recursos públicos e se constitui, em seu núcleo central, por políticos e servidores públicos do mais alto escalão do Estado, como ocorre, por exemplo, no caso do Brasil.

Esse fenômeno complexo, camaleônico, com raízes sociais profundas, que não deixa de estar ligado também a fatores culturais, econômicos e políticos que o favorecem e cuja fenomenologia de atuação se produz vinculada a outro tipo de criminalidade, como a criminalidade econômica, a corrupção política e o terrorismo, chega, em muitos casos, a colocar em risco a segurança das nações e, sem exageros, a própria paz mundial[11].

"A ameaça de terrorismo está estreitamente relacionada com a da delinquência organizada, que está em crescimento e que afeta a segurança de todos os Estados. A delinquência organizada contribui para o enfraquecimento dos Estados, impede ou dificulta o crescimento econômico, alimenta muitas guerras civis, mina regularmente as iniciativas de consolidação da paz das nações unidas e proporciona mecanismos de financiamento de grupos terroristas. Os grupos de delinquentes organizados têm também um papel decisivo no contrabando ilegal de migrantes e no tráfico de armas de fogo."[12] (tradução livre)

Conhecer de perto o fenômeno é, portanto, um dos pressupostos para que o Estado possa enfrentá-lo de forma minimamente eficiente. O objetivo deste livro, conquanto não tenhamos a pretensão de esgotar o tema, é contribuir, modestamente, para a compreensão do que de fato seja uma organização criminosa, suas nuances, contornos, formas de manifestação, modo de execução de seus crimes, seus objetivos, ramificações, entre outros fatores imprescindíveis para o dimensionamento e a delimitação de fenômeno tão complexo.

---

[9] FRAMIS, Andrea Giménez-Salinas; ESPADA, Laura Requena; IBÁÑEZ, Luis de la Corte. ¿Existe un perfil de delincuente organizado? Exploración a partir de una muestra española. *Revista Electrónica de Ciencia Penal y Criminología*, n. 13-03, p. 03:1-03:32, 2011.

[10] GALAIN PALERMO, Pablo; ROMERO SÁNCHEZ, Angélica. Criminalidad organizada y reparación. ¿Puede la reparación ser un arma político-criminal efectiva en la lucha contra la criminalidad organizada? Derecho Penal y Criminología, v. 22, n. 73, 2001, p. 46.

[11] RODRÍGUEZ, Laura Zuñiga. Modelos de política criminal frente a la criminalidad organizada: la experiencia italiana. *Revista General de Derecho Penal*, n. 23, mayo 2015, p. 2.

[12] RODRÍGUEZ, Laura Zuñiga. Modelos de política criminal frente a la criminalidad organizada: la experiencia italiana. *Revista General de Derecho Penal*, n. 23, mayo 2015, p. 3.

Após uma pequena introdução, em que buscamos tratar do tema de modo geral, sempre atentando para as disposições legais e doutrinárias também do Direito Comparado, passamos aos comentários da Lei nº 12.850, de 2013, artigo por artigo, sempre procurando atentar, a par das ilações teóricas, para os aspectos práticos, a fim de alcançar tanto o leitor que depende da obra no cotidiano de sua profissão, para uma leitura sob a ótica do operador do Direito, como o estudante.

Principais organizações criminosas existentes na atualidade

Joaquín Merino Herrera e Francisco Javier Paíno Rodríguez traçaram um interessante perfil das principais organizações criminosas atuantes na atualidade, no plano internacional, o qual, invocando a lição dos renomados catedráticos, sintetizamos a seguir. Enfoque-se:

Cosa Nostra

De origem siciliana, a Cosa Nostra surgiu nos arredores de Palermo, no final do século XIX, ganhando força, ao lado de outras organizações de mafiosos, com a queda do governo conservador e a ascensão dos grupos de esquerda com os quais acabou por realizar pactos de impunidade em troca do auxílio na pacificação do povo que se posicionara contra o novo governo.

Atuava como uma verdadeira família, incorporando os traços culturais próprios da ilha e impondo seus códigos de conduta, em especial o que ficou conhecido como a lei do silêncio. Atuava contra o Estado na Itália recém-unificada e oferecia seus serviços de Justiça alternativa à sociedade em troca do reconhecimento de seu poder e da total impunidade pelos crimes praticados por seus integrantes.

A máfia siciliana restou praticamente extinta a partir de uma repressão sem precedentes sofrida por ataques de Mussolini. Nos anos 40 do século XX, voltou a ganhar força com o auxílio dos Estados Unidos, que reconheciam na Cosa Nostra a única força não fascista nem comunista na Itália.

Abandonando os valores familiares e crimes tradicionais em prol do tráfico de drogas e da corrupção urbanística, bem como deixando de manter a antes estreita relação com o povo, a máfia siciliana, na segunda metade do século XX, enfrentou forte declínio e perda de aparato e poder. Primeiro em razão das guerras entre os próprios mafiosos, ao depois em face das condenações criminais suportadas por diversos integrantes importantes, a partir das delações feitas por membros de grupos rivais derrotados nas guerras particulares. Mas a Cosa Nostra não viu aí sua extinção. Atacou forte e violentamente juízes, membros do Ministério Público e integrantes da própria Igreja que se posicionavam contra suas atividades. O declínio da Cosa Nostra só se acentuou, de fato, com o surgimento de outras organizações criminosas que invadiram o mesmo espaço, levando ao seu inevitável enfraquecimento[13].

Camorra

Surge na região de Nápoles, na Itália, na primeira metade do século XIX. Não se imiscuiu, em suas origens, na política, prática que somente veio a incrementar no final do século XX, quando se enveredou na compra e venda de votos e na corrupção urbanística. Sua estruturação se deu na forma de famílias ou clãs que se vinculavam entre si quase que basicamente

---

[13] MERINO HERRERA, Joaquín; PAÍNO RODRÍGUEZ, Francisco Javier. *Lecciones de criminalidad organizada.*

em razão de acordos de divisão territorial. Mantinham o vínculo que garantia a cada um sua fatia territorial, mas resistiam a unificações e constantemente se enfrentavam.

Como a hierarquia no interior dos clãs era débil, há notícia de grandes enfrentamentos dentro deles próprios. Ainda assim, a par das rivalidades internas, isso não comprometia os rígidos códigos de silêncio.

As principais atividades delitivas da Camorra eram o tráfico de drogas, a extorsão, o roubo, os homicídios e o contrabando. A exemplo da máfia siciliana, também a camorra no segundo quartel do século XX, por volta dos anos 80, entregou-se mais diretamente ao tráfico de drogas e à corrupção urbanística.

'Ndrangheta

O nome dessa organização criminosa, também integrante da chamada máfia italiana, deriva do grego *andragathía*, que quer dizer *virtude* ou *heroísmo* ou, para alguns, do grego *andros agathos*, que significa *homem bom*.

Também conhecida como *Onorata Società*, formou-se na região da Calábria, ainda no século XIX. Embora não possua a mesma fama das máfias Cosa Nostra e Camorra, tornou-se, nas mãos de um de seus principais líderes, ou seja, Paolo De Stefano, uma das maiores organizações criminosas do mundo.

Diferentemente das outras organizações criminosas, a 'Ndrangheta era formada por uma família, ou *'ndrina*, na acepção mais pura do termo: os membros dos clãs necessariamente haveriam de ser parentes consanguíneos. Isso constituiu um fator de grande fortalecimento dos clãs, com o poder passando de pai para filho e tornando a 'Ndrangheta praticamente invisível, o que sempre dificultou os estudos a seu respeito.

Os grupos se estruturavam de forma horizontal, mas havia poder de mando superior, dando a ideia de que também se constituía, de certa forma, como uma estrutura piramidal. Na verdade, figurativamente, a árvore é a que melhor representa a organização da 'Ndrangheta. Conforme esclarece Roberto Saviano:

> "A árvore, que desde tempos ainda mais remotos incluía da simples *'ndrina* à *Onorata Società*, também trazia em si a resposta para a crescente exigência de coesão e coordenação. Durante mais ou menos um século os afiliados transferiam seu significado simbólico de pai para filho, do chefe mais velho ao novo afiliado. 'O tronco representa o chefe da sociedade; o subtronco, o contador e o chefe de jornada; os galhos, os camorristas de sangue e represália; os ramos, os rapazes de rua ou apontadores; as flores representam os recrutas; as folhas representam os canalhas e traidores da 'Ndrangheta que acabam apodrecendo aos pés da árvore da ciência', lê-se em um código encontrado no ano de 1927, em *Gioiosa Jonica*. A transmissão oral produziu muitas variantes, mas a substância permanece a mesma. Os chefes são a base do tronco ou o próprio tronco, do qual as hierarquias brotam se subdividindo em ramos cada vez mais distantes e frágeis."[14]

O seu campo de atuação delitiva sempre se circunscreveu ao roubo, à extorsão e ao contrabando. Todavia, a partir dos anos 70 do século XX, a 'Ndrangheta passou a atuar fortemente em atividades tidas então como mais lucrativas, como o sequestro e o tráfico de drogas[15].

---

[14]   SAVIANO, Roberto. *Zero Zero Zero*, p. 193-194.

[15]   MERINO HERRERA, Joaquín; PAÍNO RODRÍGUEZ, Francisco Javier. *Lecciones de criminalidad organizada*.

A partir dos anos 1990, a 'Ndrangheta adquire o *status* de maior organização criminosa da Itália passando a controlar o tráfico de cocaína no país e a se expandir internacionalmente para países como a Austrália, o Canadá e a África do Sul.

Estima-se que o faturamento atual da 'Ndrangheta esteja na casa dos € 50.000.000 (cinquenta milhões de euros), valor muito superior ao PIB da Itália. A máfia calabresa, então, é apontada como a mais bem-sucedida "empresa" italiana[16].

Máfia norte-americana

Como acentuam Merino Herrera e Paíno Rodríguez, a máfia nos Estados Unidos da América, embora sempre associada à máfia italiana, surgiu, na verdade, com a imigração irlandesa no começo do século XIX, umbilicalmente ligada à luta sindical e às ingerências políticas. "O controle dos sindicatos por parte dos irlandeses e suas estreitas relações com a influente organização política Tammany Hall, o início das atividades vinculadas à extorsão e à compra de votos, marcaram o início de uma intensa atividade ligada à corrupção"[17] (tradução livre).

Entretanto, sabe-se que a máfia estadunidense se intensificou e se firmou de vez no final do século XIX, de fato com a onda de imigração italiana, que trouxe consigo alguns mafiosos, especialmente da região onde operava a máfia siciliana, camorristas, portanto, que não titubearam em colocar em atividade no país de destino crimes e organizações semelhantes aos praticados em seu país de origem.

A máfia estadunidense, desse modo, mantém estreitos laços com a máfia italiana, chegando a ser chamada de máfia ítalo-americana. Com o advento da Lei Seca, a máfia de origem italiana cresceu assustadoramente em território norte-americano, entregando-se basicamente, em suas origens, ao contrabando de bebidas alcoólicas e absorvendo ou simplesmente levando à extinção os grupos de mafiosos judeus e irlandeses.

Durante as décadas de 30 e 40 do século XX, as atividades da máfia se expandiram de tal forma que elas assumiram o controle de cassinos, redes de cinema, o narcotráfico etc. Também foi nesse período que ocorreu a unificação dos principais grupos mafiosos, com a repartição de territórios e a imposição de códigos de conduta, nos moldes da máfia siciliana, capitaneada por Salvatore Lucania, conhecido como Lucky Luciano, tido como o fundador, em 1930, de uma espécie de Sindicato do Crime.

A máfia estadunidense, derivada da máfia italiana, iniciou seu declínio ainda na década de 50 do século XX, primeiro em razão de uma maior repressão policial e judicial que suportou, segundo pela chegada de outras organizações criminosas dividindo com ela territórios e atividades similares, em especial o tráfico de drogas, como as organizações de narcotraficantes colombianos[18].

Yakuza

A Yakuza é uma forte e conhecida organização criminosa proveniente do Japão. Suas origens, conquanto relativamente incertas, remontam aos samurais, no século XVII. Com a

---

[16] GÓMEZ FUENTE, Ángel. *La 'Ndrangheta, la mafia calabresa, es la "empresa" más floreciente de Italia.* ABC.es. Disponível em: <https://www.abc.es/internacional/20140329/abci-ndrangheta-mafia-calabresa-empresa-201403282023.html>. Acesso em: 29 ago. 2016.

[17] HERRERA, Joaquín Merino; RODRÍGUEZ, Francisco Javier Paíno. *Lecciones de criminalidad organizada*, p. 75.

[18] HERRERA, Joaquín Merino; RODRÍGUEZ, Francisco Javier Paíno. *Lecciones de criminalidad organizada.*

desmilitarização do Japão, os samurais primeiro se converteram em mercenários, depois se uniram em grupos com o objetivo de garantir a segurança, mas acabaram se entregando ao crime e ao controle de atividades ilícitas.

A Yakuza é hoje a maior organização criminosa do mundo, contando com mais de 100 mil integrantes em suas fileiras. Atua no tráfico de drogas, no tráfico de pessoas, na extorsão, nos jogos ilegais, na corrupção urbanística, no contrabando e na lavagem de capitais.

Extremamente violenta e fortemente hierarquizada, diz-se que a Yakuza possui duas caras. A par dos graves crimes, ela mantém uma rede de ajuda aos mais necessitados e pactua hiatos de cessação e redução de violência com grupos políticos em troca de impunidade, malgrado a existência atualmente no Japão de uma lei conhecida como lei antiyakuza que, ao que tudo indica, não saiu necessariamente do papel, haja vista que a Yakuza continua a operar com considerável visibilidade, característica que sempre marcou a organização. Esse caráter de ajuda social aos mais pobres acaba por conferir-lhe forte aceitação social, permitindo que ela opere, até no mundo empresarial, com grande visibilidade.

Com a emigração nipônica, a Yakuza se expandiu para fora dos limites do Japão, adquirindo, como a maioria das grandes organizações criminosas, o caráter transnacional[19].

Tríades chinesas

As tríades são uma organização criminosa de origem chinesa, tendo surgido por volta do século XVII. Com o comunismo e a forte repressão na China, as tríades operavam, basicamente, no plano internacional, mas valendo-se de chineses emigrantes. Só retornaram para operar dentro de seu país de origem com a abertura ao capitalismo.

Elas são conhecidas como uma organização interna muito fechada, sendo quase impossível infiltrar algum agente em seu seio. Além disso, a estrutura interna impede que um integrante conheça a verdadeira identidade do outro ou saiba detalhes comprometedores sobre sua identificação, o que também dificulta em muito eventuais delações ou a queda de uma parte considerável do grupo quando algum de seus membros é pego.

Essa organização criminosa é composta de vários clãs. Existe uma estrutura hierárquica, mas o nível de independência de cada grupo é muito alto, submetendo-se à hierarquia apenas como forma de solucionar determinadas controvérsias.

As tríades atuam no tráfico de drogas, com ênfase na heroína, na falsificação de produtos, no contrabando, na falsificação de cartões de crédito, no tráfico de pessoas, homicídios, prostituição, roubos.

Máfia russa

A máfia russa, na verdade, é o nome que se dá a um grupo de diversas organizações criminosas que surgiram na Rússia após a queda do comunismo. De forte poderio bélico e com grande influência sobre a política e a edição de leis, ela chegou a influenciar a tomada de decisões até mesmo do presidente russo, à época Boris Iéltsin.

Roberto Saviano fez uma "radiografia" perfeita da máfia russa, dizendo que:

"(...) surgiu por obra de homens que souberam aproveitar com inteligência e ferocidade as novas oportunidades, mas também porque tem atrás de si um histórico de estruturas e regras com as quais ela pode dominar na Grande Desordem. Transitando durante anos pelas sarjetas criminosas do mundo, pude constatar que o que faz as máfias crescerem é

---

[19] HERRERA, Joaquín Merino; RODRÍGUEZ, Francisco Javier Paíno. *Lecciones de criminalidad organizada.*

sempre isso: o vazio de poder, a pusilanimidade, a podridão de um Estado em comparação a uma organização que oferece e representa ordem. Muitas vezes, são impressionantes as semelhanças entre as máfias mais distantes. As organizações russas foram fortalecidas pela repressão stalinista, que amontoou nos gulags milhares de criminosos e dissidentes políticos. É lá que nasce a sociedade dos *Vory v zakone*, que em poucos anos passam a controlar os *gulags* de toda a União Soviética. Uma origem, portanto, que não tem nada em comum com as organizações italianas – mas a característica principal que lhes permitiu sobreviver e prosperar é a mesma: a regra."[20]

E continua narrando, esclarecendo que:

"Os chefões russos usam grife das cuecas às malas, gozam de proteções políticas, têm controle sobre nomeações e contratações públicas, oferecem festas astronômicas sem qualquer intervenção da polícia. Os grupos estão cada vez mais organizados: cada clã tem um *obscak*, uma caixa comum para onde é canalizada uma porcentagem dos proventos dos crimes como extorsão e assaltos, que será utilizada para cobrir as despesas dos *vory* que acabam presos ou para pagar propinas a políticos e policiais corruptos. Têm como subordinados soldados, exércitos de advogados e habilidosíssimos *brokers*."[21]

Os cartéis colombianos e mexicanos

Favorecidos pelas condições geográficas, desde a grande possibilidade de cultivo em amplos e férteis solos até a localização estratégica que facilitava a criação e a manutenção de rotas ligando o seu território aos principais pontos adquirentes da América do Sul e do mundo, a Colômbia acabou se transformando no principal centro produtor de drogas, especialmente da cocaína, no planeta.

Com isso, surgiram grandes grupos criminosos, conhecidos como cartéis, sendo os principais deles o Cartel de Cali e o Cartel de Medellín, este último chefiado por um dos narcotraficantes mais perigosos e conhecidos em todo o mundo, Pablo Escobar. O mundo assistiu a cenas de verdadeiro terror, com milhares de mortos e ataques diretos a políticos, membros do governo, instituições e um verdadeiro genocídio de policiais que perdurou de 1984 a 1993, quando Pablo Escobar foi morto em um confronto com a Polícia.

O México também se viu assolado pela formação dos cartéis de narcotraficantes. Com o aumento da repressão na Colômbia e a intervenção direta dos Estados Unidos naquele país, muitas rotas de tráfico precisaram ser desviadas para o México. Este país, que já possuía larga tradição na prática de crimes violentos, viu surgirem inúmeros cartéis e traficantes extremamente violentos e poderosos, como Joaquín Guzmán Loera, o *El Chapo*, chefe do Cartel de Sinaloa, e, mais recentemente, Nemesio Oseguera Cervantes, o *El Mencho*, que comanda o violentíssimo cartel *Jalisco Nueva Generación*.

As atividades principais dos cartéis colombianos e mexicanos são o cultivo, a fabricação e o refino de cocaína e sua distribuição tanto nos países de origem como nos mais diversos países do mundo. Os cartéis colombianos e os mexicanos, com efeito, abriram diversas rotas e frentes de mercado para a distribuição da cocaína em todo o mundo, transformando-se nos maiores centros difusores da substância proibida do planeta.

---

[20] SAVIANO, Roberto. *Zero Zero Zero*, p. 285.

[21] SAVIANO, Roberto. *Zero Zero Zero*, p. 286.

Em ambos os países, o crescimento vertiginoso dos cartéis teve como pano de fundo a corrupção política e policial. Além disso, o grande poderio bélico, a forte organização e a estrutura grandemente hierarquizada dos cartéis permitiram que eles alcançassem seus objetivos de lucros com forte intimidação da população, garantindo o silêncio do povo, de cúmplices e ex-comparsas, e também da Polícia, com verdadeiras chacinas de policiais e de todo e qualquer agente público ou organismo da imprensa que ameaçasse cruzar os seus caminhos. O homicídio foi e ainda é a grande ferramenta intimidatória, ao lado da corrupção, utilizada pelos cartéis para alcançar seus fins.

Especialmente na Colômbia, os cartéis adquiriram amplo apoio da população, apesar dos seus constantes atos terroristas que levaram à morte milhares de civis e inocentes, tudo graças às suas obras de forte apelo social, surgidas a partir da falência e ausência do Estado na vida das pessoas de baixa renda[22].

Organizações criminosas terroristas – ETA, AL-Qaeda, Estado Islâmico

Os grupos terroristas também são estruturados na forma de organizações criminosas. O que os difere das organizações tradicionais é que a captação de recursos financeiros por meio de atividades ilícitas não se traduz em seu fim último. Os objetivos das organizações criminosas terroristas podem ser de diversas ordens. Tome-se como exemplo o grupo conhecido como ETA, considerado a maior organização criminosa já existente na Espanha.

O ETA estruturou-se como uma organização criminosa típica, com forte estrutura interna hierarquizada e complexa, na forma de milícia, com diferentes tipos de comandos e células. Seu objetivo central era a subversão, ou seja, garantir a separação e a independência do País Basco e implantar uma república socialista. Para tanto, o grupo praticava crimes violentos, lucrava com atividades ilícitas, praticava atentados como forma de impor seu poderio e intimidar a população e as autoridades constituídas, tudo nos moldes de uma organização criminosa ordinária. No entanto, seu objetivo final não era a acumulação de capitais, mas as práticas subversivas.

Outro grupo terrorista constituído na forma de verdadeira organização criminosa a merecer destaque neste brevíssimo estudo sobre as mais relevantes organizações criminosas em atividade na atualidade é a Al-Qaeda. Assim como o ETA, a AL-Qaeda pratica crimes violentos, atua de forma extremamente organizada e com uma estrutura invejável, levanta recursos financeiros de fontes ilícitas, mas seu objetivo precípuo não é propriamente o enriquecimento de seus membros. O que pretende a Al-Qaeda, em linhas gerais, é purificar o islamismo após seu forte contato com o mundo ocidental. A ideia pregada por essa organização fundamentalista islâmica é o retorno às origens do Islã, com uma leitura mais radical do Alcorão. Igualmente, ela tem como finalidade expandir o islamismo, mas na sua forma mais pura possível.

A Al-Qaeda teve como um de seus principais líderes Osama bin Laden, morto pelos norte-americanos em 2 de maio de 2011, no Paquistão. A organização nasceu paradoxalmente a partir do financiamento e distribuição de armas feitos pelos próprios norte-americanos, na época da Guerra Fria, quando os Estados Unidos resolveram apoiar pequenos grupos que lutavam para afastar a União Soviética do território Afeganistão. Após esse apoio e vencida a batalha pelos afegãos e com a retirada da União Soviética de seu território, esses grupos se voltaram contra os Estados Unidos, que, em 11 de setembro de 2001, acabaram sendo alvo do principal atentado terrorista praticado pela organização Al-Qaeda no mundo.

---

[22] HERRERA, Joaquín Merino; RODRÍGUEZ, Francisco Javier Paíno. *Lecciones de criminalidad organizada*.

Com uma estrutura em rede, o que sempre tornou extremamente difícil combatê-la, e em grupos que, embora vinculados, não precisavam saber da existência uns dos outros, com alto poder de descentralização, apesar da união, o sistema da Al-Qaeda se tornou altamente flexível e adaptável a mudanças de local, circunstâncias e forma de atuação. Isso também permitiu sua expansão para diversos países do mundo e a realização de atentados globais, em lugares tão díspares e distantes entre si, como Estados Unidos e Espanha. A organização em rede também permite à Al-Qaeda sobreviver facilmente a desarticulações de alguns de seus grupos, regenerando-se com tranquilidade.

Tanto que a Al-Qaeda, embora dividida, não chegou ao fim com a morte de seu principal líder, continuando a atuar em diversos países do mundo.

Outro grupo que deve ser destacado é aquele que surgiu recentemente, a partir da fragmentação da Al-Qaeda, conhecido como Estado Islâmico. Verdadeira organização criminosa, de cunho terrorista, o Estado Islâmico busca, no entanto, desde seu desligamento da Al-Qaeda, em 2014, articular-se como verdadeiro Estado. Possui território próprio e um exército composto de mais de 400 mil integrantes.

Como lecionam Merino Herrera e Paíno Rodríguez[23]:

"Não podemos negar que o EI comporte as características básicas de uma organização criminosa, como são a integração de 2 (duas) ou mais pessoas, que atuam de forma coordenada e com uma repartição de funções, com uma estrutura financeira e que têm como objetivo final ou mediato a prática de atividades delitivas.

O objetivo final do Estado islâmico é a união de todos os muçulmanos do mundo sob o Califado[24], começando por Iraque e pela Síria." (tradução livre)

Principais organizações criminosas de origem brasileira

Comando Vermelho – CV

Instituto Penal Cândido Mendes, Ilha Grande, Estado do Rio de Janeiro. Foi ali onde tudo começou. Foi ali onde um monstro começava a ganhar forma, em um dos piores sistemas prisionais do mundo. Um verdadeiro contraste com a parte oposta da ilha, onde ricos e famosos mantinham suas casas, com seus barcos ancorados, formando parte da decoração.

O presídio da Ilha Grande, também conhecido como "Caldeirão do Diabo", era repleto de histórias de incontáveis infrações penais que nele haviam sido praticadas, desde torturas de agentes prisionais contra presos até estupros e homicídios praticados entre os próprios detentos. Abrigou presos ilustres, desde quando ainda se chamava Colônia Correcional de Dois Rios, sendo um deles o escritor de *Memórias do cárcere*, Graciliano Ramos, preso durante o regime da ditadura Vargas, em 1936.

Como acontece até os dias de hoje, isso pouco importava ao Estado. Frio, calor, umidade, sede, fome, sono, violência, humilhação, doenças, superlotação, enfim, todos os ingredientes necessários a um caldo explosivo estavam prontos. Narrando as origens do presídio da Ilha Grande, Carlos Amorim, com o dom de um excelente repórter investigativo, diz:

---

[23] MERINO HERRERA, Joaquín; PAÍNO RODRÍGUEZ, Francisco Javier. *Lecciones de criminalidad organizada*, p. 91.

[24] Forma islâmica monárquica de governo, cujo chefe de Estado é conhecido como Califa. Há divergências entre os sunitas e os xiitas sobre quem deve ser o Califa. Para os primeiros, deve ser um membro da tribo dos coraixitas, eleito por seus representantes. Para os xiitas, o Califa deve ser um descendente de Maomé.

"A cadeia, construída para abrigar 540 pessoas, está superlotada. Os 1.284 homens encarcerados ali, no ano de 1979, se vestem como mendigos. Lutam por um prato extra de comida. Disputam a facadas um maço de cigarros ou uma 'bagana' de maconha. Cocaína e armas de fogo podem ser razões para um motim. Eles compram e vendem as 'moças' como mercadorias de câmbio alto. É fácil identificá-los na prisão: os homossexuais – muitas vezes rapazes subjugados pela força – raspam as sobrancelhas e os pelos das pernas, dos braços, do peito. As 'moças' sempre têm dono. Por 'elas' muita gente já matou e já morreu.

É preciso coragem para andar sozinho e desarmado nesses corredores. A multidão de presidiários está condenada a penas tão longas que seria preciso inventar um novo calendário para somar todas elas. Os piores criminosos do Rio estão trancados nas quatro galerias que formam o presídio, contrariando tanto o projeto arquitetônico do prédio, quanto as intenções da Justiça. A cadeia foi criada na Primeira República, quando ali existia um posto de fiscalização sanitária para os navios que podiam trazer a febre tifoide da Europa e as mazelas da África. Na década de 1920, é construída a cadeia para os presos idosos e para aqueles em fase de término de pena.

A partir de 1960, a Ilha Grande se transforma num depósito para os mais perigosos. Vira 'prisão de segurança máxima'. E ainda se cometeu o erro de juntar o bandido dito irrecuperável com o velho presidiário, que trabalha de colono nas lavouras em torno do presídio. Muitos homens condenados por crimes menores também enfrentam a convivência com o que há de pior nos arquivos do Tribunal de Justiça. A ilha Grande ganha *status* de um curso de pós-doutorado no crime. Quem entra ladrão sai assaltante. Aquele que tentava a sorte sozinho, sai chefe de quadrilha."[25]

O presídio da Ilha Grande, principalmente durante a era Vargas, recebeu inúmeros presos políticos, ligados aos partidos de esquerda, que se misturavam aos presos comuns. Naquela época, embora os presos comuns percebessem a diferença de comportamento dos presos políticos e se interessassem pelos ideais revolucionários, poucos deles se dobraram aos ensinamentos e às doutrinas bolcheviques.

No início da década de 1970, dentro do presídio da Ilha Grande, havia vários grupos criminosos, denominados Falanges (Falange Jacaré, considerada a maior delas, Falange zona norte, Falange zona sul, Falange da Coreia etc.). Entre os presos, a rivalidade era comum. Estupros, homicídios, lesões corporais, ameaças, roubos, furtos, enfim, todo tipo de infração penal era praticado dentro do sistema prisional, tal como ocorre, ainda, nos dias atuais.

No entanto, naquele período, vários presos políticos foram transferidos de outros sistemas prisionais para o Instituto Penal Cândido Mendes. Logo que chegaram, reivindicaram um tratamento diferenciado dos presos comuns, exigindo, inclusive, fosse realizado um isolamento na Galeria B, obrigando a administração prisional a construir um muro divisório. Obviamente, esse comportamento despertou a ira dos demais presos comuns. Para a política repressora daquele momento, isso era um fator favorável, pois logo haveria os confrontos e os presos políticos seriam pulverizados. Contudo, para os presos políticos, isso era uma estratégia para que continuassem a ser reconhecidos, internacionalmente, nessa condição, ou seja, não eram presos comuns, e estavam ali por questões ideológicas.

Mesmo tendo havido essa divisão inicial, os presos políticos gozavam do respeito dos presos comuns. Isso porque, em sua maioria, praticavam sequestros, roubos a bancos, atentados à bomba, enfim, crimes que eram "respeitados" pela marginalidade. A diferença era que os presos comuns não entendiam a finalidade política dos atos criminosos. Todavia, isso

---

[25] AMORIM, Carlos. *CV – PCC:* a irmandade do crime, p. 50-51.

era o que menos importava, pois esses presos políticos demonstravam coragem para praticar os crimes mais graves e "respeitados" pelos demais.

Pouco a pouco, esse convívio foi se amenizando, e os presos políticos passaram a influenciar os criminosos comuns. *Coletividade* era uma palavra-chave. Era o coletivo que importava, e o individual tinha que ceder. O importante era que todos tinham que ter os mesmos direitos, as mesmas vantagens, os mesmos benefícios.

O *Manual do guerrilheiro urbano*, do brasileiro Carlos Marighella, fundador da Aliança Libertadora Nacional (ALN) passou a ser leitura obrigatória. Nele, os presos passaram a entender a necessidade de se prepararem tecnicamente, as melhores armas a serem empregadas, sobretudo as leves, a importância do treinamento para o tiro, a logística necessária à sua sobrevivência, chamada de CCEM (comida, combustível, equipamento e munições), o conhecimento do terreno, a mobilidade e a velocidade para que não fossem capturados pelas autoridades policiais, a determinação dos objetivos, a maneira correta de se praticar roubo a bancos, sequestros e sabotagens, o emprego de técnicas de terrorismo, o resgate dos feridos, a segurança do grupo, a busca pelo apoio popular, enfim, havia todo um planejamento e organização que servia não somente aos presos políticos mas também aos criminosos comuns.

Outros livros, de revolucionários da esquerda, igualmente circulavam dentro do presídio, a exemplo de *Revolução da Revolução*, escrito pelo francês Régis Debray, e aquele elaborado por Ernesto Che Guevara, *Guerra de guerrilhas*. Também não ficava de fora dessa lista o *Manifesto do Partido Comunista*, de autoria de Karl Marx e Friedrich Engels. Como se percebe sem muito esforço, o caldo já estava entornando dentro do "Caldeirão do Diabo".

Conforme relata Carlos Amorim:

> "Os prisioneiros políticos empregavam nesses grupos um método definido: alguém era escolhido para ler um capítulo e fazer depois um relatório em voz alta – a seguir, havia uma discussão coletiva. Muitas vezes, os presos comuns da galeria LSN entravam nos grupos. Outras vezes organizavam eles mesmos a discussão."[26]

O sistema prisional, que abandona aqueles de quem tem o dever de cuidar, é especialista em formar grupos criminosos, que não aceitam pacificamente a forma desumana com que são tratados. São colocados em locais insalubres, superlotados, infestados de doenças, espancados, têm suas famílias humilhadas, principalmente nas revistas realizadas antes das visitações, não se alimentam corretamente, são violentados sexualmente, não trabalham, não estudam, são mortos com requintes de crueldade, enfim, somados todos esses fatores, além de outros tantos, o resultado dessa matemática não podia ser diferente: revolta.

É a revolta a raiz principal da formação de grupos criminosos, que se originam no cárcere e depois se espalham mundo afora. E não foi diferente na criação do Comando Vermelho.

Havia um grupo de presos comuns que tinha sido condenado por conta de crimes previstos na Lei de Segurança Nacional (LSN), que mantinha um contato mais estreito com os presos políticos. Suas celas eram localizadas em um lugar conhecido por "fundão". A guerra entre as falanges era comum, tornando a vida na prisão mais insuportável ainda. O medo era um sentimento distribuído entre todos. Ninguém estava seguro. Foi então que, a partir de 1975, esse grupo localizado no "fundão", ou seja, os condenados pela LSN, tenta dar início a uma nova ordem no cárcere. Os massacres tinham que ser evitados. As rivalidades entre os grupos tinham que cessar, sob pena de todos sucumbirem no presídio. Tinham que com-

---

[26] AMORIM, Carlos. *CV – PCC:* a irmandade do crime, p. 95.

preender que seus inimigos estavam fora da cadeia, e não dentro dela. Os pensamentos de um "coletivo" tinham que prevalecer, tal como ensinaram os presos políticos que, naquele ano, já vislumbrando uma possível anistia, tinham sido transferidos da Ilha.

Inicialmente, esse grupo do fundão era formado por oito pessoas, destacando-se, entre eles, William da Silva Lima, também conhecido como "o Professor", um dos membros mais articulados e inteligentes do grupo. Aos poucos, o grupo foi crescendo. Como relatado por Carlos Amorim:

> "Durante a metade de uma década, entre 1974 e 1979, a força da organização ficou limitada pelos muros do Instituto Penal Cândido Mendes. Foi o período de afirmação de um princípio: organizar para sobreviver – unir para resistir. Esta é a fase bonita da história. Coisa de cinema. Um punhado de homens oprimidos por um sistema carcerário violento e corrupto. Lutaram por reivindicações justas – certamente. Obtiveram o atendimento da maioria das exigências. (...) Foi realmente a fase heroica da organização, antes que tudo descesse pelo ralo do tráfico de drogas em larga escala, das matanças nos morros, do 'tudo por dinheiro.'"[27]

O ano de 1979 foi marcante na consolidação do Comando Vermelho, que, depois de uma matança ocorrida no interior do Caldeirão da Morte, acabou prevalecendo sobre as falanges rivais, que insistiam em descumprir as novas regras por eles impostas ao cárcere, principalmente de respeito ao preso, evitando-se mortes desnecessárias, estupros, roubos etc. Assim, prevaleceu o grupo do "fundão", que começou a impor suas regras. Embora tenham saído perdedores, os membros das falanges rivais se uniram, e surgiu um dos maiores inimigos do Comando Vermelho, que foi denominado *Terceiro Comando*.

Um dos fundadores do Comando Vermelho, William da Silva Lima, "o Professor", em depoimento prestado na Divisão Antissequestro do Rio de Janeiro, em 1991, explicou o porquê do nome dado à facção, dizendo:

> "Vocês, da polícia, botaram o nome do nosso grupo de Falange Vermelha. Achamos por demais de direita. Falange nos faz lembrar a Espanha de Franco, fascista. Por isso, achamos mais adequado Comando Vermelho, que passamos a usar."[28]

Foram muitas as fugas da Ilha Grande, principalmente de membros ligados, agora, ao Comando Vermelho. Nas ruas, eram aplicadas as táticas de guerrilha, sobretudo no que dizia respeito à prática de roubo a bancos. Naquela época, o trabalhador sempre era preservado. Quando entravam em alguma agência, uma das primeiras frases que diziam era que só queriam o dinheiro do banco, e não o dos trabalhadores. Outros tempos esses...

O Comando Vermelho passou a ter um caixa, de contribuição obrigatória de seus membros, destinado, principalmente, a libertar os demais presos que se encontravam dentro de algum sistema prisional no Rio de Janeiro. Até uma lancha foi adquirida para promover a fuga de presos na Ilha Grande, batizada de "Miss Jupira".

O grupo ia crescendo cada vez mais dentro e fora do sistema prisional. Foram criadas, inclusive, as chamadas "12 regras do bom bandido", que foram assim elencadas no livro *CV – PCC: a irmandade do crime*, de Carlos Amorim:

---

27 AMORIM, Carlos. *CV – PCC:* a irmandade do crime, p. 118.
28 *Apud* AMORIM, Carlos. *CV – PCC:* a irmandade do crime, p. 348.

"1. Não delatar; 2. Não confiar em ninguém; 3. Trazer sempre consigo uma arma limpa, carregada, sem demonstrar volume, mas com facilidade de saque e munição sobressalente; 4. Lembrar-se sempre de que a polícia é organização. E nunca subestimá-la; 5. Respeitar mulher, criança e indefesos, mas abrir mão desse respeito quando a sua vida ou liberdade estiverem em jogo; 6. Estar sempre que possível documentado (mesmo com documento falso) e com dinheiro; 7. Não trazer consigo retratos ou endereços suspeitos, bem como não usar objetos com seu nome gravado; 8. Andar sempre bem apresentável, com barba feita. Evitar falar gíria. Evitar andar a pé. Não frequentar lugares suspeitos. Não andar em companhia de 'chave-de-cadeia' (uma referência a gente vaidosa, que sempre fala demais e compromete os outros); 9. Saber dirigir autos, motos etc. Conhecer alguma coisa de arrombamento, falsificação e noções de enfermagem; 10. Lembrar-se sempre que roubar 100 ou 100 milhões resulta na mesma coisa (cadeia, condenação); 11. Estar sempre em contato com o criminalista; 12. Não usar tatuagem em hipótese alguma."[29]

Se é que se pode dizer isso, mesmo que não seja "politicamente correto": "tempos bons aqueles do início do Comando Vermelho". Perdoem-me o desabafo, mas essas regras iniciais, hoje em dia, só têm validade histórica, nada mais, pois o comportamento da facção é completamente o oposto do que se determinava naquela época.

Ao que parece, a primeira vez que o nome da facção se tornou público foi em 3 de abril de 1981, quando um dos fundadores do Comando Vermelho, e também foragido da Ilha Grande, conhecido como "Zé do Bigode", no conjunto Residencial dos Bancários, localizado na rua Altinópolis, nº 313, na Ilha do Governador, no Rio de Janeiro, trocou tiros, sozinho, com a polícia, depois que seus companheiros, que estavam com ele no apartamento 302, ou tinham sido mortos, ou fugiram. Foram horas de intenso tiroteio, que resultou na morte de cinco pessoas, e muitas outras feridas. Segundo relatos, durante a troca de tiros, "Zé do Bigode", chamando os policiais para o confronto, gritava pela janela que ali estava o Comando Vermelho. Eram quatrocentos policiais contra um único integrante do Comando Vermelho. Essa troca de tiros, inclusive, foi relatada no livro *Quatrocentos contra um*, de autoria de William da Silva Lima, "o Professor".

O grupo passou a ser composto também de traficantes de drogas dos morros da cidade do Rio de Janeiro. Seu comércio e sua ambição passaram a não ter limites. O Comando Vermelho começou a dominar as favelas (ou comunidades carentes, como preferem os politicamente hipócritas, que só mudam o rótulo, mas deixam o conteúdo idêntico ao que sempre foi). Essa ascensão coincidiu, infelizmente, com a chegada de Leonel Brizola, em 1982, ao Governo do Estado do Rio de Janeiro. Brizola, que havia voltado recentemente do exílio, praticamente proibiu a polícia de subir nos morros. Na verdade, como o Brasil havia passado por momentos complicados anteriormente, com uma polícia que quase não tinha limites, Brizola tentou resgatar os direitos dos cidadãos mais carentes. Essa ação radical, no entanto, resultou no crescimento do Comando Vermelho, que aproveitou essa oportunidade para se organizar, ainda mais, nos morros do Rio de Janeiro.

A rivalidade com o Terceiro Comando aumentou, dentro e fora do sistema carcerário. Uma guerra estava começando, naquele momento, entre as duas maiores facções criminosas do Rio de Janeiro. Um banho de sangue começaria, sobretudo internamente nos presídios.

Dentro do sistema prisional muitas modificações foram implantadas pelo Governo do Estado, e algumas delas auxiliaram a expansão das facções, a exemplo dos telefones públicos, chamados de "orelhões", instalados nos pátios, que permitiam que os detentos controlas-

---

[29] AMORIM, Carlos. *CV – PCC:* a irmandade do crime, p. 166-167.

sem seus negócios de dentro para fora (hoje os celulares fazem esse papel). Foi proibida a incomunicabilidade do preso, foi instituída a visita íntima, as torturas, frequentes até então, passaram a ser monitoradas pelo Estado, que procurava punir, corretamente, diga-se de passagem, os "carcereiros" que assim se comportavam.

Nas comunidades carentes dominadas pelo Comando Vermelho, os traficantes começaram a contribuir, de alguma forma, com os moradores, pagando enterros, comprando remédios, material escolar, alimentos, construindo creches, ou seja, ajudavam no dia a dia daqueles cidadãos miseráveis, que recebiam menos de um salário mínimo por mês. Era a ausência completa de um Estado Social, sendo substituído, não integral, mas parcialmente pelo mundo do crime. Isso, obviamente, atraia a simpatia da comunidade, que deixava de comunicar à polícia o que se passava com a criminalidade. Ninguém nunca tinha visto ou ouvido nada a respeito de nada. Era a regra do morro.

A voracidade e a ganância do Comando Vermelho não tinham limites. Com a chegada dos fuzis, na década de 1990, que passaram a ser utilizados pelas facções criminosas, a guerra pelos pontos de droga, pela tomada de morros, foi intensa. Agora, passaram a ser comuns, nas mãos dos traficantes, fuzis AR-15 (norte-americanos), AK-47 (russos, embora já produzidos em muitos países), Sig Sauer (alemão), FAL (brasileiro), além de granadas, lança-rojões, entre tantos outros utilizados pelas Forças Armadas de todo o mundo. A cidade do Rio de Janeiro se transformaria em um campo de guerra irregular, causando terror e pânico, principalmente aos moradores das comunidades, que se viam em meio a inúmeros confrontos, com a polícia, ou mesmo com grupos rivais de traficantes.

O Comando Vermelho e seu principal rival, o Terceiro Comando, lutavam ferozmente por esses pontos estratégicos de venda de drogas. O tráfico de drogas passou a ser o negócio mais lucrativo, embora as demais infrações penais continuassem a ser praticadas, como roubo a banco e a carros-fortes, sequestros, extorsões, enfim, toda sorte de crime cuja finalidade era o lucro, para incrementar, cada vez mais, o caixa da facção.

Com o domínio do Comando Vermelho em meados da década de 80 do século passado, a facção criminosa estreitou seus laços com os cartéis colombianos de Medellín, liderados por Pablo Escobar, e de Cali. "Importavam" quantidades enormes de cocaína pura, que depois eram "batizadas" com outras substâncias, para aumentar o seu volume em cinco vezes. Como relata Carlos Amorim:

> "O envolvimento dos exportadores colombianos com o crime organizado no Brasil não demorou a ser descoberto. Agentes da Drug Enforcement Administration (DEA) e do FBI, infiltrados nas rotas latino-americanas da coca, começaram a fazer relatórios, e mais relatórios advertindo a Polícia Federal brasileira. As denúncias aparecem a partir de abril de 1988. As primeiras investigações mostram que os colombianos estão agindo em sociedade com italianos da Máfia."[30]

Com o consumo de cocaína crescendo assustadoramente no Brasil (e também no mundo, principalmente nos EUA), as relações com os colombianos ficavam cada vez mais fortes e intensas. Foi-se criando um círculo de amizades entre os líderes do tráfico no Rio de Janeiro, sobretudo aqueles ligados ao Comando Vermelho, e os cartéis colombianos, juntamente com traficantes bolivianos.

Entre tantos líderes que fizeram parte da cúpula do Comando Vermelho, desde a sua formação no presídio da Ilha Grande até mesmo após o seu ingresso no tráfico de drogas,

---

[30] AMORIM, Carlos. *CV – PCC: a irmandade do crime*, p. 236.

podemos citar William da Silva Lima (um dos fundadores da facção), José Jorge Saldanha, o "Zé do Bigode", "Nanai", Rogério Lengruber, o "Bagulhão", José Carlos dos Reis Encina, o "Escadinha", Francisco Viriato de Oliveira, o "Japonês", José Carlos Gregório, o "Gordo", Elias Maluco (que matou o jornalista Tim Lopes, no Complexo do Alemão, quando esse profissional fazia uma investigação que ligava os bailes *funk* ao tráfico de drogas), Marcinho "VP", um dos mais destacados, que ganhou projeção nacional e internacional, e o traficante Luis Fernando da Costa, o "Fernandinho Beira-Mar". Com este, a facção criminosa ganhou novos rumos, tornando-se um dos criminosos mais procurados do país até que, em 21 de abril de 2001, uma força-tarefa conjunta entre os governos dos EUA e da Colômbia o prenderam na Colômbia, próximo à fronteira da Venezuela, juntamente com um dos comandantes das Farc (Forças Armadas Revolucionárias da Colômbia). Estava, assim, mais do que caracterizado o vínculo do Comando Vermelho com os guerrilheiros daquele país.

Preso, Fernandinho Beira-Mar juntou-se a outros integrantes do Comando Vermelho que cumpriam suas penas no Presídio de Segurança Máxima, conhecido como Bangu 1, no Rio de Janeiro que, até aquele momento, nunca havia conhecido qualquer rebelião ou fuga. Entretanto, essa história mudaria com a chegada de Beira-Mar.

Como relata Marcio Santos Nepomuceno, mais conhecido como "Marcinho VP", em livro escrito juntamente com o jornalista Renato Homem, no qual conta um pouco de sua história no "mundo do crime", fazendo, na verdade, uma radiografia dos dias atuais:

> "Com o passar do tempo, surgiram outras organizações criminosas, reconheça-se, bem mais estruturadas e que conseguiram amealhar cifras milionárias. Fortunas acumuladas graças ao conluio criminoso entre homens públicos e os representantes da iniciativa privada metidos em seus ternos bem-cortados, e que são agora alvos da 'Operação Lava-Jato' e de outras investigações de combate à corrupção"[31].

Uma dessas organizações criminosas que se estruturaram e se infiltraram nas cúpulas dos Poderes é, com certeza, o Primeiro Comando da Capital, o PCC, que será analisado mais detidamente a seguir.

Primeiro Comando da Capital (PCC)

O Primeiro Comando da Capital (PCC) foi fundado em 1993, na Casa de Custódia de Taubaté, conhecido também como "piranhão", interior de São Paulo. O nome, ao que parece, foi dado por um dos seus fundadores, José Márcio Felício, mais conhecido como "Geleia" ou "Geleião". Inicialmente, o nome havia sido dado para um time de futebol, mas, logo em seguida, um grupo de oito detentos, incluindo Geleia, se reuniu e resolveu que esse seria o nome da facção criminosa que estava sendo criada, naquele momento, principalmente em defesa dos presos que, segundo afirmavam, estavam sendo oprimidos e massacrados pelo sistema. Na verdade, o que o PCC queria, realmente, era obter o domínio absoluto dentro do sistema prisional e, para tanto, eliminava com absurda violência seus adversários. Conforme relata Gabriel Feltran:

> "Em Taubaté, diz-se que o PCC começou a ter visibilidade quando seus integrantes decapitaram um dos líderes opositores e jogaram futebol com a sua cabeça."[32]

---

[31] NEPOMUCENO, Marcio Santos; HOMEM, Renato. *Marcinho: verdades e posições* – o direito penal do inimigo, p. 100.

[32] FELTRAN, Gabriel. *Irmãos*: uma história do PCC, p. 17.

Embora o seu lema inicial fosse: Paz!, Justiça! e Liberdade!, o mesmo que motivou a criação do Comando Vermelho, no Rio de Janeiro, foram incontáveis as execuções por ele praticadas dentro do sistema prisional, desde o início da formação da facção. Assim que o grupo foi formado, juntamente com ele criaram um "estatuto", composto, naquela época, de 16 itens, dos quais todos os seus filiados tinham que ter conhecimento. Como esclarecem Marcio Sergio Christino e Claudio Tognolli, "o documento determinou que 'irmão não mata irmão. Irmão não explora irmão. Os 'Fundadores são os chefes'"[33]. E continuam, dizendo que o "estatuto deixou bem claro que o PCC era uma facção, não uma quadrilha que explora aqueles que não têm organização"[34].

Como informa Gabriel Feltran:

"Os efeitos práticos dessas políticas interessavam aos presos. Na disciplina do PCC foram interditados o estupro, o homicídio considerado injusto, e, anos mais tarde, aboliu-se o crack em todas as cadeias da facção no Estado de São Paulo. Havia muito mais a fazer. Viabilizar as visitas de parentes e advogados, conseguir um sabonete ou uma pasta de dente para os presos em dificuldade, um cigarro para o ócio, maconha, cocaína e uma TV para ver a Copa do mundo. A facção se tornou ainda uma forma de organizar as negociações, lícitas e ilícitas, com os funcionários e a direção dos presídios."[35]

Tal como uma seita, aquele que desejasse ingressar no PCC teria que se submeter a uma cerimônia de batismo, que poderia ser simples, mesmo à distância, mas onde o futuro membro faria a leitura do "estatuto", jurando fidelidade à facção, sendo dado conhecimento a ele de que, em caso de desobediência ou infidelidade, a pena seria a morte. Nas hipóteses em que o interessado em ingressar na facção fazia-se acompanhar daquele que o havia apresentado e o garantido, normalmente, padrinho e solicitante, além da leitura do estatuto, furavam seus dedos e deixavam cair uma gota de sangue de cada um deles em um copo de pinga (cachaça) e, misturando os sangues na bebida, cada um ingeria a metade do copo. Estava selado seu ingresso na facção, a qual teria que defender com a própria vida.

Carlos Amorim detectou, com precisão, as similitudes entre a criação do Comando Vermelho e do Primeiro Comando da Capital, dizendo:

"Reunindo a massa carcerária contra o sistema, expondo de forma radical a questão da solidariedade entre os presos, inclusive punindo com a morte eventuais desvios de conduta, os homens do crime paulista reproduziram quase que literalmente, vinte anos depois, as conquistas dos presos comuns na Ilha Grande. 'O inimigo está fora das celas' – a primeira palavra de ordem do CV ecoa nas prisões paulistas. O lema da organização carioca – Paz, Justiça e Liberdade – é adotado pelo novo grupo. Quando ocorreram as grandes rebeliões comandadas pelo PCC nas cadeias paulistas, um dos truques do CV também é revisitado. Nos anos 80, o Comando Vermelho empregava o 'Alfabeto Congo' em suas mensagens escritas, um sistema precário de codificação aprendido com os presos políticos. As letras eram substituídas por números que tinham como origem a posição que ocupavam no alfabeto. Por exemplo: o PCC vira 15.33. Ou seja, a letra 'P' ocupa a décima quinta posição no alfabeto; a letra 'C' ocupa a terceira posição. Ao escrever uma carta, com muitas linhas, sem qualquer vírgula ou parágrafo, o código resulta em um monte de números aparentemente incompreensíveis."[36]

---

[33] CHRISTINO, Marcio Sergio; TOGNOLLI, Claudio. *Laços de sangue*: a história secreta do PCC, p. 25.

[34] CHRISTINO, Marcio Sergio; TOGNOLLI, Claudio. *Laços de sangue*: a história secreta do PCC, p. 25.

[35] FELTRAN, Gabriel. *Irmãos*: uma história do PCC, p. 18-19.

[36] AMORIM, Carlos. *CV – PCC*: a irmandade do crime, p. 375.

Em 2001, especificamente em 18 de fevereiro, o PCC mostrou sua força e organização, justamente em um dia considerado sagrado para os presos, ou seja, no dia de visita, um domingo. Há uma regra tácita entre os presos de respeito ao dia de visita. Rivalidades são deixadas momentaneamente de lado, a fim de que os presos possam ter um convívio pacífico, harmonioso, com seus familiares e amigos que vêm visitá-los. No entanto, naquele dia, a grande maioria dos próprios visitantes, normalmente parentes ou amigos dos presos, já sabia que aconteceria uma rebelião, e ali permaneceram como escudos humanos, impedindo, dessa forma, uma ação mais agressiva das forças de segurança pública.

O PCC convocou uma rebelião no sistema prisional do Estado de São Paulo, onde obteve a adesão de 29 penitenciárias, tudo isso feito, basicamente, por meio de telefones celulares que, ilegalmente, circulavam em quase todos os presídios e coordenado por Sueli Maria Resende, mais conhecida como "mãezona", que recebia as ligações e se encarregava de transferi-las aos demais integrantes da facção, funcionando como uma espécie de central telefônica.

Milhares de visitantes e agentes penitenciários transformaram-se em reféns. O caos estava instalado. Começou uma matança de presos rivais, verdadeira carnificina, com decapitações, incêndios nas celas e galerias, enquanto outros hasteavam a bandeira do PCC do lado de fora, nas paredes e nos telhados das penitenciárias. A facção estava mandando uma mensagem muito nítida para as autoridades, principalmente para aquelas que se recusavam em reconhecê-la. Os tempos estavam mudando. Como expõem, acertadamente, Marcio Sergio Christino e Claudio Tognolli:

> "O *marketing* da sigla PCC foi feito de uma maneira tão acachapante, tão evidente e vigorosa que não foi mais possível ao Estado desmentir a existência dessa organização. Foi um erro ou um acerto? Até aquele momento, o PCC estava sendo combatido apenas pela Secretaria de Administração Penitenciária, num ambiente intramuros. A estratégia era negar sua existência, porque admiti-la levaria a uma reavaliação do papel do Estado na administração penitenciária. A rebelião expôs essa verdade.
>
> Para o PCC foi um ganho, A organização foi apresentada à sociedade já consolidada, grande, poderosa."[37]

O Estatuto do PCC passou a ser conhecido e amplamente divulgado, tendo sido publicado pelo jornal *Folha de S.Paulo*, de 25 de maio de 1997. Naquela época, PCC e CV estavam unidos e partilhavam os mesmos ideais. O Primeiro Comando da Capital não era uma simples associação criminosa, mas, sim, uma grande organização que queria estender suas garras por todo o País. Ao que parece, em 2017, foi criado outro Estatuto, atualizando o anterior. Ao lema original, Paz, Justiça e Liberdade, acrescentaram mais dois, vale dizer, Igualdade e União. Pela sua singularidade, vale a pena ser transcrito, em sua redação original, com inúmeros erros ortográficos, para que possamos conhecer a organização:

> "1 Item: Todos os integrantes devem lealdade e respeito ao Primeiro Comando da Capital, devem tratar todos com respeito, dando bons exemplos a ser seguidos pela massa, acima de tudo ser justo e imparcial.
>
> 2 Item: Lutar sempre pela PAZ, JUSTIÇA, LIBERDADE, IGUALDADE e UNIÃO, visando sempre o crescimento da organização, respeitando sempre a ética do crime.

---

[37] CHRISTINO, Marcio Sergio; TOGNOLLI, Claudio. *Laços de sangue*: a história secreta do PCC, p. 51.

3 Item: Todos os integrantes do Comando tem por direito expressar sua opinião e tem o dever de respeitar a opinião de todos. Sabendo que dentro da organização existe uma hierarquia e uma disciplina a ser seguida e respeitada. Aquele integrante que vier a causar divisão dentro do Comando, desrespeitando esses critérios, será excluído e decretado.

4 Item: Aquele integrante que for para rua tem a obrigação de manter o contato com a Sintonia da sua quebrada ou da quebrada que o mesmo estiver. Estar sempre a disposição do Comando, a Organização necessita do empenho e união de todos os integrantes. Deixamos claro que não somos sócios de um clube e sim integrantes de uma Organização Criminosa, que luta contra as opressões e injustiças que surgem no dia a dia e tenta nos afetar. Sendo assim, o Comando não admite acomodações e fraquezas.

5 Item: Todos os integrantes que estiver na rua, tem a mesma obrigação, sendo ele estruturado ou não, porém os estruturados tem condição de se dedicar ao Comando e quando possível participar de projetos que venham a criar soluções desamparo social e financeiro para apoiar os integrantes desamparados.

6 Item: O comando não admite entre seus integrantes, estupradores, pedófilos, caguetas, aqueles que extorquem, invejam, e caluniam, e os que não respeitam a ética do crime.

7 Item: É dever de todos os integrantes da facção colaborar e participar dos "progressos" do comando, seja ele qual for, pois os resultados desse trabalhos são integrados em pagamentos de despesas com defensores, advogados, ajuda para trancas, cesta básica, ajuda financeira para os familiares que perderam a vida em prol a nossa causa, transporte para cadeirantes, ou auxílio para doentes com custo de remédio, cirurgia e atendimentos médicos particulares, principalmente na estruturas da luta contra os nossos inimigos, entre várias situações que fortalecem a nossa causa ou seja o crime fortalece o crime, essa é a nossa ideologia.

8 Item: Os integrantes que estiverem na rua e passando por algum tipo de dificuldade, poderão procurar a Sintonia para que o Comando possa ajuda-lo ir para o corre, deixando claro que o intuito da organização e fortalecer todos os seus integrantes, para que cada um tenha Condições de se empenhar também no progresso do Comando e assim nossos objetivos serem atingidos com total êxito.

9 Item: Todos os integrantes devem ter a certeza absoluta que querem fazer parte do Comando, pois aquele que usufrui dos benefícios que o Comando conquistou e pedir pra sair pelo fato da sua liberdade estar próxima ou até mesmo aquele que sair para a rua e demonstrar desinteresse por nossa causa, serão avaliados e se constatado que o mesmo agiu de oportunismo o mesmo poderá ser visto como traidor, tendo atitude covarde e o preço da traição é a morte.

10 Item: Deixamos claro que a Sintonia Final é uma fase da hierarquia do Comando composta por integrantes que tenham sido indicados e aprovados pelos irmãos que fazem parte da Sintonia Final do Comando. Existem várias Sintonias, sendo a Sintonia Final a última instância. O objetivos da Sintonia Final é lutar pelos nossos ideais e pelo crescimento da nossa Organização.

11 Item: Toda missão destinada deve ser concluída. Será feita uma avaliação da capacidade de cada integrante indicado pela Sintonia, e aquele que for selecionado e aprovado tem capacidade de cumprir uma missão, e tem o dever de arcar com as despesas financeira, mas quando for possível todos os gastos ficarão sob a responsabilidade do Comando. Essas missões incluem principalmente ações de resgate e outras operações restritas ao Comando. Todos aqueles que vierem a ser resgatados, terão a obrigação de resgatar outro irmão, aquele irmão que falhar na missão por fraqueza, deslealdade, será excluído e o caso será avaliado pela sintonia, no caso de vazar as ideias poderá ser caracterizado como traição e a cobrança será a morte.

12 Item: O Comando não tem limite territorial, todos os integrantes que forem batizados são componentes do Primeiro Comando da Capital, independente da cidade, estado ou país, todos devem seguir a nossa disciplina e hierarquia do nosso Estatuto.

13 Item: O Comando não tem nenhuma coligação com nenhuma outra facção, vivemos em harmonia com facções de outros estados, quando algum integrante de outra facção chegar em alguma cadeia nossa o mesmo será tratado com respeito e terá o apoio necessário, porém queremos o mesmo tratamento quando o integrante do Comando chegar preso em outro estado em cadeias de outras facções e se algum integrante de outra facção de outro estado desrespeitar a nossa disciplina em nossa cadeia vamos procurar a Sintonia responsável pelo mesmo e juntos procurarmos a solução e se ocorrer de um irmão nosso estar desrespeitando, a busca da solução será da mesma forma. Deixamos bem claro que isso se trata de facções de outro estado que seja amiga do Comando.

14 Item: Todos os integrantes serão tratados com igualdade, sendo que a nossa luta é constante e permanente, seus méritos e atitudes serão avaliadas dando prioridade para aquele que merece, esclarecendo que méritos não é sinônimo de acomodações e impunidade diante da nossa luta, tratando com igualdade para os iguais e desigualdade para os desiguais.

15 Item: Os ideais do Comando estão acima dos conflitos pessoais, no entanto o Comando será solidário com aquele integrante que esteja certo e em desvantagem para resolver os seus problemas pessoais, o apoio será prestado, a causa será prestado, a causa será aprovada, após a avaliação direta da Sintonia.

16 Item: É inadmissível usar o Comando para ter benefício próprio. Se algum integrante vier a subfaturar algo para ganhar dinheiro em cima do Comando, agindo com esperteza em benefício próprio, será analisado pela Sintonia e após ser comprovado os superfaturamento o mesmo será excluído e decretado. Nenhum integrante poderá usufruir do contato do Comando para transações comerciais ou particulares sem o conhecimento da Sintonia, os irmãos que investir o capital em mercadoria ou ferramentas para negociar, podem fazer negócio com a Família e obterem seu lucro desde que não seja abusivos, pois todo o fruto desse trabalho é destinado aos necessitados em prol a nossa ideologia.

17 Item: O integrante que vier a sair da Organização e fazer parte de outra facção caguetando algo relacionado ao Comando será decretado e aquele que vier a mexer com a nossa família terá a sua família exterminada. O Comando nunca mexeu com a família de ninguém e tais não terão paz. Ninguém é obrigado a permanecer no Comando, mas o Comando não vai ser tirado por ninguém.

18 Item: Todos os integrantes tem o dever de agir com severidade em cima de opressões, assassinatos e covardias realizados por Policiais Militares e contra a máquina opressora, extermínios de vidas, extorsões que forem comprovadas, se estiver ocorrendo na rua ou nas cadeias por parte dos nossos inimigos, daremos uma resposta à altura do crime. Se alguma vida for tirada com esses mecanismos pelos nossos inimigos, os integrantes do Comando que estiverem cadastrados na quebrada do ocorrido deverão se unir e dar o mesmo tratamento que eles merecem, vida se paga com vida e sangue se paga com sangue."[38]

O PCC, a exemplo do Comando Vermelho, lançou seus tentáculos para fora do sistema penitenciário e hoje adquiriu o *status* de uma das maiores organizações criminosas do mundo.

Especializado na prática de tráfico de drogas, roubos, sequestros, extorsões e homicídios, ele atua, hoje, tanto no interior do sistema prisional, de onde comanda o crime e rebeliões, como nas ruas de mais de 22 estados brasileiros. Possui também forte atuação transnacional, marcando presença e rivalizando com traficantes de países como a Bolívia, o

---

[38] Disponível em: <http://www.aconteceuemitu.org/p/estatuto-pcc-1533.html>. Acesso em: 21 ago. 2017.

Paraguai e a Colômbia. Ainda, estaria ligado a grandes grupos terroristas, como o Hezbollah, organização política e paramilitar fundamentalista islâmica.

Estima-se que o PCC possua hoje cerca de 30 mil homens em suas fileiras, "batizados" nas mais distintas cidades de praticamente todas as unidades da Federação brasileira e no exterior.

Sua fonte principal de financiamento são os assaltos a bancos, os roubos de cargas e a comercialização de drogas, notadamente a *maconha* e a *cocaína*. É também exigido de seus integrantes o pagamento de uma parcela periódica, em dinheiro, cujo valor varia se o membro estiver preso ou em liberdade. De acordo com o estatuto da organização criminosa, o membro que estiver solto deve contribuir com quem está preso, sob pena de ser condenado pelo grupo à morte.

Atualmente, *Marcola*, o principal líder do PCC, está preso, cumprindo cerca de 44 (quarenta e quatro) anos de prisão. O PCC sempre esteve em constante guerra com o seu principal rival, o Comando Vermelho.

Família do Norte (FDN)

A Família do Norte é uma organização criminosa de origem amazônica, já tida como a terceira maior facção criminosa do Brasil, atrás do PCC e do CV. A organização criminosa em referência surgiu com o desiderato inicial de controlar o narcotráfico na região conhecida como Alto Solimões, fatia do mercado muito cobiçada pelo crime organizado, por servir de rota para o escoamento da cocaína produzida na Bolívia e no Peru. Foi fundada em 2006 pela união dos criminosos Gelson Lima Carnaúba, o *Gê*, e José Roberto Fernandes Barbosa, o *Perturba*. O grupo foi alvo recente da Operação *La Muralla*, da Polícia Federal, ocasião em que foi flagrado movimentando milhões por mês com o domínio da "rota Solimões".

Terceiro Comando Puro (TCP)

Os criminosos conhecidos como *Celsinho da Vila Vintém*, *Uê* e *Escadinha*, para fazer frente ao Comando Vermelho, fundaram uma organização criminosa conhecida como Terceiro Comando. Com a morte de seu principal líder, o *Uê*, pelo Comando Vermelho, *Celsinho da Vila Vintém* fingiu se aliar ao Comando Vermelho para não ser morto. Os demais integrantes do Terceiro Comando o tacharam de traidor e fundaram uma nova facção, o Terceiro Comando Puro.

Amigos dos Amigos (ADA)

O fim do grupo organizado Terceiro Comando levou seus membros a migrarem, ou para o Terceiro Comando Puro, ou para a ADA. Essa organização criminosa, então a terceira maior do Rio de Janeiro, surge da união de parte do Terceiro Comando, extinto com o assassinato de seu ex-líder *Uê*, com o traficante conhecido como *Pintoso*.

2. CARACTERÍSTICAS ESSENCIAIS DAS ORGANIZAÇÕES CRIMINOSAS

Conforme esclarece Marcelo Mendroni[39], "são inúmeras as organizações criminosas que existem atualmente".

---

[39] MENDRONI, Marcelo Batlouni. *Crime organizado:* aspectos gerais e mecanismos legais, p. 28-29.

Ainda segundo o autor:

"Cada uma assume características próprias e peculiares, amoldadas às próprias necessidades e facilidades que encontram no âmbito territorial em que atuam. Condições políticas, territoriais, econômicas, sociais etc. influem decisivamente para o delineamento destas características, com saliência para umas ou outras, sempre na conformidade das atuações que possam tornar mais viável a operacionalização dos crimes planejados e com o objetivo de obter maiores fontes de renda. Há, entretanto, algumas características que podem ser destacadas como básicas que, embora não necessariamente presentes em todos os modelos, servem bem ao objetivo de busca da sua distinção."[40]

Joaquín Merino Herrera e Francisco Javier Paíno Rodríguez, catedráticos da Universidade Complutense de Madrid, apresentaram interessante estudo em que demonstram que algumas das características essenciais que conceituam a delinquência organizada e as características mais comuns à maior parte das organizações criminosas hoje existentes foram herdadas da máfia.

Os autores começam por ressaltar como primeira característica herdada dos grupos mafiosos do século XIX e início do século XX uma *estrutura fortemente hierarquizada*. Eles advertem, todavia, que a hierarquia não é uma característica necessária de uma organização criminosa, embora apareça com acentuada frequência na imensa maioria das organizações. De fato, como veremos nos comentários aos artigos que se seguem, existem organizações criminosas que atuam em rede, fora do esquema piramidal, mesmo que este se apresente como a regra geral.

A *coordenação interna* entre seus integrantes e a *coordenação* e a cooperação externa *com outras organizações* é igualmente apontada no referido estudo como um aspecto que marcava as grandes máfias do passado e que, atualmente, não só se mantém como também se encontra potencializada e em expansão. É, na verdade, justamente a coordenação e a cooperação entre seus membros que permite a atividade e a consecução dos fins da organização[41].

Assim como as máfias, as organizações criminosas surgem com a *ideia de permanência* e continuidade no exercício de suas atividades, utilizando a estrutura organizada para se perpetuarem no tempo. Não são constituídas para a prática de um ou outro delito, mas para se manterem o maior tempo possível em atividade e cometerem o maior número de infrações penais, quantas forem necessárias para o crescimento dos lucros e o incremento do patrimônio e do poder, especialmente de seus fundadores e líderes[42].

---

[40] MENDRONI, Marcelo Batlouni. *Crime organizado*: aspectos gerais e mecanismos legais, p. 28-30.

[41] Há indícios suficientes quanto à associação de 4 (quatro) ou mais pessoas estruturalmente ordenada e caracterizada pela divisão de tarefas, com o objetivo de obter vantagem pecuniária, mediante a prática do crime de peculato, infração penal cuja pena máxima é superior a 4 anos. A chamada Operação Candeeiro, deflagrada em setembro de 2015 e antecedida por ampla investigação conduzida pelo Ministério Público do Estado do Rio Grande Norte, evidenciou a atuação, naquele Estado, de organização criminosa voltada ao desvio de recursos públicos provenientes do Idema, organização essa cujo principal beneficiário, conforme demonstrou indiciariamente o Ministério Público, consiste no parlamentar ora denunciado (STF, AO 2.275/RN, 1ª T., Rel. Min. Luiz Fux, *DJe* 28.02.2019).

[42] Ora, em se tratando de delito de financiar e integrar organização criminosa, de natureza permanente e caracterizado pela simples participação no grupo, não é viável exigir a mesma precisão nos

Outra característica, apontada pelos renomados autores como de inspiração na atividade das máfias, é o *emprego da violência* ou a ameaça de seu uso para a realização de seus fins. Essa característica hoje em dia se mantém – e em elevadíssima porcentagem – nas organizações criminosas em atividade, chegando a ser incluída pela doutrina como elemento conceitual da organização criminosa.

A *finalidade de obtenção de benefícios econômicos*, para Merino Herrera e Paíno Rodríguez é outra das características que podemos observar na máfia e que se mantém hoje em dia, até porque costuma ser ou o fim principal das organizações criminosas, ou o principal meio de que se valem para a obtenção de suas finalidades, como o caso das organizações terroristas, que captam recursos financeiros para levar o medo e o terror à sociedade.

As vantagens econômicas, ademais, conforme anotam os citados autores, são obtidas a partir da *prática de infrações penais de especial gravidade*, outra característica herdada das máfias italiana e norte-americana do passado.

Assim como faziam os mafiosos, o crime organizado da atualidade se vale, frequentemente, das *classes menos favorecidas,* tanto para a captação de novos integrantes quanto para a obtenção de favores sociais. Essa que era uma atividade constante das máfias, marca de forma bem acentuada, especialmente, as organizações criminosas que atuam nos países da América Latina. É muito comum os traficantes, nos conglomerados brasileiros, à guisa de exemplo, prestarem toda sorte de benefícios sociais à população menos favorecida, substituindo práticas das quais deveria se encarregar o Estado para, em seguida, cobrar altíssimo preço por isso[43]. O traficante acaba por arregimentar adultos, crianças e adolescentes para trabalharem como funcionários do tráfico, servindo como mulas, soldados, vigilantes, guardadores de drogas, entre inúmeras outras funções. Recusar a ajuda e a prestação de serviços ao tráfico, no mais das vezes, custa a própria vida do cidadão menos favorecido.

Também se iniciou na máfia, de acordo com o estudo dos referidos autores, a *transnacionalidade* das organizações criminosas. O aumento vertiginoso da atividade ilícita transnacional dificulta enormemente a persecução.

Outro ponto citado no trabalho dos professores espanhóis como herança da máfia é o *controle dos meios de comunicação* e entretenimento.

A *corrupção* é outro distintivo. Dentro do amplíssimo rol de infrações costumeiramente perpetradas pelo crime organizado (tráfico de drogas, extorsão mediante sequestro, tráfico de medicamentos, armas, pessoas e bens, contrabando, homicídios, jogo clan-

---

dados temporais da increpação que se conseguiria apresentar em um roubo ou homicídio (TJSP, AC 0017611-22.2017.8.26.0114, Rel. Des. Otávio de Almeida Toledo, j. 23.09.2019).

[43] Trata-se de denúncia pautada em informações colhidas em sede de inquérito policial, instaurado sob o nº 682/2018, visando apurar a existência de uma "milícia" na região de Jacarepaguá e Recreio dos Bandeirantes. As investigações apontaram que a organização criminosa foi formada, em tese, com o objetivo de obter, direta e indiretamente, vantagem econômica, mediante a prática de incontáveis crimes, notadamente os delitos de extorsão a moradores, comerciantes e prestadores de serviços, grilagem de terras, falsidade documental, exploração e comercialização de sinais clandestinos de internet, televisão a cabo e do comércio de água e gás, mediante a monopolização do serviço de botijão de gás de cozinha e água a moradores, comércio de munições e armas de fogo, contrabando/comércio de cigarros falsificados, clonagem/receptação de veículos e corrupção. Existem, ademais, indícios da prática de homicídios e lesões corporais contra moradores, rivais e ex-membros que fossem considerados traidores, com características de "justiçamento", bem como da exploração do transporte alternativo de pessoas (TJRJ, HC 0057540-40.2019.8.19.0000, Rel.ª Des.ª Mônica Tolledo de Oliveira, *DJe* 18.10.2019).

destino, roubos, explosões de bancos e caixas eletrônicos etc.), há uma que se converte em elemento singular de quase qualquer organização criminosa: a corrupção policial, judicial, política e sindical, a que se soma a ingerência do crime organizado nos órgãos oficiais de poder[44].

Corrupção e sociedade organizada, de fato, caminham lado a lado, muito embora isso não pareça, ainda, estar muito aclarado na mentalidade coletiva. As organizações, com efeito, tanto se valem das fragilidades sociais e das brechas deixadas pela corrupção endêmica e epidêmica para emergirem e se agigantarem como, uma vez constituídas e operantes, dificilmente se perpetuam sem se ancorarem em agentes públicos corruptos.

A questão, na verdade, atinge hoje números alarmantes. São frequentes os casos de corrupção, no Brasil e no mundo, de sorte que coloque em xeque partidos políticos e as principais instituições que deveriam velar pelo respeito e resguardo dos princípios constitucionais de um Estado Democrático de Direito[45]. A própria democracia chega a ser, em muitos países, comprometida com a simbiose verificada entre políticos e demais organismos públicos e o crime organizado.

Não se trata aqui da mera infiltração de criminosos em uma ou outra instituição ou do suborno ou da corrupção de agentes isolados. O que se verifica é a constituição de organizações criminosas com o objetivo de obter indevidas vantagens econômicas valendo-se das práticas corruptas implantadas nos próprios aparatos estatais de poder.

O Brasil, de fato, tem sido palco de organizações criminosas que se infiltraram no Poder. Políticos inescrupulosos e empresários gananciosos têm causado mais estragos à nossa nação do que os já conhecidos criminosos que lidam com tráfico de drogas e de armas. São, na verdade, genocidas. São a escória da sociedade. São aquilo que de pior existe na espécie humana. São vermes que começaram a comer a carne putrefata de um Estado em decomposição.

Nosso país não suporta mais essa espécie de organização criminosa que, durante anos a fio, determinou os rumos da nação. Esses criminosos, que beiram à psicopatia, conseguiram destruir todos os planos sociais destinados ao povo brasileiro. Seu egoísmo irracional levou à morte de milhares de pessoas, que padeceram nas filas de hospitais em razão da precariedade ou mesmo da falta de atendimento médico; de doentes que deixaram de receber seus remédios; de motoristas e pedestres que perderam suas vidas nas estradas, esburacadas e mal asfaltadas, palco de incontáveis acidentes; de servidores públicos que deixaram de receber corretamente seus vencimentos, principalmente aqueles ligados à segurança pública, como é o caso dos policiais, que se viram constrangidos por não terem o que comer, ante a inadimplência desse Estado-marginal; enfim, poderíamos preencher páginas a fio apontando os estragos levados a efeito por essa doentia organização criminosa.

Acerca da infiltração de agentes públicos nas organizações criminosas e do enfraquecimento do Estado em virtude de sua corrosão pelo fenômeno e pela própria constituição de organizações criminosas com a finalidade última de se enriquecer às custas do erário a partir de práticas corruptas, leciona Flávio Cardoso Pereira[46]:

> "(...) os laços e vínculos entre a delinquência organizada e a corrupção apresentam tamanha profundidade, a tal ponto em que se poderá sustentar que, em alguns casos, esta última con-

---

[44] MERINO HERRERA, Joaquín; PAÍNO RODRÍGUEZ, Francisco Javier. *Lecciones de criminalidad organizada*, p. 42.

[45] MERINO HERRERA, Joaquín; PAÍNO RODRÍGUEZ, Francisco Javier. *Lecciones de criminalidad organizada*.

[46] PEREIRA, Flávio Cardoso. *Crime organizado e sua infiltração nas instituições governamentais*, p. 49.

sista em requisito essencial para a formação e consolidação de uma determinada organização criminosa. E mais, em palavras de Díez Ripollés, 'a palavra corrupção é, portanto, a chave do crime para o século XXI.'"

E prossegue o renomado autor:

"Muito séria e complicada se torna a questão, a partir do momento em que todos estes fatores apontados contribuem para que o Estado enfraquecido seja terreno fértil para a atuação de redes ilícitas de delinquentes organizados. Desta forma, ausente a confiança por parte da sociedade nas instituições públicas e, em grande medida, desorganizado e insuficiente o sistema de justiça de um determinado país, as organizações criminosas acabam por estabelecer suas bases de atuação dentro do aparato estatal, fulminando qualquer tentativa de prevenção ou repressão a esta espécie de criminalidade.

Feitas essas ponderações, surge a ilação de que a corrupção como regra praticamente absoluta se amolda como requisito indispensável à formatação da estrutura de várias das redes criminosas mundiais. Sem a ostentação de seus tentáculos junto aos poderes do Estado – através da corrupção –, a atuação da criminalidade organizada apresenta-se frágil e sem potencialidade lesiva. A propósito, a impunidade atingida através da compra de interesses junto ao aparato estatal contribui sobremaneira para o descrédito da administração da justiça junto à população. Consolida-se, então, a mais fragilizada debilidade institucional de um Estado, na qual os autores de delitos graves se sentem imunes em razão da inexistência ou insuficiência de qualquer castigo ou sanção, bem como a sociedade padece em meio a um estado de insegurança generalizado. De se admitir, portanto, que a corrupção muitas das vezes consiste em uma forma de criminalidade organizada que pretende a ocupação do poder econômico e político, mediante o enriquecimento ilícito e o desvio do exercício da função pública."

Não se pode negar, todavia, que a grande maioria dos países tem se dedicado, mais recentemente, à modernização de suas legislações acerca do relevante tema. No Brasil, é nítida a preocupação do Poder Legislativo em procurar adequar o ordenamento jurídico aos principais Tratados e Convenções Internacionais dos quais o Brasil é signatário. Contudo, continuamos extremamente carentes de medidas em âmbito institucional que permitam enfrentar de forma mais eficaz o gravíssimo problema.

3. CONCEITO DE ORGANIZAÇÃO CRIMINOSA

3.1. Breve histórico

O primeiro diploma legal que dispôs sobre as organizações criminosas no Brasil foi a Lei nº 9.034, de 3 de maio de 1995. Aquela lei, no entanto, conquanto tenha sido considerada um verdadeiro marco, por regulamentar de forma pioneira tema da mais alta relevância que, de há muito, vem despertando a preocupação e exigindo a atenção dos legisladores em todo o planeta, não cuidou de apresentar um conceito de organização criminosa. Embora se propusesse a apresentar meios operacionais para a prevenção e repressão de ações praticadas por organizações criminosas, a Lei nº 9.034/95 equiparava a delinquência organizada às vetustas figuras da quadrilha ou do bando, previstas no antigo art. 288 do Código Penal.

A controvérsia inicial sobre a equiparação ou não dos conceitos de quadrilha ou bando às organizações criminosas provocou, inicialmente, a edição, em 2001, da Lei nº 10.217, de 11 de abril daquele ano. O novel diploma legal, todavia, voltou a pecar pela falta de uma conceituação definitiva e abrangente, muito embora tenha contribuído para a cessação da dissonância doutrinária sobre a diferenciação de tratamento entre as figuras da quadrilha ou bando, das associações e das organizações criminosas. A Lei nº 10.217, destarte, continuou sem uma definição específica, mas fez consignar expressamente que, para os fins legais, as figuras da quadrilha ou do bando, da associação criminosa e da organização criminosa seriam institutos distintos, que não deveriam ser confundidos.

No entanto, a ausência de uma definição legal do que se entendia por organização criminosa não se limitava à mera discussão acadêmica. Ela possuía relevante alcance prático, especialmente porque, como muito bem observado por Renato Brasileiro, naquela época, a Lei de Lavagem de Capitais – Lei nº 9.613/98 – "trazia um rol taxativo de crimes antecedentes, dentre os quais o crime praticado por organização criminosa".[47]

Como considerar antecedente um crime que não estava tipificado e sequer conceituado pela legislação federal brasileira? A questão trouxe a lume grande celeuma doutrinária e jurisprudencial, uma vez que a Lei nº 9.034/95, com a modificação introduzida pela Lei nº 10.217/2001, deixou claro que organização criminosa não era a mesma coisa que quadrilha ou bando, tampouco seria sinônimo de uma simples associação para o crime, quiçá mera codelinquência.

Cogitou-se, inicialmente, de se importar o conceito de crime organizado emprestado pela Convenção de Palermo[48], que, em seu art. 2º, "Da Terminologia", assim define grupo criminoso organizado:

> Grupo estruturado de três ou mais pessoas, existente há algum tempo e atuando concertadamente com o propósito de cometer uma ou mais infrações graves ou enunciadas na presente Convenção, com a intenção de obter, direta ou indiretamente, um benefício econômico ou outro benefício material.

Surgiram, então, duas correntes. A primeira delas sustentava que, como a Convenção de Palermo havia sido ratificada pelo Brasil, por meio do Decreto nº 5.015, de 12 de março de 2004, não haveria dúvidas de que a criminalidade organizada já estaria devidamente conceituada e esse conceito definitivamente incorporado ao nosso ordenamento jurídico, inclusive para os fins penais. A segunda corrente, por seu turno, aduzia que um tratado internacional não poderia definir o conceito de organizações criminosas, porquanto isso importaria evidente violação ao princípio da legalidade.

Posicionando-se de forma contrária à adoção do conceito extraído da Convenção de Palermo, Renato Brasileiro de Lima preleciona:

> "Admitir-se, então, que um tratado internacional pudesse definir o conceito de organizações criminosas importaria, a nosso ver, em evidente violação ao princípio da legalidade, notadamente em sua garantia da *Lex Populi*. Com efeito, admitir que tratados internacionais possam definir crimes ou penas significa tolerar que o Presidente da República possa, mesmo que de forma indireta, desempenhar o papel de regulador do direito penal incriminador. Fosse isso possível, esvaziar-se-ia o princípio da reserva legal, que em sua garantia da *Lex Populi*, exige obrigatoriamente a participação dos representantes do povo na elaboração do texto que cria ou amplia o *jus puniendi* do Estado brasileiro."[49]

---

47 LIMA, Renato Brasileiro de. *Legislação criminal especial comentada*: volume único, p. 664.

48 *Convenção das Nações Unidas contra o Crime Organizado Transnacional*, ratificada pelo Brasil por meio do Decreto nº 5.015/2004.

49 LIMA, Renato Brasileiro de. *Legislação criminal especial comentada*: volume único, p. 664.

O Conselho Nacional de Justiça (CNJ), acolhendo a primeira corrente, chegou a expedir uma recomendação (a número 3, de 2006) no sentido de que o conceito de organização criminosa previsto na Convenção de Palermo deveria ser observado pelos operadores do Direito.

Na mesma esteira, o Superior Tribunal de Justiça (STJ) proferiu diversas decisões ostentando a tese consubstanciada na corrente doutrinária favorável ao emprego do conceito da Convenção das Nações Unidas.[50]

Entretanto, o que prevaleceu foi a tese capitaneada pela segunda corrente retromencionada. O Supremo Tribunal Federal (STF), por sua 1ª Turma, ao julgar o *Habeas Corpus* 96.007, do Estado de São Paulo, em que os líderes e fundadores de uma Igreja Evangélica foram acusados da suposta prática do crime de lavagem de dinheiro, afastou a incidência da Convenção de Palermo e reconheceu a atipicidade do fato. O Ministério Público paulista, na ocasião, utilizou como esteio da peça acusatória o crime de organização criminosa como antecedente, tomando por empréstimo a conceituação da Convenção das Nações Unidas.

> O crime previsto no art. 1º da Lei nº 9.613/98, antes das alterações promovidas pela Lei nº 12.683/2012, previa que os recursos ilícitos submetidos ao branqueamento poderiam ter como fonte quaisquer dos crimes constantes de seus incisos I a VIII. Nos termos do entendimento firmado pelo Supremo Tribunal Federal, o tipo penal do inciso VII do art. 1º da Lei nº 9.613/98, na redação anterior à Lei nº 12.683/2012, não incide aos fatos praticados durante sua vigência, já que ausente norma tipificadora do conceito de organização criminosa, por força do princípio da anterioridade da lei penal, insculpido nos arts. 5º, XXXIX, da CF, e no 1º do CP, que apenas admite a retroatividade da lei penal mais benéfica ao réu. A 6ª Turma do STJ, seguindo a orientação do STF, adotou o entendimento de que a ausência de descrição normativa de organização criminosa, antes do advento da Lei nº 12.850/2013, conduz à atipicidade da conduta prevista no art. 1º, VII, da Lei nº 9.613/98. A ausência de descrição normativa do conceito de organização criminosa, à época dos fatos, anteriores à Lei nº 12.850/2013, impede seu reconhecimento, não só como crime antecedente da lavagem de dinheiro mas também para caracterizar as hipóteses equiparadas, descritas nos §§ 1º e 2º do art. 1º da Lei nº 9.613/98, em observância ao princípio da irretroatividade da lei penal, inscrito no art. 1º do CP (STJ, REsp 1.482.076/CE, 6ª T., Rel. Min. Nefi Cordeiro, *DJe* 10.04.2019).
>
> Em matéria penal, prevalece o dogma da reserva constitucional de lei em sentido formal, pois a Constituição da República somente admite a lei interna como única fonte formal e direta de regras de Direito Penal, a significar, portanto, que as cláusulas de tipificação e de cominação penais, para efeito de repressão estatal, subsumem-se ao âmbito das normas domésticas de direito penal incriminador, regendo-se, em consequência, pelo postulado da reserva de Parlamento. Doutrina. Precedentes (STF). – As convenções internacionais, como a Convenção de Palermo, não se qualificam, constitucionalmente, como fonte formal direta legitimadora da regulação normativa concernente à tipificação de crimes e à cominação de sanções penais (STF, RHC 121.835 AgR/PE, 2ª T., Rel. Min. Celso de Mello, *DJe* 23.11.2015).

Apenas em 2012, decorridos mais de 15 anos de vigência da Lei nº 9.034, foi que o legislador resolveu apresentar uma definição legal de organização criminosa, com o advento da Lei nº 12.694, de 24 de julho daquele ano, ainda assim, como explicita Gustavo Badaró,

---

[50] Cf. HC 77.771/SP, de relatoria da Ministra Laurita Vaz, julgado em 30.05.2008 e publicado no *DJe* em 22.09.2008. A conceituação de organização criminosa se encontra definida no nosso ordenamento jurídico pelo Decreto nº 5.015, de 12 de março de 2004, que promulgou a Convenção das Nações Unidas contra o Crime Organizado Transnacional – Convenção de Palermo, que entende por grupo criminoso organizado "aquele estruturado de três ou mais pessoas, existente há algum tempo e atuando concertadamente com o propósito de cometer uma ou mais infrações graves ou enunciadas na presente Convenção, com a intenção de obter, direta ou indiretamente, um benefício econômico ou outro benefício material" (STJ, HC 171.912/SP, 5ª T., Rel. Min. Gilson Dipp, *DJe* 28.09.2011).

"para os fins da própria lei, que era permitir a instauração de um colegiado de primeiro grau para processar e julgar crimes praticados por organizações criminosas"[51].

Para os efeitos da Lei nº 12.694/2012 (art. 2º), "considera-se organização criminosa a associação, de 3 (três) ou mais pessoas, estruturalmente ordenada e caracterizada pela divisão de tarefas, ainda que informalmente, com objetivo de obter, direta ou indiretamente, vantagem de qualquer natureza, mediante a prática de crimes cuja pena máxima seja igual ou superior a 4 (quatro) anos ou que sejam de caráter transnacional".

É importante observar, contudo, que a Lei nº 12.694/2012 não instituiu nenhum tipo penal, não tendo, pois, criado o crime de organização criminosa. O que pretendeu aquele referido diploma foi tão somente apresentar um conceito de organização criminosa, dotado de determinados requisitos que deveriam estar presentes para que só então restasse autorizada a implementação dos órgãos colegiados de primeiro grau.

Muito embora, então, desde 2012, o ordenamento jurídico brasileiro conte com uma definição legal expressa do que venha a ser uma organização criminosa, apenas com o advento da Lei nº 12.850/2013 é que, de fato, se instituiu, no Brasil, não apenas um conceito mais amplo e abrangente como também um tipo penal do delito de organização criminosa.

Assim, a celeuma que se instituiu desde o longínquo ano de 1995, com a edição da primeira lei sobre o tema no Brasil, parecia ter chegado ao fim com a conceituação de organização criminosa pela Lei nº 12.850/2013. Para todos os efeitos, ora, o conceito de organização criminosa é aquele ditado pela lei em comento, inclusive para os fins previstos na Lei nº 12.694/2012.

Todavia, como a Lei nº 12.850/2013 deixou de atentar para o que dispõe a Lei Complementar nº 95/98, em seu art. 9º[52], nova controvérsia jurisprudencial e doutrinária veio a lume. Questiona-se, com efeito, se a Lei nº 12.694/2012 teria sido tácita e integralmente ou apenas parcialmente revogada ou se teríamos, vigentes, dois conceitos de organização criminosa. Ocorre que os conceitos das Leis nº 12.850 e nº 12.694 são conflitantes entre si, marcadamente no que se refere ao número de integrantes e à natureza das infrações penais objetivadas pela estrutura organizacional criminosa.

Enquanto a Lei nº 12.694 exige apenas o número de 3 (três) agentes para que possamos falar em organização criminosa, a Lei nº 12.850 exige número mínimo de 4 (quatro) elementos. Por outro lado, a Lei nº 12.850 considera possível a constituição de uma organização para a prática de qualquer infração penal, incluindo as contravenções penais, ao tempo que a Lei nº 12.694 somente admite como finalidade da organização criminosa a prática de crimes, excluindo de seu âmbito as contravenções penais.

Ademais, a se considerar como revogada integralmente a Lei nº 12.694, não haveria mais o ensejo para a instituição dos juízos colegiados de primeiro grau para o julgamento dessa espécie de crime.

A depender da orientação adotada, poderíamos estar diante de dois conceitos de organização criminosa, convivendo harmonicamente no ordenamento jurídico: um a ser observado quando da criação dos juizados colegiados de primeiro grau; o outro quando da aplicação do Direito Penal material. Ou, noutra senda, possuiríamos apenas um conceito de crime organizado, aquele previsto na lei posterior (a Lei nº 12.850), com a possibilidade de

---

[51] BADARÓ, Gustavo et al. Hipóteses que autorizam o emprego de meios excepcionais de obtenção de prova. In: AMBOS, Kai; ROMERO, Enéas (coord.). *Crime organizado*: análise da Lei nº 12.850/2013, p. 15.

[52] "Art. 9º A cláusula de revogação deverá enumerar, expressamente, as leis ou disposições legais revogadas."

implementação dos órgãos colegiados de primeiro grau ou, finalmente, um único conceito de crime organizado com o afastamento da possibilidade de constituição dos juízos colegiados com a consideração de revogação tácita e integral da Lei nº 12.694/2012.

Segundo Gustavo Badaró e Kai Ambos:

"Diante disso, poderia parecer que, atualmente, há dois conceitos de organização criminosa no ordenamento jurídico brasileiro: o primeiro, da Lei nº 12.694, de 24 de julho de 2012, com vista à constituição de um juízo colegiado em primeiro grau de jurisdição, para proferir decisões e sentenças em processo por crimes praticados por organizações criminosas; o segundo, da nova Lei nº 12.850/2013, para a aplicação dos meios de investigação e obtenção de provas nela previstos. Assim, não teria havido uma revogação da primeira lei, pela segunda, com base na máxima *lex posterior derogat legi priori,* até mesmo porque, a Lei nº 12.694 define competência 'para os efeitos desta Lei'. Não é essa, contudo, a melhor interpretação. A ressalva acima mencionada, que limita a primeira definição, para os efeitos da lei que dispõe sobre a instituição de juízo colegiado, se justificava, historicamente, pois quando entrou em vigor a Lei nº 12.694/2012, não havia no ordenamento jurídico brasileiro um tipo penal de organização criminosa. Por isso, referida lei pretendeu deixar claro que não estava tipificando tal delito – até mesmo porque não comina sanção penal –, mas apenas conceituando organização criminosa, para fins de instalação do juízo colegiado. Daí a expressão 'para os efeitos dessa Lei'. Todavia, com a edição da Lei nº 12.850/2013, passou a existir um conceito de organização criminosa (art. 1º) e um tipo penal do delito de organização criminosa, tendo o art. 1º, § 1º, da Lei nº 12.850/2013 revogado tacitamente o art. 2º da Lei nº 12.694/2012. Assim, o conceito de organização criminosa, inclusive para os fins da Lei nº 12.694/2012, passou a ser o da nova Lei nº 12.850/2013. Por outro lado, a tipificação do crime de organização criminosa encontra-se no art. 2º da referida lei (...) Finalmente, há figuras que são 'equiparadas' às organizações criminosas, previstas no § 2º do art. 1º da Lei nº 12.850/2013 para as quais, em tese, também são admissíveis o emprego dos especiais meios de investigação e obtenção de provas aplicáveis às organizações criminosas."[53]

Ficamos com a corrente que admite a possibilidade de revogação tácita, todavia, apenas parcial da Lei nº 12.694/2012. Teríamos, então, vigente, um único conceito de organização criminosa, aquele previsto na Lei nº 12.850/2013, nada obstante com a possibilidade de constituição de órgãos colegiados para o julgamento dos processos envolvendo o crime organizado, na primeira instância.

É esta a posição de Renato Brasileiro de Lima:

"Por mais que a Lei nº 12.850/2013 não faça qualquer referência à revogação parcial da Lei nº 12.694/2012, especialmente no tocante ao conceito de organizações criminosas, é no mínimo estranho aceitarmos a superposição de conceitos distintos para definir tema de tamanha relevância para o Direito Penal e Processual Penal. É bem verdade que o art. 9º da LC 95/98, com redação dada pela LC 107/2001, determina que a cláusula de revogação de lei nova deve enumerar, expressamente, as leis e disposições revogadas, o que não ocorreu na hipótese sob comento, já que o art. 26 da Lei nº 12.850/2013 revogou expressamente a Lei nº 9.034/95, sem fazer qualquer referência ao conceito de organização criminosa constante do art. 2º da Lei nº 12.694/2012. No entanto, a falta de técnica por parte do legislador (...).

---

53 BADARÓ, Gustavo et al. Hipóteses que autorizam o emprego de meios excepcionais de obtenção de prova. In: AMBOS, Kai; ROMERO, Enéas (coord.). *Crime organizado*: análise da Lei nº 12.850/2013, p. 14-17.

não pode justificar a convivência de normas jurídicas incompatíveis entre si, tratando do conceito de organizações criminosas de maneira conflitante. Por consequência, como se trata de norma posterior que tratou da matéria em sentido diverso, parece-nos que o novel conceito de organização criminosa constante do art. 1º, § 1º, da Lei nº 12.850/2013, revogou tacitamente o art. 2º da Lei nº 12.694/2012, nos termos do art. 2º, § 1º, da Lei de Introdução às Normas do Direito Brasileiro."[54]

A par de definir legalmente a organização criminosa, a Lei nº 12.850/2013 cria, como mencionado, o crime de organização criminosa, que será objeto de estudo pormenorizado quando da análise dos artigos subsequentes; trata da investigação e dos meios de obtenção de prova; define o rito a ser utilizado durante a persecução penal dos crimes que prevê; cria tipos penais equiparados ao crime de organização criminosa; e institui delitos que podem ser cometidos durante a investigação e na obtenção da prova.

A Lei nº 12.850 altera o art. 288 do Código Penal, substituindo o *nomen juris* do crime de "quadrilha ou bando" por "associação criminosa" e passando a exigir apenas 3 (três) pessoas para a configuração do delito, e não "mais de 3 (três)", como exigia a figura típica anterior.

Associação criminosa e organização criminosa são institutos distintos, mas que não se diferem apenas quanto ao número de integrantes exigido por lei para a sua ocorrência. A diferença é mesmo substancial. Associação é uma reunião de agentes, constituída para a prática de crimes. Se é certo que uma associação é algo mais do que a simples codelinquência, ultrapassando os limites do concurso eventual de pessoas e, outrossim, ainda que não se possa negar que ela possui o caráter de estabilidade e de permanência, situa-se ela aquém de uma organização criminosa. Esta última não se trata de uma simples reunião de agentes para cometer crimes, com certa estabilidade no tempo. Organização criminosa é uma estrutura, ordenada e duradoura, que existe independentemente da existência ou da permanência de determinados indivíduos no grupo, ainda que se trate de seus líderes e fundadores. Exemplo típico de organização criminosa que se perpetua no tempo após a morte de seu principal líder e após a prisão e o desaparecimento de outros membros é a rede Al-Qaeda.

Essa percepção não passa ao largo de Marcelo Mendroni[55], que muito bem sintetiza a controvérsia:

"A diferenciação entre ambas as situações jurídicas se aclara. Enquanto na primeira, associação criminosa, constata-se apenas uma 'associação', com solidariedade entre os seus integrantes, no caso da segunda, Organização Criminosa, verifica-se uma verdadeira 'estrutura organizada', com articulação, relações, ordem e objetivo, com intenso respeito às regras e à autoridade do líder. Exemplificando: três ou mais pessoas se reúnem e combinam assaltar bancos. Acertam dia, local e horário em que se encontrarão para o assalto. Decidem funções de vigilância e execução entre eles e partem. Executam o crime em agência bancária eleita às vésperas. Repetem a operação em dias quaisquer subsequentes. Formaram associação criminosa. Se, ao contrário, as pessoas reunidas planejam – de forma organizada – os assaltos, buscando informações privilegiadas preliminares – como por exemplo estudar dias e horários em que determinada agência contará com mais dinheiro em caixa, a sua localização na agência, a segurança, neutralizar as câmeras filmadoras

---

[54] LIMA, Renato Brasileiro de. *Legislação criminal especial comentada:* volume único, p. 667.

[55] MENDRONI, Marcelo Batlouni. *Crime organizado:* aspectos gerais e mecanismos legais, p. 10.

internas etc. –, esse grupo poderá ser caracterizado como uma organização criminosa voltada para a prática de roubos e bancos. Enquanto na primeira inexiste prévia organização para a prática, e os integrantes executam as suas ações de forma improvisada ou desorganizada, na segunda sempre haverá mínima atividade organizacional prévia de forma a tornar os resultados mais seguros. Entende-se por 'organização': associação ou instituição com objetivos definidos."

A lei ainda agrava a pena cominada ao crime de falso testemunho ou falsa perícia previsto no art. 342 do Código Penal, passando a cominar uma reprimenda de 2 (dois) a 4 (quatro) anos de reclusão, e multa, em detrimento do preceito secundário anterior, o qual previa, como sanção, a reclusão, de 1 (um) a 3 (três) anos, e multa.

Por fim, a lei revogou expressamente a Lei nº 9.034, de 3 de maio de 1995.

3.2. O conceito jurídico-penal

Como adverte André Luís Callegari, o crime organizado figura, hoje, como uma das formas de criminalidade mais preocupantes na sociedade contemporânea. Inseridas na nossa sociedade globalizada, as organizações criminosas transformaram um mercado de rendimentos ilegais organizados de forma artesanal em um mercado ilícito empresarial gerenciado internacionalmente[56]. A consciência global de que a criminalidade organizada se trata de um fenômeno transnacional extremamente complexo que tem se desenvolvido de forma considerável como consequência das transformações políticas e econômicas globais[57] ganha corpo, assim como a necessidade premente da modernização das legislações e da criação de mecanismos capazes de garantir ao Estado um aparato mínimo para fazer frente a esse fenômeno passa ao centro dos debates político-criminais e criminológicos em todo o mundo.

Entretanto, por mais que os estudos e os trabalhos de investigação se tornem a cada dia mais comuns, o aspecto dinâmico e camaleônico das organizações criminosas, somado à obscuridade que ainda acompanha esse fenômeno de consequências tão graves, mas praticamente desconhecido, torna extremamente difícil se chegar a uma definição de criminalidade organizada concisa e versátil que, ao mesmo tempo, abarque todas as suas principais manifestações[58].

Com efeito, um dos grandes desafios na tormentosa luta contra o fenômeno do crime organizado passa justamente por compreendê-lo com exatidão e encontrar uma definição que mais se aproxima da realidade. São inúmeros os conceitos apresentados nos mais diversos estudos oficiais e doutrinários, nos tratados e nas convenções e nas legislações dos mais diversos países em todo o mundo. Todavia, como bem observam Pablo Galain Palermo e Angélica Romero Sánches[59], ainda que existam diversas definições, elaboradas tanto por

---

[56] CALLEGARI, André Luís. Crimen organizado: concepto y posibilidad de tipificación delante del contexto de la expansión del derecho penal. *Revista de Derecho Penal e Criminología*, v. XXXI, n. 91, p. 15-39, jul.-dic. 2010.

[57] JAIME-JIMÉNEZ, Óscar; MORAL, Lorenzo Castro. La criminalidad organizada en la Unión Europea. *Revista CIDOB d'Afers Internacionals*, n. 91, p. 173-194, 2010.

[58] JORDÁ-SANZ, Carmen; RAQUENA-ESPADA, Laura. ¿Cómo se organizan los grupos criminales según su actividad delictiva principal? Descripción desde una muestra española. *Revista Criminalidad*, Bogotá, v. 55, n. 1, p. 31-48, enero-abr. 2013.

[59] GALAIN PALERMO, Pablo; ROMERO SÁNCHEZ, Angélica. Criminalidad organizada y reparación. ¿Puede la reparación ser un arma político-criminal efectiva en la lucha contra la criminalidad organizada? Derecho Penal y Criminología, v. 22, n. 73, p. 45-68, 2001.

comissões encarregadas de lutar contra o crime organizado quanto por estudiosos do tema, ainda não é possível vislumbrar a prevalência de um conceito claro e sobre o qual exista algum tipo de consenso.

O debate se torna ainda mais acirrado quando recorremos à criminologia em busca de uma aproximação de um conceito ontológico de crime organizado. Naquele âmbito, percebe-se, facilmente, que o conceito de crime organizado ou de delinquência organizada não faz referência a nenhum tipo concreto de delito, de delinquente ou de vítima, tampouco de um bem jurídico certo e determinado. Do ponto de vista criminológico, as organizações criminosas nada mais são do que uma forma especial de praticar crimes, um modo pelo qual determinados crimes graves são realizados: mediante a implicação de indivíduos que operam de forma estruturada e coordenada e fazem da delinquência seu modo de vida e sua profissão, quando não um estilo ou mesmo uma filosofia de vida[60].

Nada obstante a compreensão de que, sob o aspecto da criminologia, uma organização criminosa se trate de uma particular forma de delinquir, não resta dúvida sobre a necessidade de se instituir, como instrumento decisivo na luta contra esse fenômeno, um tipo penal que criminalize o simples fato de determinado indivíduo integrar o grupo criminoso.

Foi com esse propósito que a já citada Convenção de Palermo não apenas definiu a criminalidade organizada, incorporando os elementos tidos pela doutrina majoritária como essenciais a uma organização criminosa, mas também, em seu art. 5º, recomendou que os países signatários cuidassem de incluir em suas legislações tipos penais que possibilitassem a punição de quem integrasse grupos de criminosos organizados.

Para a Convenção de Palermo, uma organização criminosa deveria estar caracterizada por uma estabilidade e permanência no tempo, contar com três ou mais pessoas atuando de forma concertada para a prática de infrações graves e agir com a intenção de obter benefício econômico ou material.

Perceba que, para a Convenção de Palermo, para que seja considerado uma organização criminosa, o grupo deve contar com, no mínimo, 3 (três) pessoas. Esse requisito numérico, contudo, pode variar de ordenamento para ordenamento jurídico, sem que reste descaracterizada a organização criminosa, desde que presentes os demais requisitos, muito embora todos os indicativos conceituais apontem no sentido de que os grupos organizados contem com, no mínimo, 3 (três) pessoas (mais de 2 pessoas).

A recente reforma espanhola, por exemplo, fez inserir, no § 1º do art. 570 *bis* do seu Código Penal, o seguinte conceito de organização criminosa:

> A reunião formada por mais de 2 (duas) pessoas, com caráter de estabilidade ou por tempo indeterminado, que de maneira concertada e coordenada dividam tarefas entre si com o fim de praticar delitos, assim como levar a cabo a perpetração reiterada de atos ilícitos (tradução livre).

O critério numérico de mais de 2 pessoas também aparece no rol de indicadores apontados pela União Europeia como forma de orientar a delimitação conceitual do crime organizado. Seriam eles, notadamente aqueles de números 1, 5 e 11, tidos como essenciais a qualquer organização criminosa:

---

[60] RODRÍGUEZ, Laura Zúñiga. Problemas de interpretación de los tipos de organización criminal y grupo criminal estudio a la luz de la realidad criminológica y de la jurisprudencia. In: ÁLVAREZ, Fernando Pérez; RODRÍGUEZ, Laura Zúñiga (dir.); CORTÉS Lina Mariola Díaz (coord.). *Instrumentos jurídicos y operativos en la lucha contra el tráfico internacional de drogas.*

1. colaboração de mais de 2 pessoas;
2. distribuição de tarefas;
3. atuação continuada ou por tempo prolongado;
4. utilização de formas de disciplina e controle interno;
5. suspeita da prática de delitos graves;
6. transnacionalidade;
7. emprego de violência ou outras formas de intimidação;
8. uso de estruturas de negócios comerciais;
9. atividade de lavagem de capitais;
10. exercício de influência (na política e nos meios de comunicação);
11. busca de benefícios ou poder.

No Brasil, a Lei nº 12.850/2013, cumprindo a recomendação da Convenção de Palermo, conceituou a organização criminosa e tipificou o crime específico consistente na integração de um grupo criminoso organizado.

O conceito brasileiro, todavia, foi mais tímido do que aquele estabelecido na Convenção de Palermo e não seguiu a mesma esteira dos demais países, especialmente dos europeus, que admitiram como possível uma organização de apenas 3 (três) pessoas.

O conceito brasileiro exige, para que se possa falar em organização criminosa, o número mínimo de 4 (quatro) pessoas, conforme § 1º do art. 1º da Lei nº 12.850/2013, *verbis*:

> Considera-se organização criminosa a associação de 4 (quatro) ou mais pessoas estruturalmente ordenada e caracterizada pela divisão de tarefas, ainda que informalmente, com objetivo de obter, direta ou indiretamente, vantagem de qualquer natureza, mediante a prática de infrações penais cujas penas máximas sejam superiores a 4 (quatro) anos, ou que sejam de caráter transnacional.

Quanto aos demais requisitos, no entanto, a lei brasileira manteve-se fiel às diretrizes doutrinárias e à recomendação da Convenção de Palermo.

Nada obstante ter adotado o critério numérico de, no mínimo, quatro participantes para a organização criminosa, o legislador brasileiro cuidou de reformar, aproveitando a mesma Lei nº 12.850/2013, o art. 288 do Código Penal. Adotou, nesse contexto, o critério numérico da Convenção das Nações Unidas, a saber, mais de 2 pessoas, todavia, para a tipificação do delito de associação criminosa, com a modificação do antigo crime de quadrilha ou bando, que, ora, ganhou novo *nomen juris*.

> **Art. 288.** Associarem-se 3 (três) ou mais pessoas, para o fim específico de cometer crimes:
> Pena – reclusão, de 1 (um) a 3 (três) anos.

Também com o qualificativo de associação criminosa, a Lei Antidrogas – Lei nº 11.343/2006 – prevê, no art. 35, como crime a associação de 2 (duas) ou mais pessoas, desde que o intuito específico seja a prática dos delitos de tráfico ilícito de drogas ou o comércio de maquinários e instrumentos destinados à fabricação e à preparação de drogas para a revenda.

É oportuno ressaltar, no entanto, que a mesma Lei Antidrogas, a partir de recente alteração, importou o mesmo conceito de organização criminosa da Lei nº 12.850/2013.

O legislador brasileiro, portanto, deu tratamento e conceituação diferenciados para os crimes de associação e organização criminosa.

Analisaremos um a um os requisitos legais apontados no § 1º do art. 1º da lei *sub examen* para que reste caracterizada uma organização criminosa.

Podemos apontar, de acordo com o referido diploma legal, os seguintes elementos que deverão estar presentes para o efeito de reconhecimento de uma organização criminosa, a saber:

a) associação de 4 (quatro) ou mais pessoas;

b) estrutura ordenada;

c) divisão de tarefas;

d) finalidade de obtenção, direta ou indiretamente, de vantagem de qualquer natureza;

e) mediante a prática de infrações penais cujas penas máximas cominadas em abstrato sejam superiores a 4 (quatro) anos ou mediante a prática de infrações penais de caráter transnacional, qualquer que seja a pena cominada;

f) mediante a prática de infrações penais previstas em tratado ou convenção internacional quando, iniciada a execução no País, o resultado tenha ou devesse ter ocorrido no estrangeiro, ou reciprocamente (art. 1º, § 2º, I);

g) mediante a prática de atos de terrorismo legalmente definidos (art. 1º, § 2º, II).

a) **Associação de 4 (quatro) ou mais pessoas:** a lei que definiu a organização criminosa exigiu, para efeitos de sua configuração, a presença de, no mínimo, quatro pessoas. Era o número mínimo exigido para a configuração do antigo delito de quadrilha ou bando, tipificado no art. 288 do Código Penal, antes da modificação introduzida pela Lei nº 12.850, de 2 de agosto de 2013, que, além de modificar o nome de sua rubrica para *associação criminosa*, reduziu a três pessoas o número de seus participantes.

Percebe-se, aqui, a opção político-criminal levada a efeito pelo legislador, que, ao exigir um mínimo de quatro pessoas, entendeu que este era o número adequado a uma empresa criminosa minimamente estruturada, da mesma forma que reduziu a três, como afirmamos anteriormente, o número mínimo exigido para o reconhecimento do delito de *associação criminosa*, tipificado no art. 288 do Código Penal, ou mesmo a duas pessoas, tal como ocorre com a associação para as práticas dos delitos previstos nos arts. 33, *caput* e § 1º, e 34 da Lei Antidrogas, conforme o disposto em seu art. 35.

Inicialmente, para que se reconheça a organização criminosa, é preciso concluir que a palavra *organização*, empregada no tipo penal, diz respeito àquela com caráter duradouro. Tal como ocorre com o delito tipificado no art. 288 do Código Penal, essa *associação* se refere a uma reunião não eventual de pessoas. Assim, os integrantes do grupo não se reúnem apenas para o cometimento de um ou dois delitos, sendo a finalidade da associação a prática reiterada de uma série de crimes, seja a cadeia criminosa *homogênea* (destinada à prática de um mesmo crime), seja *heterogênea* (cuja finalidade é praticar delitos distintos).

Conforme mencionado anteriormente, a lei em comento não seguiu a diretriz da Convenção de Palermo quanto ao número de agentes exigido para a configuração da organização criminosa. Essa convenção, a exemplo do que também ocorre no Direito Comparado, exige mais de duas pessoas, ou seja, a partir de três agentes, preenchidos os demais requisitos legais, é possível falar em organização, e não em mera associação criminosa, como ocorre no Brasil.

Entretanto, consoante a lição da pesquisadora e catedrática espanhola Laura Zuñiga Rodríguez, o critério numérico não é o requisito mais importante, tampouco elemento essencial de uma organização criminosa:

"Parece, pois, que o número de pessoas não é o mais importante, senão, como estas se organizam, como demonstram ter capacidade de organizar um grupo de pessoas para a realização do projeto criminoso, para colocar em perigo bens jurídicos. A existência de uma organização criminosa independe da existência de seus membros, não se tratando ela de uma soma aritmética de membros, senão uma ordenação formal de atividades consecutivas e ordenadas encaminhadas à realização de objetivos específicos e comuns."[61] (tradução livre)

Não se exige, para efeitos de reconhecimento do número mínimo requerido ao reconhecimento da organização criminosa, vale dizer, 4 (quatro) pessoas, sejam todos os integrantes considerados imputáveis, podendo as pessoas inimputáveis fazer parte desse cômputo. Assim, poderá uma organização criminosa ser composta de, no mínimo, uma pessoa imputável, sendo as demais consideradas inimputáveis, desde que presentes os demais requisitos necessários ao seu reconhecimento.

Da mesma forma, nada impedirá o reconhecimento da organização criminosa se nem todos os agentes forem identificados, bastando, no entanto, que se confirme o número mínimo de quatro pessoas.

Se a organização criminosa contava, em sua formação, com o número mínimo de participantes, vale insistir, quatro pessoas, se uma delas abandoná-la após a sua constituição, a organização criminosa restará desfeita, só respondendo pelo tempo em que se considerou como efetivamente constituída[62].

b) Estrutura ordenada: para que se possa concluir pela existência de uma organização criminosa, como o próprio nome pressupõe, é necessário que exista uma estrutura mínima, principalmente. Essa estrutura permite que a organização planeje e execute suas ações, levando a efeito tudo que for necessário ao cometimento dos crimes por ela objetivados.

É importante não confundir estrutura ordenada com estrutura hierarquizada. Embora o mais comum seja que uma organização criminosa se organize na forma piramidal, ou seja, a partir de uma forte hierarquização, com um poder de mando centralizado normalmente em um ou poucos membros ou mesmo em um núcleo de chefia, também não é raro nos depararmos com as organizações constituídas em redes ou em células. A organização

---

[61] RODRÍGUEZ, Laura Zúniga. Problemas de interpretación de los tipos de organización criminal y grupo criminal estudio a la luz de la realidad criminológica y de la jurisprudencia. In: ÁLVAREZ, Fernando Pérez; RODRÍGUEZ, Laura Zúñiga (dir.); CORTÉS Lina Mariola Díaz (coord.). *Instrumentos jurídicos y operativos en la lucha contra el tráfico internacional de drogas*, p. 104.

[62] O art. 1º, § 1º, da Lei nº 12.850/2013 traz o conceito de organização criminosa para fins de aplicação do referido diploma legal, definindo-a como "a associação de 4 ou mais pessoas estruturalmente ordenada e caracterizada pela divisão de tarefas, ainda que informalmente, com objetivo de obter, direta ou indiretamente, vantagem de qualquer natureza, mediante a prática de infrações penais cujas penas máximas sejam superiores a 4 anos, ou que sejam de caráter transnacional". Nos termos do reconhecido para o crime de associação criminosa (art. 288 do CP), conquanto se trate de crime plurissubjetivo, a lei não exige a associação de quatro agentes imputáveis, mas apenas o *animus* associativo de quatro pessoas para o fim específico de cometer crimes com pena máxima superior a 4 anos ou transnacionais, sendo admissível, assim, a participação de menor. Deveras, ainda que apenas um dos membros do grupo criminoso seja imputável, restará configurado o crime do art. 2º, § 2º, da Lei nº 12.850/2013, se preenchidas as demais elementares do tipo penal incriminador. Afora isso, a participação de criança ou adolescente justificará, inclusive, o incremento da pena de 1/6 a 2/3, conforme a dicção do art. 2º, § 4º, I, do retrocitado dispositivo legal (STJ, HC 406.213/AL, 5ª T., Rel. Min. Ribeiro Dantas, *DJe* 17.10.2017).

em rede não deixa, outrossim, de possuir um mínimo de hierarquia. Pode haver hierarquia dentro do próprio pequeno grupo componente da rede, como podem, igualmente, todas as redes acabar se submetendo a uma hierarquia central, ainda que esta exista apenas para dirimir conflitos. Exemplo de organização criminosa que, em seus primórdios, atuava sob forte hierarquia, no sistema piramidal, é o PCC brasileiro. A organização era comandada pelos autodenominados generais, como *Geleião, Cesinha* e *Misael*[63]. Por outro lado, o exemplo mais comum de organização criminosa atuante em rede são as tríades chinesas e a Al-Qaeda.

Joaquín Merino Herrera e Francisco Paíno Rodríguez apresentam uma importante síntese sobre as diversas tipologias da criminalidade organizada, colhida pelos pesquisadores a partir de estudos realizados pela Organização das Nações Unidas. Segundo os autores:

> "Entender a realidade da delinquência organizada implica a necessidade de entender a conduta delituosa da mesma, de maneira que possamos entender como atua. Os estudos realizados pelas Nações Unidas apresentaram como resultado a observação de cinco grandes formas de estruturação da criminalidade organizada, que passamos a analisar."[64] (tradução livre)

Hierarquia piramidal: também denominada clássica ou *standard*, a tipologia mais comum se caracteriza por uma estrutura rígida e fortemente hierarquizada, com um líder ou uma cúpula dirigente na cúspide da pirâmide. As características que, normalmente, apresentam as organizações piramidais são um amplo número de integrantes, com a assunção de papéis muito bem definidos, e um alto grau de especialização de seus membros. O funcionamento interno da organização é extremamente burocrático, com uma estrita disciplina e código de honra ou normas de comportamento que impõem uma obediência ao superior hierárquico sem nenhum tipo de questionamento, o segredo e a lealdade à organização e a seus integrantes. É frequente que os membros estejam unidos por laços familiares ou de procedência social e, assim mesmo, é frequente o uso de violência tanto no âmbito interno como no âmbito da realização das atividades criminosas, mediante o uso ou a ameaça de uso. Exercem controle territorial[65].

Hierarquia regional: novamente nos encontramos ante uma estrutura vertical, com um líder ou uma cúpula na cúspide, e novamente se apresenta uma estreita disciplina interna e um código de conduta. Sem embargo, o funcionamento interno desse tipo de organização criminosa difere da piramidal, uma vez que, partindo do mando central, o grupo se estrutura mediante subestruturas regionais, cujos territórios são devidamente demarcados. Cada pequeno grupo possui um amplo grau de autonomia sobre o poder central, ainda que esteja sempre vinculado e submetido a ele. Esse modelo equipara-se ao sistema comercial de franquias, como uma espécie de cessão temporal do uso do nome, dos métodos e, inclusive, dos objetivos de determinada organização[66].

Agrupamento hierárquico ou hierarquia por aglomeração: não se trata, propriamente, da estrutura de uma organização criminosa, senão a estrutura decorrente da soma de múltiplas organizações que assumem um processo de corporativização, de maneira que cada uma delas, por meio de seu líder, possui representação em um Conselho de uma espécie

---

[63] MANSO, Bruno Paes; DIAS, Camila Nunes. *A guerra:* a ascensão do PCC e o mundo do crime no Brasil.

[64] MERINO HERRERA, Joaquín; PAÍNO RODRÍGUEZ, Francisco Javier. *Lecciones de criminalidad organizada*, p. 49-53.

[65] MERINO HERRERA, Joaquín; PAÍNO RODRÍGUEZ, Francisco Javier. *Lecciones de criminalidad organizada*.

[66] MERINO HERRERA, Joaquín; PAÍNO RODRÍGUEZ, Francisco Javier. *Lecciones de criminalidad organizada*, p. 49-53.

de supraorganização. Cada grupo mantém sua própria estrutura e hierarquia (geralmente piramidal), porém todos compartilham o mesmo território e existe a consciência de filiação a um grupo superior, para além do seu próprio. A própria estrutura desse tipo de organização faz que seja muito difícil provar a filiação de um grupo a uma sociedade grupal, mas, ao mesmo tempo, facilita a sua permeabilidade e a infiltração de corpos e forças de segurança[67].

Grupo central ou hierarquia de anéis: diferentemente das anteriores, a hierarquia de anel se estrutura de modo horizontal, em vez de vertical. A organização se compõe de um número de membros que não supera 20 homens e que integram tanto a estrutura organizativa como o conselho de mando. Esse conselho é quem dita as normas de disciplina, ou normas de comportamento, mediante voto da maioria. Essas organizações não costumam adotar um nome, e sua própria estrutura horizontal leva à concentração de seus crimes em um pequeno espectro. Elas, que não costumam ser violentas, se entregam mais à lavagem de capitais, à fraude fiscal e à corrupção[68].

Rede criminosa: é, sem dúvida, a mais complexa e flexível das tipologias de organização criminosa. Normalmente, carece de um nome que a identifique e a lealdade entre seus membros não se baseia em fatores étnicos, familiares ou sociais, mas nos laços pessoais. A rede é baseada em determinados sujeitos-chave e nas habilidades e redes de contatos desses indivíduos. Sua mutabilidade permite que o desaparecimento de alguns desses sujeitos não impacte de forma significativa os negócios, haja vista que eles são substituídos por outros, reestruturando-se contínua e indefinidamente a organização. Nessa tipologia, não existe hierarquia, senão laços pessoais. A importância dessas redes não está nos próprios integrantes, mas no projeto criminoso concreto. Por essa razão, a substituição de seus membros é fácil. Sem embargo, e criminologicamente falando, não deveríamos considerar essa tipologia como organização criminosa, em razão da falta do requisito da continuidade delitiva, assim como uma estruturação e coordenação interna e uma dimensão econômica, aproximando--se mais dos grupos criminosos e das associações ilícitas[69].

Prosseguem os renomados autores esclarecendo que as tipologias de organizações criminosas compatíveis entre si podem tanto evoluir de uma a outra como podem e costumam conviver em grandes conglomerados do crime:

> "Estas tipologias, que às vezes são compatíveis entre si podem evoluir assim mesmo de umas às outras. Em algumas ocasiões, costumam mesmo conformar-se uma superestrutura de diferentes organizações criminosas no que Lopez-Muñoz denomina conglomerados criminosos, compostos por grupos de estrutura horizontal que evoluem para as formas verticais, podendo subsistir dentro do grupo diferentes formas de hierarquia. Em todo caso, isso mostra as cada vez maiores possibilidades de variedade estrutural suscetíveis de se interpretar como criminalidade organizada."[70]

Dependendo do tamanho da organização criminosa, essa estrutura poderá ser extremamente complexa, podendo, inclusive, muitos de seus membros desconhecer a participação uns dos outros. Aqui, mais do que em qualquer outro grupo criminoso, são aplicados os conceitos da chamada *autoria de escritório* ou os denominados *aparatos organizados de*

---

[67] MERINO HERRERA, Joaquín; PAÍNO RODRÍGUEZ, Francisco Javier. *Lecciones de criminalidad organizada.*

[68] MERINO HERRERA, Joaquín; PAÍNO RODRÍGUEZ, Francisco Javier. *Lecciones de criminalidad organizada.*

[69] MERINO HERRERA, Joaquín; PAÍNO RODRÍGUEZ, Francisco Javier. *Lecciones de criminalidad organizada.*

[70] MERINO HERRERA, Joaquín; PAÍNO RODRÍGUEZ, Francisco Javier. *Lecciones de criminalidad organizada*, p. 53.

poder, e o mandante, muitas vezes, desconhece quem seja o executor da ordem e vice-versa. Isso porque a engrenagem é perfeita, funcionando como se fossem, realmente, grandes empresas, com cada membro exercendo a função para a qual foi chamado.

Dissertando sobre a autoria de escritório, Zaffaroni e Pierangeli aduzem, precisamente, que esta "pressupõe uma 'máquina de poder', que pode ocorrer tanto num Estado em que se rompeu com toda a legalidade, como organização paraestatal (um Estado dentro do Estado), ou como numa máquina de poder autônoma 'mafiosa', por exemplo"[71].

c) **Divisão de tarefas:** numa organização criminosa, as tarefas, normalmente, são de natureza heterogênea e divididas entre seus participantes, cada um deles atuando conforme sua habilidade ou "missão" para a qual foi recrutado, visando ao sucesso das infrações penais planejadas pelo grupo criminoso. Aplica-se, *in casu*, para efeito de reconhecimento do concurso de pessoas existente na organização criminosa, a teoria do domínio funcional sobre o fato, segundo a qual cada participante detém o domínio do fato, vale dizer, do comportamento, que, somado aos demais, culminará com o sucesso das empreitadas criminosas.

Assim, os líderes dessas organizações criminosas serão responsabilizados criminalmente por tudo aquilo que o grupo vier a praticar, mesmo que não levem a efeito, diretamente, os chamados atos de execução.

De acordo com as lições de Juan Carlos Ferré Olivé, Miguel Ángel Nuñez Paz, William Terra de Oliveira e Alexis Couto de Brito:

> "Devem existir quatro requisitos imprescindíveis para se atribuir o domínio do fato ao autor por detrás: (I) poder de mando; (II) desvinculação do aparato organizado do ordenamento jurídico; (III) fungibilidade do executor imediato; e (IV) disponibilidade do fato consideravelmente elevada por parte do executor material."[72]

Importante frisar, contudo, a crítica a essa exigência legal levada a efeito por Marllon Sousa quando afirma não ser essencial para a configuração da organização criminosa o requisito da repartição de tarefas:

> "A divisão de tarefas é uma questão muito mais de tipificação penal em concurso de pessoas, a ser aferida no momento da aplicação da pena, do que um traço essencial para uma investigação processual penal. Segundo, por se mostrar inócua a previsão de que a divisão de tarefas, apta a caracterizar a organização criminosa, não precisa ser formal, pois é evidente que não há um contrato escrito, firmado entre aqueles que se reúnem para a prática de delitos, estabelecendo rigorosamente quais as atribuições de cada indivíduo nas empreitadas criminosas que estão por vir. Melhor que não houvesse essa previsão. Além de supérflua, apenas serviu para mostrar, mais uma vez, como nosso legislador vive em um mundo isolado daquele vivenciado na sociedade brasileira."[73]

A questão, todavia, não é pacífica, nem na doutrina, nem na jurisprudência. Há quem entenda que, de fato, a repartição de tarefas seria requisito essencial para a configuração da

---

[71] ZAFFARONI, Eugenio Raúl; PIERANGELI, José Henrique. *Manual de direito penal brasileiro*: parte geral, p. 672.

[72] FERRÉ OLIVÉ, Juan Carlos et al. *Direito penal brasileiro*: parte geral – princípios fundamentais e sistema, p. 552.

[73] SOUSA, Marllon. *Crime organizado e infiltração policial*: parâmetros para a validação da prova colhida no combate às organizações criminosas, p. 28.

organização criminosa, haja vista que o próprio conceito de organização criminosa pressuporia uma repartição de tarefas entre seus membros.

Quando a União Europeia apresentou os 11 indicadores a serem avaliados para se estar ou não diante de uma organização criminosa (Enfopol 161/94), acentuou que a divisão de tarefas não seria um requisito essencial, mas optativo.

No conceito estabelecido na reforma do art. 570 *bis* do Código Penal espanhol, fez-se consignar expressamente a necessidade desse requisito: "que de maneira concertada e coordenada se repartam diversas tarefas ou funções com o fim de cometer delitos".

Laura Zuñiga Rodríguez afirma não existir organizações criminosas sem a repartição de tarefas:

> "Realmente não existe organização criminosa sem distribuição de tarefas, pois, precisamente, o conceito de organização pressupõe repartição de tarefas entre seus membros para a otimização da consecução do fim comum. O art. 2 da Convenção de Palermo, também se refere à distribuição de tarefas quando diz que 'atuem concertadamente', já que distribuição e coordenação são duas atividades inter-relacionadas na medida que se repartem as tarefas para levar a cabo um fim criminoso. Pelo contrário, o conceito débil de grupo estruturado da Convenção de Palermo dispensa o requisito da repartição de tarefas."[74] (tradução livre)

Fato é que o conceito adotado pela Lei nº 12.850/2013 exigiu, para a configuração do crime de organização criminosa, a existência do critério divisão de tarefas.

***d)* Finalidade de obtenção, direta ou indiretamente, de vantagem de qualquer natureza:** conforme esclarecido pelo tipo penal em estudo, a finalidade da organização criminosa deve ser a obtenção de qualquer vantagem, ou seja, não necessariamente a vantagem de natureza econômica, o que será raro de acontecer. No entanto, a lei não limitou essa vantagem, como o fez, por exemplo, quando tipificou o delito de extorsão mediante sequestro, previsto pelo art. 158 do Código Penal, que exigiu, especificamente, uma indevida vantagem econômica.

Aqui, inclusive, a lei sequer menciona que essa vantagem seja considerada como indevida, ou seja, ilícita. Contudo, seria um contrassenso entender-se que poderia a organização criminosa, por meio da prática de infrações penais, obter vantagens que lhe seriam devidas.

Essa vantagem de qualquer natureza pode ter sido obtida *diretamente* pela organização criminosa, a exemplo do dinheiro arrecadado com os roubos a bancos, extorsões mediante sequestro, explosões de caixas eletrônicos a fim de praticar a subtração dos valores neles existentes etc., ou mesmo *indiretamente*, como no exemplo fornecido por Guilherme de Souza Nucci, quando "desenvolvida a atividade criminosa, o lucro provém de outras fontes (ex.: realiza-se a contabilidade de uma empresa inserindo dados falsos; o ganho advém da sonegação de impostos porque os informes à Receita são inferiores à realidade)"[75].

Fato é que a obtenção de vantagem econômica é característica comum às organizações criminosas de todo o mundo, embora nem sempre sendo este o seu objetivo central.

---

[74] RODRÍGUEZ, Laura Zúñiga. Problemas de interpretación de los tipos de organización criminal y grupo criminal estudio a la luz de la realidad criminológica y de la jurisprudencia. In: ÁLVAREZ, Fernando Pérez; RODRÍGUEZ, Laura Zúñiga (dir.); CORTÉS Lina Mariola Díaz (coord.). *Instrumentos jurídicos y operativos en la lucha contra el tráfico internacional de drogas*, p. 123.

[75] NUCCI, Guilherme de Souza. *Organização criminosa*, p. 16.

e) **Mediante a prática de infrações penais cujas penas máximas cominadas em abstrato sejam superiores a 4 (quatro) anos:** outro requisito importante ao reconhecimento da organização criminosa diz respeito ao fato de sua finalidade ser dirigida ao cometimento de infrações penais cujas penas máximas cominadas em abstrato sejam superiores a quatro anos. Superior a quatro anos quer dizer que a pena máxima deve ter, pelo menos, exagerando, quatro anos e um dia. Se for exatamente de quatro anos, o delito não poderá ser considerado para efeito do reconhecimento da organização criminosa.

Embora a lei mencione a expressão *infração penal*, dando a entender que tanto os crimes quanto as contravenções penais cujas penas máximas cominadas em abstrato sejam superiores a quatro anos pudessem ser considerados para efeito de reconhecimento da organização criminosa, na verdade, não existe, em nosso ordenamento jurídico-penal, contravenção penal que cumpra essa exigência relativa ao *quantum* da pena máxima. Assim, portanto, somente os crimes (delitos) é que poderão figurar nesse rol.

Quando a lei menciona que a pena máxima cominada em abstrato deve ser superior a 4 (quatro) anos, não se considera, para efeitos desse cálculo, a existência de circunstâncias agravantes ou mesmo causas de aumento de pena, limitando-se à verificação tão somente da pena máxima cominada em abstrato no tipo penal incriminador.

> O Plenário deste Supremo Tribunal Federal assentou a inexistência de conexão necessária entre o delito de organização criminosa e os demais eventualmente praticados no seu contexto, permitindo a tramitação concomitante das respectivas propostas acusatórias perante juízos distintos e atestando a não ocorrência, em tais hipóteses, do vedado *bis in idem* (STF, Inq. 3.989/DF, 2ª T., Rel. Min. Edson Fachin, *DJe* 23.08.2019).

f) **Mediante a prática de infrações penais de caráter transnacional:** independentemente da pena máxima cominada em abstrato prevista para determinada infração penal, se ela possuir um caráter de transnacionalidade, ou seja, infrações penais (aqui permitidos, agora, tanto os crimes/delitos quanto as contravenções penais) que têm o condão de ultrapassar as fronteiras do país, repercutindo em outros países, tais infrações penais poderão ser consideradas para o reconhecimento da organização criminosa.

De acordo com a Convenção das Nações Unidas contra o Crime Organizado Transnacional, adotada em Nova York em 15 de novembro de 2000 e promulgada no Brasil por meio do Decreto nº 5.015, de 12 de março de 2004, podemos compreender o conceito de transnacionalidade da infração penal, conforme o disposto nas alíneas *a*, *b*, *c* e *d* do § 2º do art. 3º do referido diploma legal, quando: for cometida em mais de um Estado; for cometida num só Estado, mas uma parte substancial da sua preparação, planejamento, direção e controle tenha lugar em outro Estado; for cometida num só Estado, mas envolva a participação de um grupo criminoso organizado que pratique atividades criminosas em mais de um Estado; ou for cometida num só Estado, mas produza efeitos substanciais noutro Estado.

Veja o que ocorre, por exemplo, com o crime de descaminho, cuja pena máxima, prevista no *caput* do art. 334 do Código Penal, não ultrapassa os 4 (quatro) anos. Aqui, poderá uma organização criminosa se especializar em iludir, ou seja, tentar se livrar, enganar, fraudar, total ou parcialmente, o pagamento de direito ou imposto que, normalmente, recairia sobre a mercadoria, devido pela entrada, pela saída ou pelo seu consumo, almejando, dessa forma, lucrar com seu comportamento que, consequentemente, traz prejuízo não somente ao erário público como também às demais pessoas (físicas ou jurídicas) que importam ou

Parte I • Capítulo 2 • ORGANIZAÇÃO CRIMINOSA | 109

exportam as mercadorias, com fins comerciais, e que efetuam corretamente o pagamento de direito ou imposto, fazendo que ocorra uma desigualdade no valor final dessas mercadorias.

3.3. Atos terroristas e infrações penais previstas em tratados e convenções

A Lei nº 12.850/2013, como veremos mais adiante, prevê técnicas específicas de investigação e meios especiais de obtenção de prova que poderão ser utilizados pelos órgãos encarregados da persecução penal, sempre que estivermos diante de um crime de organização criminosa, nos moldes definidos no § 1º, *supra*.

Nos incisos I e II do § 2º do mesmo art. 1º, no entanto, a lei estabeleceu outras situações em que os preceitos da Lei nº 12.850/2013 terão incidência, ainda que não se esteja propriamente diante de uma organização criminosa.

> (...)
> § 2º Esta Lei se aplica também:
> I – às infrações penais previstas em tratado ou convenção internacional quando, iniciada a execução no País, o resultado tenha ou devesse ter ocorrido no estrangeiro, ou reciprocamente;
> II – às organizações terroristas, entendidas como aquelas voltadas para a prática dos atos de terrorismo legalmente definidos. (Redação dada pela Lei nº 13.260, de 2016)

Quando se tratar, portanto, de infração penal de qualquer natureza, que esteja prevista em tratado ou convenção dos quais o Brasil seja signatário e a execução do fato tenha se iniciado no Brasil e seu resultado tenha ocorrido ou estivesse previsto para ocorrer no exterior, será possível aplicar a delação premiada, o agente infiltrado, a ação controlada, a captação ambiental, assim como todos os demais preceitos da Lei nº 12.850/2013.

É importante observar, contudo, que o § 2º não traz novos tipos penais, tampouco se refere a crimes de organização criminosa por equiparação, como ocorreu no § 1º do art. 2º, *infra*. O que restou prevista nesse dispositivo, de forma expressa, é a possibilidade de extensão das técnicas de investigação e dos meios de prova, ritos e demais preceitos dessa lei a outras infrações penais, mesmo que praticadas fora do âmbito de organizações tais quais a definida em seu âmbito, se presentes determinados requisitos.

Como se percebe pela redação do inciso I do § 2º do art. 1º do diploma penal em estudo, o tipo penal menciona o termo *infração penal*, vale dizer, diz respeito tanto aos crimes/delitos quanto às contravenções penais. Aqui, ao contrário do que ocorre com o § 1º do art. 1º do citado artigo, não se exige um número mínimo de pessoas. Portanto, ao crime de tráfico de drogas, tipificado no art. 33 da Lei nº 11.343/2006, mesmo que praticado por uma só pessoa, se iniciada a execução no Brasil, por exemplo, com a finalidade de remeter a droga ao exterior, poderão ser aplicados todos os institutos previstos na Lei nº 12.850, de 2 de agosto de 2013.

O mesmo raciocínio deverá ser aplicado quando estivermos diante da prática de atos de terrorismo, perpetrados por organizações voltadas para essa finalidade.

O inciso II do § 2º do art. 1º da Lei nº 12.850, de 2 de agosto de 2013, teve sua redação modificada pela Lei nº 13.260, de 16 de março de 2016, cujo art. 2º diz que o "terrorismo consiste na prática por um ou mais indivíduos dos atos previstos neste artigo, por razões de xenofobia, discriminação ou preconceito de raça, cor, etnia e religião, quando cometidos com a finalidade de provocar terror social ou generalizado, expondo a perigo pessoa, patrimônio, a paz pública ou a incolumidade pública".

Desde que se trate de um ato terrorista legalmente definido e praticado por uma organização terrorista, todos os preceitos da Lei nº 12.850/2013 encontrarão aplicação, independentemente do número de agentes e do nível de estruturação do organismo.

4. O CRIME DE ORGANIZAÇÃO CRIMINOSA

4.1. Introdução

O legislador penal brasileiro, na esteira das mais modernas legislações do mundo, e seguindo, de igual forma, as recomendações da Convenção de Palermo, instituiu, finalmente, depois de anos recebendo severas críticas em virtude dessa inadmissível lacuna em nosso ordenamento jurídico, o crime de organização criminosa[76].

> **Art. 2º** Promover, constituir, financiar ou integrar, pessoalmente ou por interposta pessoa, organização criminosa:
> Pena – reclusão, de 3 (três) a 8 (oito) anos, e multa, sem prejuízo das penas correspondentes às demais infrações penais praticadas.

O referido delito, como é fácil perceber pela simples leitura do tipo penal em comento, pune desde a constituição de uma organização criminosa em si até o simples fato de o indivíduo apenas integrá-la, financiá-la ou promovê-la.

Ao contrário do que sustentam alguns autores, o legislador, ao punir o crime de organização criminosa nos moldes em que definido na Lei nº 12.850/2013, não fez a opção de punir simples atos preparatórios. O que se pune, na verdade, é muito mais do que simples atos preparatórios, mas a criação de uma estrutura extremamente sofisticada, com potencial lesivo para a prática de crimes de especial gravidade, capaz de impactar sobremaneira a sociedade, lesando e levando perigo de lesão a diversos bens jurídicos. Não se trata, com efeito, de se punir a simples reunião de indivíduos que se preparavam para o cometimento de delitos, uma vez que uma organização criminosa é instituição criada, normalmente, para persistir, independentemente da prisão, da morte, do desaparecimento ou do desligamento de seus membros. Tome-se como exemplo a Al-Qaeda, que se tornou ainda mais capilarizada e se multiplica no plano internacional mesmo após a morte de Osama bin Laden, um de seus principais líderes e fundadores.

O art. 2º em comento, com efeito, prevê uma pena de reclusão, de 3 (três) a 8 (oito) anos, e multa, sem prejuízo das penas correspondentes às demais infrações penais praticadas, para aquele que "promover, constituir, financiar ou integrar, pessoalmente ou por interposta pessoa, organização criminosa".

São quatro as condutas incriminadas: promover, constituir, financiar ou integrar. Conforme esclarece Guilherme de Souza Nucci:

"O tipo prevê as seguintes condutas alternativas: *promover* (gerar, originar algo ou difundir, fomentar, cuidando-se de verbo de duplo sentido), *constituir* (formar, organizar, compor), *financiar* (custear, dar sustento a algo) ou *integrar* (tomar parte, juntar-se, completar). Cuidando-se de tipo penal misto alternativo, pode o agente praticar uma ou mais que uma das condutas

---

[76] A previsão do art. 1º, VII, da Lei nº 9.613/98, em sua redação original, tinha como pressuposto a aprovação de lei que definisse a expressão *organização criminosa*, à compreensão de que insuficiente, para fins de tipicidade no direito interno, o conceito previsto na Convenção de Palermo, o que veio a ocorrer com as Leis nº 12.694/2012 e nº 12.850/2013, posteriores aos fatos em julgamento (STF, AP 694/MT, 1ª T., Rel.ª Min.ª Rosa Weber, *DJe* 31.08.2017).

ali enumeradas para configurar somente um delito. Das formas verbais previstas, parece-nos inadequada a figura *promover*. Primeiro, pelo duplo sentido; segundo porque no significado de gerar, encaixa-se no outro verbo *constituir*; ainda, no significado de difundir, torna-se estranha a figura de difundir a organização criminosa, algo que, normalmente, é camuflado."[77]

Com relação ao núcleo verbal *promover*, em que pese a força dos argumentos do renomado autor, hoje em dia, infelizmente, muitas organizações criminosas fazem questão de saírem em público, divulgando seus atos criminosos, principalmente com o intuito de intimidar as autoridades constituídas. Assim, o núcleo *promover* pode ser entendido no sentido, realmente, de dar promoção, publicidade, enaltecer os atos praticados pela organização criminosa, tal como acontece, atualmente, com muitas facções que atuam em todo o País. Há uma disputa de vaidades entre as próprias facções criminosas, que querem demonstrar sua força não somente contra o Estado mas também contra aquelas que lhe são concorrentes, a exemplo do que ocorre com o Comando Vermelho, o Primeiro Comando da Capital (PCC) etc.

4.2. Classificação doutrinária

Crime comum (já que os núcleos *promover, constituir, financiar ou integrar* podem ser praticados por qualquer pessoa); *formal* (pois que se consuma com a adesão da quarta pessoa, que tenha por objetivo obter, direta ou indiretamente, vantagem de qualquer natureza, mediante a prática de infrações penais cujas penas máximas sejam superiores a 4 (quatro) anos, ou que sejam de caráter transnacional, independentemente da ocorrência desses resultados); *de perigo abstrato*; de *forma livre*; *doloso* (não havendo previsão para a modalidade de natureza culposa); *plurissubjetivo* (como regra, pois, nas modalidades assemelhadas, não há a exigência do número mínimo de quatro pessoas ao reconhecimento da organização criminosa); *transeunte*; *comissivo*; *plurissubsistente*; *permanente*[78].

4.3. Objeto material e bem juridicamente protegido

Tal como ocorre com o crime de associação criminosa, previsto no art. 288 do Código Penal, a paz pública é o bem juridicamente protegido pelo tipo penal que prevê o delito de organização criminosa. Não há objeto material.

4.4. Sujeitos ativo e passivo

Qualquer pessoa pode ser sujeito ativo do delito tipificado no art. 2º da Lei nº 12.850, de 2 de agosto de 2013, não exigindo o tipo penal qualquer condição especial[79]. Mesmo os menores de 18 anos poderão ser incluídos no cômputo mínimo para a formação da organização criminosa, o que é, infelizmente, muito comum nos dias de hoje, principalmente naquelas organizações cuja finalidade é o tráfico de drogas e de pessoas.

---

[77] NUCCI, Guilherme de Souza. *Organização criminosa*, p. 21-22.

[78] O delito de organização criminosa classifica-se como formal e autônomo, de modo que sua consumação dispensa a efetiva prática das infrações penais compreendidas no âmbito de suas projetadas atividades criminosas. Precedentes (STF, HC 131.005 AgR/SP, 1ª T., Rel. Min. Edson Fachin, *DJe* 18.10.2016).

[79] A jurisprudência do STF é firme no sentido de que a condição de mula, por si só, não revela a participação em organização criminosa. Precedentes (STF, HC 136.736/SP, 2ª T., Rel. Min. Ricardo Lewandowski, *DJe* 08.05.2017).

Sujeito passivo é o Estado, assim como aqueles que sofrem diretamente com as atividades praticadas pela organização criminosa. Desse modo, por exemplo, no tráfico de pessoas, serão considerados sujeitos passivos aqueles que se veem privados de sua liberdade pela organização criminosa.

4.5. Consumação e tentativa

Em se tratando de um crime formal, de consumação antecipada, o delito de organização criminosa se consuma com a adesão do quarto integrante ao grupo, cuja finalidade, já o dissemos, é obter, direta ou indiretamente, vantagem de qualquer natureza, mediante a prática de infrações penais cujas penas máximas sejam superiores a 4 (quatro) anos. Assim, imagine-se a hipótese em que três pessoas vão ao encontro de alguém e lhe propõem integrar a organização criminosa, em que cada qual exercerá uma função relevante para o sucesso das finalidades propostas pelo grupo. No exato instante em que o quarto sujeito aceita a proposta, naquele momento já está configurado o delito de organização criminosa, independentemente do fato de que apenas após o grupo executaria seus planos.

Obviamente que tal situação será de difícil comprovação, pois a organização criminosa somente se fará conhecida quando colocar em prática seus objetivos, levando a efeito as infrações penais por ela idealizadas. No entanto, isso não pode ser um fator impeditivo de sua comprovação anterior aos crimes por ela planejados e executados.

Guilherme de Souza Nucci, posicionando-se contrariamente à possibilidade do *conatus*, assevera que o delito *sub examen* não admite a tentativa, pois:

> "É condicionado à existência de estabilidade e durabilidade para se configurar. Portanto, enquanto não se vislumbrar tais elementos, cuida-se de irrelevante penal ou pode configurar outro crime, como a associação criminosa (art. 288, CP). De outra sorte, detectadas a estabilidade e a durabilidade, por meio da estrutura ordenada e divisão de tarefas, o crime está consumado."[80]

No mesmo sentido, Renato Brasileiro de Lima[81] descarta a possibilidade de esse crime vir a ser praticado apenas em sua modalidade tentada:

> "O crime de organização criminosa é incompatível com o *conatus*. Considerando-se que o art. 2º da Lei nº 12.850/2013 exige a existência de uma organização criminosa, conclui-se que, presentes a estabilidade e a permanência do agrupamento, o delito estará consumado; caso contrário, o fato será atípico. Em síntese, os atos praticados com o objetivo de formar a associação são meramente preparatórios."

Tendo por elemento subjetivo do tipo o dolo de associação à prática de ilícitos, a consumação da infração penal prevista no art. 2º, *caput*, da Lei nº 12.850/2013 protrai-se durante o período em que os agentes permanecem reunidos pelos propósitos ilícitos comuns, circunstância que caracteriza a estabilidade e a permanência que o diferem do mero concurso de agentes, motivo pelo qual é conceituado pela doutrina como crime permanente. E como tal, os agentes associados, dotados de conhecimento potencial da ilicitude de suas ações, respondem pelo tipo penal superveniente, ainda que mais gravoso, caso dele tomem ciência e, mesmo assim, não se sintam intimidados a cessar a prática de atos lesivos ao bem jurídico tutelado pelo mandado incriminatório geral exarado pelo Poder

---

80 NUCCI, Guilherme de Souza. *Organização criminosa*, p. 24.

81 LIMA, Renato Brasileiro de. *Legislação criminal especial comentada*: volume único.

> Legislativo. Assentando-se a proposta acusatória na tese de que a organização criminosa aqui denunciada perdurou até o momento da oferta da denúncia, protocolizada em 1º/09/2017, não há falar em atipicidade da conduta atribuída aos acusados, porquanto o tipo penal em apreço encontra-se em vigor no ordenamento jurídico pátrio desde 19/09/2013, nos termos do art. 27 da Lei nº 12.850/2013. Ainda que assim não fosse, as condutas narradas na denúncia, mesmo antes da promulgação da Lei nº 12.850/2013, são aptas a ofender o mesmo bem jurídico – a paz pública – também tutelado pelo tipo previsto no art. 288 do Código Penal, que funciona como delito subsidiário (STF, Inq. 3.989/DF, 2ª T., Rel. Min. Edson Fachin, *DJe* 23.08.2019).
> O crime de organização criminosa é de natureza permanente, o que, aliás, é da essência da figura típica criminalizada, considerando que a opção do legislador não foi a de criminalizar a associação eventual para a prática de crimes, mas sim a atuação estruturada e reiterada de grupos voltados à prática de infrações penais. No caso em tela, os fatos imputados à organização criminosa tida como constituída pelo denunciado foram praticados em parte antes e em parte após a entrada em vigor da Lei nº 12.850/2013. Nesse contexto, dada a natureza de crime permanente acima destacada, impende, para viabilizar o recebimento da denúncia quanto à integralidade dos fatos imputados à organização criminosa ora denunciada que se invoque o entendimento consagrado no Enunciado nº 711 da Súmula do STF, segundo o qual "a lei penal mais grave aplica-se ao crime continuado ou ao crime permanente, se a sua vigência é anterior à cessão da continuidade ou da permanência" (STF, AO 2.275/RN, 1ª T., Rel. Min. Luiz Fux, *DJe* 28.02.2019).

4.6. Elemento subjetivo

O dolo é o elemento subjetivo exigido pelo tipo penal previsto no art. 2º da Lei nº 12.850, de 2 de agosto de 2013, não havendo previsão para a modalidade de natureza culposa.

Podemos visualizar no tipo penal o chamado *especial fim de agir*, configurado por meio da expressão *que tenha por objetivo obter*, que demonstra a finalidade com que atua o grupo criminoso.

> Em observância ao princípio da responsabilidade subjetiva que vigora no ordenamento jurídico-penal pátrio, no que tange à acusação do delito de organização criminosa, caberá ao Ministério Público Federal produzir os elementos de prova capazes de demonstrar, em relação a cada um dos acusados, a perfeita subsunção das condutas que lhes são atribuídas ao tipo penal que tutela o bem jurídico supostamente violado, em especial o seu elemento subjetivo, composto pelo dolo de promover, constituir financiar ou integrar organização criminosa (STF, Inq 4.327 AgR-segundo/DF, Pleno, Rel. Min. Edson Fachin, *DJe* 09.08.2018).

4.7. Pena e ação penal

A pena é de reclusão, de 3 (três) a 8 (oito) anos, e multa, sem prejuízo das penas correspondentes às demais infrações penais praticadas. Isso quer significar que, além das penas correspondentes ao delito tipificado no art. 2º da Lei nº 12.850, de 2 de agosto de 2013, haverá a regra do cúmulo material no que diz respeito às infrações penais praticadas pela organização criminosa.

A ação penal é de iniciativa pública incondicionada[82].

---

[82] O Tribunal Regional Federal da 4ª Região, por meio da Resolução nº 18/2007, especializou determinadas varas criminais federais para apreciar os crimes praticados por organizações criminosas, independentemente do caráter transnacional ou não das infrações (STJ, RHC 77.246/RS, 5ª T., Rel. Min. Jorge Mussi, *DJe* 15.03.2017).

4.8. Da hediondez

Com o advento da Lei nº 13.964, de 24 de dezembro de 2019, o crime de organização criminosa passou a integrar o rol dos crimes hediondos, previsto na Lei nº 8.072/90. Todavia, para que o crime de participação em organização criminosa possa ser considerado hediondo, é necessário que o empreendimento criminoso seja direcionado à prática de crime hediondo ou equiparado.

Com efeito, nos termos do parágrafo único, V, do art. 1º da Lei nº 8.072/90, com a atual redação que lhe emprestou a Lei nº 13.964/2019:

> Parágrafo único. Consideram-se também hediondos, tentados ou consumados:
> (...)
> V – o crime de organização criminosa, quando direcionado à prática de crime hediondo ou equiparado.

Tem-se, assim, que a simples constituição de uma organização criminosa não é suficiente para que os reflexos da Lei dos Crimes Hediondos alcancem seus agentes. É mister que a organização criminosa seja destinada à prática de crimes hediondos ou de crimes equiparados a hediondos, como seria o caso de uma organização criminosa que tivesse como finalidade a prática do crime de tráfico de drogas, previsto na Lei nº 11.343/2006, ou do crime de homicídio qualificado, inserto no art. 121, § 2º, do Código Penal brasileiro. O crime de homicídio qualificado é considerado hediondo, nos termos do art. 1º, I, da referida lei. O crime de tráfico ilícito de entorpecentes, por seu turno, é crime equiparado ao hediondo, por força do art. 2º da mesma Lei dos Crimes Hediondos.

5. O CRIME DE OBSTRUÇÃO DA JUSTIÇA

5.1. Introdução

Diz o § 1º do art. 2º da Lei nº 12.850, de 2 de agosto de 2013, *in verbis*:

> § 1º Nas mesmas penas incorre quem impede ou, de qualquer forma, embaraça a investigação de infração penal que envolva organização criminosa.

Incorrerá na pena de reclusão, de 3 (três) a 8 (oito) anos, e multa aquele que vier a impedir ou, de qualquer forma, embaraçar a investigação de infração penal que envolva organização criminosa.

O delito em estudo se popularizou com o nome doutrinário de *obstrução da justiça*, expressão largamente utilizada pela mídia e pela jurisprudência de nossos tribunais especialmente em referência aos processos que envolvem a conhecida *Operação Lava Jato*.

São duas as condutas incriminadas por esse tipo penal: *a) embaraçar* (perturbar de qualquer forma, dificultar, criar transtornos indesejados que dificultam o trabalho do órgão investigador), ainda que a investigação não seja impedida ou reste frustrada e *b) impedir*, ou seja, obstar o seu prosseguimento, levar as investigações ao seu arquivamento ou encerramento prematuro.

O núcleo *impedir* tem o sentido de não permitir que seja iniciada a investigação, ou mesmo fazer cessar aquela já iniciada, ao passo que *embaraçar* significa dificultar, perturbar, atrapalhar a investigação destinada a apurar as infrações penais levadas a efeito pela organização criminosa.

Foi indicado expressamente no tipo penal que o agente incorreria no tipo penal em análise se, *de qualquer forma,* isto é, usando de qualquer meio, viesse a impedir ou dificultar a investigação policial, levada a efeito por meio de inquérito policial ou mesmo inquérito ministerial ou procedimento investigatório criminal instaurado pelo Ministério Público, que também possui poderes investigatórios.

Tome-se como exemplo um agente de polícia que informa a um investigado que suas conversas telefônicas estão sendo interceptadas no âmbito de um inquérito policial, ou mesmo do policial militar que, escalado para compor uma equipe responsável pelo cumprimento de mandados de busca e apreensão e mandados de prisão, alerta os alvos sobre a operação antes de sua realização. Em ambas as situações, as condutas dos agentes públicos embaraçam, dificultam ou mesmo impedem as investigações que envolvem organização criminosa.

O vazamento de informações privilegiadas durante investigações da Polícia Civil, do Ministério Público ou da Polícia Federal, ocorre com relativa frequência, causando sérios embaraços aos trabalhos dos órgãos de investigação ou até mesmo levando à frustração de todo o trabalho investigativo.

Essa quebra indevida de sigilo é praticada comumente por policiais que agem movidos por toda sorte de interesses, inclusive o financeiro, haja vista que é fato corriqueiro a cooptação de agentes da polícia pelas organizações criminosas, conduta essa muita das vezes decisiva para a consecução de seus fins ilícitos e para a sua perpetuação e estabilidade. Entretanto, o vazamento de informações sigilosas e comprometedoras das investigações também não raro é levado a efeito por juízes, assessores, servidores das Varas Criminais e estagiários da Justiça, da Polícia e do próprio Ministério Público.

Um ex-presidente brasileiro foi alvo de ação criminal ajuizada pela Procuradoria-Geral de Justiça. Ele foi acusado de ter praticado o crime de embaraço às investigações levadas a cabo pela força-tarefa da *Operação Lava Jato* porquanto teria instigado um ex-deputado federal a pagar propina a um empresário dono de poderoso grupo brasileiro e a um conhecido doleiro para que estes não firmassem o acordo de colaboração premiada proposto por seus advogados ao Ministério Público.

Um senador da República e ex-governador do Estado de Minas Gerais também foi denunciado , tendo o Supremo Tribunal Federal acolhido a denúncia contra ele, pelos crimes de corrupção passiva e obstrução da justiça. Com relação a este último crime, ele teria tentado influenciar a escolha dos delegados responsáveis por investigações da *Operação Lava Jato*.

São essas condutas que, de qualquer forma, atrapalham ou mesmo impedem o prosseguimento das investigações que envolvem organização criminosa que o legislador procurou coibir com esse tipo de crime.

Questão polêmica é a que diz respeito à possibilidade de criminalização da conduta daquele que embaraça ou impede não uma investigação, mas uma ação penal que envolve organização criminosa. Isso porque a legislação, ao tipificar o delito em voga, conhecido como *obstrução da justiça*, fez referência apenas às investigações, restando silente quanto a eventuais impedimentos ou embaraços ocorridos no âmbito de uma ação penal ou processo judicial.

Para Renato Brasileiro de Lima:

"(...) diante do imperdoável lapso do legislador, parece-nos inadmissível qualquer tipo de construção hermenêutica para que o embaraço do processo judicial também tipifique esta figura delituosa, sob pena de evidente analogia *in malam partem* e consequente violação ao princípio da legalidade."[83]

Entendemos de forma diversa. A palavra *investigação* deve ser entendida em seu sentido amplo, abrangendo não somente a fase extrajudicial (inquérito policial e procedimento investigatório do Ministério Público) como também a fase judicial, na qual é levada a efeito a instrução processual. Assim, se o agente, *v.g.*, durante o andamento do processo judicial, corrompe alguma testemunha para que se retrate de anterior declaração que serviu de justa causa para o processo, dificultando ou causando sérios embaraços ao deslinde judicial da matéria, incorre no crime *sub examen*[84].

5.2. Classificação doutrinária

Crime comum (já que os núcleos *embaraçar* e *impedir* podem ser praticados por qualquer pessoa); *formal* (na modalidade embaraçar, pois se consuma com a simples prática de conduta embaraçosa, ainda que ela não leve à consumação de nenhum resultado final, como o fim das investigações ou o arquivamento ou a absolvição dos suspeitos); *material* (na modalidade impedir, haja vista que o crime nessa modalidade se consuma apenas com o efetivo impedimento das investigações); de *forma livre*; *doloso* (não havendo previsão para a modalidade de natureza culposa); *unissubjetivo* (aqui não há a exigência do número mínimo de quatro pessoas como ocorre com o reconhecimento da organização criminosa); *transeunte* ou *não transeunte*; *comissivo* ou *omissivo*.

5.3. Objeto material e bem juridicamente protegido

O bem jurídico protegido é a *administração da Justiça*.

O objeto material consiste nos elementos de prova existentes nas investigações ou no processo judicial.

5.4. Sujeitos ativo e passivo

Tratando-se de um delito comum, as condutas previstas no tipo penal constante do § 1º do art. 2º da Lei nº 12.850, de 2 de agosto de 2013, podem ser praticadas por qualquer pessoa.

Sujeito passivo é o Estado, como também aqueles que sofrem diretamente com as atividades praticadas pela organização criminosa.

---

[83] LIMA, Renato Brasileiro de. *Legislação criminal especial comentada*: volume único, p. 674.

[84] A tese de que a investigação criminal descrita no art. 2º, § 1º, da Lei n. 12.850/2013 cinge-se à fase do inquérito não deve prosperar, eis que as investigações se prolongam durante toda a persecução criminal, que abarca tanto o inquérito policial quanto a ação penal deflagrada pelo recebimento da denúncia. Com efeito, não havendo o legislador inserido no tipo a expressão estrita "inquérito policial", compreende-se ter conferido à investigação de infração penal o sentido de persecução penal, até porque carece de razoabilidade punir mais severamente a obstrução das investigações do inquérito do que a obstrução da ação penal. Ademais, sabe-se que muitas diligências realizadas no âmbito policial possuem o contraditório diferido, de tal sorte que não é possível tratar inquérito e ação penal como dois momentos absolutamente independentes da persecução penal (STJ, RHC 102.117/MG, 5ª T., Rel. Min. Joel Ilan Paciornik, *DJe* 19.10.2018).

5.5. Consumação e tentativa

O crime em comento pode ser praticado de duas formas. A primeira consiste no mero embaraço das investigações. Nessa modalidade, o crime é formal, consumando-se, assim, com a simples prática do ato perturbatório, ainda que ele não necessariamente provoque o encerramento ou impeça a continuidade das investigações ou do processo judicial. A segunda modalidade consiste no impedimento das investigações ou da ação penal. Aqui, o delito adquire a forma material, exigindo, para a consumação, que as investigações de fato cessem ou que a ação penal tenha sua finalidade frustrada, conduzindo à absolvição dos beneficiados ou à extinção prematura da ação.

Há quem sustente que esse delito não comporta a forma tentada, porquanto, tendo em vista que se trata de tipo misto alternativo, o simples embaraço das investigações já seria suficiente para que o delito se consumasse. Pensamos, todavia, de forma diversa. Nem todo ato tendente a impedir as investigações, por exemplo, pode ser levado na conta de ato que cause embaraço criminoso. Imagine o seguinte exemplo: um senador da República, agindo com dolo de impedir investigações sobre organização criminosa constituída por ele, tenta subornar o diretor-geral da Polícia Federal a fim de que ele nomeie delegados de seu círculo de relacionamento para conduzir os trabalhos para que, com isso, possa influenciar e impedir as investigações. Essa tentativa resta frustrada ante a recusa do agente em se corromper e a conduta do senador não chega sequer a causar embaraços à investigação, conquanto possa, sem dúvida, ser levada em conta como início da execução do crime de impedimento.

O crime em voga pode ser praticado tanto por comissão quanto por omissão. Como exemplo de sua prática omissiva, cite-se a hipótese em que um agente policial encarregado de cumprir uma medida de busca e apreensão na residência de um suspeito depara-se com elemento decisivo de prova, como um caderno de anotações e prestações de contas ou um aparelho de telefonia celular com inúmeras informações que comprometem o investigado e o conectam à organização. Omitindo-se no seu dever legal de agir, o policial deixa de coletar a prova incriminadora e comunica formalmente aos demais membros da equipe e à Justiça que nada de ilícito ou de relevante teria sido encontrado no endereço alvo das buscas. Inegavelmente, ele causa, com tal omissão, embaraço ou mesmo o impedimento das investigações.

5.6. Elemento subjetivo

O dolo é o elemento subjetivo exigido pelo tipo penal em estudo, não havendo previsão para a modalidade de natureza culposa.

5.7. Pena e ação penal

A pena é de reclusão, de 3 (três) a 8 (oito) anos, e multa.

A ação penal é de iniciativa pública incondicionada.

6. MAJORANTE DO EMPREGO DE ARMA DE FOGO

Conforme expressa previsão contida no § 2º do art. 2º da Lei nº 12.850/2013, as penas aumentam-se até metade se, na atuação da organização criminosa, houver emprego de arma de fogo.

> (...)
>
> § 2º As penas aumentam-se até a metade se na atuação da organização criminosa houver emprego de arma de fogo.

Empregar significa, aqui, sua efetiva utilização na prática da infração penal levada a efeito pela organização criminosa.

O Anexo III do Decreto nº 10.030, de 30 de setembro de 2019, assim conceitua arma de fogo:

- *Arma de fogo automática* – arma em que o carregamento, o disparo e todas as operações de funcionamento ocorrem continuamente enquanto o gatilho estiver sendo acionado.

- *Arma de fogo de repetição* – arma em que a recarga exige a ação mecânica do atirador sobre um componente para a continuidade do tiro.

- *Arma de fogo semiautomática* – arma que realiza, automaticamente, todas as operações de funcionamento com exceção do disparo, exigindo, para isso, novo acionamento do gatilho.

- *Arma de fogo* – arma que arremessa projéteis empregando a força expansiva dos gases, gerados pela combustão de um propelente confinado em uma câmara, normalmente solidária a um cano, que tem a função de dar continuidade à combustão do propelente, além de direção e estabilidade ao projétil.

Como a lei não menciona o percentual mínimo de aumento, qual seria aquele aplicável ao caso concreto, na hipótese de condenação pelo delito de organização criminosa que se utiliza de arma de fogo? Entendemos, tal como ocorre com o parágrafo único do art. 288 do Código Penal, que o aumento mínimo deverá ser de 1/6 (um sexto), a fim de que seja mantida a coerência com as demais causas de aumento de pena, principalmente as previstas no Código Penal, que adota esse padrão mínimo. Este, inclusive, foi o padrão adotado pelo § 4º do art. 2º da Lei nº 12.850, de 2 de agosto de 2013, que prevê um aumento de 1/6 (um sexto) a 2/3 (dois terços). Como sempre acontece, o legislador não perdeu a oportunidade de causar confusão, já que essa é a sua especialidade.

Também devemos nos perguntar a respeito do critério do julgador para aplicar desde o percentual mínimo de 1/6 (um sexto) de aumento até o máximo de metade da pena encontrado no segundo momento do critério trifásico de aplicação. Ao contrário do que ocorre com o delito de associação criminosa, a respeito do qual a lei fez a previsão genérica do emprego de arma, que tanto pode ser aquela considerada própria, isto é, destinada ao ataque ou à defesa, quanto as reconhecidas como impróprias, pois que sua utilização primária não possui a mesma finalidade das próprias, a Lei de Organização Criminosa exigiu que o emprego fosse de arma de fogo. Aqui, para que se tenha algum critério de distinção, e que a fixação do percentual não fique tão somente ao arbítrio do julgador, sugerimos que essa diferença se dê em virtude do poder de dano correspondente à arma de fogo utilizada pela organização criminosa.

Assim, por exemplo, se a organização criminosa se vale, por exemplo, de fuzis, metralhadoras etc., tendo em vista a maior potencialidade de dano, causando a situação de perigo a um número indeterminado de pessoas, o aumento poderá se aproximar do percentual máximo. Ao contrário, se se vale de revólveres, pistolas etc., o aumento deverá ficar próximo ao patamar mínimo. Esse é tão somente um esforço, não isento de críticas, para que se encontre algum critério mais objetivo, que retire das mãos do julgador a possibilidade de aplicar, ao seu alvedrio, o percentual de aumento que poderá chegar até a metade do *quantum* encontrado no momento anterior.

Não se pode perder de vista, por outro lado, o fato de que o legislador destacou o aumento "das penas", e não apenas da pena cominada para um ou outro dos delitos situados topograficamente acima desse dispositivo legal. Em outras palavras, parece não haver dúvidas de que o legislador pretendeu exacerbar, em razão do emprego de arma de fogo, tanto o delito de organização criminosa em si, previsto no *caput* do art. 2º, quanto o crime de embaraço ou impedimento das investigações, previsto no § 1º do mesmo artigo[85].

7. CIRCUNSTÂNCIA AGRAVANTE EM RAZÃO DO EXERCÍCIO DE COMANDO DA ORGANIZAÇÃO

Também foi prevista uma circunstância agravante, a ser considerada no segundo momento do critério trifásico de aplicação da pena, que diz:

> (...)
> § 3º A pena é agravada para quem exerce o comando, individual ou coletivo, da organização criminosa, ainda que não pratique pessoalmente atos de execução.

Não só é passível de punição aquele que exerce o comando de uma organização criminosa ainda que não atue diretamente na execução dos crimes praticados pelo grupo como também tem, conforme o § 3º do art. 2º da lei comentada, sua pena agravada.

Esse dispositivo legal revela a adoção, pelo legislador brasileiro, da teoria desenvolvida por Claus Roxin ainda em 1963, consistente no "domínio da vontade em virtude de aparatos organizados de poder". Essa figura jurídica, como explica o seu próprio idealizador, se apoia na tese de que, em uma organização delitiva, os homens de trás (*hintermänner*), que ordenam delitos com mando autônomo, podem, nesse caso, ser responsabilizados como autores mediatos, ainda quando os executores imediatos sejam punidos como autores plenamente responsáveis.[86] Esses homens são designados por Roxin como delinquentes de despacho ou de escritório.

A tese de Roxin levou à condenação dos membros do Conselho de Segurança Nacional da Alemanha por terem ordenado aos "soldados do muro" que atirassem para matar contra todos que tentassem transpor aquela barreira. O Tribunal Supremo Federal alemão condenou os mandantes como autores intelectuais mediatos, mesmo diante do reconhecimento da imputabilidade e da condenação dos soldados executores.

À condenação semelhante, e com a adoção da mesma teoria de Claus Roxin, foi submetido o ex-presidente peruano Alberto Fujimori. Sob o pretexto de estar lutando para a erradicação do terrorismo no Peru, práticas levadas a cabo por organizações criminosas terroristas como Sendero Luminoso, MRTA, entre outras, Fujimori declarou, inclusive por

---

[85] A teor do art. 30 do CP, não se comunicam as circunstâncias e as condições de caráter pessoal, salvo quando elementares do crime. Já as circunstâncias de caráter objetivo, por sua vez, não são, em princípio, incomunicáveis, a menos que fique comprovado que o coautor não tenha a elas anuído, nem mesmo assumido o risco de sua produção. Na hipótese, a denúncia narra a atuação da organização criminosa com o emprego de arma de fogo, sendo essa circunstância de caráter objetivo (STJ, RHC 88.997/SP, 5ª T., Rel. Min. Joel Ilan Paciornik, *DJe* 19.12.2018).

[86] ROXIN, Claus. *El dominio de organización como forma independiente de autoría mediata*. Conferencia pronunciada el 23 de marzo de 2006 en la Clausura del Curso de Doctorado Problemas Fundamentales del Derecho penal y la Criminología, de la Universidad Pablo de Olavide, Sevilla, Espanha.

meio da imprensa, que seu exército tinha ordens para fazer cessar qualquer foco terrorista que porventura viesse a ser detectado, até mesmo e especialmente no seio de universidades peruanas. Nesse contexto, foram identificados dois grupos de pessoas, pelo menos um deles de estudantes universitários, que teriam sido executados pela polícia peruana, a partir das ordens de erradicação do terrorismo emitidas, ainda que genericamente, por Fujimori. Este último, então, foi condenado como autor mediato ou autor de escritório.

A agravante prevista no dispositivo legal sob comento se destina, assim, aos indivíduos que comandam diretamente ou que pertencem à cúspide da pirâmide de comando das organizações criminosas. Mesmo sem saírem do escritório e sem que pratiquem qualquer tipo de ato executório, eles responderão pelos crimes perpetrados pelos demais agentes integrantes do grupo organizado e, ademais, com a pena agravada.

Causas de aumento previstas no § 4º

Se há participação de criança ou adolescente: infelizmente, nos dias de hoje tornou-se extremamente comum a participação de crianças e adolescentes em organizações criminosas, muitas delas, inclusive, exercendo funções relevantes, e até mesmo de chefia do grupo.

O simples fato de, na composição do número mínimo exigido ao reconhecimento da organização criminosa, vale dizer, 4 (quatro) pessoas, encontrarem-se crianças (aquelas com idade inferior a 12 anos de idade) ou adolescentes (aqueles com idade igual ou superior a 12 (doze) anos, e inferior a 18 (dezoito) anos), já será suficiente para um maior juízo de reprovação dos demais, aplicando-se um percentual de aumento que variará entre um mínimo de 1/6 (um sexto) a 2/3 (dois terços).

Esse aumento será aplicado a todos os participantes da organização criminosa que conhecerem essa característica, ou seja, que, na formação do grupo, existem crianças ou adolescentes. Não poderá ser aplicado, entretanto, àqueles que não souberem da existência de crianças e adolescentes na organização criminosa, sob pena de ser aplicada a chamada responsabilidade penal objetiva.

Essa comprovação deverá ser feita nos autos por meio de documento próprio, a exemplo da certidão de nascimento, documento de identidade, ou mesmo outro que tenha o condão de se aferir a idade da vítima, como ocorre com as certidões de batismo, uma vez que, no Brasil, infelizmente, ainda muitas pessoas não possuem seus documentos de identificação. Nesse sentido, diz o parágrafo único do art. 155 do Código de Processo Penal, que:

> Parágrafo único. Somente quanto ao estado das pessoas serão observadas as restrições estabelecidas na lei civil.

Esse aumento variará de acordo com o número de crianças e adolescentes que participam da organização criminosa. Quanto maior o número, maior o percentual de aumento, e vice-versa.

Se há concurso de funcionário público, valendo-se a organização criminosa dessa condição para a prática de infração penal: há um maior juízo de censura, de reprovabilidade, quando se tem, na organização criminosa, o concurso de funcionário público, seja na modalidade de autoria (coautoria), seja mesmo na forma de participação.

Considera-se funcionário público, para efeitos penais, nos termos do art. 327 do Código Penal, quem, embora transitoriamente ou sem remuneração, exerce cargo, emprego ou função pública. O § 1º do art. 327 do citado diploma repressivo diz equiparar-se a funcionário público quem exerce cargo, emprego ou função em entidade paraestatal e quem trabalha para empresa prestadora de serviço contratada ou conveniada para a execução de atividade típica da Administração Pública.

No entanto, não é somente a presença do funcionário público que faz que a pena possa ser aumentada de 1/6 (um sexto) a 2/3 (dois terços). Exige a lei que a organização criminosa se valha dessa condição para a prática da infração penal. Assim, por exemplo, se um fiscal aduaneiro, pertencente ao grupo criminoso, facilita a entrada ou mesmo a saída dos produtos ilícitos comercializados pela organização criminosa, tal fato importará, obrigatoriamente, a aplicação da majorante. Ao contrário, se um dos integrantes do grupo criminoso é funcionário público, e suas funções em nada auxiliam na prática da infração penal, o simples fato de haver um funcionário público no cômputo da organização criminosa não importará a aplicação da causa de aumento de pena.

Como esclarece Guilherme de Souza Nucci:

"O grau de aumento deve ser dosado conforme o nível de comprometimento do funcionário público para beneficiar a organização criminosa; afinal, cuida-se de uma maneira de corrupção do servidor. Ilustrando, quando o funcionário atuar como simples partícipe, a pena pode ser elevada em um sexto; quando atuar diretamente na prática do delito, beneficiando a organização, o aumento deve ser maior, podendo atingir os dois terços."[87]

Se o produto ou proveito da infração penal destinar-se, no todo ou em parte, ao exterior: a pena também será aumentada de 1/6 (um sexto) a 2/3 (dois terços) na hipótese em que o *produto* da infração penal (*producta sceleris*), isto é, as coisas adquiridas diretamente com a sua prática, a exemplo do dinheiro ou das joias roubadas de uma agência bancária, de um carro-forte etc., ou seu *proveito*, vale dizer, a transformação do produto em outro bem, tal como ocorre com a compra de imóveis, ações na bolsa de valores, carros, motocicletas, cavalos etc. com os valores produto de um crime de roubo, forem destinados, no todo ou em parte, ao exterior.

Essa majorante encontra fundamento no fato de que, no exterior, fica quase que impossível rastrear tanto o produto quanto o proveito da infração penal. Exemplo claro disso nos foi mostrado, a toda evidência, pela denominada *Operação Lava Jato*, em que, por conta de acordos de colaboração premiada, foram rastreados e descobertos bilhões de reais no exterior. Sem essas colaborações, como se percebe sem muito esforço, seria quase nulo o esforço de encontrar esses produtos ou proveitos do crime no exterior, razão pela qual, antevendo essa dificuldade, é que o § 1º do art. 91 do Código Penal, ao cuidar dos efeitos da condenação, diz, *in verbis*:

§ 1º Poderá ser decretada a perda de bens ou valores equivalentes ao produto ou proveito do crime quando estes não forem encontrados ou quando se localizarem no exterior.

Se a organização criminosa mantém conexão com outras organizações criminosas independentes: duas situações extremamente comuns entre organizações criminosas são a rivalidade, quase sempre natural entre aquelas que disputam a liderança ou mesmo o domínio completo de determinada atividade ilícita, como ocorre com o tráfico de drogas, armas etc., ou a sua união, ou tão somente a conexão, com outra organização, a fim de se fortalecerem, muitas vezes ocorrendo uma futura fusão.

---

[87] NUCCI, Guilherme de Souza. *Organização criminosa*, p. 33.

No Brasil, há inúmeras facções criminosas que surgiram dentro do sistema prisional, como ocorreu com o Comando Vermelho (CV), em 1979, na cidade do Rio de Janeiro, ou mesmo o Primeiro Comando da Capital (PCC), que surgiu no interior do sistema prisional de Taubaté, em 1993. Tais facções, verdadeiras organizações criminosas, mantêm laços ou conexões com outras, não somente aquelas existentes dentro do sistema prisional mas também com grupos terroristas, como já está devidamente comprovado no Brasil, principalmente na chamada tríplice fronteira, onde essas organizações criminosas se auxiliam mutuamente, com fornecimento de armas, drogas etc.

Caso essa conexão seja comprovada, os membros da organização criminosa, devido ao maior juízo de censura, de reprovabilidade do seu comportamento, criando uma situação maior de perigo para a sociedade, deverão ter suas penas aumentadas entre 1/6 (um sexto) e 2/3 (dois terços), percentual esse que variará de acordo com o maior perigo que envolve essa conexão para a sociedade. Assim, por exemplo, a conexão de uma organização criminosa com um grupo terrorista, como já citado anteriormente, permitirá um maior aumento de pena; se essa conexão for com outra organização criminosa que não importe em riscos maiores para a sociedade, o percentual de aumento deverá se aproximar do mínimo legal.

Se as circunstâncias do fato evidenciarem a transnacionalidade da organização: Guilherme de Souza Nucci assevera, a nosso ver acertadamente, que "esta causa de aumento (art. 2º, § 4º, V, da Lei nº 12.850/2013) é inaplicável, pois o *caráter transnacional* é elementar do tipo penal incriminador, composto do art. 2º, *caput*, c/c o art. 1º, § 1º, da Lei nº 12.850/2013".

Caracteriza-se a organização criminosa justamente por ter caráter transnacional, de modo que não se pode elevar a pena caso "as circunstâncias do fato evidenciarem a transnacionalidade da organização". Noutros termos, toda associação de quatro ou mais pessoas, estruturada, com divisão de tarefas, objetivando vantagem ilícita, mediante a prática de delito *ou com feição transnacional*, constitui organização criminosa. Fazer incidir o aumento do inciso V equivale ao indevido *bis in idem*, que é a dupla punição pelo mesmo fato[88].

No mesmo sentido, Renato Brasileiro de Lima assevera que, "como a transnacionalidade é uma elementar do conceito de organização criminosa, revela-se inadmissível a aplicação dessa majorante, sob pena de dupla valoração do mesmo fato em prejuízo do agente"[89].

8. AFASTAMENTO CAUTELAR

O § 5º do art. 2º da lei prevê o afastamento do servidor público de seu cargo, emprego ou função pública, sempre que a medida se fizer necessária à investigação ou à instrução processual.

Por se tratar de uma medida de natureza cautelar, embora diversa da prisão, nos mesmos moldes daquela prevista no art. 319, IV, do Código de Processo Penal, o afastamento cautelar do servidor público de suas funções exige fundamentação idônea que demonstre não apenas que ele integra uma organização criminosa mas também – sobretudo – que a medida se faz necessária para assegurar o bom andamento das investigações e do processo e, ainda, ou cumulativamente, que a medida é imprescindível para que o agente público não cometa novos crimes.

---

[88] NUCCI, Guilherme de Souza. *Organização criminosa*, p. 34-35.

[89] LIMA, Renato Brasileiro de. *Legislação criminal especial comentada:* volume único, p. 676.

É uma medida de caráter instrumental que não se traduz como uma decorrência lógica e imediata do indiciamento ou do oferecimento de denúncia contra o servidor público.

A previsão dessa medida se torna extremamente importante e interessante porque a sua aplicação pode evitar o decreto de prisão temporária ou preventiva do servidor público suspeito de ter participado de organização criminosa. O simples afastamento do servidor do cargo, do emprego ou de suas funções públicas pode ser suficiente para a preservação da lisura do processo e das investigações ou para evitar que ele continue a delinquir.

Na prática, não raro, temos nos deparado com as prisões dos servidores públicos logo no início das investigações e ao menor indício de seu envolvimento com grupos criminosos. A prisão cautelar, todavia, é a *ultima* ou, para muitos, a *extrema ratio* e somente pode ser aplicada após esgotadas as demais medidas ou, de forma devidamente fundamentada, restar demonstrada a sua ineficácia.

Assim como toda medida cautelar restritiva de direitos fundamentais, portanto, também o afastamento previsto na Lei nº 12.850/2013 não dispensa fundamentação idônea a justificá-lo em todos os seus termos.

Para a aplicação da medida de afastamento, então, devem estar comprovados, de forma cumulativa, no mínimo os seguintes requisitos[90]:

a) indícios suficientes da existência de uma organização criminosa nos moldes em que definida no art. 1º da lei;

b) indícios de que o funcionário público integra, participa dessa organização;

c) evidência de que a medida é necessária para a preservação das investigações ou da instrução processual.

Observe-se que, diversamente do que prevê a Lei de Lavagem de Capitais, Lei nº 9.613/98, com as modificações que lhe foram impostas pela Lei nº 12.683/2012, o afastamento cautelar nas hipóteses de organização criminosa não é decorrência imediata e automática do indiciamento ou da denúncia.

Questão polêmica que causa certa perplexidade, especialmente por parte da população leiga, é a que se refere à impossibilidade de suspensão da remuneração do funcionário público. À primeira vista, parece pouco razoável que o servidor público envolvido com o crime organizado, além de não trabalhar, de não entregar a contraprestação em forma de serviços ao Estado, continue a perceber normalmente os seus vencimentos.

Todavia, por força do princípio da presunção de inocência, o servidor público somente perderá o seu cargo, emprego ou função pública ao trânsito em julgado da sentença que o condenar por tais crimes. Até lá, caso o Estado entenda como salutar e necessário o seu afastamento, não lhe pode suprimir os ganhos, ainda que não haja contrapartida nesse sentido. Esse entendimento é decorrência direta da lei, que prevê expressamente que a remuneração será mantida e deve, nessa qualidade, ser observada, em todo e qualquer caso, por mais que não deixe de causar certo constrangimento e perplexidade.

---

[90] A medida cautelar de afastamento das funções públicas prevista no art. 319, VI, do CPP, exige a demonstração cumulativa do nexo funcional entre o delito praticado e a atividade funcional desenvolvida pelo agente e sua imprescindibilidade para evitar a continuidade da utilização indevida do cargo/emprego/mandato pelo autor para a consecução de seus objetivos espúrios em usurpação aos interesses públicos inerentes à função (STJ, RHC 88.804/RN, 5ª T., Rel. Min. Reynaldo Soares da Fonseca, *DJe* 14.11.2017).

Em se tratando de mandato eletivo, o afastamento cautelar não pode ser decretado por simples ato do juiz, como ocorre com os demais servidores públicos. O afastamento cautelar de parlamentar no plano federal compete à Casa à qual ele pertence, nos termos da Constituição Federal. Segundo entendimento do Supremo Tribunal Federal (ADIn 5.526), medidas cautelares que importem no afastamento de deputados e senadores ou dificultem o exercício do mandato até podem ser aplicadas, nos moldes do art. 319 do CPP. Contudo, a decisão judicial que as decretar deve ser submetida, em 24 horas, ao controle político da respectiva Casa Legislativa, nos termos do art. 53, § 2º, da Constituição Federal[91].

9. PERDA DA FUNÇÃO DO SERVIDOR PÚBLICO

Diz o § 6º do artigo em análise que a condenação com trânsito em julgado acarretará ao funcionário público a perda do cargo, função, emprego ou mandato eletivo e a interdição para o exercício de função ou cargo público pelo prazo de 8 (oito) anos subsequentes ao cumprimento da pena.

Cumpre observar, inicialmente, que o mandato eletivo, antes não referido no § 5º, agora é mencionado expressamente pela lei.

É cediço que um dos efeitos específicos da condenação criminal, insertos no art. 92, I, do Código Penal brasileiro, é a perda do cargo, função pública ou mandato eletivo. As hipóteses de efeitos específicos da condenação, como bem observado por Jair Leonardo Lopes, "são verdadeiras penas acessórias mascaradas de efeitos da condenação". Devem ser declarados expressamente no *decisum* condenatório sob pena de não ser aplicados, haja vista que não são considerados como efeitos automáticos da sentença penal condenatória transitada em julgado.

Nas hipóteses genéricas de efeito específico da condenação, nos termos do Código Penal, a perda do cargo público depende da confluência de alguns requisitos legais, ligados à natureza do crime e à quantidade e à qualidade da pena aplicada. Em se tratando de crime praticado com abuso de poder ou violação de dever para com a Administração Pública, a pena aplicada deve ser privativa de liberdade e por tempo igual ou superior a um ano. Nos demais casos, a pena também deve ser a privação da liberdade, mas por tempo superior a quatro anos.

Diversamente da perda do emprego, cargo, função pública ou mandato eletivo previstos no Código Penal como efeito específico da condenação, a previsão da Lei nº 12.850/2013 é de que a restrição de tais direitos se dê de forma automática, independentemente de fundamentação ou da qualidade ou quantidade de pena aplicada.

Assim, para que ocorra a perda do cargo ou da função pública e do mandato eletivo basta que o servidor público seja condenado, de forma definitiva, por sua participação em organização criminosa.

Merece destaque a matéria relativa à perda do mandato eletivo. Seria ela, a exemplo da perda do cargo público ordinário, efeito automático, decorrência lógica e inarredável da condenação, ou ficaria, como o afastamento cautelar, na dependência da análise política feita pela respectiva Casa a que pertence o parlamentar, nos termos do art. 55, § 2º, da CF?

---

[91] Art. 53, § 2º: "Desde a expedição do diploma, os membros do Congresso Nacional não poderão ser presos, salvo em flagrante de crime inafiançável. Nesse caso, os autos serão remetidos dentro de vinte e quatro horas à Casa respectiva, para que, pelo voto da maioria de seus membros, resolva sobre a prisão".

O plenário do Supremo Tribunal Federal já decidiu[92], por mais de uma vez, que o trânsito em julgado da condenação com o reconhecimento expresso da perda do mandato constitui efeito irreversível, não estando, nessa hipótese, o parlamentar sujeito às prerrogativas dos arts. 53, § 2º, e 55, § 2º, da CF/88.

A perda do mandato eletivo, assim, desde que esteja referida expressamente na sentença penal condenatória, é efeito imediato e decorrência lógica da sentença, não havendo a necessidade de prévia deliberação da Casa respectiva.

Outro aspecto importante a se ressaltar é que a perda do cargo, da função e do emprego públicos, assim como a perda do mandato eletivo, é irreversível. Caso o servidor público e o parlamentar, após a reabilitação penal, pretendam ocupar novamente cargos públicos, deverão se submeter a novas investiduras, por eleição (recuperados os direitos políticos suspensos) ou por meio do concurso público.

10. DA PARTICIPAÇÃO DE POLICIAL NOS CRIMES DE QUE TRATA A LEI Nº 12.850/2013

Nos termos do § 7º do art. 2º da lei examinada, se houver indícios de participação policial em qualquer dos crimes de que trata a Lei nº 12.850/2013, a atribuição para a instauração do inquérito policial competirá à Corregedoria de Polícia, com o acompanhamento obrigatório do Ministério Público.

A interpretação meramente literal do dispositivo em comento pode conduzir à errônea conclusão de que, havendo a participação de policiais em organizações criminosas, apenas a Corregedoria da Polícia Civil teria atribuições para investigar.

Na verdade, até por uma questão de lógica e de razoabilidade, quando a investigação for conduzida pela Polícia, o órgão especial encarregado de presidi-la será a Corregedoria. Todavia, a Corregedoria da respectiva instituição da qual fizer parte o policial investigado: Corregedoria da Polícia Civil, da Polícia Federal, da Polícia Rodoviária Federal, da Polícia Militar e assim por diante. Nada impede, portanto, que, se o policial flagrado praticando alguns dos crimes da Lei nº 12.850/2013 for, por exemplo, dos quadros da Polícia Militar, que ele seja investigado por meio de Inquérito Policial Militar instaurado no âmbito da Corregedoria da Polícia Militar. Não teria nenhuma lógica um policial militar ou um policial federal ser investigado pelo órgão correcional da Polícia Civil.

O legislador optou, portanto, por eleger um órgão especial – a Corregedoria – para a apuração da participação de policiais nos crimes ligados às organizações criminosas. Contudo, não concentrou, como à primeira vista poderia parecer, essa atribuição na Corregedoria da Polícia Civil. Para saber de quem é a atribuição para conduzir a investigação, é preciso verificar qual a instituição de origem do policial suspeito.

Tem-se, por outro lado, que a Lei nº 12.850/2013, embora tenha afirmado expressamente que o Ministério Público deverá acompanhar as investigações levadas a efeito pela casa corregedora da respectiva polícia, não afastou, com isso, a possibilidade de o Ministério Público instaurar procedimento investigatório criminal (PIC) próprio, nos moldes da Resolução nº 181, da lavra do CNMP (Conselho Nacional do Ministério Público), que prevê, expressamente, a possibilidade de o Ministério Público investigar por si mesmo infrações penais.

Na verdade, a investigação da participação de policiais no crime organizado será de atribuição das Corregedorias de Polícia quando tal fato chegar diretamente ao conhecimento

---

[92]   STF, Ação Penal 396-RO, Rel.ª Min.ª Cármen Lúcia, j. 26.06.2013, *DJe* 196, de 03.10.2012.

de qualquer autoridade policial. Aqui, o Delegado de Polícia que tomar conhecimento do envolvimento de policiais não presidirá o inquérito policial, mas, sim remeterá as investigações para a Corregedoria de Polícia. Esta, por sua vez, comunicará o Ministério Público, que deverá acompanhar as investigações.

Isso não quer dizer, contudo, que o Ministério Público não possa ter tido conhecimento da participação de policiais em organizações criminosas e, ele próprio, dar início às suas investigações, visto que legitimado constitucionalmente a isso.

Assim, o artigo em análise diz respeito tão somente ao fato de ter a autoridade policial tomado conhecimento, *sponte propria*, da participação de policial em organização criminosa, quando será de atribuição exclusiva da sua Corregedoria de Polícia, ouvindo-se obrigatoriamente, o Ministério Público, titular também exclusivo da ação penal, a quem, ao final, deverão ser encaminhadas as investigações levadas a efeito.

Entendemos, portanto, que o § 7º do art. 2º da Lei nº 12.850/2013 deve ser interpretado em conjunto com os demais dispositivos legais e constitucionais que atribuem a outras órgãos e instituições, notadamente ao Ministério Público, ao mesmo tempo que à Polícia Civil, o poder-dever de investigar infrações penais.

O Supremo Tribunal Federal, no julgamento do Recurso Especial 593.727, de Minas Gerais, após certa recalcitrância da jurisprudência pátria, reconheceu amplos poderes investigatórios ao Ministério Público, acolhendo, por maioria de votos, a seguinte tese:

> O Ministério Público dispõe de competência para promover, por autoridade própria, e por prazo razoável, investigações de natureza penal, desde que respeitados os direitos e garantias que assistem a qualquer indiciado ou a qualquer pessoa sob investigação do Estado, observadas, sempre, por seus agentes, as hipóteses de reserva constitucional de jurisdição e, também, as prerrogativas profissionais de que se acham investidos, em nosso País, os Advogados (Lei nº 8.906/94, art. 7º, notadamente os incisos I, II, III, XI, XIII, XIV e XIX), sem prejuízo da possibilidade – sempre presente no Estado democrático de Direito – do permanente controle jurisdicional dos atos, necessariamente documentados (Súmula Vinculante nº 14), praticados pelos membros dessa instituição.

No âmbito do referido julgamento, debateu-se amplamente a questão sobre se o Ministério Público possuiria amplos poderes investigatórios ou se a investigação conduzida pelo órgão deveria ser seletiva e restrita a determinadas situações e hipóteses. Prevaleceu o entendimento de que o Ministério Público detinha amplos poderes investigatórios, em qualquer seara de sua atribuição, para investigar quaisquer infrações penais. Por ocasião daquele julgamento, todavia, os Ministros que foram voto vencido por sustentarem a legitimidade apenas parcial do Ministério Público para presidir investigações, a saber, Dias Toffoli, Cezar Peluso e Ricardo Lewandowski, sustentavam que seria justamente esse ponto sensível de que trata o § 7º ora analisado, a investigação de policiais, que justificaria a condução das investigações pelo Ministério Público.

Não bastasse, a Constituição Federal, no inciso VII do art. 129, entregou ao Ministério Público o controle externo da atividade policial, atribuição essa que inclui, necessariamente, a presidência de investigação de infrações penais perpetradas por policiais de quaisquer corporações, incluindo os agentes penitenciários e os bombeiros militares.

A LC nº 73/93 e a Lei nº 8.625/94 também trataram da matéria que, ao depois, veio a ser regulamentada no âmbito de cada uma das Unidades da Federação, nas respectivas leis orgânicas dos seus Ministérios Públicos distrital e estaduais.

Por fim, a já citada Resolução nº 181 do CNMP reconheceu amplos poderes investigatórios ao Ministério Público e regulamentou a instauração e o procedimento a ser observado quando das investigações de infrações penais presididas pelo órgão.

É esta a posição de Renato Brasileiro de Lima:

"(...) há quem entenda que estaria afastada a possibilidade de as investigações serem realizadas diretamente pelo Ministério Público. Não nos parece ser esta a melhor conclusão, a não ser que se queira interpretar a Constituição Federal à luz da legislação ordinária, e não o contrário, como deve ser. Ora, por mais que o dispositivo sob comento tenha a pretensão de atribuir à respectiva Corregedoria de Polícia a exclusividade da investigação de policiais envolvidos com organizações criminosas, é evidente que tal preceito não pode se sobrepor aos dispositivos constitucionais que dão amparo à investigação realizada diretamente pelo Ministério Público."[93]

O referido § 7º, portanto, deve ser interpretado em conjunto com toda a legislação infraconstitucional acerca da matéria e filtrado constitucionalmente, com especial atenção à decisão plenária do STF que reconheceu amplos poderes investigatórios ao Ministério Público a fim de que se reconheça a sua atribuição para não apenas acompanhar as atividades de investigação da Corregedoria de Polícia mas também presidir, ele próprio, investigações, sempre que houver indícios da participação de policiais em grupos criminosos organizados ou se verificarem indícios da prática de algum dos crimes descritos na Lei nº 12.850/2013.

11. DOS ASPECTOS RELACIONADOS À EXECUÇÃO DA PENA

O art. 2º nos seus §§ 8º e 9º, introduzidos pela Lei nº 13.964/2019, revela uma maior preocupação do legislador penal com os líderes de organizações criminosas armadas ou que possuam armas à sua disposição e, inclusive, com os integrantes de organizações criminosas que, mesmo condenados e presos, ainda mantêm firmes os seus vínculos associativos com o empreendimento criminoso. Essa maior atenção do legislador com esses casos especiais resultou, então, no agravamento da situação desses criminosos no âmbito da execução penal, depois, portanto, de terem eles sido condenados definitivamente.

Assim, aqueles que comprovadamente integravam organizações criminosas armadas ou, simplesmente, que possuíam armas à sua disposição e que exerciam alguma posição de liderança no grupo – *status* esse reconhecido na sentença penal condenatória – deverão, obrigatoriamente, iniciar o cumprimento de suas penas em estabelecimentos de segurança máxima. É o que se extrai expressamente do § 8º.

Por outro lado, aquele que vier a ser condenado por participação em organização criminosa, ou mesmo por qualquer crime praticado por organização criminosa, não terá direito a nenhum benefício prisional que importe saídas do sistema prisional enquanto mantiver o vínculo associativo com o crime. O condenado nessas situações não terá direito aos benefícios do livramento condicional nem à progressão de regime, assim como não fará jus a nenhum outro benefício prisional que o possibilite deixar o presídio em liberdade, ainda que momentaneamente.

Quanto ao regime de cumprimento, o membro de organização criminosa deverá cumprir a pena no regime disciplinar diferenciado (RDD), independentemente da prática de falta grave. Nesse sentido, trazemos à colação os seguintes parágrafos do art. 52 da LEP:

---

[93]   LIMA, Renato Brasileiro de. *Legislação criminal especial comentada*, p. 683.

> § 1º O regime disciplinar diferenciado também será aplicado aos presos provisórios ou condenados, nacionais ou estrangeiros:
>
> (...)
>
> II – sob os quais recaiam fundadas suspeitas de envolvimento ou participação, a qualquer título, em organização criminosa, associação criminosa ou milícia privada, independentemente da prática de falta grave.
>
> (...)
>
> § 3º Existindo indícios de que o preso exerce liderança em organização criminosa, associação criminosa ou milícia privada, ou que tenha atuação criminosa em 2 (dois) ou mais Estados da Federação, o regime disciplinar diferenciado será obrigatoriamente cumprido em estabelecimento prisional federal.
>
> § 4º Na hipótese dos parágrafos anteriores, o regime disciplinar diferenciado poderá ser prorrogado sucessivamente, por períodos de 1 (um) ano, existindo indícios de que o preso:
>
> (...)
>
> II – mantém os vínculos com organização criminosa, associação criminosa ou milícia privada, considerados também o perfil criminal e a função desempenhada por ele no grupo criminoso, a operação duradoura do grupo, a superveniência de novos processos criminais e os resultados do tratamento penitenciário.
>
> § 5º Na hipótese prevista no § 3º deste artigo, o regime disciplinar diferenciado deverá contar com alta segurança interna e externa, principalmente no que diz respeito à necessidade de se evitar contato do preso com membros de sua organização criminosa, associação criminosa ou milícia privada, ou de grupos rivais.

De fato, nos termos do § 1º do art. 52 da Lei de Execução Penal (Lei nº 7.210), se recaírem sobre o preso provisório ou condenado fundadas suspeitas de seu envolvimento ou participação, a qualquer título, em organização criminosa, mesmo que ele não tenha praticado falta grave, será levado ao regime disciplinar diferenciado. Caso o preso exerça liderança em organização criminosa, ainda que havendo apenas indícios dessa particular condição, ou sua atuação no crime alcance mais de um Estado da Federação, ele deverá cumprir a pena em regime disciplinar diferenciado e esta deverá, obrigatoriamente, ser executada em presídio de segurança máxima. Caso existam indícios de que o preso mantenha os vínculos com a organização criminosa, o regime disciplinar diferenciado poderá ser prorrogado sucessivamente, por períodos de 1 (um) ano. Para que ocorra essa prorrogação e a manutenção do preso no regime por prazo superior ao inicialmente previsto na Lei de Execuções Penais, devem ser considerados, além da existência de vínculos com o grupo criminoso, o seu perfil criminal, a função desempenhada por ele no bando, a operação duradoura do grupo, a superveniência de novos processos criminais e os resultados do tratamento penitenciário.

Para o preso suspeito de exercer liderança em organização criminosa ou cuja atuação criminosa alcance pelo menos dois Estados da Federação, o regime disciplinar diferenciado deverá contar com alta segurança interna e externa, principalmente no que diz respeito à necessidade de se evitar contato dele com membros de sua organização criminosa, associação criminosa ou milícia privada, ou de grupos rivais.

12. DA INVESTIGAÇÃO E DOS MEIOS DE OBTENÇÃO DA PROVA

Os incisos I a VIII do art. 3º da Lei nº 12.850/2013 preveem os meios de obtenção de prova quando estivermos diante de uma organização criminosa, a saber:

> (...)
>
> I – colaboração premiada;
>
> II – captação ambiental de sinais eletromagnéticos, ópticos ou acústicos;
>
> III – ação controlada;

> IV – acesso a registros de ligações telefônicas e telemáticas, a dados cadastrais constantes de bancos de dados públicos ou privados e a informações eleitorais ou comerciais;
>
> V – interceptação de comunicações telefônicas e telemáticas, nos termos da legislação específica;
>
> VI – afastamento dos sigilos financeiro, bancário e fiscal, nos termos da legislação específica;
>
> VII – infiltração, por policiais, em atividade de investigação, na forma do art. 11;
>
> VIII – cooperação entre instituições e órgãos federais, distritais, estaduais e municipais na busca de provas e informações de interesse da investigação ou da instrução criminal.

Cada um deles será objeto de análise específica. Como existem meios considerados extremamente invasivos aos direitos do investigado, principalmente no que diz respeito à sua privacidade, deverá existir uma ordem de prioridades, uma espécie de escalonamento, partindo-se dos menos invasivos até chegar no mais radical de todos, que é a *infiltração policial*, procedimento também conhecido como *agente encoberto*.

Há meios de prova que receberam uma atenção maior da Lei nº 12.850/2013, mesmo que não regulados exaustivamente pelo legislador, como ocorre com a colaboração premiada, a ação controlada e a infiltração de agentes. Outros possuem regulamentação fora do âmbito da lei em análise, a exemplo das interceptações de comunicações telefônicas e telemáticas. Há, ainda, aqueles que não foram objeto de regulamentação pela Lei nº 12.850/2013, ou mesmo outro diploma legal, como é o caso da captação ambiental de sinais eletromagnéticos, ópticos ou acústicos.

Faremos a análise sequencial de cada um desses meios de prova, iniciando-se pela captação ambiental de sinais eletromagnéticos, ópticos ou acústicos, já que a colaboração premiada foi objeto de uma seção própria, e será estudada logo em seguida.

12.1. Captação ambiental de sinais eletromagnéticos, ópticos ou acústicos

Não há dúvidas de que o avanço tecnológico auxiliou, imensamente, a atividade policial, colocando à disposição da investigação meios que facilitam o trabalho de elucidação de crimes e encontro de criminosos. Um desses meios, já utilizados amplamente no estrangeiro, é a chamada captação ambiental de sinais eletromagnéticos, ópticos ou acústicos.

No Brasil, a primeira previsão de aplicação desse meio de prova surgiu com a Lei nº 9.034, de 3 de maio de 1995, que dispunha sobre a utilização de meios operacionais para a prevenção e repressão de ações praticadas por organizações criminosas, modificada, posteriormente, pela Lei nº 10.217, de 11 de abril de 2001, que incluiu o inciso IV no art. 2º da referida lei, prevendo, como *procedimento de investigação e formação de provas* a *captação e a interceptação ambiental de sinais eletromagnéticos, óticos ou acústicos, e o seu registro e análise, mediante circunstanciada autorização judicial.*

Naquela oportunidade, não houve qualquer regulamentação legal a respeito do procedimento a ser adotado para fins de se levar a efeito a referida captação e/ou interceptação. Isso porque entendeu-se que, embora a lei fizesse essa nova previsão de outro meio de prova, a ele seria aplicado, por analogia, o procedimento previsto pela Lei nº 9.296, de 24 de julho de 1996, que regulamentou a parte final do inciso XII do inciso 5º da Constituição Federal, no que diz respeito à interceptação telefônica de qualquer natureza.

A Lei nº 12.850/2013 também não regulamentou a captação ambiental de sinais eletromagnéticos, ópticos ou acústicos. Todavia, com as modificações promovidas pela Lei nº 13.964/2019, a Lei nº 9.296, de 24 de julho de 1996, que trata, primordialmente, do procedimento da interceptação das comunicações telefônicas, passou a cuidar do tema. Prevaleceu, assim, a antiga orientação doutrinária e jurisprudencial no sentido de que o procedimento para a captação ambiental deveria seguir, por analogia, o mesmo expediente destinado às escutas telefônicas judicialmente autorizadas.

Com efeito, a Lei nº 9.296, no § 5º do art. 8º-A, após fixar as regras mínimas para o procedimento de captação ambiental de sinais, dispõe, expressamente: "Aplicam-se subsidiariamente à captação ambiental as regras previstas na legislação específica para a interceptação telefônica e telemática".

No *caput* do mesmo art. 8º-A, a Lei nº 9.296 prevê a possibilidade de ser autorizada, pelo Juiz, a requerimento da autoridade policial ou do Ministério Público, a captação de sinais eletromagnéticos, ópticos ou acústicos, sempre que: a) a prova não puder ser feita por outros meios disponíveis e eficazes; b) houver elementos razoáveis de autoria e participação em infrações penais cujas penas máximas sejam superiores a 4 (quatro) anos ou em infrações penais a elas conexas, ainda que, neste último caso, as penas sejam inferiores ao mínimo legal previsto.

O requerimento da medida invasiva deverá sempre descrever de maneira detalhada o local e a forma de instalação do dispositivo de captação ambiental. A captação ambiental, a exemplo da interceptação das comunicações telefônicas, não pode exceder o prazo de 15 (quinze) dias, muito embora esse prazo possa vir a ser renovado por sucessivas vezes enquanto durar a investigação e durante todo o tempo pelo qual perdurar a atividade criminosa de natureza permanente, habitual ou continuada.

Diogo Malan, analisando as características essenciais a essa nova modalidade de meio de prova, assevera que:

> "Tal conceito conjuga as seguintes características: (*i*) *procedimento técnico-operacional*: consiste em série ordenada de atos que visam à captação e ao registro do conteúdo de comunicação presencial; (*ii*) *objeto*: ato comunicativo (conversação por meio de emissão de sinais sonoros da voz humana, que se propalam no ambiente); *voluntário*, de caráter *intersubjetivo* (envolve pelo menos duas pessoas) e *reservado* (isto é, feito com a intenção de subtraí-lo do conhecimento de terceiros) entre pessoas presentes em um mesmo recinto; (*iii*) *sujeito ativo*: terceira pessoa (em regra um agente de polícia judiciária), distinta dos interlocutores; (*iv*) *meio*: de natureza técnica, consistindo em dispositivo tecnológico que permite a transmissão do sinal acústico para o interceptador, assim como sua gravação e posterior reprodução; (*v*) *cariz dissimulado*: como seu êxito depende do fator surpresa, a realização da captação é ocultada dos interlocutores presenciais; (*vi*) *simultaneidade*: como essa forma de comunicação se caracteriza pela instantaneidade, sua captação e registro devem ocorrer de forma simultânea; (*vii*) *desconhecimento dos interlocutores*: a realização é feita sem o conhecimento de pelo menos um dos interlocutores."

As características anteriores se estendem às captações ambientais de sinais óticos e eletromagnéticos, ressalvados os seus respectivos *objetos*.

Assim, na captação ambiental de sinais óticos, seu *objeto* é a imagem de local e das pessoas que nele transitam. Essas imagens podem ser captadas e registradas, por exemplo, por câmera oculta, instalada em determinado recinto, ou pela inoculação de programas de computador (*software*) do tipo "cavalo de troia" no telefone celular ou no computador do investigado, para acesso remoto às suas câmeras.

Quanto à captação ambiental de sinais eletromagnéticos, "seu *objeto* são dados que trafegam por redes que funcionam com base na variação de feixe de ondas eletromagnéticas, a qual corresponde à informação capaz de ser captada e decodificada por aparelho receptor. Por exemplo: redes de comunicação sem fio fechadas, que se utilizam de sinais de rádio"[94].

Essa captação ambiental de sinais pode ocorrer tanto em locais públicos, abertos ou expostos ao público como em ambientes privados.

Em ambientes privados, o rigor será ainda maior, haja vista que, necessariamente, haverá ingresso em propriedade particular, devendo os agentes de polícia estar de posse de um mandado específico, podendo, inclusive, nela adentrar no melhor horário para o cumprimento da medida, não importando se de dia ou mesmo à noite. Isso porque, como se trata de uma medida sigilosa, não se justificaria o ingresso dos policiais com o conhecimento do proprietário, em horário comercial. Como se percebe, a diligência perderia o sentido, e seria completamente frustrada.

Ainda em matéria de captação ambiental, a Lei nº 9.296/96, com as alterações da Lei nº 13.964/2019, passou a considerar crime a conduta de realizar captação ambiental de sinais sem autorização judicial quando esta for exigida. O tipo penal ficou assim redigido:

> **Art. 10-A.** Realizar captação ambiental de sinais eletromagnéticos, ópticos ou acústicos para investigação ou instrução criminal sem autorização judicial, quando esta for exigida:
> Pena – reclusão, de 2 (dois) a 4 (quatro) anos, e multa.
> § 1º Não há crime se a captação é realizada por um dos interlocutores.
> § 2º A pena será aplicada em dobro ao funcionário público que descumprir determinação de sigilo das investigações que envolvam a captação ambiental ou revelar o conteúdo das gravações enquanto mantido o sigilo judicial.

De ver-se que a conduta de realizar a captação de sinais para fins de investigação, sem ordem judicial, agora passa a ser punida com a pena de reclusão de 2 a 4 anos. Com a ressalva, no entanto, de que se a interceptação for feita por um dos interlocutores, não haverá crime porque, nessa hipótese, não se faz necessária a ordem judicial.

Já no § 2º do tipo penal sob análise, o legislador prevê o crime de quebra do sigilo das gravações ambientais, para o qual, inclusive, reserva uma reprimenda bem mais grave, agora de 4 a 8 anos de reclusão. Para a nova lei, levantar o sigilo da medida antes do tempo e sem ordem judicial é, pois, conduta mais gravosa do que a própria interceptação ilegal de sinais. O crime, nessa hipótese, é próprio, exigindo a particular condição de funcionário público detentor das informações sigilosas. Estão previstas duas condutas principais, a saber, descumprir a ordem judicial de sigilo e dar publicidade às gravações antes que o sigilo esteja levantado oficialmente.

12.1.1. Dispensa de licitação e de publicação resumida dos contratos

Nos §§ 1º e 2º do art. 3º da Lei nº 12.850/2013, cuidou-se da flexibilização dos procedimentos de aquisição de equipamentos, bem como da contratação de serviços técnicos necessários ao seu funcionamento.

Segundo a lei, quando o órgão de investigação necessitar, de forma justificada, manter o sigilo sobre sua capacidade técnica operacional, poderá dispensar a licitação para a contratação dos serviços, para a locação e a própria aquisição da aparelhagem necessária às captações ambientais ou à interceptação das comunicações telefônicas.

---

[94] MALAN, Diogo. *Da captação ambiental de sinais eletromagnéticos, óticos ou acústicos e os limites relativos à privacidade.* In: AMBOS, Kai; ROMERO, Enéas (coord.). *Crime organizado:* análise da Lei nº 12.850/2013, p. 57-58.

É de todos conhecido o fato de que o crime organizado a cada dia evolui e se aparelha, valendo-se das inovações tecnológicas por ele adquiridas no mercado negro, por meio de suas próprias atividades de furto, roubo, contrabando e descaminho e, ainda, de suas ligações internacionais. A criminalidade procura estar, portanto, sempre um passo à frente da polícia investigativa e das agências estatais encarregadas da repressão e de seu desbaratamento. São evidentes, pois, os prejuízos advindos se se tornarem públicos, com anúncios em editais e publicações nos jornais oficiais, sobre o tipo de equipamento utilizado pelo Estado para investigar as organizações criminosas, especialmente quando, por exigência da Lei de Licitações, e dispositivos legais correlatos, se faz necessária a especificação pormenorizada dos bens a serem adquiridos ou locados pelo Poder Público. A capacitação técnica, assim, se tornada pública, propiciará ao crime organizado aparelhar-se rapidamente a fim de neutralizar o seu uso. Bloqueadores de sinais, de rastreadores, de microfones e de toda sorte de recursos usados pelo Estado, a partir da revelação de seus nomes, marcas e especificações, seriam facilmente adquiridos e acionados pelos investigados, frustrando os meios estatais de enfrentamento.

Assim é que o § 1º em comento dispensa a licitação para a compra, a locação de equipamentos e a contratação de serviços técnicos especializados, e o § 2º, por seu turno, vai além, dispensando a própria publicação resumida do instrumento de contrato pela imprensa oficial.

Os dispositivos legais relativos à flexibilização do procedimento licitatório aplicam-se, por analogia, às compras feitas por todo e qualquer órgão incumbido da investigação dos crimes praticados por organizações criminosas, muito embora a lei se refira apenas à Polícia Judiciária. Por óbvias razões, o Ministério Público, por exemplo, para equipar os seus órgãos de investigação, como os conhecidos Gaecos (Grupos de Atuação Especial de Combate ao Crime Organizado), também poderá valer-se das mesmas facilidades concedidas à Polícia Civil.

12.2. Colaboração premiada

12.2.1. Conceito e noções introdutórias

A luta contra as organizações criminosas em todo o mundo não é tarefa fácil. É muito difícil penetrar nos meandros de uma organização criminosa, mesmo porque definir o fenômeno em si, dada a sua opacidade, o seu obscurantismo, suas diversas facetas, tipologias, formas de instituição, ramificação e atuação, já não é tarefa das mais tranquilas.

Os criminosos organizados modificam a cada dia a sua forma de atuar e de se estruturar e procuram evoluir, inclusive criando e fundindo novas tipologias e mascarando os tipos de relacionamento e vínculos entre seus membros e grupos, tudo com vistas a dificultar os trabalhos das agências estatais encarregadas de prevenir e reprimir os seus atos.

Essa realidade faz que, não raro, na origem de uma investigação ou um processo por crimes relacionados com as práticas de um grupo criminoso organizado, se encontre uma denúncia de um cúmplice arrependido ou com desejos de vingança por não ter sido atendido em algum de seus requerimentos. Essas delações de arrependidos constituem importantes colaborações que, muitas vezes, são imprescindíveis tanto para a deflagração como para o sucesso das investigações.[95]

---

[95] GARCÍA, Antonio del Moral. Justicia Penal y corrupción: análisis singularizado de la ineficiencia procesal. In: MORENO, Abraham Castro; GONZÁLEZ, Pilar Otero (dir.); GONZÁLEZ, Luisiana Valentina Graffe (coord.). *Prevención y tratamiento punitivo de la corrupción en la contratación pública y privada.*

Conforme acentua García:

"Pode-se relembrar toda uma série de processos famosos que foram desencadeados pelas revelações daqueles que inicialmente se moviam com absoluta normalidade no mundo das condutas ilícitas e que, após um choque de interesses, revelaram uma trama com a qual até aquele momento conviviam e compactuavam sem nenhum escrúpulo."[96] (tradução livre)

Atentos a essa realidade, muitos países, como o Brasil, fizeram inserir em seus ordenamentos jurídicos institutos como a delação ou a colaboração premiada. A delação premiada, consoante a lição de Damásio Evangelista de Jesus, é a incriminação de terceiro, realizada por um suspeito, indiciado ou réu, no bojo de seu interrogatório ou em outro ato processual[97]. O legislador, para incentivar aquele que também se viu envolvido na prática da conduta criminosa, prevê como prêmio a redução da pena ou até mesmo a extinção da punibilidade do colaborador.

No entanto, a delação premiada é apenas uma das hipóteses de um instituto mais amplo conhecido como colaboração premiada. Se, na delação premiada, o coautor ou partícipe colabora entregando, denunciando, um terceiro, isso não significa que não possa haver colaboração premiada sem que se impute um fato a outrem, nos moldes de uma *delatio criminis* tradicional. A simples confissão, com significativa colaboração, como a entrega de provas e dos lucros auferidos com a conduta criminosa, também pode ser premiada e se constituir em importante colaboração com a investigação.

No Brasil, tanto a delação como a colaboração premiada estão previstas em diversas leis. Todavia, esses institutos foram mais bem sistematizados na Lei nº 12.850/2013 – a nova Lei de Organizações Criminosas – mais precisamente nos arts. 3º-A a 3º-C, 4º e 7º, sob a rubrica "Da Colaboração Premiada".

12.2.1.1. Conceito legal e natureza jurídica

Nos termos da alteração legislativa promovida pela minirreforma penal e processual penal advinda da Lei nº 13.964/2019, o acordo de colaboração premiada é negócio jurídico processual e meio de obtenção de prova que pressupõe utilidade e interesse públicos. É o que prescreve expressamente o art. 3º-A, inserido pela Lei nº 13.964/2019. A colaboração premiada, portanto, passa a ser reconhecida pela lei como um negócio jurídico, um verdadeiro contrato realizado entre o autor de um crime e o organismo estatal e definida como um meio de obtenção de prova em prol do interesse público.

Malgrado as inúmeras críticas dirigidas aos referidos institutos pelos mais diversos segmentos da ciência jurídica, a delação e a colaboração premiadas são ferramentas das quais não se pode prescindir no âmbito de uma investigação que se pretende séria e minimamente eficaz contra atos da criminalidade organizada. O aparelhamento tecnológico e o nível de sofisticação das organizações criminosas, a forma calculada e amplamente planejada com que se realizam os atos criminosos a fim de lançar uma cortina de fumaça sobre os seus reais envolvidos, tudo isso deixa o investigador na dependência direta de um colaborador, o que torna extremamente valiosa uma delação.

---

[96] GARCÍA, Antonio del Moral. Justicia Penal y corrupción: análisis singularizado de la ineficiencia procesal. In: MORENO, Abraham Castro; GONZÁLEZ, Pilar Otero (dir.); GONZÁLEZ, Luisiana Valentina Graffe (coord.). *Prevención y tratamiento punitivo de la corrupción en la contratación pública y privada*, p. 65.

[97] JESUS, Damásio Evangelista de. *Estágio atual da "delação premiada" no direito penal brasileiro*. 04.11.2005. Disponível em: <http://jus.com.br/artigos>. Acesso em: 17 jun. 2023.

Não se está aqui a afirmar que não é preciso ter cautela ao pretender valorar como prova as declarações de um delator ou mesmo que toda e qualquer prova obtida a partir de uma delação ou colaboração premiada terá igual e irrestrito peso. É preciso desconfiar e sopesar as razões que moveram o delator a fim de se evitar a legalização de denunciações caluniosas. Todavia, a exigência de cautela não pode significar o rechaço puro e simples de tais importantes institutos sob o manto de que seriam, todos, marcados por uma imoralidade que macularia irremediavelmente o instituto.

A história recente mostra a importância e a imprescindibilidade da delação e da colaboração premiadas para o desbaratamento de grandes esquemas montados por organizações criminosas, como ocorreu na seara das operações Lava Jato, no Brasil, e Mãos Limpas, na Itália, quando grandes conglomerados do crime, voltados especialmente para as práticas corruptas, foram descobertos e desbaratados graças, em grande parte, à colaboração de agentes arrependidos.

De toda sorte, no caso brasileiro, devidamente regulamentadas por lei federal, a delação e a colaboração premiadas, a par das severas críticas suportadas, foram referendadas pela Suprema Corte em diversas decisões, no bojo das quais se exigiu apenas a observância de determinados requisitos, todos previstos em lei, para a sua homologação e validação.

No âmbito da Lei nº 12.850/2013, o *caput* do art. 4º dispõe que o juiz poderá conceder, a requerimento das partes, o perdão judicial. Poderá, ainda, reduzir em até dois terços a pena privativa de liberdade aplicada ou até mesmo substituí-la por penas restritivas de direitos.

A condição primordial para que se concedam os benefícios previstos na Lei nº 12.850/2013 é que o agente tenha colaborado efetiva e voluntariamente com a investigação e com o processo criminal e desde que, da colaboração, advenha pelo menos um dos resultados elencados pelo legislador nos incisos I a V do art. 4º ora comentado.

> Por se tratar de negócio jurídico personalíssimo, o acordo de colaboração premiada não pode ser impugnado por coautores ou partícipes do colaborador na organização criminosa e nas infrações penais por ela praticadas, ainda que venham a ser expressamente nominados no respectivo instrumento no relato da colaboração e em seus possíveis resultados (HC nº 127.483/PR, Pleno, de minha relatoria, *DJe* de 04/02/2016). A homologação do acordo de colaboração, por si só, não produz nenhum efeito na esfera jurídica do delatado, uma vez que não é o acordo propriamente dito que poderá atingi-la, mas sim as imputações constantes dos depoimentos do colaborador ou as medidas restritivas de direitos fundamentais que vierem a ser adotadas com base nesses depoimentos e nas provas por ele indicadas ou apresentadas As cláusulas do acordo de colaboração, contra as quais se insurge o agravante, não repercutem, nem sequer remotamente, em sua esfera jurídica, razão por que não tem interesse jurídico nem legitimidade para impugná-las. O agravante, com fundamento na Súmula Vinculante nº 14 do Supremo Tribunal Federal, poderá ter acesso a todos os elementos de prova documentados nos autos dos acordos de colaboração – incluindo-se as gravações audiovisuais dos atos de colaboração de corréus – para confrontá-los, mas não para impugnar os termos dos acordos propriamente ditos (STF, Rcl 21.258 AgR/PR, 2ª T., Rel. Min. Dias Toffoli, *DJe* 20.04.2016).

Assim, é possível estabelecer como pressupostos de validade da colaboração premiada no âmbito do enfrentamento às organizações criminosas, primeiramente, três requisitos inarredáveis, que precisam estar presentes e de forma cumulativa.

12.2.2. Pressupostos de validade

12.2.2.1. Voluntariedade da colaboração

A colaboração não precisa, necessariamente, ser espontânea, ou seja, não precisa ter nascido de uma vontade interna do agente, de sua própria determinação e arbítrio, sem nenhum tipo de provocação externa. É perfeitamente possível, portanto, que o Delegado de

Polícia ou mesmo o membro do Ministério Público provoquem a manifestação do investigado ou acusado, orientando-o sobre os benefícios da delação premiada e incentivando-o a participar do acordo *inter partes*. Dito de outra forma, não há nenhum impeditivo para que os órgãos de investigação atuem de sorte que desperte no agente o desejo de colaborar com o processo ou com as investigações.

Contudo, se a colaboração não precisa ser espontânea, certo é que, obrigatoriamente, ela deve ser voluntária. Voluntária significa livre de qualquer tipo de coação, não forçada ou imposta mediante ameaças e outros subterfúgios. Postura bastante criticada é aquela adotada por alguns operadores do Direito consistente, por exemplo, na supressão de direitos e garantias fundamentais dos suspeitos, como a restrição de sua liberdade mediante a prisão preventiva ou temporária, no intuito único de forçá-lo a colaborar. Não há, evidentemente, nenhuma vedação legal a que seja celebrado um acordo de colaboração premiada com um investigado ou processado que esteja preso cautelarmente. O que não se permite, sob pena de nulidade absoluta do acordo, é a decretação da prisão cautelar como forma de coagir o suspeito a delatar os seus comparsas e a colaborar com a justiça.

12.2.2.2. Acompanhamento de todos os atos pelo defensor do colaborador

A colaboração premiada não poderá ser realizada sem que, em todos os seus atos, o colaborador esteja sempre acompanhado por membro da Ordem dos Advogados do Brasil, advogado legalmente constituído, ou por um membro da Defensoria Pública. É esse o teor do § 15 do art. 4º, que dispõe:

> Em todos os atos de negociação, confirmação e execução da colaboração, o colaborador deverá estar assistido por defensor.

No mesmo diapasão, os §§ 9º e 14 reafirmam essa necessidade de estar presente, ao lado do colaborador, o seu advogado ou defensor público:

> § 9º Depois de homologado o acordo, o colaborador poderá, **sempre acompanhado pelo seu defensor**, ser ouvido pelo membro do Ministério Público ou pelo delegado de polícia responsável pelas investigações.
> (...)
> § 14. Nos depoimentos que prestar, o colaborador renunciará, **na presença de seu defensor**, ao direito ao silêncio e estará sujeito ao compromisso legal de dizer a verdade. (grifos nossos)

Pode-se afirmar, portanto, que a presença do defensor do colaborador é, de fato, um dos requisitos de validade da colaboração premiada.

12.2.2.3. Efetiva colaboração

A colaboração premiada, consoante a lição de Jacinto Nelson de Miranda Coutinho, "é – e deve ser – só um instrumento para se chegar aos meios de prova"[98]. Não basta, portanto, que o colaborador preste declarações formais, delatando coautores e cúmplices, revelando detalhes sobre o funcionamento da organização ou o local onde supostamente estariam escondidos bens, valores, produtos e proventos oriundos das supostas práticas da organização criminosa. É mister que os termos das suas declarações sejam concretamente confirmados e

---

[98] LOPES JR., Aury; ROSA, Alexandre Morais da; COUTINHO, Jacinto Nelson de Miranda. *Delação premiada no limite*: a controvertida Justiça negocial *made in Brazil*, p. 10.

efetivamente levem os investigadores à produção da prova necessária a referendá-las. Deve haver a efetiva colaboração, e não um simples testemunho cujos termos não ultrapassam o campo do subjetivismo ou da ilação.

12.2.2.4. Homologação judicial

O juiz não participa das negociações da colaboração premiada. Entretanto, isso não significa que ele seja mero espectador e chancelador do acordo entabulado pelos órgãos incumbidos das investigações e pelos colaboradores. É requisito inarredável para a validade da colaboração que o juiz a homologue. Essa homologação, como veremos adiante, pode ser recusada pelo Juiz.

> (...) compete ao Relator homologar acordo de colaboração premiada, exercendo o controle da regularidade, legalidade e espontaneidade. Ao Colegiado cabe, posteriormente, analisar se os termos do acordo foram cumpridos e a eficácia da colaboração. Tendo o Plenário do Supremo Tribunal Federal assentado entendimento de que a homologação do acordo de colaboração compete ao Relator, não há como acolher a tese do acusado, razão pela qual rejeito a preliminar (STJ, APn 843/DF, Rel. Min. Herman Benjamin, CE, *DJe* 1º.02.2018).

12.2.2.5. Renúncia ao direito constitucional ao silêncio

O colaborador precisará renunciar ao seu direito ao silêncio e confessar a sua participação na organização criminosa. Decorrência natural desse fato é que, diversamente do que ocorre em um interrogatório comum, o colaborador poderá vir a ser incriminado em razão de informações inverídicas que apresentar no âmbito da colaboração.

12.2.2.6. Confidencialidade

O sigilo constitui pressuposto de validade da colaboração premiada, que tem por marco inaugural o recebimento da proposta para a sua formalização. Logo no início das negociações, deverá ser lavrado um Termo de Confidencialidade que possibilitará o prosseguimento das negociações. Esse termo vincula os órgãos envolvidos na negociação e impede o posterior indeferimento abusivo e sem justa causa do pedido de colaboração. É vedada a divulgação das tratativas iniciais ou de documento que as formalize, até o levantamento do sigilo que somente ocorrerá após o recebimento da denúncia. Em nenhuma hipótese o juiz poderá levantar antecipadamente o sigilo da colaboração, sob nenhuma justificativa ou pretexto, sob pena de nulidade do ato, em face da quebra da confiança e da boa-fé.

A par dos requisitos anteriores, a Lei nº 12.850/2013 exige que, na prática, sejam apresentados, concretamente, alguns resultados. De uma lista de 5 (cinco) resultados práticos passíveis de serem atingidos, a lei exige que pelo menos um deles seja devidamente comprovado como condição de validade do acordo de colaboração.

Enumeremos, um a um, os resultados legalmente previstos.

12.2.3. Resultados possíveis

12.2.3.1. A identificação dos demais coautores e partícipes da organização criminosa e das infrações penais por eles praticadas

Como ressaltamos na análise das tipologias das organizações criminosas, o número de agentes que integra determinado grupo é, no mais das vezes, indeterminado. Imagine-se uma organização criminosa nos moldes do PCC brasileiro, que conta hoje, segundo estimativas, com mais de 100 mil integrantes. É natural e até esperado, assim, que após meses ou anos de investigação, mesmo com o uso dos mais modernos e requintados meios de prova, muitos agentes de alta relevância no seio de uma organização não sejam identificados. É comum as interceptações telefônicas revelarem a existência de um suspeito que, apesar de exercer poder de mando ou se tratar de uma peça-chave dentro do grupo investigado, é sempre tratado pelo apelido e seu endereço e identidade nunca chegam a ser revelados. Ao término de uma investigação, normalmente os investigadores dispõem de uma lista de membros da facção que precisam ser identificados, sob pena de restarem frustrados os trabalhos de meses ou anos, que, não raro, podem resultar na identificação e nas prisões apenas de indivíduos ocupantes de posições pouco relevantes na hierarquia do crime. Nesse contexto, a colaboração premiada apresenta-se como a única ferramenta capaz de contribuir eficazmente para a identificação desses agentes.

Além de apontar e identificar coautores e partícipes, o colaborador poderá relatar novos crimes, dos quais não se tinha até o momento conhecimento. Imagine-se uma organização criminosa investigada pela prática de tráfico de drogas que se descobre, por meio do delator, também ser a responsável por uma série de homicídios que teriam ocorrido em determinado local, mas que, até o momento, estavam sem autoria determinada.

12.2.3.2. A revelação da estrutura hierárquica e da divisão de tarefas da organização criminosa

Um dos grandes fatores que dificultam o enfrentamento eficaz às organizações criminosas reside justamente no desconhecimento que os investigadores têm de sua tipologia, forma de atuação, domínio dos fatos, estrutura, ramificações, objetivos, entre outras características cruciais para a sua identificação, a descoberta de seus principais líderes e, finalmente, o seu desbaratamento. É de extrema relevância compreender se uma organização criminosa atua no sistema piramidal ou em rede; se ela está ou não conectada a outras organizações, se possui atuação localizada ou se regional, nacional ou transnacional. O colaborador pode, então, contribuir para que os investigadores tracem o organograma do grupo criminoso e consigam, a partir de então, preencher as diversas lacunas existentes em toda e qualquer investigação e, de elo em elo, chegar aos seus principais líderes de sorte que a atuação do Estado possa ser direcionada para o que de fato importa para a cessação das atividades criminosas. Quando uma organização atua em rede, por exemplo, a concentração de esforços da Polícia sobre determinado grupo pode não impactar em nada o funcionamento de todo o organismo, já que a prisão e o desaparecimento de algumas células ou indivíduos, rapidamente substituídos, não chegam a causar nenhum estrago significativo nos planos do bando. O agente colaborador, nesse aspecto, pode ser decisivo para que a atuação dos órgãos de investigação atinja o núcleo duro e avance sobre os indivíduos mais importantes da organização, sem muita perda de tempo, recursos e energia com agentes de pouca relevância.

12.2.3.3. A prevenção de infrações penais decorrentes das atividades da organização criminosa

O delator, nesse caso, poderá informar sobre um novo carregamento de drogas, sobre a remessa de divisas para o exterior, sobre o planejamento de homicídios, sequestros, explosões de caixas eletrônicos e, com isso, garantir que o Estado impeça a consumação de crimes de especial gravidade dos quais somente tomaria conhecimento após a sua consumação, não fossem as informações prestadas pelo delator.

12.2.3.4. Localização de eventual vítima com a sua integridade física preservada

Há, como vimos, organizações criminosas especializadas na prática de tráfico de pessoas e extorsão mediante sequestro, crimes, aliás, costumeiramente perpetrados pelas organizações criminosas mais violentas. Garantir o resgate de vítimas que seriam levadas para o exterior e alvos de exploração sexual, mortas ou mantidas por tempo indeterminado em cativeiro como forma de a organização incrementar seus lucros é, de fato, resultado da mais alta relevância que justifica, *per se*, a concessão dos prêmios previstos na lei ao delator.

Entretanto, não será suficiente a coexistência de todos os requisitos legais supralistados se a personalidade do colaborador, a natureza, as circunstâncias, a gravidade e a repercussão social do fato criminoso por ele praticado não indicarem ser razoável ou minimamente aceitável a medida.

Não raro, o criminoso que se apresenta para colaborar, por mais que pudesse ser relevante a sua colaboração, trata-se de indivíduo extremamente perigoso, autor de crimes bárbaros que causaram verdadeira comoção social. Nessa hipótese, a Lei nº 12.850/2013 observa que o melhor é não admitir a colaboração para evitar o perdão ou a redução de pena de sujeitos dotados de tamanha perversidade que nenhum benefício social advindo de sua colaboração pareça restar justificável.

É o que se dessume do § 1º do art. 4º, que diz, expressamente:

> § 1º Em qualquer caso, a concessão do benefício levará em conta a personalidade do colaborador, a natureza, as circunstâncias, a gravidade e a repercussão social do fato criminoso e a eficácia da colaboração.

Também é desse dispositivo que se depreende a determinação legal de que, em todos os casos, a eficácia da colaboração precisa ser devidamente analisada e sopesada antes da sua homologação.

Pouca valia terá, por exemplo, admitir uma colaboração com vistas a garantir a prisão de um agente público corrupto se permitirmos que todo o lucro auferido pelo colaborador com a prática nefasta de seus crimes permaneça em sua posse, garantindo o seu perdão e, a um só tempo, o seu enriquecimento sem causa. Todos esses fatores devem ser pensados e considerados quando da lavratura do acordo.

12.2.4. Do prêmio

Para que o colaborador seja encorajado a colaborar com as autoridades responsáveis pela investigação ou com a condução do processo, a lei prevê uma recompensa, mediante a concessão de uma espécie de premiação. Não se trata de uma premiação em bens ou recursos financeiros como ocorre com a figura do *whistleblower*, que recebe um percentual dos valores recuperados nas investigações de corrupção com as quais ele colaborou. O prêmio estabelecido pela legislação brasileira para o colaborador pode variar em qualidade e quantidade, mas está sempre ligado à diminuição da resposta estatal relacionada aos crimes praticados por ele próprio e os quais está obrigado a confessar, nos termos do § 14 do art. 4º da Lei nº 12.850/2013, já que a renúncia ao silêncio e o compromisso de dizer a verdade são pré-requisitos para a colaboração.

Para que seja premiado em menor ou maior grau, podendo garantir desde uma simples redução de pena, passando pela substituição da pena privativa de liberdade por uma pena restritiva de direitos, pelo perdão completo ou até mesmo deixando de ser processado pelo Ministério Público, o colaborador tem que contribuir de forma efetiva e eficaz, garantindo que sua colaboração atinja o maior nível de relevância possível para que alcance os maiores benefícios.

De acordo com a Lei nº 12.850/2013, o colaborador poderá firmar um acordo com o Ministério Público ou com a Polícia e garantir determinada parcela de benefícios legais. Todavia, uma vez assinado o termo de consenso, ele poderá continuar a contribuir, de sorte que sua colaboração possa ganhar importância e seus benefícios e prêmios possam ser melhorados gradativamente.

Assim, nos termos do § 2º do art. 4º, ainda que determinado benefício não tenha sido proposto ou sequer cogitado no acordo inicial, se, futuramente, a contribuição for considerada como excepcionalmente relevante, o colaborador pode vir a ser premiado com ele. Tome-se como exemplo a hipótese do colaborador que firmou compromisso consistente na identificação de determinados integrantes de uma organização criminosa em troca da substituição de sua pena privativa de liberdade por uma pena restritiva de direitos. Homologada a delação premiada, se o Ministério Público ou a autoridade policial (no caso desta, sempre se ouvindo previamente o Ministério Público), entenderem que a colaboração do agente foi ainda mais relevante do que se imaginou anteriormente, poderão requerer, em seu benefício, o perdão judicial, mesmo não tendo constado do termo nenhuma ressalva nesse sentido.

Segundo muito bem ilustra Isabel Sánchez García de Paz[99], existem, basicamente, dois sistemas de colaboração premiada no Direito Comparado:

> "De acordo com o primeiro modelo, o arrependido entra em cena como uma testemunha judicial e está obrigado a declarar oralmente, durante a instrução, como condição para obter algum tipo de imunidade que lhe permita deixar de ser condenado ou mesmo processado. Está, então, exposto a uma situação de perigo especial, em razão de que automaticamente ele é inserido em um programa de proteção a testemunhas. Este modelo é muito comum nos Estados Unidos da América e na Grã-Bretanha, assim como também na Polônia. Conforme o segundo modelo, o arrependido intervém fundamentalmente na fase de investigação, colaborando com as autoridades de persecução penal no esclarecimento dos fatos e na descoberta e identificação dos culpados, conduta esta premiada geralmente de modo facultativo pelo juiz com a redução ou exclusão da pena. Como não tem necessariamente que aparecer diante do tribunal como testemunha, não tem por que incluir esse colaborador nos programas de proteção às vítimas e testemunhas. Este modelo pode ser visto em países como Alemanha, Suíça, Áustria e Holanda e também no Direito espanhol." (tradução livre)

No Brasil, da leitura da Lei nº 12.850/2013, é possível aferir que o nosso ordenamento jurídico adotou elementos de ambas as categorias. É que existe a possibilidade legal de o colaborador prestar informações e auxiliar as autoridades tanto durante as investigações como durante o processo. Ele pode prestar ou não declarações em juízo, como pode se limitar a conduzir os agentes públicos até seus alvos, identificando coautores e partícipes, locais de cativeiro, pontos de distribuição e depósito de drogas, entrega de documentos, armas, veículos etc.

O modelo brasileiro assemelha-se, assim, mais ao modelo italiano, conforme a professora Isabel Sánchez García de Paz, já que aquele país adota também elementos de ambos os modelos apontados anteriormente.

---

[99] PAZ, Isabel Sánchez García de. El coimputado que colabora con la justicia penal. *Revista Electrónica de Ciencia Penal y Criminología*, n. 07-05, p. 05:1-05:33, 2005.

Percebe-se, por outro lado, que, no Direito Comparado, as premiações pela colaboração podem variar em quantidade e qualidade, sempre a depender da natureza dos crimes praticados e da maior ou menor extensão da colaboração.

O ordenamento jurídico *francês* prevê, com relação ao delito de integrar organização criminosa, uma escusa absolutória quando o autor, antes do início da persecução, revela a existência do grupo às autoridades competentes e permite a identificação de outros partícipes. O *Código Penal alemão*, ao regular o delito de participação em organização criminosa, permite que o juiz atenue a pena segundo seu critério ou, inclusive, deixe mesmo de aplicá-la, sempre que o autor se esforce voluntária e sinceramente para impedir a continuação das atividades da organização criminosa ou revele delitos cujo planejamento conheça e que ainda podem ser evitados. No *Direito austríaco*, também há previsão de escusa absolutória para os crimes de organização e associação criminosa nas hipóteses de arrependimento eficaz. Já no *Direito suíço*, não há previsão de isenção de pena ou de perdão, mas tão somente de redução das penas.[100]

No Direito brasileiro, como visto, os prêmios ao colaborador são de ordem e quantificação variados, podendo alcançar desde uma simples redução de pena até o perdão judicial.

Renato Brasileiro de Lima observa que as leis anteriores à Lei nº 9.613/98 e à própria Lei nº 12.850/2013, previam prêmios muito tímidos, que desencorajavam os delatores. Como a pena, no mundo do crime, para os delatores, populares *alcaguetes*, quase sempre é a morte, raramente um autor se apresentava para colaborar com a Justiça, haja vista que os benefícios legais ofertados nem de longe compensavam os riscos e os aborrecimentos a que estaria sujeito o delator.

O autor ressalta que o panorama legal começou a mudar com a Lei nº 9.613/98 e suas posteriores modificações e, finalmente, construiu-se, com a Lei nº 12.850/2013, um cenário bastante favorável aos colaboradores, com a instituição de premiações muito mais tentadoras que, de certa forma, compensam os riscos a que se sujeitam os arrependidos.

Segundo a sempre precisa lição do autor:

"Fácil perceber, portanto, o motivo pelo qual o coautor ou partícipe do fato delituoso não se sentia encorajado a colaborar com as autoridades estatais. Ora, se o único prêmio decorrente da colaboração premiada era a diminuição da pena de 1 (um) a 2/3 (dois terços), o colaborador, já sabia, de antemão, que provavelmente continuaria cumprindo pena, quiçá no mesmo estabelecimento prisional que seus antigos comparsas. Isso acabava por desestimular qualquer tipo de colaboração premiada, até mesmo porque é fato notório que o 'Código de Ética' dos criminosos geralmente pune a traição com verdadeira 'pena de morte'. Foi exatamente essa a grande inovação trazida pela Lei de Lavagem de Capitais, quando entrou em vigor em 4 de março de 1998. Em sua redação original, o art. 1º, § 5º, da Lei nº 9.613/98, dispunha que a pena devia ser reduzida de 1(um) a 2/3 (dois terços) e começar a ser cumprida em regime aberto, podendo o juiz deixar de aplicá-la ou substituí-la por pena restritiva de direitos, se o autor, coautor ou partícipe colaborasse espontaneamente com as autoridades, prestando esclarecimentos que conduzissem à apuração das infrações penais *e* de sua autoria ou à localização dos bens, direitos ou valores objeto do crime. Com o advento da Lei nº 12.683/2012, o art. 1º, § 5º, da Lei nº 9.613/98, sofreu sensível modificação, *in verbis*: 'A pena poderá ser reduzida de um a dois terços e ser cumprida em regime aberto *ou semiaberto*, facultando-se ao juiz deixar de aplicá-la ou substituí-la, *a qualquer tempo,* por pena restritiva de direitos, se o autor, coautor ou partícipe colaborar espontaneamente com as autoridades, prestando

---

[100] Cf. PAZ, Isabel Sánchez García de. El coimputado que colabora con la justicia penal. *Revista Electrónica de Ciencia Penal y Criminología*, n. 07-05, p. 05:1-05:33, 2005.

Parte I • Capítulo 2 • ORGANIZAÇÃO CRIMINOSA | 141

esclarecimentos que conduzam à apuração das infrações penais, à identificação dos autores, coautores e partícipes, *ou* à localização dos bens, direitos ou valores objeto do crime."[101]

Nos termos da Lei nº 12.850/2013, são as seguintes as premiações passíveis de serem concedidas ao colaborador.

12.2.4.1. Redução da pena

O art. 4º em comento prevê apenas a redução máxima da pena, a saber, em até 2/3 (dois terços), negando a tradição histórica de se preverem as balizas mínima e máxima do *quantum* da redução. Para Renato Brasileiro de Lima[102], o melhor critério diante do silêncio do legislador é adotar-se a menor redução prevista no ordenamento jurídico brasileiro, 1/6 (um sexto). Com isso, evitaríamos reduções irrisórias, desestimulando a colaboração.

12.2.4.2. Substituição da pena privativa de liberdade por restritiva de direitos

Aqui, uma vez mais, o legislador foi omisso. Não fez remissão ao art. 44 do Código Penal, como muito bem observou Renato Brasileiro de Lima, tampouco cuidou de estabelecer critérios para essa substituição. Ao que parece, também a forma de substituição ficará a critério do juiz, conferindo, outrossim, uma ampla margem de liberdade ao Ministério Público e à autoridade policial quando da entabulação do acordo.

12.2.4.3. Perdão judicial

O perdão judicial, como é cediço, tem como consequência direta e imediata a extinção da punibilidade. Esta é uma forma diferente de perdão judicial. Tradicionalmente, ele é concedido nas hipóteses de clara desnecessidade da pena, como ocorre, por exemplo, nos crimes culposos. O agente causador do resultado lesivo já teria, em alguns casos concretos, suportado um padecimento tão grave com a prática do próprio crime – dar causa, *v.g.*, à morte do próprio filho, por imprudência – que a pena criminal não lhe faria nenhum sentido. O perdão concedido como prêmio ao delator possui outro fundamento, qual seja, incentivá-lo a colaborar efetiva e decisivamente com a Justiça para o desbaratamento das grandes corporações criminais.

Conforme preleciona Mendroni:

"Para concessão de Perdão Judicial, parece lógico que a colaboração deva ser de fato muito eficiente para viabilizar a um criminoso pertencente a uma organização criminosa obtê-lo. Trata-se de uma espécie diferenciada de 'perdão judicial' porque, segundo o conceito originariamente implantado no nosso sistema jurídico, ele busca deixar de punir aquele que tenha sofrido consequência social tão grave decorrente de sua própria conduta, que se pode considerar por aplicada e cumprida a sua pena."[103]

Exatamente porque não se cuida de uma situação de desnecessidade da pena, não havendo nada que, em tese, justifique a imunidade ou isenção, o perdão somente poderá ser concedido se a delação for de fato eficiente e eficaz.

---

[101] LIMA, Renato Brasileiro de. *Legislação criminal especial comentada*, p. 716.

[102] LIMA, Renato Brasileiro de. *Legislação criminal especial comentada*.

[103] MENDRONI, Marcelo Batlouni. *Crime organizado:* aspectos gerais e mecanismos legais, p. 170.

"Além do mais, não se poderia imaginar um criminoso confesso envolvido por exemplo em criminalidade organizada pretender ter colaborado ineficientemente com a investigação e receber em troca o perdão judicial. Seria dar muito em troco de nada, e o espírito da Lei é exatamente a contraprestação. Para ter direito ao benefício, voluntariedade não basta, é preciso que seja realmente eficaz."[104]

12.2.4.4. Imunidade processual

O Ministério Público, outrossim, a depender do nível da colaboração e das circunstâncias do caso concreto, poderá, inclusive, deixar de oferecer a denúncia contra o colaborador. Esta é uma espécie de imunidade processual, muito comum no Direito Comparado. Todavia, nesta última hipótese, o Ministério Público somente poderá deixar de ofertar a denúncia se o colaborador não for o líder da organização criminosa e for o primeiro a prestar efetiva colaboração. É o que se extrai da leitura do § 4º, I e II, do art. 4º sob comento.

O Ministério Público também somente poderá deixar de oferecer denúncia se a proposta de acordo de colaboração referir-se à infração de cuja existência não tenha prévio conhecimento. Presume-se o prévio conhecimento quando o Ministério Público ou a autoridade policial competente tenha instaurado inquérito ou procedimento investigatório para apuração dos fatos apresentados pelo colaborador.

Como o Ministério Público poderá até mesmo dispensar a denúncia contra o colaborador, concedendo-lhe verdadeira imunidade processual, o § 3º do art. 4º prevê, expressamente, a possibilidade de suspensão do prazo para oferecimento da denúncia por até 6 (seis) meses, prorrogáveis por igual período, até que sejam cumpridas as medidas da colaboração. Uma delação ou colaboração de grande complexidade pode, realmente, demandar a realização de um sem-número de diligências, muitas delas de grande complexidade que podem se desdobrar por considerável lapso temporal. A falta de confirmação das declarações do delator, em hipóteses como essa, não pode lhe prejudicar. Daí por que tamanha elasticidade temporal concedida pelo legislador, que autorizou o Ministério Público a retardar o oferecimento da denúncia pelo prazo de até 12 (doze) meses.

12.2.4.5. Progressão de regime

Se a colaboração for posterior à sentença, o juiz poderá reduzir a pena aplicada pela metade. Poderá, outrossim, optar pela concessão da progressão de regime ainda que não tenha o sentenciado cumprido o tempo mínimo legal de sua reprimenda para tanto.

12.2.5. Do procedimento da colaboração premiada

Podemos extrair, do conjunto da Lei nº 12.850/2013, especialmente após as modificações nela promovidas pela Lei nº 13.964/2019, que o procedimento da colaboração premiada se desenvolve, basicamente, em cinco fases, muito bem delineadas nos seus arts. 3º-A a 3º-C, 4º e 7º:

12.2.5.1. Negociação

As negociações visando à formalização do acordo de colaboração premiada não contam com a participação do juiz, segundo dispõe, expressamente, o § 6º do art. 4º da Lei nº 12.850/2013.

---

[104] MENDRONI, Marcelo Batlouni. *Crime organizado:* aspectos gerais e mecanismos legais, p. 170.

Parte I · Capítulo 2 · ORGANIZAÇÃO CRIMINOSA | 143

As negociações ocorrem entre o delegado de polícia, o investigado e o defensor, com o acompanhamento e a manifestação do defensor. No entanto, as negociações podem ocorrer também diretamente entre o Ministério Público e o investigado ou acusado e seu defensor.

Cumpre observar que as autoridades públicas legitimadas para as negociações do acordo de colaboração premiada são o delegado de polícia e o Ministério Público. O primeiro possui legitimidade para as negociações apenas no âmbito das investigações preliminares. O Ministério Público, ao contrário, como titular da ação penal e o destinatário (unidirecionalidade do inquérito) direto e imediato do inquérito policial, possui legitimidade para presidir as negociações com os colaboradores tanto na fase extrajudicial quanto na fase judicial. Como corolário, o delegado de polícia não poderá, ainda que em delação por ele negociada, propor ou requerer nenhum tipo de benefício para o acusado após a conclusão do inquérito policial e durante a fase processual.

Tanto o § 2º como o § 6º do art. 4º da lei comentada são expressos ao conferir ao delegado de polícia poderes para requerer o perdão judicial ou para presidir negociações com colaboradores apenas e tão somente no âmbito do inquérito policial.

A possibilidade de o delegado de polícia firmar acordos de delação premiada foi alvo de controvérsias doutrinárias e jurisprudenciais, que perduraram desde o advento da Lei nº 12.850/2013 até que o Supremo Tribunal Federal, no bojo da ADIn (Ação Direta de Inconstitucionalidade) 5.508, proposta pela Procuradoria-Geral de República (PGR), dirimisse a questão.

A partir da previsão contida na Lei nº 12.850/2013, no sentido de que o delegado de polícia poderia negociar, diretamente, sem a presença do Ministério Público, embora mediante parecer deste último, acordos de colaboração premiada, surgiram pelos menos quatro correntes de interpretação distintas:

a) **O delegado de polícia não pode formalizar acordos de colaboração premiada:** para esta primeira corrente, malgrado a previsão legal expressa, o delegado de polícia não poderia formalizar acordos de colaboração premiada, sob pena de usurpar as funções do Ministério Público. Tome-se como exemplo um acordo de colaboração premiada, feito pelo delegado de polícia, ao arrepio do Ministério Público, que contemple o colaborador com o perdão judicial ou mesmo com a imunidade processual. Na hipótese de discordância do Ministério Público, esse órgão, que detém independência funcional, é o titular absoluto da Ação Penal Pública e não se vincula de nenhuma forma ao trabalho investigatório da Polícia Civil, poderia simplesmente ignorar o acordo feito pela autoridade policial, deixando de conceder ou de anuir a quaisquer dos benefícios concedidos, resultando, assim, inócuo, verdadeira letra morta o acordo feito em sede policial. A Lei nº 12.850/2013 seria, então, inconstitucional na parte em que confere ao delegado de polícia legitimidade para negociar acordos premiais.

b) **O delegado de polícia pode entabular acordos de colaboração:** para esta segunda corrente, o delegado de polícia possuiria, sim, legitimidade para a negociação e formalização de acordos de colaboração premiada. Com a ressalva de que ditos acordos e quaisquer requerimentos de aplicação de benefícios aos colaboradores se circunscreveriam ao âmbito do inquérito policial. Ademais, em toda e qualquer hipótese, deveria haver a manifestação do Ministério Público. Para esta corrente, todavia, o parecer do Ministério Público seria meramente opinativo e o delegado gozaria de ampla liberdade para negociar com os investigados, inclusive propondo-lhes como prêmios redução de pena e perdão judicial. Ao juiz caberia o papel homologatório do acordo. Para esta corrente, a possibilidade de o delegado de polícia firmar a colaboração em nada interfere na atribuição do Ministério Público de ser o titular da ação penal ou mesmo de oferecer ou não a denúncia.

c) **O delegado de polícia pode firmar acordos de colaboração premiada, mas mediante parecer decisivo e vinculante do Ministério Público:** para esta terceira corrente, o delegado de polícia poderia entabular acordos de delação premiada. Entretanto, o Ministério Público, obrigatoriamente, precisaria opinar mediante parecer decisivo e vinculante. Sem o aval do Ministério Público, o acordo não poderia seguir para a homologação do juiz.

d) **O delegado pode firmar acordos de colaboração, mas deve limitar as premiações:** para esta corrente, o delegado de polícia não poderia, por exemplo, propor acordo que previsse a imunidade, ou seja, impondo ao Ministério Público que deixasse de ofertar a denúncia. Também segundo este entendimento, o delegado não deveria descer a pormenores sobre o *quantum* reducional da pena ou o perdão judicial, apenas podendo se referir a essas benesses de forma genérica, deixando a cargo do juiz as especificidades no momento da sentença.

A ADIn proposta pela PGR visando ao reconhecimento da inconstitucionalidade parcial da Lei nº 12.850/2013, para reconhecer como inconstitucional a possibilidade de o delegado de polícia firmar acordos de colaboração premiada, foi julgada, pelo Plenário do Supremo Tribunal Federal, improcedente. Prevaleceu, na Corte Suprema, a segunda corrente doutrinária anteriormente explicitada, ou seja, para o Supremo Tribunal Federal o delegado de polícia pode firmar acordos de colaboração premiada. Ainda que o Ministério Público não necessite intervir em todas as fases das negociações, o seu parecer é obrigatório, todavia não é decisivo, tampouco vinculante.

Houve, no entanto, votos divergentes, com ministros ou grupos de ministros acolhendo diferentes correntes interpretativas. Os Ministros Edson Fachin, Rosa Weber e Luiz Fux adotaram o entendimento da terceira corrente anteriormente mencionada, para os quais o delegado de polícia até poderia firmar acordo de colaboração, mas mediante parecer decisivo e vinculante do Ministério Público. O Ministro Dias Toffoli sustentou a última corrente doutrinária suprarreferida, aduzindo que o delegado poderia firmar o acordo, porém limitando a premiação para não ferir a atribuição do Ministério Público.

Sob nossa modesta ótica, antes de pôr fim à controvérsia, o Supremo Tribunal Federal acabou por acirrá-la ainda mais, perdendo uma excelente oportunidade de regulamentar definitivamente a matéria. Ora, a teor da decisão, o delegado de polícia poderá, *v.g.*, entabular um acordo de colaboração em que propõe ao investigado a imunidade, ou seja, que o Ministério Público deixe de oferecer a denúncia. Discordando o Ministério Público e homologando o juiz a colaboração, cria-se situação jurídica de verdadeiro paradoxo insanável. A colaboração feita pelo delegado não vincula o Ministério Público, que não pode ser compelido a deixar de propor a ação penal.

12.2.5.2. Da proposta de colaboração e do termo de confidencialidade

Anteriormente ao advento da Lei nº 13.964/2019, a Lei nº 12.850/2013 não cuidara de regulamentar de forma pormenorizada a fase imediatamente anterior à formalização da colaboração premiada, no âmbito da qual ocorrem as negociações e tratativas tendentes à formalização do acordo premial. Muito embora, no art. 6º, a referida lei, ao prescrever os requisitos mínimos de validade a serem observados quando da lavratura do termo de colaboração, acabasse por impor certos limites à fase de tratativas, certo é que a ausência de uma regulamentação mais explícita deixava uma margem de liberdade muito ampla para ambas as partes envolvidas nas negociações. Nesse contexto, a par das críticas doutrinárias, os acordos de colaboração premiada acabavam por se apresentar como recorrentes focos, senão de nulidades processuais, de constantes impugnações nesse sentido.

O legislador reformista optou, assim, pelo estabelecimento de regras específicas e detalhadas sobre a primeira fase do acordo premial, traçando balizas, fixando limites e instituindo um verdadeiro procedimento preliminar com vistas a, pelo menos aparentemente, conferir maior segurança às partes envolvidas nas negociações desde a mais incipiente e, antes informal, tratativa.

As tratativas para a contratação da colaboração premiada, então, começam com a apresentação de uma proposta de colaboração por parte do interessado. Essa proposta deve vir instruída com procuração que contenha poderes específicos para a celebração do ato negocial ou deve ser firmada diretamente pelo interessado, por seu advogado constituído ou por seu defensor. Na hipótese de conflito de interesses entre o advogado e o interessado, fato até relativamente comum, em especial quando o advogado constituído também patrocina o interesse de corréus ou de outros investigados, o colaborador deve consignar por escrito a dispensa do seu causídico e a Defensoria Pública ou outro advogado deverão ser acionados. A questão é que nenhum ato, nem mesmo uma simples tratativa informal acerca da colaboração premiada, poderá ser realizado sem a presença de advogado ou defensor público.

A proposta e os seus eventuais anexos devem vir instruídos pela própria defesa, a quem incumbe descrever adequadamente os fatos, com todas as suas circunstâncias, indicar provas e os elementos de corroboração. Nos termos do § 4º do art. 3º-B da Lei nº 12.850, poderá haver uma fase de instrução, com a colheita de provas e de informações antes mesmo da formalização do ato de colaboração. Perceba que, após a homologação da colaboração premiada, o órgão investigador se debruçará na realização de diligências e colheita de provas tendentes à sua confirmação. Agora, nada obstante isso, poderá haver a colheita de elementos de informação antes mesmo da contratação, desde que haja necessidade de identificação e complementação de seu objeto, dos fatos narrados, de sua definição jurídica ou até mesmo de sua relevância, utilidade e interesse público.

Formulada a proposta, a simples apresentação desta servirá de marco de confidencialidade. A partir daí, nenhum documento ou informação acerca da existência sequer de tratativas para o acordo premial pode se tornar público, sob pena de quebra da confiança e da boa-fé, pressupostos legais essenciais para a validade do ato. O sigilo da colaboração somente pode ser levantado pelo juiz e, isso, após o recebimento da denúncia. Sob nenhum pretexto o juiz, conforme já mencionado, poderá autorizar o levantamento do sigilo antes do limite demarcado pela lei.

A proposta de acordo de colaboração premiada poderá ser indeferida de plano pelo Ministério Público ou pela Autoridade Policial, a depender sempre da autoridade que preside as investigações. Quando as investigações estiverem tramitando em inquérito ministerial, os conhecidos PICs (procedimentos investigatórios criminais), caberá ao Ministério Público a análise do deferimento ou não do pedido. Em se tratando de inquérito policial, a tarefa é da autoridade policial, dispensando-se a prévia oitiva do Ministério Público para o indeferimento sumário da proposta.

A lei cuidou, todavia, expressamente, de consignar que a proposta não pode ser indeferida de forma abusiva. Tanto o Ministério Público como a autoridade policial deverão apresentar justificativa para o indeferimento de plano. Se o indeferimento ocorrer após ter sido firmado o termo de confidencialidade, a proposta passa a vincular os envolvidos e não pode mais ser indeferida sem a devida apresentação e demonstração de justa causa para tanto.

Aceita a proposta, as partes deverão firmar um termo de recebimento da proposta e de confidencialidade. O órgão celebrante lavra o termo e o assina em conjunto com o colaborador e seu advogado ou defensor que possuam poderes específicos. A preocupação maior aqui é com o vazamento de informações antes mesmo da formalização e da homologação da colaboração, o que pode colocar em risco a integridade física do colaborado, expondo-o indevida e desnecessariamente e, ainda, comprometer o bom andamento das investigações.

Cumpre observar que, durante o período em que o órgão investigador está analisando a proposta de colaboração, nada impede que as investigações contra o proponente prossigam regularmente, inclusive com a aplicação, em detrimento dele, de medidas cautelares, como a prisão e a busca e apreensão. Não há suspensão automática, que decorra do simples recebimento da proposta ou da assinatura do termo de confidencialidade, embora possa ela ser decretada pelo órgão investigador caso, por exemplo, o acordo preliminar contemple a possibilidade de não aplicação de medidas restritivas de caráter pessoal nessa fase.

A colaboração premiada deve ter relação direta com os fatos investigados. Não raro, o termo de colaboração contempla fatos extremamente amplos, que escapam ao objeto das investigações que lhe deram ensejo. O investigador, nesse caso, promove o desmembramento em mais de uma investigação ou reabre posteriormente as investigações anteriores denominando-as "nova fase". Esse expediente, com as alterações legais produzidas pela Lei nº 13.964, restou expressamente proibido.

E se a delação premiada não chegar a ser formalizada? Ou seja, se feitas as tratativas, apresentadas as provas pela defesa ou colhidos elementos de informação na instrução preliminar, as partes não chegarem a um consenso e deixarem de celebrar o acordo, quais as consequências jurídicas advindas da não contratação? Nessa hipótese, *ex vi* do § 6º do art. 3º-B da Lei nº 12.850, se a decisão de não mais celebrar o acordo for do órgão estatal e o colaborar tiver agido de boa-fé, as provas colhidas e apresentadas não poderão ser utilizadas em nenhuma hipótese.

Esse dispositivo deve ser compatibilizado com o disposto no § 10 do art. 4º. Aqui, a lei estabelece que, se houver retratação da proposta, as provas colhidas não poderão ser as únicas a servir de lastro para a condenação do colaborador. Pensamos que, se o colaborador estiver de boa-fé e a retratação for rompida unilateralmente, sem justa causa, pelo celebrante, as provas produzidas até então e com base na proposta não poderão ser utilizadas em nenhuma hipótese, nem mesmo como elemento subsidiário para a sua condenação. Caso esteja o colaborador de má-fé, as provas poderão ser utilizadas para sua condenação, desde que não sejam as únicas produzidas em seu desfavor, mesmo que o acordo tenha sido rompido pelo celebrante. Por outro lado, se o acordo for impossibilitado pela iniciativa do colaborador, estando ele de má-fé ou não, as provas serão utilizadas, mas não servirão para fundamentar com exclusividade um édito condenatório.

12.2.5.3. Da formalização

Superada a fase inicial das tratativas e da negociação, no âmbito da qual foram devidamente reduzidas a termo e formalizados a proposta e o acordo de confidencialidade, agora, concluído o acordo, este também deverá ser devidamente formalizado e reduzido a termo e assinado pelas partes.

A teor do art. 6º da lei comentada, o termo de colaboração premiada deverá ser feito por escrito e conter: *a)* o relato da colaboração e seus possíveis resultados; *b)* as condições da proposta; *c)* a declaração de aceitação do colaborador e de seu defensor; *d)* as assinaturas de todos os envolvidos, celebrante, colaborador, defensor; *e)* a especificação das medidas de proteção do colaborador e de seus familiares quando necessárias.

Não se pode olvidar que o registro das tratativas e os atos de colaboração deverão ser feitos pelos meios ou recursos de gravação magnética, por estenotipia, digital ou técnica similar, inclusive audiovisual, tudo com vistas a se obter a maior fidelidade possível das informações, garantindo-se a disponibilização de cópia do material ao colaborador (§ 13 do art. 4º). Vale lembrar que, antes do advento da Lei nº 13.964, havia apenas uma recomendação do legislador no sentido de que todos os atos fossem registrados eletronicamente sempre que isso fosse possível e viável. Com o advento da lei, o celebrante deverá providenciar esse registro, preferencialmente gravando em áudio e vídeo as declarações do colaborador, e não apenas elas, todas as conversas preliminares envolvendo as simples tratativas e negociações.

Reduzido o acordo a termo, o celebrante deverá remeter ao juiz, para análise, o termo de colaboração, as declarações do colaborador e a cópia integral da investigação. Com o material em mãos, o juiz dará início ao processo de homologação da colaboração premiada (§ 7º).

12.2.5.4. Homologação judicial

Realizado e devidamente formalizado o acordo na forma do art. 6º da lei em comento, serão remetidos ao juiz, para análise, o respectivo termo, as declarações do colaborador e a cópia da investigação.

O juiz deverá, em primeiro lugar, ouvir sigilosamente o colaborador, acompanhado de seu defensor. Essa medida, que se tratava de mera faculdade, após o advento da Lei nº 13.964, tornou-se obrigatória.

O juiz, antes da homologação e como condição para o ato, analisará os seguintes aspectos na homologação:

a) regularidade e legalidade;

b) adequação dos benefícios pactuados àqueles legalmente previstos (art. 4º, *caput* e §§ 4º e 5º);

c) adequação dos resultados da colaboração aos resultados mínimos exigidos nos incisos I, II, III, IV e V do *caput* do art. 4º;

d) voluntariedade da manifestação de vontade, especialmente nos casos em que o colaborador está ou esteve sob efeito de medidas cautelares.

De acordo com o disposto no inciso II do § 7º do art. 4º, são nulas as cláusulas que violem o critério de definição do regime inicial de cumprimento de pena do art. 33 do Código Penal brasileiro, as regras de cada um dos regimes de cumprimento de pena ali previstos e aquelas normas sobre o mesmo tema inseridas na LEP (Lei de Execução Penal – Lei nº 7.210, de 11 de julho de 1984) e os requisitos de progressão de regime.

Deve-se atentar, aqui, no entanto, para a hipótese contemplada no § 5º do art. 4º, que prevê a possibilidade excepcional de o juiz olvidar as regras da progressão de regime e concedê-la ainda que o colaborador não preencha os requisitos objetivos, desde que a colaboração seja posterior à sentença.

O juiz atentará, ainda nessa fase de homologação, para a presença de eventuais cláusulas que contemplem previsões de renúncia ao direito de impugnar a decisão homologatória. Cláusulas como essa são nulas de pleno direito e devem ser suprimidas, sob pena de não homologação do acordo.

O juiz poderá recusar a homologação da proposta que não atender aos requisitos legais, devolvendo-a às partes para as adequações necessárias (§ 8º).

É importante observar, no entanto, que, embora possa o juiz se recusar a homologar a colaboração e mesmo adequá-la em alguns aspectos legais e constitucionais, como manda o § 8º do art. 4º, em nenhuma hipótese pode interferir de forma substancial nos termos das negociações. Haveria, aqui, ingerência indevida na fase investigatória e, ainda que na fase processual, nas atribuições do titular da ação penal, inadmissíveis no âmbito de um sistema acusatório, com sério risco de comprometimento da imparcialidade. Não anuindo ao acordo, cabe ao juiz tão somente se recusar a homologá-lo, restituindo os autos aos legitimados para que reiniciem as negociações e reformulem os termos a fim de adequá-los à lei e à Constituição Federal.

Uma vez homologada a colaboração premiada, ela ainda não surtirá nenhum efeito relacionado à concessão dos prêmios nela previstos ou estabelecidos na Lei nº 12.850/2013. Como adverte Renato Brasileiro[105], a homologação, nessa fase, presta-se apenas a conferir uma maior segurança jurídica ao colaborador, porquanto, uma vez homologado o acordo e cumpridas as suas condicionantes, o juiz não pode, futuramente, quando da prolação da sentença final, negar ao acusado os benefícios que lhe foram formalmente prometidos.

12.2.5.5. Diligências de averiguação e produção de provas

Homologada a colaboração premiada, como regra, tem início a fase de coleta das provas apontadas e a busca pela confirmação das informações prestadas pelo colaborador. Conforme visto, o colaborador pode colaborar de diversas formas com a investigação, com a ação penal em andamento ou mesmo após a prolação da sentença penal condenatória em seu desfavor. Essa colaboração pode ocorrer por meio da delação de coautores e partícipes; pode se dar na forma da indicação de provas ocultas, da localização de ativos, da demonstração do funcionamento da estrutura da organização criminosa, da localização de cativeiros onde se encontram vítimas de sequestro, cárcere privado e outros delitos etc.

Pode ser que, juntamente com a colaboração, o delator venha a entregar às autoridades a prova de suas declarações, por meio, por exemplo, de anexos fotográficos, cadernos de anotações, imagens audiovisuais, entrega de quantias, esconderijo de cargas ou veículos roubados, senhas de computadores pessoais e de telefones celulares, chaves de cofres bancários, entre tantas outras possibilidades. Com essa entrega ou comprovação imediata, embora raro, ficaria, obviamente, suprimida essa fase de realização de diligências para a comprovação das informações prestadas.

Como regra, todavia, após a lavratura do termo de colaboração e a sua homologação judicial, decorrerá um longo e tormentoso caminho a ser percorrido pelos investigadores na busca da comprovação e localização das provas referidas pelo colaborador. Não se pode olvidar que a colaboração premiada não passa de um meio de obtenção de prova, não se revestindo propriamente do caráter de prova que possa servir de base, por si mesma, à prolação de uma sentença condenatória[106]. Daí a importância dos trabalhos de investigação a serem levados a efeito nessa fase pós-homologatória.

---

[105]   LIMA, Renato Brasileiro de. *Legislação criminal especial comentada*.

[106]   Os precedentes do STF assentam que as declarações de colaboradores não são aptas a fundamentar juízo condenatório, mas suficientes para dar início a investigações. Contudo, tais elementos não podem legitimar investigações indefinidas, sem que sejam corroborados por provas independentes (STF, Inq. 4.458/DF, 2ª T., Rel. Min. Gilmar Mendes, *DJe* 01.10.2018).

Parte I • **Capítulo 2** • ORGANIZAÇÃO CRIMINOSA | **149**

Afinal, a teor do § 16 do art. 4º, nenhuma das seguintes medidas será decretada ou proferida com fundamento apenas nas declarações do colaborador: *a)* medidas cautelares reais ou pessoais; *b)* recebimento de denúncia ou queixa-crime; *c)* sentença condenatória. Isso torna ainda mais relevante a rápida e efetiva confirmação das declarações prestadas, que podem conduzir à realização de prisões cautelares e de outras medidas invasivas, como a busca e apreensão contra os delatados.

12.2.5.6. Concessão premial

Os prêmios legais e aqueles prometidos ao colaborador e registrados no termo da colaboração, normalmente, são concedidos apenas ao final do processo, com a prolação da sentença penal. Nada impede, portanto, que alguns desses prêmios, por sua própria natureza, possam ser concedidos antes da sentença final. Se se tratar, por exemplo, da imunidade processual, após a confirmação dos termos da colaboração e constatada a sua efetividade e eficácia, nada impede que o *Parquet* cumpra com o pactuado, deixando de ajuizar qualquer ação penal contra o investigado.

A sentença concessiva do prêmio ao colaborador deverá, fundamentadamente, analisar os termos do acordo homologado e verificar se houve comprovação de sua eficácia[107]. É o que determina o § 11 do art. 4º da lei comentada.

Consoante o que dispõe o § 7º-A do art. 4º, o juiz ou, a depender do caso, o tribunal, antes de conceder os benefícios, deve analisar fundamentadamente o mérito da denúncia, do perdão judicial e das primeiras etapas de aplicação da pena, tudo com o desiderato de verificar qual medida ou decisão seria mais favorável ao acusado colaborador. Evidentemente que, em se tratando de concessão de imunidade, hipótese em que não haverá oferecimento de denúncia, ou se já tiver sido proferida a sentença condenatória, o juiz poderá conceder os benefícios tal como pactuados, não havendo ensejo para análise de situações prejudiciais mais benéficas.

12.2.6. Natureza jurídica e valor probatório

A natureza jurídica da delação premiada, conforme dispõe o art. 3º-A, é de negócio jurídico processual e, a um só tempo, de meio de obtenção de prova. Seria, então, o acordo premial verdadeiro contrato de utilidade e interesse públicos, configurando também relevante meio de se obter a prova no processo penal. Consoante a lição de Renato Brasileiro de Lima[108], "a colaboração funciona como importante técnica especial de investigação, enfim, um meio de obtenção de prova".

Contudo, seria a colaboração premiada um instituto de Direito Penal, de direito substancial, ou um instituto procedimental? Prevalece, na doutrina, atualmente, o seu caráter de instituto processual, muito embora alguns de seus prêmios possuam, tipicamente, a natureza de direito material. Nesse sentido, preleciona Vinicius Gomes de Vasconcellos:

> "(...) com o surgimento da Lei nº 12.850/2013 consolidou-se a visão que dá primazia ao viés processual da colaboração premiada. Por certo, trata-se da posição mais adequada, mesmo

---

[107] Caso a colaboração seja efetiva e produza os resultados almejados, há que se reconhecer o direito subjetivo do colaborador à aplicação das sanções premiais estabelecidas no acordo, inclusive de natureza patrimonial (STF, HC 127.483/PR, Pleno, Rel. Min. Dias Toffoli, j. 27.08.2015).

[108] LIMA, Renato Brasileiro de. *Legislação criminal especial comentada.*

anteriormente à referida legislação, pois o cerne do instituto é a facilitação da persecução penal a partir da produção ou obtenção de elementos probatórios, como a confissão do delator e o seu depoimento incriminador em relação aos corréus, além de outros tipos de prova possivelmente indicados (documentos etc.). (...) *A essência da colaboração premiada é de natureza processual*, em viés probatório, com o afastamento do acusado de sua posição de resistência, a partir da fragilização de sua defesa e a aderência à persecução penal."[109]

Ainda, diz o renomado jurista[110]:

"É inegável que algumas de suas consequências premiais se caracterizem como benefícios de ordem penal material (redução da pena e perdão, por exemplo), mas isso ocorre exatamente para causar e incentivar a colaboração em termos processuais. Nesse sentido, o STF firmou posição em paradigmático julgamento (HC 127.483): 'Dito de outro modo, embora a colaboração premiada tenha repercussão no direito penal material (ao estabelecer as sanções premiais a que fará jus o imputado-colaborador, se resultar exitosa sua cooperação), ela se destina precipuamente a produzir efeito no âmbito do processo penal'. Logo a colaboração premiada é um acordo realizado entre acusador e defesa visando ao esvaziamento da resistência do réu e à sua conformidade com a acusação, com o objetivo de facilitar a persecução penal em troca de benefícios ao colaborador, reduzindo as consequências sancionatórias à sua conduta delitiva."

Também parece ser essa a posição que prevalecerá na jurisprudência do Supremo Tribunal Federal, consoante se dessume da seguinte decisão, proferida no HC 127.483:

> (...) a colaboração premiada é um negócio jurídico processual, uma vez que, além de ser qualificada expressamente pela lei como "meio de obtenção de prova", seu objeto é a cooperação do imputado para a investigação e para o processo criminal, atividade de natureza processual, ainda que se agregue a esse negócio jurídico o efeito substancial (de direito material) concernente à sanção premial a ser atribuída a essa colaboração.

Muito embora pareça ser essa a tendência mundial, a de se reconhecer as declarações do colaborador como apenas um meio de obtenção de prova, sem lhe emprestar o caráter de prova propriamente dita a ponto de nela se poder basear um édito condenatório, algumas considerações e ressalvas merecem ser feitas, ora, sobre esse particular aspecto desse excepcional meio de prova.

As declarações dos corréus delatores dos coautores e partícipes sempre foram vistas com reservas e desconsideradas como meio de prova em face de uma particularidade que as tornavam desacreditadas: a possibilidade de o acusado não dizer a verdade porquanto, em face do princípio *nemo tenetur se detegere*, ele está desobrigado de produzir provas contra si mesmo e, portanto, prestar suas declarações sem o compromisso com a verdade.

Todavia, o § 14 do art. 4º da lei aqui comentada, prevê, expressamente, que, "nos depoimentos que prestar, o colaborador renunciará, na presença de seu defensor, ao direito ao silêncio e estará sujeito ao compromisso legal de dizer a verdade".

É fácil perceber, portanto, que as declarações do colaborador, malgrado não perder ele a condição de investigado, em muito se aproximam das declarações de uma testemunha qualquer. Não pode ele ser equiparado propriamente a uma testemunha completamente isenta porque ainda pairam sobre suas declarações todas as reservas típicas de um delator.

---

[109] VASCONCELLOS, Vinicius Gomes de. *Colaboração premiada no processo penal*, p. 61-63.

[110] VASCONCELLOS, Vinicius Gomes de. *Colaboração premiada no processo penal*.

Parte I · Capítulo 2 · ORGANIZAÇÃO CRIMINOSA | 151

O que de fato o move? O altruísmo, o arrependimento verdadeiro ou o ódio, a vingança, o egoísmo ou outro tipo de sentimento vil e ignóbil? Esse tipo de desconfiança sempre acompanhará um ato de entrega de um ex-companheiro, ainda que esteja ele imbuído da mais pura sinceridade e desejo de justiça e perdão.

Entretanto, fato é que a assunção do compromisso com a verdade nos obriga a emprestar ao testemunho do colaborador supostamente arrependido uma carga valorativa probatória positiva, ainda que mínima. E o legislador, quando da elaboração da Lei nº 12.850, não ignorou esse particular aspecto.

A contrario sensu, a sentença condenatória pode tomar como base as declarações do colaborador e valorá-las devidamente como prova, porém tomadas no conjunto com as demais evidências, já que elas não se prestariam a fundamentar, *per se*, uma sentença penal condenatória.

12.2.7. Da retratação e da rescisão

A teor do § 10 do art. 4º, as partes podem retratar-se da proposta, caso em que as provas autoincriminatórias produzidas pelo colaborador não poderão ser utilizadas exclusivamente em seu desfavor. A redação desse dispositivo acabou ficando, de certa forma, truncada, gerando certa dubiedade e dificultando a sua compreensão. O que pretendeu dizer o legislador, nitidamente, é que, se o acordo de colaboração não for levado adiante, ou seja, caso uma das partes se retrate, quer seja o Ministério Público, quer seja o delegado de polícia, quer o próprio colaborador e seu defensor, as declarações do ex-colaborador, na parte em que se autoincrimina, assim como as provas delas derivadas, não poderão ser as únicas a servir de base para a sua condenação. As declarações e os elementos colhidos a partir delas podem servir de prova para a condenação desde que, apreciadas em conjunto com outros elementos, influenciem o livre convencimento motivado do juiz. Mesmo porque o investigado poderia simplesmente dissimular o desejo de colaborar com a Justiça para blindar as provas existentes contra si, acostando-as a um acordo que adredemente se preparou para frustrar, caso em nenhuma hipótese pudessem ser valoradas contra ele, uma vez objeto de proposta de acordo. Nada obstante isso, apenas com base nas declarações autoincriminatórias e nas provas produzidas a partir delas, no seio de um termo de acordo que restou frustrado, o ex-colaborador não pode vir a ser condenado.

Nesse sentido, preleciona Marcelo Batlouni Mendroni:

> "As provas indicadas pelo colaborador não podem ser as únicas a fundamentar eventual sentença condenatória. A lógica indica que poderão ser utilizadas se e quando, somadas a outras provas, o contexto probatório indicar a sua culpabilidade. Isso evita que ele possa, de forma alguma se beneficiar da própria torpeza, entregando dados, provas ou documentos para obter um acordo do qual pretenda depois desistir para que estas provas não sejam, de forma alguma utilizadas contra ele."[111]

O acordo de colaboração premiada, portanto, é retratável, retratação essa que pode ter lugar tanto por parte da autoridade que o firmou quanto por parte de seu colaborador ou defensor. Todavia, no § 6º do art. 3º-B, a Lei nº 12.850 confere tratamento diferenciado se a retratação parte do celebrante ou do colaborador. Com efeito, se a decisão de não mais celebrar o acordo for do órgão estatal e o colaborador tiver agido de boa-fé, as provas colhidas e

---

[111] MENDRONI, Marcelo Batlouni. *Crime organizado:* aspectos gerais e mecanismos legais, p. 187.

apresentadas não poderão ser utilizadas em nenhuma hipótese. Compatibilizado, contudo, esse dispositivo com o disposto no § 10 do art. 4º, tem-se que, se o colaborador estiver de boa-fé e a retratação for rompida unilateralmente, sem justa causa, pelo celebrante, as provas produzidas até então e com base na proposta não poderão ser utilizadas em nenhuma hipótese, nem mesmo como elemento subsidiário para a sua condenação. Caso esteja o colaborador de má-fé, as provas poderão ser utilizadas para sua condenação, desde que não sejam as únicas produzidas em seu desfavor, mesmo que o acordo tenha sido rompido pelo celebrante. Por outro lado, se o acordo for impossibilitado pela iniciativa do colaborador, estando ele de má-fé ou não, as provas serão utilizadas, mas não servirão para fundamentar com exclusividade um édito condenatório[112].

A par das hipóteses de nulidade de pleno direito do acordo de colaboração premiada, que podem conduzir a sua rescisão e anulação, consoante explicitado nos itens *supra*, a Lei nº 12.850, com a redação que lhe emprestou a Lei nº 13.964, trouxe duas hipóteses de rescisão do acordo já homologado.

A primeira delas, prevista no § 17 do art. 4º, ocorrerá se for constatada a omissão dolosa sobre os fatos objeto da colaboração. O colaborador deve renunciar, como mencionado, ao seu direito ao silêncio e deve narrar pormenorizadamente todos os fatos que guardam relação direta com as investigações. Caso reste constatado, posteriormente, que o colaborador omitiu fatos deliberadamente, tendo deles pleno conhecimento, e que esses fatos guardavam relação direta com o objeto das investigações, o acordo poderá vir a ser rescindido.

A segunda hipótese expressa de rescisão do acordo consta do § 18 do mesmo artigo. O acordo de colaboração premiada pressupõe que o colaborador cesse o envolvimento em conduta ilícita relacionada ao objeto da colaboração. Caso se constate a manutenção dos vínculos do agente com o crime objeto do acordo premial, este será imediatamente rescindido.

12.2.8. Dos direitos do colaborador

Nos termos do art. 5º da Lei nº 12.850/2013, são direitos do colaborador:

a) **Usufruir das medidas de proteção previstas na legislação vigente:** leciona Mendroni[113] que as medidas de proteção aqui referidas, estão dispostas na Lei nº 9.807/99, mais especificamente no seu art. 15. As referidas medidas, como esclarece Renato Brasileiro de Lima[114], serão aplicadas em benefício do colaborador, na prisão ou fora dela. E prossegue o renomado autor:

> "Durante a instrução criminal, poderá o juiz competente determinar em favor do colaborador a concessão de medidas cautelares direta ou indiretamente relacionadas com a eficácia da proteção. Ademais, no caso de cumprimento da pena em regime fechado, poderá o juiz criminal determinar medidas especiais que proporcionem a segurança do colaborador em relação aos demais apenados."

---

[112] A possibilidade de rescisão ou de revisão, total ou parcial, de acordo homologado de colaboração premiada, em decorrência de eventual descumprimento de deveres assumidos pelo colaborador, não propicia, no caso concreto, conhecer e julgar alegação de imprestabilidade das provas, porque a rescisão ou revisão tem efeitos somente entre as partes, não atingindo a esfera jurídica de terceiros, conforme reiteradamente decidido pelo Supremo Tribunal Federal (STF, Inq. 4.483 QO/DF, Rel. Min. Edson Fachin, Pleno, *DJe* 13.06.2018).

[113] MENDRONI, Marcelo Batlouni. *Crime organizado:* aspectos gerais e mecanismos legais, p. 193.

[114] LIMA, Renato Brasileiro de. *Legislação criminal especial comentada.*

Não se pode perder de vista o fato de que a própria Lei nº 12.850/2013 cercou de cuidados a colaboração premiada com vistas a preservar a integridade física do agente colaborador. Com efeito, quando determinou que a identificação do colaborador e a sua imagem deverão ser preservadas, ainda que tornada pública a delação, o legislador visou garantir que o colaborador pudesse retornar ao seio da comunidade ou mesmo que pudesse se recolher ao estabelecimento prisional adequado para o eventual cumprimento de sua pena, com riscos reduzidos de vir a ser alvo de vinditas dos agentes por ele delatados.

Nesse contexto, não se afigura obrigatória, em todo e qualquer caso, a inclusão do agente colaborador nos programas de proteção a vítimas ou a testemunhas, tampouco se torna sempre necessária a concessão das medidas previstas na lei citada. Afinal, as medidas ali previstas são extremamente restritivas dos direitos fundamentais do envolvido. Daí por que cada caso há de ser analisado com a devida cautela, ouvindo-se sempre o colaborador e seu defensor sobre a necessidade ou não de adoção de uma outra medida protetiva. Os ordenamentos jurídicos europeus, em sua ampla maioria, conforme demonstrado nos comentários dos artigos anteriores, aplicam as benesses legais da lei de proteção a testemunhas apenas àqueles colaboradores obrigados a depor em juízo diante de outros corréus.

Nas hipóteses da Lei nº 12.850/2013, este próprio diploma legal já assegura ao colaborador que ele não será sequer conduzido a juízo com os coautores e partícipes; não prestará declarações em juízo em suas presenças, tampouco ficará custodiado no mesmo estabelecimento prisional que seus antigos comparsas. Essas medidas, somadas ao resguardo de sua identidade (conduta que recebeu inclusive a proteção jurídico-penal por meio de um crime específico – art. 18), podem constituir, por si mesmas, medidas bastantes para a preservação da integridade do colaborador.

b) **Ter nome, qualificação, imagem e demais informações pessoais preservados:** a Lei nº 12.850/2013 revelou tamanha preocupação com a preservação da imagem e identidade do colaborador que chegou a criminalizar a conduta consistente em sua indevida violação. O art. 18, com efeito, pune com a pena de reclusão de 1 (um) a 3 (três) anos e multa a conduta de quem revelar a identidade, fotografar ou filmar o colaborador sem sua prévia autorização por escrito.

c) **Ser conduzido, em juízo, separadamente dos demais coautores e partícipes:** como observa Mendroni[115], esta medida é de fácil operacionalização e, como as demais, visa preservar a integridade física do colaborador que passa, automaticamente, após a delação, a correr sério e concreto risco de morte.

d) **Participar das audiências sem contato visual com os outros acusados:** de pouca valia teria a condução do colaborador separadamente dos corréus ou partícipes se exatamente no momento em que ele fosse prestar as declarações em juízo ou mesmo apenas participar das audiências fosse colocado frente a frente com eles. Essa medida é, na verdade, complementar à primeira.

e) **Não ter sua identidade revelada pelos meios de comunicação, nem ser fotografado ou filmado, sem sua prévia autorização por escrito:** é de todos conhecido o fortíssimo interesse que o crime, especialmente o crime grave, desperta nos órgãos

---

[115] MENDRONI, Marcelo Batlouni. *Crime organizado:* aspectos gerais e mecanismos legais, p. 193.

de comunicação social. O crime e a violência são comercializados diuturnamente como se fossem mais um produto qualquer do mercado comercial. Fotografias, filmagens e detalhes da vida privada dos acusados são divulgados por jornais, revistas, sítios de notícias na rede mundial de computadores e programas de televisão sem nenhum tipo de preocupação ou cuidado com a exposição indevida. Nos termos da lei em comento, todavia, a exposição midiática de acusados e investigados, quando envolver agente colaborador, não só é proibida, como pode configurar a prática do crime descrito no art. 18 do referido diploma legal.

f) **Cumprir pena ou prisão cautelar em estabelecimento penal diverso dos demais corréus ou condenados:** talvez a medida mais salutar que efetivamente poderá garantir a proteção física do colaborador. Os presídios brasileiros, atualmente superlotados em sua maioria e, além disso, muitos deles controlados por grandes facções criminosas, antes de garantirem a proteção dos detentos, são, na verdade, o ambiente ideal para que eles sejam alcançados, violentados, espancados e mortos pelos rivais. Colocar um agente colaborador no mesmo estabelecimento prisional, ainda que não necessariamente na mesma cela ou no mesmo bloco dos coautores e partícipes delatados, é o mesmo que condená-lo à morte. Essa garantia, somada à preservação da imagem e à falta de contato com os coautores, tem servido, na prática, como um importante estímulo para as colaborações e delações de corréus.

12.3. Da ação controlada

Para que se tenha sucesso na investigação de uma organização criminosa, em muitas ocasiões será necessário um trabalho exaustivo pela Polícia, que deverá ter paciência e sensibilidade para saber o momento oportuno de agir. A apuração da própria existência da organização criminosa, incluindo seus integrantes, crimes por ela praticados etc., pode demandar tempo, o que impede uma atitude precipitada por parte dos policiais que estão a cargo de investigá-la.

Em tese, à primeira vista, a autoridade policial seria obrigada a efetuar a prisão em flagrante de quem se encontra na prática de crime, sob pena de, em não o fazendo, incorrer na prática do crime de prevaricação, tipificado no art. 319 do Código Penal, ou mesmo em um crime omissivo impróprio (comissivo por omissão), correspondente ao delito presenciado pelo agente que devia e podia tê-lo evitado. Contudo, devido à complexidade estrutural da organização criminosa, será de bom alvitre que a autoridade policial escolha o melhor momento para agir, dando uma abrangência maior à sua investigação. Por essa razão que o *caput* do art. 8º da Lei nº 12.850/2013 prevê a denominada *ação controlada*, que consiste em *retardar a intervenção policial ou administrativa relativa à ação praticada por organização criminosa ou a ela vinculada, desde que mantida sob observação e acompanhamento para que a medida legal se concretize no momento mais eficaz à formação de provas e obtenção de informações.*

A denominada *ação controlada* cuida-se, portanto, de uma hipótese dos chamados flagrantes diferidos, postergados, retardados ou prorrogados, ficando a cargo da autoridade policial o melhor momento para sua realização.

De acordo com o entendimento esposado por Marcelo Mendroni:

"Consiste no retardamento e na espera do melhor momento para a atuação policial repressiva contra os criminosos integrantes da organização. Nos termos da Lei nº 12.850/2013 – que

Parte I • **Capítulo 2** • ORGANIZAÇÃO CRIMINOSA | **155**

dispõe sobre investigação criminal, os meios de obtenção de prova, infrações penais correlatas e o procedimento criminal (...)."[116]

> Desnecessidade de prévia autorização do Poder Judiciário para a ação controlada. A polícia supõe a existência de ação praticada por grupo criminoso e busca a formação de provas e fornecimento de informações objetivando maior eficácia probatória e a identificação do maior número de integrantes (STJ, HC 503.807, Rel. Min. Ribeiro Dantas, *DJe* 16.04.2019).
>
> O impetrante confunde acordo de colaboração premiada com a ação controlada e infiltração de agentes, institutos que não se confundem devendo ser enfatizado que a ação controlada, prevista no § 1º art. 8º da Lei nº 12.850/2013, não necessita de autorização judicial, bastando a mera comunicação prévia a autoridade judicial (STJ, RHC 096.540, Rel. Min. Sebastião Reis Junior, *DJe* 20.04.2018).

12.3.1. Entrega vigiada

A chamada *entrega vigiada* pode ser considerada uma espécie do gênero *ação controlada*. Entende-se por entrega vigiada, nos termos preconizados pela alínea *i* do art. 2º da Convenção das Nações Unidas contra o Crime Organizado Transnacional (Convenção de Palermo), promulgada pelo Decreto Presidencial nº 5.015, de 12 de março de 2004, *in verbis*:

> Entrega vigiada – a técnica que consiste em permitir que remessas ilícitas ou suspeitas saiam do território de um ou mais Estados, os atravessem ou neles entrem, com o conhecimento e sob o controle das suas autoridades competentes, com a finalidade de investigar infrações e identificar as pessoas envolvidas na sua prática;
>
> (...).
>
> A entrega vigiada é uma das modalidades de ação controlada. A polícia visa apenas a acompanhar o transporte de mercadoria proibida, a fim de averiguar quem são os envolvidos na empreitada criminosa, principalmente os receptores (STJ, HC 503.807, Rel. Min. Ribeiro Dantas, *DJe* 16.04.2019).

12.3.2. Requisitos

Para que a autoridade policial não incorra na prática de prevaricação, deixando de efetuar a prisão em flagrante, mesmo diante da ocorrência de um crime, e, frise-se, a existência de uma organização criminosa configura crime permanente, podendo e devendo qualquer um de seus membros ser preso em flagrante delito quando encontrado, deverão ser observados os seguintes requisitos, muito bem elencados por Carlos Roberto Bacila, que assim os aponta:

"a) Presença de autoridade policial ou administrativa.

b) Crime(s) praticado(s) por organização criminosa ou a ela conexo(s).

c) Comunicação prévia ao juiz competente.

d) Sigilo da comunicação (acesso restrito a Juiz, Ministério Público e Delegado de Polícia).

e) Elaboração de auto circunstanciado.

f) Se a *ação controlada* envolver transposição de fronteiras, deverá ocorrer a cooperação das autoridades dos países relacionados, com o objetivo de reduzir os riscos de fuga e extravio do produto, objeto, instrumento ou proveito do crime.

g) Observação e acompanhamento da(s) conduta(s).

h) Planejamento e atuação da medida legal (prisão, busca etc.) no momento considerado mais oportuno para obtenção de provas e informações, desde que não se coloque em risco proibido pessoas, cuja atuação evitaria o perecimento (...)."

---

[116] MENDRONI, Marcelo Batlouni. *Crime organizado:* aspectos gerais e mecanismos legais, p. 211.

Pode-se acrescentar a esses requisitos a situação flagrancial, isto é, existir o estado de "flagrante delito".

No que diz respeito às suas características, continua o renomado autor, dizendo:

"a) A existência de um delito em curso: a inexistência de crime ou de crimes em andamento descaracteriza a *ação controlada*. Não se pode afastar a ideia de crimes continuados, isto é, delitos da mesma espécie reiterados pela organização criminosa, esperando-se o momento oportuno para implementar a intervenção definitiva, ainda que esta seja precedida de intervenções intermediárias sem que a organização criminosa perceba que está sendo investigada como um todo, *v.g.*, a polícia que investiga a organização apresenta-se numa determinada situação para realizar um flagrante (*v.g.* venda de drogas), mas faz tal intervenção por intermédio de uma ação 'isolada' ou acionando outros agentes policiais que não têm conhecimento da *ação controlada*. O objetivo de intervenções ocasionais é duplo: a) redução dos danos causados pela organização criminosa e b) colheita de provas que demonstrarão de forma cabal a conduta criminosa.

b) O delito a ser investigado deve ser de elevada gravidade: não se pode monitorar qualquer suspeição, pois, caso contrário, estar-se-ia num estado totalitário. O respeito à Democracia e aos direitos humanos está inserido na ideia de que somente condutas extremamente graves ou que se suspeitem como tal podem legitimar uma intervenção estatal tão forte quanto a *ação controlada*.)

c) Deve existir finalidade útil, tal como a ampliação do conhecimento de quem são os partícipes.

d) Na fase de investigação não tem sentido o contraditório.

e) O vício torna a prova ilícita e inadmissível em juízo."[117]

Concordamos quase que totalmente com o raciocínio do querido amigo e professor Carlos Roberto Bacila, que sabe conjugar, com perfeição, suas atribuições ligadas à atividade policial com aquelas que dizem respeito à docência. No entanto, ousamos dele discordar somente quanto à primeira característica por ele apontada, ao exigir a ocorrência de crimes(s) em andamento. Isso porque, como já deixamos antever, a simples existência de uma organização criminosa já configura infração penal suficiente para que se possa efetuar a prisão em flagrante de seus membros. A sua existência, por si só, não se confunde com os crimes por ela praticados.

É claro que nossa posição, eminentemente doutrinária, na prática, ou seja, durante as investigações, nos levará aos crimes que motivaram o surgimento da própria organização criminosa. Sem eles a Polícia sequer tomaria conhecimento da sua existência. Contudo, em tese, é possível a prisão dos membros da organização criminosa que se uniram para a prática futura de crimes, tal como ocorre com o delito de associação criminosa, tipificado no art. 288 do Código Penal, sem que estes últimos ainda tenham sido cometidos, pois trata-se de um crime formal, de consumação antecipada, que se encontra caracterizado tendo em vista a sua especial finalidade, constante do § 1º do art. 1º da Lei nº 12.850/2013, que faz menção ao seu *objetivo de obter, direta ou indiretamente, vantagem de qualquer natureza, mediante a prática de infrações penais cujas penas máximas sejam superiores a 4 (quatro) anos, ou que sejam de caráter transnacional*.

---

[117] BACILA, Carlos Roberto. Da ação controlada: delimitação, efetividade, limites de validade e risco para o bem jurídico. In: AMBOS, Kai; ROMERO, Enéas (coord.). *Crime organizado*: análise da Lei nº 12.850/2013, p. 92-93.

12.4. Infiltração de agentes

12.4.1. Conceito

A infiltração de agentes consiste em uma estratégia judicialmente autorizada, em que um ou mais agentes de segurança pública, em regra ligados à área operacional policial, se infiltram, passando-se também por criminosos pertencentes à organização criminosa investigada, com a finalidade de angariar provas de seu funcionamento, dos delitos já praticados, de seus integrantes, com o objetivo não somente de levá-los a julgamento pelo Poder Judiciário como também prevenir a prática de futuras ações criminosas, podendo, inclusive, em muitos casos, quando for possível, conduzi-la à extinção.

> "Consiste basicamente em permitir a um agente da Polícia infiltrar-se no seio da organização criminosa, passando a integrá-la como se criminoso fosse –, na verdade como se um novo integrante fosse. Agindo assim, penetrando no organismo e participando das atividades diárias, das conversas, problemas e decisões, como também por vezes de situações concretas, ele passa a ter condições de melhor compreendê-la para melhor combatê-la através do repasse das informações às autoridades."[118]

12.4.2. Da qualificação do agente infiltrado

Trata-se, como se percebe, de uma missão extremamente perigosa uma vez que, se descoberto, e dependendo da modalidade de organização criminosa, o agente colocará sua vida em risco. Assim, imagine-se a hipótese daquele que se infiltra, por exemplo, numa organização criminosa especializada no tráfico de pessoas, ou mesmo no tráfico internacional de drogas, com membros violentos e cruéis. Para se colocar disponível a esse tipo de missão, o agente deve estar extremamente preparado e qualificado, inclusive para ser surpreendido. Por essas e outras razões que sempre afirmo que a atividade policial não é para qualquer um, embora pouco valorizada por uma sociedade que somente a critica, mas que depende da coragem dessas pessoas que se dispõem a entregar a própria vida por uma sociedade mais justa, igualitária e menos criminosa.

Com isso, já podemos afirmar, como expressamente declarado pelo art. 10 em estudo, que apenas podem cumprir essa missão os agentes ligados à segurança pública, ou seja, servidores públicos que exercem funções policiais, aqui chamados de *agentes de polícia*. Ninguém mais pode exercer esse papel, seja um particular, seja mesmo alguém ligado a outras instituições que lidam com a Justiça Criminal, a exemplo do que ocorre com o Ministério Público.

Marllon Sousa adverte, ainda, que:

> "Prática que não se confunde com a infiltração policial em organizações criminosas é a participação velada de policiais em manifestações a fim de identificar pessoas ou grupo de pessoas que estejam cometendo infrações penais. Primeiro porque o policial, em tais situações, não tem como meta a aceitação no grupo investigado por parte de seus membros, com a consequente inserção em nenhum grupo criminoso organizado (...). Seu intuito é simplesmente se utilizar de uma oportunidade na qual há reunião de número e grupo indefinido de pessoas, como forma de manifestação social específica, na qual pode ou não haver a ocorrência do delito. Ademais, o policial à paisana, em tais casos, não faz parte do grupo. Ele foi designado

---

[118] MENDRONI, Marcelo Batlouni. *Crime organizado:* aspectos gerais e mecanismos legais, p. 216.

pela autoridade superior para acompanhar a manifestação, podendo ocorrer cometimento de delitos em seu desenrolar ou não, devendo somente efetuar a identificação dos autores e colheita de evidências quanto aos crimes que eventualmente presenciar."[119]

E conclui, apontando, especificamente, quem pode gozar do *status* de agente infiltrado, ou seja:

"(...) o agente da autoridade policial (civil ou federal), admitido mediante concurso público que, designado por seu superior e após o devido treinamento, busca sua aceitação e admissão no grupo criminoso para, uma vez integrado à máquina delituosa, angariar provas necessárias à comprovação dos crimes cometidos, bem como à apuração da responsabilidade penal dos autores, com o consequente desmantelamento da organização criminosa."[120]

Embora o ilustre autor tenha limitado a possibilidade de gozar do *status* de agente infiltrado somente aos servidores públicos que integrarem os quadros da Polícia Civil e da Polícia Federal, acreditamos também ser possível a utilização de agentes integrantes de outras forças policiais, a exemplo da Polícia Militar. Isso porque, nos dias de hoje, cada vez mais se tornam comuns as chamadas forças-tarefa, em que integrantes de várias instituições se agrupam, formando uma unidade com um fim comum. Assim, policiais militares, civis, federais etc. podem fazer parte de uma mesma equipe, subordinados a um líder, que pode mesmo ser um delegado (seja da Polícia Civil, seja da Federal), e até mesmo um membro do Ministério Público. Não vemos qualquer óbice, nesses casos, por exemplo, em um policial militar, que também pode ser considerado um *agente de polícia*, cumprir o papel de agente infiltrado.

O mais importante, na verdade, é que o escolhido tenha capacidade para tanto, seja treinado para esse tipo de operação, esteja preparado física e, sobretudo, mentalmente para enfrentar os desafios que essa missão irá impor. Tal como ocorre nos cursos de operações especiais, em que ninguém é convocado para fazê-lo, pois o candidato deve ter uma inclinação, uma predisposição natural a esse tipo de atividade, ninguém poderá obrigar qualquer agente de polícia a fazer o papel de infiltrado, pois isso requer quase que uma aptidão natural, um "sangue frio" de viver um personagem em meio a um grupo que, normalmente, é violento e perigoso. Todo agente infiltrado deve, portanto, ser voluntário e, obviamente, ter o perfil indicado para a missão que lhe será entregue. Assim, por exemplo, um sujeito de compleição física fraca, quase chegando ao raquitismo, não seria bem aceito em uma organização criminosa formada quase que exclusivamente por fisiculturistas que vendem medicações proibidas, com a finalidade de ganho de massa muscular. Da mesma forma, um policial que não tenha uma única tatuagem no corpo, jamais ingressará em uma organização criminosa como a Yakuza japonesa, cujos membros tatuam, basicamente, o corpo inteiro. São detalhes que farão toda a diferença para o sucesso da infiltração.

Antes da infiltração, o agente deverá ser submetido a um treinamento específico, principalmente ligado à sua parte psicológica, pois sempre há o risco de ser descoberto e, dependendo da organização criminosa em que se infiltrou, isso poderá levá-lo à morte, como normalmente acontece nas organizações criminosas ligadas ao tráfico de armas, pessoas, drogas etc.

---

[119] SOUSA, Marllon. *Crime organizado e infiltração policial*: parâmetros para a validação da prova colhida no combate às organizações criminosas, p. 42-43.

[120] SOUSA, Marllon. *Crime organizado e infiltração policial*: parâmetros para a validação da prova colhida no combate às organizações criminosas, p. 44.

Essa nova modalidade de investigação já vem sendo utilizada há muitos anos em outros países, a exemplo dos EUA e da Itália, onde agentes infiltrados (*undercover agents*, como são denominados naquele país) auxiliaram a desvendar inúmeras organizações criminosas, levando ao cárcere uma quantidade incontável de criminosos. Na verdade, os agentes infiltrados são um dos maiores temores das organizações criminosas, que, cada vez mais, criam blindagens para evitar esse tipo de situação, que a desvenda por dentro, como um "cavalo de troia".

12.4.3. Fase procedimental adequada

No que diz respeito ao *caput* do art. 10 da Lei nº 12.850/2013, é importante destacar que somente será possível a infiltração de agentes na fase da chamada investigação policial, isto é, apenas quando houver inaugurado um inquérito policial ou uma investigação ministerial a fim de apurar a existência de determinada organização criminosa. Uma vez encerrada as investigações policiais com o oferecimento de denúncia por parte do Ministério Público, já não se poderá mais levar a efeito a infiltração de agentes de polícia na organização criminosa. Assim, o marco permissivo inicial será a instauração do inquérito policial visando à apuração da existência da organização criminosa e dos crimes cometidos por ela, com identificação de todos os que dela participam. Por outro lado, o oferecimento da denúncia, dando início à *persecutio criminis in judicio*, é o termo final da infiltração. Na verdade, antes mesmo do oferecimento da denúncia, o encerramento das investigações, com o relatório final produzido pela autoridade policial, já é suficiente para não mais permitir a continuidade da infiltração policial, a não ser que o Ministério Público ainda não se tenha dado por satisfeito com as provas nele produzidas e requeira a sua continuidade.

Em suma, o oferecimento da denúncia, com base nas provas produzidas no inquérito policial, é o marco definitivo para impossibilitar a infiltração policial, haja vista não ser esta mais possível quando já existir uma ação penal em curso.

12.4.4. Legitimados e limites da infiltração

Essa infiltração, nos termos do mencionado art. 10, como depende de autorização judicial, somente poderá ser iniciada quando representada pelo delegado de polícia, ou requerida pelo Ministério Público, após manifestação técnica daquele, ou seja, em linhas gerais, deverá existir um pedido por parte do delegado de polícia, ou mesmo do Ministério Público ao Poder Judiciário, que poderá ou não autorizar a infiltração de agentes na organização criminosa.

Se o juiz competente para o caso entender por bem autorizar a infiltração de agente de polícia na organização criminosa, a sua autorização deverá ser circunstanciada, motivada e sigilosa, sendo ainda estabelecidos detalhadamente seus limites. Isso quer dizer que o agente infiltrado não tem liberdade para fazer o que quiser, durante o período em que estiver envolvido com a organização criminosa.

É uma medida extrema, radical, e, por isso, somente pode ser solicitada ao juízo competente na hipótese em que todos os demais meios de prova não forem suficientes para que se possa concluir, inibir, prevenir e tentar extinguir a organização criminosa, com a condenação de todos os seus membros, evitando-se a prática de crimes futuros. Cuida-se, portanto, de medida de natureza subsidiária. Como esclarece Gustavo Badaró:

"A necessidade reforça o caráter de *ultima ratio* do meio de obtenção de prova, que deve ser a derradeira medida a ser empregada, quando meios menos gravosos não tenham se mostrado efetivos ou quando por outros meios seria muito difícil comprovar os fatos."[121]

Determina a parte final do art. 10, em exame, que o juiz deverá estabelecer os *limites* da infiltração policial. Marllon Sousa critica essa previsão, asseverando que:

"Limites para a atuação do agente infiltrado já estão previstos no ordenamento jurídico, seja no texto constitucional, no Código de Processo Penal ou na legislação esparsa, devendo os órgãos de investigação sempre respeitar os direitos e as garantias fundamentais do investigado, não podendo cometer nenhum ato que extrapole a finalidade da medida. Por outro lado, ao se determinar que o magistrado estabeleça os limites da infiltração policial, a depender da lente que se usa para enxergar tal regra, pode-se concluir pela indevida ingerência do Poder Judiciário na investigação, cujo resultado é a mácula do sistema acusatório. Neste ponto, melhor será se a autorização judicial se jungir à verificação da presença dos pressupostos legais, devendo silenciar-se quanto aos limites da infiltração, cujos eventuais excessos serão apurados posteriormente, aplicando-se as teorias da invalidação de provas, para o caso de abuso."[122]

12.4.5. Intervenção do Ministério Público

Como o Ministério Público é o destinatário final das investigações que servirão de base, que darão sustento à ação penal, na qualidade de *dominus litis*, deverá ser ouvido antes que o julgador decida sobre a representação levada a efeito pelo delegado de polícia.

O Ministério Público, assim, poderá emitir parecer de aprovação, ou mesmo desaprovação, da estratégia a ser utilizada na investigação, sempre motivando seu posicionamento, fazendo suas ponderações no sentido favorável ou desfavorável à infiltração policial.

Entendemos que, se o Ministério Público, na qualidade de titular exclusivo da ação penal, se posicionar desfavoravelmente à infiltração policial, o julgador deverá acolher sua manifestação, deixando de autorizá-la.

Aqui, na verdade, o Ministério Público apenas deverá se posicionar contrariamente à requisição formulada pelo delegado de polícia se já possuir outras provas que teriam o mesmo efeito daquelas que seriam trazidas ao conhecimento da Justiça em virtude da investigação realizada pelo agente infiltrado. Não deve existir uma guerra de egos, mas, sim, um trabalho conjunto em prol da busca da verdade e da pacificação social, com a descoberta e a punição dos membros que integram a organização criminosa. Polícia e Ministério Público devem atuar irmanados, em busca do mesmo propósito. O delegado de polícia não é um inferior hierárquico do Ministério Público, tampouco seu subordinado. No entanto, como a ação penal é de responsabilidade do Ministério Público, é este quem deverá avaliar a conveniência ou não de produção de determinadas investigações que, ao final, poderão auxiliar ou mesmo prejudicar o início ou mesmo o desfecho da ação penal.

---

[121] BADARÓ, Gustavo et al. Hipóteses que autorizam o emprego de meios excepcionais de obtenção de prova. In: AMBOS, Kai; ROMERO, Enéas (coord.). *Crime organizado*: análise da Lei nº 12.850/2013, p. 31.

[122] SOUSA, Marllon. *Crime organizado e infiltração policial*: parâmetros para a validação da prova colhida no combate às organizações criminosas, p. 98.

12.4.6. Pressupostos

Como já afirmamos anteriormente, a infiltração policial é um meio extremo de prova e somente será admitida depois de esgotados os outros meios disponíveis. Por essa razão é que a autorização judicial deverá ser circunstanciada, motivada e sigilosa, devendo, ainda, o julgador estabelecer seus limites.

Assim, em sendo possível a produção de outras provas que levem às mesmas conclusões que seriam trazidas após a infiltração policial, devem aquelas gozar de preferência, restando a infiltração policial como último recurso a ser utilizado.

> Diferente é a figura do agente infiltrado, que, como diz o nome, é aquele que se infiltra em organização criminosa, fazendo-se passar por seu integrante ou colaborador, estando autorizado não apenas a prevaricar, mas a praticar eventuais condutas criminosas em nome da organização. Vale referir que, muito embora o agente infiltrado esteja previsto na Lei de Drogas assim como na Lei de Organização Criminosa, a primeira não prevê a utilização de escuta ambiental, que foi deferida. Esse recurso, definido pelo fato de que apenas um dos interlocutores possuía ciência da gravação, encontra guarida na Lei nº 12.850/2013, em seu art. 3º, inciso III (na revogada Lei nº 9.034/95, o art. 2º, IV) (STJ, REsp 1.609.928, Rel. Min. Sebastião Reis Junior, *DJe* 09.08.2017).

12.4.7. Limite temporal

Determinou o § 3º do art. 10 da Lei nº 12.850/2013 que o prazo inicial para a infiltração policial seria de até 6 (seis) meses. Dissemos "inicial" porque o mencionado parágrafo ressalvou que essa autorização, findo o prazo inicial de 6 (seis) meses, poderia ser renovada, desde que comprovada a sua necessidade.

Embora existam críticas com relação a esse prazo, pois parte de nossa doutrina o entende como excessivo, levando-se, principalmente, em consideração os prazos fixados pelo Código de Processo Penal para o encerramento do inquérito policial, especificamente o de 30 (trinta) dias quando o indiciado estiver solto, nos termos do seu art. 10, quem lida diariamente com a Justiça Penal tem conhecimento de que dificilmente as investigações policiais são encerradas no mencionado prazo, sendo regra o pedido de prorrogação de prazo feito pelo delegado de polícia, ou mesmo pelo Ministério Público, quando, encerrado o inquérito policial, entender que há necessidade de novas diligências, e assim requerer seu cumprimento.

Se é desse modo no que diz respeito a um inquérito policial que apura infrações penais corriqueiras, o que dirá aquele que tem por finalidade investigar uma organização criminosa, complexa por natureza. Assim, um prazo inicial de seis meses é mais do que razoável. Fixando em seis meses, a lei permite que o agente infiltrado permaneça no seio da organização criminosa, só havendo necessidade de novo pedido à Justiça Penal ao aproximar-se da sua expiração.

Esse prazo poderá ser renovado tantas vezes quantas forem necessárias, não havendo limite legal para tanto. O agente infiltrado, para que possa cumprir com sua missão, precisa ganhar a confiança daqueles que compõem a organização criminosa, e isso leva tempo. Confiança se adquire paulatinamente. Seria impossível o sucesso da infiltração se a lei determinasse um prazo exíguo, curto demais para que essa relação de confiança começasse a crescer. Como diz acertadamente Marllon Sousa:

> "Não é à toa que os americanos dizem que a maior característica do agente infiltrado é o que eles denominam de *roping*, ou seja, a capacidade de o agente conseguir informações do grupo criminoso, sem perquirir diretamente sobre o assunto que se quer descobrir. Nesse ponto, somente em uma relação de confiança já estabelecida é que o agente conseguirá obter as informações, tornando as conversas com os demais participantes da organização criminosa diálogos

normais que teriam em qualquer situação, sem que haja necessidade de forçar a obtenção de tais dados, o que certamente ocorreria se a medida de infiltração fosse deferida por prazo exíguo, assim como nas interceptações telefônicas, por exemplo. Desta maneira, para o agente infiltrado obter informações relevantes, deverá estar efetivamente inserido nas entranhas da organização e a aceitação no meio criminoso não se opera da noite para o dia, sendo o tempo fator essencial para o sucesso da medida. Contudo, considerando que este mesmo tempo não pode servir como fator de perpetuação de uma medida restritiva de direitos fundamentais do investigado, o prazo inicial de seis meses é adequado aos fins que se propõe."[123]

Essa contagem deve ser feita a partir da data da autorização judicial, e não daquela quando o agente, efetivamente, consegue infiltrar-se na organização criminosa. Isso, no entanto, não será de grande relevância, haja vista, como já dissemos, a possibilidade de prorrogação, desde que comprovada sua necessidade. Esse marco somente evitará que a infiltração se torne ilegal, ou seja, não mais autorizada pelo decurso do prazo de seis meses. Portanto, somente para efeitos de contagem e para o futuro, se necessário, pedido de prorrogação, é que temos a data em que foi concedida a autorização pelo juiz competente como sendo aquela da qual deverá partir a mencionada contagem do prazo.

Assim, não podemos concordar com Marllon Sousa quando, em obra específica sobre o tema, afirma que esse pedido de prorrogação não pode ser levado a efeito por mais de duas vezes, dizendo que:

"A medida já tem extensão normal, prevista em lei, por até seis meses. Com duas prorrogações, chegar-se-á a 18 (dezoito) meses de investigações. Após todo esse tempo de infiltração, não se justifica mais uma terceira prorrogação, sob pena de perpetuar uma medida de natureza excepcional."[124]

Em que pese a autoridade do renomado autor, não podemos fixar esse limite, estabelecendo uma regra não contida na lei. Cada caso é um caso e merece ser tratado de forma específica. Obviamente que, se já não houver mais necessidade da infiltração, ela será encerrada; caso contrário, deverá continuar até que a missão seja devidamente cumprida, com o colhimento das provas necessárias.

Como já dissemos anteriormente, confiança requer tempo, e não podemos delimitá-lo, razão pela qual a própria lei não o fez, deixando que essa avaliação fosse feita no caso concreto.

O pedido de renovação deve sempre ser feito pelo delegado de polícia, ou mesmo pelo Ministério Público, sendo vedada a prorrogação de ofício, ou seja, aquela em que o próprio juiz a determina, sem que haja qualquer pedido para tanto.

12.4.8. Do relatório final das atividades

Embora o § 4º[125] do art. 10 da Lei nº 12.850/2013 mencione que o relatório circunstanciado deverá ser apresentado ao juiz após o término do prazo concedido para a infiltração policial, devemos interpretar corretamente esse parágrafo, entendendo esse relatório como

---

[123] SOUSA, Marllon. *Crime organizado e infiltração policial*: parâmetros para a validação da prova colhida no combate às organizações criminosas, p. 88-89.

[124] SOUSA, Marllon. *Crime organizado e infiltração policial*: parâmetros para a validação da prova colhida no combate às organizações criminosas, p. 90.

[125] "§ 4º Findo o prazo previsto no § 3º, o relatório circunstanciado será apresentado ao juiz competente, que imediatamente cientificará o Ministério Público."

aquele que encerra, efetivamente, a participação do agente infiltrado, no qual elencará todas as suas atividades, todas as provas que foram produzidas durante o período em que permaneceu infiltrado, auxiliando, assim, o combate à organização criminosa.

Isso não quer dizer, contudo, que o agente infiltrado só tenha que se reportar ao final da sua missão, pelo contrário. O contato com seus superiores deve ser constante, inclusive para que se possa avaliar a necessidade de permanência ou não na infiltração e para que aqueles envolvidos na investigação possam saber de todo o passo a passo, até mesmo para a proteção do agente infiltrado.

Ele não deve ficar isolado, distante dos coordenadores da investigação. Deve se reportar, sempre que possível, ainda que informalmente, ao delegado de polícia que conduz a investigação, e este, consequentemente, ao Ministério Público, numa interlocução importante e fundamental para o sucesso da missão.

Assim, portanto, esse relatório circunstanciado, mencionado no parágrafo *sub examen*, compara-se àquele produzido pela autoridade policial ao final do inquérito policial, em que reproduz, ali, tudo o que ocorreu no bojo do inquérito policial. Aqui, o agente infiltrado encerra sua participação narrando, detalhadamente, todo o ocorrido, desde o seu ingresso na organização criminosa, apontando as pessoas que dela participam, os crimes praticados, o *modus operandi*, as provas que conseguiu angariar durante o tempo em que permaneceu infiltrado, enfim, tudo aquilo que efetivamente aconteceu e motivou sua inclusão, disfarçadamente, no grupo criminoso.

Esse relatório, inicialmente, deve ser encaminhado ao juiz competente, ou seja, aquele que autorizou a infiltração policial, que, ato contínuo, quer dizer, imediatamente, tão logo que o receber, cientificará o Ministério Público. Com base nele, o Ministério Público poderá requerer novas diligências no inquérito policial, juntará aos autos as provas apontadas pelo agente infiltrado, ouvirá testemunhas, requisitará o indiciamento de pessoas envolvidas com a organização criminosa etc. Havendo justa causa, isto é, um lastro probatório mínimo, oferecerá denúncia, dando início, assim, à fase judicial.

12.4.8.1. Do relatório periódico

Como dissemos anteriormente, o agente infiltrado deve manter contato permanente com seus superiores, informando, sobretudo, aquilo que estiver ocorrendo durante sua infiltração. Há momentos em que não se pode burocratizar, exigindo-se, por exemplo, relatórios formais escritos.

No entanto, o delegado de polícia poderá determinar, e o Ministério Público requisitar, a qualquer tempo, durante o período em que esteja ocorrendo a infiltração, relatório dessa atividade. Isso servirá para que tanto o delegado de polícia quanto o Ministério Público avaliem a eficiência da infiltração, se provas estão sendo carreadas contra a organização criminosa, os nomes daqueles com ela envolvidos, os crimes por ela praticados etc., a fim de que possa avaliar a necessidade do prosseguimento ou mesmo a interrupção das atividades de infiltração.

12.4.9. Da necessidade da medida

Cleber Masson e Vinícius Marçal[126] esclarecem que a demonstração da necessidade da medida, tanto por parte do Ministério Público como do delegado de polícia, decorre do caráter cautelar (*fumus commissi delicti* e *periculum libertatis*) da infiltração policial.

---

[126]   MASSON, Cleber; MARÇAL, Vinícius. *Crime organizado*, p. 416.

Prosseguem – os renomados autores – esclarecendo que:

"Para além da necessidade, o requerimento (ou a representação) deverá conter o alcance das tarefas dos agentes. Ou seja, impõe a lei a apresentação pelo requerente das tarefas que o agente infiltrado poderá levar a cumprimento no desempenho de seu mister. Essa exposição permitirá que o magistrado delimite o alcance da decisão de infiltração, como esboçamos anteriormente."[127]

12.4.10. Do sigilo

> **Art. 12.** O pedido de infiltração será sigilosamente distribuído, de forma a não conter informações que possam indicar a operação a ser efetivada ou identificar o agente que será infiltrado.
>
> § 1º As informações quanto à necessidade da operação de infiltração serão dirigidas diretamente ao juiz competente, que decidirá no prazo de 24 (vinte e quatro) horas, após manifestação do Ministério Público na hipótese de representação do delegado de polícia, devendo-se adotar as medidas necessárias para o êxito das investigações e a segurança do agente infiltrado.
>
> § 2º Os autos contendo as informações da operação de infiltração acompanharão a denúncia do Ministério Público, quando serão disponibilizados à defesa, assegurando-se a preservação da identidade do agente.
>
> § 3º Havendo indícios seguros de que o agente infiltrado sofre risco iminente, a operação será sustada mediante requisição do Ministério Público ou pelo delegado de polícia, dando-se imediata ciência ao Ministério Público e à autoridade judicial.

Considerando a natureza da operação em curso, ou seja, da infiltração policial, que deve guardar o mais absoluto sigilo, preservando-se a integridade do agente infiltrado, que correria riscos caso alguém soubesse que, no seio da organização criminosa, existia alguém especialmente colocado para apurar todas as suas infrações penais, a defesa daqueles envolvidos e apontados como integrantes dessa organização criminosa somente terá acesso às informações da operação de infiltração após o término das investigações, quando os autos acompanharão a denúncia, que deverá assegurar a preservação absoluta da identidade do agente infiltrado.

A defesa, portanto, tomará conhecimento de tudo aquilo que foi apurado durante a operação de infiltração, exceto a identidade do agente. Essa é uma medida que garantirá a segurança do agente, que poderá sofrer retaliações se alguém descobrir sua verdadeira identidade, uma vez que, como regra, as organizações criminosas que adotam a violência como padrão de comportamento jamais o perdoarão, e, cedo ou tarde, alguma retaliação virá, seja contra ele próprio, seja mesmo contra parentes ou amigos.

Assim, por mais essencial e relevante que seja a função da defesa, que deve ter acesso a tudo aquilo que, de alguma forma, venha a prejudicar seu cliente, nesse caso não se pode abrir exceção e permitir que tomem conhecimento da verdadeira identidade do agente infiltrado.

Contudo, independentemente de conhecer ou não a identidade do agente infiltrado, ao tomar conhecimento das informações por ele trazidas aos autos, a defesa poderá alegar a nulidade das provas ali produzidas se forem consideradas ilícitas.

12.4.11. Natureza jurídica e valor probatório

Aury Lopes Jr., com a precisão que lhe é peculiar, traça importante diferença entre atos de investigação e atos de prova, dizendo:

---

[127] MASSON, Cleber; MARÇAL, Vinícius. *Crime organizado*, p. 416.

"Assim, são atos de prova aqueles que:

1. Estão dirigidos a convencer o juiz de uma afirmação;

2. Estão a serviço do processo e integram o processo penal;

3. Dirigem-se a formar a convicção do juiz para o julgamento final – tutela de segurança;

4. Servem à sentença;

5. Exigem estrita observância da publicidade, contradição e imediação;

6. São praticados ante o juiz que julgará o processo.

Substancialmente distintos, os atos de investigação (realizados na investigação preliminar):

1. Não se referem a uma afirmação, mas a uma hipótese;

2. Estão a serviço da investigação preliminar, isto é, da fase pré-processual e para o cumprimento de seus objetivos;

3. Servem para formar o juízo de probabilidade, e não a convicção do juiz para o julgamento;

4. Não exigem estrita observância da publicidade, contradição e imediação, pois podem ser restringidas;

5. Servem para a formação da *opinio delicti* do acusador;

6. Não estão destinados à sentença, mas a demonstrar a probabilidade do *fumus commissi delicti* para justificar o processo (recebimento da ação penal) ou o não processo (arquivamento);

7. Também servem de fundamento para decisões interlocutórias de imputação (indiciamento) e adoção de medidas cautelares pessoais, reais ou outras restrições de caráter provisional;

8. Podem ser praticados pelo Ministério Público ou pela Polícia Judiciária.

Partindo dessa distinção, conclui-se facilmente que o inquérito policial somente gera atos de investigação e, como tais, de limitado valor probatório. Seria um contrassenso outorgar maior valor a uma atividade realizada por um órgão administrativo, muitas vezes sem nenhum contraditório ou possibilidade de defesa e ainda sob o manto do segredo."[128]

Como tudo aquilo produzido pelo agente infiltrado fará parte do inquérito policial e servirá de apoio, de justa causa ao oferecimento da denúncia pelo Ministério Público, todos aqueles atos devem ser considerados, seguindo as lições do renomado processualista, como sendo atos de investigação, passíveis de serem refutados pela defesa, e só serão considerados atos de prova depois de trazidos ao crivo do Poder Judiciário e se sobreviverem ao contraditório.

No entanto, podemos identificar três situações que poderão ocorrer, quais sejam:

a) o agente é infiltrado sem autorização judicial. Nesse caso, todas as provas que trouxer ao crivo do judiciário, durante a fase de instrução processual, serão consideradas nulas, diante de sua evidente ilegalidade;

b) o agente é infiltrado com autorização judicial, mas seu comportamento é eivado de ilegalidades. Nesse caso, mesmo com autorização judicial, a prova colhida também sofrerá vícios e será maculada de nulidade;

c) o agente é infiltrado com autorização judicial e atua nos limites legais, sem excessos. A prova que será apreciada em juízo deverá ser acolhida e considerada válida, daí, com base nela, se poderá chegar a um decreto condenatório.

---

[128] LOPES JR., Aury. *Direito processual penal*, p. 353.

12.4.12. Da sustação da infiltração

Não há dúvidas de que a atuação do agente infiltrado envolve riscos, principalmente se estivermos diante de organizações criminosas que têm a violência como seu *modus operandi* natural. Há uma probabilidade muito alta de que, se descoberto, o agente infiltrado seja morto, logo após passar por uma sessão de tortura, como é comum acontecer.

Conforme alerta Romildson Farias Uchôa:

> "Os órgãos policiais e agências dos EUA já sofreram com a perda de policiais infiltrados, sendo farta a literatura a respeito, seja por vazamentos no próprio órgão policial ou judicial, falta de cuidados do encoberto, duplicidade de informantes, reconhecimento do policial – por ser pessoa pública (e isso se agrava no Brasil, pelo fato de a publicidade dos atos oficiais ser alta – a exemplo de publicação de listas de concurso público)."[129]

Quando o § 3o[130] do art. 10 da Lei nº 12.850/2013 menciona a expressão *risco iminente*, devemos entendê-la como a possibilidade de ser descoberto. Esse é o risco de que trata o mencionado parágrafo, pois a atividade do infiltrado, por si só, já é considerada de risco.

Assim, por exemplo, se setores de inteligência detectam, por meio de interceptações telefônicas, que existe uma suspeita pela organização criminosa de que existe alguém nela infiltrado, e que há uma tendência a se acreditar ser ele o agente da polícia, nada mais razoável do que se suspender a infiltração, preservando-se a vida ou mesmo a integridade física do policial que se dispôs a essa missão.

Entre a busca por provas contra a organização criminosa e a preservação da vida e da integridade física do agente policial que se voluntariou para essa missão, devemos optar, sempre, por esta última. O mundo real é diferente dos filmes de ação. Não há – nem deve haver – super-heróis, que colocam sua missão acima de tudo e de todos. O Estado deve agir de forma responsável, e não entregar seu agente como se fosse uma ovelha indo ao abatedouro.

Se isso chegar ao conhecimento do Ministério Público, por meio de órgãos que atuam ativamente nesses casos, como ocorre com o chamado Gaeco (Grupo de Atuação Especial de Combate ao Crime Organizado), ou mesmo do delegado de polícia que estiver à frente da investigação, deverá ser levada a efeito uma requisição, dirigida ao juiz competente, dando-se ciência àquele que não a produziu, ou seja, se o delegado de polícia entender por bem suspender a infiltração, o Ministério Público tomará ciência, e vice-versa.

Entendemos, aqui, que aquele que tomar ciência dessa decisão de suspender a infiltração não poderá insistir na missão. Isso porque, se algum risco iminente for detectado, como a vida ou a integridade física de um agente de polícia correr perigo, não se deverá forçar para que a infiltração se prolongue por mais tempo. Esta deverá ser imediatamente suspensa, com a retirada do agente infiltrado.

12.4.13. Dos excessos

O agente infiltrado não é um criminoso, pelo contrário. É um representante da lei, que se dispôs a atuar como se criminoso fosse, a fim de angariar o maior número de provas

---

[129] UCHÔA, Romildson Farias et al. *Facções criminosas no Brasil*: fronteiras e crimes violentos. Coordenação Élcio D'Angelo, p. 106.

[130] "§ 3º Havendo indícios seguros de que o agente infiltrado sofre risco iminente, a operação será sustada mediante requisição do Ministério Público ou pelo delegado de polícia, dando-se imediata ciência ao Ministério Público e à autoridade judicial."

Parte I • Capítulo 2 • ORGANIZAÇÃO CRIMINOSA | **167**

possíveis a serem trazidas ao crivo do Poder Judiciário contra a organização criminosa em que se infiltrou.

Assim, seu comportamento deve ser pautado pela estrita legalidade. Não deve, portanto, cometer atos que excedam àqueles que lhe foram permitidos praticar. Somente nos casos de extrema necessidade, poderá o agente infiltrado praticar até mesmo atos considerados crime, como veremos adiante. Dessa forma, imagine-se a hipótese em que um agente infiltrado, querendo ganhar a simpatia do grupo, torture alguém pertencente a uma organização criminosa rival, simplesmente por esse fato, ou mesmo aquele que induza o grupo criminoso a praticar alguma infração penal, que por ele não tinha sido planejada, só pelo fato de querer se sobressair. São ilegalidades inadmissíveis, passíveis de punição, com todo rigor.

Dito isso, devemos entender a redação do art. 13[131] em estudo, ao mencionar o princípio da proporcionalidade, aplicável também à situação do agente infiltrado. Dissertando sobre o tema, Marllon Sousa, ao analisar a redação do mencionado artigo, conclui que:

> "Suas palavras apenas reafirmam ser dever do agente infiltrado agir nos estritos limites da decisão (...) que autorizou a medida de infiltração policial. Paralelamente, contudo, somente é endossado o uso da proporcionalidade, prevista em lei, se utilizada em situações extremas nas quais haja a possibilidade de cometimento de condutas definidas como crime, por parte do infiltrado. Nessas situações, caso o infiltrado extrapole seu dever de atuação, segundo o exame da situação concreta, deverá ser responsabilizado pelo excesso. Como exemplo de atuação desastrosa e desproporcional, cite-se o agente infiltrado que comete fatos definidos como crime com o uso de violência e grave ameaça à pessoa, salvo se essencial à sua proteção individual ou de terceiro. Isso porque, conforme já foi dito, como regra de conduta, o infiltrado não poderá cometer condutas definidas como delito e, somente em casos extremos poderá assim agir, fazendo o uso dos meios estritamente necessários ao caso e sempre tendo em mente o dever de lançar mão das condutas menos gravosas possíveis. Nesse ponto, não há nenhuma novidade, posto que os arts. 23 e 26 do Código Penal já trabalham as excludentes de ilicitude e culpabilidade. Outra ilustração que explica o excesso de atuação é o agente infiltrado que se transforma em agente provocador, passando a instigar e induzir comportamentos criminosos dos demais membros da organização criminosa para, em seguida, efetuar a prisão em flagrante, respondendo aqui pelo abuso cometido, sem prejuízo da declaração de nulidade da prova colhida, conforme já se expôs."[132]

12.4.14. Das infrações penais praticadas pelo agente infiltrado

Para que a verdadeira identidade do agente infiltrado não seja descoberta, muitas vezes, no seio de uma organização criminosa, deverá agir como os demais membros do grupo. Não teria sentido, por exemplo, se infiltrar em um grupo especializado em roubos a bancos, carros-fortes, explosões de caixas eletrônicos, tráfico de drogas etc. e não praticar muitos dos comportamentos levados a efeito pelos integrantes da organização criminosa. De nada valeria seu disfarce, pois, não se transformando em "um deles", jamais o agente infiltrado gozaria da confiança de seus integrantes, sendo seu trabalho totalmente desperdiçado.

---

[131] "Art. 13. O agente que não guardar, em sua atuação, a devida proporcionalidade com a finalidade da investigação, responderá pelos excessos praticados."

[132] SOUSA, Marllon. *Crime organizado e infiltração policial*: parâmetros para a validação da prova colhida no combate às organizações criminosas, p. 121-122.

Isso, infelizmente, o levará a cometer atos considerados típicos e ilícitos. No entanto, devido à sua particular condição, a culpabilidade será afastada em virtude da ocorrência da chamada inexigibilidade de conduta diversa.

Parte de nossos doutrinadores entende que nenhum ato de violência poderá ser cometido pelo agente infiltrado. *Permissa venia*, ousamos discordar dessas posições. Ou o agente cumpre seu papel e, assim, consegue manter seu personagem, ou deixa de praticar atos exigidos pelo grupo e, dessa forma, é descoberto ou mesmo retaliado. Assim, imagine a hipótese, bem radical por sinal, em que indivíduos ligados ao tráfico internacional de pessoas exigem que o agente infiltrado espanque uma das pessoas que se encontrava no cativeiro. Se ele não o fizer, demonstrará fraqueza e não gozará da confiança do grupo. Da mesma forma, um grupo especializado em roubos a carros-fortes, durante uma abordagem, em que o agente infiltrado estava presente, começa a atirar. Nesse caso, obviamente, o agente não atirará em direção a qualquer pessoa ou mesmo em direção ao veículo, mas terá que atirar, fingindo querer acertar o alvo. Enfim, são inúmeras situações em que somente o caso concreto determinará o que seria razoável fazer.

Caso fosse possível o agente atuar de forma diferente, ficaria afastada a causa legal de exclusão de culpabilidade correspondente à inexigibilidade de conduta diversa. Na hipótese de ter sido impossível outra escolha por parte do agente, independentemente de ter agido ou não com violência, praticando uma infração penal, será aplicada a dirimente em estudo.

12.4.15. Dos direitos do agente infiltrado

Os incisos I a IV do art. 14 da Lei nº 12.850/2013 preveem os direitos do agente infiltrado, a saber:

I – Recusar ou fazer cessar a atuação infiltrada: como já afirmamos anteriormente, tal como ocorre com as forças especiais, ninguém é obrigado a se inscrever e a fazer os cursos de ingresso. Como afirma, com precisão, um dos lemas das forças especiais: *Todos serão caveira um dia, mas nem todos em vida.* Fazer parte dessas equipes não é para qualquer um. A vontade, a garra de pertencer à essa irmandade, tem que ser infinitamente superior ao sofrimento pelo qual passarão no curso de formação. Não se pode forçar ninguém a isso.

A função policial já é, por si só, perigosa. Quando alguém resolve fazer um concurso público para algum cargo policial já deve conhecer, de antemão, os riscos que vai enfrentar. No entanto, as forças especiais enfrentam um risco ainda superior ao normal, ao padrão da função policial, pois só são convocadas a atuar em situações de risco extremo.

O mesmo acontece quando nos referimos ao agente infiltrado. Nem todos possuem a frieza, a capacidade e a sagacidade para ingressar em um *covil* e se sentir à vontade. Assim, jamais se poderá forçar algum policial a assumir esse papel. Não se recrutam policiais para exercer essas funções. Esses policiais se voluntariam, colocam-se à disposição para cumprir essa missão. Dessa forma, quando um delegado de polícia, por exemplo, escolhe um membro da sua equipe para fazer uma infiltração, e esse policial recusa a missão, jamais poderá ser retaliado, punido administrativamente, pois isso extrapola os riscos inerentes ao seu cargo.

O convite para fazer o papel de agente infiltrado pode ser, portanto, recusado, sem que nisso haja qualquer demérito por parte do policial, e seu superior deve saber compreender essa situação.

Muitas vezes, até alguém que já cumpriu missões como agente infiltrado pode não se sentir capacitado para aquela para a qual estão lhe designando. Pode não se sentir à vontade, por exemplo, para agir em uma organização criminosa ligada ao tráfico de mulheres, ou tráfico de crianças que são mortas para doação de órgãos etc. Seu psicológico pode impedi-lo de conviver com pessoas tão baixas, vis e cruéis.

Resumindo, é direito do agente policial recusar o convite quando lhe é feito por seu superior, sem que isso configure qualquer desobediência ou mesmo infração administrativa. Não está em jogo, aqui, a obediência hierárquica, necessária ao bom andamento da Administração Pública, mas, sim, a segurança daquele que cumprirá uma missão que vai além das suas capacidades.

Se é um direito recusar o ingresso no papel de agente infiltrado, que dirá a decisão de fazer cessar a infiltração, pois ninguém melhor do que o agente para saber dos riscos reais da sua missão.

Embora tenha aceitado, inicialmente, ingressar disfarçado na organização criminosa, no desenrolar das investigações pode o agente policial perceber que seu disfarce está prestes a ser descoberto, colocando em risco sua vida ou mesmo integridade física. Além disso, pode ocorrer que o infiltrado se veja na iminência de praticar uma infração penal com a qual não conseguiria conviver. Assim, imagine-se a hipótese daquele que havia sido informado pelo chefe da organização criminosa que, no dia seguinte, alguém deveria ser executado pelo agente que estava ali infiltrado. Não querendo carregar essa mácula, prefere abandonar a missão.

Todas essas hipóteses, vale dizer, recusar a infiltração ou mesmo abandonar a missão já iniciada, são direitos do agente policial, que jamais poderá ser punido por essas decisões.

II – Ter sua identidade alterada, aplicando-se, no que couber, o disposto no art. 9º da Lei nº 9.807, de 13 de julho de 1999, bem como usufruir das medidas de proteção a testemunhas: pode o agente infiltrado, a seu critério, dependendo do risco que enfrentou e diante da possibilidade de descoberta da sua real identidade, solicitar essa alteração, aplicando-se-lhe o art. 9º da Lei nº 9.807/99, que estabelece normas para a organização e a manutenção de programas especiais de proteção a vítimas e a testemunhas ameaçadas, institui o Programa Federal de Assistência a Vítimas e a Testemunhas Ameaçadas e dispõe sobre a proteção de acusados ou condenados que tenham voluntariamente prestado efetiva colaboração à investigação policial e ao processo criminal[133].

---

[133] "Art. 9º Em casos excepcionais e considerando as características e gravidade da coação ou ameaça, poderá o conselho deliberativo encaminhar requerimento da pessoa protegida ao juiz competente para registros públicos objetivando a alteração de nome completo.

§ 1º A alteração de nome completo poderá estender-se às pessoas mencionadas no § 1º do art. 2º desta Lei, inclusive aos filhos menores, e será precedida das providências necessárias ao resguardo de direitos de terceiros.

§ 2º O requerimento será sempre fundamentado e o juiz ouvirá previamente o Ministério Público, determinando, em seguida, que o procedimento tenha rito sumaríssimo e corra em segredo de justiça.

§ 3º Concedida a alteração pretendida, o juiz determinará na sentença, observando o sigilo indispensável à proteção do interessado:

I – a averbação no registro original de nascimento da menção de que houve alteração de nome completo em conformidade com o estabelecido nesta Lei, com expressa referência à sentença autorizatória e ao juiz que a exarou e sem a aposição do nome alterado;

II – a determinação aos órgãos competentes para o fornecimento dos documentos decorrentes da alteração;

III – Ter seu nome, sua qualificação, sua imagem, sua voz e demais informações pessoais preservadas durante a investigação e o processo criminal, salvo se houver decisão judicial em contrário: esse direito é uma consequência lógica, natural da infiltração. O agente policial não pode, por questões de segurança, ter seu nome, sua qualificação, sua imagem, sua voz e demais informações pessoais divulgadas, colocando-o em risco.

Isso ocorre não somente enquanto houver a investigação, em que ele ainda exerce, ou acabou de exercer, o papel de agente infiltrado, bem como após o oferecimento da denúncia, quando já inaugurada a ação penal, durante o processo penal.

Podemos ampliar esse direito para também após o encerramento do processo penal, independentemente da decisão nele proferida, se foram validadas ou não as provas trazidas pelo agente infiltrado; enfim, essa é uma medida de segurança, que não acaba com a decisão final no processo em que foram utilizadas as informações da operação de infiltração.

Pode haver, contudo, decisão judicial, obrigando a revelação de todas essas informações, o que prejudicaria, sensivelmente, o agente infiltrado, colocando-o em risco, além de impedi-lo de se voluntariar a outras missões semelhantes.

Como esclarece Marllon Sousa:

> "Não se apresenta útil a quebra do sigilo da identidade do infiltrado, posto que a decisão judicial nesse sentido causará grandes dificuldades para a reutilização do agente em outras operações de infiltração policial. Portanto, o melhor seria, caso seja necessário o comparecimento pessoal do infiltrado para prestar depoimentos, que as declarações sejam colhidas por meio audiovisual, sem a identificação do policial, bem como que a assinatura seja colhida a rogo, por certidão do escrivão do juízo, cujos atos possuam fé pública."[134]

IV – Não ter sua identidade revelada, nem ser fotografado ou filmado pelos meios de comunicação, sem sua prévia autorização por escrito: sabemos que a imprensa livre é uma garantia da democracia. No entanto, até a liberdade encontra limites, e um destes é o direito que o agente infiltrado tem de não ter sua identidade revelada, não ser fotografado ou mesmo filmado pelos meios de comunicação.

Esse é um direito que somente cederá se houver uma prévia autorização, e por escrito, do agente infiltrado. Inclusive, para que o próprio agente infiltrado conceda essa autorização, em virtude de sua subordinação hierárquica, deverá consultar, primeiramente, seus superiores, a fim de se apurar a conveniência ou não dessa divulgação.

12.4.16. Do agente infiltrado virtual

A Lei nº 13.964, entre as modificações introduzidas na Lei nº 12.850/2013, ao lado do agente infiltrado tradicional, criou a figura do agente infiltrado virtual. A previsão legal desta

---

III – a remessa da sentença ao órgão nacional competente para o registro único de identificação civil, cujo procedimento obedecerá às necessárias restrições de sigilo.

§ 4º O conselho deliberativo, resguardado o sigilo das informações, manterá controle sobre a localização do protegido cujo nome tenha sido alterado.

§ 5º Cessada a coação ou ameaça que deu causa à alteração, ficará facultado ao protegido solicitar ao juiz competente o retorno à situação anterior, com a alteração para o nome original, em petição que será encaminhada pelo conselho deliberativo e terá manifestação prévia do Ministério Público."

[134] SOUSA, Marllon. *Crime organizado e infiltração policial*: parâmetros para a validação da prova colhida no combate às organizações criminosas, p. 126.

particular espécie de infiltração de agentes está prevista e devidamente regulamentada nos arts. 10-A, 10-B, 10-C, 10-D e no parágrafo único do art. 11.

A medida poderá ser requerida tanto pelo Ministério Público como pela autoridade policial. Neste último caso, antes de decidir, o juiz, necessariamente, deverá ouvir o Ministério Público.

O agente infiltrado virtual tem como objetivo a investigação do delito de participação em organização criminosa, dos demais crimes previstos na Lei nº 12.850 ou com eles conexos, desde que demonstrada a sua necessidade e a prova não puder ser obtida por outros meios. A infiltração depende de autorização judicial circunstanciada, motivada e sigilosa, que determinará os limites da atuação excepcional do agente, nos mesmos termos do que dispõe o *caput* do art. 10 em matéria de agente infiltrado *real*.

A infiltração virtual na *internet* terá duração de 6 (seis) meses, prazo que poderá ser prorrogado até o limite máximo de 720 (setecentos e vinte) dias. Ao término de cada período de 6 (seis) meses e como condição para eventuais e sucessivas renovações, a autoridade responsável deverá produzir relatório circunstanciado ao qual deve fazer juntar todos os atos eletrônicos praticados durante a operação, registrar, gravar e armazenar tudo e apresentar ao juiz competente. Caso a atividade esteja sendo desenvolvida pela polícia, o Ministério Público deverá de tudo ser cientificado imediatamente. Tanto o Ministério Público quanto o juiz poderão requisitar, a qualquer tempo, no curso da investigação, assim como a autoridade policial poderá determinar, aos seus agentes, a elaboração de relatório circunstanciado a qualquer tempo. Idêntica medida deve ser adotada ao término das investigações.

Todas as informações da operação de infiltração virtual serão encaminhadas ao juiz que ficará responsável por seu sigilo. Antes da conclusão da operação, o sigilo deve ser mantido, levantado apenas para o juiz, o delegado de polícia (caso as investigações sejam conduzidas pela polícia judiciária) e o Ministério Público.

O policial infiltrado, obviamente, não poderá ser responsabilizado pelos atos praticados com a identidade ocultada, desde que, evidentemente, atue nos estreitos limites traçados pelo juiz na autorização judicial, podendo, se for o caso, vir a responder pelos excessos.

Ao final da operação, os atos eletrônicos registrados serão reunidos em autos apartados e apensados ao processo criminal juntamente com os autos da investigação criminal (inquérito policial ou ministerial). A identidade do policial infiltrado virtualmente não poderá ser revelada. Como forma de preservá-la e de garantir o sucesso da investigação, a identidade fictícia, mediante ordem judicial, poderá ser oficialmente registrada pelos órgãos de registro e de cadastro públicos.

12.5. Do acesso a registros, dados cadastrais, documentos e informações

Identificar os membros de uma organização criminosa não é tarefa fácil. Uma vez identificados, mais tormentosa ainda é a missão de obter a sua qualificação completa a fim de se tornar possível o acesso às informações imprescindíveis para a elucidação de seus crimes, tais como imóveis, empresas, veículos e linhas telefônicas registradas em seu nome. A qualificação completa dos investigados e acusados também é crucial para evitar que sejam investigados, presos e processados os homônimos.

O Ministério Público e o delegado de polícia, então, ficam na dependência da disponibilização de dados sobre a qualificação de pessoas investigadas por outros órgãos públicos e entidades privadas.

O art. 15, compreendendo essa realidade, não só prevê expressamente a obrigação dos órgãos públicos e privados que relaciona de compartilhar o seu banco de dados com o Ministério Público e com a polícia investigativa como também faz consignar expressamente que esse acesso independe de autorização judicial, dirimindo, de antemão, qualquer tipo de dúvida que pudesse vir a ser gerada nesse sentido.

Assim é que a Justiça Eleitoral, as instituições financeiras públicas e privadas, os provedores de cartões de crédito e as empresas de telefonia estão obrigados a fornecer à Polícia e ao Ministério Público, sempre no âmbito de formais procedimentos investigatórios de natureza criminal que envolvam a atuação de grupos criminosos organizados, a qualificação completa dos investigados, independentemente de ordem judicial nesse sentido. É suficiente, para a disponibilização dessas informações, que o Ministério Público e a Polícia Judiciária requisitem as informações, por meio de petição devidamente fundamentada, com indicação da existência de um procedimento formal de investigação, tendente a apurar a participação dos investigados no crime de organização criminosa e nas infrações penais derivadas da empresa criminosa.

Não se pode olvidar, por outro lado, que a Lei nº 12.850/2013 criminalizou a conduta consistente em recusar ou omitir dados cadastrais, registros, documentos e informações requisitadas pelo juiz, Ministério Público ou delegado de polícia, no curso de investigação ou do processo.

Assim, se o Ministério Público ou o delegado de polícia oficiam a uma instituição bancária requisitando diretamente os dados qualificativos pessoais de determinado investigado, e o responsável pela guarda desses dados se recusa a fornecê-los, alegando, por exemplo, ausência de ordem judicial, poderá responder pelo crime descrito no art. 21 da lei comentada.

12.5.1. Do fornecimento de dados pelas empresas de transporte

> **Art. 16.** As empresas de transporte possibilitarão, pelo prazo de 5 (cinco) anos, acesso direto e permanente do juiz, do Ministério Público ou do delegado de polícia aos bancos de dados de reservas e registro de viagens.

Sobre o tema, preleciona, com objetividade e clareza, Renato Brasileiro de Lima[135]:

> "Com o objetivo de obter elementos acerca da localização de integrantes de organização criminosa, ou até mesmo das cidades, estados e países por eles frequentados durante determinado período de tempo, é indispensável que as autoridades incumbidas da persecução penal tenham à disposição mecanismos ágeis capazes de fornecer informações acerca da sua movimentação."

O simples acesso ao registro das viagens de determinados integrantes de uma organização criminosa pode revelar, por exemplo, o seu caráter transnacional ou interestadual. A primeira característica constitui elementar do próprio tipo penal, enquanto a segunda pode conduzir ao agravamento das sanções e, ainda, à definição da atribuição investigativa (polícia estadual ou federal) ou mesmo da competência.

A exemplo do que ocorre nas hipóteses do art. 15, também aqui a recusa em prestar as informações sujeita o recalcitrante a processo criminal, como incurso no art. 21 da Lei nº 12.850/2013.

---

[135] LIMA, Renato Brasileiro de. *Legislação criminal especial comentada*, p. 775.

12.5.2. Dos extratos telefônicos

O art. 17 versa sobre o que, comumente, no jargão dos investigadores policiais e do Ministério Público, chamamos de "bilhetagem" ou simplesmente extratos telefônicos. É uma importante fonte e um relevantíssimo meio de prova. Na prática, trata-se de uma lista com todas as chamadas telefônicas realizadas e recebidas pelo investigado. A partir dessa listagem, é possível verificar, por exemplo, se determinados indivíduos mantêm laços de proximidade, se costumam se comunicar e qual a frequência dessas comunicações, fator muitas das vezes decisivo para a caracterização das associações ou da organização criminosa.

Também é por meio da bilhetagem telefônica que muitos indivíduos integrantes das organizações criminosas, antes completamente desconhecidos e que ainda não haviam sequer sido mencionados nas investigações, vêm a ser descobertos e identificados. De fato, os registros de identificação dos números de terminais de origem e de destino das ligações telefônicas constituem importante instrumental e meio de prova de alta relevância, sendo, muitas das vezes, decisivos para o desbaratamento de uma organização criminosa. Chegam a ser, em alguns casos, o ponto de partida, a *ponta do iceberg* para a identificação de poderosos e estruturados grupos criminosos organizados.

Atento à importância desses elementos de prova e, ao mesmo tempo, dessa fonte importante de prova, o legislador, no art. 17 ora objeto de análise, determinou às operadoras de telefonia que mantenham esses dados em seus arquivos pelo prazo mínimo de 5 (cinco) anos, deixando-os à disposição das autoridades encarregadas da investigação que envolve o crime organizado.

Por outro lado, embora o referido dispositivo legal não o tenha declarado expressamente, tanto o Ministério Público quanto o delegado de polícia encarregados da investigação podem acessar esses dados sem ordem judicial.

O acesso a tais dados é, sem dúvida, restrito, haja vista que estão cobertos pelo sigilo constitucional que visa à preservação da vida privada e da intimidade de seus titulares. Todavia, o simples fato de ser sigiloso não significa que esteja coberto também pela reserva jurisdicional. Uma coisa é o sigilo, coisa bem diversa é a necessidade de autorização judicial para o seu acesso por toda e qualquer pessoa ou órgão público.

A simples análise dos extratos telefônicos, com efeito, não se equipara às interceptações das comunicações telefônicas, estas, sim, sigilosas e, ao mesmo tempo, protegidas pela cláusula constitucional da reserva de jurisdição. Somente o Poder Judiciário pode autorizar o acompanhamento das conversações telefônicas. Situação distinta é a do acesso aos dados cadastrais e aos meros registros das ligações realizadas e recebidas. Aqui, o sigilo vale para todos, menos para as autoridades elencadas no citado art. 17, à disposição de quem os referidos dados devem estar, pelo prazo legal de 5 (cinco) anos, e os quais podem ser por elas acessados sem a necessidade de ordem judicial.

É evidente que, a partir desse acesso, tanto o Ministério Público como a autoridade policial ficam responsáveis pelo resguardo de seu sigilo, podendo vir a responder, inclusive, criminalmente, pelo mau uso dessas informações.

Adotando o entendimento esposado, Mendroni[136] afirma que os extratos telefônicos estariam protegidos apenas por um sigilo relativo, haja vista que seu acesso poderia se dar por mera requisição direta do Ministério Público ou da autoridade policial:

---

[136] MENDRONI, Marcelo Batlouni. *Crime de lavagem de dinheiro*, p. 251.

"Conclui-se, portanto, que os extratos telefônicos devem ser considerados protegidos de sigilo relativo, não do sigilo constitucionalmente protegido – que exige autorização judicial, mas de sigilo passível de ser desvelado por requisição do Ministério Público a nível de investigação ou processo criminal, ou mesmo a nível de inquérito civil ou ação civil pública. Não podem ser entregues a qualquer pessoa que os solicite, mas sim ao Ministério Público, sempre que necessários ao âmbito da investigação."

Em sentido contrário, a posição de Renato Brasileiro de Lima[137]:

"(...) buscando uma interpretação conforme à Constituição, preferimos concluir que o art. 17 é perfeitamente constitucional, conquanto o acesso a tais informações seja feito com prévia autorização judicial. Trata-se, na verdade, de norma direcionada às concessionárias de telefonia fixa ou móvel, que, doravante, são obrigadas a preservar os registros de identificação das ligações telefônicas pelo prazo mínimo de 5 (cinco) anos, permitindo a utilização dessas informações pela Polícia e pelo Ministério Público, desde que mediante prévia autorização judicial."

Nem se argumente que o fato de o legislador, no *caput* do art. 15 da Lei nº 12.850/2013, ter feito referência expressa à desnecessidade de autorização judicial para acesso do Ministério Público e do delegado de polícia à qualificação dos investigados e, no art. 17, ter silenciado a esse respeito obriga-nos a concluir que, neste último caso, foi feita a reserva jurisdicional.

É que o art. 17 não pode ser interpretado isoladamente. A interpretação aqui deve ser a lógico-sistemática e o dispositivo infraconstitucional deve ser submetido à filtragem constitucional. A falta de técnica do legislador, tão comum, ademais, não pode conduzir o intérprete e os operadores do Direito a soluções não razoáveis que causem perplexidade.

13. DOS CRIMES OCORRIDOS NA INVESTIGAÇÃO E NA OBTENÇÃO DA PROVA

A Lei nº 12.850/2013 reservou a seção V para instituir a proteção do Direito Penal à boa administração da Justiça. Entendeu o legislador, na espécie, que, para salvaguardar determinados direitos e garantir o cumprimento de determinadas obrigações consubstanciadas na própria lei de combate às organizações criminosas, seria imprescindível o manejo da proteção da *ultima ratio*, a sanção de natureza penal.

Foram instituídos, então, no ordenamento jurídico brasileiro, quatro novos crimes, previstos nos arts. 18, 19, 20 e 21. Todos os novos delitos possuem o mesmo bem jurídico-penal protegido, qual seja, a *Administração da Justiça*. Todos eles, ademais, são punidos com penas de reclusão e sujeitos à suspensão condicional do processo, nos termos do art. 89 da Lei nº 9.099/95, uma vez que suas penas mínimas são iguais ou inferiores a 1 (um) ano. Apenas o delito previsto no art. 21, consistente na recusa do fornecimento de dados cadastrais, foi classificado como infração penal de menor potencial ofensivo, com pena máxima igual a dois anos, nos termos do art. 61 da Lei nº 9.099/95. Este último crime não está sujeito à competência dos Juizados Especiais Criminais, por força do art. 22, que fixa o rito comum ordinário do CPP para todos os crimes que elenca. Essa particular circunstância, todavia, não afasta a incidência do benefício da transação penal, esculpida no art. 76 da Lei nº 9.099/95. Uma coisa é o rito procedimental a ser seguido quando superada a fase preliminar da transação penal. Coisa diversa é o direito ao benefício, que somente pode ser afastado por

---

[137] LIMA, Renato Brasileiro de. *Legislação criminal especial comentada*, p. 18.

expressa disposição legal, como ocorre, *v.g.*, com a Lei Maria da Penha (Lei nº 11.340/2006), que, no art. 41, proscreve a benesse.

13.1. Revelação da identidade do colaborador

13.1.1. Introdução

No art. 5º da Seção I, que trata do instituto da colaboração premiada, a Lei nº 12.850/2013 elencou o que chamou de "direitos do colaborador". Entre esses direitos, no inciso II, incluiu o de ter seu nome, sua qualificação, imagem e demais informações preservadas. No inciso V, a lei diz ser direito do colaborador não ter sua identidade revelada pelos meios de comunicação, nem ser fotografado ou filmado, sem sua prévia autorização por escrito.

Agora, na última seção, no art. 18, o legislador entendeu pela necessidade de criminalizar as condutas daqueles que violarem esses direitos do colaborador. Instituiu, assim, o crime de revelar a identidade, fotografar ou filmar o colaborador, desde que o faça sem a sua prévia autorização por escrito.

Podemos destacar os seguintes elementos constantes da redação típica, que revelam as 3 (três) modalidades de conduta em que o crime pode ser praticado:

a) **revelar a identidade:** revelar a identidade do colaborador significa tornar público ou simplesmente informar a outrem ou a quem quer que não esteja legalmente autorizado os dados que permitam conhecer ou identificar o indivíduo que teria colaborado com as investigações ou com o processo, mediante a promessa premial. Não se faz necessário, para a configuração do crime nesta modalidade, que a imagem do colaborador se torne pública ou do conhecimento de terceiros. O que este núcleo verbal busca coibir é a revelação da qualificação pessoal do colaborador ou mesmo a sua identidade informal, como, *v.g.*, o cognome pelo qual ele se tornou conhecido no seio da comunidade a que pertence. O que se busca coibir é que o colaborador não seja de nenhuma forma identificado;

b) **fotografar o colaborador:** fotografar significa obter uma imagem estática do colaborador, armazenada em dispositivos eletrônicos de qualquer natureza, fixos ou móveis ou impressa. A fotografia pode ser, atualmente, produzida por um simples aparelho de telefonia celular, uma máquina fotográfica, uma câmera acoplada a um veículo automotor, a um computador portátil ou fixo, enfim, por qualquer tipo de aparelho eletrônico que possua acoplada uma câmera ou máquina fotográfica ou aparelho similar capaz de reproduzir e manter gravadas ou impressas imagens;

c) **filmar o colaborador:** filmar significa obter uma imagem em movimento da pessoa do colaborador. Também a filmagem nos dias de hoje, com o avanço tecnológico, pode ser obtida por diversos tipos de aparelhos eletrônicos, desde uma filmadora convencional até um pequeno aparelho de telefonia celular.

Em qualquer das modalidades anteriores, a conduta deve ser praticada sem a autorização prévia do colaborador. No entanto, a lei não admite qualquer tipo de autorização, apenas a autorização por escrito. E se o colaborador se coloca diante das câmeras de televisão e autoriza verbalmente a sua filmagem e a identificação de sua identidade e qualificação pessoal? Pensamos que, ainda que a autorização não se dê por escrito, caso ela seja manifestada, de forma indubitável, por outro meio, como um recurso audiovisual, também será reputada válida. É que, se o dissenso é elementar do crime, a prova do consenso deve afastar a incidência da figura típica, mormente quando se revelar por elemento de prova ainda mais seguro do

176 | CRIMES HEDIONDOS E EQUIPARADOS – ROGÉRIO GRECO

que aquele previsto pelo legislador. Resulta evidente que uma gravação do próprio colaborador, por meio de equipamento audiovisual, concedendo autorização para ser filmado e ter a sua identidade revelada, possui muito maior relevância do que um documento escrito por ele, especialmente porque este último pode ser objeto de falsificação com mais facilidade. Estaríamos, ademais, diante da *analogia in bonam partem*, perfeitamente admitida no Direito Penal brasileiro.

13.1.2. Classificação doutrinária

Crime comum com relação ao sujeito ativo (uma vez que o tipo penal não exige qualquer qualidade ou condição especial para o autor); *crime próprio* (com relação à vítima, que necessariamente deve ser o colaborador); *material* (somente se consuma, nas três modalidades, com o ato de revelar, de fotografar ou de filmar o colaborador); *doloso*; *de forma livre*; *instantâneo*; *comissivo*; *monossubjetivo*; *plurissubsistente* (as condutas podem ser fracionadas, admitindo-se a tentativa); *transeunte* (em algumas modalidades, pode ser considerado não transeunte, como no simples ato de revelar a terceiros a identidade do colaborador); de *conteúdo variado*.

13.1.3. Objeto material e bem juridicamente protegido

O bem juridicamente protegido é a *Administração da Justiça*.

O objeto material é o próprio agente colaborador, alvo da imagem e filmagem gravadas sem sua autorização, o banco de dados cadastrais ou os autos em que constam os registros de sua identidade.

13.1.4. Sujeitos ativo e passivo

Sujeito ativo pode ser qualquer pessoa. Relativamente à conduta consistente em revelar a identidade do colaborador, o tipo penal se inclina a direcionar aos agentes públicos e às partes envolvidas que participaram das negociações e da formalização da colaboração premiada, como o Ministério Público, o delegado de polícia, o defensor. Todavia, o crime pode ser praticado por qualquer pessoa que, de algum modo, tenha tomado conhecimento da realização do acordo de colaboração e, de alguma forma, tenha obtido acesso, devido ou indevido, à identidade do colaborador. Pode ser sujeito ativo, por exemplo, o servidor da Justiça, do Ministério Público ou da Polícia; os estagiários dessas instituições; os policiais militares eventualmente presentes ao ato; os agentes penitenciários que escoltaram o colaborador ou mesmo terceiros que souberam do ato e da identidade do agente.

O sujeito passivo, por outro lado, somente pode ser o *colaborador* que teve a sua imagem captada por fotografia ou por meio de filmagem, sem a sua expressa autorização. Nesse particular aspecto, como visto, o referido delito se trata de um *crime próprio*.

13.1.5. Consumação e tentativa

Na primeira das três modalidades em que o crime em comento pode ser praticado, a saber, revelar a identidade do colaborador, o crime somente se consuma com a revelação, com o ato de tornar pública a identidade ou qualquer dado que permita a identificação do colaborador. Não é suficiente, portanto, que o autor desse delito se aproprie da qualificação pessoal ou dela tome conhecimento de forma indevida. É mister que ele a divulgue, dê publicidade a ela, ainda que para uma única pessoa não autorizada por lei a acessá-la.

Parte I • Capítulo 2 • ORGANIZAÇÃO CRIMINOSA | **177**

O mesmo raciocínio não pode ser aplicado às demais condutas, consistentes em fotografar ou filmar o colaborador. Aqui, o legislador não exige que as fotografias ou as filmagens se tornem públicas ou sejam de alguma forma divulgadas. O simples ato consistente em fotografar ou filmar o colaborador já será suficiente para a configuração do crime. O ato de divulgar as imagens e as filmagens nas redes sociais, na imprensa ou mesmo em grupos de conversações telefônicas constitui mero exaurimento desse crime.

13.1.6. Elemento subjetivo

O crime em estudo somente pode ser praticado dolosamente, não havendo previsão para a modalidade de natureza culposa.

13.1.7. Pena, ação penal e suspensão condicional do processo

O crime é punido com a pena de 1 (um) a 3 (três) anos de reclusão e multa.

A ação penal é de iniciativa pública incondicionada e se processa pelo rito comum ordinário.

Tendo em vista a pena mínima cominada em abstrato, será possível a confecção de proposta de suspensão condicional do processo, nos termos do art. 89 da Lei nº 9.099/95.

13.2. Colaboração fraudulenta

13.2.1. Introdução

A Lei nº 12.850/2013, ao tratar do instituto da colaboração premiada, elencou os possíveis resultados que deveriam advir do ato de colaboração, como condição para que o colaborador pudesse ser premiado.

Entre esses resultados, os incisos I e II do art. 4º apontam a identificação dos demais coautores e partícipes da organização criminosa e das infrações penais por eles praticadas e a revelação da estrutura hierárquica e da divisão decorrentes das atividades da organização criminosa.

O investigado, como visto nos comentários aos demais artigos anteriores, pode colaborar com a Justiça de diversas formas. E aí estão apontadas pelo legislador duas das múltiplas formas pelas quais ele pode colaborar: delatando comparsas ou desenhando o organograma, a estrutura de funcionamento da organização criminosa.

Ocorre, porém, que, diferentemente do interrogatório ordinário do investigado ou do acusado, perante os órgãos de investigação ou perante a Justiça, que está acobertado pelo direito constitucional do réu ao silêncio, o que acaba permitindo a ele mentir sem que daí advenham maiores consequências, as declarações prestadas pelo investigado no âmbito de uma colaboração premiada se sujeitam a regime diverso.

Com efeito, dispõe o § 14 do art. 4º da Lei nº 12.850/2013 que, nos depoimentos que prestar, o colaborador renunciará, na presença de seu defensor, ao direito ao silêncio e estará sujeito ao compromisso de dizer a verdade. Assim, uma vez compromissado a dizer a verdade, o colaborador não poderá mentir, nem mesmo sobre circunstâncias dos crimes, tais como a estrutura organizacional da empresa criminosa ou a imputação de fatos a seus comparsas.

Relativamente a essas duas circunstâncias específicas, o legislador entendeu pela necessidade de criminalizá-las, dada a sua relevância para as investigações e os estragos e transtornos que poderão acarretar para as próprias investigações e mais ainda para os terceiros envolvidos, que estariam sujeitos, no mínimo, às muitas vezes invasivas investigações policiais ou ministeriais, sem contar a possibilidade de que possam vir a ser presos cautelarmente ou mesmo processados criminalmente.

Na narração da conduta típica, a lei aduz expressamente à *imputação falsa*, da *prática de uma infração penal*, à pessoa que o colaborador *sabe inocente*, desde que isso ocorra *a pretexto de uma colaboração premial* com a Justiça. Nessa primeira parte, o delito em muito se assemelha ao crime de denunciação caluniosa, previsto no art. 339 do Código Penal brasileiro.

Na segunda parte, o tipo penal prevê a conduta consistente em *revelar informações* que *sabe inverídicas* sobre a *estrutura de organização criminosa*.

Assim, podemos indicar os pontos principais que especializam esse crime com relação a outros crimes correlatos: *a)* a imputação da prática de uma infração penal; *b)* esse fato imputado deve, obrigatoriamente, ser falso; *c)* o agente deve ter conhecimento de que a pessoa alvo da imputação é inocente; *d)* relevar informações sobre a estrutura de organização criminosa; *e)* o agente deve ter conhecimento de que essas informações são inverídicas:

a) **Imputar falsamente a prática de uma infração penal:** *imputar*, aqui, significa, atribuir a alguém, apontar como autor terceira pessoa, delatar alguém aos investigadores e à autoridade do Ministério Público responsáveis pela negociação e formalização da colaboração. *Falsamente* quer dizer que o agente sabe que os crimes que ele imputa não teriam ocorrido ou pelo menos não seriam obra da pessoa por ele delatada. *Infração penal* pode ser tanto o crime quanto a contravenção penal. *Qualquer infração penal* prevista no ordenamento jurídico brasileiro, não necessariamente uma das infrações previstas na Lei nº 12.850/2013;

b) **a pretexto de colaboração com a Justiça:** para que reste configurado esse crime, a imputação falsa deve, necessariamente, ocorrer a pretexto de colaboração com a Justiça. Em outras palavras, deve ocorrer no âmbito de investigação ou processo que verse sobre crimes praticados por organização criminosa ou sobre o crime de organização criminosa (art. 1º da Lei nº 12.850/2013) e ter como móvel do agente a colaboração premiada com a Justiça. Caso a imputação falsa ocorra em outro contexto, ou seja, ainda que no âmbito de uma investigação ou um processo judicial movido contra a criminalidade organizada, se o pretexto não for colaborar com a Justiça, o delito verificado poderá ser ou a denunciação caluniosa (art. 339 do CPB), ou a comunicação falsa de crime (art. 340 do CPB), ou até mesmo o delito de calúnia (art. 138 do CPB). O que o legislador visou proteger com esse tipo de crime foi a lisura do procedimento de colaboração premiada, protegendo penalmente a administração da Justiça;

c) **pessoa que sabe inocente:** o agente deve ter, portanto, a certeza da inocência daquele a quem acusa de ter praticado a infração penal. Se houver dúvida, o delito será afastado;

d) **revelar informações sobre a estrutura de organização criminosa:** revelar, aqui, consistiria em declarar, afirmar, no âmbito de uma colaboração premiada e perante a autoridade policial ou o membro do Ministério Público, possibilitando a sua documentação e atermação junto à formalização do acordo. Para que o crime reste configurado, as informações devem se referir a uma estrutura ordenada, formada por 4 (quatro) ou mais pessoas, com divisão de tarefas e destinada à prática de infrações de especial gravidade, com vistas à obtenção de vantagens de qualquer natureza. A referência deve ser feita com relação a uma organização criminosa nos moldes em que definida no art. 1º da lei objeto destes comentários. Não pode se tratar de uma simples associação como aquela prevista no art. 288 do Código Penal ou no art. 35 da Lei nº 11.343/2006. As informações, ademais, devem se referir à estrutura da organização, a seu organograma, sua tipologia, seu conjunto de patrimônio, número de agentes, espectro de atuação etc.;

e) **que sabe inverídicas:** o agente deve ter, portanto, a certeza da falsidade de suas informações. Se houver dúvida, o delito será afastado.

13.2.2. Classificação doutrinária

Crime de mão própria (uma vez que o tipo penal exige especial qualidade do sujeito ativo e, mais do que isso, o crime somente pode ser praticado por ele, diretamente; *formal* (já que a infração penal se consuma com a simples imputação ou com a mera revelação, mesmo que a vítima mediata não venha a ser investigada ou ainda que as informações falsas sobre a estrutura da organização não produzam nenhum efeito; *doloso; de forma livre; instantâneo; comissivo; monossubjetivo; plurissubsistente* (as condutas podem ser fracionadas, admitindo--se a tentativa); *não transeunte.*

13.2.3. Objeto material e bem juridicamente protegido

O bem juridicamente protegido é a *Administração da Justiça.*

Objeto material é a pessoa que foi vítima das imputações falsas ou o termo formal da colaboração premiada no qual constaram as informações inverídicas.

13.2.4. Sujeitos ativo e passivo

Sujeito ativo somente pode ser o colaborador. Daí por que se trata de um delito de mão própria, também chamado de crime infungível ou de atuação pessoal. Embora a execução do crime não possa ser delegada a terceiros, sendo inadmitida a coautoria, é possível que haja a participação em algumas de suas modalidades, instigação, induzimento ou auxílio.

O *sujeito passivo* é o Estado. Entretanto, pode-se cogitar do sujeito passivo mediato, que se trata da pessoa a quem o colaborador imputou falsamente a prática de infrações penais sabendo ser ela inocente.

13.2.5. Consumação e tentativa

O crime, em todas as suas modalidades, consuma-se no momento em que o sujeito ativo faz a imputação falsa ou presta as declarações inverídicas. Não há que se falar, portanto, em tentativa. Diversamente do crime de calúnia, que depende, para a sua consumação, de um terceiro tomar conhecimento das imputações, podendo esse terceiro estar distante do caluniador, no crime em análise o colaborador estará sempre diante da autoridade policial ou ministerial negociando os termos do acordo. A consumação do crime, então, confunde-se com a imputação e a revelação, ocorrendo instantaneamente e não dependendo de nenhum outro fator para que seja consumado.

13.2.6. Elemento subjetivo

O dolo é o elemento subjetivo exigido pelo tipo penal em estudo, não havendo previsão para a modalidade de natureza culposa.

13.2.7. Pena, ação penal e suspensão condicional do processo

O crime é punido com a pena de 1 (um) a 4 (quatro) anos de reclusão e multa.

A ação penal é de iniciativa pública incondicionada e se processa pelo rito comum ordinário.

Tendo em vista a pena mínima cominada em abstrato, será possível a confecção de proposta de suspensão condicional do processo, nos termos do art. 89 da Lei nº 9.099/95.

13.3. Quebra do sigilo das investigações

13.3.1. Introdução

O art. 20 em análise, visando garantir uma maior proteção ao sigilo das investigações, entendeu por bem criminalizar a conduta consistente na quebra do sigilo, sempre que a investigação envolver organização criminosa e, em seu bojo, tiverem sido adotadas as medidas excepcionais de produção de prova do agente infiltrado e da ação controlada.

Segundo a lição de Renato Brasileiro de Lima[138]:

"Cuida-se de norma especial em relação ao crime de violação de sigilo funcional previsto no art. 325 do Código Penal. Logo, se o agente revelar fato de que tem ciência em razão do cargo e que deva permanecer em segredo, ou facilitar-lhe a revelação, e se esses dados sigilosos versarem sobre investigações que envolvam a ação controlada e a infiltração de agentes, o crime do art. 20 da Lei nº 12.850/2013 deverá prevalecer sobre a figura delituosa do art. 325 do CP com fundamento no princípio da especialidade."

Perceba que o legislador tipificou como crime a quebra de sigilo apenas se as investigações envolverem os expedientes da infiltração de agentes e da ação controlada. Como muito bem observou Renato Brasileiro de Lima[139], se a quebra do sigilo ocorrer no âmbito de uma colaboração premiada, por exemplo, o crime praticado pelo funcionário público será o genérico *violação de sigilo funcional*, do art. 325 do CPB, que passou a funcionar como um *soldado de reserva*, para usarmos a expressão cunhada por Nelson Hungria.

13.3.2. Classificação doutrinária

Crime próprio (uma vez que apenas o funcionário público encarregado de resguardar o sigilo desse tipo específico de investigação pode praticá-lo); *doloso*; *de forma livre*; *instantâneo*; *comissivo e omissivo* (a facilitação do acesso por terceiros pode levar à quebra do sigilo por omissão); *monossubjetivo*; *plurissubsistente*; *transeunte*.

13.3.3. Objeto material e bem juridicamente protegido

Bem juridicamente protegido é a *Administração da Justiça*.

O objeto material é o segredo funcional.

---

[138] LIMA, Renato Brasileiro de. *Legislação criminal especial comentada*, p. 20.
[139] LIMA, Renato Brasileiro de. *Legislação criminal especial comentada*, p. 776.

13.3.4. Sujeitos ativo e passivo

Sujeito ativo somente pode ser o funcionário público, encarregado do resguardo do sigilo das investigações.

O *sujeito passivo* é o Estado.

13.3.5. Consumação e tentativa

O crime se consuma com a efetiva quebra do sigilo, mesmo que o descumprimento da ordem de mantê-lo leve o fato ao conhecimento de uma única pessoa.

Em se tratando de um crime plurissubsistente, será possível o reconhecimento da tentativa, dependendo da hipótese concreta.

13.3.6. Elemento subjetivo

O dolo é o elemento subjetivo exigido pelo tipo penal em estudo, não havendo previsão para a modalidade de natureza culposa.

13.3.7. Pena, ação penal e suspensão condicional do processo

O crime é punido com a pena de 1 (um) a 4 (quatro) anos de reclusão e multa.

A ação penal é de iniciativa pública incondicionada e se processa pelo rito comum ordinário.

Tendo em vista a pena mínima cominada em abstrato, será possível a confecção de proposta de suspensão condicional do processo, nos termos do art. 89 da Lei nº 9.099/95.

13.4. Sonegação de informações

13.4.1. Introdução

Os arts. 15, 16 e 17 da Lei nº 12.850/2013 contêm normas específicas voltadas para as empresas de telefonia, Justiça Eleitoral, instituições financeiras, provedores de *internet*, administradoras de cartão de crédito, empresas de transporte etc., consistentes em comandos sobre prazos e disponibilização de informações a juízes, membros do Ministério Público e delegados de polícia responsáveis por investigações que envolvem o crime organizado.

Há, por outro lado, diplomas legais específicos conferindo às supracitadas autoridades poderes requisitórios, muitas vezes sem a necessidade de prévia autorização judicial nos casos de a requisição ser feita pelo Ministério Público ou pela Polícia investigativa.

Caso as empresas públicas ou privadas ou qualquer das entidades submetidas à requisição por parte de qualquer dos órgãos mencionados se recusem a fornecer os documentos citados ou mesmo os forneça omitindo determinadas informações, estarão sujeitas à prática do crime sob análise.

São, de fato, duas as condutas objeto de incriminação: *recusar* e *omitir*. O requisitado pode simplesmente se recusar a cumprir a requisição e deixar de enviar os dados cadastrais, os registros e documentos ou informações requisitadas pelo juiz, Ministério Público ou delegado de polícia. Contudo, fato que não é incomum, o requisitado pode cumprir a requisição, omitindo dolosamente informações, dados e documentos relevantes de interesse da investigação.

O parágrafo único prevê, por seu turno, as condutas de se *apossar, propalar, divulgar* ou *fazer uso* de forma indevida de dados cadastrais de que trata essa lei.

13.4.2. Classificação doutrinária

Crime comum; doloso; formal; de forma livre; instantâneo; comissivo (na modalidade recusar) e *omissivo* (na modalidade omitir); *monossubjetivo; unissubsistente* (na forma omissiva) e *plurissubsistente*.

13.4.3. Objeto material e bem juridicamente protegido

Bem juridicamente protegido é a administração da justiça.

O objeto material são os dados cadastrais, registros, documentos e informações legitimamente requisitados e ilegalmente sonegados[140].

13.4.4. Sujeitos ativo e passivo

Sujeito ativo pode ser qualquer pessoa que deixar de cumprir as requisições do Ministério Público ou do delegado de polícia, ou a ordem judicial que determine a entrega dos dados, documentos ou informações. Trata-se, como visto, de crime comum. Cleber Masson e Vinícius Marçal[141] discordam. Para os renomados autores, o tipo penal exigiria uma situação fático-jurídica diferenciada por parte do sujeito ativo. Sustentam, pois, os autores, tratar-se de crime próprio.

Sujeito passivo é o Estado.

13.4.5. Consumação e tentativa

O crime se consuma com a simples recusa ou omissão, independentemente dos eventuais danos porventura causados pela sonegação das informações.

Pode ocorrer a tentativa, desde que na modalidade *recusar*. Em sentido contrário, Guilherme de Souza Nucci assevera que "não se admite tentativa, pois o delito é omissivo próprio, de modo que praticado em um único ato"[142].

13.4.6. Elemento subjetivo

O crime em análise somente pode ser praticado dolosamente, não havendo previsão para a modalidade de natureza culposa.

13.4.7. Pena, ação penal, transação penal e suspensão condicional do processo

O crime é punido com a pena de 6 (seis) meses a 2 (dois) anos de reclusão e multa.

A ação penal é de iniciativa pública incondicionada e se processa pelo rito comum ordinário.

---

[140] MASSON, Cleber; MARÇAL, Vinícius. *Crime organizado.*

[141] MASSON, Cleber; MARÇAL, Vinícius. *Crime organizado.*

[142] NUCCI, Guilherme de Souza. *Leis penais e processuais penais comentadas*, v. 2, p. 738.

Parte I • Capítulo 2 • ORGANIZAÇÃO CRIMINOSA | **183**

Tendo em vista a pena mínima cominada em abstrato, será possível tanto a proposta de transação penal como a de suspensão condicional do processo, nos termos dos arts. 76 e 89 da Lei nº 9.099/95.

14. PRAZOS E PROCEDIMENTO

O art. 22 cuida do procedimento a ser adotado para o processamento dos crimes previstos na *Lei nº 12.850/2013*, assim como dos crimes conexos. Diz a lei que o procedimento a ser adotado é o rito ordinário, previsto no Código de Processo Penal. Dessa forma, tem-se que qualquer que seja a pena cominada ao delito, desde que ele conte com previsão na lei ora comentada, a ação penal obedecerá ao rito ordinário, mais amplo e, normalmente, mais favorável à defesa.

Tome-se como exemplo o crime do art. 21, *caput*, e de seu parágrafo único. Mesmo em se tratando de infração penal de menor potencial ofensivo, não será processado pelo rito sumaríssimo dos Juizados Especiais Criminais. Por outro lado, a proposta de transação penal, não vedada legalmente, será obrigatória, sob pena de nulidade do processo.

O parágrafo único, por sua vez, estabelece que a instrução deverá se encerrar em prazo razoável, não podendo ultrapassar 120 (cento e vinte) dias se o réu estiver preso, prazo esse prorrogável por igual período.

Cleber Masson e Vinícius Marçal prelecionam que:

"Este dispositivo consagra o direito fundamental à duração razoável do processo, previsto no art. 5º, LXXVIII, CF/88 e na Convenção Americana sobre Direitos Humanos. Pela prescrição normativa, fixou-se um prazo legal para o encerramento da instrução criminal – e não para o fim do processo – que, tratando-se de réu preso, não poderá (*a priori*) exceder a 120 dias, prorrogáveis em até igual período (...). O termo inicial para fins de contagem desse prazo deve ser a data do início da prisão cautelar do investigado."[143]

A prorrogação do prazo, todavia, dependerá sempre de decisão judicial, devidamente fundamentada e somente poderá ocorrer se restar demonstrada a complexidade da causa ou algum fato procrastinatório atribuível ao réu.

14.1. Intervenção do réu delatado no processo

Em todas as fases do processo, deve-se garantir ao réu delatado a oportunidade de manifestar-se após o decurso do prazo concedido ao réu que o delatou. Essa regra, inserida no § 10-A do art. 4º, pela Lei nº 13.964, já havia sido consagrada por recente decisão do Supremo Tribunal Federal que, diga-se de passagem, causou enorme polêmica, tendo sido a Corte Suprema acusada, por muitos, de estar invadindo seara reservada do Poder Legislativo a fim de criar novas regras para processos em andamento e, com isso, aberto o ensejo para a ocorrência de nulidades processuais a beneficiar políticos corruptos já condenados em primeira ou segunda instância.

Com efeito, no âmbito do agravo regimental em *habeas corpus*, a Segunda Turma do STF, por maioria, anulou condenação imposta a réu da Operação Lava Jato para assegurar--lhe nova oportunidade de apresentar suas alegações finais após o decurso do prazo para

---

[143] MASSON, Cleber; MARÇAL, Vinícius. *Crime organizado*, p. 440.

apresentação dessa peça aos corréus colaboradores (HC 157.627 AgR/PR, rel. orig. Min. Edson Fachin, red. p/ o ac. Min. Ricardo Lewandowski, julgado em 27.08.2019).

A celeuma, no entanto, foi superada, haja vista que a regra foi incorporada à Lei nº 12.850, de forma expressa. As manifestações do acusado colaborador, doravante, devem receber tratamento semelhante às intervenções do órgão acusador, e, após todas elas, deve-se possibilitar a quem foi alvo da delação que se manifeste por derradeiro. Assim, apenas à guisa de exemplo, as alegações finais do colaborador nunca podem vir após a última fala do réu delatado, devendo, ao contrário, ser apresentadas sempre antes das alegações finais do delatado. O mesmo tratamento deve ser dado à resposta preliminar, à resposta à acusação, ao interrogatório e assim por diante.

14.2. Do colegiado e das varas criminais colegiadas

Em processos ou procedimentos que tenham por objeto crimes praticados por organizações criminosas, a competência para análise de medidas cautelares e demais medidas correlatas, processamento e julgamento, incluindo a execução de pena, poderá ficar a cargo de juízos colegiados ou de varas colegiadas de primeiro grau.

Em se tratando de crimes praticados por qualquer organização criminosa, o juiz competente, indicando motivos e circunstâncias que acarretam risco à sua integridade física, em decisão fundamentada, poderá instaurar o colegiado que terá competência para a prática de qualquer ato processual, como decretação de prisão ou de medidas cautelares, concessão de liberdade provisória ou revogação de prisão, progressão ou regressão de regime, concessão de livramento condicional, transferência de presos para estabelecimento de segurança máxima, transferência do preso para o RDD etc. O órgão colegiado de primeiro grau será formado pelo juiz do processo e por dois outros juízes escolhidos por sorteio eletrônico entre aqueles que possuam competência criminal e atuem na primeira instância. Esse órgão colegiado, composto de três juízes, terá competência limitada aos atos determinados para os quais forem convocados.

A previsão do órgão colegiado provisório de primeiro grau está contida no art. 1º da Lei nº 12.694, de 24 de julho de 2012, mas carece de regulamentação no âmbito de cada Tribunal ao qual ele estiver vinculado.

Por outro lado, caso a organização criminosa seja armada ou tiver armas à sua disposição, a competência para o julgamento das ações penais que as tenham por objeto recairá sobre varas criminais colegiadas, a serem instituídas mediante resolução dos tribunais de justiça e dos tribunais regionais federais de cada unidade da Federação. A possibilidade de criação dessas varas especializadas foi prevista em nosso ordenamento jurídico pela Lei nº 13.964/2019.

15. DA VEDAÇÃO DA LIBERDADE PROVISÓRIA

De acordo com a atual redação do art. 310 do CPP, oriunda da Lei nº 13.964/2019, a liberdade provisória passa a ser vedada para aqueles criminosos que integram organização criminosa (e também, como se vê, para o reincidente e integrante de milícia e para aquele que for flagrado portando arma de fogo de uso restrito). Todavia, não é qualquer organização criminosa, haja vista que a lei anota especial ressalva para as organizações criminosas armadas. No decorrer da audiência de custódia, portanto, prevista, agora, no *caput* do citado art. 310, o juiz, ao verificar que o agente integra organização criminosa e, diante de evidências de que essa organização é armada, não poderá conceder a liberdade provisória, devendo denegá-la, muito embora possa, no mesmo ato, cumular a prisão preventiva com outras medidas cautelares.

16. DOS EFEITOS DA CONDENAÇÃO

O art. 91 do Código Penal brasileiro prevê, como um dos efeitos genéricos da condenação, a perda em favor da União, ressalvado o direito do lesado ou de terceiros de boa-fé, dos instrumentos do crime. Todavia, de acordo com essa regra genérica do Código Penal, aplicável a todos os crimes de modo geral, apenas os instrumentos do crime que consistam em coisas cujo fabrico, alienação, uso, porte ou detenção constitua fato ilícito é que terão seu perdimento decretado. Se alguém, por exemplo, dolosamente, vier a utilizar o seu automóvel a fim de causar lesão na vítima, o fato de ter se valido do seu veículo como instrumento do crime não fará que ele seja perdido em favor da União, pois o seu uso não constitui fato ilícito. Também não perderá sua arma, por exemplo, o agente que vier a utilizá-la na prática de crime, desde que possua autorização para o seu porte.

Essa regra, entretanto, não mais se aplica aos instrumentos utilizados para a prática de crimes por organizações criminosas. Na reforma do Código Penal, com efeito, promovida pela Lei nº 13.964/2019, foi inserido, naquele arcabouço legal, o art. 91-A. Esse dispositivo modificou substancialmente as regras relativas aos efeitos genéricos e específicos da condenação, contendo previsões voltadas para determinados tipos de infração penal de maior gravidade e, notadamente, para aqueles fatos levados a efeito por organizações criminosas. No § 5º do referido artigo, o Código Penal passou a prever, expressamente:

> Os instrumentos utilizados para a prática de crimes por organizações criminosas e milícias deverão ser declarados perdidos em favor da União ou do Estado, dependendo da Justiça onde tramita a ação penal, ainda que não ponham em perigo a segurança das pessoas, a moral ou a ordem pública, nem ofereçam sério risco de ser utilizados para o cometimento de novos crimes.

Nos termos da atual sistematização legal, portanto, os instrumentos do crime, se empregados por organizações criminosas (e também pelas milícias), poderão ter seu perdimento decretado, ainda que não ofereçam nenhum tipo de risco a terceiros, não coloquem em perigo a segurança das pessoas nem ofendam a moral ou a ordem pública. Da simples leitura do novo dispositivo legal, pois, é possível concluir que, ainda que não sejam de fabrico, uso ou porte proibidos, os instrumentos do crime, em se tratando de infração penal perpetrada por organização criminosa, poderão ter seu perdimento decretado.

Outra modificação relevante está no fato de que o perdimento nem sempre se dará em favor da União, como ocorre com os casos encampados pelo art. 91. Aqui, se o processo envolver organização criminosa, será preciso verificar se se trata de crime julgado pela Justiça Estadual ou Federal. Se o crime for de competência da Justiça Estadual, o perdimento se dará em favor daquele estado em que se processa a ação penal. Caso contrário, se for crime de competência da Justiça Federal, a perda, então, dar-se-á em benefício da União.

17. SIGILO JUDICIAL

As investigações preliminares, tais como o inquérito policial e o procedimento investigatório desenvolvido pelo Ministério Público, são, por sua própria natureza, sigilosas. Não seria lógico, tampouco razoável, que fosse dada ampla publicidade aos atos investigatórios como a lei e a Constituição exigem durante o andamento dos processos judiciais. Então, naturalmente, uma das principais características do inquérito policial é o seu sigilo. O procedimento investigatório presidido pelo Ministério Público segue a mesma lógica, ou seja, é naturalmente sigiloso.

Ocorre que esse sigilo decorrente da simples natureza do procedimento é débil, frágil, porquanto a ele têm amplo acesso, além da autoridade que o preside, o Ministério Público, o juiz, os defensores dos investigados e todo e qualquer advogado ainda que não detenha procuração nos autos.

Diz a Súmula Vinculante nº 14 do Supremo Tribunal Federal, com efeito:

> É direito do defensor, no interesse do representado, ter acesso amplo aos elementos de prova que, já documentados em procedimento investigatório realizado por órgão com competência de polícia judiciária, digam respeito ao exercício do direito de defesa.

A teor da referida súmula vinculante, o advogado do investigado deve ter acesso a todo e qualquer documento ou elemento de prova que estiver encartado nos autos. E, de acordo com o Estatuto da Ordem dos Advogados do Brasil, Lei nº 8.906/94, com as modificações da Lei nº 13.245, de 12.01.2016, esse amplo acesso aos autos deve ser estendido mesmo aos advogados que não possuam procuração do investigado (art. 7º, XIV). Ou seja, o sigilo decorrente da natureza da investigação preliminar é frágil, alcançando, basicamente, terceiros desinteressados e a imprensa.

Contudo, há, na Lei nº 12.850/2013, a previsão legal de que o juiz decrete o sigilo das investigações. É o que diz, expressamente, o art. 23 da lei citada:

> O sigilo da investigação poderá ser decretado pela autoridade judicial competente, para garantia da celeridade e da eficácia das diligências investigatórias, assegurando-se ao defensor, no interesse do representado, amplo acesso aos elementos de prova que digam respeito ao exercício do direito de defesa, devidamente precedido de autorização judicial, ressalvados os referentes às diligências em andamento.

Quando o sigilo é decretado pelo juiz, a situação é um pouco diferente e o resguardo das informações passa a contar com uma proteção mais ampla, com um sigilo forte. Nessa hipótese, o juiz é que é o gestor do sigilo. Os advogados e defensores dos investigados somente acessarão os autos quando o juiz autorizar e, nesse caso, necessitarão de apresentar procuração, comprovando que atuam no interesse de determinado investigado.

A Lei nº 12.850/2013 preocupou-se de tal forma com o sigilo que chegou a criminalizar, no art. 20, a conduta de quem o quebrar nos casos específicos que ela enumera.

Por outro lado, de acordo com a redação do parágrafo único, o defensor do investigado, assim que determinado o seu depoimento, terá vista dos autos, ainda que decretados como sigilosos. É evidente que esse dispositivo deve ser compatibilizado com a Súmula Vinculante nº 14 do Supremo Tribunal Federal, bem assim com os demais dispositivos legais da própria lei que regulamentam o sigilo dos procedimentos especiais de coleta de prova, de sorte que o defensor somente terá acesso aos elementos documentados nos autos. Não faria nenhum sentido o sigilo das investigações, com a autorização judicial das interceptações telefônicas, o manejo do agente infiltrado, a delação premiada, a ação controlada, se o investigado pudesse ter acesso completo aos autos, incluindo as diligências sigilosas em andamento.

Observe que esse acesso aos autos depende de autorização judicial. Sempre que o reitor do sigilo for o juiz – nas hipóteses legais em que ele pode decretá-lo –, o acesso do advogado aos autos deverá ser precedido de ordem judicial.

Consoante preleciona Eugênio Pacelli de Oliveira, "referido acesso dependerá de autorização judicial, o que não há de causar tanta perplexidade, na medida em que cabe a ele o controle de legalidade das investigações e a apreciação acerca da necessidade do sigilo".[144]

Em sentido contrário, Gabriel Habib[145], para quem a necessidade de prévia autorização judicial para acesso do defensor aos autos seria inconstitucional, ressalta que:

> "É flagrantemente inconstitucional por violação dos princípios do contraditório e da ampla defesa (...). De acordo com a Súmula Vinculante nº 14, do STF, é direito do defensor, no interesse do representado, ter acesso amplo aos elementos de prova que, já documentados em procedimento investigatório realizado por órgão com competência de polícia judiciária, digam respeito ao exercício do direito de defesa. Dessa forma, deve ser assegurado ao defensor o amplo acesso aos autos independentemente de autorização judicial, desprezando-se a parte final do dispositivo ora comentado."

O acesso do advogado, nessa hipótese, como ensina Nestor Távora, é retrospectivo, ou seja, com relação às diligências já concluídas e documentadas nos autos.

18. DO CRIME DE ASSOCIAÇÃO CRIMINOSA

Nas disposições finais, a Lei nº 12.850/2013 modificou o art. 288 do Código Penal. A figura típica cuidava da vetusta tipificação do crime de "quadrilha ou bando". Agora, o referido delito recebeu novo *nomen juris*, passando a se chamar "associação criminosa".

No antigo delito de quadrilha ou bando, exigia-se a figuração de, no mínimo, 4 (quatro) pessoas – mais de três – para que o crime restasse configurado. Com o novel dispositivo, surgido das modificações introduzidas pelo art. 288 do Código Penal, o legislador adotou, para a associação, o critério previsto na Convenção de Palermo para as organizações criminosas, a saber, mais de 2 (duas) pessoas ou, simplesmente, como preferiu o legislador brasileiro, 3 (três) ou mais pessoas[146].

---

[144] PACELLI, Eugênio. *Curso de Processo Penal*, p. 885.

[145] HABIB, Gabriel. *Comentários à Lei de Organização Criminosa: Lei nº 12.850/13*, p. 50.

[146] "Art. 24. O art. 288 do Decreto-Lei nº 2.848, de 7 de dezembro de 1940 (Código Penal), passa a vigorar com a seguinte redação:
'Associação Criminosa: Art. 288. Associarem-se 3 (três) ou mais pessoas, para o fim específico de cometer crimes:
Pena – reclusão, de 1 (um) a 3 (três) anos.
Parágrafo único. A pena aumenta-se até a metade se a associação é armada ou se houver a participação de criança ou adolescente.' (NR)"

PARTE II

INFRAÇÕES PENAIS EQUIPARADAS AOS CRIMES HEDIONDOS

Capítulo 1

TORTURA

1. INTRODUÇÃO

A tortura é uma das formas mais odiosas, covardes e cruéis praticadas pelo ser humano contra seu semelhante. É um comportamento que merece total repúdio, independentemente da situação em que tenha sido levada a efeito. É um ato intolerável, que merece a repulsa de toda a sociedade. Conforme as palavras de Víctor Félix Reinaldi:

"Ninguém duvida hoje que a tortura é um dos mais odiosos, dos mais tenazes, dos mais deliberados e dos mais cruéis de todos os crimes contra a pessoa humana."[1]

Por isso, nosso legislador constituinte teve o cuidado de fazer inserir, nos incs. II e XLIII do art. 5º, previsto no Capítulo I (Dos Direitos e Deveres Individuais e Coletivos) do Título II (Dos Direitos e Garantias Fundamentais) da Constituição Federal, o seguinte:

> (...)
> III – ninguém será submetido a tortura nem a tratamento desumano ou degradante[2];
> (...)
> XLIII – a lei considerará crimes inafiançáveis e insuscetíveis de graça ou anistia a prática da tortura, o tráfico ilícito de entorpecentes e drogas afins, o terrorismo e os definidos como crimes hediondos, por eles respondendo os mandantes, os executores e os que, podendo evitá-los, se omitirem;
> (...).

Trata-se, portanto, de acordo com o inc. IV do § 4º do art. 60 de nossa Lei Maior, de cláusula pétrea, vale dizer, um núcleo irreformável da Constituição – desse modo, sequer poderá ser objeto de deliberação a proposta de emenda que tenha por finalidade aboli-la[3].

---

[1] REINALDI, Víctor Félix. *El derecho absoluto a no ser torturado*, p. 19.

[2] A tortura constitui a negação arbitrária dos direitos humanos, pois reflete – como prática ilegítima, imoral e abusiva – um inaceitável ensaio de atuação estatal tendente a asfixiar e, até mesmo, a suprimir a dignidade, a autonomia e a liberdade com que o indivíduo foi dotado, de maneira indisponível, pelo ordenamento positivo (STF, HC 70.389/SP, Rel. Min. Celso de Mello, Pleno, *DJ* 10.08.2001).

[3] A dignidade da pessoa humana é um dos fundamentos da República Federativa do Brasil, e a tortura o mais expressivo atentado a esse pilar da República, de sorte que reconhecer a imprescritibilidade dessa lesão é uma das formas de dar efetividade à missão de um Estado Democrático de Direito, reparando odiosas desumanidades praticadas na época em que o País convivia com um governo autoritário e a supressão de liberdades individuais consagradas. Constata-se a existência de um núcleo essencial de direitos fundamentais que não permite ser atingido por qualquer tipo de interpretação, e o princípio orientador desse núcleo será justamente o princípio da dignidade da pessoa humana. Dessa forma, somente será possível limitar um direito fundamental até o ponto de o princípio da dignidade da pessoa humana não ser agredido, porquanto existem direitos fundamentais considerados absolutos. A vedação à tortura deve ser considerada um direito fundamental absoluto, pois a mínima prática de sevícias já é capaz de atingir frontalmente a dignidade da pessoa humana. Nesse sentido é o proclamado no art. 2º da Declaração sobre a Proteção de

Assim, ao contrário da discussão que vem acontecendo, principalmente na Europa e nos Estados Unidos, como veremos mais adiante, no Brasil, jamais haverá discussão a respeito da possibilidade do uso oficial da tortura por parte do Estado, seja para efeitos de investigação criminal, a exemplo daquela destinada a descobrir os autores de determinado fato, seja para evitar que algum crime venha a ser praticado, colocando em risco a vida ou a integridade física das pessoas, seja até mesmo como forma de punição.

Tal discussão poderia acontecer, contudo, se uma nova Assembleia Nacional Constituinte fosse formada, com a finalidade de criar, de construir uma nova Constituição, fruto de um poder constituinte originário, inaugural. Mesmo assim, ainda teríamos intensas discussões sobre essa possibilidade, haja vista que uma corrente mais radical e, a nosso ver, correta, entende que, uma vez conquistados direitos e garantias fundamentais, estes jamais poderão retroceder, ou seja, não se podem afastar direitos e garantias já assegurados pela ordem constitucional anterior. Outros podem ser acrescentados, mas os já consolidados não podem ser perdidos, afastados, suprimidos.

Cuida-se da chamada proibição de retrocesso, ou efeito *cliquet*, pois, conforme as lições de Dirley da Cunha Júnior:

> "Sendo os direitos fundamentais o resultado de um processo evolutivo, marcado por lutas e conquistas em prol da afirmação de posições jurídicas concretizadas na dignidade da pessoa humana, uma vez reconhecidos, não podem ser suprimidos, ou abolidos, ou enfraquecidos. Milita em seu favor a proteção da proibição de retrocesso. No plano normativo, essa característica impede a mera revogação das normas que consagram direitos fundamentais ou a substituição dessas normas por outras menos gravosas para com tais direitos; já no plano concreto, a eficácia impeditiva de retrocesso obsta a implementação de políticas públicas de enfraquecimento dos direitos fundamentais."[4]

A história da prática da tortura, no entanto, se perde no tempo. Desde que o conhecimento do bem e do mal começou a fazer parte da vida do ser humano, já se tornou possível verificar a sua insensibilidade, ou mesmo a sua satisfação, para com o sofrimento alheio, por ele próprio causado.

Como bem sintetizado por Sheila Bierrenbach e Walberto Fernandes Lima:

> "No princípio, era a tortura utilizada como meio de prova, tendo encontrado seu apogeu na Idade Média, institucionalizada que foi pela Igreja e pelo Direito Canônico, onde ingressou por via da Bula *Ad Extirpanda*, do Papa Inocêncio IV.
> Os germanos tornaram conhecida uma modalidade de prova amplamente utilizada na Idade Média com base na crença da interferência de Deus, com o fim de dar razão a quem a tivesse: o chamado juízo de Deus. Este podia tomar as formas de ordália, duelo ou de juramento.

Todas as Pessoas contra a Tortura, que dispõe que todo ato de tortura ou outro tratamento ou pena cruel, desumano ou degradante constitui uma ofensa à dignidade humana e será condenado como violação dos propósitos da Carta das Nações Unidas e dos Direitos Humanos e Liberdades Fundamentais Proclamados na Declaração Universal de Direitos Humanos. Assim, rejeita-se a prefacial de prescrição, pois esse instituto é incompatível com o tema em discussão, visto que versa sobre direito inalienável sem prazo para o exercício (STF, ARE 1.140.186/RS, Rel. Min. Dias Toffoli, *DJe* 28.06.2018).

[4] CUNHA JÚNIOR, Dirley da. *Curso de Direito Constitucional*, p. 585.

Parte II • Capítulo 1 • TORTURA | 193

A partir do século XVIII, por influência dos ideais iluministas, inicia-se uma caminhada no sentido da abolição da tortura, imortalizando-se duas obras: *Dos delitos e da penas*, de Cesare Bonesana, o Marquês de Beccaria e *Observações sobre a tortura*, de Pietro Verri.

No Brasil, o livro V das Ordenações Filipinas, que vigorou até a independência, previa, além da pena de morte, as penas infamantes, como o açoite, a marca de fogo e as galés. A pena capital, por seu turno, podia ser executada através de meios cruéis.

Nossa história contemporânea é marcada por sucessivas quebras do Estado Democrático de Direito. Durante tais períodos, os direitos humanos foram flagrantemente desrespeitados."[5]

Como diz o pensamento marcante de Edmund Burke, repetido posteriormente por Che Guevara, "um povo que não conhece sua história está condenado a repeti-la". No entanto, parece que, com relação à tortura, muitos países que conhecem sua história, infelizmente, estão dispostos a repeti-la, como veremos durante o presente estudo.

2. DIPLOMAS INTERNACIONAIS CONTRA A TORTURA

As atrocidades praticadas durante a Segunda Guerra Mundial (1939-1945) foram a mola propulsora de uma série de diplomas legais que tinham por finalidade preservar a dignidade da pessoa humana, sem falar no fato de que, logo após o seu término, foi fundada a Organização das Nações Unidas (ONU), em 24 de outubro de 1945, sendo esta última a responsável por grande parte deles.

No que diz respeito à prática da tortura, foi adotada e proclamada pela Assembleia Geral da Nações Unidas, na sua Resolução nº 217A (III), de 10 de dezembro de 1948, a Declaração Universal dos Direitos Humanos, cujo art. 5º diz, expressamente, que:

> **Art. 5º** Ninguém será submetido a tortura nem a penas ou tratamentos cruéis, desumanos ou degradantes.

Da mesma forma, o art. 7º do Pacto Internacional sobre Direitos Civis e Políticos, adotado pela XXI Sessão da Assembleia Geral das Nações Unidas, em 16 de dezembro de 1966, e promulgado pelo Decreto nº 592, de 6 de julho de 1992, assevera:

> **Art. 7º** Ninguém poderá ser submetido à tortura, nem a penas ou tratamento cruéis, desumanos ou degradantes. Será proibido sobretudo, submeter uma pessoa, sem seu livre consentimento, a experiências médicas ou científicas.

Por sua vez, a Convenção Americana sobre Direitos Humanos, assinada na Conferência Especializada Interamericana sobre Direitos Humanos, em San José da Costa Rica, em 22 de novembro de 1969, ressalta, no item 2, do seu art. 5º:

> (...)
> 2. Ninguém deve ser submetido a torturas, nem a penas ou tratos cruéis, desumanos ou degradantes. Toda pessoa privada da liberdade deve ser tratada com o respeito devido à dignidade inerente ao ser humano.

Mais recentemente, a Convenção Interamericana para Prevenir e Punir a Tortura, promulgada pelo Dec. 98.386/1989, adotada e aberta à assinatura no XV Período Ordinário de

---

[5] BIERRENBACH, Sheila; FERNANDES LIMA, Walberto. *Comentários à Lei de Tortura*, p. 5.

Sessões da Assembleia Geral da Organização dos Estados Americanos, em Cartagena das Índias, na Colômbia, em 9 de dezembro de 1985, ratificada pelo Brasil em 20 de julho de 1989, diz, nos arts. 1º a 5º:

Artigo 1
Os Estados Partes obrigam-se a prevenir e a punir a tortura, nos termos desta Convenção.

Artigo 2
Para os efeitos desta Convenção, entender-se-á por tortura todo ato pelo qual são infligidos intencionalmente a uma pessoa penas ou sofrimentos físicos ou mentais, com fins de investigação criminal, como meio de intimidação, como castigo pessoal, como medida preventiva, como pena ou qualquer outro fim. Entender-se-á também como tortura a aplicação, sobre uma pessoa, de métodos tendentes a anular a personalidade da vítima, ou a diminuir sua capacidade física ou mental, embora não causem dor física ou angústia psíquica.

Não estarão compreendidas no conceito de tortura as penas ou sofrimentos físicos ou mentais que sejam unicamente consequência de medidas legais ou inerentes a elas, contanto que não incluam a realização dos atos ou a aplicação dos métodos a que se refere este artigo.

Artigo 3
Serão responsáveis pelo delito de tortura:

a) Os empregados ou funcionários públicos que, atuando nesse caráter, ordenem sua execução ou instiguem ou induzam a ela, cometam-no diretamente ou, podendo impedi-lo, não o façam.

b) As pessoas que, por instigação dos funcionários ou empregados públicos a que se refere a alínea *a*, ordenem sua execução, instiguem ou induzam a ela, cometam-no diretamente ou nele sejam cúmplices.

Artigo 4
O fato de haver agido por ordens superiores não eximirá da responsabilidade penal correspondente.

Artigo 5
Não se invocará nem admitirá como justificativa do delito de tortura a existência de circunstâncias tais como o estado de guerra, a ameaça de guerra, o estado de sítio ou de emergência, a comoção ou conflito interno, a suspensão das garantias constitucionais, a instabilidade política interna, ou outras emergências ou calamidades públicas.

Nem a periculosidade do detido ou condenado, nem a insegurança do estabelecimento carcerário ou penitenciário podem justificar a tortura.

Já o Estatuto de Roma do Tribunal Penal Internacional, de 17 de julho de 1998, promulgado pelo Decreto nº 4.388, de 25 de setembro de 2002, no seu art. 7º, 1, *f*, entende a tortura como um crime contra a humanidade e, no item 2, *e*, a define, dizendo:

(...)

e) Por "tortura" entende-se o ato por meio do qual uma dor ou sofrimentos agudos, físicos ou mentais, são intencionalmente causados a uma pessoa que esteja sob a custódia ou o controle do acusado; este termo não compreende a dor ou os sofrimentos resultantes unicamente de sanções legais, inerentes a essas sanções ou por elas ocasionadas;

(...).

A Assembleia Geral das Nações Unidas aprovou, ainda, em 18 de dezembro de 2002, um Protocolo Facultativo à Convenção contra a Tortura e outros Tratamentos ou Penas Cruéis, Desumanos e Degradantes, que entrou em vigor em 22 de junho de 2006.

De acordo com o Manual de Implementação ao Protocolo Facultativo à Convenção da ONU contra a Tortura:

"O objetivo do Protocolo Facultativo é prevenir a tortura e outras formas de tratamento ou penas cruéis, desumanos ou degradantes. O Art. 1 da UNCAT[6] define como um crime de acordo com o direito internacional: o termo 'tortura' designa qualquer ato pelo qual dores ou sofrimentos agudos, físicos ou mentais, são infligidos intencionalmente a uma pessoa a fim de obter, dela ou de terceira pessoa, informações ou confissões; de castigá-la por ato que ela ou terceira pessoa tenha cometido ou seja suspeita de ter cometido; de intimidar ou coagir esta pessoa ou outras pessoas; ou por qualquer motivo baseado em discriminação de qualquer natureza; quando tais dores ou sofrimentos são infligidos por um funcionário público ou outra pessoa no exercício de funções públicas, ou por sua instigação, ou com o seu consentimento ou aquiescência. Não se considerar. como tortura as dores ou sofrimentos que sejam consequência unicamente de sanções legítimas, ou que sejam inerentes a tais sanções ou delas decorram.

Este artigo identifica três elementos fundamentais na definição da tortura como crime:

• Deve haver dores ou sofrimentos agudos, físicos ou mentais;

• As dores ou sofrimentos devem ser infligidos com um propósito ou por qualquer motivo baseado em discriminação de qualquer natureza; e

• As dores ou sofrimentos devem ser infligidos por ou sob instigação de, ou com o consentimento ou aquiescência, de um funcionário público ou uma pessoa no exercício de funções públicas."[7]

Como se percebe, sem muito esforço, formalmente, o mundo repudia o emprego da tortura, seja qual for a situação. No entanto, como veremos mais adiante, determinados fatos, que têm trazido pânico à sociedade, fazem que o uso oficial da tortura, por parte do Estado, seja repensado, infelizmente.

A chamada "guerra ao terror" tem permitido que o uso oficial da tortura, em determinadas situações, passe a ser não somente tolerado como também apoiado pelas populações que sofrem com o terrorismo.

3. DO CONCEITO INTERNACIONAL DE TORTURA

Embora a norma não seja elaborada com a finalidade de traduzir conceitos, em algumas situações essa conceituação torna-se necessária, tal como ocorre com a tortura, evitando-se, assim, decisões conflitantes sobre a sua existência ou não em determinado caso concreto.

Como vimos, vários diplomas internacionais procuraram estabelecer o conceito de tortura, a exemplo da Declaração sobre a Proteção de todas as pessoas contra a Tortura e outras Penas ou Tratamentos Cruéis, Desumanos ou Degradantes (aprovada pela Assembleia Geral das Nações Unidas em 9 de dezembro de 1975 – Resolução nº 3.452 [XXX]); da Convenção contra a Tortura e outros Tratamentos ou Penas Cruéis, Desumanos ou Degradantes (adotada pela Resolução nº 39/46 da Assembleia Geral das Nações Unidas, em 10 de dezembro de 1984); e da Convenção Interamericana para Prevenir e Punir a Tortura (adotada e aberta à assinatura no XV Período Ordinário de Sessões da Assembleia Geral da Organização dos Estados Americanos, em Cartagena das Índias, Colômbia, em 9 de dezembro de 1985).

Todos os conceitos existentes nesses diplomas legais, com pequenas diferenças entre si, completam-se, ou seja, não são excludentes nem possuem a pretensão de definir, a título

---

[6] Convenção da ONU contra a Tortura e Outros Tratamentos ou Penas Cruéis, Desumanos ou Degradantes.

[7] MANUAL de Implementação ao Protocolo Facultativo à Convenção da ONU contra a Tortura, p. 28.

absoluto, o que venha a ser tortura. Por isso, adotaremos o conceito constante do art. 1º da Convenção contra a Tortura e outros Tratamentos ou Penas Cruéis, Desumanos ou Degradantes, adotada pela Resolução nº 39/46 da Assembleia Geral das Nações Unidas, em 10 de dezembro de 1984.

A tortura se caracteriza pela inflição de violenta dor ou sofrimento, que pode ser físico ou mental. Dessa forma, tanto pode ser considerado tortura o ato de o funcionário público espancar um preso, agredindo-o com pedaços de borracha, a fim de obter uma confissão, quanto a atitude daquele que, mediante uma série de artifícios, não permite que o preso repouse, ou seja, impede que durma durante um período prolongado, mesmo que não ocorra, para tanto, nenhum tipo de agressão física.

Infelizmente, a tortura ainda é constante nos presídios brasileiros, embora realizada ilegalmente. Por isso, organizações internacionais têm se mobilizado no sentido de impedir sua prática, criando mecanismos de controle. Em regra, nessas situações, os presos são torturados por aqueles encarregados oficialmente de sua guarda, vigilância e cuidado.

Há países, contudo, que, andando na contramão dos direitos humanos, institucionalizaram a tortura, voltando, outrossim, às práticas que eram levadas a efeito durante o Período Medieval, principalmente aquelas utilizadas pela chamada "Santa Inquisição", e a confissão, durante aquele período sombrio da história, e por um longo tempo, era considerada a *rainha das provas.*

Podemos apontar como exemplo dessa vergonha internacional o chamado *USA Patriotic Act,* ditado pelos Estados Unidos, pelo qual se permite a tortura dos presos considerados terroristas, conforme veremos mais adiante.

Seja na clandestinidade, seja por meio de um ato abusivo, mas oficialmente aceito pelo Estado, a tortura ainda é uma realidade a ser enfrentada. Não se pode tolerar que a humanidade, já no século XXI, ainda sofra com comportamentos que desrespeitam os seus valores básicos.

O preso, submetido a esse tipo de violência, não se preocupa com seu processo de ressocialização. Seu pensamento é dirigido, quase que exclusivamente, a fugir daquele ambiente, que o utiliza como se fosse um objeto descartável.

Em penitenciárias onde ocorrem as torturas, os índices de revoltas carcerárias são altíssimos. As torturas geram um efeito devastador entre os próprios presos. Por conta da sua prática, surgem as rebeliões. Nessas rebeliões, os presos mais fracos passam a ser alvo de tortura pelos mais fortes, com a finalidade de que o Estado intervenha no sentido de atender às reivindicações dos que desejam "fugir" daquele local de tormento e castigo.

A tortura transforma homens em feras; eles perdem a sensibilidade para com seus semelhantes e, dentro ou fora das grades, passam a cometer toda sorte de atrocidades. No sistema prisional brasileiro, não é incomum que presos rebelados mutilem seus próprios colegas de cela, como forma de verem atendidas suas reivindicações.

Assim, a tortura gera um ciclo vicioso, ou seja, é praticada por servidores públicos contra presos que, revoltados, se rebelam e passam a agredir outros, normalmente pertencentes a facções diferentes, ou que cometeram crimes repudiados pelo ambiente carcerário, a exemplo do que ocorre com as violações sexuais.

Em países como o Brasil, onde o índice de criminalidade é muito alto, em que a população, nos grandes centros, vive amedrontada, a tortura a presos não é objeto da atenção dos meios de comunicação, tampouco a sociedade se preocupa com eventuais notícias de presos que foram torturados em algum centro carcerário. Na verdade, a sociedade, de forma geral, até se agrada com esse tipo de notícia, uma vez que o ódio contra aquele que praticou o crime é tão grande que a sua tortura parece compensar o mal que infligiu à sociedade.

Em pesquisa realizada pela Anistia Internacional, ficou comprovado que, no Brasil:

"Tortura é usada como meio de obter confissões, subjugar, humilhar e controlar pessoas sob detenção, ou, com frequência cada vez maior, extorquir dinheiro ou servir aos interesses criminosos de policiais corruptos. O crime é cometido tanto por agentes do Estado, sobretudo integrantes das forças policiais militar e civil, como por guardas de presídios, ou com a sua conivência ou facilitado devido à falha de sua atuação. Isto ocorre no momento em que é efetuada a prisão, nas delegacias, presídios e centros de recolhimento de jovens. Trata-se, basicamente, de crime que geralmente escapa à punição, seja pelos órgãos disciplinares internos, seja, o que é mais importante, pela justiça criminal nos termos da lei pertinente. Constitui agravante o fato de que a grande maioria das vítimas é composta de suspeitos criminais de baixa renda, com grau de instrução insuficiente, frequentemente de origem afro-brasileira ou indígena, que compõem um setor da sociedade cujos direitos sempre foram ignorados no Brasil."[8]

Em entrevista aos presos concentrados em uma cadeia brasileira, o Relator Especial das Nações Unidas sobre a Tortura ouviu uma afirmação que não pode ser contestada. Os presos, em resumo, indignados, disseram-lhe o seguinte: "Eles nos tratam como animais e esperam que nos comportemos como seres humanos quando sairmos"[9].

A Lei nº 12.847, de 2 de agosto de 2013, instituiu o Sistema Nacional de Prevenção e Combate à Tortura, que, de acordo com seu art. 1º, tem o objetivo *de fortalecer a prevenção e o combate à tortura, por meio de articulação e atuação cooperativa de seus integrantes, dentre outras formas, permitindo as trocas de informações e o intercâmbio de boas práticas.*

De acordo com o art. 8º do referido diploma legal:

> **Art. 8º** Fica criado o Mecanismo Nacional de Prevenção e Combate à Tortura-MNPCT, órgão integrante da estrutura da Secretaria de Direitos Humanos da Presidência da República, responsável pela prevenção e combate à tortura e a outros tratamentos ou penas cruéis, desumanos ou degradantes, nos termos do Artigo 3 do Protocolo Facultativo à Convenção das Nações Unidas contra a Tortura e Outros Tratamentos ou Penas Cruéis, Desumanos ou Degradantes, promulgado pelo Decreto nº 6.085, de 19 de abril de 2007.

4. DETERMINAÇÕES INTERNACIONAIS AOS ESTADOS PARA QUE PROÍBAM E IMPEÇAM AS TORTURAS E AS PENAS OU OS TRATAMENTOS CRUÉIS, DESUMANOS OU DEGRADANTES

O Alto-Comissariado das Nações Unidas para os Direitos Humanos, em cooperação com a *International Bar Association*, em conclusão ao capítulo 2 do Manual de Direitos Humanos para Juízes, membros do Ministério Público e Advogados, estabeleceu uma série de comportamentos que deveriam ser assumidos pelos Estados a fim de evitar a tortura, bem como as penas ou os tratamentos cruéis, desumanos ou degradantes.

A primeira determinação assevera que o Direito Internacional impõe aos Estados o dever jurídico de tomar medidas eficazes nos três âmbitos de Poder – Legislativo, Executivo

---

8   ANISTIA INTERNACIONAL. *Tortura e maus-tratos no Brasil*, p. 5-6.

9   ANISTIA INTERNACIONAL. *Tortura e maus-tratos no Brasil*, p. 8.

e Judiciário –, a fim de prevenir e evitar a prática da tortura, bem como impedir qualquer pena ou tratamento cruel, desumano ou degradante.

Dessa forma, a maioria das legislações dos Estados prevê como crime a tortura, e algumas Constituições, a exemplo da brasileira, contêm princípios ligados diretamente à cominação, à aplicação e à execução das penas, como ocorre com o princípio da limitação das penas, o qual proíbe a criação de tipos penais incriminadores que contenham, em seu preceito secundário, penas cruéis.

O art. 5º da Constituição brasileira, inserido no Título II, correspondente aos direitos e às garantias fundamentais, diz que a lei considera a tortura um crime inafiançável e insuscetível de graça ou anistia (inciso XLIII), proibindo também as penas de morte (salvo nos casos de guerra declarada), de caráter perpétuo, de banimento e, ainda, as consideradas cruéis.

A segunda determinação diz que os Estados têm o dever jurídico de investigar, rápida e rigorosamente, todos os casos nos quais for alegada a tortura, bem como qualquer outra forma de aplicação ou cumprimento de pena cruel, desumana ou degradante, garantindo às vítimas uma via com recursos eficazes e rápidos, sem qualquer tipo de burocracia ou entraves formais que impeçam a sua busca pelo socorro oficial do Estado.

Os Estados não podem, em razão do corporativismo existente entre seus funcionários, permitir que fique impune aquele que praticou o crime de tortura. A tortura, não importando a situação, não se considerando a sua motivação, é uma abominação que não deve ser tolerada pelo Estado, que deve punir com rigor os funcionários públicos que a praticam.

A vítima, por sua vez, deve poder comunicar-se com as autoridades competentes, sem entraves burocráticos, para que possa levar o seu caso à Justiça de maneira rápida e eficaz. Todo tipo de formalismo deve ser evitado. A investigação, obviamente que respeitados todos os princípios que lhe são inerentes, a exemplo do contraditório e da ampla defesa, deve ser a mais rápida possível.

A terceira determinação é aquela que impede a concessão de imunidade aos autores da prática do crime de tortura ou que infligem penas ou tratamentos cruéis, desumanos ou degradantes.

O Estado não pode acobertar seus funcionários que praticam atos contrários à lei, por mais que aleguem estar a serviço da sociedade, buscando eliminar e prevenir a prática de crimes. A tortura e as demais formas de maus-tratos não se justificam, razão pela qual os funcionários que as praticam não podem ficar imunes à sua responsabilização administrativa, civil e penal. Deve, como resposta, o Estado demitir, a bem do serviço público, o funcionário que, ilegalmente, praticar esse tipo de comportamento.

A quarta determinação diz que toda pessoa tem o direito de não ser sujeita a tortura ou a penas ou tratamentos cruéis, desumanos ou degradantes, e esse direito deve ser garantido em todas as circunstâncias, não sendo passível de derrogação, mesmo em situações de emergência pública, que ameacem a existência da nação.

5. FORMAS DE TORTURA DURANTE A HISTÓRIA

A crueldade humana não tem limites. Durante a história, o ser humano foi capaz de imaginar as mais diversas formas de inflição de dor ou sofrimento ao seu semelhante. A pior parte disso reside no fato de que, em muitos casos, a população se regozijava em assistir esses atos de terror praticados em praça pública.

De acordo com as lições de Mário Coimbra:

"A tortura foi uma importante instituição na antiguidade, definida como 'o tormento que se aplicava ao corpo, com o fim de averiguar a verdade', sendo que sua base psicológica sedimentava-se no fato de que, mesmo o homem mais mentiroso, tem uma tendência natural de dizer a verdade; e, para mentir, há a necessidade de exercer um autocontrole, mediante esforço cerebral. Infligindo-lhe a tortura, esse tem que canalizar suas energias, para a resistência à dor, culminando, assim, por revelar o que sabe, no momento em que sua contumácia é debilitada, pelos tormentos aplicados. Acrescente-se que os graves sofrimentos impostos aos condenados na antiguidade, até mesmo como suplício prévio na pena de morte, amoldam-se ao moderno conceito de tortura.

Preleciona-se, com acerto, de que a tortura é uma criação antiga e nasceu juntamente com o desejo tirano do homem de dominar seu semelhante; e que as suas ações estão pautadas antes pelo poder do que pela virtude e pela razão."[10]

Assim, somente a título de registro, selecionamos algumas das formas mais comuns de tortura, que foram sendo utilizadas ao longo dos anos, a saber:

- **esmagador de cabeça:** muito utilizado durante a Inquisição Espanhola, esse instrumento era capaz de causar dores e danos irreparáveis. Ele consistia em um capacete ligado a uma barra onde se apoiava o queixo da vítima. Depois disso, um parafuso apertava o capacete comprimindo a cabeça. Com essa compressão, os torturadores conseguiam destruir as arcadas dentárias e as mandíbulas e, se não fosse cessada a tempo, os globos oculares saltavam dos olhos e o cérebro saía despedaçado pelo crânio;
- **calda da verdade:** a cabeça da vítima era mergulhada em balde com fezes e urina;
- **roda:** a vítima tinha seu corpo preso à parte externa de uma roda posicionada embaixo de um braseiro. Funcionava como se fosse uma churrasqueira, onde o corpo queimava à medida que se aproximava do braseiro. Em algumas versões, o fogo era substituído por ferros pontiagudos que cortavam a carne do torturado;
- **esfolamento:** a pessoa era amarrada deitada ao chão, e sua pele era retirada aos poucos. A cautela do torturador residia no fato de que a pele deveria ser mantida intacta, após retirada do corpo da vítima, pois a finalidade era fazer a sua exposição em locais públicos;
- **estripador de seios:** era utilizado para punir mulheres acusadas da prática de bruxaria, aborto ou adultério. As garras do aparelho, que podiam ser aquecidas até ficarem em brasas, eram utilizadas para arrancar os seios da mulher, vítima da tortura;
- **pera da angústia:** utilizado para punir mulheres, mentirosos e homossexuais. O aparelho em formato de pera era inserido na vagina das mulheres, no ânus dos homossexuais e na boca dos blasfemadores. Após a introdução, o torturador entortava um parafuso, e as folhas do aparelho se abriam, como se fosse uma flor desabrochando dentro das vítimas;
- **tortura d'água:** o torturado era amarrado de barriga para cima, ocasião em que o torturador introduzia um funil na sua boca e despejava litros de água;
- **simulação de afogamento:** parecido com a tortura d'água, com a diferença de que, neste caso, coloca-se um pano sobre o rosto do torturado e despeja-se água, continuamente, por meio de uma mangueira ou balde, impedindo-se a respiração;

---

[10] COIMBRA, Mário. *Tratamento do injusto penal da tortura*, p. 16-17.

- **privação do sono:** realiza-se, normalmente, mediante música, com som ensurdecedor, barulhos diversos, perturbações constantes etc., permanecendo a vítima, muitas vezes, por dias sem sono contínuo. O método ainda é utilizado em países como Estados Unidos, Arábia Saudita, Alemanha, China, Israel e Palestina, segundo o relatório da Anistia Internacional;
- **exposição ao calor ou ao frio extremo:** é comum na China;
- **choques elétricos:** ainda são comuns em países como Rússia, Estados Unidos e Iraque. No Brasil, esse método era feito com uma manivela, por meio da qual a vítima recebia os choques elétricos nas regiões genitais. Foi muito utilizado durante o período da ditadura militar;
- **execução simulada:** consiste em aterrorizar a vítima com a ideia de que será morta naquele instante. Em geral, com olhos vendados ou não, o preso tem uma arma colocada em sua cabeça ou boca, que é disparada sem munição. O barulho do gatilho é suficiente para levar a uma situação de limite de estresse. O relatório da Anistia Internacional aponta que a execução simulada ainda é prática comum nos Estados Unidos e no Irã;
- **asfixia:** é realizada de diversas formas, principalmente com a utilização de um saco plástico, que cobre completamente a cabeça da vítima, a qual agoniza tentando respirar;
- **introdução de instrumentos pontiagudos debaixo das unhas:** normalmente, são utilizados canivetes, agulhas, espinhos ou qualquer outro instrumento que possa ser inserido entre a carne dos dedos e a unha da vítima, seja das mãos, seja dos pés;
- **pau-de-arara** (também conhecido como "tortura brasileira", foi muito utilizado na época da ditadura militar, quando o torturado ficava suspenso, com as pernas e os braços presos em uma barra de ferro, ali recebendo toda sorte de golpes.

Conforme relatos da Anistia Internacional:

> As ferramentas de tortura mais comuns são básicas e brutais – a mão, a bota e o cassetete – tudo o que pode causar ferimentos ou quebrar ossos.
> Esses são alguns dos métodos mais "avançados" que a pesquisa da Anistia Internacional documentou:
> México: "Tehuacanazo" – água gaseificada é forçada no detido pelas narinas.
> Marrocos: "Frango assado" – semelhante ao pau-de-arara, é a suspensão de cabeça para baixo em posição de estresse, onde as vítimas são penduradas em uma barra por seus joelhos e pulsos em posição de agachamento, colocando grande pressão sobre os joelhos e ombros.
> Nigéria: "Tabay" – quando os policiais atam os cotovelos dos detidos às costas e os suspendem.
> Filipinas: "Roda da Tortura" – policiais giram uma roda de tortura para decidir como torturar os detentos. Diferentes seções da roda incluem: "30 segundos na posição de morcego", quando o detento é pendurado de cabeça para baixo (como um morcego); e "20 segundos Manny Pacquaio" nome do famoso boxeador do país, quando o detento é perfurado sem parar por 20 segundos.
> Uzbequistão: Espancamentos enquanto os detidos estão suspensos em ganchos do teto por suas mãos, muitas vezes com os braços presos atrás das costas, ou enquanto estão algemados a radiadores ou barras de metal presas a paredes.[11]

Essas são, com se percebe, somente algumas das incontáveis formas de tortura que foram – e ainda são – praticadas em todo o mundo.

Realmente, a criatividade maligna do homem não tem fim. A satisfação, o prazer e a insensibilidade com o sofrimento alheio fizeram – e ainda fazem – parte da nossa socieda-

---

[11] Disponível em: <https://anistia.org.br/noticias/tortura-uma-crise-global>. Acesso em: 24 fev. 2016.

de, razão pela qual todos os meios legais devem ser utilizados para que essas pessoas sejam efetivamente punidas mediante o ramo mais radical do ordenamento jurídico, vale dizer, o Direito Penal.

6. TERRORISMO COMO (FALSO) DISCURSO LEGITIMADOR DA TORTURA

Normalmente, quando nos referimos à tortura, remetemo-nos, quase que imediatamente, aos calabouços dos governos autoritários, aos atos covardes praticados na clandestinidade, aos abusos cometidos em nome da suposta manutenção da legalidade, enfim, a tortura importa um reconhecimento da situação de inferioridade da vítima, por alguém ou uma instituição considerada desprezível, que não enxerga nela a dignidade existente em todo ser humano.

No entanto, o discurso sobre a legitimidade da tortura vem mudando ao longo dos anos e, ao que parece, estamos num caminho de volta ao Período Medieval, principalmente na época da inquisição promovida pela Igreja Católica, em que era um comportamento não somente aceito mas também estimulado em alguns países, a exemplo de Portugal, Espanha, França e Itália.

O chamado Tribunal do Santo Ofício era uma instituição da Igreja Católica Apostólica Romana, que possuía uma natureza judicial e tinha como finalidade principal inquirir a respeito de "heresias", razão pela qual ficou conhecido como Inquisição.

A Inquisição teve início no século XII, em 1184, por meio da bula *Ad Abolendam* do Papa Lucio III, com a finalidade precípua de combater o sectarismo religioso, sobretudo em relação aos cátaros e aos valdenses, tidos como heréticos, cujos pensamentos religiosos cresciam no sul da França e nas cidades do norte da Itália. Como prelecionam Michael Baigent e Richard Leigh:

> "Em sua origem, a Inquisição foi produto de um mundo brutal, insensível e ignorante. Assim, o que não surpreende, foi ela própria brutal, insensível e ignorante. E não o foi mais do que inúmeras outras instituições da época, espirituais e temporais. Tanto quanto essas instituições, faz parte de nossa herança coletiva."[12]

E continuam, dizendo:

> "A Inquisição – às vezes cínica e venal, às vezes maniacamente fanática em suas intenções supostamente louváveis – na verdade pode ter sido tão brutal quanto a época que a gerou."[13]

Em 1484, em cumprimento à bula papal *Summis Desiderantes Affectibus*, de Inocêncio VIII, foi escrito o *Malleus Maleficarum* (*O martelo das bruxas* ou *O martelo das feiticeiras*), pelos inquisidores Heinrich Kramer e James Sprenger, que se transformou no guia dos inquisidores a partir do momento de sua publicação. Embora outros manuais de tortura tenham sido escritos naquela época, o *Malleus Maleficarum* foi reconhecido por todos como um dos mais perversos e cruéis.

Dando um salto nos séculos, hoje o mundo se volta para uma nova forma de perseguição religiosa, que, a seu modo, pratica sua própria "Inquisição". Grupos islâmicos radicais buscam erradicar os chamados "infiéis" ou converter, à força, aqueles que professam outras

---

[12] BAIGENT, Michael; LEIGH, Richard. *A inquisição*, p. 15.
[13] BAIGENT, Michael; LEIGH, Richard. *A inquisição*, p. 16.

religiões. Seus métodos doentios levam pânico a muitos países. São agentes do terror e fazem questão de serem conhecidos pela brutalidade dos seus atos, seja decapitando suas vítimas e postando as imagens na rede mundial de computadores, seja utilizando homens-bomba, ou mesmo explosivos previamente instalados em locais de grande concentração de pessoas, ou, ainda, atiradores que se dispõem a efetuar disparos em alvos que lhe convêm, que lhe trazem essa mórbida publicidade.

Não foi somente o terrorismo religioso que fez parte dos últimos séculos. O terrorismo político, por exemplo, também cresceu assustadoramente. Hoje, portanto, existe o que os Estados Unidos convencionaram denominar "guerra ao terror", e, por conta desse novo momento, em virtude da necessidade de combater esses grupos terroristas, é que o discurso sobre o uso legítimo da tortura tem voltado à tona.

Após os atentados às torres gêmeas do World Trade Center, em Nova York, e ao Pentágono, nos arredores de Washington, todos em 11 de setembro de 2001, que causaram a morte de, aproximadamente, 3 mil pessoas, praticados pela Al-Qaeda, um grupo fundamentalista islâmico, liderado, à época, por Osama bin Laden, o governo de George W. Bush conseguiu a aprovação no Congresso dos Estados Unidos dos chamados *USA Patriotic Acts*, ou seja, um conjunto de leis que auxiliariam a detectar, investigar e combater o terrorismo e outros tipos de crime.

Sob o argumento da "guerra ao terror", os Estados Unidos invadiram o Afeganistão e o Iraque, derrubando, neste último país, o ditador Saddam Hussein, que posteriormente veio a ser condenado à morte, pela forca.

Segundo denúncias da Anistia Internacional, as prisões de Guantánamo, localizada na ilha de Cuba, Abu Ghraib, no Iraque, e inúmeras outras prisões secretas da CIA (Central Intelligence Agency), transformaram-se em centros de tortura com o fim de identificar as pessoas ligadas a esses grupos terroristas.

Em 11 de março de 2014, os terroristas da Al-Qaeda colocaram explosivos nos trens suburbanos de Cercanias, em Madri, três dias antes das eleições na Espanha, causando a morte de 191 pessoas e ferindo mais de 2 mil.

Em 7 de julho de 2005, foi a vez de Londres sofrer com os ataques terroristas, quando, em pleno horário do *rush*, em menos de uma hora, houve quatro explosões, que atingiram três trens do metrô e um ônibus de dois andares, matando 52 pessoas e ferindo em torno de 700.

Bombaim, a maior capital financeira da Índia, também foi alvo da fúria terrorista, onde, entre 26 e 29 de novembro de 2008, houve vários ataques, causando a morte de pelo menos 195 pessoas, e mais de 300 ficaram feridas.

A França foi, igualmente, vítima da covardia terrorista. Doze pessoas morreram, e outras cinco ficaram feridas, por conta do ataque ao jornal satírico *Charlie Hebdo*, em 7 de janeiro de 2015. No mesmo ano, em 13 de novembro, outros atentados foram levados a efeito, com fuzilamento em massa, atentados suicidas, utilização de reféns, explosões, que resultaram na morte de 137 pessoas e mais de 350 feridos – o maior número de vítimas encontrava-se no teatro Bataclan.

Na manhã de 22 de março de 2016, foi a vez de Bruxelas, na Bélgica, onde foram detonados explosivos no aeroporto internacional de Zaventem, e também em um dos vagões do metrô, causando a morte de mais de 30 pessoas e centenas de feridos.

O grupo terrorista Estado Islâmico assumiu a autoria dos atentados ocorridos na França e na Bélgica.

Esses são somente alguns dos exemplos que chamaram a atenção da mídia, principalmente por conta dos países onde foram realizados. Não podemos nos esquecer, contudo, que o continente africano e também o Oriente Médio têm sido vítimas constantes das ações terroristas. São milhares e milhares de pessoas mortas, que contabilizam essa política do terror.

Por causa disso tudo, novas discussões têm sido realizadas sobre a possibilidade/necessidade do uso oficial da tortura como mais um instrumento de "defesa" contra o terrorismo. Essas discussões ocorrem, especialmente, em países que vivem, ou pelo menos já vivenciaram, as consequências dos atos terroristas e entendem que o uso oficial da tortura terá o condão de auxiliar o combate a essas células criminosas, que contam, cada dia mais, com a simpatia de jovens, cujas mentes vêm sendo "lavadas" com discursos mentirosos e doentios.

É comum, durante as discussões jurídicas, o argumento de que não existem direitos absolutos, e, hoje, a utilização da tortura como forma não somente de obter a confissão pela prática de determinados crimes mas também – principalmente – como meio de investigação, a fim de identificar agentes terroristas, evitando-se o cometimento de atentados, tem sido corriqueiramente mencionada, sobretudo na Europa e nos Estados Unidos.

Conforme esclarece Michel Terestchenko:

"É totalmente falso afirmar, como pretenderam muitas vezes os governos do Estados Unidos, que as sevícias cometidas por seus soldados no Afeganistão, em Cuba ou no Iraque constituíram uma 'novidade' ou que foram apenas ações isoladas de alguns indivíduos cruéis e sádicos que agiram sozinhos, escapando ao controle de seus superiores hierárquicos. (...)

A agência americana desenvolvera, havia cinquenta anos, uma habilidade adquirida durante o Período da Guerra Fria e da luta contra a 'subversão comunista', em parte graças à ajuda de antigos militares franceses da guerra da Argélia, conhecidos pela teorização e pela colocação em prática do uso de métodos de interrogatório 'truculentos', qualificados entre eles próprios como tortura. O que as operações antiinsurrecionais e a luta contra a 'subversão comunista' do passado e a atual 'guerra global contra o terror' têm em comum é colocar em primeiro plano a busca de informações e, consequentemente, os métodos de coerção, com a finalidade de obrigar os prisioneiros recalcitrantes, suspeitos de deter informações 'vitais', a falar, rompendo a resistência de sua vontade e de seu psiquismo."[14]

Além disso, Terestchenko lembra que:

"Em 2004, o mundo inteiro descobriu as técnicas humilhantes e degradantes, incluindo sevícias sexuais, utilizadas pelo exército americano contra os detidos da prisão iraquiana de Abu Ghraib, das quais algumas eram igualmente usadas, ao que parece, em Guantánamo Bay e nos centros de detenção do Afeganistão. Para a maioria, elas procediam do emprego sistemático de uma política de Estado, decidida pelo presidente dos Estados Unidos no âmbito da 'guerra global contra o terror', apoiando-se em uma casuística jurídica elaborada pelos mais eminentes juristas dos ministérios da Justiça e da Defesa."[15]

---

[14] TERESTCHENKO, Michel. *O bom uso da tortura:* ou como as democracias justificam o injustificável, p. 15-16.

[15] TERESTCHENKO, Michel. *O bom uso da tortura:* ou como as democracias justificam o injustificável, p. 23.

No mesmo sentido, a Anistia Internacional ressaltou que:

> As fotografias de soldados estado-unidenses humilhando e aterrorizando detentos em Abu Ghraib comoveram o mundo quando foram publicadas em 2004. As imagens se difundiram quando já se haviam produzido numerosas denúncias de torturas e outros maus-tratos relacionados aos centros de detenção dos Estados Unidos no Afeganistão, Iraque e Guantânamo. O escândalo de Abu Ghraib levou as altas autoridades estado-unidenses a condenar os abusos descobertos e a colocar em marcha investigações limitadas e revisões das práticas de detenção. Mas, essas medidas não se traduziram na prestação de contas de todos os responsáveis, a reparação para as vítimas, nem em medidas adequadas para impedir que estes tipos de violações dos direitos humanos se repitam no futuro.
>
> De fato, sabemos que o governo estado-unidense autorizou métodos de interrogatório – como posturas em tensão, isolamento prolongado, privação sensorial e afogamento simulado – que constituem tortura ou outros maus-tratos em virtude do direito internacional.
>
> O governo dos Estados Unidos levou a cabo um programa de "entregas extraordinárias" – traslados de pessoas suspeitas de atos de terrorismo de um Estado a outro sem o devido processo, inclusive a países onde correm risco real de sofrer tortura e outros maus-tratos – e um programa de detenção secreta, em virtude do qual os detentos se converteram em vítimas de desaparecimento forçado. O governo estado-unidense autorizou a tortura e outros maus-tratos e se reservou o direito de voltar a fazê-lo se as "circunstâncias" o justificarem. As leis, as opiniões jurídicas e as ordens executivas dos Estados Unidos que facilitaram tais práticas devem ser modificadas ou revogadas, e se deve pôr fim à impunidade pelos abusos.[16]

Existem, outrossim, discussões doutrinárias a respeito do tema, e uma corrente defende o uso oficial da tortura em determinadas situações, ao passo que outra a repele, veementemente, sem abrir qualquer exceção.

Um dos exemplos mais utilizados para justificar a discussão sobre o uso legítimo da tortura diz respeito à chamada bomba-relógio. Assim, de acordo com a discussão mais atual, se um terrorista, *v.g.*, for surpreendido numa escuta telefônica, dizendo que havia colocado a bomba-relógio no local acordado e, em razão desse contato telefônico, que estava sendo monitorado em tempo real, é descoberto seu endereço e sua prisão realizada antes da detonação do explosivo, pergunta-se: seria possível o uso da tortura com o fim de descobrir o local onde havia sido colocado o artefato explosivo e, consequentemente, salvar a vida ou preservar a integridade física de inúmeras pessoas?

Analisando a hipótese da bomba-relógio, Michel Terestchenko assevera, com razão, que ela:

> "Pressupõe que os serviços de informação ou a polícia saibam, com absoluta certeza, que detiveram um terrorista prestes a cometer um atentado. Mas este pressuposto é extremamente improvável. Trata-se de descobrir somente a localização da bomba e a hora exata de seu disparo iminente, porque o resto já é conhecido? As coisas não são bem assim. Em todos os casos conhecidos, a iminência do ato – que deve ser questão de horas, talvez de dias – é ignorada: no máximo, é considerada uma eventualidade. É possível que a tortura possa revelar esta informação, mas, como não existe um conhecimento prévio, qual a razão da tortura neste prisioneiro? Podemos ter certeza de que milhares de indivíduos não serão entregues a semelhantes sevícias porque um ou mais deles poderiam estar informados de um futuro projeto de atentado? Na falta de informações prévias, devidamente comprovadas

---

[16] Disponível em: <http://amnesty.org/es>.

e confirmadas, a hipótese da 'bomba-relógio' traz o risco de abrir precedentes a abusos, em contradição com suas premissas, que são extremamente rigorosas."[17]

Não somente a prática do terrorismo tenta legitimar o discurso da tortura. Outras infrações penais, principalmente aquelas que envolvem a privação da liberdade de alguém, ou que colocam em risco um número indeterminado de pessoas, também estimulam o debate.

A título de exemplo, na Alemanha, entre os meses de setembro a outubro de 2002, estava em andamento um crime de extorsão mediante sequestro, em que a vítima, Jakob von Metzler, com apenas 11 anos de idade, e filha de um banqueiro de Frankfurt, foi sequestrada enquanto regressava do colégio. O sequestrador exigiu um milhão de euros, como pagamento do resgate, o que foi efetivamente feito. Mesmo após o pagamento, o refém não foi liberado. Pouco tempo depois, a polícia identificou e prendeu o sequestrador, um estudante de Direito, com 28 anos de idade, que era amigo da irmã da criança sequestrada.

Durante seu interrogatório na polícia, o sequestrador, no decorrer de horas, informou pistas falsas do lugar do cativeiro. O chefe de polícia, então, determinou que seus subordinados torturassem o sequestrador com o fim de localizar a vítima, que poderia estar correndo o risco de não ser resgatada com vida. Antes mesmo que fosse torturado, por conta das ameaças de tortura, o sequestrador indicou o lugar correto, mas a vítima já estava morta, por asfixia, em virtude das fitas adesivas que foram colocadas em sua boca, as quais a impediram de respirar.

Independentemente do fato de ter sido esse estudante condenado à prisão perpétua, surgiu, na Alemanha, o debate sobre o comportamento levado a efeito pela polícia, ou seja, se era ou não justificável que, naquela situação específica, a tortura fosse um meio necessário para se poder encontrar e libertar a vítima do sequestro. Como noticia Miguel Polaino Navarrete:

> "Enquanto alguns juristas consideravam que os métodos empregados excediam o permitido e causavam danos sérios à constitucionalidade estatal naquele país, outros defendiam as ameaças de tortura como meio necessário não somente para salvar a vida do menor, senão para desenvolver qualquer atividade minimamente produtiva no âmbito policial: como argumentava o advogado defensor do chefe de polícia, a conduta dele havia sido 'necessária e proporcional à situação', e se perguntava 'se a polícia ficaria de braços cruzados esperando enquanto uma criança sequestrada agonizava até a morte'. Em duas palavras: Há de se admitir ou não a tortura, como meio excepcional para conseguir uma confissão deste estilo?"[18] (tradução livre)

O Tribunal alemão entendeu que não havia essa possibilidade de se considerar a tortura como um meio legítimo e condenou o chefe de polícia, assim como o outro policial, ao pagamento de uma multa no valor aproximado de 11 mil euros, por ordenar e proferir as ameaças de tortura para obtenção da declaração que os levou ao cativeiro.

Vale a pena transcrever parte das conclusões a que chegou o Catedrático de Direito Penal da Universidade de Sevilla Miguel Polaino Navarrete, no epílogo que escreveu no livro de Víctor Félix Reinaidi, que diz respeito ao direito absoluto em não ser torturado, em que, claramente, coloca a discussão do tema sob o prisma do confronto dos bens juridicamente protegidos, ao dizer que:

---

[17] TERESTCHENKO, Michel. *O bom uso da tortura:* ou como as democracias justificam o injustificável, p. 93-94.

[18] NAVARRETE, Miguel Polaino. Epílogo. In: REINALDI, Víctor Félix. *El derecho absoluto a no ser torturado*, p. 220-221.

"É evidente que a dignidade da pessoa há de se quedar imune a todo ataque ilegítimo. Ninguém duvida que a tortura como trato degradante, gratuito e encarniçado é, sempre, em todas as latitudes, proibida e sancionada penalmente, por constituir um dos atos mais execráveis imagináveis. Sobre isso não há discussão alguma. Mas o problema se coloca quando uma lesão à dignidade humana colide com a lesão a outra dignidade humana. Nesses casos excepcionais, é discutível se os argumentos erigidos pelo Tribunal alemão, e também, de maneira clara e precisa pelo autor desse interessante livro, hão de seguir sendo incontroversos.

O exemplo mencionado é um banco de provas sobre se realmente o direito a não ser torturado há de ser absoluto ou é um direito que pode conhecer alguma exceção, pois do que se trata é de ponderar se a enérgica cominação a um sujeito para que revele o paradeiro da vítima, que foi colocada por ele numa situação de perigo, pode ceder ante o fato de velar prioritariamente pela proteção dessa vítima, especialmente naqueles casos em que como o do filho do banqueiro – o sequestrador não só não se preocupou com o sequestrado, deixando-o à própria sorte, como foi a uma companhia de viagens a fim de preparar um *tour* pelo Caribe, ou qualquer outro lugar, fornecendo pistas falsas sobre a situação do sequestrado, ou negando-se, quando foi detido, a dar notícias sobre o paradeiro do menor, sobre o que existe fundado temor que se coloque em perigo a sua vida.

Aí o problema se coloca em determinar se, com efeito, toda afeição da dignidade da pessoa constitui um delito de tortura, ou se, pelo contrário, existe um certo âmbito no qual prima a otimização da segurança geral ainda ao custo da limitação da esfera de liberdade de um sujeito concreto. Se isso é assim, então seria mantida a máxima hegeliana 'sê pessoa e respeita aos demais como pessoas', e ademais se evitaria supervalorizar em excesso a liberdade do cidadão que produz um dano irreparável a outro sujeito da sociedade. O tratamento dos sujeitos como pessoas em Direito é, pois, consequência do reconhecimento dos *outros como eu*, porque – como diria o poeta sevilhano Antonio Machado, pela boca de Juan de Mairena: *por mais que um homem valha, nunca*[19] *terá valor mais alto que o de ser homem.*" (tradução livre)

Este último caso, ao contrário do que ocorre, felizmente, com o ataque terrorista, é muito comum no Brasil, ou seja, ainda existe um número considerável de extorsões mediante sequestro. Assim, trazendo a discussão para a nossa realidade, seria possível o uso oficial da tortura, na hipótese em que um dos agentes, pertencente ao bando criminoso que havia praticado o delito, tivesse sido preso pela polícia, a fim de declarar o local exato do cativeiro onde se encontrava a vítima do delito?

Entender-se que sim seria abrir um precedente extremamente perigoso e concluir, por outro lado, que a polícia não tem capacidade suficiente para descobrir o cativeiro mediante meios legais e não ofensivos à dignidade da pessoa humana.

Liberar o uso oficial da tortura seria igualar o Estado ao criminoso, decretando-se, consequentemente, a sua total falência na obrigação de proteger a população em geral, com a preservação de seus direitos fundamentais.

7. PREVISÃO LEGAL DE PROIBIÇÃO DA TORTURA NO BRASIL

Nem sempre a tortura foi proibida em nosso país. Na verdade, a começar pela época do Império, em que estávamos sujeitos às chamadas Ordenações do Reino, principalmente a última delas, conhecida como Ordenações Filipinas, aplicada até a entrada em vigor do Código Criminal do Império Brasileiro, de 1830, a tortura foi amplamente utilizada.

---

[19] NAVARRETE, Miguel Polaino. Epílogo. In: REINALDI, Víctor Félix. *El derecho absoluto a no ser torturado*, p. 224-225.

Não somente os índios que já habitavam nosso território como também os negros trazidos da África a fim de, aqui, serem escravizados e outros tantos acusados pela prática de alguma infração penal, independentemente de raça ou cor de pele, foram vítimas dessas atrocidades, pois, no Título CXXXIII das mencionadas Ordenações Filipinas, havia previsão para a aplicação dos chamados *tormentos*.

Em 25 de março de 1824, após a declaração de independência do Brasil (1822), foi outorgada pelo Imperador D. Pedro I a nossa primeira Constituição Política do Império do Brasil, cujo inc. XIX do art. 179 dizia que:

> (...)
> XIX. Desde já ficam abolidos os açoites, a tortura, a marca de ferro quente, e todas as mais penas cruéis.

Essa proibição do uso da tortura, como não poderia deixar de ser, teve reflexos diretos no nosso Código Criminal do Império, de 11 de outubro de 1890, que proibia, inclusive, no seu art. 44, as chamadas penas infamantes.

A Proclamação da República, levada a efeito em 15 de novembro de 1889, por meio do golpe militar liderado pelo Marechal Deodoro da Fonseca, fez surgir a necessidade da edição de uma nova Carta Magna, o que efetivamente aconteceu com a promulgação da Constituição da República dos Estados Unidos do Brasil de 24 de fevereiro de 1891.

Ao contrário do que ocorreu com a Constituição de 1824, a primeira Constituição da República não proibiu expressamente o uso da tortura, embora, nos §§ 20 e 21 do art. 72, tenham sido abolidas as penas de galés e a de banimento judicial, bem como a pena de morte, reservadas as disposições da legislação militar em tempo de guerra.

Da mesma forma, a Constituição da República dos Estados Unidos do Brasil promulgada em 16 de julho de 1934 também não fez proibição expressa do uso da tortura, dizendo, no entanto, no item 29 do art. 113, que não haveria pena de banimento, morte, confisco ou de caráter perpétuo, ressalvadas, quanto à pena de morte, as disposições da legislação militar, em tempo de guerra com país estrangeiro.

A Constituição dos Estados Unidos do Brasil de 10 de novembro de 1937 também não mencionou expressamente a proibição do uso de tortura e, no item 13 do art. 122, disse somente que não haveria penas corpóreas perpétuas, dando a entender, fazendo-se uma interpretação *a contrario sensu*, que seriam possíveis as penas corpóreas temporais. Além disso, no mesmo item, previu a pena de morte para determinadas infrações penais, dizendo:

> (...)
> 13) Não haverá penas corpóreas perpétuas. As penas estabelecidas ou agravadas na lei nova não se aplicam aos fatos anteriores. Além dos casos previstos na legislação militar para o tempo de guerra, a pena de morte será aplicada nos seguintes crimes:
> a) tentar submeter o território da Nação ou parte dele à soberania de Estado estrangeiro;
> b) atentar, com auxílio ou subsídio de Estado estrangeiro ou organização de caráter internacional, contra a unidade da Nação, procurando desmembrar o território sujeito à sua soberania;
> c) tentar por meio de movimento armado o desmembramento do território nacional, desde que para reprimi-lo se torne necessário proceder a operações de guerra;
> d) tentar, com auxílio ou subsídio de Estado estrangeiro ou organização de caráter internacional, a mudança da ordem política ou social estabelecida na Constituição;
> e) tentar subverter por meios violentos a ordem política e social, com o fim de apoderar-se do Estado para o estabelecimento da ditadura de uma classe social;
> f) a insurreição armada contra os Poderes do Estado, assim considerada ainda que as armas se encontrem em depósito;

g) praticar atos destinados a provocar a guerra civil, se esta sobrevém em virtude deles;
h) atentar contra a segurança do Estado praticando devastação, saque, incêndio, depredação ou quaisquer atos destinados a suscitar terror;
i) atentar contra a vida, a incolumidade ou a liberdade do Presidente da República;
j) o homicídio cometido por motivo fútil ou com extremos de perversidade.

A Constituição dos Estados Unidos do Brasil de 18 de setembro de 1946, igualmente, silenciou quanto à proibição expressa da tortura, dizendo, no entanto, em seu art. 141, § 31:

(...)
§ 31 – Não haverá pena de morte, de banimento, de confisco nem de caráter perpétuo. São ressalvadas, quanto à pena de morte, as disposições da legislação militar em tempo de guerra com país estrangeiro. A lei disporá sobre o sequestro e o perdimento de bens, no caso de enriquecimento ilícito, por influência ou com abuso de cargo ou função pública, ou de emprego em entidade autárquica, (...).

A Constituição da República Federativa do Brasil promulgada em 24 de janeiro de 1967, durante o regime militar, no § 11 do art. 150, reiterou a proibição da pena de morte, afirmando:

(...)
§ 11 – Não haverá pena de morte, de prisão perpétua, de banimento, ou confisco, salvo nos casos de guerra externa psicológica adversa, ou revolucionária ou subversiva nos termos que a lei determinar. Esta disporá também, sobre o perdimento de bens por danos causados ao Erário, ou no caso de enriquecimento ilícito no exercício de cargo, função ou emprego na Administração Pública, Direta ou Indireta.

Por mais paradoxal que pudesse parecer, em pleno auge do regime de força, fez constar, expressamente, no § 14 do citado art. 150, que:

(...)
§ 14 – Impõe-se a todas as autoridades o respeito à integridade física e moral do detento e do presidiário.

O referido dispositivo constitucional era, basicamente, letra morta, pois, naquela época, o Brasil vivia um momento de total abuso por parte dos agentes da repressão política, que praticavam as maiores e covardes atrocidades.

Com a Emenda Constitucional nº 1, de 17 de outubro de 1969, as previsões citadas anteriormente passaram a figurar, com a mesma redação, no art. 153, §§ 11 e 14.

Em 5 de outubro de 1988, foi promulgada aquela que ficou conhecida como sendo a "Constituição Cidadã", ou seja, aquela que havia surgido após um longo período de ditadura militar e, logo em seu preâmbulo, já demonstrava a que tinha vindo, dizendo:

Nós, representantes do povo brasileiro, reunidos em Assembleia Nacional Constituinte para instituir um Estado Democrático, destinado a assegurar o exercício dos direitos sociais e individuais, a liberdade, a segurança, o bem-estar, o desenvolvimento, a igualdade e a justiça como valores supremos de uma sociedade fraterna, pluralista e sem preconceitos, fundada na harmonia social e comprometida, na ordem interna e internacional, com a solução pacífica das controvérsias, promulgamos, sob a proteção de Deus, a seguinte Constituição da República Federativa do Brasil.

Após, no inc. III do seu art. 1º, afirmar que a dignidade da pessoa humana constituiu um dos fundamentos do Estado Democrático de Direito, no art. 5º, em várias passagens, frisou a impossibilidade da prática da tortura ou de comportamentos atentatórios à dignidade do ser humano, conforme se verifica pela leitura dos incisos a seguir transcritos:

> (...)
> III – ninguém será submetido a tortura nem a tratamento desumano ou degradante;
> (...)
> XLIII – a lei considerará crimes inafiançáveis e insuscetíveis de graça ou anistia a prática da tortura, o tráfico ilícito de entorpecentes e drogas afins, o terrorismo e os definidos como crimes hediondos, por eles respondendo os mandantes, os executores e os que, podendo evitá-los, se omitirem;
> (...)
> XLVII – não haverá penas:
> a) de morte, salvo em caso de guerra declarada, nos termos do art. 84, XIX;
> b) de caráter perpétuo;
> c) de trabalhos forçados;
> d) de banimento;
> e) cruéis;
> (...).

Com essa previsão no texto constitucional, no Brasil, encontra-se absolutamente vedado o uso da tortura, não existindo qualquer tipo de justificativa que venha a ampará-la, independentemente da situação fática que se apresente. Não se tolera, portanto, o uso da tortura.

Embora houvesse a previsão constitucional da proibição do uso da tortura, não havia, ainda, até aquele momento, qualquer tipo incriminador que narrasse, especificamente, o comportamento que se queria proibir. Não tínhamos, portanto, qualquer tipo que descrevesse as condutas passíveis de serem reconhecidas como tortura, com a consequente cominação de penas.

O Estatuto da Criança e do Adolesceste (Lei nº 8.069, de 13 de julho de 1990), embora não definindo o conceito de tortura, fez previsão, em seu art. 233, do seguinte comportamento criminoso:

> **Art. 233.** Submeter criança ou adolescente sob sua autoridade, guarda ou vigilância a tortura:
> Pena – reclusão de um a cinco anos.
> § 1º Se resultar lesão corporal grave:
> Pena – reclusão de dois a oito anos.
> § 2º Se resultar lesão corporal gravíssima:
> Pena – reclusão de quatro a doze anos.
> § 3º Se resultar morte:
> Pena – reclusão de quinze a trinta anos.

> O Brasil, ao tipificar o crime de tortura contra crianças ou adolescentes, revelou-se fiel aos compromissos que assumiu na ordem internacional, especialmente àqueles decorrentes da Convenção de Nova York sobre os Direitos da Criança (1990), da Convenção contra a Tortura adotada pela Assembleia Geral da ONU (1984), da Convenção Interamericana contra a Tortura concluída em Cartagena (1985) e da Convenção Americana sobre Direitos Humanos (Pacto de São José da Costa Rica), formulada no âmbito da OEA (1969). Mais do que isso, o legislador brasileiro, ao conferir expressão típica a essa modalidade de infração delituosa, deu aplicação efetiva ao texto da Constituição Federal que impõe ao Poder Público a obrigação de proteger os menores contra toda a forma de violência, crueldade e opressão (art. 227, *caput, in fine*) (STF, HC 70.389/SP, Tribunal Pleno, Rel. Min. Celso de Mello, *Ement.* v. 2038/02, p. 186).

Em 7 de abril de 1997, foi publicada a Lei nº 9.455, que, além de outras providências, a exemplo da revogação do art. 233 anteriormente referido, definiu os crimes de tortura, dizendo, em seu art. 1º:

> **Art. 1º** Constitui crime de tortura:
>
> I – constranger alguém com emprego de violência ou grave ameaça, causando-lhe sofrimento físico ou mental:
>
> a) com o fim de obter informação, declaração ou confissão da vítima ou de terceira pessoa;
>
> b) para provocar ação ou omissão de natureza criminosa;
>
> c) em razão de discriminação racial ou religiosa;
>
> II – submeter alguém, sob sua guarda, poder ou autoridade, com emprego de violência ou grave ameaça, a intenso sofrimento físico ou mental, como forma de aplicar castigo pessoal ou medida de caráter preventivo.
>
> Pena – reclusão, de dois a oito anos.
>
> § 1º Na mesma pena incorre quem submete pessoa presa ou sujeita a medida de segurança a sofrimento físico ou mental, por intermédio da prática de ato não previsto em lei ou não resultante de medida legal.
>
> § 2º Aquele que se omite em face dessas condutas, quando tinha o dever de evitá-las ou apurá-las, incorre na pena de detenção de um a quatro anos.
>
> § 3º Se resulta lesão corporal de natureza grave ou gravíssima, a pena é de reclusão de quatro a dez anos; se resulta morte, a reclusão é de oito a dezesseis anos.

Hoje, portanto, existe legislação específica sobre o tema, a qual será vista mais detalhadamente a seguir.

A Lei nº 12.847, de 2 de agosto de 2013, por seu turno, instituiu o Sistema Nacional de Prevenção e Combate à Tortura, criou o Comitê Nacional de Prevenção e Combate à Tortura e o Mecanismo Nacional de Prevenção e Combate à Tortura, além de adotar outras providências.

8. CRIME DE TORTURA

Como vimos anteriormente, a Lei nº 9.455, de 7 de abril de 1997, tipificou o crime de tortura em seu art. 1º.

O *bem juridicamente protegido* pelos tipos penais que preveem o crime de tortura é, de maneira precípua, a dignidade da pessoa humana. Conforme as precisas lições de Mário Coimbra, não resta dúvida de que:

> "O bem protegido, nos tipos em exame, é a dignidade humana, que constitui indubitavelmente 'um dos pilares básicos, se não o principal, da promoção dos direitos humanos'.
>
> Embora na criminalização da tortura se tutelem outros valores, como a integridade física e mental do indivíduo e, até mesmo, a sua própria vida, verifica-se que os aludidos valores estão contidos no próprio conteúdo de dignidade humana. Não se pode olvidar que, para o bem jurídico poder cumprir sua função sistemática, é necessário, quando possível, pinçar-se, dentre os valores protegidos, aquele proeminente, que, no caso, é a dignidade humana."[20]

No que diz respeito à classificação doutrinária do crime de tortura, tipificado no inc. I, *a, b e c*, do art. 1º da Lei nº 9.455/97, existe controvérsia doutrinária sobre o tema. A doutrina se divide: parte dela entende tratar-se as referidas hipóteses de tortura de um crime comum, não se exigindo, consequentemente, qualquer qualidade especial do sujeito ativo, e a segunda corrente defende a posição de que o crime de tortura encontra-se no rol dos crimes próprios, exigindo-se, portanto, que o sujeito ativo seja um servidor público que, em razão de suas funções, abusa de seu poder.

---

[20]   COIMBRA, Mário. *Tratamento do injusto penal da tortura*, p. 166.

Em defesa da primeira posição, esclarece Flávia Camello Teixeira:

"O sujeito ativo, seja particular ou funcionário público, age direcionado a obter informação, declaração ou confissão da vítima ou de terceiro. Se especial fosse, essa informação haveria de versar sobre dados acerca da autoria e/ou materialidade de algum ilícito penal ou sobre determinado ilícito administrativo cometido em estabelecimento prisional. A declaração representaria tal informação na forma escrita e a confissão seria o reconhecimento da autoria de algum ilícito pela vítima da tortura. Não sendo, porém, crime próprio, essa informação, declaração ou confissão pode versar sobre qualquer fato – acerca de um crime cometido ou para se conseguir uma simples confissão de dívida."[21]

No mesmo sentido, adverte, com precisão, Sheila Bierrenbach:

"A Lei assim concebida, tipificando crimes que podem ser praticados por qualquer pessoa, melhor se ajusta à nossa realidade, bem diversa da realidade dos países centrais, dos quais já importamos a Doutrina penal. Descabe, entretanto, que pretendamos, também, importar a legislação.
O compromisso por nós assumido, quando da acolhida dos tratados internacionais, foi o de criminalizar a tortura. Se o legislador brasileiro houve por bem entender a tipificação, admitindo como sujeito passivo alguém não investido do Poder Público nem cumprindo mandado do mesmo poder, tal opção diz respeito à nossa realidade, não havendo qualquer afronta aos mencionados tratados."[22]

Na mesma linha:

A tortura, tipificada pela Lei 9.455/97, é considerada crime comum, mesmo quando praticada por militar, tendo por efeito necessário e automático da condenação a perda do cargo, função ou emprego público a que o agente estiver investido (STF, ARE 1.105.783 AgR/RN, 1ª T., Rel. Min. Roberto Barroso, *DJe* 12.06.2018).
Nos termos do art. 1º, I, "a", da Lei nº 9.455/97, da jurisprudência e da doutrina, a tortura é classificada como crime comum (STJ, AgRg no REsp 1.291.631/MG, Rel. Min. Leopoldo de Arruda Raposo (Desembargador convocado do TJ-PE), *DJe* 13.10.2015).
O art. 1º da Lei nº 9.455/97, ao tipificar o crime de tortura como crime comum, não ofendeu o que já determinava o art. 1º da Convenção da ONU Contra a Tortura e Outros Tratamentos ou Penas Cruéis, Desumanos ou Degradantes, de 1984, em face da própria ressalva contida no texto ratificado pelo Brasil (STJ, REsp 1.299.787/PR, 5ª T., Rel.ª Min.ª Laurita Vaz, *DJe* 03.02.2014).

Em sentido contrário, aduz Mário Coimbra que:

"Não se pode olvidar que a tortura, no seu sentido formal, sempre expressou a prática de atos denotativos de abuso de poder, quer de autoridade, quer de agentes públicos; e a sua incriminação representou uma conquista dos cidadãos na defesa da dignidade humana, não só perante o poder estatal mas também diante do despotismo em países não democráticos ou de frágil democracia.
Assim não se pode confundir a tortura no seu sentido semântico, que foi enfocado pelas Convenções de 1984 e 1985 e pela ampla maioria das legislações penais do mundo ocidental, com o seu sentido vulgar.

---

[21] CAMELLO TEIXEIRA, Flávia. *Da tortura*, p. 126.
[22] BIERRENBACH, Sheila; FERNANDES LIMA, Walberto. *Comentários à Lei de Tortura*, p. 40.

Acrescente-se que, de fato, não é incomum, particular, infligir-se sofrimentos físicos ou mentais a outrem, com o propósito de obter-se confissão ou informação relevante, atinente à vida privada, ou, até mesmo, por mero castigo ou intimidação. No entanto, tal comportamento delituoso deve-se amoldar a um dos tipos penais comuns, previstos pela legislação penal, figurando apenas como agravante ou qualificadora, como já ocorre com o nosso Código Penal, nos arts. 61, inciso II, *d*, e 121, § 2º, III."[23]

Com a devida vênia das posições em contrário, entendemos a tortura como um crime comum, podendo ser praticado por qualquer pessoa, tendo em vista que a exigência de um sujeito ativo especial não se encontra expressa, ou mesmo implícita, nos tipos penais incriminadores previstos pela Lei nº 9.455/97. Em reforço a essa posição, trazemos à colação o inc. I do § 4º do art. 1º da referida lei, que diz que a pena aumenta-se de um sexto até um terço se o crime é cometido por agente público. Fosse essa qualidade essencial à caracterização do crime de tortura, a causa especial de aumento de pena jamais poderia ser aplicada, sob pena de incorrermos no chamado *bis in idem*. Dessa forma, somente incidira a referida majorante se o delito fosse praticado por funcionário público, pois essa qualidade não é essencial ao reconhecimento da figura típica.

> Afasta-se, desde logo, a frágil alegação de que o crime de tortura não pode ser cometido por particular, pois a lei que define o crime de tortura exige apenas que o agente tenha a vítima sob sua guarda, poder ou autoridade, não especificando que o poder tenha de ser estatal. Ademais, o fato de o agente ser funcionário público é tratado como mais uma causa de aumento de pena. Inexistem dúvidas de que a ré, maldosamente, queimou as mãos do menor, causando ao menor intenso sofrimento como forma de castigá-lo. Longe da ré qualquer propósito correcional, sendo certo que dos fatos descritos na denúncia, comprovados segundo os elementos carreados aos autos, a ré agiu com extrema maldade, causando intenso sofrimento físico à vítima, sendo tal agir desproporcional a qualquer ideal que visasse exercer o direito de correcional. Transformar essa atrocidade em crime culposo não passa de desespero defensivo, que não merece sequer maiores explicações. Como a vítima contava com apenas cinco anos de idade, é incontornável a incidência da causa de aumento, já que se tratava apenas de uma criança. A conduta da ré é, e fato, desqualificada, como disse o próprio recurso defensivo, mas não comporta as desclassificações requeridas, uma vez que se justapõe, como acima demonstrado, ao crime de tortura-castigo (TJ-RJ, AC 0009675-42.2013.8.19.0061, Rel. Des. Paulo Rangel, *DJe* 29.09.2015).

Não apenas o ser humano é o *sujeito passivo* do crime de tortura como também o Estado, pois sofre quando suas leis são violadas. Importante frisar que, no inc. II do art. 1º da Lei nº 9.455/97, somente poderá figurar como sujeito passivo aquele que estiver sob a guarda, poder ou autoridade de outra pessoa. Nessa hipótese, como veremos, é que o crime de tortura deverá ser considerado próprio, exigindo-se uma qualidade especial do sujeito ativo.

Objeto material do delito de tortura é pessoa sobre a qual recaem os comportamentos previstos no tipo penal *sub examen*.

Todas as modalidades de tortura são dolosas, não havendo previsão, portanto, para a tortura de natureza culposa.

Faremos, a seguir, a análise de cada um dos comportamentos narrados no tipo constante do art. 1º da Lei nº 9.455/97, isoladamente.

---

[23]   COIMBRA, Mário. *Tratamento do injusto penal da tortura*, p. 168.

I – Constranger alguém com emprego de violência ou grave ameaça, causando-lhe sofrimento físico ou mental

O núcleo do tipo é o verbo *constranger*, que tem o sentido de forçar, obrigar, coagir. Esse constrangimento pode ocorrer de duas formas, vale dizer, ou o agente atua mediante o emprego de violência (*vis absoluta*, ou violência física) ou grave ameaça (*vis compulsiva*, ou violência moral).

A violência mencionada pelo tipo penal é aquela de natureza física e pode ser, ainda, direta (imediata) ou indireta (mediata). *Direta* quando for dirigida contra o próprio corpo do torturado, a exemplo daquele que o espanca com pedaço de pau, o queima com a brasa de um cigarro, simula afogamento etc. *Indireta* é a violência praticada contra alguém que com ele possui alguma relação de proximidade, tenha ou não relação de parentesco, a exemplo daquele que causa mal físico ao filho de quem se procura obter a confissão ou informação sobre determinado fato.

Pode, ainda, ser a violência considerada *própria*, como ocorre com as agressões físicas levadas a efeito no corpo da vítima, ou *imprópria*, quando o agente faz que a vítima se utilize de alguma substância, como drogas, álcool, soro da verdade etc.

A grave ameaça, prevista pelo tipo penal em estudo, difere do crime de ameaça previsto no art. 147 do Código Penal. Aqui, a promessa de cumprimento do mal, embora deva ser grave, pode ser quase que imediata, ou seja, o agente pode ameaçar a vítima, dizendo-lhe que, por exemplo, caso não confesse, ou dê a informação exigida, sofrerá fisicamente a tortura, mostrando-lhe os instrumentos que serão utilizados para rasgar seu corpo.

Esse constrangimento deve causar na vítima um sofrimento físico ou mental. Conforme as lições de Sheila Bierrenbach, deve ser registrada a:

> "Dificuldade que envolve a aferição do sofrimento de outrem, principalmente o mental. Cuida-se de conceito altamente nebuloso, que não confere ao tipo a necessária clareza, submetendo o perigo ao princípio da legalidade.
>
> (...)
>
> Para interpretar sofrimento mental, a Doutrina tem-se valido de decisões da Comissão Europeia de Direitos Humanos, que, quando do julgamento do chamado 'Caso Grego', conceituou tortura mental como infligir sofrimento mental através da criação de um estado de angústia e *stress* por outros meios que não a agressão física.
>
> Na verdade é extremamente difícil distinguir o sofrimento físico e o mental decorrentes da tortura, na medida em que ambos se encontram intimamente entrelaçados."[24]

O crime previsto no art. 1º, inc. I, letra a, da Lei nº 9.455/97 pressupõe o suplício físico ou mental da vítima, não se podendo olvidar que a tortura psicológica não deixa vestígios, não podendo, consequentemente, ser comprovada por meio de laudo pericial, motivo pelo qual a materialidade delitiva depende da análise de todo o conjunto fático-probatório constante dos autos, principalmente do depoimento da vítima e de eventuais testemunhas. Precedentes (STJ, HC 214.770/DF, 5ª T., Rel. Min. Jorge Mussi, *DJe* 19.12.2011).

Para que se configure o delito de tortura previsto no inc. I do art. 1º do diploma legal em estudo, é preciso que a conduta seja dirigida finalisticamente à obtenção de informação, declaração ou confissão da vítima ou de terceira pessoa; a provocar ação ou omissão de na-

---

[24] BIERRENBACH, Sheila; FERNANDES LIMA, Walberto. *Comentários à Lei de Tortura*, p. 47-48.

tureza criminosa; ou tenha sido levada a efeito em razão de discriminação racial ou religiosa, conforme as alíneas nele elencadas.

> Diversamente do previsto no tipo do inc. II do art. 1º da Lei nº 9.455/97, definido pela doutrina como tortura-pena ou tortura-castigo, a qual requer intenso sofrimento físico ou mental, a tortura-prova, do inciso I, alínea a, não traz o tormento como requisito do sofrimento causado à vítima. Basta que a conduta haja sido praticada com o fim de obter informação, declaração ou confissão da vítima ou de terceira pessoa e que haja causado sofrimento físico ou mental, independentemente de sua gravidade ou sua intensidade. Na hipótese dos autos, as instâncias de origem reconheceram que a atuação dos policiais causou sofrimento físico e mental às vítimas e se deu com a finalidade de obter a confissão do local onde estavam os objetos furtados e a arma do crime. Assim, por ser o delito de tortura especial em relação ao crime de lesão corporal, previsto no art. 129 do CP, a conduta praticada pelos recorridos amolda-se ao tipo previsto no art. 1º, I, *a*, da Lei nº 9.455/97 (STJ, REsp 1.580.470/PA, 6ª T., Rel. Min. Rogério Schietti Cruz, *DJe* 03.09.2018).

Sem que o comportamento tenha sido motivado por uma dessas finalidade, o fato deixará de se configurar como delito de tortura, podendo receber outra classificação, a exemplo do delito de lesões corporais, constrangimento ilegal etc.

Todos os comportamentos são, portanto, dolosos, não havendo previsão para a tortura da modalidade culposa.

Faremos, destacadamente, o estudo de cada uma das finalidades elencadas pelas alíneas do inc. I do art. 1º da Lei de Tortura.

a) *Com o fim de obter informação, declaração ou confissão da vítima ou de terceira pessoa*

A alínea *a* do inc. I do art. 1º da Lei nº 9.455/97 prevê as formas denominadas doutrinariamente como *tortura inquisitorial*, tortura *policial*, *tortura persecutória*, tortura *institucional*, tortura *política*, e, ainda, tortura *probatória*.

Por *informação* podemos entender o fornecimento de qualquer tipo de dados, de esclarecimento exigido pelo agente. Assim, por exemplo, pode uma autoridade policial, mediante o emprego de violência, causando sofrimento físico, exigir que a vítima forneça o endereço onde está armazenada determinada quantidade de droga, ou, ainda, um traficante de drogas pode exigir que a vítima, que pertencia a uma facção criminosa rival, informe a quantidade de pessoas ou mesmo de armas do seu grupo criminoso, uma vez que o agente pretendia levar a efeito uma ofensiva, a fim de tomar os pontos de venda em determinada comunidade.

A *declaração*, ao contrário, nos induz a entender pela formalização das palavras da vítima, por escrito, a fim de serem utilizadas, de alguma forma, pelo agente. Assim, *v.g.*, a vítima é obrigada a declarar, quando ouvida pela autoridade policial, o nome de alguém que, supostamente, havia causado a morte de outra pessoa, ou que era apontado como o chefe de uma organização criminosa, acusado de praticar crimes contra a Administração Pública etc.

Confissão tem o sentido de atribuir, a si mesmo, a responsabilidade por determinado fato. Pode o agente, por exemplo, espancar a vítima com a finalidade de que ela confesse que havia sido uma das autoras de um crime de extorsão mediante sequestro, que resultou na morte da pessoa sequestrada, ou mesmo que confesse que havia tido um relacionamento sexual com a ex-mulher de um perigoso traficante, que não tolerava essa situação.

Tratando-se de um crime formal, o delito se consuma com a prática do constrangimento, levado a efeito mediante o emprego de violência ou grave ameaça, que veio a causar sofrimento físico ou mental na vítima. Dessa, forma, para efeitos de consumação da tortura prevista na alínea *a* do inc. I do art. 1º da Lei nº 9.455/97, não há necessidade de que o agente tenha obtido, efetivamente, a informação, declaração ou confissão da vítima ou de terceira pessoa.

Em se tratando, ainda, de um delito plurissubsistente, onde existe a possibilidade de fracionamento do *iter criminis*, será perfeitamente possível o raciocínio correspondente à tentativa.

b) Para provocar ação ou omissão de natureza criminosa

Inicialmente, deve ser esclarecido o que se entende por *natureza criminosa*. Estaria a lei limitando a tortura quando o comportamento do agente viesse a fazer que a vítima praticasse um crime (ou delito), ou também poderia ser dirigida ao cometimento de uma contravenção penal?

Duas correntes se formaram. A primeira delas, esposada por Mário Coimbra, entende que:

"A expressão *natureza criminosa* alcança, também, a contravenção que, apesar de não ser crime na acepção técnico-jurídica, se reveste de natureza criminosa. Aliás, a contravenção é considerada pela doutrina como *crime-anão*, já que a diferença entre esta e o crime é apenas quantitativa. Assim, não havendo 'diferença ontológica entre crime e contravenção, ambos têm a mesma natureza.'"[25]

Em sentido contrário, a nosso ver corretamente, assevera Cláudia Barros Portocarrero que:

"Se a vítima for obrigada a realizar conduta tipificada como ato meramente contravencional, não restará caracterizado o delito em estudo, na medida em que o dispositivo se refere a crime, sendo vedada a analogia *in malam partem*. O constrangimento à prática de contravenção penal caracterizará, assim, crime de constrangimento ilegal, sem prejuízo da autoria mediata pela prática contravencional."[26]

Assim, de acordo com a posição por nós assumida, para que reste caracterizado o crime de tortura, previsto na alínea *b* do inc. I do art. 1º da Lei nº 9.455/97, há necessidade de que a conduta do agente, ou seja, o constrangimento levado a efeito mediante violência ou grave ameaça, causando-lhe sofrimento físico ou mental, seja dirigida no sentido de provocar, na vítima, ação ou omissão que se configura um *crime*.

Provocar ação ou omissão de natureza criminosa quer significar que o agente faz que a vítima pratique uma conduta, comissiva ou omissiva, que se configure crime. Há, portanto, uma coação moral de natureza irresistível, prevista na primeira parte do art. 22 do Código Penal. Assim, imagine-se a hipótese em que o agente, mediante o emprego de violência, obrigue a vítima a matar um traficante rival, ou mesmo a causar a morte de uma testemunha que havia presenciado o momento em que o agente/torturador havia recebido uma importância proveniente da prática de corrupção.

Nesse caso, conforme o disposto no citado art. 22, somente será punível o autor da coação, devendo o agente/torturador responder pelos delitos de tortura e homicídio, em concurso material, conforme o disposto no art. 69 do diploma repressivo.

A vítima, que causou a morte de terceira pessoa, será beneficiada com a causa de exclusão da culpabilidade correspondente à inexigibilidade de conduta diversa, prevista no art. 22 do Código Penal.

---

[25] COIMBRA, Mário. *Tratamento do injusto penal da tortura*, p. 182-183.
[26] PORTOCARRERO, Cláudia Barros. *Leis penais especiais comentadas para concursos*, p. 227.

De acordo com as precisas lições de Rogério Sanches Cunha:

"O crime em comento se consuma com o constrangimento da vítima, desde que ocorra o sofrimento físico ou mental, conhecida a vontade do agente, sem que seja necessário que o torturado pratique a ação ou omissão criminosa."[27]

Tal como ocorre com a hipótese prevista na alínea *a*, tratando de um crime pluris-subsistente, em que é possível visualizar o fracionamento do *iter criminis*, será possível o reconhecimento da tentativa.

c) Em razão de discriminação racial ou religiosa

Também se configurará no delito de tortura quando o constrangimento, levado a efeito mediante violência ou grave ameaça, causando sofrimento físico ou mental à vítima, for motivado por razões de discriminação racial ou religiosa. É a chamada tortura discriminatória.

À primeira vista, poderíamos pensar, equivocadamente, haver o chamado conflito aparente de normas, entre a alínea *c* do inc. I do art. 1º da Lei nº 9.455/97 e alguns dos tipos penais existentes na Lei nº 7.716, de 5 de janeiro de 1989, conforme redação constante de seu art. 1º, dada pela Lei nº 9.459, de 15 de maio de 1997, que diz:

> **Art. 1º** Serão punidos, na forma desta Lei, os crimes resultantes de discriminação ou preconceito de raça, cor, etnia, religião ou procedência nacional.

Merece ser frisado, no entanto, que nenhum dos tipos elencado na lei que dispõe sobre os crimes resultantes de discriminação ou preconceito de raça, cor, etnia, religião ou procedência nacional é praticado por meio de um constrangimento que envolva violência ou grave ameaça.

Portanto, não há falar sequer em conflito aparente, pois, quando houver o mencionado constrangimento, com a finalidade de causar sofrimento físico ou mental, terá aplicação a Lei de Tortura, cujas penas são mais severas do que aquelas cominadas para os tipos previstos na Lei nº 7.716/89.

A primeira parte da alínea *c* do inc. I do art. 1º da Lei nº 9.455/97 prevê a chamada *tortura racial*, ou seja, aquela praticada por razões de discriminação racial. Assim, a primeira pergunta que devemos fazer diz respeito ao significado de *raça*. O que é raça? Existem várias definições antropológicas do que venha a ser raça.

Como esclarecem Marina de Andrade Marconi e Zelia Maria Neves Presotto:

"O estudo das raças é um dos campos da Antropologia Física, e vem preocupando os estudiosos desde o século XVIII. A despeito dos esforços realizados pelos cientistas, ainda não se chegou a um consenso sobre o que seja raça, em virtude da:

a. relatividade do tempo;

b. extrema diversidade das características físicas;

c. distribuição espacial do homem[28].

Embora de difícil conceituação, para efeitos de aplicação da lei, utilizaremos a declaração de raças da Unesco, de 18 de julho de 1950, nos itens 4, 5, 6 7 e 8, que dizem:

---

[27] CUNHA, Rogério Sanches et al. *Legislação criminal especial*, p. 1.056.

[28] MARCONI, Marina de Andrade; PRESOTTO, Zelia Maria. *Antropologia*: uma introdução, p. 85.

4 – Em resumo, a palavra 'raça' designa um grupo ou uma população caracterizada por certas concentrações, relativas quanto à frequência e à distribuição, de gens ou de caracteres físicos que, no decorrer dos tempos, aparecem, variam e muitas vezes até desaparecem sob a influência de fatores de isolamento geográficos ou culturais. Cada grupo reflete de modo diferente as manifestações variáveis desses caracteres em populações diferentes. Sendo as nossas observações largamente afetadas pelos nossos preconceitos, somos levados a interpretar arbitrária e inexatamente toda variabilidade que se produz num grupo dado como uma diferença fundamental que o separa dos outros de modo decisivo.

5 – São esses os fatos científicos. Infelizmente, na maioria dos casos, o termo 'raça' não se emprega no sentido aqui definido. Muita gente chama 'raça' todo grupo humano arbitrariamente designado como tal. É assim que muitas coletividades nacionais, religiosas, geográficas ou culturais, devido à acepção muito elástica dada à palavra, foram qualificadas como 'raças', quando é evidente que os norte-americanos não constituem uma raça, como também não a constituem os ingleses, os franceses ou qualquer outra nação da mesma maneira, nem os católicos, nem os protestantes, nem os muçulmanos, nem os judeus representam raças; não se podem definir como grupos 'raciais' os povos que falam inglês ou qualquer outra língua; os habitantes da Islândia, da Inglaterra ou da Índia não formam uma raça; e não se poderia admitir como membro de uma raça particular os indivíduos que participam da cultura turca, chinesa ou qualquer outra.

6 – Os grupos nacionais, religiosos, geográficos, linguísticos ou culturais não coincidem necessariamente com os grupos raciais, e os aspectos culturais desses grupos não têm nenhuma relação genética demonstrável com os caracteres próprios à raça. Os graves erros ocasionados pelo emprego da palavra 'raça' na linguagem corrente tornam desejável que se renuncie completamente a esse termo quando se tratar da espécie humana e que se adote a expressão de 'grupo étnico'.

7 – Qual é a opinião dos sábios a respeito dos grandes grupos da espécie humana que se reconhecem na atualidade? As raças humanas foram classificadas – e ainda o são – diferentemente conforme os antropólogos, mas, no momento, a maioria dentre eles está de acordo em dividir a maior parte da espécie humana em três grandes grupos, a saber:

O grupo mongoloide;

O grupo negroide;

O grupo caucasoide.

Ora, os fenômenos biológicos que foram de certo modo cristalizados nessa classificação têm um caráter dinâmico e não estático. Esses grupos nem sempre foram o que hoje são e é de supor que serão diferentes no futuro.

8 – Têm-se feito esforços para introduzir subgrupos nessa classificação. O acordo está longe de reinar quanto ao número das subdivisões e, de qualquer maneira, a maioria dentre elas ainda não foi estudada nem descrita."

Da mesma forma, configurará o delito de tortura, tipificado na segunda parte da alínea *c* do inc. I do art. 1º da Lei nº 9.455/97, quando o constrangimento, praticado mediante violência ou grave ameaça, causando sofrimento físico ou mental na vítima, for levado a efeito por razões de *discriminação religiosa*.

De acordo com Russell Norman Champlin e João Marcos Bentes:

"A palavra portuguesa religião vem do latim, *religare*, 'religar', 'atar'. A aplicação básica dessa palavra é a ideia de que certos poderes sobrenaturais podem exercer autoridade sobre os homens, exigindo que eles façam certas coisas e evitem outras, forçando-os a cumprir ritos, sustentar crenças e seguir algum curso específico de ação. Em um sentido secundário, a denominação religiosa de alguém também exerce tais poderes. Precisamos respeitar as atitudes e as regras da comunidade religiosa a que pertencemos, se queremos fazer parte da mesma."[29]

No Brasil, são praticadas inúmeras religiões, podendo-se destacar, entre elas, o cristianismo (protestante e católico), espiritismo, judaísmo, budismo, islamismo, hinduísmo, umbanda, candomblé etc.

Trata-se, portanto, de uma *tortura preconceituosa*, uma vez que o constrangimento, praticado mediante violência ou grave ameaça, que causa sofrimento físico ou mental na vítima, tem como motivação a discriminação religiosa.

Infelizmente, tais comportamentos são praticados com frequência em nosso país, a exemplo do que ocorre com os grupos radicais nazistas, conhecidos como *skinheads*, que costumam agredir violentamente os judeus, simplesmente pelo fato de serem judeus[30], ou seja, destilam ódio ao povo semita; ou, ainda, aqueles que torturam os que professam a fé cristã, por não tolerarem pessoas de outras religiões, às quais atribuem o adjetivo de "infiéis".

II – Submeter alguém, sob sua guarda, poder ou autoridade, com emprego de violência ou grave ameaça, a intenso sofrimento físico ou mental, como forma de aplicar castigo pessoal ou medida de caráter preventivo

Ao contrário do que ocorre com as alíneas *a*, *b* e *c* do inc. I do art. 1º da Lei nº 9.455/97, o inciso II do mencionado artigo elenca aqueles que poderão figurar como sujeitos passivos da tortura e, *a contrario sensu*, aponta seus sujeitos ativos, razão pela qual devemos entender que, *in casu*, essa modalidade específica de tortura deve ser considerada um *crime próprio*, e somente determinadas pessoas poderão praticá-la.

> O crime de tortura, na forma do art. 1º, II, da Lei nº 9.455/97 (tortura-castigo), ao contrário da figura típica do inciso anterior, não pode ser perpetrado por qualquer pessoa, na medida em que exige atributos específicos do agente ativo, somente cometendo essa forma de tortura quem detiver outra pessoa sob sua guarda, poder ou autoridade (crime próprio). A expressão guarda, poder ou autoridade denota um vínculo preexistente, de natureza pública, entre o agente ativo e o agente passivo do crime. Logo, o delito até pode ser perpetrado por um particular, mas ele deve ocupar posição de garante (obrigação de cuidado, proteção ou vigilância) com relação à vítima, seja em virtude da lei ou de outra relação jurídica. Ampliar a abrangência da norma, de forma a admitir que o crime possa ser perpetrado por particular que não ocupe a posição de garante, seja em decorrência da lei ou de prévia relação jurídica, implicaria uma interpretação desarrazoada e desproporcional, também não consentânea com os instrumentos internacionais que versam sobre o tema. No caso, embora a vítima estivesse subjugada de fato, ou seja, sob poder dos recorridos, inexistia uma prévia relação jurídica apta a firmar a posição de garante dos autores com relação à vítima, circunstância que obsta a tipificação da conduta como crime de tortura, na forma do art. 1º, II, da Lei nº 9.455/97 (STJ, REsp 1.738.264/DF, 6ª T., Rel. Min. Sebastião Reis Junior, *DJe* 14.09.2018).

Assim, de acordo com a redação legal, para que seja reconhecida a tortura, será necessário que o agente, inicialmente, submeta a vítima, que está sob sua guarda, poder ou autoridade, com o emprego de violência ou grave ameaça, a intenso sofrimento físico ou mental, como forma de aplicar castigo pessoal ou medida de caráter preventivo.

---

[29] CHAMPLIM, Russell Norman; BENTES, João Marcos. *Enciclopédia de Bíblia, teologia e filosofia*, v. 5, p. 637.

[30] Obs.: com relação aos judeus, especificamente, discute-se se eles se amoldariam ao conceito de raça, religião ou cultura.

> Pratica o crime de tortura o padrasto que, com evidente intenção de infligir sofrimento às vítimas, efetua queimaduras pelos corpos dos menores sob sua autoridade, utilizando-se de substância secretada pela castanha de caju, aplicando-lhe ainda castigos que envolviam desde a ingestão excessiva de alimentos e o vômito de tal ingestão decorrente, até o corte de cabelo e raspagem de sobrancelhas, extrapolando com suas condutas qualquer finalidade educativa ou corretiva (TJ-MG, AC 1.0384.10.089163-7/001, Rel. Des. Duarte de Paula, *DJe* 25.11.2011).

Trata-se da modalidade de tortura conhecida, doutrinariamente, como tortura-castigo, tortura punitiva, tortura intimidatória, tortura vindicativa, tortura-pena.

> A tortura-castigo é a submissão de alguém, sob sua guarda, poder ou autoridade, com emprego de violência ou grave ameaça, a intenso sofrimento físico ou mental, como forma de aplicar castigo pessoal ou medida de caráter preventivo (TJ-MG, AC 1.0687.13.007477-0/001, Rel. Des. Nelson Missias de Morais, *DJe* 03.10.2014).

O núcleo *submeter* tem o sentido de subjugar, sujeitar, obrigar. Essa conduta deve ser dirigida a alguém que esteja sob guarda, poder ou autoridade do agente. De acordo com as lições de Gabriel Habib:

> "Guarda significa vigilância permanente. Poder decorre do exercício de cargo ou função pública. Autoridade está ligada a relações privadas, como ocorre com o tutelado, curatelado, filhos etc."[31]

Tal como ocorre com a tortura prevista no inc. I do art. 1º da Lei nº 9.455/97, aqui também se exige o emprego de violência (*vis corporalis*) ou grave ameaça (*vis compulsiva*). No entanto, essa submissão praticada com emprego de violência física ou grave ameaça deve trazer à vítima *intenso sofrimento físico ou mental*, como forma de aplicar castigo pessoal ou medida de caráter preventivo.

Por que razão a lei utilizaria a palavra *intenso*, no sentido de profundo, atroz, terrível, ao se referir ao sofrimento físico ou mental da vítima, no inc. II do art. 1º da referida Lei de Tortura, diferentemente do que ocorre no inciso I do mesmo artigo?

Comentando a respeito dessa redação diferenciada, Mário Coimbra, com razão, adverte:

> "Impõe-se a crítica à montagem do tipo em epígrafe, pela imprecisão terminológica da expressão *intenso sofrimento físico ou mental*, deixando, por conseguinte, ao arbítrio do julgador estabelecer o alcance normativo, sendo que tal indeterminação 'pode conduzir a uma negação do próprio princípio da legalidade, pelo emprego de elementos do tipo sem precisão semântica'.
>
> Com efeito, é extremamente complexo aferir-se e valorar-se a intensidade do sofrimento, quer seja ele físico ou mental. Por essa razão, o Tribunal Europeu dos Direitos Humanos estabeleceu o entendimento de que a gravidade do sofrimento é 'uma questão relativa por sua própria natureza, que depende do conjunto dos dados do caso e especialmente da duração dos maus-tratos e de seus efeitos físicos ou mentais e, às vezes, do sexo, da idade, do estado de saúde da vítima etc.'"[32]

Prevê o tipo penal em estudo uma finalidade especial do comportamento praticado pelo agente, ou seja, essa submissão da vítima, em que o agente detém guarda, poder ou exerce au-

---

[31] HABIB, Gabriel. *Leis penais especiais*, t. I, p. 239.
[32] COIMBRA, Mário. *Tratamento do injusto penal da tortura*, p. 186-187.

toridade, levada a efeito mediante o emprego de violência ou grave ameaça, deve ser dirigida finalisticamente no sentido de aplicar-lhe um *castigo pessoal* ou uma *medida de caráter preventivo*. Há, portanto, o que, doutrinariamente, é reconhecido como um *especial fim de agir*.

Desse modo, o dolo do agente é dirigido a essa finalidade especial, vale frisar, aplicação de castigo pessoal ou medida de caráter preventivo.

> Na prática do crime de tortura, o agente emprega violência e grave ameaça contra a vítima com o propósito de lhe causar intenso sofrimento físico como forma de castigo pessoal ou medida de caráter preventivo. Sendo assim, enquanto na hipótese de maus-tratos a finalidade da conduta é a repreensão de uma indisciplina, na tortura, por sua vez, o propósito é causar o padecimento da vítima, configurando uma violação aos direitos humanos, de forma a afetar a integridade física, psíquica e mental do ofendido, infringindo a própria dignidade da pessoa humana. Na hipótese, mostra-se inviável a desclassificação da conduta para o crime de maus-tratos (CP, art. 136), pois, *in casu*, os apelantes causaram o sofrimento físico e moral à vítima, desvinculada do objetivo de educação (STJ, HC 496.136, Rel.ª Min.ª Laurita Vaz, *DJe* 25.03.2019).
>
> A não comprovação do dolo específico, consubstanciado no especial fim de promover o padecimento da vítima, por meio da aplicação de castigo pessoal ou medida de caráter preventivo, afasta a configuração do crime de tortura (TJ-MG, AC 1.0303.10.001007-1/001, Rel. Des. Rubens Gabriel Soares, *DJe* 20.11.2015).

Por *castigo pessoal* devemos entender aquela finalidade puramente punitiva, ou seja, que, na concepção do agente, a vítima atuou de forma que "mereceu" esse castigo, essa punição. Há, portanto, o chamado *animus corrigendi*, tal como ocorre com o delito de maus-tratos. Assim, ficaria a dúvida: qual seria a diferença entre o crime de tortura, previsto no inc. II do art. 1º da Lei nº 9.455/97, e o delito de maus-tratos, previsto no art. 136 do Código Penal?

A diferença estaria na intensidade da correção e do sofrimento físico e mental a que foi submetida a vítima. Há, portanto, um conflito aparente de normas, em que somente o caso concreto permitirá concluir, levando-se em consideração o comportamento do agente e o resultado por ele produzido na vítima, se o delito se configurará em tortura ou maus-tratos, haja vista serem as penas cominadas a este último delito sensivelmente menores do que aquele.

Merecem registro as lições de Marcos Ramayana, que, buscando traçar as diferenças entre as duas infrações penais, adverte:

> "Não ocorrendo intenso sofrimento de natureza física ou mental o crime será o de maus-tratos. Impende ao intérprete se nortear pelo seguinte: o crime de maus-tratos, a princípio, é crime de perigo e o crime em comento (tortura) é de dano; o crime de maus-tratos possui contornos elementares de maior alcance, tipo sujeitando ao trabalho excessivo, abusando dos meios de correção e privando de cuidados necessários ou alimentos (por exemplo, em clínicas geriátricas, estabelecimentos de psicopatas etc.)."[33]

Outra finalidade especial no tipo penal *sub examen* diz respeito ao fato de que o comportamento do agente, que submete, mediante violência ou grave ameaça, a vítima que estava sob sua guarda, poder ou autoridade, a intenso sofrimento físico ou mental, pode ser dirigido como forma de aplicar medida de caráter preventivo.

Por *medida de caráter preventivo* entende-se a antecipação do agente/torturador, submetendo a vítima a intenso sofrimento físico ou mental, como forma de inibi-la de praticar algo que o agente supostamente não queria que viesse a ser levado a efeito. Assim, por exemplo, imagine-se a hipótese em que um servidor público que trabalha em uma instituição

---

[33] RAMAYANA, Marcos. *Leis penais especiais comentadas*, p. 255.

Parte II • Capítulo 1 • TORTURA | 221

destinada ao acolhimento de adolescentes infratores toma conhecimento de que circulava a notícia de um plano de fuga entre eles. Ao chegar aos ouvidos do referido servidor público a mesma notícia, ele espanca um dos adolescentes, causando-lhe intenso sofrimento físico, com a finalidade de intimidá-lo a não tentar a cogitada fuga.

O crime se consuma quando o agente, submetendo a vítima que está sob sua guarda, poder ou autoridade, com o emprego de violência ou grave ameaça, produz-lhe, efetivamente, intenso sofrimento físico ou mental.

Em se tratando de um crime plurissubsistente, torna-se possível o raciocínio correspondente à tentativa.

8.1. Tortura a pessoa presa ou sujeita à medida de segurança

Diz o § 1º do art. 1º da Lei nº 9.455/97, *in verbis*:

> § 1º Na mesma pena incorre quem submete pessoa presa ou sujeita a medida de segurança a sofrimento físico ou mental, por intermédio da prática de ato não previsto em lei ou não resultante de medida legal.

Aqui, a tortura deve ser praticada diretamente contra a pessoa daquele que se encontra oficialmente preso, independentemente da natureza da prisão, isto é, pode ser uma prisão de natureza cautelar, a exemplo da prisão preventiva, ou mesmo decorrente de uma sentença penal condenatória. Assim, *v.g.*, o preso poderá ser torturado no interior de alguma delegacia de polícia, ou mesmo dentro do sistema prisional

Da mesma forma, aquele que está submetido a uma medida de segurança e se encontra internado em algum estabelecimento psiquiátrico também pode ser vítima do crime de tortura. De acordo com o art. 96 do Código Penal, as medidas de segurança são:

> (...)
> I – internação em hospital de custódia e tratamento psiquiátrico ou, à falta, em outro estabelecimento adequado;
> II – sujeição a tratamento ambulatorial.

A primeira delas é reconhecida como uma medida de segurança de natureza *detentiva*, sendo a segunda considerada *restritiva*. Em ambas as hipóteses, pode ocorrer o crime de tortura, haja vista que a lei somente fez menção ao sujeito passivo, dizendo ser aquele sujeito à medida de segurança.

O comportamento do agente deve ser dirigido finalisticamente no sentido de submeter o preso, ou seja, aquele que se encontra privado de sua liberdade, estando sob a custódia do Estado, ou o sujeito a uma medida de segurança, seja sob o regime de internação, seja sob o tratamento ambulatorial, causando sofrimento físico ou mental, por intermédio de prática de ato não previsto em lei ou não resultante de medida legal.

Quanto ao *ato não previsto em lei ou não resultante de medida legal*, devemos interpretar todos aqueles que não se encontram elencados em determinado diploma legal, pois, como sabemos, existem situações disciplinadas em lei que não deixam de causar esse sofrimento físico ou mental, mas que não podem se configurar crime de tortura. Assim, por exemplo, o simples fato de o preso encontrar-se cumprindo sua pena estritamente de acordo com as regras do regime disciplinar diferenciado, com toda certeza, isso lhe trará um sofrimento que, se não for físico, pelo menos será mental. No entanto, aquele que submete legalmente o preso a essa condição não pratica o delito de tortura.

O que a lei proíbe e, consequentemente, comina uma pena para esse comportamento é a conduta ilegal, arbitrária, praticada com essa finalidade de causar sofrimento. Desse modo, por exemplo, evitar a circulação de ar nas celas, fazer que o preso se submeta a barulhos insuportáveis e desnecessários, com o fim de atrapalhar seu sono, ou cortar a energia elétrica, fazendo que permaneça constantemente no escuro, são comportamentos ilegais, que trarão sofrimento físico ou mental ao preso.

Mário Coimbra ainda fornece outros exemplos, dizendo:

> "Quanto ao preso já custodiado, caracteriza a tortura mental ou psicológica colocá-lo em cela escura, ainda que tenha praticado falta disciplinar, vez que tal medida está, expressamente, vedada pelo art. 45, § 2º, da Lei de Execução Penal; ou aumentar o seu isolamento por mais de 30 dias, com o escopo de submetê-lo a sofrimento mental, violando-se, dessa feita, a norma prevista no art. 58 da referida lei, que estabelece o prazo máximo de trinta dias para o isolamento do preso que praticou falta disciplinar."[34]

Com relação à pessoa sujeita à medida de segurança, dissemos que poderia ser verificada a tortura nas duas hipóteses em que pode ser aplicada, ou seja, não somente o internado em hospital de custódia ou tratamento psiquiátrico mas também aquele sujeito a tratamento ambulatorial poderão figurar como vítimas do delito.

Assim, imagine-se a hipótese daquele sujeito a uma medida de segurança ambulatorial que veja negados seus remédios por aquele encarregado de fornecê-lo, fazendo que, por exemplo, comece a ter uma crise de abstinência, devido à falta da medicação, ou que lhe fornece medicação não adequada ao seu caso, causando à vítima sofrimento físico ou mental.

No caso de internação, a hipótese, com certeza, seria mais comum, podendo a pessoa encarregada de cuidar do doente mental agir de modo que lhe causasse esse sofrimento físico ou mental, não lhe fornecendo, por exemplo, cobertores durante o período de inverno, não ministrando a medicação correta, deixando de fornecer a alimentação exigida, enfim, esse sofrimento físico ou mental deveria ter sido causado pelo agente à vítima, por intermédio da prática de um ato não previsto em lei ou não resultante de medida legal.

Como se percebe, cuida-se, *in casu*, de crime próprio, pois somente determinadas pessoas podem cometê-lo, como ocorre com os servidores públicos (policiais, agentes prisionais, médicos, enfermeiros etc.) que lidam diretamente com o preso, ou com a pessoa sujeita à medida de segurança.

O crime se consuma quando o agente, mediante a prática de ato não previsto em lei ou não resultante de medida legal, causa sofrimento físico ou mental à pessoa presa ou sujeita à medida de segurança.

Em se tratando de crime plurissubsistente, será possível o reconhecimento da tentativa.

Não há previsão da modalidade culposa para esses comportamentos, devendo o agente, portanto, agir dolosamente no sentido de causar sofrimento físico ou mental no preso ou na pessoa sujeita à medida de segurança, por intermédio de ato não previsto em lei ou não resultante de medida legal.

Assim, raciocinemos com a hipótese em que um agente prisional, durante seu turno, caia em sono profundo e deixe de fornecer a determinado preso, que estava sob sua custódia, o necessário cobertor para que pudesse se abrigar, tendo em vista que, na cidade onde se

---

[34] COIMBRA, Mário. *Tratamento do injusto penal da tortura*, p. 189.

encontravam, as temperaturas eram consideradas, no inverno, as mais baixas do País, chegando, inclusive a nevar.

O preso quase não suporta o frio, mas consegue sobreviver, tendo passado por um intenso sofrimento físico. Nesse caso, o agente prisional não responderia pelo delito de tortura, mas, sim, por outra infração penal, caso existente, a exemplo de uma lesão corporal (culposa) oriunda da falta de aquecimento, ou mesmo, tão somente, por uma infração de natureza administrativa.

9. TORTURA IMPRÓPRIA

O § 2º do art. 1º da Lei nº 9.455/97 prevê a chamada tortura imprópria, dizendo:

> (...)
> § 2º Aquele que se omite em face dessas condutas, quando tinha o dever de evitá-las ou apurá-las, incorre na pena de detenção de um a quatro anos.

Conforme se depreende da redação do § 2º transcrito, cuida-se da posição de *garantidor*, que foi tratada de forma mais branda pela Lei de Tortura, ao contrário do raciocínio que se leva a efeito por meio da redação constante do § 2º do art. 13 do Código Penal, que diz:

> (...)
> § 2º A omissão é penalmente relevante quando o omitente devia e podia agir para evitar o resultado. O dever de agir incumbe a quem:
> a) tenha por lei obrigação de cuidado, proteção ou vigilância;
> b) de outra forma, assumiu a responsabilidade de impedir o resultado;
> c) com seu comportamento anterior, criou o risco da ocorrência do resultado.

Tanto na Lei de Tortura quanto no Código Penal, estamos diante dos chamados *crimes omissivos impróprios*, também conhecidos como *crimes comissivos por omissão* ou *omissivos qualificados*, ou seja, aqueles em que, para que possam ser configurados, é preciso que o agente possua um *dever de agir* para evitar o resultado. Esse dever de agir não é atribuído a qualquer pessoa, como acontece em alguns crimes omissivos próprios, a exemplo do art. 135 do Código Penal, mas tão somente àquelas que gozem do *status* de garantidoras da não ocorrência do resultado.

> A figura típica prevista no § 2º do art. 1º da Lei de Tortura, constitui-se em crime próprio, porquanto exige condição especial do sujeito. Ou seja, é um delito que somente pode ser praticado por pessoa que, ao presenciar tortura, omite-se, a despeito do "dever de evitá-las ou apurá-las" (como é o caso do carcereiro policial). Em tais casos, a incidência da circunstância agravante prevista no art. 61, inc. II, alínea g, do Código Penal, e da majorante de pena estabelecida no art. 1º, § 4º, inc. I, da Lei nº 9.455/1997 ("se o crime é cometido por agente público"), constitui evidente bis in idem na valoração da condição pessoal do sujeito ativo (STJ, HC 131.828/RJ, 5ª T., Rel.ª Min.ª Laurita Vaz, *DJe* 02.12.2013).

Segundo as lições de Juarez Tavares:

> "Diz-se, na verdade, que os crimes omissivos impróprios são crimes de omissão qualificada porque os sujeitos devem possuir uma qualidade específica, que não é inerente e nem existe nas pessoas em geral. O sujeito deve ter com a vítima uma vinculação de tal ordem, para a proteção de seus bens jurídicos, que o situe na qualidade de garantidor desses bens jurídicos."[35]

---

[35] TAVARES, Juarez. *As controvérsias em torno dos crimes omissivos*, p. 65.

Embora o § 2º do art. 1º, ao contrário do que ocorre com o § 2º do art. 13 do Código Penal, não tenha mencionado a necessidade de, juntamente com o *dever de agir*, *possibilidade física* de o agente atuar, no sentido de evitar o resultado, temos que, obrigatoriamente, interpretá-lo dessa forma. A impossibilidade física afasta a responsabilidade penal do garantidor por não ter atuado no caso concreto quando, em tese, tinha o dever de agir.

O § 2º do art. 1º da Lei nº 9.455/97 fala em dever de *evitar* ou de *apurar* a prática de quaisquer condutas previstas nos incs. I, *a, b* e *c*, e II do citado artigo, que tipificam a tortura.

Evitar, aqui, tem o sentido de impedir, ou seja, não permitir a prática da tortura. Assim, por exemplo, imagine-se a hipótese em que um delegado de polícia tome conhecimento de que um subordinado seu havia efetuado a prisão de um agente que tinha praticado um delito de extorsão mediante sequestro juntamente com outras pessoas, e a vítima ainda se encontrava presa no cativeiro. Com a finalidade de obter as informações necessárias do local do referido cativeiro, esse policial dá início à sessão de tortura, e tal fato chega ao conhecimento da autoridade policial, que nada faz para impedi-la. Nesse caso, ambos deverão responder pelo crime de tortura. No entanto, por mais incrível que isso possa parecer, a autoridade que tinha o dever de impedir o ato responderá pelo crime com uma pena significativamente menor, ou seja, em vez de responder, como ocorreria, normalmente, se fosse aplicado o § 2º do art. 13 do Código Penal, pelas mesmas penas do crime que devia e podia, mas não tentou evitar, a ele será cominada uma pena de detenção de um a quatro anos, ou seja, a metade da pena prevista para aquele que comete diretamente a tortura.

Rogério Sanches Cunha, corretamente, exterioriza sua indignação com o § 2º do art. 1º da Lei de Tortura, dizendo:

"Quis o legislador explicitar o que já explicitado pelo art. 13, § 2º, do CP, mas, infelizmente, agiu mal. Vejamos:

O art. 5º, XLIII, da CF, determina ao garante os mesmos consectários do executor.

No entanto, o legislador ordinário, de forma desastrosa, previu ao omitente pena bem mais branda (detenção de um a quatro anos) do que aquela estabelecida para punir o executor ou mandante da tortura (reclusão de dois a oito anos). Assim, em face deste omitente não pode ser decretada prisão preventiva, admite-se (pasmem!) a suspensão condicional do processo e não há equiparação a crime hediondo.

Melhor seria o silêncio. Assim, contrariando a CF/88, para nós o executor e o omitente devem ficar sujeitos às mesmas consequências (segundo mandamento constitucional)."[36]

Roberto Delmanto, Roberto Delmanto Júnior e Fábio M. de Almeida Delmanto vão mais além, entendendo pela inconstitucionalidade parcial do § 2º do art. 1º em estudo, asseverando que:

"É flagrante a inconstitucionalidade da primeira parte do § 2º do art. 1º da Lei da Tortura que premia com punição tão branda, e assim até mesmo incentiva, a omissão de autoridades em evitar a prática da tortura. Fere, de morte, a última parte do art. 5º, XLIII, da Magna Marta, que estabelece: 'a lei considerará crimes inafiançáveis e insuscetíveis de graça e anistia a prática da tortura, o tráfico ilícito de entorpecentes e drogas afins, o terrorismo e os definidos como crimes hediondos, por eles respondendo os mandantes, os executores e os que, podendo evitá-los, se omitirem'. Viola, também, a Convenção Interamericana para Prevenir e Punir a Tortura, aprovada pelo Decreto Legislativo nº 5, de 1 de maio de 1989,

---

[36] CUNHA, Rogério Sanches. *Legislação criminal especial*, p. 1.057.

e promulgada pelo Decreto nº 98.386, de 9 de dezembro de 1989, que dispõe: 'Art. 1º Os Estados-Partes obrigam-se a prevenir e a punir a tortura, nos termos desta Convenção, (...). Art. 3º Serão responsáveis pelo delito de tortura: a) Os empregados ou funcionários que, atuando nesse caráter, ordenem sua execução ou instiguem ou induzam a ela, cometam-no diretamente ou, podendo impedi-lo, não o façam.'"[37]

E continuam, dizendo:

"Ora, a conduta do funcionário público que se omite e deixa a vítima ser torturada, podendo e devendo impedir o crime, merece censura mais severa do que aqueles que executam a tortura, diante da sua covardia e do grande dano social que a sua omissão causa, atingindo o próprio Estado Democrático de Direito, em seu âmago."[38]

Pode ser, no entanto, que a tortura já tenha acontecido e que esse fato só tenha chegado ao conhecimento do responsável pela sua apuração após a consumação do delito. Evitando-se um possível corporativismo, previu o mencionado parágrafo, ainda, o dever em apurar, ou seja, a necessidade de se investigar, para que a justiça possa, efetivamente, ser exercida, com a punição do culpado pela tortura.

Ao contrário do que ocorre com a situação anterior, em que o agente tinha o dever de agir para evitar a tortura, sendo, portanto, considerado garantidor da não ocorrência desse resultado criminoso, no que diz respeito à apuração da tortura, trata-se de um crime omissivo próprio, punido com uma pena de detenção de um a quatro anos.

Em ambas as hipóteses, a conduta é dolosa, não havendo previsão, portanto, para a modalidade de natureza culposa.

De acordo com as lições de Mario Coimbra:

"A consumação delitiva, na hipótese da omissão em evitar a tortura, ocorre com o resultado, enquanto, na segunda hipótese (não apuração), ela se perfaz no momento em que o agente delibera em não apurar o delito. Como, no primeiro caso, o tipo exige o resultado naturalístico, admite-se a tentativa. No entanto, a *conatus* é inadmissível na segunda hipótese, porque ou o agente instaura o procedimento investigatório ou não toma tal providência, aperfeiçoando-se o delito."[39]

10. MODALIDADES QUALIFICADAS

As modalidades qualificadas do crime de tortura encontram-se previstas no § 3º do art. 1º da Lei nº 9.455/97, que diz:

> (...)
> § 3º Se resulta lesão corporal de natureza grave ou gravíssima, a pena é de reclusão de quatro a dez anos; se resulta morte, a reclusão é de oito a dezesseis anos.

---

[37] DELMANTO, Roberto; DELMANTO JUNIOR, Roberto; DELMANTO, Fábio M. de Almeida. *Leis penais especiais comentadas*, p. 426-427.

[38] DELMANTO, Roberto; DELMANTO JUNIOR, Roberto; DELMANTO, Fábio M. de Almeida. *Leis penais especiais comentadas*, p. 427.

[39] COIMBRA, Mário. *Tratamento do injusto penal da tortura*, p. 191.

As lesões corporais de natureza grave e gravíssima são aquelas previstas nos §§ 1º e 2º do art. 129 do Código Penal, a saber: I – incapacidade para as ocupações habituais, por mais de trinta dias; II – perigo de vida; III – debilidade permanente de membro, sentido ou função; IV – aceleração de parto: V – incapacidade permanente para o trabalho; VI – enfermidade incurável; VII – perda ou inutilização do membro, sentido ou função; VIII – deformidade permanente; IX – aborto.

Inicialmente, merece registro o fato de que existe controvérsia doutrinária no sentido de considerar os resultados previstos nos §§ 1º e 2º do art. 129 do Código Penal como de natureza culposa, sendo, portanto, o crime de tortura, com esses resultados, considerado preterdoloso, ou seja, aquele em que existe dolo no antecedente (tortura) e culpa no que diz respeito ao resultado qualificador.

Majoritariamente, a doutrina se posiciona pela existência do crime preterdoloso. Nesse sentido se posicionam Sheila Bierrenbach[40], Ricardo Antonio Andreucci[41], Marcos Ramayana[42], Mário Coimbra[43], entre outros.

Em sentido contrário, Guilherme de Souza Nucci preleciona que:

"Do fato-base (tortura) pode advir um resultado qualificador (lesão grave ou morte), que torna o delito particularmente merecedor de sanção mais elevada. Em nosso entendimento, o crime qualificado pelo resultado pode dar-se com dolo na conduta antecedente (tortura) e dolo ou culpa na consequente (lesão ou morte). O tipo penal, se desejasse construir uma figura preterdolosa, ou seja, com dolo na primeira etapa (tortura) e *somente* culpa na segunda (lesão ou morte) deveria ter sido explícito, como, aliás, foi feito no art. 129, § 3º, do Código Penal."[44]

Entendemos que, tal como ocorre com a própria lesão corporal qualificada, prevista nos §§ 1º e 2º do art. 129 do Código Penal, somente a análise individualizada de cada uma das qualificadoras permitirá dizer que, no caso concreto, estamos diante de um crime eminentemente preterdoloso; isto é, se aceita ambas as formas relativas aos crimes qualificados pelo resultado, ou seja, dolo e culpa, e dolo e dolo.

Assim, por exemplo, imagine-se a hipótese daquele que tortura a mulher de um perigoso traficante de drogas, com a finalidade de descobrir seu paradeiro, até então desconhecido pela polícia. O agente/torturador sabe que a vítima encontra-se grávida. Se for sua intenção que, além do sofrimento físico causado pela própria tortura, a vítima venha a abortar, estaremos diante de um concurso de crimes, ou seja, o delito de tortura e o crime de aborto.

Agora, suponhamos que não fosse intenção do agente produzir o aborto na gestante, que, por conta das lesões sofridas durante a tortura, viesse a abortar, o agente responderia somente pela tortura qualificada, prevista no § 3º do art. 1º da Lei nº 9.455/97.

Por outro lado, raciocinemos, ainda, com a possibilidade de que o agente/torturador, com seu comportamento, queira, além de obter a confissão da vítima, de quem suspeitava ter praticado determinada infração penal, queria causar-lhe debilidade permanente, por exemplo, no seu braço. Nesse caso, entendemos que somente responderá pelo delito de tortura

---

[40] BIERRENBACH, Sheila; FERNANDES LIMA, Walberto. *Comentários à lei de tortura*, p. 73.

[41] ANDREUCCI, Ricardo Antonio. *Legislação penal especial*, p. 660.

[42] RAMAYANA, Marcos. *Leis penais especiais comentadas*, p. 261.

[43] COIMBRA, Mário. *Tratamento do injusto penal da tortura*, p. 193.

[44] NUCCI, Guilherme de Souza. *Leis penais e processuais penais comentadas*, p. 741.

qualificada, não havendo concurso com o delito de lesão corporal, tipificado no art. 129, § 1º, III, do Código Penal, cujo resultado pode ser-lhe atribuído tanto a título de dolo quanto a título de culpa (*preterdolo*).

No que diz respeito ao resultado morte, aqui, sim, o delito deverá ser sempre considerado *preterdoloso*, uma vez que, fosse intenção do agente causar a morte da vítima, por meio da prática da tortura, estaríamos diante do delito tipificado no art. 121, § 2º, III, do Código Penal, ou seja, homicídio qualificado pela tortura.

As lesões corporais de natureza leve são absorvidas pelo crime de tortura.

Existe, ainda, controvérsia doutrinária sobre a possibilidade de responder também pela tortura qualificada aquele que, tendo o dever de evitar a tortura, ou mesmo de apurá-la após a sua prática, se omite, conforme o disposto no § 2º do art. 1º da Lei nº 9.455/97.

Ao que parece, três correntes se formaram.

A primeira delas, conforme defende Guilherme de Souza Nucci, assevera que:

"Este § 3º não deve ser aplicado ao delito omissivo do § 2º, tendo em vista, pelo menos, duas razões: a) o resultado lesão grave, gravíssima ou mote termina sendo consequência da violência direta, grave ameaça ou do sofrimento físico e mental imposto à vítima. Logo, a conduta omissiva não se encaixa nesse perfil; b) a pena aplicada à tortura propriamente dita é de reclusão, aumentada na hipótese de haver resultado qualificador (lesão grave ou morte), mas a pena do agente que se omite cinge-se à esfera da detenção, não sendo lógico, pois, transformá-la em reclusão somente pelo fato de ter havido resultado mais grave originário da tortura (realizada por outrem)."[45]

No mesmo sentido:

A omissão relevante com relação ao crime de tortura é tipificada no § 2º do art. 1º da Lei nº 9.455/97 não sendo possível a sua aplicação ao crime em sua forma qualificada (TJ-MG, AC 1.0518.10.015055-7/001, Rel. Des. Matheus Chaves Jardim, *DJe* 29.06.2015).

Em sentido diametralmente oposto e, a nosso ver, com razão, posiciona-se Cláudia Barros Portocarrero, dizendo, nessa hipótese, que o garantidor:

"Deva responder pelo mesmo crime do executor, nos exatos termos do § 3º. Explicamos: o legislador, ao prever a modalidade omissiva pura para o garantidor, o fez no § 2º, depois de definir a tortura em sua modalidade simples. No citado parágrafo, o legislador mencionou que 'aquele que se omite diante *dessas* (grifo nosso) condutas, quando tinha o dever de evitá--las (...)' responderia pela mera omissão. Ora, ao utilizar-se do pronome 'dessas', referiu-se o legislador a algo que veio mencionado anteriormente ao texto, afastando a responsabilidade pelo resultado apenas quando se tratar de inércia em face da tortura simples. Não se refere, assim, às qualificadoras, tratadas posteriormente, no § 3º, com relação às quais devemos nos utilizar da relação normativa de causalidade para a omissão trazida pelo art. 13, § 2º, e, principalmente, pela própria Constituição Federal, no art. 5º, XLIII, respondendo o garantidor pela tortura qualificada pelas lesões graves ou pela morte."[46]

---

[45] NUCCI, Guilherme de Souza. *Leis penais e processuais penais comentadas*, p. 741.

[46] PORTOCARRERO, Cláudia Barros. *Leis penais especiais comentadas para concursos*, p. 234.

Numa posição intermediária, Rogério Sanches Cunha entende que:

"A qualificadora atinge todas as modalidades da tortura, salvo a segunda figura do § 2º, que trata da omissão na apuração da tortura. Nesta, não é possível que o omitente responda pelo resultado, pois se deixou de apurar o crime de tortura já consumado, o concurso de pessoas não pode se configurar."[47]

11. CAUSAS ESPECIAIS DE AUMENTO DE PENA

Diz o § 4º do art. 1º da Lei de Tortura:

> (...)
> § 4º Aumenta-se a pena de um sexto até um terço:
> I – se o crime é cometido por agente público;
> II – se o crime é cometido contra criança, gestante, portador de deficiência, adolescente ou maior de 60 (sessenta) anos; (Redação dada pela Lei nº 10.741, de 2003)
> III – se o crime é cometido mediante sequestro.

De acordo com o art. 68, *caput*, do Código Penal, as causas de aumento de pena, ou majorantes, serão consideradas no terceiro momento do critério trifásico de aplicação da pena por ele previsto.

Esse aumento na pena variará de acordo com o caso concreto, devendo o julgador, fundamentadamente, decidir pelo percentual a ser aplicado, variando entre um mínimo de um sexto, podendo chegar ao máximo de um terço.

Essas majorantes serão aplicadas tanto às modalidades simples quanto às modalidades qualificadas de tortura (§ 3º do art. 1º), tendo a sua situação topográfica.

São três as hipóteses de aumento de pena previstas pelo § 4º do art. 1º da Lei nº 9.455/97, a saber:

I – se o crime é cometido por agente público;

Não é pelo fato de gozar do *status* de agente público que, automaticamente, deverá ser aplicada a majorante, mas tão somente quando ele atua nessa qualidade, ou seja, de agente público, ou se valendo dessa função. Assim, por exemplo, imagine-se a hipótese em que o agente, um juiz de direito, submeta seu filho a intenso sofrimento físico, como forma de aplicar-lhe um castigo pessoal, pelo fato de que havia, juntamente com outros colegas, destruído alguns bens existentes no condomínio onde residiam. Aqui, como se percebe, esse juiz de direito está atuando como pai, subjugando alguém que está sob sua guarda, razão pela qual não se poderá falar na aplicação da causa especial de aumento de pena prevista no inc. I do § 4º do art. 1º da Lei de Tortura.

Discute-se, doutrinariamente, se a causa especial de aumento de pena relativa ao fato de o crime ser praticado por agente público poderia ser aplicada a todas as modalidades de tortura previstas na Lei nº 9.455/97. Melhor dizendo, parte de nossos doutrinadores entende que alguns crimes previstos na Lei de Tortura somente podem ser praticados por agentes públicos, razão pela qual restaria inviabilizada a aplicação da majorante em estudo, sob pena de ser caracterizado o *bis in idem*.

---

[47] CUNHA, Rogério Sanches. *Legislação criminal especial*, p. 1.058.

Nesse sentido, Sheila Bierrenbach aduz que:

"Em relação ao inciso I, deve-se ter cautela com os tipos penais que exigem do sujeito a especial condição de agente público, como a modalidade do art. 1º, parágrafo 1º. Aplicar a causa de aumento em análise em tal hipótese configuraria *bis in idem*, inadmitido no Direito Penal, tendo em vista que a qualidade de agente público constitui elementar do tipo."[48]

Alberto Silva Franco aduz, que, em duas situações:

"A condição de agente público é imprescindível para a própria caracterização típica, crian-do-se, obliquamente, um crime próprio: a) quando o agente tortura alguém sob sua autori-dade, desde que se atribua à 'autoridade' o conceito legal dado pelo art. 5º da Lei de Abuso de Autoridade, b) quando o agente omite a apuração da tortura tendo o dever, obviamente, legal de realizá-la. Nesses dois casos, o sujeito ativo deve ser, necessariamente, agente público, não se podendo valorar, novamente, essa qualidade para efeito de agravação da pena, pois se teria, então, um verdadeiro *bis in idem*"[49].

Temos, portanto, que analisar cada uma das figuras típicas que importam no crime de tortura, a fim de identificar em quais delas somente o agente público poderá ser considerado sujeito ativo do crime. Nesses casos, não será possível a aplicação da majorante *sub examen*. Nas demais hipóteses, em que o delito seja considerado comum, podendo ser praticado por qualquer pessoa, inclusive pelo agente público, não haverá impedimento para aplicação da causa especial de aumento de pena.

> A figura típica prevista no § 2º do art. 1º da Lei de Tortura constitui-se em crime próprio, porquanto exige condição especial do sujeito. Ou seja, é um delito que somente pode ser praticado por pessoa que, ao presenciar tortura, omite-se, a despeito do "dever de evitá-las ou apurá-las" (como é o caso do carcereiro policial). Em tais casos, a incidência da circunstância agravante prevista no art. 61, inc. II, alínea g, do Código Penal, e da majorante de pena estabelecida no art. 1º, § 4º, inc. I, da Lei nº 9.455/97 ("se o crime é cometido por agente público"), constitui evidente bis in idem na valoração da condição pessoal do sujeito ativo (STJ, HC 131.828/RJ, 5ª T., Rel.ª Min.ª Laurita Vaz, *DJe* 02.12.2013).

Assim, segundo entendemos, somente não se poderá majorar a pena nas hipóteses do § 1º, e também do § 2º, quando o agente tiver o dever de apurar a tortura, ambos do art. 1º da Lei nº 9.455/97. Nas demais hipóteses, será perfeitamente possível sua aplicação, não havendo que se falar em *bis in idem*.

II – se o crime é cometido contra criança, gestante, portador de deficiência, adolescente ou maior de 60 (sessenta) anos;

O inc. II do § 4º do art. 1º da Lei de Tortura teve sua redação modificada pela Lei nº 10.741, de 1º de outubro de 2003, que dispôs sobre o Estatuto da Pessoa Idosa.

Para que possa ser efetivamente aplicada no terceiro momento do critério trifásico previsto pelo art. 68 do Código Penal, é preciso que a causa especial de aumento de pena tenha ingressado na esfera de conhecimento do agente. Assim, por exemplo, ele deverá, obriga-toriamente, saber que a pessoa contra quem pratica o crime de tortura é uma criança, uma

---

[48] BIERRENBACH, Sheila; FERNANDES LIMA, Walberto. *Comentários à Lei de Tortura*, p. 74.

[49] FRANCO, Alberto Silva. *Tortura: breves anotações sobre a Lei nº 9.455/97*, p. 115.

gestante, alguém com deficiência, um adolescente ou um idoso. Caso contrário, deverá ser alegado o chamado erro de tipo, impedindo a aplicação da majorante.

Será considerado criança ou adolescente aquele conforme o disposto no art. 2º da Lei nº 8.069, de 13 de julho de 1990 (Estatuto da Criança e do Adolescente), que diz:

> **Art. 2º** Considera-se criança, para os efeitos desta Lei, a pessoa até doze anos de idade incompletos, e adolescente aquela entre doze e dezoito anos de idade.

> Sendo a vítima adolescente, incide no caso concreto a causa de aumento do inc. II do § 4º do art. 1º da Lei de Tortura. Entretanto, a simples incidência de mais de uma majorante não implica, necessariamente, em aumento do percentual de elevação da pena na terceira fase dosimétrica. Doutrina (TJ-MG, AC 1.0456.07.052651-6/001, Rel. Des. Amauri Pinto Ferreira, *DJe* 24.03.2015).

Gestante é a mulher que se encontra grávida, cujo período de gravidez, para efeitos penais, vai desde a *nidação*, ou seja, a implantação do óvulo já fecundado no útero materno, que ocorre 14 (quatorze) dias após a fecundação, até o início do parto.

Pessoa com deficiência é aquela, segundo o art. 2º da Lei nº 13.146, de 6 de julho de 2015, que *tem impedimento de longo prazo de natureza física, mental, intelectual ou sensorial, o qual, em interação com uma ou mais barreiras, pode obstruir sua participação plena e efetiva na sociedade em igualdade de condições com as demais pessoas.*

Pessoa maior de 60 (sessenta) anos é a pessoa idosa, nos termos do art. 1º da Lei nº 10.741, de 1º de outubro de 2003 (Estatuto da Pessoa Idosa).

> Não prospera a tese de ausência do elemento subjetivo do crime de tortura, com pleito desclassificatório para o crime de maus-tratos contra idoso. É que o delito do art. 99 do Estatuto do Idoso, tal como previsto na primeira forma típica, trata da mera periclitação da vida e da saúde, física ou psíquica, do idoso, com vistas a evitar que seja submetido a condições desumanas ou degradantes, podendo ser praticado por qualquer pessoa, já que o dispositivo não exige nenhuma condição especial por parte do sujeito ativo. Já a Lei de Tortura se diferencia daquele dispositivo em razão do elemento subjetivo a informar o dolo do agente, que já atinge outra dimensão, vale dizer, alcança uma proporção de maior gravidade, caracterizado especificamente pela submissão da vítima sob sua guarda, mediante o emprego de violência ou grave ameaça, a intenso sofrimento físico ou mental, como medida repressiva ou preventiva. Além disso, a figura típica prevista no inciso II da Lei de regência qualifica o sujeito ativo com atributos específicos, exigindo que a vítima esteja sob a guarda, poder ou autoridade (TJ-RJ, AC 0005158-84.2014.8.19.0052, Rel. Des. Gilmar Augusto Teixeira, *DJe* 23.09.2015).

III – se o crime é cometido mediante sequestro.

Para que ocorra a aplicação da majorante prevista no inc. III do § 4º do art. 1º da Lei nº 9.455/97, o sequestro deve ser um meio para a prática da tortura, ou seja, o agente priva a vítima do seu direito de ir, vir ou permanecer onde bem entender para que, nela, sejam levados a efeito os atos de tortura.

Nesse caso, não poderá haver concurso de crimes, ou seja, o agente não poderá ser punido pelo crime de tortura, com sua pena especialmente agravada pelo sequestro, juntamente com o delito de sequestro, tipificado no art. 148 do Código Penal, sob pena de incorrer no *bis in idem*.

Faz-se mister ressaltar a diferença entre o crime de tortura, com a pena especialmente aumentada pelo sequestro, e o delito de sequestro qualificado, previsto pelo § 2º do art. 148 do CP, em que resulta à vítima, em razão de maus-tratos ou da natureza da detenção, grave sofrimento físico ou moral.

Conforme as lúcidas lições de Cláudia Barros Portocarrero:

"A diferença é que, no crime de sequestro do art. 148, § 2º, o resultado buscado pelo agente não é o sofrimento físico ou mental da vítima, mas apenas a privação de sua liberdade, enquanto na tortura o referido sofrimento é justamente aquilo que o agente quer causar à vítima, com uma finalidade específica trazida pela lei que agora debatemos."[50]

12. EFEITOS DA CONDENAÇÃO

O § 5º do art. 1º da Lei nº 9.455/97 prevê os efeitos da condenação, dizendo:

> § 5º A condenação acarretará a perda do cargo, função ou emprego público e a interdição para seu exercício pelo dobro do prazo da pena aplicada.

Cargo, na precisa definição de Celso Antônio Bandeira de Mello:

"São as mais simples e indivisíveis unidades de competência a serem expressadas por um agente, previstas em número certo, com denominação própria, retribuídas por pessoas jurídicas de direito público e criadas por lei."[51]

Função pública é aquela exercida pelo servidor público ou não, mas desde que realizada no interesse da Administração Pública. O particular, agindo nessa condição, é considerado funcionário público por equiparação, extensão ou assimilação, nos termos do art. 327 do Código Penal.

Empregos públicos são, conforme preleciona Celso Antônio Bandeira de Mello "núcleos de encargos de trabalho a serem preenchidos por agentes contratados para desempenhá-los, sob relação trabalhista"[52].

A primeira discussão reside no fato de se saber se os mencionados efeitos da condenação são considerados genéricos, não havendo necessidade de serem declarados na sentença penal condenatória, ou são específicos, havendo, consequentemente, necessidade de serem expressamente declarados, tal como ocorre, respectivamente, com os arts. 91, 91-A e 92 do Código Penal.

Entendemos que a perda do cargo, da função ou do emprego público e a interdição para seu exercício pelo dobro do prazo da pena aplicada, em virtude da redação constante do aludido § 5º, são consequências necessárias e automáticas em razão da condenação pela prática do crime de tortura, não podendo o julgador deixar de aplicá-las.

Assim, mesmo na hipótese em que a decisão condenatória seja silente com relação a esse ponto específico, ou seja, a declaração de perda do cargo, da função ou do emprego público, bem como a interdição para seu exercício pelo dobro do prazo da pena aplicada, deverá a Administração Pública, após o trânsito em julgado da sentença penal condenatória, aplicar o § 5º do art. 1º da Lei nº 9.455/97.

Conforme entendimento que se assentou nesta Corte Superior, a perda de cargo, função pública ou mandato eletivo, prevista no art. 92, I, do Código Penal, não é efeito automático

---

50 PORTOCARRERO, Cláudia Barros. *Leis penais especiais comentadas para concursos*, p. 236.

51 BANDEIRA DE MELLO, Celso Antônio. *Curso de Direito Administrativo*, p. 126-127.

52 BANDEIRA DE MELLO, Celso Antônio. *Curso de Direito Administrativo*, p. 127.

da condenação, de forma que a sua incidência demanda fundamentação expressa e específica, à exceção do crime de tortura (STJ, HC 448.667/RJ, 5ª T., Rel. Min. Felix Fischer, *DJe* 08.10.2018).

Há, no entanto, discussão doutrinária no sentido de que, em se tratando da infração penal prevista pelo § 2º do art. 1º da Lei de Tortura, como a pena ali cominada é de detenção, deveria o julgador motivar sua decisão, aplicando ou não esse efeito da condenação.

De acordo com as lições de Sheila Bierrenbach, com as quais concordamos:

"Parte da doutrina entende inaplicáveis tais efeitos, no caso de condenação pela prática dos delitos previstos no parágrafo 2º. A nosso juízo, improcede a posição. Como já acentuado, a prática omissiva da conduta tem a mesma carga de ilicitude das modalidades comissivas. Concordamos, todavia, com a inaplicabilidade, no que concerne ao agente que omite a apuração do delito."[53]

Ainda dispõe a parte final do § 5º do art. 1º da Lei nº 9.455/97 que a condenação acarretará a interdição para o exercício do cargo, da função ou do emprego público pelo dobro do prazo da pena aplicada. Assim, por exemplo, imagine-se a hipótese em que o agente tenha sido condenado a uma pena de 5 (cinco) anos de reclusão. Dessa forma, somente após o decurso do prazo de 10 (dez) anos é que poderá voltar a ocupar um cargo, ou a exercer uma função, ou trabalhar em um emprego público.

Como bem observado por Rogério Sanches Cunha:

"Reconhece-se o acerto do legislador ao limitar o tempo de interdição (o dobro da pena aplicada), por não existir no nosso ordenamento nenhuma pena de caráter perpétuo. Logo, decorrido o prazo, o condenado poderá assumir novo cargo, emprego ou função, porém jamais reintegrar-se na situação anterior (apesar do silêncio da lei, trata-se de decorrência lógica do art. 93, parágrafo único do CP)."[54]

O efeito da condenação relativo à perda de cargo público, previsto no art. 92, inc. I, alínea *b*, do Código Penal, não se aplica ao servidor público inativo, uma vez que ele não ocupa cargo e nem exerce função pública. O rol do art. 92 do Código Penal é taxativo, não sendo possível a ampliação ou flexibilização da norma, em evidente prejuízo do réu, restando vedada qualquer interpretação extensiva ou analógica dos efeitos da condenação nele previstos. Configurando a aposentadoria ato jurídico perfeito, com preenchimento dos requisitos legais, é descabida sua desconstituição, desde logo, como efeito extrapenal específico da sentença condenatória; não se excluindo, todavia, a possibilidade de cassação da aposentadoria nas vias administrativas, em procedimento próprio, conforme estabelecido em lei (STJ, REsp 1.317.487/MT, 5ª T., Rel.ª Min.ª Laurita Vaz, *DJe* 22.08.2014).

13. PROIBIÇÃO DE CONCESSÃO DE FIANÇA, GRAÇA OU ANISTIA

Atendendo ao disposto no inc. XLIII do art. 5º da Constituição Federal, o § 6º do art. 1º da Lei nº 9.455/97 assevera:

(...)
§ 6º O crime de tortura é inafiançável e insuscetível de graça ou anistia.

---

[53] BIERRENBACH, Sheila; FERNANDES LIMA, Walberto. *Comentários à Lei de Tortura*, p. 79-80.

[54] CUNHA, Rogério Sanches. *Legislação criminal especial*, p. 1.059.

A fiança, conforme as lúcidas lições de Renato Marcão:

"(...) espécie ligada ao gênero liberdade provisória, é uma garantia real que se presta como contracautela de escorreita prisão em flagrante leva a efeito, com a finalidade de ver restituída a liberdade do autuado e para que assim permaneça durante o transcurso da investigação policial e de eventual processo criminal relacionados ao delito que se lhe imputa.
Pode ser efetivada mediante pagamento em dinheiro ou entrega de bens e valores."[55]

O inc. II do art. 323 do Código de Processo Penal, com a nova redação que lhe foi conferida pela Lei nº 12.403, de 4 de maio de 2011, da mesma forma que o inc. XLIII do art. 5º da Constituição Federal e o § 6º do art. 1º da Lei nº 9.455/97, diz que:

> **Art. 323.** Não será concedida fiança:
> (...)
> II – nos crimes de tortura, tráfico ilícito de entorpecentes e drogas afins, terrorismo e nos definidos como crimes hediondos.

Embora esteja vedada a concessão de fiança, nada impede seja concedida ao agente liberdade provisória, sem fiança, nos termos do art. 310 do CPP com a nova redação que lhe foi conferida pela Lei nº 13.964, de 24 de dezembro de 2019, que diz:

> **Art. 310.** Após receber o auto de prisão em flagrante, no prazo máximo de até 24 (vinte e quatro) horas após a realização da prisão, o juiz deverá promover audiência de custódia com a presença do acusado, seu advogado constituído ou membro da Defensoria Pública e o membro do Ministério Público, e, nessa audiência, o juiz deverá, fundamentadamente:
> I – relaxar a prisão ilegal; ou
> II – converter a prisão em flagrante em preventiva, quando presentes os requisitos constantes do art. 312 deste Código, e se revelarem inadequadas ou insuficientes as medidas cautelares diversas da prisão; ou
> III – conceder liberdade provisória, com ou sem fiança.

Graça e anistia são causas extintivas da punibilidade previstas no inc. II do art. 107 do Código Penal.

Graça é a faculdade concedida ao Presidente da República para conceder o *perdão individual* àquele que praticou determinada infração penal.

Nos termos do art. 188 da Lei de Execução Penal, a graça, modernamente conhecida como *indulto individual*, poderá ser provocada por petição do condenado, por iniciativa do Ministério Público, do Conselho Penitenciário ou da autoridade administrativa, e a petição, acompanhada dos documentos que a instruírem, será entregue ao Conselho Penitenciário para a elaboração de parecer e posterior encaminhamento ao Ministério da Justiça (art. 189 da LEP).

Ao contrário do que ocorreu na Lei nº 8.072/90, na qual existe previsão expressa no sentido de se proibir a concessão de indulto, a Lei nº 9.455/97 não fez menção a ele. Assim, pergunta-se: seria possível a concessão de indulto para as infrações penais previstas na Lei nº 9.455/97? Aqui, duas correntes se formaram.

A primeira delas entende não ser possível a concessão do indulto, mesmo não tendo a Lei de Tortura se referido a ele expressamente. Nesse sentido, esclarece Guilherme de Souza Nucci que:

---

[55] MARCÃO, Renato. *Código de Processo Penal comentado*, p. 857.

"Onde se lê graça, deve-se ler igualmente *indulto*, pois este nada mais é do que o perdão coletivo (igualmente concedido pelo Presidente da República, por decreto, a quem queira). Aliás, não fosse essa a melhor interpretação e o Presidente não poderia conceder graça, pois esta modalidade de perdão não está elencada dentre as suas atribuições (o art. 84 da CF menciona somente indulto e comutação). Mas, por certo, tanto pode o Chefe do Executivo conceder um (graça) como o outro (indulto) – e assim vem sendo feito desde a edição da Constituição de 1988. Logo, é vedada a concessão tanto de um (graça) quanto de outro (indulto) à tortura, por força do art. 5º, XLIII, da CF."[56]

> A teor do art. 5º, inc. XLIII, da Constituição da República "a lei considerará crimes inafiançáveis e insuscetíveis de graça ou anistia a prática da tortura, o tráfico ilícito de entorpecentes e drogas afins, o terrorismo e os definidos como crimes hediondos, por eles respondendo os mandantes, os executores e os que, podendo evitá-los, se omitirem". Nos termos da assentada jurisprudência do STJ, a graça constitui gênero no qual está inserido o indulto, portanto, também alcançado pela vedação constitucional, disposta no art. 5º, inc. XLIII. Precedentes (STJ, HC 458.735/MG, 5ª T., Rel.ª Min.ª Laurita Vaz, *DJe* 23.10.2018).
>
> Concessão do indulto humanitário que *in casu* também é vedada pelo caráter hediondo dos delitos cometidos pelo apenado, consoante estabelece o art. 5º, inc. XLIII, da Constituição Federal, que igualmente proíbe a concessão da benesse a indivíduos condenados pela prática de tortura (TJ-RS, Ag. 70067137703, Rel. Des. André Luiz Planella Villarinho, j. 16.12.2015).

Em sentido contrário, entendendo pela possibilidade de concessão de indulto, Ricardo Antonio Andreucci aduz que:

"Muito embora a tortura seja considerada crime assemelhado a hediondo (art. 2º da Lei nº 8.072/90), não cabendo, neste último caso, 'anistia, graça e indulto' (inciso I), é certo que a Lei de Tortura, posterior, específica, vedou apenas a concessão de 'graça ou anistia', silenciando a respeito do indulto, o que revela o intuito do legislador de permitir tal benefício."[57]

Infelizmente, na verdade, não se trata de que essa omissão revele a "vontade do legislador", mas, sim, como estamos acostumados a ver em nossa legislação, mais um dos erros do nosso Congresso Nacional. No entanto, é princípio básico de hermenêutica que as normas restritivas de direito se interpretam restritivamente, não se podendo, portanto, ampliá-las. Assim, mesmo a contragosto, devemos entender, por mais absurda que a hipótese possa parecer, que, em razão da omissão do legislador, em tema específico sobre tortura, será possível a concessão de indulto.

Pela *anistia*, o Estado renuncia ao seu *ius puniendi*, perdoando a prática de infrações penais que, normalmente, têm cunho político. A regra, portanto, é de que a anistia se dirija aos chamados crimes políticos. Contudo, nada impede que a anistia também seja concedida a crimes comuns.

A concessão da anistia é de competência da União, conforme preceitua o art. 21, XVII, da Constituição Federal, e se encontra no rol das atribuições do Congresso Nacional, sendo prevista pelo art. 48, VIII, de nossa Lei Maior. Pode ser concedida antes ou depois da sentença penal condenatória, sempre retroagindo a fim de beneficiar os agentes. Segundo Aloysio de Carvalho Filho:

---

56 NUCCI, Guilherme de Souza. *Leis penais e processuais penais comentadas*, p. 744.

57 ANDREUCCI, Ricardo Antonio. *Legislação penal especial*, p. 662.

"A anistia pode ser concedida em termos *gerais* ou *restritos*. Quando a anistia restrita exclui determinados fatos, ou determinados indivíduos, ou grupos, ou classes de indivíduos, diz-se *parcial*; quando estabelece cláusulas para a fruição do benefício, diz-se *condicional*. A anistia geral ou absoluta não conhece exceção de crimes ou de pessoas, nem se subordina a limitações de qualquer espécie."[58]

De acordo com o art. 2º, I, da Lei nº 8.072/90, os crimes hediondos, a prática de tortura, o tráfico ilícito de entorpecentes e drogas afins e o terrorismo são insuscetíveis de anistia.

O art. 187 da Lei de Execução Penal determina:

> Art. 187. Concedida a anistia, o juiz, de ofício, a requerimento do interessado ou do Ministério Público, por proposta da autoridade administrativa ou do Conselho Penitenciário, declarará extinta a punibilidade.

A anistia ainda pode ser reconhecida como:

a) *própria*, quando concedida anteriormente à sentença penal condenatória;

b) *imprópria*, quando concedida após a sentença penal condenatória transitada em julgado.

No que diz respeito ao crime de tortura, torna-se impossível a concessão de anistia em virtude do disposto no inc. XLIII do art. 5º da Constituição Federal, bem como do § 6º do art. 1º da Lei nº 9.455/97.

14. REGIME INICIAL DE CUMPRIMENTO DA PENA

Determina o § 7º do art. 1º da Lei nº 9.455/97 que:

> (...)
> § 7º O condenado por crime previsto nesta Lei, salvo a hipótese do § 2º, iniciará o cumprimento da pena em regime fechado.

Sete anos após a edição da Lei nº 8.072/90, surgiu, em nosso ordenamento jurídico, a Lei nº 9.455, de 7 de abril de 1997, definindo o crime de tortura e trazendo outras providências.

Nos incs. I e II do art. 1º da referida lei, o legislador descreveu os fatos que se configuravam tortura, cominando-lhes uma pena de reclusão de dois a oito anos. Criou o delito de tortura qualificada (§ 3º) quando da tortura resultar lesão corporal de natureza grave ou gravíssima (reclusão de quatro a dez anos) ou morte (reclusão de oito a dezesseis anos). Atendendo ao disposto no art. 5º, XLIII, da Constituição Federal, o § 6º da aludida lei dispõe que o crime de tortura é inafiançável e insuscetível de graça ou anistia.

Embora a prática da tortura estivesse prevista na Lei nº 8.072/90 como uma infração penal afim com aquelas consideradas hediondas, a Lei nº 9.455/97, quebrando a regra anteriormente destinada aos crimes daquela natureza, que impunha o cumprimento *integral* da pena em regime fechado, determinou, no § 7º do seu art. 1º, que o condenado pelos delitos por ela previstos *iniciaria* o cumprimento da pena em regime fechado[59].

---

[58] CARVALHO FILHO, Aloysio de. *Comentários ao Código Penal*, v. IV, p. 126.

[59] STJ, HC 113.733/SP, Rel.ª Min.ª Laurita Vaz, 5ª T., *DJe* 06.12.2010.

Em virtude dessa nova redação, que impunha tão somente como *inicial* o regime fechado, vozes abalizadas se levantaram no sentido de apregoar que a Lei de Tortura, posterior à Lei nº 8.072/90, havia derrogado esta última no que dizia respeito ao regime de cumprimento de pena. A partir daquele momento, seria obrigatório o *regime inicial fechado*. Contudo, aberta estaria a possibilidade de progressão, já que a Lei nº 9.455/97 determinava que a pena seria cumprida *inicialmente* em regime fechado, dando a entender pela possibilidade da progressão, ao contrário da Lei nº 8.072/90. Em sentido oposto, outra corrente se formou, afirmando que a possibilidade de progressão era específica para os crimes de tortura, não se dirigindo às demais infrações penais previstas pela Lei nº 8.072/90.

Hoje, após o julgamento levado a efeito pelo Supremo Tribunal Federal, que, na sessão extraordinária realizada em 27 de junho de 2012, concedeu o *Habeas Corpus* (HC) nº 111.840 e declarou, incidentalmente, a inconstitucionalidade do § 1º do art. 2º da Lei nº 8.072/90, com redação dada pela Lei nº 11.464/2007, que previa que a pena por crime previsto naquele artigo seria cumprida, inicialmente, em regime fechado, perdeu o sentido a discussão, devendo, agora, o julgador, fundamentadamente, determinar o regime inicial de cumprimento de pena para o delito de tortura, que poderá ser outro, diverso do regime fechado.

Deve ser frisado que, de acordo com a nova redação dada ao art. 112 da LEP pela Lei nº 13.964, de 24 de dezembro de 2019, a progressão para o condenado pelo crime de tortura ocorrerá da seguinte forma:

> **Art. 112.** A pena privativa de liberdade será executada em forma progressiva com a transferência para regime menos rigoroso, a ser determinada pelo juiz, quando o preso tiver cumprido ao menos:
> (...)
> V – 40% (quarenta por cento) da pena, se o apenado for condenado pela prática de crime hediondo ou equiparado, se for primário;
> VI – 50% (cinquenta por cento) da pena, se o apenado for:
> a) condenado pela prática de crime hediondo ou equiparado, com resultado morte, se for primário, vedado o livramento condicional;
> (...)
> VII – 60% (sessenta por cento) da pena, se o apenado for reincidente na prática de crime hediondo ou equiparado;
> VIII – 70% (setenta por cento) da pena, se o apenado for reincidente em crime hediondo ou equiparado com resultado morte, vedado o livramento condicional.

15. EXTRATERRITORIALIDADE

Dispondo sobre a extraterritorialidade, determina o art. 2º da Lei nº 9.455/97:

> **Art. 2º** O disposto nesta Lei aplica-se ainda quando o crime não tenha sido cometido em território nacional, sendo a vítima brasileira ou encontrando-se o agente em local sob jurisdição brasileira.

Cuida-se, *in casu*, de duas hipóteses da chamada extraterritorialidade incondicionada, mais abrangente do que aquela prevista no art. 7º do Código Penal, tendo em vista que o mencionado art. 2º não exige qualquer condição para a punição daquele que praticou o delito de tortura fora do território nacional, a saber:

a) a vítima da tortura ser brasileira, não importando se nata, naturalizada ou mesmo se possui dupla cidadania;

b) que o agente que praticou a tortura o tenha feito em algum local, no exterior, que esteja sob a jurisdição brasileira, a exemplo das embaixadas.

Conforme preconiza Rogério Sanches Cunha:

"É evidente que o escopo do legislador foi o de garantir a punição da prática repulsiva da tortura independentemente da localização da vítima (sendo ela brasileira) ou da nacionalidade do agente (estando ele sob jurisdição brasileira). Todavia, essa regra nada modifica as hipóteses de extraterritorialidade já previstas no art. 7º do CP, que no § 3º determina a aplicação da lei brasileira também ao crime cometido por estrangeiro contra brasileiro fora do Brasil, se não foi pedida a extradição ou se houve requisição do Ministro da Justiça, se reunidas as condições do § 2º.

A única diferença existente entre as duas disposições legais é a de que, na Parte Geral, a extraterritorialidade é condicionada, enquanto na Lei nº 9.455/97 nenhuma condição é prevista para a aplicação da lei brasileira no exterior. Essa distinção, aliás, é o que justifica a previsão da extraterritorialidade na Lei Especial, pois que, do contrário, seria apenas uma repetição inútil."[60]

> A lei penal brasileira pode ser aplicada ao crime de tortura cometido no exterior, por agentes estrangeiros, contra vítimas brasileiras, tanto por força do art. 7º, II, a, § 2º, do Código Penal, como por força do art. 2º da Lei nº 9.455/97. A competência da jurisdição federal se dá em caso de crime à distância previsto em tratado internacional, o que não ocorre quando o crime por inteiro se verifica no estrangeiro (STJ, CC 107.397/DF, 3ª Seção, Rel. Min. Nefi Cordeiro, *DJe* 01.10.2014).

16. PENA, AÇÃO PENAL, SUSPENSÃO CONDICIONAL DO PROCESSO, COMPETÊNCIA PARA JULGAMENTO

A pena cominada para o delito de *tortura simples* é de reclusão, de dois a oito anos.

Em se tratando de *tortura qualificada* pela lesão corporal grave ou gravíssima, a pena será de reclusão, de quatro a dez anos; se resultar em morte, a pena será de reclusão, de oito a dezesseis anos, nos termos do § 3º do art. 1º da Lei nº 9.455/97.

Se o crime for praticado via *omissão*, imprópria ou própria, conforme prevê o § 2º do art. 1º da Lei de Tortura, a pena será de detenção, de um a quatro anos.

De acordo com o § 4º do art. 1º da Lei nº 9.455/97, a pena aumenta-se de um sexto até um terço:

> (...)
> I – se o crime é cometido por agente público;
> II – se o crime é cometido contra criança, gestante, portador de deficiência, adolescente ou maior de 60 (sessenta) anos;
> III – se o crime é cometido mediante sequestro.

A ação penal é de iniciativa pública incondicionada.

Será possível proposta de suspensão condicional do processo, nos termos do art. 89 da Lei nº 9.099/95 para as hipóteses omissivas, previstas no § 2º do art. 1º da Lei de Tortura, desde que não estejam presentes quaisquer das majorantes elencadas no § 4º do art. 1º da Lei nº 9.455/97.

Dependendo do caso concreto, caberá à Justiça Estadual ou mesmo à Justiça Federal a apuração e o julgamento do crime de tortura. Assim, por exemplo, se o fato for cometido por um policial civil, a competência será da Justiça Comum Estadual; por outro lado, se for pra-

---

[60] CUNHA, Rogério Sanches. *Legislação criminal especial*, p. 1.060-1.061.

ticado por um agente da Polícia Federal, a competência será da Justiça Federal. Para efeitos de determinação de competência da Justiça Federal, deverá ser observado, ainda, o art. 109 da nossa Lei Maior.

> A Justiça Federal é competente, conforme disposição do inc. V do art. 109 da Constituição da República, quando se tratar de infrações previstas em tratados ou convenções internacionais, como é caso do racismo, previsto na Convenção Internacional sobre a Eliminação de todas as Formas de Discriminação Racial, da qual o Brasil é signatário, assim como nos crimes de guarda de moeda falsa, de tráfico internacional de entorpecentes, de tráfico de mulheres, de envio ilegal e tráfico de menores, de tortura, de pornografia infantil e pedofilia e corrupção ativa e tráfico de influência nas transações comerciais internacionais (STJ, RHC 85.605/RJ, 5ª T., Rel. Min. Reynaldo Soares da Fonseca, *DJe* 02.10.2017).
>
> Nos crimes definidos na Lei de Tortura há óbice à substituição da pena privativa de liberdade por restritivas de direitos, com base no art. 44, inc. I, do Código Penal (STJ, HC 131.828/RJ, 5ª T., Rel.ª Min.ª Laurita Vaz, *DJe* 02.12.2013).

17. DESTAQUES

17.1. Tortura praticada por policial militar

Tendo em vista a ausência de tipo penal específico no Código Penal Militar, aplica-se ao policial militar a Lei nº 9.455/97, desde que tenha praticado qualquer dos comportamentos previstos no art. 1º do referido diploma legal, incidindo, ainda, a causa especial de aumento de pena prevista no inc. I do § 4º do referido art. 1º, uma vez que se trata de agente público.

> O crime de tortura, tipificado na Lei nº 9.455/97, não se qualifica como delito de natureza castrense, achando-se incluído, por isso mesmo, na esfera de competência penal da Justiça comum (federal ou local, conforme o caso), ainda que praticado por membro das Forças Armadas ou por integrante da Polícia Militar. Doutrina. Precedentes (STF, AI 769.637 AgR-ED-ED/MG, 2ª T., Rel. Min. Celso de Mello, *DJe* 16.10.2013).
>
> Em se tratando de condenação de oficial da Polícia Militar pela prática do crime de tortura, sendo crime comum, a competência para decretar a perda do oficialato, como efeito da condenação, é da Justiça Comum. O disposto no art. 125, § 4º, da Constituição Federal refere-se à competência da Justiça Militar para decidir sobre a perda do posto e da patente dos oficiais e da graduação das praças quando se tratar de crimes militares definidos em lei. Precedente (STF, AI 769.637 AgR/MG, 2ª T., Rel. Min. Joaquim Barbosa, *DJe* 22.05.2012).
>
> Tem competência a Justiça Comum Estadual para processar e julgar os crimes de tortura, abuso de autoridade, denunciação caluniosa, ameaça e falso testemunho, praticados por policiais militares no exercício de suas funções, ainda que essas condutas também estejam sendo apuradas pela Justiça Militar, pois nos crimes militares e nos previstos na legislação penal comum, cometidos simultaneamente, aplica-se o entendimento consolidado nas Súmula 90 e 172 do STJ, não restando configurado o bis in idem (STJ, HC 106.046/SC, 5ª T., Rel. Min. Adilson Vieira Macabu (Desembargador convocado do TJ-RJ), *DJe* 27.04.2012).

17.2. Exame pericial

Dependendo da hipótese, o crime de tortura poderá ser considerado um crime *transeunte* e também *não transeunte*, ou seja, que pode ou não deixar vestígios.

Assim, somente mediante a análise do caso concreto é que se poderá verificar a exigência ou não do exame de corpo de delito, nos termos dos arts. 158 e 167 do CPP, que dizem, *in verbis*:

> **Art. 158.** Quando a infração deixar vestígios, será indispensável o exame de corpo de delito, direto ou indireto, não podendo supri-lo a confissão do acusado.
>
> Parágrafo único. Dar-se-á prioridade à realização do exame de corpo de delito quando se tratar de crime que envolva:
>
> I – violência doméstica e familiar contra mulher;
>
> II – violência contra criança, adolescente, idoso ou pessoa com deficiência.
>
> (...)
>
> **Art. 167.** Não sendo possível o exame de corpo de delito, por haverem desaparecido os vestígios, a prova testemunhal poderá suprir-lhe a falta.

> Em se tratando do crime de tortura e sendo impingido à vítima sofrimento de ordem psicológica e agressões que não deixaram vestígios, é suficiente a sua comprovação por meio de prova testemunhal. Precedentes (STJ, AgRg nos EDcl no AREsp 44.396/AP, 5ª T., Rel. Min. Reynaldo Soares da Fonseca, *DJe* 25.11.2015).
>
> O entendimento deste Superior Tribunal de Justiça é no sentido de que o crime de tortura psicológica não deixa vestígios, assim dispensável a realização de exame pericial. Incidência do enunciado 83 da Súmula deste STJ. Não é necessária a existência de sofrimento físico e mental simultaneamente para a caracterização do crime de tortura, pois a comprovação de tortura psicológica, por si só, é suficiente para a condenação (STJ, AgRg no AREsp 466.067/SP, 6ª T., Rel.ª Min.ª Maria Thereza de Assis Moura, *DJe* 04.11.2014).

17.3. Federalização da tortura

Dissemos, anteriormente, que o crime de tortura poderia ser da competência da Justiça Comum – Estadual ou Federal –, dependendo de como ele havia sido praticado.

No entanto, mesmo que, originalmente, a competência fosse da Justiça Estadual, poderia haver a sua federalização, tendo em vista a existência de grave violação dos direitos humanos, conforme o disposto no § 5º, incluído no art. 109 da nossa Constituição Federal, pela Emenda Constitucional nº 45, de 30 de dezembro de 2004, que diz:

> (...)
>
> § 5º Nas hipóteses de grave violação de direitos humanos, o Procurador-Geral da República, com a finalidade de assegurar o cumprimento de obrigações decorrentes de tratados internacionais de direitos humanos dos quais o Brasil seja parte, poderá suscitar, perante o Superior Tribunal de Justiça, em qualquer fase do inquérito ou processo, incidente de deslocamento de competência para a Justiça Federal.

> A Emenda Constitucional nº 45/2004 introduziu no ordenamento jurídico a possibilidade de deslocamento da competência originária, em regra da Justiça Estadual, à esfera da Justiça Federal, no que toca à investigação, processamento e julgamento dos delitos praticados com grave violação de direitos humanos (art. 109, § 5º, da Constituição da República Federativa do Brasil). A Terceira Seção deste Superior Tribunal de Justiça, ao apreciar o mérito de casos distintos – IDCs nº 1/PA; 2/DF; 5/PE –, fixou como principal característica do incidente constitucional a excepcionalidade. À sua procedência não só é exigível a existência de grave violação a direitos humanos, mas também a necessidade de assegurar o cumprimento de obrigações internacionais avençadas, em decorrência de omissão ou incapacidade das autoridades responsáveis pela apuração dos ilícitos. A expressão grave violação a direitos humanos coaduna-se com o cenário da prática dos crimes de tortura e homicídio, ainda mais quando levados a efeito por agentes estatais da segurança pública. A República Federativa do Brasil experimenta a preocupação internacional com a efetiva proteção dos direitos e garantias individuais, tanto que com essa finalidade subscreveu acordo entre os povos conhecido como Pacto de San José da Costa Rica. O desmazelo aos compromissos ajustados traz prejudiciais consequências ao Estado-membro, pois ofende o respeito mútuo, global e genuíno entre os entes federados para com os

direitos humanos. Para o acolhimento do Incidente de Deslocamento de Competência é obrigatória a demonstração inequívoca da total incapacidade das instâncias e autoridades locais em oferecer respostas às ocorrências de grave violação aos direitos humanos. No momento do exame dessa condição devem incidir os princípios da proporcionalidade e razoabilidade, estes que, embora não estejam expressamente positivados, já foram sacramentados na jurisprudência pátria. Não se pode confundir incapacidade ou ineficácia das instâncias e autoridades locais com ineficiência. Enquanto a incapacidade ou ineficácia derivam de completa ignorância no exercício das atividades estatais tendentes à responsabilização dos autores dos delitos apontados, a ineficiência constitui a ausência de obtenção de resultados úteis e capazes de gerar consequências jurídicas, não obstante o conjunto de providências adotadas. Ainda que seja evidente que a ineficiência dos órgãos encarregados de investigação, persecução e julgamento de crimes contra os direitos humanos, é situação grave e deve desencadear no seio dos Conselhos Nacionais e dos órgãos correicionais a tomada de providências aptas à sua resolução, não é ela, substancialmente, o propulsor da necessidade de deslocamento da competência. Ao contrário, é a ineficácia do Estado, revelada pela total ausência de capacidade de mover-se e, assim, de cumprir papel estruturante de sua própria existência organizacional, o fator desencadeante da federalização (STJ, IDC 3/GO, 3ª Seção, Rel. Min. Jorge Mussi, *DJe* 02.02.2015).

17.4. Imprescritibilidade da tortura

A Constituição Federal, em seu art. 5º, incs. XLII e XLIV, prevê duas hipóteses de imprescritibilidade, a saber, os crimes de racismo e a ação de grupos armados, civis ou militares, contra a ordem constitucional e o Estado Democrático, nada mencionando a esse respeito sobre a tortura.

No entanto, o Estatuto de Roma, de 17 de julho de 1998, foi aprovado pelo Congresso Nacional por meio do Decreto Legislativo nº 112, de 6 de junho de 2002, e promulgado pelo Decreto nº 4.338, de 25 de setembro de 2002.

Assim, consequentemente, o Brasil deve se submeter às normas constantes do mencionado Estatuto e, entre elas, destacam-se as do art. 7º, I, *f*, que entende a tortura como um crime contra a humanidade, quando cometido no quadro de um ataque, generalizado ou sistemático, contra qualquer população civil, e do art. 29, que diz que os crimes da competência do Tribunal não prescrevem.

Dessa forma, o crime de tortura, praticado naquelas condições e levado a efeito após a promulgação do Estatuto de Roma, no Brasil, pelo Decreto nº 4.338, de 25 de setembro de 2002, deve também ser considerado imprescritível.

17.5. Imprescritibilidade das ações indenizatórias motivadas pela tortura

A jurisprudência desta Corte Superior entende que a prescrição quinquenal, disposta no art. 1º do Decreto nº 20.910/1932, é inaplicável aos danos decorrentes de violação de direitos fundamentais, que são imprescritíveis, principalmente quando ocorreram durante o Regime Militar, época na qual os jurisdicionados não podiam deduzir a contento as suas pretensões. Ressalta-se que a violação aos direitos humanos ou direitos fundamentais da pessoa humana, como a proteção da sua dignidade lesada pela tortura e prisão por delito de opinião durante o Regime Militar de exceção, enseja ação de reparação *ex delicto* imprescritível, e ostenta amparo constitucional no art. 8º, § 3º, do Ato das Disposições Constitucionais Transitórias (STJ, AgRg no REsp 1.176.213/SP, 1ª T., Rel. Min. Napoleão Nunes Maia Filho, *DJe* 10.06.2015).

A jurisprudência do Superior Tribunal de Justiça é pacífica no sentido de que não se aplica a prescrição quinquenal do Decreto nº 20.910/32 às ações de reparação de danos sofridos em razão de perseguição, tortura e prisão, por motivos políticos, afirmando a sua imprescritibilidade, incidindo, no caso, o enunciado da Súmula nº 83/STJ (STJ, AgRg no REsp 1.366.968/DF, 2ª T., Rel. Min. Humberto Martins, *DJe* 13.04.2015).

Parte II • Capítulo 1 • TORTURA · 241

17.6. Diferença entre tortura qualificada pelo resultado morte e homicídio qualificado pelo emprego de tortura

A *tortura* se encontra no rol dos meios considerados cruéis, que têm por finalidade qualificar o homicídio. Importa ressaltar que a tortura, qualificadora do homicídio, não se confunde com aquela prevista pela Lei nº 9.455, de 7 de abril de 1997. O art. 1º da mencionada lei define o crime de tortura, e o seu § 3º comina uma pena de reclusão, que varia de 8 (oito) e 16 (dezesseis) anos, se da prática da tortura sobrevier a morte da vítima.

Qual é a diferença, portanto, entre a tortura prevista como qualificadora do delito de homicídio e a tortura com resultado morte prevista pela Lei nº 9.455/97? A diferença reside no fato de que a tortura, no art. 121 do Código Penal, é tão somente um *meio* para o cometimento do homicídio. É um meio cruel de que se utiliza o agente, com o fim de causar a morte da vítima. Já, na Lei nº 9.455/97, *a tortura é um fim em si mesmo*. Se vier a ocorrer o resultado morte, este somente poderá qualificar a tortura a título de culpa. Isso significa que a tortura qualificada pelo resultado morte é um delito eminentemente *preterdoloso*. O agente não pode, dessa forma, para que se aplique a Lei de Tortura, pretender a morte do agente, pois, caso contrário, responderá pelo crime de homicídio qualificado, tipificado pelo Código Penal.

Concluindo o raciocínio, no art. 121 do diploma repressivo, a tortura é um meio cruel, utilizado pelo agente na prática do homicídio; na Lei nº 9.455/97, ela é um *fim em si mesmo* e, caso ocorra a morte da vítima, terá o condão de qualificar o delito, que possui o *status* de crime preterdoloso.

17.7. Tortura e lesões corporais de natureza leve

Tendo em vista o princípio da consunção, as lesões corporais de natureza leve são sempre absorvidas pelo delito de tortura. Se, da tortura, resultarem lesões corporais de natureza grave ou gravíssima, o delito será considerado qualificado, nos termos do § 3º do art. 1º da Lei nº 9.455/97. Nesse caso, não haverá concurso de crimes entre a tortura e as lesões graves ou gravíssimas, haja vista que, se fosse aplicada a regra do referido concurso, haveria incorrência no chamado *bis in idem*.

17.8. Tortura, maus-tratos e lesão corporal em situação de violência doméstica

> Distinção entre tortura, lesão corporal no âmbito de violência doméstica e maus-tratos. A peculiaridade dos autos indica que se tratou, efetivamente, de tortura, pois a vítima teria sido pisoteada, correndo o risco de morrer, tendo sido atingido o seu pâncreas. Antes mesmo teria havido outras situações, segundo o relato da vítima, de agressões, obrigação a ingestão de fezes e de pimenta. Preponderou a intenção de causar intenso sofrimento com o fim de castigar, não de causar maus-tratos com o fim de castigar e com o abuso de meios de correção. Distinção que impõe ao intérprete examinar os dados objetivos resultantes da ação e constantes da prova dos autos, uma vez ser impossível examinar a intenção do agente no exato momento do fato (TJ-RS, AC 70056548563, Rel. Des. Diogenes Vicente Hassan Ribeiro, *DJe* 24.11.2014).

17.9. Tortura como meio para a realização de outro crime

> Crimes de roubo majorado e tortura. Princípio da consunção. Descabimento. Ocorre o crime de tortura quando a vítima é alvo de sofrimento físico e mental, de forma tão intensa e desumana que extrapola a prática da simples violência ou grave ameaçada exercida para consolidação do crime de roubo. Tendo o réu agido com desígnios independentes, contra bens jurídicos diversos, forçoso

convir que esses delitos são autônomos, afastando a aplicação da regra da consunção (TJ-MG, AC 0043204-14.2016.8.13.0514, Rel. Des. Eduardo Machado, *DJe* 19.10.2017).

O crime de tortura não se configura autonomamente, quando o sofrimento psicológico é imposto às vítimas como modo para a consecução do roubo majorado e da extorsão majorada, impondo-se a sua absorção, por força do princípio da consunção (TJ-MG, AC 1.0035.11.005629-4/001, Rel. Des. Agostinho Gomes de Azevedo, *DJe* 07.02.2014).

17.10. Tortura e improbidade administrativa

Na hipótese dos autos, o ato ímprobo se caracteriza quando se constata que as vítimas foram tortura-das, em instalações públicas, ou melhor, na Delegacia de Polícia. (...)

Conclusão: violência policial arbitrária é ato que viola frontalmente os mais elementares princípios da Administração Pública. A violência policial arbitrária não é ato apenas contra o particular-vítima, mas sim contra a própria Administração Pública, ferindo suas bases de legitimidade e respeitabilidade. Tanto assim que essas condutas são tipificadas, entre outros estatutos, no art. 322 do Código Penal, que integra o Capítulo I ("Dos Crimes Praticados por Funcionário Público contra a Administração Pú-blica"), que por sua vez está inserido no Título XI ("Dos Crimes contra a Administração Pública"), e também nos arts. 3º e 4º da Lei nº 4.898/65, que trata do abuso de autoridade. Em síntese, atentado à vida e à liberdade individual de particulares, praticado por agentes públicos armados – incluindo tortura, prisão ilegal e "justiciamento" –, afora repercussões nas esferas penal, civil e disciplinar, pode configurar improbidade administrativa, porque, além de atingir a pessoa-vítima, alcança simultanea-mente interesses caros à Administração em geral, às instituições de segurança pública em especial, e ao próprio Estado Democrático de Direito (STJ, REsp 1.177.910/SE, 1ª Seção, Rel. Min. Herman Benja-min, *DJe* 17.02.2016).

Capítulo 2
TERRORISMO

1. INTRODUÇÃO

O mundo está vivendo em pânico. Atentados terroristas estão sendo praticados em todos os continentes. O medo está se espalhando rapidamente, como um rastro de pólvora aceso. Nunca se discutiu tanto a palavra *terrorismo* como se tem feito ultimamente, sobretudo no início do século XXI.

Com isso não estamos afirmando que o terrorismo seja um acontecimento recente na história da humanidade. Na verdade, atos de terrorismo se perdem no tempo. Sem querer mergulhar intensamente nesse tópico, ou seja, na história do terrorismo, podemos apontar, a título de exemplo, alguns eventos: desde a época em que os gregos, entre 434 e 350 a.C., dele se utilizavam em suas guerras; os romanos que, desde a república, exterminavam populações civis utilizando-se dos termos "guerra destrutiva" ou "guerra punitiva"; os zelotes, que pertenciam a uma seita judaica que não aceitava as autoridades gregas e romanas e, consequentemente, praticavam uma série de ataques, ainda no século I da era cristã; passando pelo terror Jacobino imposto após a Revolução Francesa, de 1789; pelos atos da Ku Klux Klan, nos Estados Unidos da América (EUA), em 1865; chegando ao século XX em "guerras" internas, como na Macedônia, Argélia, Espanha, Irlanda do Norte, nos territórios palestinos; culminando com a principal espécie de terrorismo enfrentada pelo início do século XXI, que é o chamado terrorismo religioso, tendo como marco principal os atentados, nos EUA, ocorridos em 11 de setembro de 2001.

De acordo com as lições de Anne Williams e Vivian Head:

> "Não foi, provavelmente, senão nos anos 1960 que o terrorismo como o conhecemos hoje se tornou proeminente, com a formação da OLP (Organização para Libertação da Palestina) e do IRA (Exército Republicano Irlandês). Esses grupos, e outros como eles, usavam violência contra populações civis num esforço de concretizar mudanças por razões religiosas ou ideológicas. Um exemplo memorável é a 'Sexta-feira Sangrenta', o nome dado ao 21 de julho de 1972, data dos ataques à bomba realizados pelo braço armado do Exército Republicano Irlandês em Belfast e arredores, na Irlanda do Norte, com o propósito de causar prejuízo econômico."[1]

E continuam, dizendo:

> "O sucesso das atividades terroristas irlandesas chamou a atenção de outros países, e, percebendo que essa tática poderia ter um forte impacto em uma grande variedade de questões, começaram a fundar grupos terroristas dentro dos próprios governos. Síria, Líbia e Irã foram apenas alguns países que se dispuseram a patrocinar o terrorismo."[2]

---

[1]   WILLIAMS, Anne; HEAD, Vivian. *Ataques terroristas*: a face oculta da vulnerabilidade, p. 20-21.

[2]   WILLIAMS, Anne; HEAD, Vivian. *Ataques terroristas*: a face oculta da vulnerabilidade, p. 21.

Embora os atentados de 11 de setembro de 2001, nos EUA, possam ser considerados um marco na história do terrorismo, como deixamos antever anteriormente, outros também, ocorridos antes e depois desse marco, tiveram repercussão mundial, a exemplo dos atentados, em 1972, durante os jogos olímpicos em Munique, na então Alemanha Ocidental, quando, em 5 de setembro, 11 integrantes da equipe olímpica de Israel foram mortos por terroristas palestinos, pertencentes ao grupo que ficou conhecido por "Organização Setembro Negro", uma facção da Organização para libertação da Palestina, fato que foi transmitido ao mundo, em tempo real. Além da equipe israelense, cinco terroristas foram mortos, sendo outros três capturados pela polícia alemã, que, diga-se de passagem, teve uma péssima atuação, após o que o governo alemão decidiu criar uma unidade policial contraterrorismo, conhecida por GSG 9, com o fim de se aperfeiçoar para possíveis eventos futuros, transformando-se em uma unidade que serviu de exemplo, posteriormente, aos demais países que lidam com esse gravíssimo problema.

Após o atentado de 11 de setembro de 2001, o mundo assistiu a outras atrocidades praticadas por diversos grupos terroristas, a exemplo do que ocorreu em Madri, em 11 de março de 2004; em Londres, em 7 de julho de 2005; em Moscou, entre 23 e 26 de outubro de 2015; em Paris, em 7 de janeiro de 2015, somente para citar poucos, lembrando que esses ataques ainda não cessaram, ou talvez até nunca cessem.

O que estamos querendo afirmar é que o terrorismo, independentemente do nome que a ele se atribui atualmente, ou que lhe era atribuído no passado, praticamente, sempre existiu.

No entanto, o que vem a ser terrorismo? A resposta a essa questão é difícil, uma vez que seu conceito se encontra longe de estar pacificado. Como esclarece Martha Crenshaw, professora associada de Ciência Política da Stanford University, "seu uso é em geral subjetivo e pejorativo, empregado no sentido de condenar um adversário. Não é fácil usar esse termo e entendê-lo de maneira objetiva"[3], ou, ainda, como diz David J. Whittaker, "terrorismo é um termo pejorativo. É uma palavra com conotações intrinsecamente negativas que se aplica, em geral, aos inimigos e oponentes ou àqueles dos quais se discorda e que, de preferência, devem ser ignorados"[4].

Imputar a alguém ou a algum grupo a pecha de terrorista tem uma forte conotação negativa. Assim, não é incomum que grupos antagônicos se conceituem, reciprocamente, como terroristas, cada qual sobrelevando, subjetivamente, seu ponto de vista. Um governo, por exemplo, pode tachar de terrorista um grupo que luta pela sua modificação, ao passo que esse mesmo grupo entenda, por seu turno, que luta contra um governo tirano, que pratica o terrorismo de Estado. Veja-se, a título de exemplo, o que tem ocorrido na Venezuela entre 2016 e 2019, onde o governo ditatorial de Nicolás Maduro tem massacrado a população que lhe é contrária e, ao mesmo tempo, denomina terroristas aqueles que pugnam pela modificação dessa infame ditadura apoiada, infelizmente, por muitos políticos brasileiros atuantes em partidos de esquerda.

Há, portanto, um processo de etiquetamento, tendente a criminalizar e fazer que a população se coloque contrariamente àquele grupo tachado de terrorista, facilitando, consequentemente, as ações levadas a efeito por aqueles que o combatem, legitimando-as.

Conforme asseveram André Luís Callegari et al.:

---

[3] CRENSHAW, Martha. O terrorismo visto como um problema de segurança internacional. In: HERZ, Mônica; AMARAL, Arthur Bernardes do. (org.). *Terrorismo e relações internacionais*: perspectivas e desafios para o século XXI, p. 27.

[4] WHITTAKER, David J. *Terrorismo: um retrato*, p. 25

"A conceituação do fenômeno terrorista tem se apresentado como uma tarefa tormentosa no cenário mundial, seja em razão da complexidade desse fenômeno, pela possibilidade de sua manifestação de diversas formas em inúmeras partes do mundo, entre outros fatores. Diante dessa dificuldade conceitual, está-se diante da inexistência de uma definição universal de terrorismo (o que, talvez, seja impossível de se alcançar)."[5]

No mesmo sentido, Silvia Mendoza Calderón adverte:

"Apesar da generalização do uso do termo 'terrorismo' em muitos campos de aplicação do Direito Penal, o ponto de partida obrigatório é que carecemos de um conceito unanimemente aceito de terrorismo, de uma definição formal que permita delimitar tal problemática deste fenômeno, tanto a nível nacional como internacional.

Se considera que o terrorismo, além de fazer referência a um fato delitivo, seria um conceito histórico com uma forte carga emotiva ou política, que em cada momento e lugar havia sido aplicado a realidades muito diversas em função dos interesses políticos de cada Estado. Desse modo, segundo as diversas perspectivas, os mesmos fatos podem ser qualificados como terrorismo ou de movimentos de resistência ou liberação ou, inclusive, de guerra; restando inviável um conceito de terrorismo com pretensões de validade universal."[6]

Prova maior da dificuldade de se conceituar o terrorismo é que, mesmo nos EUA, que estão acostumados a lidar com esse tipo de tática violenta, não existe uma única definição. Assim, de acordo com o Departamento de Defesa dos Estados Unidos, terrorismo diz respeito ao:

"Uso calculado de violência ilegal ou ameaça de violência ilegal para incutir medo; tentativa de coagir ou intimidar governos ou sociedades na busca de objetivos que são geralmente políticos, religiosos ou ideológicos."

Para o FBI (Federal Bureau of Investigation):

"Terrorismo é o uso ilegal de força e violência contra pessoas ou propriedades para intimidar ou coagir um governo, a população civil, ou qualquer segmento deles, no apoio a objetivos políticos ou sociais."

Já o Departamento de Estado americano afirma ser o terrorismo uma:

"Violência premeditada, politicamente motivada, perpetrada contra alvos não combatentes por grupos subnacionais ou agentes clandestinos, normalmente com o propósito de influenciar uma plateia."

Das definições traduzidas pelos diversos dicionários, entendemos que aquela prevista no *Diccionario de la lengua española*, produzido pela Real Academia Española, é a que mais clara e objetivamente explica o termo *terrorismo*, traduzindo-o como: *dominação pelo terror; sucessão de atos de violência executados para infundir terror.*

---

[5] CALLEGARI, André Luís et al. *O crime de terrorismo*: reflexões críticas e comentários à Lei de Terrorismo, p. 7.

[6] MENDOZA CALDERÓN, Silvia. El delito de terrorismo como crimen internacional: su consideración como crimen de lesa humanidad. In: CONTRERAS, Guilhermo Portilla; CEPEDA, Ana Isabel Pérez (coord.). *Terrorismo y contraterrorismo en el siglo XXI*: un análisis penal y político criminal, p. 49-50.

Essa, portanto, é a ideia principal, ou seja, o terrorismo diz respeito à prática de atos que têm por finalidade principal *infundir terror, medo, pânico*, para que seus objetivos principais venham a ser alcançados, e que podem ter diversas naturezas, como veremos posteriormente, a exemplo dos objetivos político, religioso, racial, étnico etc.

Assim, o ponto fundamental do terrorismo, como o próprio nome nos induz a crer, é a prática de atos que tragam à população a sensação de pânico, medo, insegurança, incerteza dos atos futuros, enfim, resumidamente, a expansão do medo é sua peça central. No entanto, tudo deve ser levado a efeito com uma finalidade, conforme analisaremos durante o estudo do tema.

De acordo as precisas lições de Tatiana de Almeida Freitas R. Cardoso:

"O medo é uma característica enraizada aos atos terroristas, exatamente porque essa emoção 'gera um sentimento coletivo e cotidiano de insegurança'. E os seres humanos, de um modo geral, detêm 'um medo específico de ameaças que possam ser facilmente representadas ou imaginadas', as quais influenciam o pensamento de tal forma que tudo passa a ser visto como uma possibilidade de atentado – mesmo que aquele tenha sido um fato isolado doméstico, como aqueles ocorridos em Boston no dia 5 de abril de 2013.
Através de suas incursões, os (grupos) terroristas promovem a difusão desse sentimento, paralisando a população – aqui englobando governo e sociedade civil – de modo que os deixem sem forças para combatê-lo rapidamente, em uma real demonstração de incapacidade, a qual faz com que seus pedidos e pretensões sejam garantidos, mesmo que momentaneamente. Afinal, o medo ressalta a insegurança social, de modo que a comunidade não se sentiria 'mais protegida pelo Estado', dada a falta de confiança e segurança oferecida por este."[7]

Ainda, como bem destacado por Leonardo Boff:

"Terrorismo é toda violência espetacular praticada com o propósito de ocupar as mentes de medo e pavor. O importante não é a violência em si, mas seu caráter espetacular, capaz de dominar as mentes de todos."[8]

Com precisão, Ernesto Garzón Valdés esclarece que:

"O terrorismo é um método ou um modo de comportamento. Consiste precisamente na realização de um ato ou uma atividade cujo resultado pretendido é a criação de um estado psicológico de temor generalizado. Nesse sentido, podia dizer-se que existe una relación intrínseca ou *lógica* entre terrorismo e a obtenção deste determinado estado psicológico; quando este último não se produz, não cabe falar de terrorismo. Ao contrário, as motivações e os objetivos que conduzem ao uso desse método estão extrínsecos ou *casualmente* vinculados ao terrorismo. Eles podem ser de variada natureza: políticos, religiosos, econômico ou sociais."[9] (tradução livre)

No Brasil, a Lei nº 13.260, de 16 de março de 2016, conceituou e limitou o terrorismo, conforme se verifica pela redação do seu art. 2º, dizendo, *in verbis*:

---

[7] CARDOSO, Tatiana de Almeida Freitas R. *A mundialização do terrorismo: a (re)definição do fenômeno após o 11 de setembro*, p. 131-132.

[8] BOFF, Leonardo. *Fundamentalismo, terrorismo, religião e paz*: desafio para o século XXI, p. 71-72.

[9] GARZÓN VALDÉS, Ernesto et al. Terrorismo y derechos fundamentales: EL terrorismo político no institucional, p. 37-38.

> **Art. 2º** O terrorismo consiste na prática por um ou mais indivíduos dos atos previstos neste artigo, por razões de xenofobia, discriminação ou preconceito de raça, cor, etnia e religião, quando cometidos com a finalidade de provocar terror social ou generalizado, expondo a perigo pessoa, patrimônio, a paz pública ou a incolumidade pública.
>
> § 1º São atos de terrorismo:
>
> I – usar ou ameaçar usar, transportar, guardar, portar ou trazer consigo explosivos, gases tóxicos, venenos, conteúdos biológicos, químicos, nucleares ou outros meios capazes de causar danos ou promover destruição em massa;
>
> II – (Vetado);
>
> III – (Vetado);
>
> IV – sabotar o funcionamento ou apoderar-se, com violência, grave ameaça a pessoa ou servindo-se de mecanismos cibernéticos, do controle total ou parcial, ainda que de modo temporário, de meio de comunicação ou de transporte, de portos, aeroportos, estações ferroviárias ou rodoviárias, hospitais, casas de saúde, escolas, estádios esportivos, instalações públicas ou locais onde funcionem serviços públicos essenciais, instalações de geração ou transmissão de energia, instalações militares, instalações de exploração, refino e processamento de petróleo e gás e instituições bancárias e sua rede de atendimento;
>
> V – atentar contra a vida ou a integridade física de pessoa:
>
> Pena – reclusão, de doze a trinta anos, além das sanções correspondentes à ameaça ou à violência.

O termo *terrorismo* foi utilizado pela primeira vez após a Revolução Francesa, de 1789, com o sentido de "atos contrários ao regime", quando, a fim de serem mantidos os ideais revolucionários, milhares de pessoas foram executadas, principalmente com a utilização da guilhotina. Naquela época, havia um grupo radical, conhecido como *Jacobinos*, tendo Robespierre como um de seus líderes, que criou o Tribunal Revolucionário, espalhando o medo a todos aqueles que se opunham ao pensamento que tomou conta da França. Deviam decapitar qualquer um que se opusesse à Revolução, fosse por palavra, obra, e mesmo somente por intenção. Na verdade, como adverte Jonathan Barker, "o político conservador inglês Edmund Burke foi um dos primeiros a utilizar os termos 'terrorista' e 'terrorismo' para chamar a atenção sobre os sanguinários excessos do estado jacobino"[10] (tradução livre).

Como esclarecem Paulo Sutti e Silvia Ricardo:

> "O período entre setembro de 1793 e julho de 1794, caracterizado por grande violência e por centenas de execuções, deu origem ao termo *terrorismo*, que apareceu grafado pela primeira vez em 1798 no Suplemento do Dicionário da Academia Francesa, para caracterizar o extermínio em massa de pessoas de oposição ao regime promovido pela autoridade governamental instituída. Nesse sentido, o Estado é o agente do terror."[11]

Até o próprio Robespierre foi vítima do regime de terror de que fez parte, sendo guilhotinado em 28 de julho de 1794, sim, como resume, com precisão, Fernando Díaz-Plaja, aquele mesmo "Maximiliano Robespierre, o advogado de Arras que quando era jovem escrevia brilhantemente contra a pena de morte"[12] (tradução livre).

Não podemos nos esquecer que um ato de terrorismo precipitou o início da Primeira Grande Guerra Mundial quando Gavrilo Princip, membro da organização nacionalista Sérvia, conhecida por Mão Negra, causou a morte do Arquiduque Francisco Ferdinando, herdei-

---

[10] BARKER, Jonathan. *El sinsentido del terrorismo*, p. 17-18.

[11] SUTTI, Paulo; RICARDO, Silvia. *As diversas faces do terrorismo*, p. 3.

[12] DÍAZ-PLAJA, Fernando. *A la sombra de la guillotina*: la cara sangrienta de la Revolución Francesa cuando el trágico invento era dueño de Francia, p. 180.

ro do Império Austro-Húngaro, juntamente com sua esposa, a Duquesa Sofia de Hohenberg, durante uma visita a Sarajevo, capital da Bósnia, em 28 de junho de 1914.

No entanto, foi após a Segunda Grande Guerra Mundial (1939-1945) que o *terrorismo* sofreu uma expansão extraordinária, sendo utilizado como recurso em quase todas as partes do planeta, principalmente nos países do chamado terceiro mundo, onde havia uma divisão entre os grupos de esquerda e de direita, por conta da Guerra Fria.

Interessante notar que, a partir do final da Segunda Guerra Mundial, o termo "terrorismo" começou a ser mitigado por conta de algumas lutas que começaram a ser travadas entre alguns países e suas colônias. Assim, quando atos de terrorismo eram praticados com a finalidade de libertar a população do jugo de seus colonizadores, pugnando pela sua independência, as pessoas que os levavam a efeito, em vez de serem reconhecidas como "terroristas", passaram a ser chamadas de "combatentes da liberdade".

Alessandro Visacro relembra:

"Em algumas lutas de independência, como no Quênia e na Argélia, o terrorismo desempenhou um papel realmente significativo. Nesse período, os militantes do IRA e os membros da OLP e da FPLP redefiniram os métodos terroristas. Os irlandeses tornaram-se responsáveis por atentados à bomba bem elaborados, que vitimaram propositadamente um número considerável de civis inocentes. Os palestinos internacionalizaram o terror, atacando alvos israelenses fora do Oriente Médio e estabelecendo estreitos vínculos com organizações de outros países. O Exército Vermelho japonês, a Fração do Exército Vermelho alemã, as Brigadas Vermelhas italianas, o basco ETA, entre tantos outros grupos, sofreram enorme influência de irlandeses e palestinos, sem nunca se igualarem a eles.
No final dos anos 1970, a Revolução Iraniana marcou o 'surgimento' do terrorismo religioso. Desde então, organizações como o Hezbollah, o Hamas e a Jihad Islâmica Palestina têm alcançado notável projeção e obtido êxitos significativos, recorrendo às operações de martírio."[13]

Desse modo, como informamos anteriormente, desde a segunda metade do século XX, a sociedade tem sido vítima de centenas de ataques terroristas ao redor do mundo, e a grande maioria foi ignorada pela mídia que, ao que parece, somente se importa com aqueles que envolvam as nações mais desenvolvidas, a exemplo dos EUA, da França, da Espanha, da Inglaterra, da Bélgica etc. Quando esses ataques ocorrem no Oriente Médio ou na África, por exemplo, quase não são divulgados, mesmo que ocasionem a morte de centenas de pessoas inocentes. Existe, portanto, uma divulgação seletiva desses ataques. Quando a mídia os noticia, não dá a mesma importância que àqueles praticados em países do chamado "primeiro mundo", mais ocidentalizados, como se as vidas dos demais não tivesse tanta importância. O absurdo é evidente.

O início do século XXI já começou marcado por uma história de medo dos atos terroristas, principalmente daqueles de cunho religioso, como os praticados, por exemplo, pela Al-Qaeda e pelo Estado Islâmico. Na verdade, conforme bem apontado por Emanuel de Moraes:

"A prática dos atos de terrorismo faz parte de uma ação guerreira islâmica desde o século VII, sendo certo que Maomé recomendava todas as espécies de ações violentas contra os

---

[13] VISACRO, Alessandro. *Guerra irregular*: terrorismo, guerrilha e movimentos de resistência ao longo da história, p. 280.

não crentes. Por isso, o jornalista Jerry Falwell bem caracterizou o Profeta Maomé como um terrorista e um homem violento."[14]

Não podemos, no entanto, a não ser em sentido figurativo, declarar uma "guerra contra o terror", pois, na verdade, não existe uma guerra regular, no sentido técnico da palavra. Por outro lado, também não podemos negar a situação de guerra irregular, conforme veremos mais adiante. Contudo, de acordo com as lúcidas lições de Cícero Krupp da Luz:

> "Um ato terrorista caracteriza-se por um ato violento, mas é – e sempre havia sido – tratado muito diferente de uma *guerra*. A guerra tem pressupostos claros, declaração formal, dois Estados com territórios e, principalmente, um conceito de vitória.
> Entre todos esses elementos faltantes, aquele que é mais falacioso é o aspecto da vitória. Sua definição é revista. A vitória na Segunda Guerra Mundial e a estabilização da *paz* não são características que podem ser atribuídas ao terrorismo. O terrorismo é melhor definido como uma técnica militar utilizada massivamente por qualquer Força Armada ou grupo militar na história universal. Durante guerras, todos os lados a utilizam como técnica: destruindo fontes de comunicação e redes de alimentação, formas de transporte. O bombardeio massivo a cidades alemãs, ou a Hiroshima, provocou a morte de milhares de inocentes. Isso também é terrorismo."[15]

Na verdade, o terrorismo é uma estratégia, uma tática que, por meio da violência ou ameaça, praticadas contra a população civil, ou mesmo contra os agentes do governo, infunde o terror como método para obtenção de determinada finalidade, que pode ser política, religiosa, ideológica, racial, étnica etc. São, portanto, atos que têm o condão de disseminar o terror, principalmente porque, como regra, não se sabe quando serão praticados, deixando uma atmosfera de pânico entre a sociedade por eles ameaçada.

Com isso, queremos afirmar que é uma tarefa extremamente complicada criar um tipo penal incriminador que preveja o terrorismo, uma vez que todos os seus atos já se configuram infrações penais autônomas. Nesse sentido, Francisco Bueno Arús assevera, com precisão:

> "*Não existe definição legal possível de terrorismo*. A definição legal de um delito se cimenta, fundamentalmente, em dois dados: o bem jurídico protegido pelo legislador e a modalidade de ação desenvolvida pelo delinquente, graças aos quais podemos individualizar cada tipo de delito (pelo menos, simples) na selva dos tipos de delito que constitui um Código Penal."[16] (tradução livre)

E continua o renomado autor, em sua última lição acadêmica proferida na aula magna por ele pronunciada na Faculdad de Derecho de la Universidad Pontificia Comillas, em Madri, em 7 de maio de 2008, dizendo:

> "Essa individualização não existe no caso do terrorismo, tipo complexo (ataque a bens jurídicos pessoais, à segurança do Estado e a paz internacional, ao mesmo tempo) que estruturalmente pode ser perfeitamente subsumível em outros tipos penais, como o homicídio, a detenção ilegal,

---

[14] MORAES, Emanuel de. *A atual guerra islâmica: o terrorismo*, p. 67-68.

[15] KRUPP DA LUZ, Cícero. O paradoxo da manutenção do *status quo* da política internacional: as quatro falácias do código binário terrorismo/direitos humanos. In: BORGES, Rosa Maria Zaia; AMARAL, Augusto Jobim do; PEREIRA, Gustavo Oliveira de Lima (org.). *Direitos humanos e terrorismo*, p. 47.

[16] BUENO ARÚS, Francisco. *Terrorismo*: algunas cuestiones pendientes, p. 61.

a ameaça ou os danos, e onde o elemento essencial para a inaplicação desses tipos vai residir em algo invisível, como é a finalidade de atuar contra a ordem constitucional estabelecida, que, ademais, também podemos encontrar em outros tipos (delitos contra a Constituição, delitos contra a ordem pública). Por isso, não existe um delito de terrorismo que possa ser somente delito de terrorismo, e os casos reais que julgam os tribunais são sempre casos de concurso de normas ou de delitos."[17] (tradução livre)

Por essa razão, insistimos, o terrorismo deve ser considerado somente uma *tática*, uma *estratégia* para infundir o terror, mediante atos de ameaça ou mesmo violência, a pessoas ou a coisas, com determinada finalidade, a exemplo da política, religiosa, racial, étnica etc., ou, para nos valermos da expressão utilizada por John Horgan, "é uma forma sofisticada de guerra psicológica"[18] (tradução livre).

Se, por um lado, esses ataques infundem o pânico, o terror na população por eles atingida, por outro, a manutenção desse clima permanente de terror é um dos grandes problemas que afligem o grupo, uma vez que se torna quase impossível a frequência, sem interrupções, desses mesmos ataques. Interessante citar que, antes da trégua firmada pelo IRA, em 1997, esse grupo terrorista se utilizava de um atirador de precisão, ou seja, um *sniper*, que permanecia no povoado de Cullyhanna, em South Armagh, na Irlanda do Norte, e matava os soldados ingleses que ali adentravam. Esse fato ganhou tanta fama que passou a fazer parte do folclore republicano. Havia, inclusive, murais pintados em sua honra, bem como placas de trânsito, com a silhueta de um homem armado, em que advertiam que naquela área não eram bem-vindos quaisquer inimigos do movimento republicano.

Para que esses atos terroristas alcancem sua finalidade, qual seja, a de infundir terror, pânico, na sociedade, a fim de obterem sucesso na causa que defendem, seja ela de que natureza for, precisam ser vistos e divulgados ao máximo possível. Por isso os atentados terroristas que ocorreram nos EUA em 11 de setembro de 2001 tiveram um valor simbólico jamais visto e elevaram absurdamente o nome do grupo que os praticou, isto é, a Al-Qaeda, bem como o seu líder à época, Osama bin Laden.

Dessa forma, outro elemento que se torna indispensável para que os atos terroristas alcancem as finalidades por eles propostas é, efetivamente, sua ampla *divulgação*. De nada adiantaria, por exemplo, causar a morte de algumas pessoas, ou mesmo destruir algumas propriedades, se isso fosse realizado em alguma cidade onde a possibilidade de divulgação desses atos pela mídia fosse mínima. *O terrorismo é, portanto, um fenômeno tipicamente urbano.*

Não é o ato pelo ato em si, mas, sim, as consequências que ele pode produzir no seio da sociedade, tornando o grupo terrorista e sua causa cada vez mais conhecidos, passando, outrossim, a ser temido por uns e admirado por outros que com ele compartem seus ideais, servindo, portanto, a diversas causas, a exemplo de amedrontar a população em geral, recrutar outros combatentes que se sentem estimulados por seus atos criminosos, angariar a simpatia de membros da sociedade que enxergam uma resposta exagerada do governo contra os terroristas etc.

O terrorismo passou, e ainda vem passando, por várias fases ou períodos. Joanisval Brito Gonçalves e Marcus Vinícius Reis, com fundamento em David C. Rapoport, por eles citado, resumem essas *quatro fases*, as quais denominam *ondas terroristas*, dizendo que a primeira onda:

---

[17] BUENO ARÚS, Francisco. *Terrorismo:* algunas cuestiones pendientes, p. 61-62.

[18] HORGAN, John. *Psicología del terrorismo:* cómo y por qué alguien se convierte en terrorista, p. 28.

"Chamada de Onda Anarquista (*Anarchist Wave*) inicia-se na década de 1880 e segue até a década de 1920, quando a segunda, a Onda Anticolonial (*Anti-Colonial Wave*) tem início. Já a terceira, chamada de Onda Nova da Esquerda (*New Left Wave*), ou o Terrorismo Vermelho, começa nos anos 60 do século XX e vai até o final da década de 1970, uma vez que, em 1979, tem início a quarta onda, chamada Onda Religiosa (*Religious Wave*), a qual chegaria a nossos dias e deveria continuar até aproximadamente 2025."[19]

Interessante notar que, embora Rapoport profetizasse a duração da quarta onda até 2025, a partir dos atentados de 11 de setembro de 2001, nos EUA, essa "maré" cresceu assustadoramente, agigantando suas ondas, fazendo, inclusive, que se misturassem, surgindo uma quinta onda. Trata-se, como diz César Augusto Niño González, da "mistura e relação especial entre o crime organizado e o terrorismo"[20] (tradução livre). De forma precisa, esclarece:

"A quinta onda é um ciclo inclusivo. Este período não exclui modalidades, atores e nem conjunturas. A religião, os ânimos separatistas, o anti-imperialismo, o narcotráfico, a lavagem de ativos, as redes obscuras, os assassinatos massivos e seletivos fazem parte do grande pacote da quinta onda. O amalgamento entre o crime e o terrorismo faz que ambos sobrevivam de maneira exitosa."[21]

A título de conclusão lógica sobre essa pequena introdução, podemos dizer que aquele que pratica atos de terrorismo é considerado, portanto, um terrorista. Depois de tudo que acabamos de expor, a dúvida ainda permanece com relação a esses dois termos, ou seja, *terrorismo* e *terrorista*. Como já afirmamos, essa qualificação pejorativa dependerá do ponto de vista de quem a observa, bem como de quem a pratica. O que para alguns pode ser considerado um terrorista para outros pode ser entendido como um combatente pela liberdade. Apenas a título de exemplo, Yasser Arafat, reconhecido por muitos como um terrorista, para o povo palestino era tido como alguém que almejava tão somente a liberdade e o reconhecimento do seu povo. Da mesma forma, Nelson Mandela, na África do Sul, era tido como terrorista pelo governo daquele país e como um libertador, um defensor da dignidade e da igualdade de todos os seres humanos, independentemente de sua origem, cor, raça etc. Conforme se percebe sem muito esforço, o tema é delicado e faremos o melhor possível para tentar esclarecê-lo, sem a pretensão de conseguir defini-lo com precisão, já que nenhuma nação do mundo o conseguiu fazer até o presente momento.

Desse modo, como afirma corretamente David J. Whittaker:

"Terrorismo é um termo sem significado legal. É meramente um modo conveniente de aludir a atividades, sejam de Estados sejam de indivíduos, amplamente desaprovadas e nas quais quer os métodos usados são ilegais, quer os alvos proibidos, ou ambos. O direito internacional em geral e os mecanismos das Nações Unidas especificamente vêm buscando penosamente, ao longo de anos, especificar exatamente o que é proibido e proporcionar amplas possibilidades para jurisdição sobre tais eventos e pessoas."[22]

---

[19]   BRITO GONÇALVES, Joanisval; REIS, Marcus Vinícius. *Terrorismo: conhecimento e combate,* p. 26.

[20]   NIÑO GONZÁLEZ, César Augusto. *El terrorismo como régimen internacional subterráneo*: más allá de una lógica convencional, p. 40.

[21]   NIÑO GONZÁLEZ, César Augusto. *El terrorismo como régimen internacional subterráneo*: más allá de una lógica convencional, p. 41-42.

[22]   WHITTAKER, David J. *Terrorismo*: um retrato, p. 442-443.

252 | CRIMES HEDIONDOS E EQUIPARADOS – ROGÉRIO GRECO

Assim, consoante afirmado por W. Laqueur[23], tanto a pornografia quanto o terrorismo são difíceis de serem descritos e definidos, mas, no entanto, todos nós os reconhecemos quando os vemos.

2. MOTIVAÇÃO QUE IMPULSIONA O TERRORISMO

Um dos elementos caracterizadores do terrorismo é, efetivamente, a motivação com que o agente ou o grupo atuam, pois o terrorismo quase nunca é um fim em si mesmo. Essa motivação, como já vimos, pode ser das mais diversas, ou seja, de cunho político, religioso, étnico, racial, xenófobo etc. Contudo, não há crime sem motivação, e, quando este é praticado por alguém, não estamos, necessariamente, diante de atos terroristas. Alguém que mata um torcedor de outro time, durante a saída de uma partida de futebol, deve responder pelo delito de homicídio, e não pelo de terrorismo, embora o ato em si, praticado na presença de diversas pessoas, tenha sido levado a efeito também com a finalidade de causar pânico, terror, nas demais pessoas que ali se encontravam, principalmente nos torcedores rivais.

De acordo com as lições de David J. Whittaker:

"Os terroristas se inspiram em motivos diferentes. Os estudiosos do terrorismo classificam tais motivos em três categorias: racionais, psicológicas e culturais. Um terrorista pode ser modelado por combinação das três."[24]

Continuando com suas lições, esclarece:

"O terrorista racional analisa por completo seus objetivos e opções e faz a comparação custo/benefício. Procura determinar se existem meios menos custosos e mais efetivos do que o terrorismo para a consecução de seus propósitos. Para avaliar o risco, pesa a capacidade defensiva do alvo em relação à sua própria capacidade de ataque. Estima as possibilidades de seu grupo para sustentar o esforço. A questão essencial é saber se o terrorismo funcionará para determinado objetivo em função das condições da sociedade naquela oportunidade."[25]

Por motivação psicológica podemos entender toda aquela em que o indivíduo que integre o grupo terrorista passe a introjetar a ideia de que a sua única razão de existência é a defesa de determinada causa. Sem ela, sua vida perde o sentido. O grupo terrorista passa a fazer parte da sua própria existência. Por essa razão, as deserções são consideradas traições imperdoáveis. Em nenhuma hipótese serão convencidos de que atuam de forma equivocada, pois têm uma crença inabalável na causa por eles defendida.

As motivações culturais dizem respeito a determinados valores específicos de certas sociedades, que as fazem diferentes das demais. Aquilo que para determinada sociedade pode ser um comportamento absurdo para outra pode ser um padrão a ser seguido. Como assevera David J. Whittaker:

"Todos os seres humanos são sensíveis às ameaças aos valores com os quais se identificam. Esses incluem língua, religião, filiação ao grupo e pátria ou terra natal. A possibilidade de perder um deles dispara reações defensivas e até xenófobas.

---

[23] LAQUEUR, W. *apud* HORGAN, John. *Psicología del terrorismo*: cómo y por qué alguien se convierte en terrorista, p. 32.

[24] WHITTAKER, David J. *Terrorismo*: um retrato, p. 43.

[25] WHITTAKER, David J. *Terrorismo*: um retrato, p. 43.

A religião pode ser o mais explosivo dos identificadores culturais porque envolve valores profundamente arraigados. A ameaça à religião de alguém põe em risco não só o presente, mas também o passado e o futuro culturais."[26]

Em regra, o terrorista reúne as três espécies de motivação, efetuando o cálculo racional do custo/benefício da ação do grupo ao qual se identifica completamente, que faz a defesa de acordo com seus ideais culturais, a exemplo do que ocorre com tantos grupos terroristas que ainda atuam no século XXI, principalmente aqueles de cunho separatista ou religioso.

No Brasil, de maneira incompleta, a Lei nº 13.260, de 16 de março de 2016, apontou que somente se configuraria o terrorismo se o agente atuasse por razões de *xenofobia, discriminação ou preconceito de raça, cor, etnia e religião*, deixando de fora um dos seus motivos mais marcantes, que é o terrorismo de cunho *político*. Infelizmente, foi editada durante o governo da Presidente Dilma Rousseff, que, sabidamente, no passado, pertenceu a grupos terroristas de esquerda, que atuavam com motivações políticas.

Em muitas situações, será extremamente difícil identificar se o comportamento praticado por um único agente ou mesmo um grupo de pessoas pode ser considerado um ato terrorista, ou uma conduta cometida em defesa de ideais legítimos. Como se costuma afirmar, o que para alguns é um terrorista para outros é um combatente pela liberdade.

Esse critério, portanto, como já deixamos antever anteriormente, varia dependendo da ótica de quem o interpreta. Assim, no Brasil, por exemplo, durante o período do governo militar entre 1964 e 1985, vários grupos se formaram, como o denominado Ação Libertadora Nacional, fundado por Carlos Marighella em 1968, e o Movimento Revolucionário 8 de outubro (MR-8), ambos com ideais de esquerda, principalmente influenciados pela extinta União das Repúblicas Socialistas Soviéticas (URSS), bem como por Cuba, cuja finalidade era a deposição do governo militar e a implementação de um regime democrático, que, diga-se de passagem, também não existe nos países socialistas (ou comunistas). Para os militares que governavam o País, tratava-se de terroristas, que deviam ser presos e punidos severamente; por outro lado, os pertencentes a esses grupos tinham a convicção de que agiam de forma legítima contra um governo ditatorial.

Veja-se também o exemplo que ocorreu na África do Sul, com a prisão de Nelson Mandela, um dos líderes do movimento contra o Apartheid, ou seja, um regime de segregação dos negros que viviam naquele país. Mandela foi condenado à prisão perpétua em 1964 e utilizava táticas de guerrilha contra o governo, a fim de implementar seus ideais libertários e extremamente justos, diga-se de passagem. Foi condenado como sendo um terrorista. No entanto, em 11 de fevereiro de 1990, depois de vários protestos não apenas na África do Sul mas também em muitos outros países, que exigiam sua libertação, Mandela foi solto, e considerado um herói nacional. Em 1993, recebeu o Prêmio Nobel da Paz. Assim, portanto, podemos chamá-lo de terrorista ou de alguém que resistiu e lutou contra um regime cruel, que fazia distinção entre pessoas tão somente pela sua cor da pele?

Como se vê, as respostas não são fáceis. Cada um age de acordo com sua consciência, motivado por algum ideal. Os meios empregados por esses grupos têm, como regra, a imposição do terror, a fim de alcançar suas finalidades. Esse raciocínio pode ser feito até mesmo com aqueles que atuam motivados por um fundamentalismo de cunho religioso. Na concepção do grupo em que estão inseridos, eles atuam correta e, supostamente, em nome de Deus. Seus homens-bomba são tratados como mártires, concebidos como heróis, conforme anali-

---

[26] WHITTAKER, David J. *Terrorismo: um retrato*, p. 46.

saremos posteriormente. Seus nomes entram para a história; suas fotografias são espalhadas em vários lugares, enaltecendo suas figuras.

Entretanto, esse olhar deve vir de alguém estranho à relação entre aqueles que cometem atos que podem ser considerados terroristas e as supostas vítimas desses atos. No exemplo citado de Nelson Mandela, o mundo se colocou favorável à sua causa. A violência empregada foi o único meio capaz de chamar a atenção das autoridades e das demais pessoas para o absurdo em que viviam. Qualquer pessoa que viesse a interpretar esses fatos concluiria se tratar de um ato legítimo contra um governo tirano, cruel e racista.

Por outro lado, nada justifica que um grupo religioso, seja ele qual for, pratique atos de terrorismo para que todos os considerados infiéis se convertam à sua religião, ou mesmo que seja instalado um regime teocrático, com a imposição de um califado. Esses atos extremos não podem ser tolerados em qualquer sociedade, nem mesmo naquelas em que seus membros vivem. Aqui, somente os que praticam esses atos os consideram como justos e legítimos. Todos os demais, que enxergam esses comportamentos de fora, os interpretam como inaceitáveis.

Essa, talvez, seja uma das formas de identificarmos quando um ato pode ser considerado terrorista ou não. Com certeza, é um problema de difícil solução. Tanto é verdade que, até hoje, as Nações Unidas ainda não chegaram a um conceito único de terrorismo. No entanto, é um fato que deve ser enfrentado por todas as nações, já que o terrorismo, principalmente o de cunho religioso, tem espalhado pânico e terror em várias partes do mundo.

2.1. Como se forma um terrorista

Muitas pessoas devem se perguntar o que leva alguém a praticar atos de cunho terrorista, como regra de natureza violenta, matando ou ferindo pessoas inocentes (crianças, homens, mulheres, idosos etc.), ou mesmo destruindo patrimônios alheios.

Independentemente da motivação (política, religiosa, racial, étnica etc.), que cuidamos anteriormente, ainda que de forma sucinta, o que buscamos saber é o que faz alguém ter coragem para ingressar em grupos terroristas, ou mesmo agir individualmente, como é o caso dos lobos solitários. A motivação impulsionará o ataque terrorista, mas existe algo anterior que impele alguém a se transformar em um terrorista.

Muitas pessoas podem ter a mesma ideologia, os mesmos sentimentos que motivam os grupos terroristas, mas nem todas estarão dispostas a praticar atos de terror, a fim de verem atendidas suas reivindicações. Assim, por exemplo, nem todas as pessoas que vivem no País Basco, que almejam, ansiosamente, sua separação da Espanha, praticarão atos de terror, ou mesmo se filiarão ao grupo terrorista ETA, para que alcancem essa finalidade. Da mesma forma, muitos palestinos, mesmo querendo o reconhecimento do seu Estado, não atacarão Israel, ou farão parte das fileiras de grupos terroristas existentes, naquela região, que almejam o mesmo fim.

Dessa forma, voltamos a nos perguntar: o que leva alguém a se transformar em um terrorista, deixando de se importar com a dor e o sofrimento alheios que causará com seus atos violentos, a fim de obter sucesso na causa que defende?

Essa é uma das questões mais complexas que podemos enfrentar. Na verdade, não existe uma resposta única, mas, sim, um conjunto de situações, das mais diversas possíveis, que pode fazer que alguém deixe sua vida normal e passe a querer fazer parte de um grupo que atenda aos seus ideais e sentimentos, ou mesmo que seja influenciado a neles acreditar e a defendê-los, mediante o emprego de violência ou ameaças.

Existem, outrossim, fatores *culturais,* em que as crianças são ensinadas, desde a mais tenra idade, a odiar determinados povos, alimentando esse sentimento durante toda a sua vida, a exemplo do que ocorre nos territórios palestinos, onde judeus são vistos como opressores, homicidas, usurpadores etc. Em alguns países muçulmanos, os pais encaminham seus filhos, quando completam 5 ou 6 anos de idade, a campos de treinamentos jihadistas, por mais absurdo que isso possa parecer. Tais fatos têm sido amplamente divulgados nas redes sociais, com vídeos de crianças enaltecendo a *jihad,* bem como a figura do mártir, ou seja, aquele que morre em nome de Alá, pela causa do islã.

Há ainda grupos terroristas, como é o caso do Boko Haram, na Nigéria, que percorrem aldeias e, mediante o emprego de violência, obrigam que crianças, adolescentes e jovens façam parte deles.

Não podemos esquecer também que alguns líderes religiosos são responsáveis pelo recrutamento de pessoas para as causas que defendem, seja em mesquitas, igrejas, seja em qualquer outro lugar onde esse líder exerça influência sobre aqueles que o seguem.

Alguns comportamentos podem, igualmente, levar alguém a assumir um grupo terrorista, ou mesmo praticar atos de violência em seu nome. Veja-se o que ocorreu na França, em 7 de janeiro de 2015, com o jornal satírico *Charlie Hebdo,* cujas várias charges e caricaturas que vinha fazendo a respeito de Maomé despertaram a ira dos irmãos Said Kouachi e Chérif Kouachi, que, vestidos de preto e usando balaclavas, armados com fuzis Kalashnikov, uma espingarda e um lança-granadas, invadiram a sede do jornal, por volta das 11h30, e mataram 11 pessoas, sendo 8 cartunistas. Ao saírem, também mataram, covardemente, um policial, cena essa amplamente divulgada pelos meios de comunicação. Esse jornal, de vertente esquerdista e fortemente antirreligiosa, é conhecido pelo mau gosto com que elabora suas charges, com apelos e ofensas desnecessárias, principalmente dirigidas ao islamismo, ao cristianismo e ao judaísmo. Fez, assim, despertar a ira de dois irmãos que, aparentemente, não eram ligados a nenhum grupo terrorista, mas que se sentiram no dever de defender o islã, praticando atos de terror.

Hoje sabemos que a Europa, infelizmente, é um celeiro de terroristas. Grande parte deles pertence a famílias que migraram de seus países, de origem muçulmana. Nesses países, embora pertencentes à segunda ou mesmo à terceira geração daqueles que ali aportaram inicialmente, tendo, em consequência, a cidadania do país em que hoje vivem, são praticamente segregados do convívio social com aqueles que não fazem parte da sua comunidade, a exemplo do que vem ocorrendo na Alemanha, na França, na Bélgica etc. Por essa razão, vivem basicamente em guetos, com pessoas da mesma origem, em bairros que falam sua língua original. Muitos deles sequer se alfabetizam no idioma do país europeu em que vivem. Essa segregação também estimula o ódio de algumas pessoas à sociedade ocidental que, consoante a sua visão, os trata como seres de segunda categoria. Esses fatos fomentam, inclusive, que jovens, principalmente, se filiem a grupos terroristas que combatem as práticas ocidentais, como ocorre com a Al-Qaeda e o Estado Islâmico. Existe, portanto, um sentimento de rejeição, uma sensação de inferioridade, uma exclusão social, que os faz odiar todos aqueles que não professam o mesmo credo. A patente xenofobia praticada pelos cidadãos europeus, em face daqueles que vieram de outros países, e que professam a religião muçulmana, também serve de estopim para a formação de um terrorista.

Atos covardes, humilhantes ou praticados com visível demonstração de superioridade bélica contra nações que não possuem esse mesmo poderio, como ocorre, *v.g.,* com os ataques promovidos pelos EUA ao Afeganistão, ao Iraque, à Síria etc., fazem que a população desses países atacados sinta-se vítima de potências mundiais, e, de acordo com sua concepção, sua forma mais eficaz de defesa é a prática de atos terroristas, formando-se, consequentemente, diversos grupos com essa finalidade.

O excesso com que os governos tratam aqueles ligados ao terrorismo também desperta esse sentimento de ódio nas pessoas que lhe são próximas. Foi o que aconteceu no País Basco, onde terroristas do ETA eram submetidos a abusos de torturas praticadas pelo regime franquista, aumentando consideravelmente o número de pessoas que queriam afiliar-se a ele. Da mesma forma, os ataques promovidos por Israel, embora atuando legitimamente repelindo as agressões de grupos terroristas, quando causam a morte de civis inocentes, amigos, familiares, ou mesmo de pessoas ligadas ao grupo, tidas como mártires pela população, fazem que muito mais pessoas ingressem no grupo terrorista. Como afirma, corretamente, Isabel Pisano, "é impossível vencer o terrorismo individual com o terrorismo de Estado"[27].

Hoje em dia, grupos terroristas como o Estado Islâmico utilizam a internet como forma de convencimento e recrutamento de pessoas para suas fileiras. São jovens que, mesmo ainda não tendo se convertido ao islã, se sentem motivados, impelidos a fazer parte desse grupo criminoso, tendo em vista o *marketing* cinematográfico verdadeiramente hollywoodiano que promove. O Estado Islâmico conta com uma equipe especializada nessa área, que produz vídeos em que a pessoa se sente a mais poderosa "da face da terra". Assim, jovens sem muita expressividade, sem amigos, namoradas etc. veem nesses grupos uma fonte de poder e amizade. São, consequentemente, convertidos ao islã e sofrem um processo de lavagem cerebral, de cauterização de seus sentimentos, passando a odiar tudo aquilo que seja contrário ao grupo terrorista, praticando os atos mais cruéis e inimagináveis.

Ao contrário do que muitos podem pensar, não é a pobreza a fonte primária de criação de um terrorista. A maioria deles, na verdade, principalmente os ocidentais, é de classe média, com uma vida confortável em seus países de origem. Nesse sentido, esclarece Luis de la Corte Ibáñez que:

"Os terroristas não são vítimas diretas da desigualdade econômica, pobres, desempregados, nem ignorantes, senão pessoas de classe média com grande formação e suficientes oportunidades para prosperar, condições que também cumpriam muitos terroristas latino-americanos."[28] (tradução livre)

No que diz respeito aos terroristas de origem muçulmana, continua suas lições, dizendo:

"Se tem reiterado a ideia de que os *yihadistas* são pessoas de baixo ou muito baixo *status* socioeconômico, alheias à oportunidade de trabalho decente e com escassa educação, o que lhes faria particularmente vulneráveis à 'lavagem cerebral' que as levaria a imergir no mundo islamista. No Oriente Médio, muitas organizações radicais estão efetivamente integradas por uma maioria de gente pobre (Hamas, a Yihad Islâmica, sobretudo o Hezbollah), ainda que na realidade esse não seja um atributo exclusivo dos terroristas, senão de uma ampla parte da população palestina ou libanesa. Isto não evita que a liderança de tais organizações esteja representada por pessoas de classe média. Os terroristas islâmicos argelinos eram pobres, mas os islamistas suicidas egípcios e sauditas pertencem a classe média ou média-alta. Isto é particularmente certo com respeito aos membros da Al-Qaeda, onde abundam universitários e filhos de profissionais liberais. Na investigação talvez mais exaustiva e rigorosa acerca dos terroristas vinculados a Al-Qaeda, Marc Sageman também obteve resultados que

---

[27] PISANO, Isabel. *Yo terrorista*: hablan los protagonistas, p. 29.

[28] IBÁÑEZ, Luis de la Corte. *La lógica del terrorismo*, p. 92.

contradizem a tópica imagem de *yihadista* pobre e ignorante. Três de cada quatro terroristas analisados nesse estudo eram de classe média ou alta e seis de cada dez haviam recebido uma educação superior. Quase todos eram profissionais, ou tinham ocupações laborais em tempo parcial (policiais, mecânicos, militares etc.); somente uns poucos estavam parados e careciam de oportunidades de trabalhar (o que foi mais característico dos *yihadistas* de origem magrebi)."[29] (tradução livre)

No entanto, embora a pobreza não possa ser responsabilizada exclusivamente pela formação de terroristas, não se pode deixar de observar o fato de que, em muitos países muçulmanos, o crescimento da população, principalmente no que diz respeito ao número de jovens, não acompanha o número de empregos. Isso faz que um número significativo de jovens, mesmo aqueles de nível universitário, não consiga exercer suas funções no mercado de trabalho. Daí, infelizmente, enxergarem também no radicalismo islâmico um meio de vida. Passa a ser, tal como ocorre com o tráfico de drogas nas cidades brasileiras, uma forma de emprego, de onde tirarão o seu sustento e o de sua família.

Além disso, discordância com as políticas governamentais serve para o ingresso em grupos terroristas. A sensação de que, somente com a violência, o Estado poderá ser modificado faz surgir grupos que tendem a praticar comportamentos que tenham por finalidade modificar essa realidade social, a exemplo do que ocorreu com as Farc, na Colômbia, agora em processo de pacificação, com a deposição de suas armas, após anos de guerra contra os governos instituídos, gerando centenas de mortos e feridos. Da mesma forma, poderá haver a criação de um grupo terrorista mesmo quando, em uma democracia, se tiver a certeza de que seus ideais sairão perdedores nas urnas, após a votação de toda a sociedade.

Nos países onde existe uma forte ditadura, seja ela de esquerda, seja de direita, em que a repressão estatal é exercida com violência exacerbada, costuma ser mais difícil o surgimento de grupos terroristas, como aconteceu com a extinta União Soviética, o nazismo alemão, ou, ainda, nos dias de hoje, como ocorre na China, na Coreia do Norte e em Cuba. Conforme lições de Luis de la Corte Ibáñez:

"A ausência de liberdade políticas, a repressão e a discriminação podem converter-se em poderosas causas do terrorismo, sempre que esses abusos não sejam cometidos por governos autoritários fortes e bem estabelecidos."[30] (tradução livre)

E continua seu raciocínio, dizendo:

"Quanto maior seja a capacidade repressiva de um Estado, menor será a probabilidade de emergência de qualquer tipo de movimento de protesto ou insurgente. Na realidade, esta é a chave que melhor explica a menor vulnerabilidade dos regimes políticos autoritários fortes frente ao terrorismo. Acabar com um movimento terrorista em seu nascedouro é uma tarefa muito mais fácil para o governo de uma ditadura que para o de uma democracia, sobretudo se a ditadura goza de plenos poderes sobre o país governado e sobre seus cidadãos. Nenhum grupo terrorista sobreviveu no entorno político dos regimes comunistas do século XX, ou sob ditaduras miliares como as do Uruguai, Argentina ou Brasil dos anos setenta. Carecendo de escrúpulos e não tendo que dar contas de seus atos, os dirigentes autoritários não costu-

---

[29] IBÁÑEZ, Luis de la Corte. *La lógica del terrorismo*, p. 93-94.

[30] IBÁÑEZ, Luis de la Corte. *La lógica del terrorismo*, p. 96.

mam diminuir o 'peso de sua mão' na hora de perseguir, encarcerar, torturar e eliminar os terroristas e muitos dos seus colaboradores e simpatizantes."[31] (tradução livre)

Não podemos nos esquecer, ainda, de que a família desestruturada também permite que seus membros acabem descambando para a criminalidade.

A busca por aventura, sensações novas e intensas, tampouco pode ser desprezada quando se quer encontrar uma razão para o ingresso em um grupo terrorista. Muitas pessoas são convencidas e recrutadas por terroristas, a exemplo do que ocorre com o Estado Islâmico, principalmente por conta das cenas que normalmente são veiculadas nos meios de comunicação de massa, em especial nas redes sociais, por vídeos produzidos pelo próprio grupo terrorista, que se parecem mais com heróis, imbatíveis, que lutam contra os infiéis, ou seja, todos aqueles que não sejam muçulmanos. Essa sensação de poder também é um forte atrativo, sobretudo para os jovens, com instinto aventureiro, sem muitas perspectivas para o futuro.

Embora a grande maioria dos terroristas não padeça de nenhum transtorno psicopatológico, como a psicopatia, a paranoia e as predisposições patológicas à violência, não podemos descartar essa hipótese em alguns deles, haja vista ser o terrorismo uma atividade que se utiliza da violência extrema, praticada por aqueles que, ao que parece, em nada se sensibilizam com o sofrimento alheio, mas, pelo contrário, se regozijam com o poder de vida e morte que lhes é dado. Posicionando-se contrariamente a essa possibilidade, o professor de Psicologia Social da Universidade Autônoma de Madri, Luis de la Corte Ibáñez, aduz:

> "Os terroristas somente se convertem em tais quando são eleitos pelos militantes de organizações previamente constituídas, que se encarregam de recrutar os sujeitos mais idôneos. É de se supor que os recrutadores desconfiarão, por princípio, de qualquer pessoa cuja conduta seja imprevisível e incontrolável, como de fato acontece com aqueles que se veem afetados de algum transtorno psicopatológico."[32] (tradução livre)

Por mais que isso seja uma realidade, ou seja, que exista um rigoroso controle para ingresso na organização terrorista, inclusive para evitar a infiltração de agentes, não impede que alguém, portador de algum transtorno psicopatológico possa, excepcionalmente, não o deixar transparecer e, com isso, fazer parte do grupo. O que parece ser a preocupação do insigne professor e renomado autor é o fato de a população em geral e muitas autoridades que lidam, especificamente, com o tema, normalmente imputarem aos terroristas alguma dessas psicopatologias, em virtude da gravidade dos atos por eles praticados quando, na verdade, atuam de forma racional e calculada.

A influência exercida por conhecidos ou amigos é, outrossim, um forte fator de ingresso em grupos terroristas. Mesmo que no começo aquele que esteja sendo arregimentado não concorde com as ideologias do grupo, esse pensamento vai se modificando ao longo do tempo, até se radicalizar. Muitos dos combatentes islâmicos sequer tinham tido contato com o Alcorão até ingressarem na organização terrorista e se converterem ao islã. Nesse sentido, Luis de la Corte Ibáñez aduz:

> "Com relativa independência de qual efeito suceda primeiro, se a assimilação da ideologia da organização terrorista ou a criação de certos laços sociais com um ou vários de seus membros,

---

[31] IBÁÑEZ, Luis de la Corte. *La lógica del terrorismo*, p. 128-129.

[32] IBÁÑEZ, Luis de la Corte. *La lógica del terrorismo*, p. 180.

o que parece seguro é que ambas as condições são indispensáveis para converter-se em um terrorista."[33] (tradução livre)

São, portanto, incontáveis os motivos que podem transformar uma pessoa comum em um terrorista, sendo as hipóteses anteriormente mencionadas meramente exemplificativas. Não existe um padrão global em que se possa encaixar a personalidade do terrorista. Obviamente que nem todas as hipóteses foram esgotadas neste tópico. Nossa intenção foi a de, tão somente, apontar algumas razões frequentes, que fazem que alguém, que tinha uma vida aparentemente normal, mesmo com os problemas naturais do dia a dia, se transforme em um terrorista e se inclua em algum grupo, cujos ideais lhe atraem, levando-o, muitas vezes, a dar a própria vida pela causa em que passou a acreditar e a defender.

John Horgan, de forma clara e objetiva, elencou fatores, alguns deles já citados anteriormente, que fazem eclodir os grupos terroristas, a saber:

"– Falta de democracia, liberdades civis e respeito à lei.
– Estados débeis ou falidos.
– Modernização rápida.
– Ideologia extremista de tipo religioso ou secular.
– Antecedentes históricos de violência política, guerras civis, revoluções, ditaduras ou ocupações.
– Hegemonia do poder e sua repartição desigual.
– Governos corruptos ou ilegítimos.
– Fatores externos poderosos que mantêm no poder um governo ilegítimo.
– Repressão por parte de forças de ocupação estrangeira ou potências coloniais.
– Experiências de discriminação baseadas em origens étnicas ou religiosas.
– Não integração no Estado de grupos dissidentes ou classes sociais emergentes.
– Experiências de injustiça social.
– Presença de líderes ideológicos carismáticos.
– Sucessos desencadeantes."[34] (tradução livre)

Podemos afirmar, assim, que não existe um estereótipo do terrorista, ou seja, não podemos apontar um único perfil, mas, sim, um conjunto de fatores que podem levar uma pessoa a, isolada ou conjuntamente, praticar atos de terrorismo, ou mesmo ingressar em grupos dessa natureza, em busca de alcançar determinados fins.

3. PROGRAMADO PARA MATAR: A MENTE DE UM TERRORISTA

O homem não foi programado para matar seu semelhante. O ato de matar outro ser humano não pode ser considerado, portanto, um comportamento natural. Mesmo nas guerras, ao contrário do que nos mostram as grandes produções de Hollywood, ou os "heróis" por elas criados, existe uma dificuldade enorme no que diz respeito ao ato de matar.

Diante de uma agressão, ou possível agressão iminente, existe um longo caminho a ser percorrido até que o homem decida lutar e, em algumas situações, causar a morte de outra

---

[33] IBÁÑEZ, Luis de la Corte. *La lógica del terrorismo*, p. 311-312.
[34] HORGAN, John. *Psicología del terrorismo*: cómo y por qué alguien se convierte en terrorista, p. 129.

pessoa. Analisando, com profundidade, o ato de matar, Dave Grossman[35] apontou que, antes da luta, ou seja, do combate, podem ocorrer as seguintes fases: *a)* encenação; *b)* submissão; *c)* fuga. Essas fases também ocorrem no reino animal.

Na fase da encenação, o homem, ou mesmo um animal considerado, talvez equivocadamente, como irracional, tende a tomar atitudes de encenação, querendo, com isso, evitar a luta. Assim, por exemplo, não é incomum que antes de uma briga, ocorram ameaças, gestos, gritos, posturas etc. que têm por finalidade amedrontar o adversário. Isso ocorre, da mesma maneira, nas guerras – regulares ou irregulares.

Como preleciona Dave Grossman:

"A encenação pode ser observada nos emplumados capacetes dos antigos gregos e romanos, tornando seus usuários mais altos e, consequentemente, mais ferozes aos olhos do inimigo; ao mesmo tempo, a reluzente armadura os fazia parecer mais fortes e admiráveis. O uso na plumagem conheceu o apogeu na história moderna durante a era napoleônica, quando os soldados envergavam fulgurantes uniformes e altas e desconfortáveis barretinas, cuja única finalidade era fazer seus usuários parecerem e se sentirem mais altos e temíveis."[36]

Guardadas as devidas proporções, vemos isso também em grupos terroristas, que desafiam seus adversários mostrando armamentos potentes, vestimenta de guerra, fazendo ameaças aterrorizantes etc. Da mesma forma ocorre com organizações criminosas, a exemplo daquelas que praticam o tráfico de drogas. No Rio de Janeiro, não é incomum que traficantes, antes de combaterem os policiais que estão no seu encalço, mandem recados por rádios transmissores, dizendo que irão torturá-los, que estão com armamentos mais potentes, que são mais preparados, que estão dispostos a tudo; enfim, tentam, de todas as maneiras, intimidar a polícia para, assim, evitar o avanço da tropa em sua direção.

No mundo animal, ocorre o mesmo. Antes da luta que seria travada pelo domínio do território, para ter o direito de manter suas fêmeas, para se alimentar etc., existem gestos e sons intimidantes, como mostrar as presas, rugir, empinar para se mostrar maior e mais forte, abrir as asas para parecer superior ao adversário, enfim, essa primeira fase é extremamente comum.

Se der certo, três consequências podem ocorrer. Ou o adversário se subjuga, ou seja, se submete às determinações do outro, ou foge, isto é, não se mantém no mesmo local daquele que o atemorizou com seu comportamento. A outra consequência, mais grave de todas, é o embate, a luta corporal, que pode conduzir à morte de um, ou mesmo de ambos os agressores.

Numa guerra, por mais que o inimigo leve a efeito encenações para que possa subjugar ou mesmo afugentar seu adversário, muitas vezes o combate é inevitável. Assim, um ser humano terá a finalidade de, legalmente, ou seja, de forma lícita, permitida, causar a morte de seu oponente. Se cumprir com sua missão, tirará a vida de um semelhante e terá que conviver com essa lembrança enquanto viver.

Vários fatores podem inibir, ou até impedir, que um homem leve a efeito o ato extremo de matar, mesmo estando numa guerra. Por outro lado, existem fatores que tendem a justificar, ou pelo menos a minimizar a consciência daquele que mata. Dave Grossman[37], uma das maiores autoridades sobre o assunto, enumera alguns desses fatores, podendo se destacar,

---

[35] GROSSMAN, Dave. *Matar*: um estudo sobre o ato de matar, p. 49.

[36] GROSSMAN, Dave. *Matar*: um estudo sobre o ato de matar, p. 50.

[37] GROSSMAN, Dave. *Matar*: um estudo sobre o ato de matar, p. 195.

entre eles: *a)* a exigência feita por uma autoridade, isto é, um superior hierárquico, que exige do combatente que cumpra com sua missão; *b)* a absolvição do grupo em que está inserido o combatente, legitimando e reafirmando como correto o ato praticado; *c)* o distanciamento emocional no que diz respeito à pessoa da vítima, erigindo diferenças de ordem cultural, moral, social ou mesmo religiosa, dessocializando-a, fazendo que o autor do ato de matar negue a sua condição de ser humano; *d)* o distanciamento físico, muito comum nos dias de hoje, em que aquele que causa a morte do seu semelhante quase não percebe a consequência de seu ato, a exemplo do que ocorre com ataques feitos por atiradores de precisão (*snipers*), dos bombardeios, dos mísseis disparados por *drones* (Vants – Veículos Aéreos Não Tripulados) em que, inclusive, o autor do disparo pode estar localizado em outro país, diferente do local onde realizou o ataque.

Corroborando as lições de Dave Grossman, Howard E. Wasdin, atirador de precisão (*sniper*) ex-integrante do *Team Six*, a elite da elite dentro dos *Seals*, da Marinha americana, explicando como encarava um inimigo, dizia, textualmente:

> "Nós éramos moralmente superiores a *eles*. Eu empregava um tipo de linguagem que fazia o assassinato parecer algo um tanto mais respeitável: 'dispensa', 'eliminar', 'remover', 'despachar', 'descartar'... No meio militar, bombardeios são 'ataques cirurgicamente precisos'; e as baixas civis são 'danos colaterais'. Seguir ordens tira das minhas costas a responsabilidade pelos assassinatos, e transfere-a para os ombros de uma autoridade superior."[38]

E continua, dizendo:

> "Não é algo incomum para soldados em combate desumanizar o inimigo: os iraquianos, por exemplo, eram chamados de 'cabeças de trapo' ou 'jóqueis de camelos'. Na cultura da guerra, a linha que separa a vítima de seu agressor pode se tornar muito tênue. Todas essas ideias me ajudaram a fazer meu trabalho; mas elas também ameaçavam cegar-me para a humanidade do meu inimigo."[39]

Todos esses fatores são importantes ao se avaliar o ato de matar numa guerra e foram evoluindo ao longo dos anos. Na 1ª e na 2ª Grande Guerra Mundial, o número de soldados que se recusavam a atirar era enorme, chegando a, aproximadamente, 75% de todos os combatentes norte-americanos. No entanto, na guerra do Vietnã, houve uma radicalização na inversão desses números, onde somente menos de 10% dos combatentes que ali atuaram se recusaram a efetuar disparos contra os vietnamitas.

Qual a razão dessa diferença absurda do número de combatentes que se recusaram a atirar, comparando esses três momentos históricos, ou seja, a Primeira Guerra Mundial, que ocorreu entre 1914 e 1918, a Segunda Guerra Mundial, de 1939 a 1945, e a guerra do Vietnã, que durou quase 20 anos, encerrando-se em 1975? Obviamente que tudo é muito complexo, mas poderíamos afirmar que, no Vietnã, os soldados norte-americanos tinham sido adestrados, condicionados a matar por meio de treinamentos específicos para isso, o que não ocorreu nas guerras anteriores.

---

[38] WASDIN, E. Howard; TEMPLIN, Stephen. *Seal Team Six*: a incrível história de um atirador de elite e da unidade de operações especiais que matou Osama bin Laden, p. 204-205.

[39] WASDIN, E. Howard; TEMPLIN, Stephen. *Seal Team Six*: a incrível história de um atirador de elite e da unidade de operações especiais que matou Osama bin Laden, p. 205.

Assim, no que diz respeito ao combatente que atua de acordo com normas internacionais que regulamentam a guerra, podemos concluir que o condicionamento é um fator de suma importância para que se comporte de acordo com o que lhe é exigido, ou seja, matar o seu oponente.

Agora, o que faz que um terrorista, que atua na ilegalidade, mesmo tendo suas motivações (políticas, religiosas, culturais, étnicas etc.), cause a morte de inúmeras pessoas inocentes, mesmo sendo elas crianças, mulheres, idosos, enfim, pessoas que não lhe oferecem o menor risco? O que leva uma criança (terrorista?), com apenas 7 anos de idade, a executar, friamente, um prisioneiro que havia caído nas mãos de um grupo terrorista? Será que esses terroristas, a exemplo do que ocorre com o Estado Islâmico, ao jogarem um homossexual da cobertura de um prédio, em direção à rua, têm alguma crise de consciência por terem matado um ser humano cujas práticas eram por eles reprovadas? Como alguém pode dirigir um caminhão e, volitivamente, atropelar inúmeras pessoas, como ocorreu em Nice, na França, em 14 de julho de 2016, matando dezenas delas?

Na verdade, o que queremos saber é o que se passa na mente do terrorista. O que ele sente, se é que efetivamente sente alguma coisa, quando tira a vida de outra pessoa em defesa de sua causa. Será que a conclusão pelo seu condicionamento em praticar o ato de matar, tal como ocorreu com os soldados norte-americanos após a Segunda Guerra Mundial, é resposta suficiente?

Pouco se tem discutido a respeito do que se passa na mente de um terrorista, seus sentimentos, ou mesmo a falta deles, no que diz respeito ao ato de matar aqueles que lhe são contrários, ou que não se afinam com sua maneira de pensar, suas causas etc. A psicologia terrorista é um tema quase nunca explorado pela doutrina.

Tendo em vista, normalmente, a gravidade dos atos por eles praticados, não é incomum que se propague uma afirmação, qual seja: "são loucos". Essa sentença tenta, como se percebe sem muito esforço, identificar a personalidade do terrorista como sendo a de uma pessoa que sofra de alguma psicopatologia. Em regra, são chamados de psicopatas, tendo em vista, principalmente, o sentido pejorativo do termo, cuja finalidade é a de difamar a imagem daquele que praticou o ato extremo.

De acordo com as lições de John Horgan, catedrático do departamento de Psicologia Aplicada da University College de Cork, na Irlanda:

> "O psicopata é um indivíduo cujo comportamento se caracteriza por traços específicos que se observam de forma consistente, e que podem ser descritos, em geral, como a ausência de vontade para ajustar-se às normas sociais e de convivência. Nem todos os psicopatas adotam condutas violentas, mas a violência é um resultado frequente das tendências agressivas do comportamento psicopático. Fazendo-se uma analogia com o terrorismo, resultam de especial interesse uma falta de remorso ou culpa no psicopata por suas atividades e uma visão de mundo egocêntrica que exclui qualquer preocupação pelo bem-estar do próximo. É fácil argumentar que a psicopatia pode ser uma característica da conduta terrorista. Depois de tudo, a propósito, os terroristas causam destruição, sofrimentos e morte, e isso não é tudo: em geral, estão dispostos a assumir sua responsabilidade por essas atividades argumentando que seus atos não somente eram necessários, senão também importantes e justificáveis, e que continuarão até que se atendam as demandas de seu movimento. A frequente reinterpretação que os terroristas e seus acólitos políticos fazem do sofrimento de suas vítimas provoca a fúria e a vitimização de quem sofre a violência terrorista. Gerry Adams, líder do *Sinn Fein*, disse reconhecer o sofrimento causado aos objetivos 'não militares' da violência do IRA, mas explica que se trata de um efeito inevitável da guerra que livra seus correligionários. Dessa

forma, se exclui toda responsabilidade pessoal, e a morte da vítima se apresenta como o fruto de uns acontecimentos 'desafortunados', mas alheios (e a responsabilidade das mortes de civis praticadas pelo IRA se atribui diretamente ao governo britânico). Essas palavras são difíceis de serem aceitas pelos sobreviventes, e essa falta de desejos para expressar sua culpa agrava o trauma."[40] (tradução livre)

No entanto, embora possam existir, no grupo terrorista, alguns membros com essas características, essa não é a regra geral. A situação é muito mais complexa do que se imagina e envolve, inclusive, a motivação pela qual atua o grupo. Assim, por exemplo, grupos terroristas de natureza política (de esquerda ou de direita), fundamentalistas religiosos, racistas, neonazistas, enfim, há uma enormidade de casos que motivam o terrorista, que nele fazem aumentar e solidificar a crença na causa que defende, que o levam a praticar atos extremos, na certeza de que está agindo corretamente, mesmo que ocorra a morte de pessoas inocentes.

Ao contrário do que acontece com o psicopata, que sente prazer na inflição de dor, ou mesmo na morte de outra pessoa, muitas vezes o terrorista atua com extrema agressividade, mas sempre com foco em sua causa. Seu prazer não está, por exemplo, em ver um familiar se explodir em um local público, causando não somente a sua morte como também a de inúmeras pessoas, mas, sim, no que aquele ato representa para sua causa. Por óbvio que também não podemos excluir aqueles que se regozijam com o sofrimento de seu suposto inimigo, seja ele ligado aos poderes estatais constituídos, seja mesmo cidadãos comuns que fazem parte de uma sociedade com a qual o grupo terrorista não concorda sequer com a existência, como ocorre, com frequência, nos ataques sofridos por Israel, por grupos terroristas palestinos.

De acordo com as reflexões de Luis de la Corte Ibáñez:

"A perplexidade e a indignação que nos provocam os atos terroristas nos incitam a rechaçar a ideia de que seus executores possam ser pessoas normais e coerentes. Sem embargo, os dados dizem que não existe nenhuma patologia ou transtorno mental subjacente à generalidade dos terroristas e de seus comportamentos. Tampouco existem provas suficientes que permitam elaborar um perfil genérico de personalidade especialmente propensa ao terrorismo. Alguns traços poderiam gerar melhores predisposições, mas faltam argumentos e provas empíricas que as confirmem. A psicologia individual dos terroristas não é completamente homogênea; suas personalidades variam e também seus traços psicológicos concretos. Em suma, as generalizações neste terreno são bastante arriscadas."[41]

Na verdade, o terrorista possui a mente de um combatente regular, ou seja, aquele que faz parte de um Exército, e luta em prol do cumprimento da missão que lhe foi confiada. O sentimento daqueles que lutaram na guerra do Vietnã e ocasionaram milhares de mortes, ou mesmo dos pilotos que jogaram as bombas atômicas nas cidades japonesas de Hiroshima e Nagasaki, é o mesmo que acomete os terroristas, ou seja, simplesmente uma sensação de dever cumprido.

Se concluíssemos que os terroristas são sempre psicopatas insensíveis, como trataríamos os combatentes regulares que, da mesma forma, só que, para eles, justificadamente, causam a morte de pessoas? Qual a diferença entre usar uma bomba em seu próprio corpo, com o fim de aniquilar aqueles que, segundo o pensamento do grupo, merecem ser mortos, e aqueles pilotos kamikazes que atiravam seus aviões contra os navios norte-americanos, na

---

40 HORGAN, John. *Psicología del terrorismo*: cómo y por qué alguien se convierte en terrorista, p. 85-86.

41 IBÁÑEZ, Luis de la Corte. *La lógica del terrorismo*, p. 199.

Segunda Guerra Mundial? São todos loucos? Obviamente que não. A pecha pejorativa de "terrorista" é que faz esse pensamento ser modificado quando, na realidade, são grupos que usam da estratégia do terror, do pânico generalizado, a fim de atingirem seus objetivos.

Vale ressaltar, ainda, que, em muitas situações, esses terroristas são reconhecidos como heróis, a exemplo do que ocorre na Palestina, onde suas fotos são pregadas em muros, pinturas são expostas como se já estivessem no paraíso, suas famílias recebem um tratamento especial pela comunidade. Enfim, não se trata de qualquer psicopatologia, mas, sim, uma intensa convicção ou uma fé inabalável na causa que defendem com as próprias vidas. Em alguns países muçulmanos, foram inúmeras as pessoas que saíram às ruas e comemoraram os ataques praticados contra os EUA, em 11 de setembro de 2001, carregando cartazes com a foto de Osama bin Laden. Os camponeses, na Colômbia, auxiliam sobremaneira os guerrilheiros das Farc, pois entendem que estão lutando por um país mais igualitário.

Como se percebe, esse é o motor que impulsiona o gatilho do detonador e faz que o terrorista assimile suas mortes como um combate natural em defesa da sua causa.

4. O CICLO DO ATENTADO TERRORISTA

Tal como ocorre com a prática de uma infração penal comum, existe um ciclo a ser percorrido ou um *iter criminis* que leva o terrorista ao ato culminante do atentado.

Como esclarece John Horgan:

"Exceto nos grupos menores de dissidentes, o terrorismo tende a ser uma atividade organizada na qual intervém certo número de pessoas que desempenham distintos papéis e funções, alguns relevantes para a execução da operação e outros meramente de apoio. Em alguns dos movimentos maiores, como Al-Qaeda, Hamas ou ETA, existe uma importante especialização de funções na coordenação, organização e execução de cada ato, e também na utilização do atentado dentro dos objetivos gerais organizativos e políticos do grupo (como, por exemplo, demonstrou Al-Qaeda de forma bastante dramática com as bombas na estação madrilenha de Atocha, em 11 de março de 2004..."[42] (tradução livre)

Assim, para a realização de um atentado, podemos identificar duas fases bem destacáveis nesse especial *iter criminis*, a saber: *a)* fase interna; *b)* fase externa.

Na fase interna, o grupo terrorista *representa* e *antecipa mentalmente* o resultado que quer alcançar, ou seja, escolhe o alvo a ser atacado e sua repercussão midiática, pois um alvo que não dê notoriedade ao grupo, que não exponha seus pensamentos, suas reivindicações etc., não se presta aos fins almejados pelo grupo terrorista. Os alvos, portanto, não são aleatórios, senão que cuidadosamente escolhidos. Dependendo da ideologia, eles poderão ser os mais variados possíveis, desde autoridades (políticos, militares, policiais, juízes, promotores de justiça etc.), grandes empresários, propriedades que possuem um importante simbolismo (como o ataque ao Pentágono e às torres gêmeas nos EUA), ou mesmo a população civil de forma geral.

Ademais, nessa fase interna, o grupo terrorista escolhe os *meios necessários* a serem utilizados, isto é, a chamada *preparação* ou *atividade pré-terrorista*, em que o grupo, após determinar o alvo, elege os meios que serão aptos ao sucesso da missão. Hoje em dia, esses meios são os mais variados possíveis, desde cinturões explosivos, bombas, utilização de armas de fogo, aeronaves (como ocorreu nos atentados de 11 de setembro de 2001, nos EUA),

---

[42] HORGAN, John. *Psicología del terrorismo*: cómo y por qué alguien se convierte en terrorista, p. 160.

veículos de transporte (a exemplo dos atentados na cidade de Nice, onde, em 14 de julho de 2016, quando se comemorava o Dia da Bastilha, um caminhão com semirreboque invadiu uma avenida, matando mais de 80 pessoas, e na cidade de Barcelona, em 17 de agosto de 2017, onde mais de cem pessoas foram atropeladas em Las Ramblas, uma das avenidas mais emblemáticas e frequentadas daquela cidade).

Resumindo os pontos mais importantes dessa fase interna, e sem levar em consideração a possibilidade de atos terroristas praticados pelos chamados "lobos solitários", muitos deles sem qualquer vinculação com algum grupo terrorista específico, John Horgan assevera que:

"1) Exceto nas organizações terroristas menores, os atentados são atos de violência planificados e calculados.

2) Um entorno de dirigentes de algum tipo toma decisões e marca a direção das atividades.

3) A seleção dos alvos dos terroristas deve ser considerada no contexto geral das necessidades e dos objetivos da organização que cometeu o atentado, e em termos da crítica social e política da organização terrorista e das restrições operativas impostas pelas forças de segurança.

4) O próprio ato pode ter um propósito que seja abertamente crítico ou delitivo; muitos alvos individuais ou materiais podem ter um valor direto de tipo político ou simbólico (civis alheios ao conflito, seus próprios militantes, militantes de uma organização rival), o que reflete a complexa dinâmica do contexto da organização terrorista.

5) Em termos estratégicos e criminológicos, esta pode caracterizar-se como fase de 'busca' para uma situação pré-delitiva apropriada que, nesse contexto, poderia denominar-se 'pré--terrorista.'"[43] (tradução livre)

Na chamada fase externa, o agente *executa* seu plano criminoso, ou seja, coloca em prática tudo o que foi meticulosamente planejado, após o que haverá uma espécie de *debriefing*, ou seja, a análise de tudo que ocorreu, sua repercussão perante a sociedade, a importância dada ao evento pela mídia, seus erros e acertos; enfim, será discutido tudo aquilo que houve no palco dos acontecimentos, para que novos planos sejam feitos, sem a ocorrência dos erros anteriores.

5. ESTRUTURA DOS GRUPOS TERRORISTAS

Para que o grupo terrorista possa ter sucesso e longevidade no que diz respeito às suas atividades criminosas é preciso que haja uma organização estrutural, tal como ocorre com as empresas que atuam licitamente no mercado. Devem, portanto, existir seus líderes, ou seja, aqueles que praticam atividades de direção, vale dizer, determinando, inicialmente, o objetivo daquele grupo terrorista, como serão arrecadados fundos para implementação de seus projetos, recrutamento de pessoas que aderirão à sua causa, treinamento, aquisição de armamentos, escolha dos alvos a serem atacados, divisão de tarefas entre os membros do grupo, enfim, existe toda uma logística que é própria de qualquer organização.

Como esclarece Luis de la Corte Ibáñez:

"Todos os grupos e movimentos sociais que têm uma vida mais ou menos longa acabam gerando uma certa estrutura. Isso se nota porque os comportamentos de seus membros parecem seguir umas certas pautas estáveis e ajustar-se a normas e regras específicas. A estrutura de

---

[43] HORGAN, John. *Psicología del terrorismo*: cómo y por qué alguien se convierte en terrorista, p. 164.

uma organização não é o fruto espontâneo de mera interação entre seus membros, senão que foi pensada e construída de forma deliberada, buscando criar as condições que garantissem a realização de certos objetivos organizacionais."[44] (tradução livre)

A complexidade organizacional, por óbvio, variará de acordo com o número de componentes do grupo criminoso. Quanto menor, mais simples será a sua organização; quanto maior, mais complexa será. Normalmente, esses grupos começam com poucas pessoas e vão ganhando proporção de acordo com o tempo e também por conta de suas ações. O excesso de pessoas integrando o grupo é tão ruim quanto um número muito pequeno de participantes. Isso porque, quando o grupo terrorista atinge um número considerável de integrantes, a exemplo do que ocorreu com os Talibãs, a Al-Qaeda e o Estado Islâmico, passa a ter dificuldades para agir de forma clandestina, além de facilitar a infiltração de agentes.

É preciso, portanto, conhecer como esses grupos são formados. Como alerta César Augusto Niño González:

"Para o mundo ocidental, o fenômeno do terrorismo parece ser um tabu e enigma que ao mesmo tempo se converteu no novo foco da segurança. Não entender como é sua configuração primária, é uma desvantagem em todos os níveis da estratégia para lograr eliminá-lo. Quer dizer que o desconhecimento do inimigo é tão perigoso como qualquer ataque terrorista."[45] (tradução livre)

Muitos detalhes devem ser pensados para que o grupo terrorista obtenha êxito na sua empreitada, razão pela qual muitos deles elaboram até manuais de regras e comportamentos dos seus militantes, como ocorreu com o IRA, que escreveu o *livro verde*, e a Al-Qaeda, que elaborou inúmeros manuais, sendo o principal deles conhecido como *Enciclopédia da* Jihad *Afegã*, com 10 volumes. Nesses manuais, além das normas hierárquicas, das distribuições de funções, de explicações sobre armamentos, confecção de bombas etc., são ensinadas posturas que os integrantes daquelas organizações devem assumir perante a sociedade, a fim de não levantarem suspeitas a respeito de seus comportamentos.

Existem dois tipos básicos de estrutura dos grupos terroristas. O primeiro deles, que foi utilizado durante muito tempo, optava por um modelo considerado *piramidal* ou *hierárquico*, ou seja, havia uma estrutura vertical, em que as ordens e as orientações de ação partiam de sua direção e eram executadas pelos seus membros, cada qual exercendo uma função específica no grupo, como acontecia com o ETA (Euskadi Ta Askatasuna, que significa Pátria Basca e Liberdade), que lutava pela independência do chamado País Basco, cujo antigo território atual é distribuído entre a França e a Espanha, como também com o IRA (Irish Republican Army, ou seja, Exército Republicano Irlandês), que pretendia separar a Irlanda do Norte do Reino Unido, e reanexá-la à República da Irlanda. Era o padrão utilizado, principalmente, pelos grupos terroristas de esquerda, que mantinham uma estrutura hierárquica rígida, com uma natureza paramilitar. Outro exemplo mais atual seriam as Farc (Forças Armadas Revolucionárias da Colômbia, também chamadas de Exército do Povo), que possuem essa estrutura hierárquica paramilitar, cuja finalidade é a implantação do regime socialista na Colômbia, além da defesa dos direitos dos presos daquele país. No entanto, as Farc têm flexibilizado sua estrutura, praticando a guerrilha também em células descentralizadas.

---

44 IBÁÑEZ, Luis de la Corte. *La lógica del terrorismo*, p. 280.

45 NIÑO GONZÁLEZ, César Augusto. *El terrorismo como régimen internacional subterráneo*: más allá de una lógica convencional, p. 109.

Quanto ao segundo tipo, utilizado mais modernamente, em especial por grupos terroristas fundamentalistas islâmicos, a exemplo do que ocorre com o chamado Estado Islâmico, embora também exista uma liderança, sua atuação é *descentralizada* ou *em rede* (*network*), em que seus integrantes possuem liberdade para agir, independentemente de uma ordem específica da sua cúpula. Nesse caso, temos visto inúmeras ações dos chamados *lobos solitários* que, mesmo à distância, nunca tendo tido contato com a direção do Estado Islâmico, aderem à sua causa e atuam em nome dela, praticando atos de terrorismo.

Em ambas as modalidades de grupos terroristas, existem as chamadas *células*, compostas de grupos menores. Conforme lições de Joanisval Brito Gonçalves e Marcus Vinícius Reis:

> "A célula é a unidade básica da organização terrorista e atua em um nível tático. Normalmente é composta por um número de 3 a 10 indivíduos, que operam de forma mais ou menos independente do Comando, dependendo do tipo de estrutura (hierárquica ou em rede).
>
> Aspecto importante da célula é o fato de que esta estrutura atende à necessidade de compartimentação das informações dentro de uma organização, dificultando aos adversários o acesso ao grupo. Pessoas que pertençam a uma célula, particularmente no modelo estruturado em rede, não conhecem ou pouco conhecem outras células diferentes e não podem prover adversários com informações sobre o restante da organização. Claro que no modelo hierárquico, a estrutura celular não permite uma compartimentação elevada, aumentando a vulnerabilidade do grupo terrorista. Isso já é bem distinto quando se opera em rede."[46]

Com a estruturação em células, as quais, normalmente, são comandadas por um líder, fica mais difícil a ação da polícia no sentido de identificá-las e, consequentemente, prevenir o ato terrorista, já que elas podem se multiplicar sem que haja, como já foi dito anteriormente, contato entre si.

A dificuldade fica ainda maior pelo fato de que, em qualquer lugar, pode ser instalada uma célula terrorista, sem que isso desperte suspeita.

Luis de la Corte Ibáñez esclarece:

> "Até a década de 1990 ocorria que quase todas as organizações terroristas compartiam uma mesma estrutura piramidal e hierárquica, baseada em sistemas de liderança autoritários e verticais. Sem embargo, nos últimos anos este modelo organizativo demonstrou ser pouco apropriado para compreender o funcionamento das organizações yihadistas cujas estruturas em forma de rede promovem sistemas menos hierárquicos para a tomada de decisões."[47] (tradução livre)

6. O TERRORISMO E A GUERRA IRREGULAR

A guerra, independentemente da forma como seja concebida, ou seja, se regular ou irregular, é um ato de insanidade, em que o homem deixa aflorar seus sentimentos mais repugnantes, praticando comportamentos difíceis de serem imaginados. Na verdade, parece que se despe de sua humanidade, e seus sentimentos naturais para com o próximo são cauterizados, passando a sentir prazer na dor, no sofrimento alheio. A guerra, seja qual for o motivo que a deflagre, é uma estupidez.

---

[46] BRITO GONÇALVES, Joanisval; REIS, Marcus Vinícius. *Terrorismo: conhecimento e combate*, p. 124.

[47] IBÁÑEZ, Luis de la Corte. *La lógica del terrorismo*, p. 58.

Como diz, com precisão, Eunício Precílio Cavalcante:

"Todos os lados envolvidos numa guerra, por mais estúpida e desumana que seja, alegam sempre estarem lutando pela mais justa das causas. Esse é o lado ideológico da questão. A ideologia dominante – com o objetivo de justificar o injustificável – mente, escamoteia, faz trapaça. Este é o jogo dela, o jogo sujo da hipocrisia, da mentira. O inimigo é sempre demonizado. Ele é um monstro, a serviço de todo o mal, o 'Dragão da Maldade'; nós, do lado de cá, somos todo o bem, a verdade e a vida; a serviço de Deus e da civilização.
É assim que a ideologia aciona a propaganda de guerra e a guerra psicológica."[48]

A imaginação humana para praticar atrocidades não tem limites. Nas guerras, o ser humano extravasa aquilo que tem de pior dentro de si. Deixa fluir sua capacidade de fazer mal ao seu semelhante considerado, naquele momento, seu inimigo. Por essa razão, e por mais paradoxal que possa parecer, os organismos internacionais tentam criar regras para o combate durante uma guerra, com a consequente punição daqueles que não as cumprirem.

Discorrendo sobre esse tema, Iván Valencia Laharenas preleciona:

"A guerra, definida como a luta armada entre grupos estruturados de indivíduos ou de Estados, ou grupos estruturados dentro de um Estado, tende ao triunfo de uns sobre os outros, através da força. Sua característica é o uso consciente da violência, a qual traz, inevitavelmente, a morte. A guerra tem suas raízes em mitos arcaicos e suas motivações e dinâmica são variadas. O objetivo e o subjetivo se entrelaçam na mente individual e na 'consciência coletiva' ou pensamento grupal. As nações pretendem regular a guerra e evitar os horrores dos atos cruéis sobre suas vítimas, os combatentes e civis. Sem embargo, os atos infames continuam se apresentando; se alternam na história e na geografia mundial e em diferentes nacionalidades por razões históricas, políticas, religiosas, étnicas ou de outro tipo; ocorrem em países desenvolvidos, em via de desenvolvimento, em grupos de subversão por agentes estatais e paraestatais."[49] (tradução livre)

O terrorismo é, atualmente, uma das principais modalidades da chamada guerra irregular. Muitos autores, principalmente aqueles ligados à área do direito internacional, criticavam a expressão cunhada pelo ex-presidente norte-americano George Bush, quando se referia à "guerra ao terror" ou "guerra contra o terror".

Muitos diziam que isso não se podia configurar uma verdadeira guerra, já que os elementos e conceitos que compunham a chamada "guerra regular" não se faziam presentes, como a existência de outro Estado beligerante, um exército formal contra quem lutar, declaração formal de guerra, regras internacionais a serem observadas etc.

No entanto, existe, efetivamente, uma guerra, de natureza irregular. Como preleciona Alessandro Visacro, uma das maiores autoridades sobre o assunto:

"Para compreender a guerra irregular há que se partir da premissa de que, nesse tipo de beligerância, não existem regras. Sem regras, torna-se mais difícil a tarefa de delinear um conjunto rígido e definido de princípios teóricos que fundamentem a sua aplicação em circunstâncias muito diversificadas. Contudo, o vigor da guerra irregular encontra-se justamente

---

[48] CAVALCANTE, Eunício Precílio. *Guerra & terrorismo*, p. 33.

[49] LAHARENAS, Iván Valencia. *Guerra y barbarie*: aproximación al estudio del comportamiento atroz, p. 34.

nessa importante característica: a ausência de padrões rígidos que lhe permite adequar-se e moldar-se a ambientes políticos, sociais e militares diferenciados.

De um modo geral, os conceitos disponíveis sobre guerra irregular apontam para uma forma de beligerância que transcende os estreitos limites do campo militar, destacam a atuação de forças predominantemente nativas e fazem referência à guerra de guerrilhas, à subversão, à sabotagem e ao terrorismo. Por razões óbvias, durante muito tempo, as definições relativas à guerra irregular mantiveram-se vinculadas à ideia de 'guerra interna'. O próprio Direito Internacional Humanitário contempla apenas os 'conflitos armados internacionais' e os 'conflitos armados não internacionais'. Entretanto, o narcoterrorismo e a obstinada militância de organizações jihadistas, que possuem simultaneamente caráter doméstico e transnacional, tornaram imperfeita essa associação."[50]

A guerra irregular, ou assimétrica, possui características que lhe são peculiares e a distinguem da guerra regular. Assim, não é somente a identificação precisa dos combatentes, com o uso de uniformes, insígnias etc., que faz que a guerra seja regular. Existem, outrossim, uma série de fatores que transformam o combate em irregular ou assimétrico, devendo o Estado que o combate, por exemplo, se adaptar a esse tipo de situação. Por não saber lutar uma guerra irregular, a União Soviética, considerada uma das maiores potências bélicas do mundo, perdeu a guerra no Afeganistão, batendo em retirada daquele país em 1989, depois de 10 anos de duros combates e perdas de vidas.

Da mesma forma, os norte-americanos saíram vencidos da guerra no Vietnã, pois seu Exército não estava acostumado a combater um inimigo invisível, que o surpreendia a todo instante, com pequenas incursões bélicas, com destruição de seus armamentos, impedindo a chegada de alimentos aos combatentes, destruindo pontes, estradas, pistas de pousos, enfim, a guerra irregular não é aquela em que duas forças se enfrentam de "peito aberto", medindo forças até que uma delas levante a bandeira branca. A guerra irregular ocorre como um conta-gotas, combate por combate, pequenas incursões, com evasão imediata após o cumprimento de determinada missão, sem preocupações com conquistas ou manutenções territoriais. São grupos menores, cada qual com sua missão específica, que visam destruir, aos poucos, o moral, a resistência, a vontade de lutar do grupo contrário.

No entanto, é preciso ressaltar que, por mais que algum Estado possa estar diante de uma situação que se configure uma guerra irregular, não pode praticar as mesmas atrocidades levadas a efeito pelo grupo terrorista. Embora deva se adaptar a um estilo novo de combate, deve, sempre, primar pelo uso legítimo da força, não abrindo mão, por exemplo, das Convenções Internacionais que regulam a matéria. O Estado jamais poderá, com a desculpa de combater o terrorismo, transformar-se também em um terrorista.

Vale trazer à colação as lições de John Horgan, quando assevera:

"Não existe dúvida de que o fato de não contemplar estas normas e limites é o que faz que os terroristas se denominem assim. Grupos como ETA, as FARC colombianas, o Hamas palestino ou os Tigres Tâmiles do Sri Lanka não reconhecem nenhuma 'diretriz' de guerra em concreto e com frequência atentam, a propósito, contra civis alheios ao combate e contra pessoal militar que, no momento do ataque, está desarmado ou fora de serviço."[51] (tradução livre)

---

[50] VISACRO, Alessandro. *Guerra irregular*: terrorismo, guerrilha e movimentos de resistência ao longo da história, p. 222-223.

[51] HORGAN, John. *Psicología del terrorismo*: cómo y por qué alguien se convierte en terrorista, p. 38.

Para que o grupo que pratica a guerra irregular seja bem-sucedido, é preciso que estejam presentes algumas importantes características, que lhe são peculiares. Alessandro Visacro[52], com autoridade, conseguiu identificar essas características, que, entre muitas, podemos destacar:

a) o apoio da população – quando a população local adere à campanha do grupo que promove a guerra irregular, fica extremamente difícil o combate para o inimigo, uma vez que começa a existir apoio da comunidade desde as situações mais básicas, como o fornecimento de alimentos, locais para esconder os combatentes e seus materiais bélicos, apoio logístico, fornecimento de informações sobre o inimigo, captação de novos combatentes entre os nativos que, assim, reforçam ainda mais os vínculos, enfim, há um sem-número de vantagens quando se tem o apoio da população;

b) necessidade de um ambiente político, social, histórico e cultural favorável;

c) menor relevância dos aspectos militares;

d) preponderância dos processos indiretos – "forças irregulares atuam por processos indiretos quando conduzem campanhas de operações psicológicas, realizam atos de terrorismo, subversão e outras formas de combate subterrâneo"[53];

e) estratégia prolongada – "forças irregulares procuram fazer do tempo seu principal aliado, pois, ao menos em seus estágios iniciais de desenvolvimento, não contam com os meios que lhes permitiriam conduzir uma campanha rápida e fulminante. (...) Diz-se que as forças irregulares vencem quando simplesmente não se deixam derrotar, e as forças regulares perdem quando não conseguem vencer"[54];

f) ações táticas efêmeras – significam que as forças irregulares se utilizam de táticas rápidas, aplicadas de surpresa. Isso tem o mérito de produzir poucas baixas, além do fato de causar um enorme dano psicológico no inimigo, a exemplo do grupo que faz detonar uma bomba em um local de grande repercussão, que se utilizará da mídia como forma de potencializar o medo generalizado etc.;

g) não linearidade – "Na guerra irregular, para a absoluta perplexidade dos militares ortodoxos, não existem frentes de batalha, flancos ou retaguarda, pois os combates são travados, de fato, segundo a presença e a postura da população civil, em detrimento da configuração do terreno e da disposição espacial das forças inimigas"[55];

h) difícil detectabilidade – como são "guerreiros fantasmas", que se misturam, com extrema facilidade, à população local, os combatentes irregulares se valem dessa condição a fim de não serem descobertos. Veja-se o que ocorre, por exemplo, com os talibãs, ou mesmo os membros da Al-Qaeda, no Afeganistão, que se misturam à população local, tornando-se quase impossível serem descobertos, a não ser por meio de um trabalho de inteligência das forças contrárias;

---

[52] Obs.: todos os tópicos indicados nas alíneas a seguir foram retirados, literalmente, da obra *Guerra irregular: terrorismo, guerrilha e movimentos de resistência ao longo da história*, escrita pelo Coronel do Exército brasileiro Alessandro Visacro, a quem atribuímos todos os créditos pelo texto.

[53] VISACRO, Alessandro. *Guerra irregular*: terrorismo, guerrilha e movimentos de resistência ao longo da história, p. 242.

[54] VISACRO, Alessandro. *Guerra irregular*: terrorismo, guerrilha e movimentos de resistência ao longo da história, p. 243.

[55] VISACRO, Alessandro. *Guerra irregular*: terrorismo, guerrilha e movimentos de resistência ao longo da história, p. 244.

i) busca de resultados psicológicos nas ações de combate – hoje em dia, principalmente, grupos terroristas se valem de operações midiáticas para divulgar sua causa, a exemplo de quando abatem um helicóptero, capturam combatentes do Exército inimigo, executam seus prisioneiros em praça pública, enfim, por meio da mídia, procuram fazer uma demonstração de força, ganhando ou mesmo reforçando a simpatia daqueles que concordam com suas missões. Os atentados praticados em 11 de setembro de 2001, pela Al-Qaeda, em território norte-americano, ou mesmo as decapitações dos chamados "infiéis" pelo Estado Islâmico, transmitidas ao mundo inteiro, geram um impacto psicológico indescritível;

j) ausência de padrões rígidos de planejamento e execução – "Em franca oposição à ortodoxia dos soldados profissionais, na guerra irregular predomina a informalidade de táticas, técnicas e procedimentos. Só existe uma regra a ser seguida: 'não existem normas, o melhor argumento é o bom resultado'"[56];

k) insubordinação a restrições legais – não há regras para o combatente irregular, ou seja, as normas de direito internacional humanitário, que regulam os combates, são deixadas de lado. Não há limites na guerra irregular. Tudo pode ser feito em nome da causa em que atuam. Podem praticar os mais absurdos e abjetos atos de barbárie;

l) individualidade – na guerra irregular, não existem fileiras de combatentes. Há grupos pequenos, ou mesmo pessoas individuais, que cumprem suas missões com mais liberdade. Ultimamente, inclusive, tem sido comum a utilização dos chamados "lobos solitários", que atuam em nome de um ideal, de um grupo criminoso, mas o fazem isoladamente.

Embora existam outras características relativas à guerra irregular, propostas pelo insigne amigo e Coronel do Exército Brasileiro, Alessandro Visacro, as anteriormente apontadas já nos permitem visualizar algumas importantes diferenças da guerra tradicional, convencional, regular, o que nos permite afirmar que os grupos terroristas, em sua maioria, atuam valendo-se dessas características, o que torna o combate desigual, assimétrico.

Assim, ao mesmo tempo que fazem detonar um caminhão repleto de explosivos em frente a um mercado no centro da cidade, causando a morte de dezenas de pessoas, empregam meios cruéis para matar seus prisioneiros de guerra, utilizando-se da mídia que, aterrorizada, acaba divulgando as imagens em todas as partes do planeta, fazendo, assim, que os terroristas recebam, gratuitamente, uma propaganda com a qual jamais poderiam arcar.

Dessa forma, quando se disse, inicialmente, que George Bush havia declarado sua "guerra ao terror", depois de tudo o que foi exposto, podemos concluir que, efetivamente, havia uma guerra, e os norte-americanos começaram a aprender a guerreá-la de forma irregular, principalmente enviando equipes de operações especiais ao território inimigo, valendo-se de pequenos grupos.

Importa destacar, ainda, de acordo com as lições de Francisco Bueno Arús, que:

"O Direito Internacional distingue com pouca clareza a figura do *terrorista* das figuras do *combatente* em tempo de guerra e do *guerrilheiro* que forma parte de um movimento de libertação. A figura do terrorista é ilícita, enquanto as outras duas são reconhecidas pelo Direito Internacional."[57] (tradução livre)

---

[56] VISACRO, Alessandro. *Guerra irregular*: terrorismo, guerrilha e movimentos de resistência ao longo da história, p. 248.

[57] BUENO ARÚS, Francisco. *Terrorismo:* algunas cuestiones pendientes, p. 71.

Por conta de tudo o que foi exposto até agora, considerando-se que estamos diante de uma guerra irregular, principalmente no que diz respeito ao terrorismo praticado pelos fundamentalistas islâmicos, quem seria o responsável pela prevenção e pelo combate a esses grupos? Seria o Exército ou os segmentos de segurança pública de cada país? A resposta é um tanto complexa, pois, dependendo da situação o Exército e a segurança pública (no caso do Brasil, os serviços de inteligência (Abin) e a Polícia Federal, como regra) poderiam atuar conjunta ou separadamente.

Joanisval Brito Gonçalves e Marcus Vinícius Reis, com precisão, asseveram que o terrorismo situa-se:

> "Entre o crime e a guerra, motivo pelo qual distintos são os mecanismos adotados para resposta. Se a ameaça terrorista for entendida como algo mais próximo da criminalidade, é natural que a tendência das autoridades públicas seja tratar o problema como crime. E quem tem competência para lidar com o crime são as polícias dentro de um sistema judicial que leve esses criminosos a julgamento e os puna.
>
> O terrorismo também pode ser percebido como algo muito mais grave que qualquer delito, mesmo os mais hediondos. Aí o recurso se dá à força militar com o emprego das Forças Armadas e táticas de guerra. Normalmente, nações utilizam este meio quando sofrem com o terrorismo internacional ou o terrorismo é empregado internamente por grupos insurgentes, em um cenário que beira a guerra civil, afetando de forma significativa a segurança interna e a estabilidade social e institucional."[58]

No Brasil, os primeiros casos de prisão pela prática do crime de terrorismo, já previsto na Lei nº 13.260, de 16 de março de 2016, ocorreram no período que antecedeu os jogos olímpicos realizados na cidade do Rio de Janeiro, no segundo semestre de 2016. A Polícia Federal e os serviços de inteligência, preventivamente, antes que houvesse qualquer ataque violento, conseguiram detectar o grupo terrorista, que foi posteriormente julgado pela Justiça Federal.

7. TERRORISMO, GUERRA DE GUERRILHA E CRIME COMUM

Muitas vezes, o terrorismo é confundido com a chamada *guerra de guerrilha*, devido, principalmente, às táticas por ele empregadas, sem confronto direto com as forças armadas do país contra o qual pratica seus atos criminosos, embora, hoje em dia, isso venha mudando aos poucos, como acontece com o Estado Islâmico que, conforme veremos adiante, atua como se fosse um Estado constituído, com formação de exército próprio etc.

No entanto, como explica David. J. Whittaker, não é de se admirar essa confusão que se faz entre o terrorismo e a guerra de guerrilha, tratando-os de forma assemelhada ou mesmo como expressões sinônimas, pois, segundo o renomado historiador:

> "As guerrilhas muitas vezes empregam a mesma tática (assassinatos, sequestros, explosões em locais públicos, captura de reféns etc.) com o mesmo propósito dos terroristas (intimidar, coagir e, com isso, afetar comportamentos pela instilação do medo). Além do mais, tanto os terroristas quanto os guerrilheiros não usam uniformes nem distintivos de identificação e, na maior parte das vezes, não são distinguíveis dos não combatentes. Não obstante a tendência de reunir terroristas e guerrilheiros na mesma classificação geral de 'irregulares', existem diferenças fundamentais entre os dois. A 'guerrilha', em sua acepção mais usada, refere-se a um grupo numericamente maior de indivíduos armados, que operam como unidade militar, atacam forças

---

[58] BRITO GONÇALVES, Joanisval; REIS, Marcus Vinícius. *Terrorismo: conhecimento e combate*, p. 144.

militares inimigas, conquistam e mantêm território (mesmo que, temporariamente, só durante o dia), ao mesmo tempo que exercitam alguma espécie de soberania ou controle sobre uma área geograficamente definida e sobre sua população. Contudo, os terroristas não operam em terreno aberto como unidades armadas, geralmente não tentam conquistar e manter território, evitam deliberadamente o engajamento em combate com forças militares inimigas e raramente exercitam qualquer controle ou soberania diretos sobre território ou população."[59]

Atualmente, entretanto, esses conceitos parecem fundir-se, principalmente devido ao surgimento de grupos terroristas religiosos, a exemplo do Estado Islâmico, que possui as duas características.

A guerra de guerrilha tem várias características que lhe são peculiares e permitem com que se mantenha por um bom tempo. Inicialmente, para que tenha sucesso, há necessidade imperiosa do *apoio popular*. Essa é, portanto, a principal base da guerrilha, pois é considerada como sendo a luta do povo contra a tirania, contra seus opressores. Segundo Che Guevara, o guerrilheiro é um homem:

"(...) que faz sua a ânsia de liberação do povo e, esgotados os meios pacíficos de lográ-la, inicia a luta, se converte na vanguarda armada da população combatente. Ao começar a luta, o faz já com a intenção de destruir um ordenamento injusto e, por tanto, mais ou menos veladamente com a intenção de colocar algo novo em lugar do velho."[60]

O guerrilheiro deve, mais do que qualquer outra pessoa, conhecer o *terreno* em que combate. Essa será sua grande vantagem contra o inimigo. A regra básica do guerrilheiro é sempre tratar de forma digna e cordial a população local, pois isso é que, em suas mentes, fará a diferença entre os guerrilheiros e seus inimigos. Assim, quando for necessário, essa mesma população os abrigará, esconderá, alimentará, dará fuga, cuidará de seus feridos, enfim, fará de tudo que estiver ao seu alcance para ajudá-los. É o que acontece, por exemplo, quando grupos terroristas se misturam na sociedade em que atuam e são acobertados pela população local, que os vê como defensores do povo, merecedores de total apoio, ao contrário do que ocorre com aqueles que os perseguem, visto como opressores.

A *surpresa* nos ataques e a *fuga*, quase que imediata, do local onde foram perpetrados são duas das táticas principais da guerra de guerrilha. Trata-se do que chamam, popularmente, de "morde e foge". O inimigo deve sempre ser surpreendido com diversos ataques, não permitindo seu descanso. Da mesma forma, a utilização de *sabotagem* é fundamental para o sucesso da guerrilha, com ataques a redes de água, luz, comunicação, estradas, pontes, indústrias, enfim, destruindo tudo aquilo que, de alguma forma, possa dificultar ou evitar a ação do inimigo.

Ernesto Che Guevara, em seu manual intitulado *La guerra de guerrillas*, orientava que:

"A característica fundamental de uma guerrilha é a mobilidade, o que lhe permite estar em poucos minutos longe do teatro específico da ação e em poucas horas longe da sua região mesma, se for necessário; que lhe permite mudar constantemente de frente e evitar qualquer tipo de cerco."[61] (tradução livre)

---

[59] WHITTAKER, David J. *Terrorismo: um retrato*, p. 27.

[60] CHE GUEVARA, Ernesto. *La guerra de guerrillas*, p. 39.

[61] CHE GUEVARA, Ernesto. *La guerra de guerrillas*, p. 21.

Quando a guerra é travada em lugares de difícil acesso, como no caso de montanhas, florestas, lugares inóspitos etc., onde o exército inimigo tenha dificuldade para chegar, o guerrilheiro deverá ir ao encontro desse exército inimigo e efetuar os ataques, voltando rapidamente para sua base, seu ponto de segurança mínima. Podemos citar como exemplos desses lugares de difícil acesso as montanhas do Afeganistão, onde existem inúmeras cavernas, nas quais se escondiam membros da Al-Qaeda e do grupo Talibã, ou mesmo as florestas da Colômbia, dominada pelas Farc.

Che Guevara, cujo já citado manual de guerrilha foi utilizado por inúmeros grupos dessa natureza, traçou o perfil do guerrilheiro, dizendo:

"Como deve ser o soldado guerrilheiro? Deve-se responder que o soldado guerrilheiro deve ser preferentemente habitante da zona. Porque ali tem suas amizades a quem recorrer pessoalmente porque, ao pertencer à mesma zona, a conhecerá – que é um dos fatores importantes da luta guerrilheira o conhecimento do terreno – e porque estará habituado às vicissitudes que nela se passa e poderá, então, render um melhor trabalho, sem contar com que agregará a tudo isso o entusiasmo de defender o que é seu ou lutar para modificar o regime social que atenta contra seu mundo."[62] (tradução livre)

E continua, afirmando:

"O combatente guerrilheiro deve arriscar sua vida quantas vezes seja necessário, estar disposto a oferecê-la sem a menor sombra de dúvida no momento preciso, mas, ao mesmo tempo deve ser precavido e nunca se expor desnecessariamente. Todas as precauções possíveis devem ser tomadas para evitar um desenlace adverso ou um aniquilamento. Por isso, é importantíssimo, em todo o combate, a vigilância total dos pontos por onde possam chegar reforços ao inimigo, inclusive para evitar um cerco, cujas consequências não costumam ser tão grandes se comparadas à magnitude do desastre físico que ocasiona, senão o desastre moral que reporta à perda da fé nas possibilidades da luta."[63] (tradução livre)

Enfim, as orientações contidas no pequeno manual de guerra de guerrilhas serviram – e ainda servem – de orientação a inúmeros grupos guerrilheiros, ou mesmo a grupos terroristas que se valem dessas táticas de combate.

No mesmo sentido, defendendo a guerra de guerrilha, a violência e até o terrorismo contra o governo brasileiro que, à época, era ocupado pelos militares, o baiano Carlos Marighella, no ano em que foi morto, ou seja, em 1969, escreveu o *Manual do guerrilheiro urbano*, no qual, já na sua introdução, dizia:

"Hoje, ser 'violento' ou um 'terrorista' é uma qualidade que enobrece qualquer pessoa honrada, porque é um ato digno de um revolucionário engajado na luta armada contra a vergonhosa ditadura militar e suas atrocidades."[64]

Abimael Guzmán, líder do grupo terrorista "Sendero Luminoso", que praticou incontáveis atos de atrocidades no Peru, comparando-se àqueles levados a efeito pelo Khmer Vermelho, no Camboja, afirmava serem quatro as formas de luta, a saber: "guerra de guerrilhas,

---

[62]   CHE GUEVARA, Ernesto. *La guerra de guerrillas*, p. 42.

[63]   CHE GUEVARA, Ernesto. *La guerra de guerrillas*, p. 43.

[64]   MARIGHELLA, Carlos. *Manual do guerrilheiro urbano*, p. 3.

sabotagem, terrorismo seletivo e guerra psicológica". Além dessas formas de luta, conforme esclarecem Alain Hertoghe e Alain Labrousse, são 11 seus meios de ação:

"(...) agitação (pinturas, murais e bandeiras), mobilização (assembleias, ações, planos), sabotagem, ataques à mão armada, expropriação de colheitas, confrontos, ações de guerrilha (ataques de desgaste, ataques de surpresa, hostilidades, dissimulações), agitações, ocupações de vilarejos, políticas de fugas, terrorismo seletivo."[65]

Quanto à diferença entre o terrorista e o criminoso comum, embora suas ações sejam previstas como tipos penais autônomos, como ocorre com homicídio, roubo, extorsão mediante sequestro, sequestros, ameaças, dano (tanto ao patrimônio público como ao particular), porte ilegal de armas, explosões, disparos de arma de fogo, enfim, uma enormidade de infrações penais, diferentemente do criminoso comum, no que diz respeito ao terrorista, esses delitos são levados a efeito para que a causa por ele defendida obtenha sucesso. Já o criminoso comum pratica essas infrações penais como um fim em si mesmo, ou seja, quando alguém pratica um roubo a banco, o faz por motivos pessoais, porque quer se enriquecer ilicitamente etc. Por sua vez, o terrorista, quando pratica um roubo a banco, busca, como regra, levantar recursos para patrocinar a sua causa.

As outras finalidades, além da subtração patrimonial exemplificada, também demonstram, claramente, a diferença entre o terrorista e o criminoso comum. Quando um terrorista explode um prédio público, a finalidade é de infundir o terror, o pânico generalizado na população e também, por que não, nas autoridades constituídas, fazendo reivindicações e propaganda da causa defendida pelo grupo terrorista, ao contrário do criminoso comum, cuja finalidade é a de tão somente destruir um patrimônio público.

Nesse sentido, David J. Whittaker reforça esse raciocínio, dizendo que os terroristas:

"Usam a violência com o objetivo de atingir fim específico. Contudo, embora o ato violento possa ser similar – sequestro, assassinato, incêndio provocado, por exemplo –, o propósito ou motivação claramente não o são."[66]

E continua suas lições, afirmando:

"Bem diferente do criminoso vulgar ou do assassino lunático, o terrorista não persegue objetivos puramente egocêntricos; ele não é induzido pela vontade de encher o próprio bolso ou satisfazer uma necessidade ou queixa pessoais. O terrorista é fundamentalmente um *altruísta*: acredita que serve a uma boa causa, concebida para chegar a um bem maior para uma comunidade mais ampla – quer real, quer imaginária – que o terrorista ou a organização supõe representar."[67]

Ademais, como assevera John Horgan:

"Os grupos terroristas participam, com frequência, em atividades obviamente criminais, como extorsão, roubo, assalto, falsificação e lavagem de dinheiro. O objetivo de reunir fundos com esses métodos é supostamente lutar por uns fins políticos; desde certa distância, este é o único fator que diferencia estes grupos dos do crime organizado 'ordinário' (grupos como

---

[65] HERTOGHE, Alain; LABROUSSE, Alain. *Sendero Luminoso Peru*: reportagem, p. 81.

[66] WHITTAKER, David J. *Terrorismo*: um retrato, p. 27.

[67] WHITTAKER, David J. *Terrorismo*: um retrato, p. 27-28.

a Máfia italiana, por exemplo, que estão abertos ao emprego de táticas terroristas para seu próprio lucro)."[68] (tradução livre)

A título de exemplo, no Brasil, temos facções criminosas que praticam ações terroristas, utilizando-se, ainda, das táticas da guerra de guerrilha, impondo o medo e o caos na sociedade. Entre essas inúmeras facções existentes, podemos destacar duas, vale dizer, o Comando Vermelho, bem como o Primeiro Comando da Capital, fundadas, respectivamente, nos estados do Rio de Janeiro e São Paulo, e que, atualmente, se estendem não somente por todo o território nacional como também em outros países, principalmente os da América do Sul, que serão analisadas, mais detalhadamente, a seguir.

Deve ser ressaltado, por fim, que, normalmente, o terrorista será punido tanto pelo crime de terrorismo, quando houver previsão legal para essa figura típica, como pelos crimes por ele levados a efeito, em concurso material, ou seja, em que serão somadas todas as penas das infrações penais praticadas, além do terrorismo em si.

8. COMANDO VERMELHO (CV) E PRIMEIRO COMANDO DA CAPITAL (PCC): CRIMINOSOS COMUNS OU GRUPOS TERRORISTAS?

O PCC cresceu assustadoramente ao longo dos anos e tornou-se uma das facções mais organizadas e temidas em todo o País. Suas ações se parecem, em muito, com o terrorismo, utilizando-se, ainda, de táticas de guerrilha urbana.

A liderança do PCC decretou a morte de centenas de pessoas, incluindo o juiz-corregedor de Presidente Prudente, Antônio José Machado Dias, executado com três tiros em 14 de março de 2003. Narrando esse fato sem precedentes no Brasil, onde um juiz havia sido morto por uma organização criminosa, sem que isso importasse em uma vingança pessoal, mas no comportamento do magistrado como aplicador da lei, já que trabalhava na Vara de Execuções Penais e era duro com essas organizações, Marcio Sergio Christino e Claudio Tognolli relatam que o Juiz Antônio José Machado Dias costumava jogar futebol às sextas-feiras, oportunidade em que, quase sempre, liberava seus seguranças pessoais, dizendo que, nesse:

"14 de março, ao sair do fórum, andou uma quadra, fez uma curva, entrou na Rua José Mariano, uma via estreita e curta, quando percebeu à esquerda dele um Fiat Uno branco desviando para sua direção, na tentativa de interceptá-lo.

Para evitar a batida, Machado virou o volante por reflexo, desviou do Uno, subiu na calçada e bateu de frente numa árvore. A porta do motorista ficou encostada em um muro, impedindo que ele saísse rapidamente. Provavelmente Machado não estava entendendo o que se passava. Quando ele se virou para ver por que o outro motorista tinha jogado o carro em cima dele, se deparou com um sujeito em pé ao seu lado empunhando uma pistola 9 mm. Por pura reação ele levantou seu braço direito na frente do corpo, mas isso não serviria de proteção. O atirador disparou o primeiro tiro, que atravessou o braço. Em seguida, um segundo tiro no peito e, por fim, um último tiro na cabeça quase que de cima para baixo. Esse tipo de disparo é o chamado 'confere', na gíria dos matadores. É o tiro de morte, que garante o sucesso do crime."[69]

---

[68] HORGAN, John. *Psicología del terrorismo*: cómo y por qué alguien se convierte en terrorista, p. 34.

[69] CHRISTINO, Marcio Sergio; TOGNOLLI, Claudio. *Laços de sangue*: a história secreta do PCC, p. 151.

O PCC matou também seus próprios companheiros, além de inúmeros policiais. Fez explodir uma bomba dentro do Fórum, em São Paulo. Enfim, não faltaram atividades características de grupos terroristas.

A jornalista Fátima Souza, uma das primeiras a apontar a criação do grupo que, durante anos, havia sido negada pelos governantes do estado de São Paulo, apurou, com argúcia, a ligação do PCC com organizações criminosas de outros países, a exemplo do MIR (Movimento Revolucionário da Esquerda no Chile), e com as Farc (Forças Armadas Revolucionárias da Colômbia). Segundo a renomada jornalista, Maurício Hernandez Norambuena, juntamente com seu grupo, havia sido preso após o sequestro do publicitário Washington Olivetto, ocorrido em 11 de dezembro de 2001, tendo permanecido no cativeiro por 20 dias. De acordo com suas investigações:

> "Norambuena era guerrilheiro com experiência em fabricar e detonar bombas. Procurado em seu país, veio para o Brasil e decidiu investir em sequestros. Preso, foi levado para Fortaleza, o presídio de Presidente Bernardes, onde também estavam, além de integrantes do PCC, Fernandinho Beira-Mar, do Comando Vermelho."[70]

E continua, dizendo que Norambuena:

> "Deu 'aulas' de guerrilha dentro da cadeia e dicas de como fazer e explodir bombas. Ensinou novas técnicas para sequestros e como manter um cativeiro. Durante todo o ano de 2004 e parte de 2005, trocaram ideias e conhecimentos."[71]

Em maio de 2006, após a transferência de centenas de presos filiados à facção criminosa, o PCC mostrou todo seu poder de organização, juntamente com sua fúria, parando, literalmente, a cidade de São Paulo, fato que ganhou notoriedade da mídia ao redor do mundo. Como relata, sinteticamente, mas com precisão, Fatima Souza:

> "Em 100 horas de terror, o PCC fez 373 ataques. Queimou 82 ônibus. Jogou bombas em 17 agências bancárias. Matou 48 pessoas, entre policiais militares, civis e carcereiros e três cidadãos comuns. Feriu mais de 50. A polícia respondeu matando 110 bandidos. Números de uma guerra que durou quatro dias."[72]

Ao contrário, no entanto, do que ocorre com os terroristas e guerrilheiros, que lutam por uma causa (mesmo que equivocada), os integrantes do PCC, longe do seu ideal inaugural, ou seja, a melhora do sistema prisional, visam, única e exclusivamente ao lucro, praticando tráfico de drogas, sequestros, homicídios, lesões corporais, ameaças, furtos, roubos de toda espécie (bancos, carros-fortes, caixas eletrônicos, agências lotéricas etc.), contrabandos, tráfico de armas, enfim, a lista de infrações penais é enorme e quase impossível de ser descrita.

São praticantes contumazes, portanto, de delitos comuns, embora seus comportamentos, em si, possam ser comparados aos dos terroristas e guerrilheiros.

Tal como havia ocorrido inicialmente com o Comando Vermelho, o PCC começou a criar vínculos com traficantes paraguaios, peruanos, colombianos e bolivianos a fim de adquirir, principalmente, a pasta-base para a produção de cocaína. Para que pudessem levar

---

70   SOUZA, Fatima. *PCC*: a facção, p. 135.

71   SOUZA, Fatima. *PCC*: a facção, p. 135.

72   SOUZA, Fatima. *PCC*: a facção, p. 286.

a efeito, com sucesso, seu plano criminoso, adquiriram fazendas em Mato Grosso e Mato Grosso do Sul, que faziam fronteira com a Bolívia, onde construíam, em meio aos canaviais, pistas de pouso para as aeronaves, facilitando, assim, o ingresso da droga em território nacional, que era normalmente enviada por diversas formas (caminhões, carros de passeio, aviões de pequeno porte, "mulas" etc.) para São Paulo e também outros estados da Federação.

A Polícia Federal e as Polícias Militar e Civil de vários Estados, em diversas operações brilhantes, dignas das melhores polícias do mundo, apreenderam – e ainda continuam apreendendo– uma quantidade incalculável de toneladas de drogas que tentavam ser traficadas pelo PCC, além de prenderem centenas de seus integrantes. No entanto, infelizmente, a facção se recompõe rapidamente, graças à sua organização, para continuar praticando crimes de toda espécie.

Inicialmente, a facção se valia de intermediários naqueles países para que pudesse adquirir as drogas. A ganância do PCC, no entanto, fez modificar esse comportamento e passou a eliminar seus intermediários, aumentando, consequentemente, a lucratividade, já que não mais haveria atravessadores entre os produtores e a facção criminosa.

Ultimamente, já se tem identificado ligações do PCC com o Hezbollah, grupo terrorista libanês. O jornal *Correio Braziliense* divulgou que:

> "De acordo com um relatório apresentado pela Fundação de Defesa da Democracia (FDD) – organização não governamental norte-americana que atua no combate a grupos terroristas –, o PCC, maior facção do crime organizado brasileiro, se aliou ao Hezbollah para elevar o poder financeiro. De acordo com o documento, o PCC está comprando drogas em países sul-americanos, como Paraguai e Colômbia, e repassando ao grupo que atua no Líbano. Segundo a FDD, as drogas são adquiridas por um baixo preço nas nações que fazem fronteira com o Brasil e vendidas por valor mais elevado ao Hezbollah. Além disso, a atuação central do PCC seria no contrabando de cigarros.
>
> Os criminosos se aproveitam da imensa faixa de fronteira do Brasil com 10 países da América do Sul para entrar com produtos ilegais. São mais de 15 mil quilômetros em que graves problemas de vigilância permitem o comércio milionário do crime organizado. O cientista político Guaracy Mingardi, que atuou na Secretaria Nacional de Segurança Pública, investiga o PCC há mais de 20 anos. Ele conta que hoje a facção brasileira ganhou ramificações internacionais. 'O PCC já é um grupo criminoso internacional. Ele tem escritório no Paraguai para o transporte de drogas e armas, e na Bolívia, onde os entorpecentes são comprados. Tem algumas ligações no Peru, na Colômbia. Muitas vezes, eles podem fazer esse transporte de mercadoria para a Europa e para o Oriente Médio. Já sabemos que ocorre há algum tempo', destaca."[73]

Existe uma mobilização no Congresso Nacional pleiteando o ingresso dessas facções criminosas no rol daqueles que podem figurar como atos de terrorismo, já que seus comportamentos dele pouco se afastam, conforme demonstrado anteriormente, levando o pânico, o terror, a toda uma população, que se sente amedrontada e abandonada pelo Estado, que não consegue combatê-los adequadamente, principalmente pela ausência de políticas sociais corretas e pela fragilidade de nossa legislação.

---

[73] SOUZA, Renato; CAVALCANTI, Leonardo. PCC firma parceria comercial com o Hezbollah e amplia poder financeiro. *Correio Braziliense*, 23.07.2017. Disponível em: <http://www.correiobraziliense.com.br/app/noticia/brasil/2017/07/23/internas_polbraeco,611759/pcc-brasileiro-tem-parceria-com-o-hezbollah.shtml>. Acesso em: 15 ago. 2017.

Parte II • Capítulo 2 • TERRORISMO **279**

Contudo, por mais que pratiquem atos similares aos grupos terroristas, como a finalidade de sua atuação diz respeito, tão somente, ao crescimento da facção em si e ao enriquecimento de seus membros, não podemos enquadrá-la como um grupo terrorista, que atua com finalidades diferentes.

Assim, concluindo, CV e PCC são organizações criminosas que praticam, constantemente, crimes comuns, com uma finalidade egoisticamente considerada, se é que podemos dizer assim, vale dizer, atuam no sentido do seu próprio crescimento e também dos integrantes dos grupos a elas pertencentes, diferentemente do que ocorre com os grupos terroristas, cujos crimes por eles praticados são levados a efeito com uma motivação política, religiosa, xenofóbica, racial, étnica etc.

9. MÍDIA A SERVIÇO DO TERRORISMO

Nunca a mídia foi tão utilizada a serviço do terrorismo como temos visto nos dias de hoje, considerando a quantidade enorme de meios de comunicação que estão facilmente ao nosso alcance. A utilização da propaganda como instrumento de convencimento das massas, no entanto, não é artifício novo. Sem querer voltar demasiadamente no tempo, estacionando nosso regresso na Primeira Grande Guerra Mundial (1914-1918), vemos a propaganda ser utilizada, de maneira impressionante e inteligente, a fim de demonizar os adversários.

Em *Mein Kampf* (*Minha Luta*), Hitler dedicou um capítulo exclusivamente à propaganda de guerra, dizendo, com convicção, que a propaganda deve "chamar a atenção da massa sobre determinados fatos, necessidades etc., cuja importância somente dessa forma entra no círculo visual da massa"[74] (tradução livre). E continua, dizendo:

"Toda ação de propaganda tem que ser necessariamente popular e adaptar seu nível intelectual à capacidade receptiva do mais limitado daqueles aos quais está destinada."[75] (tradução livre)

Em seguida, aduz que, para uma propaganda ser eficaz:

"(...) é preciso que tenha um objetivo definido e que se dirija a determinado grupo. De outra forma, ou não será entendida pelo grupo ou será julgada sem interesse. Até a forma de expressão, o estilo, devem variar segundo os níveis intelectuais populares."[76] (tradução livre)

Uma propaganda bem-feita, bem produzida, tem o poder de agigantar o fraco e acovardar o forte, inculcando-lhes sentimentos, sensações que trarão uma mudança completa em seu espírito, servindo, assim, ao propósito para o qual foi criada. É um meio poderoso, capaz de mudar a história, criar heróis, demônios, enfim, fazer aquilo que pretende com a sua criação. Não é à toa que políticos inescrupulosos possuem as melhores equipes de *marketing*, vendendo suas imagens falsas à sociedade como se fossem salvadores da pátria, quando, no fundo, são lobos em peles de cordeiros.

Sabemos que a Alemanha perdeu a Primeira Guerra Mundial e Hitler, que nela havia lutado como soldado, em tom de desabafo, criticando os propagandistas alemães, escreveu o seguinte:

---

[74] HITLER, Adolf. *Mi lucha*, p. 155.

[75] HITLER, Adolf. *Mi lucha*, p. 155.

[76] HITLER, Adolf. *Mi lucha*, p. 274.

"Mais de uma vez me atormentou a ideia de que se a Providência me houvesse colocado no lugar desses ignorantes ou mal-intencionados, incompetentes e criminosos do nosso serviço de propaganda, quem sabe teria sido outro o desenlace da luta."[77] (tradução livre)

Por isso, atualmente, grupos terroristas a levam muito a sério, tendo especialistas em mídia, cujas missões são as de, principalmente, enaltecer a sua causa, a sua guerra, e diminuir o adversário, desprezando-o como ser humano.

A internet apagou as fronteiras entre as nações e o mundo ficou disponível por meio de um toque de teclado.

Conforme salienta Ángela Rodicio:

"A maior parte dos comandantes e alistados ao Estado Islâmico são expertos tecnológicos. Codificar programas de *software*, introduzir informação em *html*, siglas inglesas de *hyper text markup*, ou o que é o mesmo, linguagem marcada para elaboração de páginas *web*, é tão familiar para eles como falar em sua língua materna. Quase toda vida digital do califado se leva a cabo *on-line*, desde o recrutamento ou a propaganda, passando pelas estratégias no campo de batalha ou da educação.

A gama, qualidade e disponibilidade hoje em dia dos equipamentos digitais, como câmeras de alta definição, *software* para editar, bibliotecas de efeitos especiais etc., permitem às equipes do Daesh elaborar vídeos de propaganda que parecem saídos de Hollywood."[78] (tradução livre)

Para que o ato de terror alcance sua finalidade, deverá ser bem divulgado, difundido no meio onde se quer impor o medo. De nada valerá o grupo terrorista causar a morte de pessoas inocentes, ou mesmo de soldados das forças que lhe são contrárias, se esse fato não tiver o condão de divulgar e expandir a sua causa. Assim, a publicidade do ato de terror é um elemento fundamental, inclusive para sua caracterização.

Hoje, tais cenas, por conta da internet, são veiculadas em todos os lugares e se espalham numa velocidade assustadora. São viralizadas quase que imediatamente, uma vez que, infelizmente, a população, de modo geral, tem, de certa forma, uma atração mórbida, ou seja, tais cenas de horror despertam a curiosidade de grande parte da população, que passa a conhecer os atos atrozes praticados pelo grupo terrorista, quase que em tempo real.

A grande mídia televisiva, ávida por matérias que despertem a curiosidade do público e, consequentemente, aumentem sua audiência, tem contribuído enormemente para a divulgação dos atos de terror.

Conforme lições de Alessandro Visacro:

"Sem a divulgação do ato de violência e de seus resultados imediatos, um atentado terrorista é inócuo. Nesse contexto, a mídia opera como agente catalisador, sem o qual os danos nocivos da ação tornar-se-iam bem menores. Diz-se que, para o terrorista contemporâneo, a câmera de televisão tornou-se uma ferramenta tão importante quanto seus explosivos. Convém observar, contudo, que a publicidade precisa, apenas, ser proporcional ao efeito desejado. O terrorismo doméstico almeja a divulgação nos níveis local e nacional. Dessa forma, um ato de violência que tenha por objetivo coagir os moradores de um bairro carente da periferia de um grande centro urbano, por exemplo, terá sua divulgação confinada àquela pequena área geográfica e restrita àquele contingente populacional (que, por suas características, não

---

[77] HITLER, Adolf. *Mi lucha*, p. 162.

[78] RODICIO, Ángela. *Las novias de la Yihad*, p. 87.

recebrá destaque sequer da mídia local), mas, ainda assim, se for divulgado a contento por meio do contato interpessoal, caracterizará uma ação terrorista bem-sucedida. Por outro lado, o terror internacional necessita de projeção mundial e, portanto, depende da magnitude de suas ações, da natureza e importância de seus alvos, da amplitude de seus danos e da oportunidade em que é perpetrado."[79]

As facilidades de divulgação dos atos terroristas são enormes. Nem mesmo os computadores são mais necessários para que imagens circulem pelo mundo afora. A praticidade de um *smartphone*, por exemplo, o substitui perfeitamente.

Grupos terroristas têm se valido, com frequência assustadora, das mídias sociais, a exemplo do Facebook, do Instagram, do Twitter etc., além do YouTube, a fim de divulgar suas ações criminosas com inúmeras finalidades, desde o abatimento do moral de seus adversários e inimigos, que veem seus aliados derrotados, mortos, feridos, exaustos, presos, humilhados etc., passando por pedidos de arrecadação de fundos, até a cooptação de novos membros, a propaganda sobre sua causa, a punição dos que lhe são contrários, infundindo pânico generalizado, sensação de insegurança, enfim, a mídia se transformou em um instrumento poderoso nas mãos de quem detém habilidade suficiente para utilizá-la, e, com toda certeza, essa habilidade tem sido demonstrada por inúmeros grupos terroristas, principalmente pelo Estado Islâmico.

Como informa Abdel Bari Atwan:

"Quase toda operação no Iraque é filmada e postada em inúmeros sites e quadros de aviso, acompanhada de canções *jihads*. O derramamento de sangue é apresentado como algo heroico e glorioso, com os *cameramen* gritando *'Allahu akbar'* (Deus é grande), enquanto a bomba detona ou os atiradores abrem fogo. Não mais dependentes de um jornal ou da decisão de um editor de TV, todas as ações conduzidas por grupos radicais ganham exposição máxima e enorme publicidade. A liberdade permitida pela internet não é apenas em termos de conteúdo mas também de apresentação. A ausência de qualquer controle externo ou de licença significa que os grupos jihads podem escolher a maneira como são mostrados e compreendidos pelos vários públicos-alvo."[80]

E continua, dizendo:

"Além disso, a internet está sendo explorada pelos jihads como arma nos conflitos psicológicos. Não apenas os jihads e muçulmanos comuns, mas também ocidentais acessam os vídeos de reféns americanos e europeus sendo atormentados e algumas vezes degolados por homens mascarados que seguram fuzis Kalashnikov. São imagens impressionantes, matéria-prima de pesadelos no Ocidente e em qualquer lugar."[81]

No entanto, como alerta Patrick Cockburn:

"Alguns retratos de atrocidades que aparecem nas telas de computadores e TVs pelo mundo, supostamente horas depois dos fatos terem ocorrido, são fraudulentos.

---

[79] VISACRO, Alessandro. *Guerra irregular*: terrorismo, guerrilha e movimentos de resistência ao longo da história, p. 284-285.

[80] ATWAN, Abdel Bari. *A história secreta da Al-Qaeda*, p. 169.

[81] ATWAN, Abdel Bari. *A história secreta da Al-Qaeda*, p. 169-170.

Os êxitos do ISIS no Iraque são algumas vezes fabricados com material produzido na Síria ou Líbia, ou mesmo fora do Oriente Médio. Um correspondente no sudeste da Turquia visitou recentemente um campo de refugiados sírio, onde encontrou uma criança de dez anos assistindo um clipe de YouTube, mostrando dois homens sendo executados com uma motosserra. O comentário afirmava que as vítimas eram sunitas sírios e os assassinos alawitas. Na verdade, o filme era do México e os assassinatos haviam sido praticados por um chefão das drogas, para intimidar seus rivais.

Essas histórias fraudulentas de atrocidades têm um efeito na guerra: um miliciano líbio que acredite que soldados do governo, contra os quais combate, têm ordens de estuprar sua esposa e filhas não fará muitos prisioneiros. Porém, mais frequentemente, as imagens de assassinato e tortura são precisas."[82]

Pode-se verificar uma semelhança ou, na verdade, uma cópia dos vídeos produzidos pelo Estado Islâmico, em que tenta arregimentar pessoas para suas fileiras, como aqueles produzidos pelos norte-americanos, em que mostram seus soldados em batalha, apresentando-se como vencedores, desfilando com suas armas e seus uniformes bem destacados, seus prisioneiros de guerra, suas execuções etc. A estratégia é exatamente a mesma, ou seja, engrandece-se a figura do soldado, que luta pela defesa da sua pátria e, consequentemente, é honrado pelos membros de sua sociedade.

São mostrados os combates, os armamentos pesados, os treinamentos, sua bandeira tremulando com um fundo musical que incentiva os combatentes, enfim, existe toda uma propaganda hollywoodiana, que envolve todos aqueles que a assistem e os estimulam a também participar, fazendo parte daquele grupo de "heróis". Mexe-se, portanto, com o imaginário das pessoas, que passam a querer integrar as fileiras das Forças Armadas ou, como é o caso, do grupo terrorista.

O Estado Islâmico tem uma equipe de profissionais de *marketing* extremamente qualificada, que tem por finalidade filmar as ações de combate, além do dia a dia do grupo, almejando "vender" a imagem de vencedores, de guerreiros de Deus, aqueles que lutam por uma causa santa, em que a vitória é certa. Ledo engano.

Como relata Patrick Cockburn:

"Ao produzir um registro visual de tudo o que fazem, ISIS ampliou enormemente seu impacto político. Seus militantes dominam os meios sociais e produzem filmes bem realizados e aterradores para ilustrar o compromisso de seus combatentes quando identificam e assassinam seus inimigos."[83]

Há programas, inclusive, que narram a vida dos melhores guerreiros do Estado Islâmico, apresentando-os como verdadeiros heróis. Há uma queima ritual dos passaportes daqueles que vieram de outros países para se juntarem ao Estado Islâmico, onde festejam por estarem naquele lugar, fora de seus países, lutando sua *jihad*.

Há filmes específicos sobre as missões com carros-bomba, mostrando seus mártires, os explosivos dentro do veículo, a estratégia utilizada. Há, portanto, uma despedida do mártir, que segue seu destino com um sorriso estampado no rosto, já que procura a morte para alcançar seu suposto paraíso. As explosões são gravadas e depois divulgadas também pela rede

---

[82]   COCKBURN, Patrick. *A origem do Estado Islâmico*: o fracasso da "guerra ao terror" e a ascensão jihadista, p. 163-164.

[83]   COCKBURN, Patrick. *ISIS: el retorno de la Yihad*, p. 110.

de computadores, quase em tempo real. Mostram a despedida do mártir como se estivesse saindo para um passeio, com muitos abraços de outros terroristas.

Muitas televisões ao redor do mundo, no entanto, resolveram que não divulgariam mais as cenas disponibilizadas pelo Estado Islâmico, evitando, dessa forma, que o grupo terrorista viesse a alcançar alguns dos seus objetivos, desde a captação de novos membros até a difusão do medo, do pânico, entre as tropas que lhe são contrárias. Nesse sentido, Joanisval Brito Gonçalves e Marcus Vinícius Reis prelecionam que:

"A mídia atrai a atenção dos terroristas. Funciona como uma propaganda de graça. Por isso, com a redução da cobertura da mídia seria possível reduzir o interesse de grupos terroristas. A falta da imprensa livre na China ou em Myanmar não atrai a atenção de terroristas, motivo pelo qual atuam muito pouco nesses locais. Entretanto, em regimes democráticos é impossível e inaceitável qualquer iniciativa por parte do Estado que ofenda a liberdade de imprensa. Nesses casos, o que se deve buscar é a conscientização e o comprometimento dos meios de comunicação no trato responsável desses assuntos. Ainda sobre o tema, o êxito em termos midiáticos dos atentados de 11/09/2001 foi absoluto; nunca se conseguiu, antes nem depois, um impacto de cobertura da mídia tão grande quanto com aqueles nefastos eventos. Esse foi mais um dos objetivos alcançados com êxito pelos terroristas."[84]

E continuam suas lições, dizendo:

"A propaganda possui as seguintes funções em uma organização terrorista:
motivar simpatizantes; coletar fundos; promover a ideologia; justificar os atos; gerar simpatia; polarizar a opinião pública; disseminar o medo; enfraquecer governos e governantes."[85]

10. ALGUMAS TIPOLOGIAS DO TERRORISMO

10.1. Terrorismo de Estado

O terrorismo pode ser cometido não somente por grupos de pessoas que empregam a violência e espalham o medo, com o fim de obter sucesso na causa que defendem, como também pode ser levado a efeito pelo próprio Estado, a exemplo do que ocorreu na França, após a Revolução de 1789, onde os jacobinos, principalmente, exterminaram milhares de pessoas, cujos pensamentos colidiam com os ideais revolucionários. Isso fez que, em 1798, a palavra *terrorismo* fosse inserida no *Dicionário da Academia Francesa*, que o definia, em um sentido pejorativo, como um *sistema, regime de terror*.

Conforme diz, acertadamente, John Horgan:

"Os Estados e os governos têm sido responsáveis por atos de violência igual ou, com frequência, muito mais censuráveis, de uma escala que está fora do alcance das organizações terroristas convencionais: esta ideia é ostensivamente óbvia, mas ainda assim preferimos condenar e etiquetar como terrorismo a violência que parece emergir 'desde abaixo' em contraste com a que vem imposta 'desde acima'; esta afirmação não reflete nenhum juízo aqui, senão a realidade de como se emprega o termo, e devemos ser conscientes disso. Isso não tem acontecido somente nas denominadas guerras convencionais, senão que também

---

[84] BRITO GONÇALVES, Joanisval; REIS, Marcus Vinícius. *Terrorismo: conhecimento e combate,* p. 114-115.

[85] BRITO GONÇALVES, Joanisval; REIS, Marcus Vinícius. *Terrorismo: conhecimento e combate*, p. 132.

se aplica às recentes respostas alheias à legalidade como as que vários Estados têm tratado de atacar campanhas terroristas (e também não terroristas)."[86] (tradução livre)

O século XX foi pródigo em atos de terrorismo praticados pelo Estado, contra uma população civil inocente, como aconteceu no Iraque, na época de Saddam Hussein, como também no emprego exagerado da força, mesmo praticado contra terroristas, que, igualmente, atingiu a população civil. O grande problema é que não existe um tipo penal cuja rubrica seja *terrorismo de Estado*, e, quando praticado por aqueles que estão no Poder, em regra, é assim considerado.

No entanto, o uso institucional de métodos terroristas, ou seja, aqueles que têm por finalidade infundir o terror, o medo, a sensação de pânico generalizado, com *fins políticos*, merece ser chamado de *terrorismo de Estado*.

De acordo com a definição proposta por Ernesto Garzón Valdés:

"O terrorismo político é um método ou uma forma instrumental de comportamento violento capaz de provocar em um grupo social ou na sociedade em geral o temor generalizado e inevitável, infligindo intencionalmente danos a pessoas inocentes com vistas a influir no comportamento de terceiros em favor de determinados objetivos políticos."[87] (tradução livre)

Ainda, conforme as precisas lições de Luis de la Corte Ibáñez:

"As práticas estatais que costumam definir-se como terroristas são todas aquelas que permitam governar um país mediante a extensão do medo entre a população civil: perseguição dos dissidentes políticos (ou religiosos), agressões mais ou menos indiscriminadas, detenções, sequestros, encarceramentos e execuções extralegais, assassinatos seletivos etc. Um reconhecido especialista em terrorismo como Paul Wilkinson acresce que quando a tortura se pratica de maneira sistemática e reincidente, seguindo ordens das mais altas instâncias governamentais ou sendo consentida por elas, constitui o exemplo mais protótipo de terror estatal. Mas a lista de atividades estatais que são consideradas como terroristas não acaba aqui. Ainda a nível de gestão política interna, mas de modo mais pontual, os Estados se serviram de grupos paramilitares aparentemente independentes a quem promoveram e financiaram para cometer a mesma classe de ações repressivas e violentas que em outros casos seriam desempenhadas por forças policiais e militares. Essa foi a missão dos terríveis *esquadrões da morte* que atuaram na América Central durante as últimas décadas do século XX."[88] (tradução livre)

Entre tantos Estados que se utilizaram dessa forma cruel de imposição de seus pensamentos e políticas, podemos destacar, somente a título de ilustração: *a)* a URSS, de Joseph Stalin; *b)* a Alemanha nazista, de Adolf Hitler; *c)* A China, de Mao Tsé-Tung; *d)* o Camboja, de Pol Pot; *e)* o Chile, de Pinochet; *f)* Ruanda, pela etnia Hutu, contra os Tútsis; g) o Iraque, de Saddam Hussein; *h)* Congo, de Mobutu; *i)* a Síria, de Bashar al-Assad; *j)* a Venezuela, de Nicolás Maduro, entre tantos outros.

---

[86] HORGAN, John. *Psicología del terrorismo*: cómo y por qué alguien se convierte en terrorista, p. 26.
[87] GARZÓN VALDÉS, Ernesto et al. Terrorismo y derechos fundamentales: EL terrorismo político no institucional, p. 35.
[88] IBÁÑEZ, Luis de la Corte. *La lógica del terrorismo*, p. 25.

10.2. Terrorismo doméstico, internacional e transnacional

O terrorismo pode ser considerado como: *a)* doméstico; *b)* internacional; e *c)* transnacional.

Entende-se por *doméstico* o terrorismo que é levado a efeito por cidadãos ou mesmo residentes permanentes de um país, que o praticam dentro do seu próprio território, em detrimento do seu governo ou povo, com a finalidade de destilar o medo, a fim de alcançar determinado objetivo, que pode ter natureza política, racial, étnica, religiosa etc. Exemplo disso foi o que aconteceu com a Ku Klux Klan (conhecida pelas siglas KKK ou tão somente Klan), que surgiu em 1860, no sul dos EUA, e deixou de existir na década de 1870, sendo o segundo grupo fundado em 1915, o qual começou a atuar em todo o país norte-americano na década de 1920, utilizando-se de táticas de terror para, com isso, impor a "supremacia branca", o nacionalismo branco, o movimento anti-imigração, opondo-se, ainda, a católicos, judeus etc.

Internacional, conforme lições de Débora de Sousa Almeida "afeta ou se desenvolve em diversos países, podendo também afetar cidadãos de diferentes nacionalidades ou representantes de organizações intergovernamentais"[89].

No que diz respeito ao terrorismo *transnacional*, de acordo com o art. 3, tópico 2, da Convenção de Palermo, vale dizer, a Convenção das Nações Unidas contra o Crime Organizado Transnacional, adotada em Nova York, em 15 de novembro de 2000, promulgada, no Brasil, por meio do Decreto presidencial nº 5.015, de 12 de março de 2004, considera-se de caráter transnacional a infração penal que: *a)* for cometida em mais de um Estado; *b)* for cometida num só Estado, mas uma parte substancial da sua preparação, planejamento, direção e controle tenha lugar em outro Estado; *c)* for cometida num só Estado, mas envolva a participação de um grupo criminoso organizado que pratique atividades criminosas em mais de um Estado; ou *d)* for cometida num só Estado, mas produza efeitos substanciais noutro Estado.

Atualmente, os grupos fundamentalistas islâmicos, a exemplo do que ocorre com o Daesh (Estado Islâmico ou ISIS), se amoldam a este último conceito, haja vista que suas ações criminosas são espalhadas pelo mundo, embora as bases de sua organização terrorista estejam, essencialmente, no Iraque e na Síria.

10.3. Terrorismo positivo e terrorismo negativo

Já tivemos oportunidade de salientar que, dependendo das lentes de quem os enxerga, certos grupos, que empregam rotineiramente a violência com determinada finalidade (política, religiosa, étnica etc.), impondo o medo, o pânico ou o terror em algumas populações, podem ou não ser compreendidos como terroristas. Aquele que, para alguns, é considerado um terrorista, para outros, pode ser compreendido como um guerreiro, um libertador, um defensor de seu povo e de suas ideias.

Dessa dupla possibilidade de visão de um mesmo fenômeno é que surge a distinção entre terrorismo positivo e terrorismo negativo. César Augusto Niño Gonzáles, dissertando sobre o tema, preleciona:

---

[89] ALMEIDA, Débora de Souza de et al. *Terrorismo*: comentários, artigo por artigo, à Lei 13.260/2016 – aspectos criminológicos e político-criminais, p. 24.

"O terrorismo positivo é aquele que logra superar o umbral filosófico, ético e moral sobre o correto e incorreto como maneira de modificar a ordem. Por exemplo, o fator do extremismo religioso é um instrumento do dito método na configuração positiva do terrorismo; uma causa, um inimigo, um ator (o terrorista), ferramentas e uma predestinação sob a figura da salvação."[90] (tradução livre)

E continua suas lições, dizendo que, na visão exclusivamente ocidental:

"(...) o terrorismo é um simples instrumento ou método de malversação e por isso talvez se construiu todo um imaginário coletivo de sinônimos de terrorismo: morte, medo, destruição, profano e bárbaro. Isso é terrorismo negativo. Em consequência, se construiu um regime internacional de luta contra o terrorismo."[91] (tradução livre)

Não somente o terrorismo de cunho religioso permite essa distinção. Veja-se, por exemplo, o que ocorre com os palestinos e a OLP (Organização pela Libertação da Palestina), que, frequentemente, pratica atos terroristas contra Israel. Para os palestinos, os membros da OLP, principalmente aqueles que entregam a própria vida pela libertação de seu povo, são considerados guerreiros da liberdade, libertadores. Para o Estado de Israel, são simplesmente terroristas, que difundem o terror por meio de suas ações. A OLP foi considerada tanto pelos EUA quanto por diversos outros países ocidentais uma organização terrorista, até a Conferência de Madri, em 1991, e por Israel, até 1993, pouco antes dos acordos de Oslo, cidade localizada na Noruega, onde Yasser Arafat, representando o povo palestino, e o Primeiro-Ministro de Israel, Yitzhak Rabin, mediados pelo então Presidente dos Estados Unidos, Bill Clinton, se comprometeram a envidar todos os esforços possíveis para alcançar a paz naquela região.

10.4. Narcoterrorismo

O final da Guerra Fria teve importantes influências no que diz respeito ao financiamento de grupos ligados ao terrorismo, principalmente os de esquerda. As fontes de recurso secaram. A extinta União das Repúblicas Socialistas Soviéticas já não tinha mais como financiar aqueles que, mesmo com a prática do terror, queriam impor sua ideologia em diversos países do mundo.

Assim, muitos grupos tiveram que procurar alternativas financeiras para que pudessem continuar com sua "luta", dando continuidade a suas atividades, que importavam em um alto custo, a exemplo da aquisição de armamentos, munições, logística de campo, enfim, tudo aquilo que se reputava como necessário a fim de manter um grupo terrorista em pleno funcionamento.

Nesse contexto, conforme esclarece Alessandro Visacro:

"O tráfico internacional de drogas surgiu como uma opção atraente, graças à sua enorme rentabilidade. Com a redução ou a supressão do patrocínio oriundo de fontes externas, como, por exemplo, Moscou e Havana, muitos grupos irregulares foram, naturalmente, atraídos pelos lucros exorbitantes do comércio de entorpecentes.

---

[90] NIÑO GONZÁLEZ, César Augusto. *El terrorismo como régimen internacional subterráneo*: más allá de una lógica convencional, p. 96.

[91] NIÑO GONZÁLEZ, César Augusto. *El terrorismo como régimen internacional subterráneo*: más allá de una lógica convencional, p. 96.

No início do século XXI, consolida-se a tendência de fortalecimento dos vínculos (cada vez mais estreitos) existentes entre redes insurgentes, organizações terroristas e o crime organizado, especialmente o tráfico internacional de armas e drogas e a lavagem de dinheiro. Dessa forma, as produções de heroína no Sri Lanka, a cocaína na Colômbia, ópio e heroína no Afeganistão, encontram-se associadas à intensa atividade de guerrilheiros e terroristas.

Com uma boa dose de antiamericanismo injetada em um discurso respaldado por elaboradas teorias sociais, muitos críticos, intelectuais e lideranças políticas insistem em negar a existência de um fenômeno denominado 'narcoguerrilha' ou 'narcoterrorismo'. Consideram a associação entre os princípios de luta das organizações militantes, que se fundamentam em reivindicações sociais justas, e as práticas hediondas do tráfico de drogas absolutamente incompatíveis e, portanto, tais termos não passariam de uma falácia empregada como artifício destinado a 'legitimar' a política belicosa de Washington e seus interesses escusos. Infelizmente, esse tipo de intransigência ideológica, que acaba obtendo considerável adesão do público em geral, ignora o pragmatismo e as necessidades prementes de sobrevivência das organizações de luta armada, revelando-se equivocado."[92]

Como se percebe sem muito esforço, aqueles que atuam no combate de uma guerra irregular, praticando atos de terrorismo, que não atendem às regras internacionais humanitárias, que, enfim, não possuem limites para absolutamente nada, não deixariam de se valer de uma fonte de recursos extraordinários, como é o tráfico de drogas.

No Afeganistão, por mais que o fundamentalismo islâmico, em tese, desaprove o consumo e a venda de drogas, já se comprovou que as plantações de papoulas, plantas das quais se extrai o ópio, eram comercializadas pelos talibãs a fim de conseguirem um maior aporte financeiro para a manutenção de seus propósitos.

Da mesma forma, o grupo terrorista Estado Islâmico, cujas raízes principais estão na Síria e no Iraque, fatura cerca de um bilhão de dólares anualmente com a venda de heroína produzida no Afeganistão, e também vendida pelos talibãs. Há, entre eles, uma parceria, já que, para vendê-las na Europa, os jihadistas afegãos encontram apoio logístico no Iraque, por meio do Estado Islâmico. Se incluirmos, aqui, igualmente, o tráfico de armas, obras de arte e contrabando de petróleo, o faturamento do Estado Islâmico chega à impressionante quantia de três bilhões de dólares ao ano.[93]

Da mesma forma, o grupo terrorista Boko Haram, que atua, principalmente, no nordeste da Nigéria, um país da África Ocidental, tem o tráfico de drogas como uma das suas principais causas de financiamento.

Na verdade, atribui-se a criação do termo "narcoterrorismo" ao ex-Presidente do Peru, Fernando Belaúnde Terry, que, em 1983, assim descreveu os ataques que utilizavam táticas terroristas, que eram levados a efeito contra ações da polícia antinarcótica de seu país.

Esse termo, na verdade, traduz uma forma de violência ou intimidação feita pelos traficantes de drogas, que impõem uma política de terror, a fim de que possam continuar a praticar suas atividades ilícitas. Exemplo marcante de narcoterrorismo aconteceu na Colômbia, com seus cartéis de drogas, sobretudo o de Medellín, chefiado por Pablo Emilio Escobar

---

[92] VISACRO, Alessandro. *Guerra irregular*: terrorismo, guerrilha e movimentos de resistência ao longo da história, p. 295-296.

[93] Conforme informações obtidas em: AFP. Estado Islâmico arrecada US$ 3 bilhões ao ano com tráfico. *G1*, 13.04.2016. Disponível em: <https://g1.globo.com/mundo/noticia/2016/04/estado-islamico--arrecada-us-3-bilhoes-ao-ano-com-trafico.html>. *Acesso* em: 17 jun. 2023.

288 | CRIMES HEDIONDOS E EQUIPARADOS – ROGÉRIO GRECO

Gaviria, que teve início em meados da década de 1970, até 2 de dezembro de 1993, quando foi morto na cidade de Medellín.

10.5. Ecoterrorismo

A proteção do meio ambiente, abrangendo tanto a fauna quanto a flora, do ecossistema, também produz seus membros radicais, que chegam a praticar atos extremos de violência e intimidação na defesa de seus ideais. Surge, assim, o chamado ecoterrorismo que:

> "Diz respeito ao uso de práticas terroristas em apoio a causas ecológicas, meioambientais, ou de direito dos animais. Também pode significar o oposto como ataques terroristas contra o meio ambiente. A palavra é um neologismo e sua aplicação é controvertida. O movimento se desenvolveu nos Estados Unidos durante os anos 1980 e na Rússia depois do começo dos anos 2000. Em 2002, o FBI estimou que a Frente de Liberação Animal (ALF) e a Frente de Liberação da Terra (ELF), duas das principais organizações ecológicas responsáveis por atos denominados de ecoterrorismo, haviam cometido mais de 600 atos criminosos nos Estados Unidos, causando danos estimados em mais de 43 milhões de dólares."[94]

Seus alvos dizem respeito a todos aqueles que, segundo entendem, agridem a natureza, a exemplo do que ocorre com as companhias automobilísticas, as madeireiras, os laboratórios de investigação que se utilizam de animais como cobaias, as empresas de pesca, circos, zoológicos, rodeios, podendo-se incluir nesse rol todos aqueles que consomem carne de animais ou os utilizam na confecção de vestimentas, medicamentos etc.

Uma das modalidades de ação praticada pelos ecoterroristas é o chamado bioterrorismo, ou seja, a utilização de agentes biológicos com a finalidade de contaminação dos recursos naturais, normalmente atingindo reservatórios de água de determinada região e, consequentemente, disseminando inúmeras doenças.

10.6. Ciberterrorismo

O mundo, definitivamente, se globalizou, e isso se deveu, principalmente, ao aparecimento e ao uso da internet. Se, por um lado, a sociedade se beneficiou sobremaneira com a rede mundial de computadores, por outro, passou a correr riscos que antes não existiam.

Homens foram trocados por máquinas. Trabalhos que eram caracteristicamente manuais passaram a ser realizados com mais precisão, diga-se de passagem, por computadores.

Os cibercriminosos se multiplicaram. Inúmeras infrações penais passaram a ser praticadas via rede, e o terrorismo não podia deixar de lado essa "ferramenta". Embora falha, a Lei nº 13.260, de 16 de março de 2016, que regulamentou o disposto no inc. XLIII do art. 5º da Constituição Federal, disciplinando o terrorismo, tratando de disposições investigatórias e processuais e reformulando o conceito de organização terrorista, previu, no inc. IV do § 1º do seu art. 2º, o ciberterrorismo, quando elenca os atos de terrorismo, dizendo, *in verbis*:

> (...)
>
> IV – sabotar o funcionamento ou apoderar-se, com violência, grave ameaça a pessoa ou *servindo-se de mecanismos cibernéticos*, do controle total ou parcial, ainda que de modo temporário, de meio de comunicação ou de transporte, de portos, aeroportos, estações ferroviárias ou rodoviárias, hospitais,

---

[94] Disponível em: <*http://em.fis.unam.mx/public/mochan/blog/20110816seguridad/presentacionEcoterroristas.pdf*>. Acesso em: 30 jan. 2019.

> casas de saúde, escolas, estádios esportivos, instalações públicas ou locais onde funcionem serviços públicos essenciais, instalações de geração ou transmissão de energia, instalações militares, instalações de exploração, refino e processamento de petróleo e gás e instituições bancárias e sua rede de atendimento;
>
> (...). (grifo nosso)

Assim, o ciberterrorismo, de acordo com a legislação brasileira, diz respeito ao ataque motivado por razões de xenofobia, discriminação ou preconceito de raça, cor, etnia e religião contra os sistemas de informação ou infraestrutura de TI com a finalidade de controlar, total ou parcialmente, ainda que de modo temporário, meio de comunicação ou de transporte, portos, aeroportos, estações ferroviárias ou rodoviárias, hospitais, casas de saúde, escolas, estádios esportivos, instalações públicas ou locais onde funcionem serviços públicos essenciais, instalações de geração ou transmissão de energia, instalações militares, instalações de exploração, refino e processamento de petróleo e gás e instituições bancárias e sua rede de atendimento.

11. DIREITO PENAL DO INIMIGO E TERRORISMO

Pertencente à "família" do Direito Penal Máximo, como um de seus membros mais agressivos, podemos destacar o chamado *Direito Penal do Inimigo*, desenvolvido pelo professor alemão Günter Jakobs, na segunda metade da década de 1990.

Jakobs, por meio dessa denominação, procura traçar uma distinção entre um *Direito Penal do Cidadão* e um *Direito Penal do Inimigo*. O primeiro, em uma visão tradicional, garantista, com observância de todos os princípios fundamentais que lhe são pertinentes; o segundo, intitulado *Direito Penal do Inimigo*, seria um Direito Penal despreocupado com seus princípios fundamentais, pois não estaríamos diante de cidadãos, mas, sim, de inimigos do Estado, ou, na definição de Francisco Bueno Arús:

> "O *Direito Penal do cidadão*, dirigido aos infratores das normas em geral, que pretende ante tudo a prevenção especial positiva (a reabilitação, (re)educação ou reinserção social do delinquente), ou o *Direito Penal do inimigo*, para os que, mais que autores de delitos, são inimigos da sociedade estabelecida, pelo que a norma a aplicar procura antes a retribuição do delito ou a prevenção geral ou especial negativa que as finalidades constitucionais já conhecidas."[95] (tradução livre)

O raciocínio seria o de verdadeiro *estado de guerra*, razão pela qual, de acordo com Jakobs, numa guerra, as regras do jogo devem ser diferentes. O Direito Penal do Inimigo, conforme salienta Jakobs, já existe em nossas legislações, gostemos ou não disso, a exemplo do que ocorre no Brasil com a lei que define organização criminosa e dispõe sobre a investigação criminal, os meios de obtenção da prova, infrações penais correlatas e o procedimento criminal (Lei nº 12.850, de 2 de agosto de 2013), assim como a lei que disciplinou o terrorismo, tratou de suas disposições investigatórias e processuais e reformulou o conceito de organização terrorista (Lei nº 13.260, de 16 de março de 2016).

Consoante o autor:

> "O Direito penal conhece dois polos ou tendências de suas regulações. Por um lado, o trato com o cidadão, em que se espera até que este exteriorize seu fato para reagir, com o fim de

---

[95] BUENO ARÚS, Francisco. *Terrorismo:* algunas cuestiones pendientes, p. 87.

confirmar a estrutura normativa da sociedade, e por outro, o trato com o inimigo, que é interceptado prontamente em seu estágio prévio e que se combate por sua perigosidade."[96] (tradução livre)

Há pessoas, de acordo com Jakobs, que decidiram se afastar, de modo duradouro, do Direito, a exemplo daqueles que pertencem a organizações criminosas e grupos terroristas. Para esses, "a punibilidade se adianta um grande trecho, até o âmbito da *preparação*, e a pena se dirige a assegurar *fatos futuros*, não a sanção de *fatos cometidos*"[97] (tradução livre). Na verdade, essa antecipação da punição pode ocorrer sem que exista mesmo qualquer ato preparatório para a execução de um futuro atentado terrorista, sendo o agente punido simplesmente pela sua ideologia, a exemplo do que ocorre com aqueles que se mostram acordes com as ideologias dos grupos terroristas islâmicos, separatistas etc.

Para Jakobs, há pessoas que, por sua insistência em delinquir, voltam ao seu estado natural antes do estado de direito. Assim, segundo ele:

"Um indivíduo que não admite ser obrigado a entrar em um estado de cidadania não pode participar dos benefícios do conceito de pessoa. E é que o estado natural é um estado de ausência de norma, quer dizer, a liberdade excessiva tanto como de luta excessiva. Quem ganha a guerra determina o que é norma, e quem perde há de submeter-se a essa determinação."[98] (tradução livre)

O Estado, conclui, "pode proceder de dois modos com os delinquentes: pode vê-los como pessoas que delinquem, pessoas que cometeram um erro, ou indivíduos aos que há de impedir mediante coação que destruam o ordenamento jurídico"[99] (tradução livre).

Manuel Cancio Meliá, analisando a proposta de Jakobs, esclarece:

"Segundo Jakobs, o Direito Penal do inimigo se caracteriza por três elementos: em primeiro lugar, se constata um amplo adiantamento da punibilidade, quer dizer, que neste âmbito, a perspectiva do ordenamento jurídico-penal é prospectiva (ponto de referência: o fato futuro), em lugar de – como é habitual – retrospectiva (ponto de referência: o fato cometido). Em segundo lugar, as penas previstas são desproporcionadamente altas: especialmente, a antecipação da barreira de punição não é tida em conta para reduzir em correspondência a pena ameaçada. Em terceiro lugar, determinadas garantias processuais são relativizadas ou, inclusive, suprimidas."[100] (tradução livre)

O chamado Direito Penal do Inimigo encontra-se, hoje, naquilo que se reconhece como a *terceira velocidade do Direito Penal*. De acordo com o que se denomina *processo de expansão do Direito Penal*[101], podemos, seguindo as lições de Jésus-Maria Silva Sánchez, visualizar quatro velocidades, quatro enfoques diferentes que podem ser concebidos ao Direito Penal.

A primeira velocidade seria aquela tradicional do Direito Penal, que tem por fim último a aplicação de uma pena privativa de liberdade. Nessa hipótese, como está em jogo a li-

---

[96] JAKOBS, Günther; MELIÁ, Manuel Cancio. *Derecho penal del enemigo*, p. 42.

[97] JAKOBS, Günther; MELIÁ, Manuel Cancio. *Derecho penal del enemigo*, p. 40.

[98] JAKOBS, Günther; MELIÁ, Manuel Cancio. *Derecho penal del enemigo*, p. 40-41.

[99] JAKOBS, Günther; MELIÁ, Manuel Cancio. *Derecho penal del enemigo*, p. 47.

[100] JAKOBS, Günther; MELIÁ, Manuel Cancio. *Derecho penal del enemigo*, p. 79-81.

[101] SILVA SÁNCHEZ, Jésus-Maria. *La expansión del derecho penal*, p. 159.

berdade do cidadão, devem ser observadas todas as regras garantistas, penais ou processuais penais, ou seja, seus direitos e garantias devem ser preservados a qualquer custo.

Numa segunda velocidade, temos, no Direito Penal, a aplicação de penas não privativas de liberdade, a exemplo do que ocorre no Brasil com os Juizados Especiais Criminais, cuja finalidade, de acordo com o art. 62 da Lei nº 9.099/95, é, precipuamente, a aplicação de penas que não importem na privação da liberdade do cidadão, devendo, pois, ser priorizadas as penas restritivas de direitos e a pena de multa. Nessa segunda velocidade do Direito Penal, poderiam ser afastadas algumas garantias, com o escopo de agilizar a aplicação da lei penal. Com a aplicação do raciocínio correspondente a essa segunda velocidade do Direito Penal, procura-se atender, ainda, aos reclamos da sociedade, que tece severas críticas com relação à morosidade, característica da Justiça Penal. Assim, por meio dessa velocidade, a resposta do Estado seria mais rápida. Contudo, como frisamos anteriormente, para que isso ocorra, seriam minimizados os direitos e as garantias fundamentais daquele que, supostamente, praticou a infração penal.

Percebemos isso com clareza quando analisamos a mencionada Lei dos Juizados Especiais Criminais, que permite a utilização de institutos jurídicos que importem na aplicação de pena não privativa de liberdade, sem que, para tanto, tenha havido a necessária instrução processual, com o contraditório e a ampla defesa, como acontece quando o suposto autor do fato aceita a proposta de transação penal, suspensão condicional do processo etc.

Assim, resumindo o raciocínio com Jésus-Maria Silva Sánchez, teríamos:

"Uma primeira velocidade, representada pelo Direito Penal 'do cárcere', em que haveriam de ser mantidos rigidamente os princípios político-criminais clássicos, as regras de imputação e os princípios processuais; e uma segunda velocidade, para os casos em que, por não se tratar de prisão, senão de penas de privação de direitos ou pecuniárias, aqueles princípios e regras poderiam experimentar uma flexibilização proporcionada a menor intensidade da sanção."[102] (tradução livre)

Embora ainda com certa resistência, tem-se procurado entender o Direito Penal do Inimigo como uma *terceira velocidade*. Seria, portanto, uma velocidade híbrida, ou seja, aquela que teria como finalidade a aplicação de penas privativas de liberdade (primeira velocidade), com uma minimização dos direitos e garantias necessários a esse fim (segunda velocidade).

Na verdade, a primeira indagação que devemos fazer é a seguinte: quem poderá ser considerado inimigo, para que veja diminuídos ou mesmo suprimidos seus direitos e garantias penais e processuais penais?

Em muitas passagens de sua obra, Jakobs aponta como exemplo as *atividades terroristas*.

Realmente, dentro da construção do direito penal do Inimigo, o terrorista é aquele que mais se amolda ao raciocínio defendido por essa teoria.

Conforme esclarece Tatiana de Almeida Freitas R. Cardoso:

"A criação de sistemas diferenciados aos delinquentes como forma de combate ao terror, de modo que, ao cometerem atos classificados enquanto terroristas, teriam abandonado a forma do Direito constante no ordenamento jurídico da sociedade, migrando para um novo campo: o Direito Penal do Inimigo, criado especificamente para ele. Afinal, não se reconheceria o terrorista enquanto pessoa/cidadão, merecedor do Direito Penal comum, mas sim um

---

[102] SILVA SÁNCHEZ, Jésus-Maria. *La expansión del derecho penal*, p. 163.

Direito restrito no que tange às liberdades do destinatário, permitindo 'uma atuação estatal que transpasse os limites que impõe a condição de pessoa.'"[103]

E continua, dizendo:

"A ideia por trás do Direito Penal do Inimigo está em diferenciar dois tipos de leis penais no combate à criminalidade mundana hodierna: uma para o cidadão e outra para o inimigo. Isso porque não haveria 'outra alternativa para o combate a determinadas formas de delinquência, em especial no que diz respeito ao caso (...) do terrorismo.'"[104]

Manuel Cancio Meliá, professor de Direito Penal da Universidade Autônoma de Madri, destaca que uma das propostas de Jakobs é a de, justamente, antecipar a punição do agente pela sua *condução de vida*, voltando-se a um antigo conceito preconizado por Edmund Mezger, cujo passado nazista foi recentemente colocado a descoberto por Francisco Muñoz Conde, como teremos oportunidade de observar mais adiante, valendo-se de um autêntico e combatido Direito Penal do Autor, em vez de um Direito Penal do Fato.

Dessa forma, assevera Manuel Cancio Meliá:

"(...) o Direito Penal do inimigo jurídico-positivo vulnera, assim se afirma habitualmente na discussão, em diversos pontos o princípio do fato. Na doutrina tradicional, o princípio do fato se entende como aquele princípio genuinamente liberal de acordo com o qual deve ficar excluída a responsabilidade jurídico-penal por meros pensamentos, quer dizer, como rechaço de um Direito penal orientado com base na 'atitude interna' do autor."[105] (tradução livre)

Após a assunção do poder, em 1933, pelo partido nacional-socialista, iniciou-se, na Alemanha, uma série de reformas que visavam ao cumprimento das promessas levadas a efeito nas campanhas eleitorais.

Deve-se lembrar de que, naquela oportunidade, a Alemanha já tinha sido vencida na Primeira Guerra Mundial, que durou de 1914 a 1918, encontrando-se enfraquecida sob diversos aspectos, principalmente pelas condições que lhe foram impostas no Tratado de Versalhes[106].

---

[103] CARDOSO, Tatiana de Almeida Freitas R. *A mundialização do terrorismo: a (re)definição do fenômeno após o 11 de setembro*, p. 144.

[104] CARDOSO, Tatiana de Almeida Freitas R. *A mundialização do terrorismo:* a (re)definição do fenômeno após o 11 de setembro, p. 144.

[105] JAKOBS, Günther; MELIÁ, Manuel Cancio. *Derecho penal del enemigo*, p. 100-101.

[106] Firmado em 28 de junho de 1919, teve as seguintes consequências: "As regiões da Alsacia e Lorena se reintegram à França. Eupen e Malmédy passam à Bélgica. Schleswig do Norte se integra, depois de um plebiscito, à Dinamarca, e a Alta Silésia, da mesma forma, à Polônia. Posnania e uma parte da Prússia passam à reconstituída Polônia. Prússia oriental fica separada da Alemanha pelo corredor polaco que dá saída ao Báltico. As cidades de Dantzig e Memel se convertem em livres (Memel seria anexada pela Lituânia em 1923). O Sarre fica transferido a Sociedade das Nações pelo espaço de 15 anos. No total, a Alemanha vê diminuir seu território em 88.000 km2 e perde 8.000.000 de habitantes. Seu Exército fica reduzido a 100.000 homens, sem aviação, nem tanques nem submarinos. Não pode manter tropas na Renania e se suprime o serviço militar. Perde a autonomia aduaneira. Deve assumir a culpa da guerra e indenizar os aliados com 24 milhões de libras esterlinas, assim como ceder todas as suas colônias" (*Revista História y Vida*, n. 436).

Com a assunção de Hitler ao poder, o partido nacional-socialista tratou, imediatamente, de começar a reorganizar, de acordo com seus critérios escusos, o Estado alemão, culminando, em 1944, com a edição do projeto nacional-socialista sobre o tratamento dos *estranhos à comunidade*, que nos foi trazido à luz, recentemente, por meio de um trabalho incansável de pesquisa levado a efeito pelo professor Francisco Muñoz Conde, em sua obra intitulada *Edmund Mezger e o direito penal de seu tempo*.

Tal projeto, considerado um dos mais terríveis da história do Direito Penal, propunha, entre outras coisas: *a)* a castração dos homossexuais; *b)* a prisão por tempo indeterminado dos considerados associais, ou seja, pessoas que tivessem um comportamento antissocial, a exemplo dos vadios, das prostitutas, dos alcoólatras, dos praticantes de pequenas infrações penais etc., sem que houvesse necessidade, inclusive, de que tivessem praticado qualquer delito; *c)* a esterilização, a fim de evitar a propagação daqueles considerados associais e inúteis para a sociedade.

Na verdade, apontava determinadas pessoas como perigosas, a exemplo do que ocorria com os delinquentes habituais, e sobre elas fazia recair uma espécie de "tratamento", que podia, segundo a sua estúpida visão, curá-las, aplicando-lhes medidas de internação por tempo indeterminado, inclusive nos conhecidos *campos de concentração*, ou, quando fossem reconhecidamente entendidas como *incuráveis*, condenadas à morte, ou ainda, em algumas situações, utilizadas como *carne de canhão*, ou seja, aquelas pessoas que, durante a Segunda Guerra Mundial, eram colocadas no *front* de batalha.

Enfim, medidas que atropelavam o princípio da dignidade da pessoa humana, justamente por desconsiderá-la como pessoa, lembrando muito o que Jakobs pretende fazer com o seu Direito Penal do Inimigo, desconsiderando o inimigo como um cidadão. Muñoz Conde, com a lucidez que lhe é peculiar, dissertando sobre o princípio da culpabilidade, concebido durante os anos 1920, a fim de chegar a um conceito de perigosidade, desenvolvido na Alemanha durante o período do regime nacional-socialista, assevera que não se pode discutir que o conceito de culpabilidade, em suas linhas básicas, tenha sido uma das conquistas mais importantes da dogmática jurídico-penal alemã daquela época. Entendido como garantia e limite diante do poder punitivo do Estado, é considerado hoje um dos princípios fundamentais de um Direito Penal democrático e respeitoso com a dignidade humana. Todavia, um sistema estritamente dualista como o que se forjou na República de Weimar, no qual a pena limitada por sua culpabilidade podia ser substituída ou complementada por uma medida de segurança de duração indeterminada, fundamentada em um conceito tão vago e perigoso como o de perigosidade, traduz um conceito de Direito Penal muito vinculado às teses do *amigo-inimigo* tão caras ao Estado nacional-socialista: um Direito Penal com todas as suas garantias, baseado e limitado pelo princípio da culpabilidade, para o delinquente ocasional, integrado no sistema, ainda que alguma vez se aparte dele; e um Direito Penal, baseado na perigosidade e sem nenhum tipo de limitações, para o delinquente perigoso e, especialmente, para o delinquente habitual que, com seu comportamento e sua forma de condução de vida (*Lebensführungschuld*), questiona as bases do sistema mesmo.

E continua o autor asseverando que esse dualismo, ou seja, a culpabilidade ligada, como conceito, ao delinquente ocasional e a perigosidade vinculada ao delinquente habitual:

> "Deu lugar também ao desenvolvimento durante o nacional-socialismo de medidas praticamente voltadas ao extermínio dos marginais sociais (prostitutas, mendigos, vadios, delinquentes habituais), aos que eufemisticamente se chamou 'estranhos à comunidade', com medidas esterilizadoras, internações por tempo indeterminado em campos de concentração etc. Já então se falava também de um 'Direito Penal para inimigos', para o qual não cabiam

nem garantias, nem nenhuma outra forma de limitação dos excessos do poder estatal."[107] (tradução livre)

Como se percebe sem muito esforço, a semelhança entre o que pretende Jakobs, com a sua distinção cidadão/inimigo, em muito se assemelha ao projeto desenvolvido por Mezger durante o regime nazista, capitaneado por Hitler.

Dizer que a sociedade, na qual todos nós estamos inseridos, é composta de cidadãos e inimigos, para os quais estes últimos devem receber tratamento diferenciado, como se houvesse um estado de guerra, é querer voltar ao passado cuja história a humanidade quer, na verdade, esquecer.

Com o argumento voltado ao delinquente habitual, ou criminosos pertencentes às facções organizadas, como acontece com os terroristas, tachando-os de irrecuperáveis, propondo-se, para eles, medidas de privação da liberdade com tempo indeterminado, enfim, tratar o ser humano como um *estranho à comunidade* é o máximo da insensatez a que pode chegar o Direito Penal.

Guardadas as devidas proporções, por conta do discurso do Direito Penal do Inimigo, voltamos a ter campos de concentração, como acontecia com a prisão de Abu Ghraib, no Iraque, e como acontece, ainda nos dias de hoje, em Guantánamo, base dos EUA localizada na ilha de Cuba, onde presos são tratados de forma ofensiva à sua dignidade, pelo fato de serem suspeitos de práticas terroristas.

Conforme as lições de Manuel Monteiro Guedes Valente:

"O estabelecimento estado-unidense é manifestação da coisificação do homem, *in casu*, do terrorista. O suposto terrorista fica preso por tempo indeterminado sem objeto criminal identificado ou determinado processualmente, sem direito de defesa, sem direito a *habeas corpus*, sem direito a qualquer garantia processual penal, sem direito ao respeito pelos direitos mínimos da personalidade, sem direito a ser julgado por um tribunal subordinado ao juiz natural (para Guantánamo criaram-se tribunais militares que, com lucidez, o Supremo Tribunal de Justiça dos USA declarou incompetentes).

Em prol da diminuição ou da inocuização do perigo e da ameaça à segurança cognitiva e à paz jurídica e social, admite-se e assiste-se à barbárie e à humilhação do inimigo metamorfoseando-o em *não pessoa*, em *coisa* e em *objeto* passível de que se procura descobrir a verdade material e realizar a justiça humana. A deslegitimação de um Direito Penal do inimigo enraíza-se, *ab initio*, na ideia de que não é legítimo ao Estado usar das mesmas armas que os criminosos sob pena de, a determinado momento, não distinguirmos qual dos dois é o criminoso: se o inimigo, se o Estado."[108]

Ninguém duvida de que o terrorismo precisa de um olhar diferenciado, principalmente pelos danos que causa à sociedade em geral, pelos estragos que produz psicologicamente às mentes de toda a população. No entanto, não podemos abrir mão de um *Direito Penal do Fato*, e de todas os demais direitos e garantias penais e processuais penais, sob o falso argumento de que estamos diante de inimigos, e não de cidadãos. Esse processo de "coisificação", de anulação da personalidade do outro, só nos levará de volta ao passado, que o Direito Penal procurou apagar de sua memória.

---

[107] MUÑOZ CONDE, Francisco. *Edmund Mezger e o direito penal de seu tempo*, p. 64-65.

[108] VALENTE, Manuel Monteiro Guedes. *Direito penal do inimigo e o terrorismo*: o "progresso ao retrocesso", p. 63-64.

Que se tenha um tratamento mais rigoroso, proporcional aos danos causados pelas ações terroristas, mas sempre se observando os direitos e as garantias fundamentais para que se chegue não somente à conclusão pela prática do cometimento das infrações penais levadas a efeito como também à aplicação das penas que sejam proporcionais aos males praticados. Só assim o Estado poderá continuar a ser chamado de "Direito".

Não podemos afastar todas as conquistas que nos foram sendo dadas em doses homeopáticas ao longo dos anos, sob o falso argumento do cidadão *versus* inimigo, pois, não sendo possível conhecer o dia de amanhã, quem sabe algum louco chegue ao poder e diga que *inimigo também é aquele que não aceita a teoria do Direito Penal do Inimigo*, e lá estaremos nós sendo presos, sem qualquer direito ou garantia, em troca de um argumento vazio e desumano.

12. TERRORISMO *VS.* DIREITOS E GARANTIAS FUNDAMENTAIS

Certo é que os atentados terroristas, principalmente a partir de 11 de setembro de 2001, despertaram, na comunidade jurídica, novas discussões com relação ao tratamento desses fatos, sobretudo no que diz respeito aos chamados direitos fundamentais.

Como esclarece Juan Damián Moreno:

"A luta contra o terrorismo e a delinquência organizada se caracteriza por ser um combate muito desigual já que os governos têm a necessidade de garantir a segurança e, ao mesmo tempo, fazer respeitar as regras que regem as sociedades democráticas pela defesa dos direitos humanos e as liberdades públicas. Essa circunstância condiciona enormemente a ação governamental em matéria de prevenção e repressão dos atos terroristas, já que a resposta frente ao delito supõe, em definitivo, utilizar os instrumentos democráticos que o Estado de Direito tem ao seu alcance e evitar converter a luta antiterrorista em uma espécie de guerra na qual qualquer meio serve para o cumprimento desta finalidade."[109] (tradução livre)

Assim, conforme vimos, o terrorismo é compreendido como pertencente à terceira velocidade do Direito Penal, ou seja, aquela que funde as velocidades anteriores, com a vertente mais gravosa da primeira velocidade, que é a aplicação de uma pena privativa de liberdade, com aquilo que de mais grave existe, igualmente, na segunda velocidade, ou seja, a mitigação dos direitos e das garantias fundamentais.

Portanto, verificaremos, agora, com mais detalhes, o que importaria esse confronto entre a prática do terrorismo e os direitos fundamentais.

Inicialmente, o que se entende por direitos fundamentais?

De acordo com as precisas lições de Flávia Bahia Martins:

"A carga axiológica que lastreia o vértice dos direitos humanos ou dos direitos fundamentais é a mesma, é o centro dos direitos mais valiosos que nós temos. A vida, a liberdade, a propriedade, a segurança e a igualdade, com todos os seus desdobramentos, encontram-se protegidas por ambas as expressões, entretanto a denominação 'direitos humanos' é utilizada pela Filosofia do Direito e ainda pelo Direito Internacional Público e Privado. Já os 'direitos fundamentais' seriam os direitos humanos positivados em um sistema constitucional. Os

---

[109] DAMIÁN MORENO, Juan. Especialidades procesales del derecho español en materia de terrorismo. In: FERNANDES, Antonio Scarance; ZILLI, Marcos (coord.). *Terrorismo e Justiça Penal*: reflexões sobre a eficiência e o garantismo, p. 227.

direitos humanos, sob a análise do Direito Constitucional, podem ser denominados de direitos fundamentais."[110]

O Título II de nossa Constituição Federal cuida Dos Direitos e Garantias Fundamentais, e o *caput* do art. 5º, inserido no Capítulo I (Dos Direitos e Deveres Individuais e coletivos), diz, *in verbis*:

> **Art. 5º** Todos são iguais perante a lei, sem distinção de qualquer natureza, garantindo-se aos brasileiros e aos estrangeiros residentes no País a inviolabilidade do direito à vida, à liberdade, à igualdade, à segurança e à propriedade, nos termos seguintes:
> (...)

A Constituição Federal, como se percebe sem muito esforço, assegura um rol mínimo de direitos considerados fundamentais de todas as pessoas, não se podendo, consequentemente, subtraí-los ou mesmo minimizá-los, nem mesmo a determinados grupos, sob o fundamento de que praticam os atos mais atrozes, mais abomináveis em detrimento da sociedade, estejam ou não nela inseridos.

Os atos terroristas, principalmente aqueles praticados após os atentados de 11 de setembro de 2001, nos EUA, mobilizaram não somente os norte-americanos mas também grande parte do mundo, em especial a Europa, no sentido de modificar sua legislação, a fim de se adaptarem a essa nova realidade. Houve, na verdade, uma mudança de paradigma, especialmente no que diz respeito ao reconhecimento e ao trato do terrorismo. Assim, o terrorista deixa de ser tão somente um criminoso e passa a ser considerado um combatente inimigo. Dessa forma, como bem salientado por Marcos Zilli:

> "A noção de retribuição justa e proporcional frente ao mal praticado – princípio que alimenta a gênese do Direito Penal – cede espaço para o aniquilamento e para o extermínio do inimigo. Não interessa puni-lo de forma justa e adequada a fim de se extrair, das formalidades do processo punitivo, a condição de exemplariedade tão necessária para a propalada prevenção geral. Afinal, os inimigos de guerra devem ser combatidos e exterminados. O agente terrorista não é, portanto, um criminoso que possa ser punido ou que mereça ser recuperado. Em suma, o paradigma da 'guerra ao terror' leva ao abandono da equação fundante do Direito Penal – crime/responsabilidade/punição –, estabelecendo em seu lugar outra lógica que é traduzida na articulação das ideias de agressão, guerra e de vitória.
>
> Mas, mesmo em uma lógica de guerra, há certos parâmetros universais a serem respeitados e que estão consolidados pelo Direito Humanitário. Esse conjunto de regras e de princípios indica o reconhecimento universal de que, mesmo em situações extremas de conflitos armados há um irredutível humano a observar. Não foi, todavia, o que se verificou na implementação da 'guerra ao terror'. De fato, nos últimos dez anos, proliferaram-se prisões desprovidas de qualquer acusação formal, o emprego de tortura como meio de obtenção de prova e as execuções sumárias. São sinais indicativos de um abandono do padrão ético universal."[111]

A busca pela manutenção dos direitos e das garantias fundamentais, inerentes a todo ser humano, de um lado, e a prevenção de atos de terrorismo, bem como a sua punição, de outro, tornaram-se uma fonte de discussões infindáveis. Tenta-se, a todo custo, encontrar

---

[110] MARTINS, Flávia Bahia. *Direito constitucional*, p. 97.

[111] ZILLI, Marcos. O terrorismo como causa, o horror como consequência e a liberdade como vítima. In: FERNANDES, Antonio Scarance; ZILLI, Marcos (coord.). *Terrorismo e Justiça Penal*: reflexões sobre a eficiência e o garantismo, p. 25-26.

um equilíbrio para que, embora veja o terrorismo como um ato que mereça uma maior reprovação, dada a intensidade de sua gravidade, não sejam eliminados os direitos e as garantias fundamentais daquele que o praticou. O Estado não pode e não deve se equiparar ao terrorista. Isso não significa cuidar do problema com ingenuidade, mas, sim, com o rigor que o fato merece, sem descuidar de que, terrorista ou não, o autor desses atos atrozes goza de uma condição que lhe é inafastável, vale frisar, a de ser humano.

Como alerta Stefan Huster:

> "É inquestionável que o Estado constitucional é responsável pela segurança de seus cidadãos. Tampouco cabe nenhuma dúvida de que, em momentos de graves ameaças contra esta segurança, como no caso dos ataques terroristas, pode resultar admissível que o poder do Estado adote outras medidas. Sem embargo, ao mesmo tempo temos que ter cuidado de que a combinação da histeria ante situações excepcionais com a necessidade de uma segurança total não abra, pouco a pouco, todas as comportas constitucionais."[112] (tradução livre)

Não resta dúvida de que o tratamento do terrorismo deve ser diferenciado. No entanto, encontrar o equilíbrio entre uma possibilidade diferenciada de tratamento penal e processual penal, preservando-se os direitos e as garantias fundamentais inerentes a qualquer ser humano, e, por outro lado, prevenir, em defesa da sociedade, atos de agressão gravíssimos, é uma *vexata quaestio* que temos que enfrentar, pois, infelizmente, é uma realidade que está se espalhando mundo afora, com modificações significativas em suas características iniciais.

Conforme salienta Flávia Piovesan:

> "Os tratados de proteção dos direitos humanos estabelecem um núcleo inderrogável de direitos, a serem respeitados seja em tempos de guerra, instabilidade, comoção pública ou calamidade pública, como atestam o art. 4º do Pacto Internacional de Direitos Civis e Políticos (que conta com mais de 150 Estados-partes), o art. 27 da Convenção Americana de Direitos Humanos e o art. 15 da Convenção Europeia de Direitos Humanos. A Convenção contra a Tortura, de igual modo, no art. 2º, consagra a cláusula da inderrogabilidade da proibição da tortura, ou seja, nada pode justificar a prática da tortura (seja a ameaça ou estado de guerra, instabilidade política interna ou qualquer outra emergência pública)."[113]

O terrorismo que se praticava em meados do século XX, normalmente de cunho político, se transformou, basicamente, em um terrorismo de natureza religiosa, que não se limita a qualquer fronteira. Nenhum país está isento de sofrer suas nefastas consequências, pois seu raio de ação engloba todo o planeta. Assim, temos que saber enfrentá-lo, mas sem nunca deixar de lado o fato de que, por mais cruéis, chocantes, vis ou ignóbeis que sejam seus atos, esses comportamentos são, ainda, praticados por seres humanos, que não foram despidos desse conceito, razão pela qual podem – e devem – ser tratados com um maior rigor pelo Estado, mas que nunca poderá deixar de entendê-los como seres humanos que são.

Merecem, consequentemente, uma resposta à altura dos atos que praticam, mesmo que, *in casu*, o princípio da proporcionalidade seja de difícil aplicação, uma vez que os seus

---

[112] HUSTER, Stefan; GARZÓN VALDÉS, Ernesto; MOLINA, Fernando. *Terrorismo y derechos fundamentales*, p. 28.

[113] PIOVESAN, Flávia. Terrorismo e direito internacional dos direitos humanos: desafios e perspectivas. In: HERZ, Mônica; AMARAL, Arthur Bernardes do. (org.). *Terrorismo e relações internacionais*: perspectivas e desafios para o século XXI, p. 293.

comportamentos são tão terríveis que se torna quase impossível serem mensurados, com um fim de dar-lhes uma resposta penal que lhes seja correspondente.

Como afirma, acertadamente, Fernando Molina:

"Na tarefa concreta de enfrentar-se a novos desafios do terrorismo, na medida em que existam, a ação legislativa deve guiar-se pelo simples e velho princípio de racionalidade de que o remédio para o problema não acabe sendo pior que este. E isso requer valorar tudo o que está em jogo."[114] (tradução livre)

E continua, dizendo:

"As ações do terrorismo atual colocam sem dúvida desafios jurídicos, mas, ao menos no que se refere a resposta penal, não há nelas nada essencialmente novo que não possa ser abordado com os instrumentos tradicionais do Direito penal garantista. Com ajustes menores nos tipos penais e com uma adequada interpretação do estado de necessidade, pode dar-se uma resposta satisfatória aos novos desafios sem uma diminuição substancial nas garantias e princípios básicos que limitam o *jus puniendi* do Estado. Até agora, o Estado de Direito, edificado sobre o respeito aos Direitos fundamentais do cidadão, tem desempenhado melhor que nenhum outro a tarefa de permitir a melhor convivência em paz dos seres humanos. Nada faz pensar que esta velha receita tenha deixado de funcionar."[115] (tradução livre)

Merecem destaque, ainda, as preocupações lançadas por Flávia Piovesan, quando afirma, com precisão:

"No contexto do pós-11 de setembro, emerge o desafio de prosseguir no esforço de construção de um Estado de direito internacional, em uma arena que está por privilegiar o Estado-polícia no campo internacional, fundamentalmente guiado pelo lema da força e da segurança. Contra o risco do terrorismo de Estado e do enfrentamento do terror, com instrumentos do próprio terror, só resta uma via: a via construtiva de consolidação dos delineamentos de um Estado de direito no plano internacional. Só haverá um efetivo Estado de Direito internacional sob o primado da legalidade com o império do direito, com o poder da palavra e a legitimidade do consenso. Como conclui o UN Worjing Group on Terrorism: 'a proteção e a promoção dos direitos humanos sob o primado do Estado de direito são essenciais para a prevenção do terrorismo.'"[116]

Nota-se, portanto, que os atentados ocorridos em 11 de setembro de 2001 foram um marco importante no que diz respeito ao novo tratamento dado ao terrorismo. Os EUA, por seu turno, logo após os referidos atentados, por meio de uma ordem militar, de autoria do presidente George W. Bush, em 13 de novembro de 2001, criaram os Tribunais Militares, com a finalidade de julgar os chamados *combatentes inimigos*.

Por combatentes inimigos devia-se entender todos aqueles terroristas que praticavam uma guerra assimétrica e não se amoldavam, portanto, ao conceito de combatentes utiliza-

---

[114] HUSTER, Stefan; GARZÓN VALDÉS, Ernesto; MOLINA, Fernando. *Terrorismo y derechos fundamentales*, p. 95.

[115] HUSTER, Stefan; GARZÓN VALDÉS, Ernesto; MOLINA, Fernando. *Terrorismo y derechos fundamentales*, p. 112.

[116] PIOVESAN, Flávia. Terrorismo e direito internacional dos direitos humanos: desafios e perspectivas. In: HERZ, Mônica; AMARAL, Arthur Bernardes do. (org.). *Terrorismo e relações internacionais*: perspectivas e desafios para o século XXI, p. 286.

do em uma guerra regular, devendo, na condição de prisioneiros de guerra, ser observadas todas as garantias do Direito Internacional Humanitário, principalmente as Convenções de Genebra. Como esclarece Jonathan Barker:

> "A guerra assimétrica não faz distinção entre campo de batalha e pátria, entre soldado e civil, combate e política. O mais fácil é ampliar o conceito de inimigo e, com base nele, traçar estratégias para matar grupos pequenos, inclusive indivíduos, em qualquer parte do mundo."[117] (tradução livre)

Dessa forma, poderiam ser capturados e mantidos presos sem que houvesse a necessidade de qualquer acusação formal, processo ou mesmo julgamento com relação aos atos por eles praticados. Cuida-se, portanto, de fatos que seriam submetidos a uma jurisdição militar, composta de tribunais militares de exceção.

Explicando os procedimentos que regem esses tribunais militares de exceção, Tiago Cintra Essado preleciona:

> "A Ordem Militar deixa expressamente vedada a aplicação de princípios e normas em matéria probatória, vigentes nos processos penais ordinários, conforme os tribunais estadunidenses. Quanto à defesa do detido e processado, nomeia-se um advogado militar. Pode o acusado valer-se de um defensor civil, porém este estará sujeito a várias limitações, entre elas, a obrigação de abandonar o tribunal toda vez que eventual informação considerada secreta for deduzida.
>
> A comissão militar, responsável pelo processamento e julgamento do detido, pode impor qualquer pena, conforme o direito aplicável, incluindo prisão perpétua e a pena de morte.
>
> O critério de julgamento será conforme a posição de dois terços dos membros da comissão presente no momento da votação, devendo a maioria estar presente neste momento.
>
> Quanto à possibilidade de revisão das decisões fundadas na Ordem Militar, o ato normativo que a configurou é claro ao vedar ao indivíduo o direito ao recurso, seja perante qualquer tribunal dos Estados Unidos, qualquer tribunal situado em outro país ou mesmo tribunal internacional."[118]

Ao tomar conhecimento dessas medidas arbitrárias e ofensivas às normas de direito internacional humanitário, a comunidade jurídica, de forma geral, começou a se manifestar, exigindo um mínimo de observância dos direitos e das garantias fundamentais inerentes a qualquer acusado, e, após muitas discussões, algumas alterações foram levadas a efeito, passando o procedimento, segundo as lições de Tiago Cintra Essado, a ter as seguintes características:

> "(i) cada comissão terá no mínimo três e no máximo sete membros;
>
> (ii) todo acusado terá direito a um defensor militar e, se preferir, poderá nomear um defensor civil, que deverá ser submetido à prévia investigação e ter restrições quanto a documentos e atos considerados secretos;
>
> (iii) será privilegiada a presunção de inocência até prova em contrário;
>
> (iv) o nível probatório para fins de condenação passa para além da dúvida razoável;

---

[117] BARKER, Jonathan. *El sinsentido del terrorismo*, p. 130.

[118] ESSADO, Tiago Cintra. Terrorismo conforme o direito norte-americano. In: FERNANDES, Antonio Scarance; ZILLI, Marcos (coord.). *Terrorismo e justiça penal*: reflexões sobre a eficiência e o garantismo, p. 150-151.

(v) a acusação deve apresentar todas as provas disponíveis, tanto as favoráveis à acusação, como as eventualmente exculpatórias;

(vi) o acusado terá o direito ao silêncio, sem qualquer prejuízo dele decorrente;

(vii) as testemunhas estão sujeitas ao *cross-examination*;

(viii) o acusado terá direito de presença durante o procedimento e julgamento;

(ix) a sentença está sujeita a revisão, por um tribunal militar de apelação, nomeado pelo Secretário de Defesa, ficando a decisão final nas mãos do Presidente ou pessoa por ele designada."[119]

Ainda assim, como se percebe, esse procedimento continuava a ser arbitrário e abusivo, uma vez que a decisão continuava a cargo do Poder Executivo, afastando-se o controle normalmente levado a efeito pelo Poder Judiciário, principalmente a garantia do *due process of law*, ou seja, do devido processo legal.

Por conta disso, mesmo a contragosto do governo norte-americano, a Suprema Corte daquele país foi instada a resolver esse impasse, visando traçar regras básicas para o julgamento dos presos considerados combatentes inimigos, sobretudo aqueles que se encontravam na base militar de Guantánamo, localizada em Cuba, por conta de acordo firmado, em 1903, entre esses dois países, que conferia aos EUA jurisdição e controle sobre a Baía de Guantánamo, onde eram colocados os presos acusados de práticas e/ou ligações terroristas.

No caso *Boumediene* vs. *Bush*, a Suprema Corte admitiu, definitivamente, a possibilidade de interposição de *habeas corpus* perante os tribunais norte-americanos.

Mahvish Rukhsana Khan, uma advogada americana, filha de pais afegãos, ainda enquanto fazia graduação em Direito pela Universidade de Miami, na Flórida, revolveu se habilitar como tradutora voluntária para os detentos afegãos que se encontravam na Baía de Guantánamo.

Por conta da sua fluência na língua pachto, bem como por conhecer e cultura e os costumes dos afegãos, foi aceita como intérprete, após ter sido investigada por seis meses pelo FBI antes de sua liberação.

Em Guantánamo, depois de inúmeras entrevistas com os presos afegãos, soube das ilegalidades que eram praticadas naquele campo de detenção, desde assédios morais, ameaças, privações de sono, torturas, e, talvez o pior, pessoas que não tinham qualquer ligação com terroristas estavam ali, presas, sem possibilidade de defesa, sem terem sequer sido interrogadas. Obviamente que nem todos eram inocentes. No entanto, logo após os atentados de 11 de setembro, e a invasão dos EUA ao Afeganistão, foi dado início à guerra contra o terror, em que a CIA, principalmente, se utilizava de todos os recursos para identificar e prender os terroristas, sobretudo aqueles que se encontravam no Afeganistão.

Uma das táticas utilizadas pela CIA foi anunciar o pagamento de recompensa para aqueles que delatassem terroristas. Como narra Mahvish Rukhsana Khan:

"Muitos dos homens que conheci insistiam que haviam sido vendidos aos Estados Unidos. Durante a guerra após o 11 de Setembro, os militares dos EUA lançaram, de avião, milhares de folhetos por todo o Afeganistão, prometendo entre U$ 5 mil a U$ 25 mil a qualquer pessoa que denunciasse membros do Talibã e da AL-Qaeda. Considerando que a renda *per capita* no Afeganistão em 2006 era de U$ 300 anuais, ou U$ 0,82 centavos por dia, isso é como tirar a sorte grande. A renda média de cada família americana era de U$ 26.036 anuais em 2006. Se

---

[119] ESSADO, Tiago Cintra. Terrorismo conforme o direito norte-americano. In: FERNANDES, Antonio Scarance; ZILLI, Marcos (coord.). *Terrorismo e justiça penal*: reflexões sobre a eficiência e o garantismo, p. 152.

um sistema de recompensas de proporções semelhantes tivesse sido oferecido a americanos, equivaleria a U$ 2,17 milhões. O americano médio e o afegão médio teriam de trabalhar 83 anos para conseguir essa soma em dinheiro. Um folheto, particularmente tendencioso, oferecia estonteantes U$ 5 milhões aos afegãos locais.

Sem dúvida, oferecer grandes somas como recompensa não viola quaisquer leis internacionais. Mas quando o resultado acaba sendo a venda aleatória de centenas de homens para o cativeiro e depois a manutenção de presos sem os devidos processos, com base apenas em acusações inconsistentes, feitas por pessoas que se beneficiavam financeiramente, isso é, no mínimo, causa para preocupações – e para um novo exame dos autos."[120]

Muitos daqueles presos, que se diziam traídos por alguém em seu país, seja por uma dívida de jogo, seja por um desentendimento familiar ou coisa do gênero, cujo delator havia se beneficiado com a recompensa paga pelos EUA, tempos mais tarde, foram colocados em liberdade, muitos deles sem sequer terem sido formalmente interrogados pela comissão militar. A própria autora, em visita ao Afeganistão, pode comprovar algumas das histórias de delação, onde verificou não terem alguns dos presos qualquer ligação com atividades terroristas.

Murat Kurnaz, que ficou preso cinco anos em Guantánamo, afirma que foi vendido por 3 mil dólares para os americanos:

"Todo mundo no Paquistão sabia que naquela época havia um prêmio por estrangeiros. Muitos paquistaneses também foram vendidos. Médicos, motoristas de táxi, feirantes que conheci mais tarde em Guantánamo."[121]

E continua seu triste relato, dizendo:

"No Paquistão, três mil dólares é muito dinheiro. Com esse valor, um homem pode casar, comprar um carro ou um apartamento."[122]

Com a eleição de Barack Obama, em 2009, foi lançada uma nova visão sobre os combatentes inimigos que estavam presos em Guantánamo. Obama havia prometido, em sua campanha, fechar definitivamente aquela base naval. Embora isso não tenha acontecido, reconheceu, expressamente, alguns direitos e garantias fundamentais inerentes aos combatentes inimigos, a exemplo da possibilidade de interposição de *habeas corpus*, tal como havia sido reconhecido pela Suprema Corte daquele país. Foi determinada, ainda, a revisão da situação dos detidos em Guantánamo, resultando no julgamento e na libertação de uma série de presos.

Obama também foi o responsável pelo afastamento da administração norte-americana da penitenciária de Abu Ghraib, localizada no Iraque, da mesma forma destinada à prisão dos combatentes inimigos. Tal sistema prisional havia sido colocado sob a responsabilidade do governo dos EUA logo após a derrubada de Saddam Hussein, em 2003.

Podemos concluir com Antonio Scarance Fernandes quando, com precisão, assevera:

---

[120] KHAN, Mahvish Rukhsana. *Diário de Guantánamo*: os detentos e as histórias que eles me contaram, p. 71-72.
[121] KURNAZ, Murat. *Cinco anos da minha vida*: a história de um inocente em Guantánamo, p. 39.
[122] KURNAZ, Murat. *Cinco anos da minha vida*: a história de um inocente em Guantánamo, p. 40.

"Não deve, mesmo na repressão ao terrorismo, haver antagonismo entre eficiência e garantismo, sendo eficiente o processo que, além de permitir uma eficiente persecução criminal, também possibilite uma eficiente atuação das normas de garantia. Deve buscar o equilíbrio entre a exigência de assegurar ao investigado, ao acusado e ao condenado a aplicação das garantias fundamentais do devido processo legal e a necessidade de proporcionar aos órgãos de Estado encarregados da persecução penal mecanismos para uma atuação positiva. Serão eficientes normas que permitirem repressão ao terrorismo com respeito ao núcleo essencial de garantias."[123]

13. EXEMPLOS DE GRUPOS TERRORISTAS QUE SURGIRAM NOS SÉCULOS XX E XXI

O século XX assistiu à criação de diversos grupos terroristas. O final da Segunda Guerra Mundial, em 1945, dividiu o mundo em dois grandes blocos, ligados aos países que saíram vitoriosos. De um lado, a URSS, querendo impor o socialismo; do outro, os EUA, com sua visão capitalista. Assim, quem não pertencia a um lado, automaticamente, encontrava-se do lado contrário.

Esse conflito de ideias e visões políticas foi o adubo necessário ao crescimento de diversos grupos terroristas, muitos deles ligados, diretamente, a uma dessas potências mundiais.

Como esclarecem Paulo Sutti e Silvia Ricardo:

"Na década de 1960 surgiram diversos movimentos em muitos países ocidentais, formados basicamente por indivíduos das classes mais instruídas e das classes médias urbanas, que pretendiam a revolução social e a implantação de um Estado proletário. Dentre esses movimentos estão o IRA, na Irlanda; o ETA, na Espanha; o Baader-Meinhof, na Alemanha; e as Brigadas Vermelhas, na Itália.

Idealmente adequada para os escritores de história de espionagem e de terror, a década de 1970 foi uma 'Década de Ouro'. Foi também a era mais sombria de tortura e contraterror na história do Ocidente. Foi o período mais negro até então registrado na história moderna. Período de tortura, com 'esquadrões da morte' não identificados nominalmente, bandos de sequestro, assassinatos, pessoas 'desaparecidas'. Mas todos sabiam que os 'agentes' faziam parte do Exército e da polícia, das Forças Armadas, dos serviços de informação, de segurança e da polícia de espionagem que se tornavam praticamente independentes dos governos. Um período de 'guerras sujas' inimagináveis.

Isso também se viu em um país de velhas tradições de lei e procedimentos constitucionais como a Grã-Bretanha, quando os primeiros anos do conflito da Irlanda do Norte levaram a alguns sérios abusos, chamando a atenção do relatório da Anistia Internacional sobre torturas praticadas (1975)."[124]

No entanto, essa modalidade de terrorismo mudou, principalmente no final do século XX e início do século XXI. Conforme esclarece Rolf Tophoven:

"A cena do terrorismo nacional e internacional, a sua apresentação e os seus actores sofreram mudança radical no volver do século. Os 'clássicos' terroristas dos anos 70 e 80 há muito

---

[123] FERNANDES, Antonio Scarance. Terrorismo: eficiência e garantismo. In: FERNANDES, Antonio Scarance; ZILLI, Marcos (coord.). *Terrorismo e Justiça Penal*: reflexões sobre a eficiência e o garantismo, p. 409.

[124] SUTTI, Paulo; RICARDO, Silvia. *As diversas faces do terrorismo*, p. 43.

passaram à história. A imagem e o vestuário do revolucionário, tal como ficou ligado ao mito de Che Guevara, passou de moda. Também os grupos terroristas alemães tipo Fração do Exército Vermelho (*Rote Armee Fraktion*/RAF) – o grupo de Baader-Meinhof e dos seus seguidores deixaram de existir. A 'velha' OLP de Yasser Arafat apresenta-se hoje mais moderada e procura o diálogo com Israel. E os assassinos a contrato – como o venezuelano Ilitch Ramirez Sanchez, conhecido por Carlos – falta-lhes hoje patrocinadores e 'empregadores'. O mundo modificou-se com a virada do século."[125]

Hoje, destacam-se os grupos terroristas islâmicos, cujas teias espalham-se por todo o mundo, mediante suas células criminosas.

Faremos, mesmo que superficialmente, o estudo de alguns desses grupos terroristas, que atuaram, e alguns ainda atuam, ao longo dos séculos XX e XXI.

13.1. Sendero Luminoso

Sendero Luminoso, cuja tradução significa "Caminho Iluminado", foi um grupo terrorista peruano, criado na década de 1960 do século passado, por um professor de filosofia da Universidad Nacional San Cristóbal de Huamanga, em Ayacucho, Manuel Rubén Abimael Guzmán Reinoso, também conhecido pelo codinome de "camarada Gonzalo" ou "Presidente Gonzalo". Era fruto, na verdade, de uma das muitas divisões internas do Partido Comunista do Peru, que se identificava pela sigla PCP-SL.

Como esclarece Carlos Paredes:

"Sendero Luminoso se preparou durante vinte anos para dar o passo à luta armada. Sua maior força de doutrinação de camponeses e operários eram os professores que passaram pelas salas de aula da Universidad San Cristóbal de Huamanga, onde Abimael Guzmán era professor de Filosofia. Eles estavam a cargo dos colégios unidocentes das comunidades e pequenos povoados da serra ayacuchana. A ideologia do Sendero Luminoso era uma mescla das teorias de Marx, Lenin e Mao, em especial este último, interpretado por Abimael Guzmán segundo sua particular análise da realidade socioeconômica do Peru. Guzmán definia o Peru como um país semicolonial e semifeudal, onde 60% da população eram camponeses sem terra própria, o que lhes obrigava à servidão. A única possibilidade de modificar isso era através de uma revolução armada do campo à cidade, tomando o modelo de guerra de guerrilhas da revolução cultural da China de Mao."[126]

Abimael Guzmán voltou de uma viagem à China, em 1960, e quis implementar, pelas armas, as ideologias de Mao Tsé-Tung. Combinou ideias marxistas e maoístas em seu grupo terrorista. Aproveitou-se do fato de que a população indígena, que compunha mais da metade da população peruana, nunca teve voz no governo. O Peru era, portanto, uma democracia incompleta, que ignorava os interesses e necessidades da população indígena.

Em 19 de abril de 1980, Guzmán conclamou seus seguidores à luta armada, revolucionária, e, às vésperas do Natal daquele mesmo ano, numa localidade denominada San Agustín de Ayzarca, em Ayacucho, registrou-se o seu primeiro atentado, quando ingressaram em uma residência e mataram seu proprietário. Além de fazê-lo sangrar até a morte, ainda cor-

---

[125] TOPHOVEN, Rolf. Prefácio. POHLY, Michael; DURÁN, Khalid. *Ussama bin Laden e o terrorismo internacional*, p. 8-9.

[126] PAREDES, Carlos. *La hora final*: la verdad sobre la captura de Abimael Guzmán, p. 26

taram suas orelhas. Já era um sinal dos atos de crueldade e covardia que viriam pela frente, durante a existência desse grupo terrorista.

Sendero Luminoso deu início às suas atividades nas comunidades isoladas, formadas por camponeses, e delas exigia lealdade absoluta. Ou estavam ao seu lado, ou eram contra ele, e os que eram contra sofriam na pele pela sua escolha. Afirmavam que o partido tinha mil olhos e mil ouvidos, querendo dizer, com isso, que conheciam tudo, em todos os lugares, e os que lhes fossem contrários, ou mesmo os que os denunciassem, sofreriam consequências pelos seus atos.

Ao contrário dos outros movimentos guerrilheiros da América Latina, as táticas de Guzmán eram a violência, a intimidação, os homicídios, ou seja, a imposição do terror às populações do interior do Peru.

Durante os 10 anos após o seu primeiro atentado, em 1980, Sendero Luminoso matou milhares de pessoas, não importando se eram crianças, mulheres, idosos, enfim, demonstrou ser, efetivamente, um grupo terrorista, que queria, com a imposição de suas ideias, uma modificação política, por meio da prática do terror.

Em 1982, o governo peruano enviou as Forças Armadas com o fim de combater o grupo terrorista. A carnificina era generalizada, tanto por parte do governo quanto pelo Sendero Luminoso. Um grupo antiterrorista, denominado *sinchis*, que, no idioma quéchua, significa *guerreiros*, foi responsável por inúmeros massacres. Visto que os membros do Sendero Luminoso se misturavam à população local, os soldados não tinham como distingui-los. Um dos de mais repercussão foi uma chacina de 34 pessoas que participavam de uma festa de casamento, acusadas pelos *sinchis* de pertencerem ao Sendero Luminoso. Após matá-los com tiros de pistola, colocaram seus corpos no sopé de um monte, que foi posteriormente por eles dinamitado, a fim de esconder os corpos. Dessa chacina, somente a noiva sobreviveu a fim de contar essa história. Os que tomavam conhecimento desses fatos em Lima pouco se importavam ou os justificavam dizendo tratar-se de terroristas. Como afirma, com precisão, Carlos Paredes, "os métodos que empregaram esses policiais deslegitimaram o Estado peruano e deram autoridade ao Sendero Luminoso"[127] (tradução livre).

Guzmán, então, determinou que se intensificassem os ataques terroristas. Ele previu que o Exército descarregaria toda sua fúria e brutalidade contra a população civil, e que isso ajudaria sobremaneira o crescimento e fortalecimento do grupo, que arregimentava cada vez mais combatentes nos povoados do interior, vítimas desses ataques mal calculados pelo governo peruano.

Quando os senderistas começaram a ser presos, Guzmán iniciou uma nova frente de guerra: os cárceres. Para que pudesse ser seguido e cada vez mais apoiado, Guzmán empreendeu a técnica de fanatizar seu grupo, transformando-se quase em um líder religioso. Fez que os integrantes do grupo dessem mais valor ao coletivo do que ao individual, ou seja, dariam suas vidas pela conquista de seus objetivos. Um dos seus principais lemas era: Honra e Glória ao Proletariado e ao Povo do Peru. Dar a vida pelo Partido e pela Revolução.

Como assevera Carlos Paredes:

"Não exageravam os que sustentavam que os cárceres não eram lugares de reclusão para os subversivos, senão que se haviam convertido nas melhores escolas de pós-graduação do terrorismo, com a complacência e renúncia das autoridades governamentais a impor a ordem. A autoridade penitenciária era tão débil que, quando os senderistas se amotinavam,

---

[127] PAREDES, Carlos. *La hora final*: la verdad sobre la captura de Abimael Guzmán, p. 30.

Parte II • Capítulo 2 • TERRORISMO | 305

facilmente tomavam o controle estratégico de uma penitenciária, fazendo de reféns seus diretores e principais funcionários. Era tão clamorosa a falta de poder para os controlar que, quando queriam fazê-lo, se recorria às Forças Armadas como último recurso de força e as penitenciárias se convertiam em zonas de guerra."[128] (tradução livre)

Em 1985, o novo presidente eleito, Alan García Pérez, delegou às Forças Armadas todo o controle sobre as chamadas zonas de emergência. A ocupação militar se consolidou e mais da metade da população do Peru ficou sob esse "estado de emergência", contra o avanço do Sendero Luminoso. Como relembram Alain Hertoghe e Alain Labrousse:

"Paradoxalmente, enquanto o Exército não respeita nenhuma norma legal em sua guerra contra o Sendero, os sistemas judiciário e penitenciário se revelarão aliados dos senderistas. Conforme cifras oficiais, oitenta por cento dos acusados de delito de terrorismo, que são levados a julgamento, são efetivamente liberados pelos tribunais."[129]

Como reação às atrocidades praticadas tanto pelos integrantes do Sendero Luminoso quanto pelos militares do governo, a sociedade civil começou a se organizar e formou um grupo em defesa dos direitos humanos. Eram inúmeras as pessoas desaparecidas, cujos corpos começaram a ser reivindicados. Começava a acontecer um movimento similar ao que ocorreu na Argentina, com as chamadas "Mães da Praça de Maio", que exigiam do governo daquele país informações sobre o desaparecimento de seus filhos, durante a ditadura militar argentina (1976 a 1983).

Dentro de seu plano estratégico de conquistar o campo para se aproximar de Lima, Guzmán decidiu expandir a guerra dos Andes para a selva. Enquanto Sendero se apoderava do campo, Lima seguia isolada e mal-informada. Eram poucas as reportagens sobre o que acontecia nessa guerra.

Na serra e na selva, as populações começaram a se rebelar contra o Sendero Luminoso, devido à sua brutalidade, matando indiscriminadamente os camponeses. Começaram, consequentemente, a passar informações ao Exército. A estratégia de Guzmán de dominar os campos, antes de atacar a cidade, não funcionou. Assim, em 1990, ele determina a seus seguidores avançar até a cidade de Lima.

O medo se intensificou na capital do Peru, e a polícia começou a aplicar medidas extremas de segurança, detendo pessoas suspeitas de terrorismo. Muitas pessoas foram presas e colocadas em um pavilhão penitenciário destinado ao Sendero Luminoso, mesmo aqueles que eram inocentes. Nele, acabaram sendo adestradas e recrutadas pelo grupo terrorista, que dava lições sobre suas ideologias.

Guzmán passou a ser considerado o inimigo público nº 1 pelo Governo do Peru, e foi oferecida uma recompensa, pelo Governo peruano, no valor de um milhão de dólares para aquele que oferecesse informações que levassem à sua captura. Ninguém sabia de seu paradeiro. Alguns pensavam que estava na França, outros na Bolívia, na selva, enfim, ninguém podia apontar o local exato do seu esconderijo. Os ataques terroristas se intensificavam cada vez mais em Lima.

O Grupo Especial de Inteligência da Polícia do Peru (Gein) foi formado com a finalidade de combate ao terrorismo. Naquela época, morriam, aproximadamente, dois policiais por

---

[128] PAREDES, Carlos. *La hora final*: la verdad sobre la captura de Abimael Guzmán, p. 55.

[129] HERTOGHE, Alain; LABROUSSE, Alain. *Sendero Luminoso do Peru*, p. 106.

dia. O terror já havia se instalado na capital do Peru, que, até então, nunca havia se importado com seus irmãos do interior, do campo, dos Andes.

A guerra ao terrorismo foi o grande tema presidencial das eleições de 1990, em que o candidato Alberto Fujimori saiu vencedor, prometendo esperança e ordem para a população. Como nunca tinha tido vinculação anterior com a política, isso fazia que ganhasse a preferência do eleitorado, já cansado dos discursos de políticos profissionais mentirosos. Esse fato fomentava a credibilidade de que faria algo bom para o país. Foi um dos governos com maior aprovação inicial e respaldo popular da história do Peru.

Não conseguindo resolver o problema do terrorismo, em 5 de abril de 1992, Alberto Fujimori, em seu discurso proferido em cadeia nacional, resolve dissolver temporariamente o Congresso da República, assumindo, inclusive, controle sobre o Poder Judiciário, dando um golpe de Estado. O presidente do Congresso foi preso em sua residência, e os tanques militares tomaram as ruas de Lima. Naquela época, Fujimori tinha, aproximadamente, 70% de aprovação popular. A maioria dos peruanos trocou a democracia pela segurança, que era a promessa de seu presidente. Com a desculpa do combate ao terrorismo, Fujimori ia governando por meio de decretos, eliminando os demais Poderes do Estado.

Lima sentiu toda a violência do Sendero Luminoso quando, em 16 de julho de 1992, um carro-bomba, com meia tonelada de explosivos, explodiu em uma elegante zona comercial, na Rua Tarapas de Miraflores, onde 29 pessoas morreram e mais de cem ficaram feridas, além de inúmeros imóveis danificados. Agora, efetivamente, se davam conta de que o terrorismo havia chegado ao seu país, o que até então lhes era indiferente, já que acontecia normalmente com camponeses, longe de seus olhos. Agora, as pessoas brancas, de classe média ou alta, eram também alvos do grupo terrorista.

Como ressalta Carlos Paredes:

"Para Sendero Luminoso, Lima sempre foi um alvo importante e centro nevrálgico de suas atividades e atentados. Abimael Guzmán nunca saiu de Lima, vivia acompanhado de duas mulheres com as quais compunha o comitê permanente do grupo terrorista. Desde casas de bairros residenciais dirigia uma guerra que ia subindo seus decibéis de violência, destruição e morte."[130] (tradução livre)

Em 1990, para a infelicidade do povo peruano, que enfrentava uma inflação galopante, um índice assustador de desemprego e, para piorar ainda mais, um grupo terrorista sanguinário, foi eleito Presidente do Peru o até então desconhecido engenheiro Alberto Fujimori, que derrotou o candidato Mario Vargas Llosa.

O Gein, criado em 1990, com a finalidade específica de investigar o grupo terrorista, e liderado pelo major Benedicto Jiménez Bacca, começou a descobrir quem eram os dirigentes do Sendero Luminoso e deu início a um trabalho complexo de investigação, a fim de prendê-los. Algumas pistas de pessoas ligadas ao Sendero Luminoso começaram a surgir, sendo iniciado um exaustivo trabalho de vigilância de casas, acompanhamento a distância de suspeitos, gravação de supostos integrantes do grupo com câmeras de vídeo, interceptações telefônicas etc.

Em 31 de janeiro de 1991, durante uma de suas investidas em casas de pessoas que imaginavam ligadas ao grupo terrorista Sendero Luminoso, dentro de caixas *box*, de papelão, foram encontrados todos os documentos originais do primeiro congresso senderista, fitas

---

[130] PAREDES, Carlos. *La hora final*: la verdad sobre la captura de Abimael Guzmán, p. 29-30.

cassetes, de áudios, rotuladas com o título "Primeiro Congresso do Comitê Central", realizado entre 27 de janeiro e 7 de fevereiro de 1988, além de fitas de vídeo, em formato "super VHS", em que se identificava vários líderes, destacando-se, entre eles Abimael Guzmán, que, numa dessas fitas, dançava alegremente a música do filme *Zorba, o grego*. Esse material foi um colírio para os olhos do Gein, pois a ideia do grupo era, principalmente, capturar Abimael Guzmán, que concentrava em suas mãos, basicamente, todos os poderes de decisão do grupo terrorista. Sua queda levaria, consequentemente, ao desmantelamento do grupo.

De acordo com Carlos Paredes:

"Benedicto Jiménez explicou com detalhes como é que o vídeo encontrado pelo Gein mostrou pela primeira vez a fisionomia de Abimael Guzmán e dos integrantes do Comitê Central do Sendero Luminoso onze anos depois do início da violência terrorista. Muitos desses dirigentes já haviam sido presos e estavam no cárcere como militantes sem grande importância quando se tratava de homens ou mulheres da hierarquia senderista.

Abimael Guzmán se converteu em um mito e também no inimigo número um da sociedade peruana. Ninguém o via, mas todos sentiam dia a dia sua forma de violência, sangue e dor."[131] (tradução livre)

A "Operação Vitória", assim denominada pelo Gein, foi deflagrada no sábado, 12 de setembro de 1992, após um intenso trabalho de investigação e identificação do esconderijo de Abimael Guzmán, a quem foi dado o pseudônimo de "el Cachetón", que foi capturado sem efetuar um único disparo. O imóvel, que lhe servia de esconderijo, localizado na Rua 1, nº 459, do bairro Los Sauces de Surquillo, em Lima, havia sido alugado por um casal jovem, sendo ela uma bonita bailarina e ele um arquiteto.

O Gein havia chegado ao esconderijo de Abimael Guzmán graças à captura de Luis Alberto Arana Franco, a quem foi oferecido os novos benefícios da legislação peruana antiterrorismo, caso conseguisse chegar a Abimael Guzmán. A notícia da prisão de um dos mais sanguinários terroristas, e líder do Sendero Luminoso, fez que a população do Peru saísse às ruas para comemorar.

Com sua prisão, o grupo começou a se dispersar, pois haviam "cortado a sua cabeça pensante". Sem a sua principal liderança, os membros do Sendero Luminoso passaram a se delatar reciprocamente. Em poucos meses, a polícia havia desmantelado o grupo terrorista. Fujimori extinguiu a equipe de Benedicto Jiménez, a fim de levar todos os louros pela captura de Guzmán, que não foi encontrado pelo seu Exército, diga-se de passagem. No dia da captura de Guzmán, o Presidente George Bush (pai) tomou conhecimento desse fato antes mesmo de Fujimori, que, naquele momento, segundo relatos, se encontrava descansando em um vilarejo perdido na selva.

Mesmo tendo sido reduzidos consideravelmente os atos terroristas, ocorrendo poucos atos isolados, Fujimori, também conhecido como "El Chino", se negou a reconhecer que a principal ameaça terrorista havia terminado e, assim, por intermédio dos meios de comunicação, conseguia manipular as pessoas mediante a "política do medo", ou seja, mantinha seus poderes ilimitados, com a desculpa da necessidade contínua de combate ao terrorismo. Utilizava, poderosa e habilmente, os meios de comunicação, principalmente as televisões. Pode ser considerada a primeira ditadura midiática da América Latina. Seguiu inoculando medo aos peruanos, a fim de continuar com seu autoritarismo. Nesse contexto, sob o falso argumento do terrorismo, qualquer pessoa podia permanecer presa indefinidamente.

---

131 PAREDES, Carlos. *La hora final*: la verdad sobre la captura de Abimael Guzmán, p. 119.

Com a eliminação do Sendero Luminoso, tem início talvez uma modalidade pior de terrorismo, vale dizer, o terrorismo de Estado. Pessoas eram presas, sequestradas, interrogadas ilegalmente, abusadas sexualmente, torturadas, obrigadas a assinar confissões de crimes, mortas, enfim, o Estado de Fujimori passou a cometer as maiores atrocidades em nome de um suposto combate ao terrorismo. Milhares de pessoas foram encarceradas por suposto terrorismo. O Poder Judiciário não protegia sua população contra esses atos de tirania. Havia uma sensação de total abandono. O Estado de Direito havia sido completamente destruído por "El Chino".

Nesse clima de repressão, Fujimori montou um Congresso obediente. Com todos os chefes de Poder em suas mãos, deu início a um dos maiores processos de corrupção do Peru. Criou, juntamente com seu assessor direto, Vladimiro Montesinos Torres, um esquadrão da morte, cuja finalidade principal, sob a desculpa de procurar terroristas e subversivos, era de matar todos aqueles que lhes eram contrários, a exemplo de políticos, jornalistas etc. Subtraíram bilhões de dólares do povo peruano.

Montesinos tinha o hábito de gravar todos os seus atos de suborno, com a entrega de dinheiro vivo a políticos, policiais, proprietários de redes de televisão e rádio, autoridades de forma geral. Suas gravações ficaram conhecidas como "vladivídeos". Fujimori utilizou os meios de comunicação por ele comprados, a fim de manipular a opinião pública sobre seu governo. Conseguiu modificar a Constituição peruana para poder se reeleger pela terceira vez, abusando das fraudes eleitorais.

Em determinado momento, a população se deu conta de que seus inimigos não eram mais os terroristas do Sendero Luminoso, mas, sim, seu corrupto Presidente Fujimori e seu assessor, Montesinos. Com isso em mente, pessoas foram às ruas, buscando mudanças em seu país, lideradas pelos movimentos de direitos humanos. "El Chino" acaba sendo derrotado pelas "ruas", ou seja, uma multidão de pessoas já não tolerava mais seus atos, que até então permaneciam impunes.

Em meio a isso tudo, ao caos social, as fitas de Montesinos, ou seja, os "vladivídeos", acabaram caindo no conhecimento público, e o caldo da corrupção foi entornado, e entornado de uma vez, sem restar uma gota nessa absurda "panela política". Sem opção, Fujimori fugiu para o Japão e Montesinos foi preso.

O movimento de direitos humanos pressionou o governo de transição para que nomeasse uma "comissão da verdade", a fim de serem apuradas todas as atrocidades cometidas contra o povo peruano, o que ocorreu em 2000, com o intuito de apurar os 20 anos de violência, desde o início do Sendero Luminoso, até o final forçado do governo de Fujimori, que apresentou seu informe final em 2003, apontando os absurdos pelos quais passou o povo peruano, solicitando inúmeras recomendações.

A maioria dos militantes do Sendero Luminoso está presa. No entanto, pouquíssimos são os militares condenados pelos crimes que praticaram. Essa falta de justiça criou movimentos violentos, principalmente no interior do Peru, onde a população, indignada, clamava pela sua realização. A passividade era coisa do passado. Restava construir o que foi destruído nos anos de violência e autoritarismo.

13.2. Talibã

Quando a URSS invadiu o Afeganistão, em dezembro de 1979, subestimou as dificuldades em reprimir os afegãos, que, em meio à Guerra Fria, foram apoiados pelos EUA, com o fornecimento de armas e de treinamento militar. Essa foi a semente que deu origem, anos mais tarde, ao surgimento de um grupo radical islâmico chamado Talibã.

Conforme relata Peter Marsden:

"Muito se tem especulado sobre as verdadeiras razões que levaram a União Soviética a invadir o Afeganistão no fim de dezembro de 1979; as evidências sugerem que o fator dominante foi o medo histórico de Moscou de se ver cercado pelo sul. Indicações de que os EUA poderiam fortalecer a resistência islâmica, juntamente com receios de que teriam a ambição de estabelecer uma presença militar no país se as condições o permitissem, bem como um crescente *rapprochement* entre Washington e Pequim, criaram uma verdadeira sensação de paranoia no Kremlin."[132]

Em 3 de julho de 1979, o Presidente norte-americano Jimmy Carter autorizou, secretamente, a CIA (Central Intelligence Agency) a gastar meio milhão de dólares em apoio àqueles que se rebelaram contra a invasão soviética. Foi o modesto começo de uma injeção de bilhões de dólares nessa guerra que durou, aproximadamente, 10 anos.

A CIA, portanto, com o objetivo de armar os chamados mujahidins no Afeganistão, participou de um programa que foi denominado pelo código de *Operação Ciclone*, sendo uma das mais longas e dispendiosas operações por ela já realizada.

Como esclarece Caleb Carr:

"A CIA há muito tempo vinha demonstrando disposição em se ligar a grupos de todos os matizes autoritários e reacionários e ajudá-los ativamente, contanto que fossem anticomunistas; mas os mujahidins representavam o mais baixo nível. Um conjunto de muçulmanos fanáticos, incomparáveis em sua imposição de uma rígida lei corânica, os mujahidins incorporavam em suas táticas militares e em suas 'políticas' sociais costumes tribais afegãos, desde a tortura horrorosa e métodos de execução até a prática de jogar polo com a cabeça e o corpo dos prisioneiros."[133]

Em 1980, ao assumir a presidência dos EUA, Ronald Reagan aumentou, ainda mais, a ajuda aos afegãos contra os soviéticos, provendo-os com todo o armamento necessário para fazer frente a essa guerra.

Embora tivessem enviado uma tropa com mais de cem mil homens, os soviéticos não conseguiam enfrentar os mujahidins em lutas em solo, razão pela qual passaram a utilizar, indiscriminadamente, bombardeios aéreos, destruindo vilas e povoados inteiros. A fim de neutralizar os ataques aéreos, os EUA passaram a fornecer mísseis *stingers* aos mujahidins, que começaram a abater a frota soviética.

Conforme esclarece Alessandro Visacro:

"Afegãos de todas as tribos e de todas as classes sociais engajaram-se na luta contra o invasor. A violência eclodiu nas remotas áreas rurais, especialmente nas montanhas centrais de Hindu Kush e nos bairros pobres de Herat, Kandahar e Cabul. Todavia, a complexidade étnica-cultural do país impediu que as dezenas de grupos armados empenhados na guerra contra os soviéticos se unissem. Uma 'aliança' congregou três grupos moderados. Sete organizações fundamentalistas fizeram o mesmo. Mas, ainda assim, a grande fragmentação da luta armada, sem dúvida, permaneceu como uma das principais características da resistência afegã. Se, por um lado, o grande número de grupos e facções guerrilheiras, muitas delas com um longo histórico de antagonismo e divergências, comprometia a sinergia e o máximo de

---

[132] MARSDEN, Peter. *Os talibã*: guerra e religião no Afeganistão, p. 45-46.

[133] CARR, Caleb. *A assustadora história do terrorismo*, p. 264.

desempenho da resistência, por outro, entretanto, impedia que os soviéticos obtivessem uma vitória decisiva, defrontando-se contra uma única ameaça. O Exército Vermelho, na verdade, digladiava-se contra dezenas de insurreições tribais ao mesmo tempo. Como o objetivo da guerrilha não é, necessariamente, vencer, e sim não ser derrotado, a fragmentação da resistência afegã acabou tornando-se um óbice maior para os comandantes soviéticos do que para os próprios *mujahidin*."[134]

Os soldados soviéticos executavam friamente não somente os combatentes afegãos, quando eram capturados, mas também a população civil, incluindo mulheres e crianças. Esse era o combustível de que os mujahidins necessitavam para colocar toda sua fúria no combate, a fim de se vingarem. Lutavam incansavelmente, valendo-se do terreno que lhes era familiar e que deixava perdidos os soldados soviéticos. Da mesma forma, os mujahidins executavam todos os prisioneiros que eram capturados. Atacavam todos os comboios soviéticos, cortando-lhes qualquer tipo de provisão.

O número de vítimas, de ambos os lados, aumentava assustadoramente ano a ano. A guerra parecia não ter sentido. A carnificina não tinha fim. Soldados de ambos os lados acabavam ficando viciados em ópio, utilizado para dar-lhes coragem e minimizar a dor dos ferimentos ocorridos em combate, uma vez que o Afeganistão era um dos maiores produtores de papoula do mundo.

Na guerra entre a URSS e o Afeganistão, destacou-se o líder militar e político afegão Ahmad Shah Massoud, ficando conhecido como o "Leão de Panjshir", título que fazia referência à sua cidade natal. Seus seguidores tinham por ele verdadeira veneração e o chamavam de *Āmir Sāhib-e Shahīd*, ou seja, "nosso comandante martirizado". Era reconhecido, inclusive, pelos próprios generais soviéticos, que o consideravam um grande estrategista, um mestre na chamada "guerra de guerrilha".

Ao final dessa guerra, em fevereiro de 1989, que teve um saldo de, aproximadamente, um milhão e quinhentos mil mortos afegãos, as últimas tropas soviéticas saem derrotadas do território afegão, graças ao enorme investimento feito pelos EUA, durante todo esse período, e à fúria e à determinação dos combatentes mujahidins. Os norte-americanos só não imaginavam que o seu capital seria o adubo da semente que cresceria e se transformaria em um dos seus maiores inimigos, os talibãs.

Peter Marsden relata:

"As forças soviéticas permaneceram no Afeganistão até 15 de fevereiro de 1989. A decisão da sua retirada, tomada em 1986 e a que foi dada forma escrita nos acordos de Genebra de 14 de abril de 1988, resultou tanto de factores internos da própria União Soviética como da derrota militar. A economia soviética mostrava sinais preocupantes de ruptura e mostrava-se igualmente incapaz de sustentar uma guerra no estrangeiro. Além disso, os veteranos de guerra regressavam encolerizados e desiludidos, dando a conhecer as suas opiniões através de uma onda de protestos. As mudanças internas no Politburo desempenharam também seu papel. Mikhail Gorbachev, que chegou ao poder em 1985, não partilhava as tendências belicosas dos seus antecessores e conseguiu montar um corpo de apoio para pôr fim ao envolvimento militar soviético. Por fim, os processos que levaram à decisão de retirar do

---

[134] VISACRO, Alessandro. *Guerra irregular*: terrorismo, guerrilha e movimentos de resistência ao longo da história, p. 205-206.

Parte II • Capítulo 2 • TERRORISMO | **311**

Afeganistão também resultaram no colapso da própria União Soviética em 1991. Em abril de 1992, emergiu um governo mujahidin no Afeganistão."[135]

Os mujahidins receberam em torno de 10 bilhões de dólares como ajuda dos EUA, da Arábia Saudita e de países europeus e islâmicos. Grande parte dessa ajuda chegou em forma de armamentos modernos, que foram distribuídos entre as diversas tribos afegãs, mesmo depois de ter terminado a guerra contra a já extinta URSS. Além do novo armamento, ainda havia aqueles utilizados na guerra recente. O resultado não podia ser pior, pois essas tribos, devido a grandes diferenças existentes entre elas, passaram a lutar entre si.

O caos estava instalado. Grupos fundamentalistas islâmicos disputavam ferozmente o poder. Eclodiu uma brutal guerra civil, e o país estava dividido entre seitas, etnias, tribos e grupos islâmicos de um modo até então inimaginável. O Afeganistão, que tinha o islã como ponto de união, estava agora se desintegrando.

Tinha se transformado em uma terra sem lei. Os chamados "senhores da guerra", ou seja, aqueles que haviam combatido na guerra com a União Soviética, mandavam e desmandavam. Apropriavam-se ilegalmente de propriedades, expulsavam seus ocupantes, obrigavam moças e rapazes a satisfazer seus prazeres sexuais, roubavam mercadorias no comércio etc. Nem os próprios contrabandistas, que antes circulavam livremente pelas estradas do país, conseguiam manter seus negócios sem ser extorquidos. Enfim, o Afeganistão se tornou inabitável.

Foi durante esse cenário caótico que um grupo de maioria de jovens estudantes das escolas religiosas (as madrassas) do Paquistão, país vizinho ao Afeganistão, os *talibis*, começou a migrar para o Afeganistão. Começaram com um pequeno grupo radical. Em 1994, os talibãs surpreenderam quase todo o mundo quando apareceram por todas as partes, multiplicando-se rapidamente. Segundo sua declaração de propósitos, citada por Ahmed Rashid, iriam "restaurar a paz, desarmar a população, reforçar a lei da *sharia* e defender a integridade do caráter islâmico do Afeganistão"[136] (tradução livre).

São guiados por um mulá, chamado Muhammad Omar, um *pashtun* do sudoeste do Afeganistão, que tinha uma excelente reputação como um extraordinário comandante, tendo perdido um dos olhos em um combate, em 1998, contra as forças soviéticas. A escolha recaiu sobre ele, nem tanto por sua reconhecida capacidade militar, mas, sim, por sua religiosidade. Pregava que todos deviam viver nos mesmos moldes do profeta Maomé, no século VII. Impuseram, portanto, sua visão ultraconservadora do Alcorão. O *talib* é um estudante islâmico, que se dedica a leitura e interpretação, principalmente, do Alcorão, dos *hadices* do profeta Maomé, da *sharia*, enfim, do que seria necessário para uma sociedade islâmica ideal; o *mulá* é aquele que proporciona o conhecimento ao *talib*, como era o caso do mulá Omar, que ensinava em uma das madrassas. Esclarece Ahmed Rashid, ao escolher "um nome como *talibã* (plural de *talib*), se distanciam da política partidarista dos *muyahidin* e indicavam que eram um movimento para purificar a sociedade, mais que um partido que tentava tomar o poder"[137] (tradução livre).

Como informa Peter Marsden:

"Quando começaram a chamar a atenção do mundo, em outubro de 1994, os talibãs pareciam ter vindo do nada. A sua chegada à cena militar afegã coincidiu com uma iniciativa do governo paquistanês de enviar uma caravana comercial para o Turcomenistão, via Kandahar

---

[135] MARSDEN, Peter. *Os talibã*: guerra e religião no Afeganistão, p. 46.

[136] RASHID, Ahmed. *Los talibán*: islam, petróleo y fundamentalismo en el Asia Central, p. 56-57.

[137] RASHID, Ahmed. *Los talibán*: islam, petróleo y fundamentalismo en el Asia Central, p. 57.

e Herat. Quando a caravana entrou no Afeganistão, viajando a note de Quetta, foi atacada por um grupo armado. Imediatamente surgiu outro grupo que veio lutar contra os atacantes. Este segundo grupo era o dos talibãs.

Depois de permitirem o prosseguimento da viagem, os talibãs dirigiram-se para Kandahar e tomaram a cidade quase sem resistência. A cidade vivia em quase total anarquia desde há dois anos por causa das constantes lutas pelo poder entre grupos de mujahidin. Os talibãs conseguiram capturar os líderes das facções, mataram uns e prenderam outros. Tomada a cidade, instaram a que a população entregasse as suas armas num determinado local e que colaborasse com as novas autoridades no sentido de impor a paz na região. Como esperado, a população obedeceu.

Simultaneamente, os talibã anunciaram que era sua missão libertar o Afeganistão da existente liderança corrupta e criar uma nova sociedade conforme o islão. Emitiram decretos pelos quais exigia-se aos homens que usassem turbantes, barbas, cabelo curto e a *shalwar kemeez* e as mulheres usassem *burqa*, um véu que cobre todo o corpo, incluindo o rosto. Os homens foram intensamente encorajados a rezar cinco vezes ao dia, de preferência numa mesquita. As mulheres eram advertidas de que a sua responsabilidade era a de criar uma próxima geração de muçulmanos. Para tal, foram proibidas de trabalhar. Dispôs-se igualmente, e de forma inequívoca, que a educação das meninas teria de aguardar a elaboração de um currículo islâmico apropriado por eruditos religiosos e que este processo iniciar-se-ia apenas quando os talibãs controlassem todo o país. Outros decretos baniram a música, os jogos e qualquer representação da forma humana ou animal. Para realçar estas restrições, televisores e cassetes foram simbolicamente amontoados em locais públicos.

O formidável sucesso dos talibãs, ao conseguirem impor a ordem em Kandahar, deu-lhes uma considerável popularidade; além disso, o facto de usarem sempre turbantes brancos, o seu óbvio fervor religioso e pura pureza, permitiu que a superstição popular lhes conferisse quase uma aura sobrenatural. Quando, a partir de Kandahar, se movimentaram para o Ocidente, a sua reputação já os precedia, o que lhes permitiu limpar as principais estradas de grupos armados e de bandidos com alguma facilidade. À medida que capturavam posições, guardavam o armamento abandonado e incentivavam as pessoas a juntar-se às fileiras dos seus combatentes."[138]

O movimento ganhou força, inclusive, inicialmente, com o apoio da população, que queria um pouco de paz, após um longo período de guerra e caos social. No entanto, pouco tempo depois, essa mesma população se deu conta do mal que a afligia. Com uma aplicação radical da *sharia*, foram iniciadas as execuções públicas, sendo o povo incitado a assisti-las, normalmente realizadas em um estádio de futebol. Eram procedidos julgamentos sem a presença de advogados, em que o acusado tinha a incumbência de realizar sua própria defesa, perante um Tribunal islâmico. Amputações de mãos e pés passaram a ser corriqueiras para aqueles que praticavam delitos de furto ou de roubo. A título de exemplo, uma mulher foi condenada à pena de lapidação, ou seja, morte por apedrejamento, pelo fato de tentar fugir do Afeganistão com um homem que não era seu parente sanguíneo.

Mesmo sendo um país muçulmano, o Afeganistão gozava de liberdade religiosa, e sua população não era oprimida por conta dos costumes islâmicos, embora vivesse uma situação crítica, com altíssimas taxas de analfabetismo e mortalidade infantil, sendo esta última a mais alta do mundo, inclusive vítimas de sarampo ou mesmo diarreia. Menos de 30% da população tinha acesso a serviços sanitários, e uma expectativa de vida que beirava os 44 anos.

---

[138] MARSDEN, Peter. *Os talibã*: guerra e religião no Afeganistão, p. 67-68.

As mulheres foram as mais atingidas pelo governo Talibã. Mesmo sendo obrigadas a cobrir inteiramente seus corpos com as burcas, elas estavam impedidas de usar maquiagem ou salto alto. Foi-lhes proibida a prática de qualquer modalidade de esporte. O ensino escolar também lhes foi proibido, fechando-se as escolas. Foram proibidas, igualmente, de trabalhar, exceto no setor médico, onde havia necessidade de mulheres serem atendidas também por pessoas do sexo feminino. Jamais poderiam compartilhar o mesmo veículo com estrangeiros. Essas proibições, praticamente, fizeram que as escolas fossem fechadas, pois eram as mulheres que davam aulas às crianças, e, com a proibição de trabalhar, isso tornou-se impossível, fazendo que uma geração de afegãos crescesse sem qualquer educação. Consequentemente, inúmeras famílias saíram do Afeganistão, foram morar no país vizinho, o Paquistão, em busca de menos opressão e mais qualidade de vida. Como lembra Elaine Landau:

"O governo determinou, além disso, que todas as janelas do primeiro andar das casas fossem pintadas de preto para impedir qualquer pessoa de olhar para as mulheres que lá estiverem dentro.
A polícia religiosa patrulha continuamente as ruas, garantindo que as regras dos talibãs sejam cumpridas. Em muitos casos, são adolescentes armados com armas automáticas. Também andam com antenas de automóveis partidas ou cabos elétricos com que espancam qualquer mulher que segundo eles não estejam a obedecer adequadamente aos regulamentos.
Os castigos dos talibãs podem, no entanto, ser muito piores. Um ladrão pode ver a sua mão direita amputada em público, enquanto uma mulher pode receber uma centena de chicotadas por passear com um homem que não seja seu parente. As mulheres suspeitas de adultério são apedrejadas até à morte em público."[139]

Embora quisesse impor seus pensamentos religiosos, o Talibã precisava de recursos e, tal como qualquer outro grupo criminoso, praticava uma série de infrações penais lucrativas, a exemplo do contrabando e do tráfico de drogas. Assim, estimulava os camponeses a investir na plantação de papoula, a fim de vender o ópio, depois de extraído, aos traficantes internacionais. Ainda que o Alcorão proibisse o consumo e a produção de tóxicos, nesse momento, o dinheiro falava mais alto. A hipocrisia era evidente.

Como aponta, com precisão, Jason Burke, em 1995, o Afeganistão:

"Produzia 2.400 toneladas de ópio e heroína refinada por ano. Era o maior produtor mundial da droga. O contrabando de bens de consumo de Dubai e do Golfo para o Paquistão era da ordem de aproximadamente 2,5 bilhões de dólares por ano, segundo um estudo do Banco Mundial. As enormes somas envolvidas alimentavam a corrupção generalizada, da máfia de transportes predominantemente pashtun, que fornecia os caminhões nos quais os produtos eram levados, aos funcionários que permitiam sua entrada. Os talibãs estavam tão ávidos por obter lucros altos como qualquer um. Em 1994, sua renda proveniente do contrabando alcançou 100 milhões de dólares. Os traficantes de drogas pagavam uma taxa de 10% sobre o valor de qualquer carregamento de ópio. O dinheiro, em torno de 20 milhões de dólares anuais entre 1995 e 1997, foi crucial para os contínuos esforços de guerra do movimento Talibã. A organização também ajudava a arranjar comboios fortemente armados que levavam as drogas de Kandahar para o Irã pelo deserto de Dasht-e-Margo."[140]

---

[139] LANDAU, Elaine. *Osama bin Laden*: uma guerra contra o Ocidente?, p. 29.

[140] BURKE, Jason. *Al-Qaeda*: a verdadeira história do radicalismo islâmico, p. 141.

314 | CRIMES HEDIONDOS E EQUIPARADOS – ROGÉRIO GRECO

À medida que começou a se impor, um novo aliado chegou ao Afeganistão, juntamente com seu Exército. Era Osama bin Laden, líder da Al-Qaeda, que havia, em 1989, regressado à Arábia Saudita, sua terra natal, logo após o término da guerra contra os soviéticos, sendo, posteriormente, dela expulso, indo viver no Sudão. Foi também expulso do Sudão, em 1996, e, não sabendo exatamente aonde ir, voltou ao Afeganistão.

Osama bin Laden, no início, estranhou a presença dos talibãs, já que o grupo havia se formado tempos depois do final da guerra. No entanto, não demorou a ajudá-los financeiramente, passando a ser por eles admirado, superando uma desconfiança inicial, estreitando cada vez mais seu relacionamento com o líder talibã, mulá Omar.

Como informa Abdel Bari Atwan:

"Bin Laden inicialmente foi cauteloso em relação ao Talibã, mas estabeleceu um bom relacionamento com eles após o primeiro encontro com seu *emi* ('príncipe' ou 'líder'), mulá Omar, no verão de 1996. Este expressou grande admiração pelas observações neutras de seus convidados árabes e recusou-se a tomar partido de qualquer das facções *mujahidin* que estavam estancadas na luta pelo poder. Bin Laden decidiu dar seu *bayat* (voto de confiança) a mulá Omar. Ele ordenou a seus próprios seguidores que lutassem sob a bandeira do *emir*, e despachou um grupo de trezentos *mujahidin* árabes para as áreas de Tajik para lutar contra a Aliança do Norte anti-Talibã."[141]

Assim, os talibãs e a Al-Qaeda passaram a unir forças e a lutar em favor do islã, tendo o Ocidente como um dos seus principais inimigos. O Afeganistão era o início para se estabelecer uma nação puramente islâmica.

O primeiro país a reconhecer o governo Talibã, em 1996, foi o Paquistão, que, inclusive, chegou a enviar, imediatamente, um embaixador, sendo seguido pela Arábia Saudita e pelos Emirados Árabes.

Importante ressaltar que Massoud, um dos líderes militares, como dissemos anteriormente, que lutou na guerra contra a URSS, expulsando os soviéticos do território afegão, tendo em vista a ascensão do regime Talibã ao poder, em oposição, fundou a Frente da União Islâmica para a Salvação do Afeganistão, conhecida como *Aliança do Norte*, buscando apoio no Ocidente, principalmente a fim de pressionar o Paquistão no sentido de parar de apoiar o regime Talibã em seu país.

Conforme destaca Henry A. Crumpton, que, ao longo de mais de duas décadas, atuou como agente secreto da CIA:

"O rótulo de Aliança do Norte era preferido pelo governo paquistanês – que procurava retratá-los como uma organização dominada por tadjiques isolada no norte, sem alcance no resto do país. Massoud, da etnia tadjique, de fato, trabalhava para estender sua rede de ação através do Afeganistão. Queria derrubar o Talibã e expulsar os líderes estrangeiros da Al-Qaeda que, insidiosamente, haviam se insinuado entre eles."[142]

E continua, dizendo:

"Durante uma década, Masood, guerreiro afegão corajoso, resistente e, às vezes, brutal, impediu que os soviéticos tomassem o Vale Panjshir. Por essa heroica façanha, ganhou a

---

[141] ATWAN, Abdel Bari. *A história secreta da Al-Qaeda*, p. 60-61.

[142] CRUMPTON, Henry A. *A arte da inteligência*: os bastidores e segredos da CIA e do FBI, p. 137.

alcunha de 'O Leão de Panjshir'. Participara do fragmentado governo afegão que subiu ao poder após a retirada dos soviéticos. Esse governo logo soçobrou e seguiu-se uma cruel guerra civil, levando à ascensão do Talibã. Masood recuou de Cabul para seu lar, o Vale do Panjshir, onde buscava liderar a resistência afegã contra o Talibã."[143]

Passou, consequentemente, a ser odiado pelos fundamentalistas islâmicos do Talibã, que com ele travaram intensos combates. Conforme relata Ahmed Hashid:

"Massoud trabalhava dezoito horas por dia com dois secretários militares, que se revezavam em turnos para manter seu ritmo; dormia quatro horas e, devido ao temor de que o matassem, nunca o fazia duas noites seguidas no mesmo lugar."[144]

Naquela oportunidade, Osama bin Laden, líder da Al-Qaeda, arquitetou um plano genial para causar a morte de Massoud. Em 9 de setembro de 2001, dois dias antes do ataque aos EUA, dois homens-bomba da Al-Qaeda, jovens marroquinos, com passaportes belga, que chegaram em Cabul via Bruxelas, Londres e Islamabad, a mando de bin Laden, disfarçados de jornalistas, que diziam querer fazer algumas filmagens com Massoud, detonaram os explosivos que se encontravam escondidos no interior de uma câmera de vídeo, matando esse grande e reconhecido líder afegão.

Massoud, no ano seguinte à sua morte, foi nomeado "herói nacional" pelo então Presidente Hamid Karzai.

Como não poderia deixar de ser, os talibãs ficaram extremamente agradecidos pelo sacrifício feito pelos homens-bomba a mando de Osama bin Laden, e passaram a dar-lhe cobertura em seu território. Conforme afirma, corretamente, Ahmed Rashid:

"Al-Qaeda não teria conseguido planejar e organizar os atentados sem dispor de um lugar seguro desde o ponto de vista do adestramento, financiamento, as comunicações e a inspiração. O longo período de inibição por parte dos Estados Unidos e Ocidente a respeito das atividades dos talibãs permitiu converter o Afeganistão em um lugar seguro para grupos extremistas procedentes de mais de doze países árabes distintos."[145] (tradução livre)

Os talibãs governaram o Afeganistão desde 1996 até 2001, quando seu domínio foi interrompido após os ataques norte-americanos, por conta dos atos terroristas praticados contra os EUA, em 11 de setembro de 2001, quando se descobriu que Osama bin Laden tinha sido aquele que os havia organizado, e que se encontrava refugiado naquele país.

Como relata David J. Whittaker:

"Foi no outono de 2001 que uma Washington enfurecida e angustiada decidiu montar uma operação militar contra os terroristas da Al-Qaeda, então protegidos pelo Talibã. (Infelizmente, o Presidente Bush não buscou a sanção da ONU para a expedição punitiva.) Mais de quarenta Estados do Oriente Médio, África e Ásia responderam ao convite dos Estados Unidos para que se juntassem numa coalisão contra o terrorismo. Um maciço ataque aéreo teve início em 8 de outubro de 2001, e iria perdurar até março de 2002, quando unidades norte-americanas e britânicas de comandos exploraram os esconderijos da Al-Qaeda nas

---

[143]   CRUMPTON, Henry A. *A arte da inteligência*: os bastidores e segredos da CIA e do FBI, p. 157.

[144]   RASHID, Ahmed. *Los talibán*: islam, petróleo y fundamentalismo en el Asia Central, p. 98.

[145]   RASHID, Ahmed. *Los talibán*: islam, petróleo y fundamentalismo en el Asia Central, p. 12.

cavernas da região montanhosa daquele país. O principal órgão terrorista e seus aliados talibãs foram, no final, destroçados e desmoralizados."[146]

Seu líder, o mulá Omar, morreu em 2013, em um hospital de Karachi, no Afeganistão, conforme comunicado pelo próprio Talibã. No entanto, a causa de sua morte ainda permanece desconhecida, havendo certo mistério em torno dela.

13.3. Estado Islâmico

O século XXI tem vivido os horrores praticados por um grupo terrorista que se autoproclamou como Estado Islâmico, que teve início em 2006, após a morte do jordaniano Abu Musab al-Zarqawi, no Iraque, por conta de um bombardeio americano. Em 2002, Abu Musab al-Zarqawi havia criado uma filial da Al-Qaeda no Iraque, tendo sido reconhecido oficialmente por Osama bin Laden como um de seus chefes naquele país. Conforme bem relatado por William MacCants:

"Depois de que os estadunidenses mataram Zarqawi em 7 de junho de 2006, Al-Qaeda no Iraque levou a cabo o último desejo de seu líder. No lugar de esperar estabelecer o Estado Islâmico até que os estadunidenses se retirassem e as massas sunitas respaldassem o projeto, tal como queriam bin Laden e Zawahiri, o EI foi proclamado em 15 de outubro de 2006."[147] (tradução livre)

Originalmente, o grupo terrorista havia sido denominado Estado Islâmico do Iraque. Mais tarde, em 2013, o Estado Islâmico do Iraque se uniu à rebelião Síria, junto a outro grupo, chamado de *Frente Jabhat Al-Nusra*, grupo jihadista sírio filiado à Al-Qaeda.

Pouco tempo depois, anunciaram sua fusão e romperam com a Al-Qaeda, criando, dessa forma, o *Estado Islâmico do Iraque e do Levante* (*al-Sham*) – com a sigla DAESH, em árabe. A partir de junho de 2014, no primeiro dia do Ramadã[148], esse grupo terrorista passou a adotar tão somente o nome *Estado Islâmico*, sendo liderado pelo autoproclamado califa *Abu Bakr al-Baghdadi*, que se pronunciou ao povo muçulmano quando estava na grande mesquita Al Nuri, em Mossul, no Iraque.

De acordo com Patrick Cockburn:

"Detalhes da carreira de al-Baghdadi variam segundo a fonte – ou o próprio ISIS, ou a inteligência norte-americana ou iraquiana. Porém, o quadro geral é bastante claro. Ele nasceu em Samarra, uma cidade majoritariamente sunita ao norte de Bagdá, em 1971. Teve boa educação, com graduação em Estudos Islâmicos (incluindo Poesia, História e Genealogia), na Universidade de Bagdá. Uma foto de al-Baghdadi, feita quando era prisioneiro dos norte-americanos em Camp Bucca, sul do Iraque, mostra um iraquiano normal na faixa dos 25 anos, com cabelos pretos e olhos castanhos.

---

[146] WHITTAKER, David J. *Terrorismo: um retrato*, p. 88.

[147] MCCANTS, William. *El apocalipsis del Isis*: la historia, la estrategia y los objetivos del estado islámico, p. 27-28.

[148] É o nono mês do calendário islâmico. Tendo em vista que o calendário islâmico é lunar, a data da celebração do Ramadã varia anualmente, podendo passar por todos os meses e estações do ano. Sua duração varia entre 29 e 30 dias. Durante esse período, os muçulmanos praticam o jejum (*suam*), considerado o 4º entre os cinco pilares do islamismo.

Parte II • Capítulo 2 • TERRORISMO | **317**

Acredita-se que seu nome real seja Awwad Ibrahim Ali al-Badri al-Samarrai. Ele pode ter sido um militante islâmico sob Saddam, como pregador na província de Diyala, ao norte de Bagdá, onde, depois da invasão norte-americana de 2003, constituiu seu grupo armado. Movimentos insurgentes têm motivos fortes para fornecer informação desencontrada sobre sua estrutura de comando e liderança, mas parece que al-Baghdadi passou cinco anos, entre 2005 e 2009, prisioneiro dos norte-americanos."[149]

Assim, Al-Baghdadi, após cumprir cinco anos de prisão, em 2009, foi solto de Camp Bucca, um centro de detenção no Iraque, cujo nome foi dado em homenagem ao bombeiro Ronald Bucca, que morreu efetuando salvamentos nas torres gêmeas durante os atentados de 11 de setembro, em Nova York. Conforme relata Loretta Napoleoni:

"Enquanto deixava o campo, al-Baghdadi disse zombeteiro aos reservistas de Long Island que faziam sua escolta: 'Vejo vocês em Nova York'. Na ocasião, poucos deram atenção a essa promessa. Quando no fim da primavera de 2014, al-Baghdadi se tornou o califa do Estado Islâmico, o coronel do exército Kenneth King, ex-oficial comandante do Camp Bucca, lembrou-se do comentário irônico do ex-prisioneiro, agora soando como um aviso aterrador."[150]

Alguns críticos aduzem ser prepotente essa denominação por eles assumida, ou seja, Estado Islâmico. Dizem, outrossim, que não são um Estado, propriamente dito, e muito menos islâmico. Em sentido contrário, entendendo que, atualmente, essa definição pode lhe ser atribuída, Abdel Bari Atwan, em entrevista concedida à jornalista espanhola Ángela Rodicio, quando recolhia material para a publicação de seu best-seller com o título *Las novias de la Yihad: ¿por qué una adolescente europea decide irse con el Estado Islámico?*, esclareceu:

"Se consultarmos a definição de *estado* na legislação internacional, vemos que se lhe pode aplicar quase por completo. Tem uma bandeira, governo, administração, e um exército de cem mil soldados, sua própria moeda, o dinar de ouro, seu canal de televisão: Al Tawheed, de rádio: Al Bayan, uma revista: *Dabiq*; uma moderna rede de meios de comunicação: Al Forqan, Al Hayat, Al Itisam, somado a uma política *ad hoc*, serviços de inteligência..., até agências de polícia femininas.
No que diz respeito à sua identidade islâmica, adota a doutrina wahabita como religião de estado."[151] (tradução livre)

E continua com suas observações, dizendo:

"Em conclusão, se poderia dizer que se trata de um estado de fato, que chegou a governar sobre uma superfície de terra superior à da Grã Bretanha, quase a metade da Síria, e mais ou menos um terço do Iraque."[152] (tradução livre)

O grupo terrorista atua, precipuamente, na Síria e no Iraque. No entanto, suas garras não se limitam à área territorial da Síria, mas, sim, ao que se chama de Síria natural, ampla,

---

[149] COCKBURN, Patrick. *A origem do Estado Islâmico*: o fracasso da "guerra ao terror" e a ascensão jihadista, p. 85-86.

[150] NAPOLEONI, Loretta. *A fênix islamista*: o Estado Islâmico e a reconfiguração do Oriente Médio, p. 79.

[151] RODICIO, Ángela. *Las novias de la yihad*, p. 107.

[152] RODICIO, Ángela. *Las novias de la yihad*, p. 108.

ou seja, as terras que abarcariam, por exemplo, a Jordânia, a Palestina, grande parte do Iraque etc. Atualmente, a área por ele ocupada já ultrapassa, em tamanho, a do Reino Unido, vindo desde o litoral mediterrâneo da Síria até o Iraque.

Iraque foi o lugar onde o Estado Islâmico deu seus primeiros passos, onde sunitas e xiitas deram origem a uma guerra civil e, praticamente, destruíram o país.

O Estado Islâmico vale-se da propaganda do medo, da disseminação mundial de seus atos cruéis para infundir o terror e cooptar novos recrutas islâmicos, que se identificam com suas ideias. Como bem observado por Loretta Napoleoni:

> "Assim como as organizações armadas europeias das décadas de 1960 e 1970, tais como as Brigadas Vermelhas, na Itália, e o IRA, na Irlanda do Norte, o Estado Islâmico conhece a força da 'propaganda do medo' e tem sido muito hábil o uso de redes sociais para divulgar, entre audiências locais e globais, vídeos e imagens de grande apelo visual, com suas ações bárbaras. O medo veiculado por esses instrumentos é uma arma de conquista muito mais poderosa do que as pregações religiosas, algo que a Al-Qaeda não conseguiu entender. O Estado Islâmico sabe também que atos de violência extrema vendem notícias: num mundo sobrecarregado de informações, os meios de comunicação, operando vinte e quatro horas por dia, vivem à procura de imagens contendo fatos sempre mais sensacionalistas – daí o excesso de fotografias e vídeos exibindo punições e torturas brutais transferidos para servidores na web em formatos de arquivos que possam ser facilmente assistidos em telefones celulares. Em nossa sociedade virtual dominada por pulsões voyeurísticas, pacotes de informações embrulhados com papéis de uma estética sedutora, mas que mais parecem grosseiras manifestações de sadismo, tornaram-se fonte de grandes espetáculos."[153]

O Estado Islâmico, mais do que qualquer outro grupo terrorista, se especializou nesse tipo de propaganda mórbida. Suas produções têm qualidade cinematográfica. Os terroristas aparecem como guerreiros do islã, matando os inimigos da sua fé, eliminando os infiéis. As imagens de sua carnificina são sempre exibidas com um fundo musical, enaltecendo sua causa, e a necessidade de eliminação de todos aqueles que não professam a mesma religião. Sua bandeira tremula ao fundo, significando o seu domínio territorial e a vitória sobre seus inimigos. Tudo lhe é permitido fazer contra os infiéis. O poder de vida ou morte está nas suas mãos. Humilhar, mutilar, decapitar, esquartejar, estuprar mulheres que não professam a mesma fé, escravizá-las, enfim, tudo lhes é permitido, de acordo com as determinações constantes do Alcorão, pois, como diz a surata 58, versículo 5:

> "**5** Sabei que aqueles que contrariam Deus e Seu Mensageiro serão exterminados, como o foram os seus antepassados; por isso nós lhes enviamos lúcidos versículos e, aqueles que os negarem, sofrerão um afrontoso castigo."

Ainda, a surata 8, versículo 12, determina a decapitação dos infiéis, extremamente praticada pelo Estado Islâmico, e diz:

> "**12** E de quando o teu Senhor revelou aos anjos: Estou convosco; firmeza, pois, aos fiéis! Logo infundirei o terror nos corações dos incrédulos; decapitai-os e decepai-lhes os dedos!"

---

[153] NAPOLEONI, Loretta. *A fênix islamista*: o Estado Islâmico e a reconfiguração do Oriente Médio, p. 20.

Conforme nos esclarece Patrick Cockburn:

"Ao produzir um registro visual de tudo o que faz, o ISIS ampliou enormemente seu impacto político. Seus militantes compreendem o significado das mídias sociais e filmes bem-feitos e aterrorizadores para ilustrar o compromisso de seus lutadores, quando identificam e matam seus inimigos."[154]

Essa campanha militar tem por finalidade não somente infundir o medo na população mundial de infiéis como também arregimentar novos seguidores. Isso tem surtido efeito, principalmente, com a população islâmica que se encontra fora do mundo árabe. Jovens europeus têm atendido ao chamado desse *jihad* e têm se juntado ao Estado Islâmico, com promessas de instalação de um califado, onde todos estarão subjugados ao Alcorão e às regras da *Sharia*.

Como esclarece Loretta Napoleoni:

"Ao contrário do Talibã, que repelia tudo que envolvia tecnologia, no Estado Islâmico a propaganda ideológica é uma atividade que envolve alta tecnologia, administrada por profissionais qualificados, incluindo alguns ocidentais com alto nível de instrução. Quando o Twitter e o Facebook tiraram do ar o vídeo do EI exibindo a decapitação de James Foley, questão de horas depois a equipe de propaganda da organização tinha restaurado o acesso ao vídeo por intermédio de sites de aliados mantidos no exterior. E a propaganda ideológica do Estado Islâmico tem se mostrado muito sedutora para potenciais jihadistas, principalmente no Ocidente."[155]

Jovens sem perspectivas em seus países, discriminados, excluídos socialmente e até mesmo aqueles de classe média etc. encontram, falsamente, um futuro ao se alistarem nas fileiras do Estado Islâmico. Viver sob o domínio do califado, como veremos mais adiante, ou morrer pela causa de Alá, são opções que lhes agradam. Na verdade, são as únicas alternativas que desejam.

Conforme alerta Loretta Napoleoni:

"Nem todos os guerrilheiros são movidos pelo sonho de criação de um novo país muçulmano. Para muitos jovens ocidentais, unir-se à *jihad* ou aos rebeldes é uma aventura, uma espécie de colônia de férias militar. Esses são os mais perigosos, pois não sentem nenhuma compaixão pela população local e nenhuma compreensão do sofrimento com que ela padece."[156]

Infelizmente, milhares de jovens que se filiaram ao Estado Islâmico têm deixado suas famílias, seus amigos, seus empregos, suas escolas, enfim, todas as suas raízes para morrerem nos campos de batalha, principalmente na Síria e no Iraque. A propaganda terrorista, realmente, tem um efeito extraordinário. Grande parte de seus combatentes é estrangeira, denominada pela expressão em inglês *Foreign fighters*. De acordo com as informações de Joanisval Brito Gonçalves e Marcus Vinícius Reis, estima-se que, entre 2011 e 2014, aproximadamente 30 mil combatentes estrangeiros, homens e mulheres oriundos de mais de cem países, incluindo o Brasil, se juntaram ao Estado Islâmico a fim de participar do combate por eles travado na Síria e no Iraque[157].

---

[154] COCKBURN, Patrick. *A origem do Estado Islâmico*: o fracasso da "guerra ao terror" e a ascensão jihadista, p. 160.

[155] NAPOLEONI, Loretta. *A fênix islamista*: o Estado Islâmico e a reconfiguração do Oriente Médio, p. 84.

[156] NAPOLEONI, Loretta. *A fênix islamista*: o Estado Islâmico e a reconfiguração do Oriente Médio, p. 91.

[157] BRITO GONÇALVES, Joanisval; REIS, Marcus Vinícius. *Terrorismo: conhecimento e combate*, p. 57.

O que surpreende a todos é que esse grupo terrorista, num espaço curto de tempo, criou uma estrutura bélica inigualável e uma organização característica de um Estado, com poderes bem definidos. Como isso aconteceu? De onde vieram os recursos que proporcionaram esse tipo de crescimento assustador?

Loretta Napoleoni, com precisão, dissertando a respeito das fontes de recurso dessa organização terrorista, nos esclarece que:

"Ao contrário do Talibã ou da Al-Qaeda, o Estado Islâmico administra vastos recursos financeiros gerados em parte pela anexação de centros de produção, tais como campos de petróleo e usinas elétricas espalhados pela Síria. De acordo com o *The Wall Street Journal*, somente a exportação de petróleo gera 2 milhões de dólares por dia para a organização. Além disso, dentro do território que o grupo controla, ele cobra impostos tanto de empresas comerciais quanto de negócios de venda de armas, outros equipamentos militares e produtos em geral, a maior parte deles transportada por lucrativas rotas de contrabando ao longo das fronteiras da Síria com a Turquia e o Iraque. O excepcional 'tino comercial' dessa organização, extraordinário em comparação não só com o Talibã, mas também com o de todos os outros grupos armados, foi confirmado recentemente pela casual descoberta de seu 'balanço anual'. Com uma detalhada exposição de receitas e despesas, chegando a minúcias relatadas como o custo de cada uma de suas missões suicidas e elaborado de acordo com as mais requintadas técnicas de contabilidade, o balanço demonstra aquilo que o leitor poderia ser perdoado por confundir com um relatório do orçamento de uma próspera e autêntica multinacional."[158]

Além disso, devemos computar, ainda, as contribuições feitas pelos países que, de alguma forma, possuem interesse na causa do Estado Islâmico, ou mesmo nos combates que serão por ele realizados, e que financiam suas campanhas de guerra, ou seja, as chamadas *guerras por procuração*, altamente custosas, tendo em vista que a manutenção de um verdadeiro exército demanda recursos extraordinários, que vão desde a arregimentação dessas pessoas, passando pelo seu treinamento, aquisição de uniformes, armamentos modernos, alimentação, até o pagamento pelos seus serviços, enfim, há uma economia comparável às grandes nações beligerantes.

Ademais, conseguem recursos por meio de extorsões, sequestros constantes, principalmente de pessoas do mundo ocidental, a exemplo de jornalistas, ou daqueles ligados a grupos humanitários, em que exigem vultosas quantias pela sua libertação.

Estima-se que, atualmente, o Estado Islâmico possua uma fortuna de, aproximadamente, dois bilhões de dólares, cuja tendência é de aumentar rapidamente, tal como aconteceu com a OLP (Organização para a Libertação da Palestina), que chegou a oscilar entre 8 e 14 bilhões de dólares, para fins de patrocinar sua campanha. Tais riquezas, como se percebe, são maiores que o PIB de muitos países.

O objetivo do Estado Islâmico é a restauração do Califado, ou seja, uma forma islâmica monárquica de governo, sendo o calife, seu chefe de Estado e líder da *umma*, comunidade de muçulmanos, um sucessor do profeta Maomé. Como explica, com precisão, Michel Onfray, a respeito da *umma*:

"Existe um islã planetário, que é a *umma*, a comunidade: em que pese a diversidade dos países, a fragmentação em todos os continentes, a multiplicidade de línguas, as diferenças de cor da pele, em que pese o ódio fraticida entre sunitas e xiitas, em que pese as disparidades sociais,

---

[158] NAPOLEONI, Loretta. *A fênix islamista*: o Estado Islâmico e a reconfiguração do Oriente Médio, p. 26.

que vão desde o trabalhador maliense que esvazia os latões de lixo na França, até o *emir* do Qatar que compra o patrimônio histórico francês, existe uma comunidade desterritorializada que, com seus problemas, permanece unida por um único texto sagrado."[159] (tradução livre)

A palavra *califa* é o termo em português para a palavra árabe *khalifa*, que é uma abreviação de *khalifatu rasulil-lah* e significa *Sucessor* do Profeta Maomé. O título *khalifatu rasulil-lah* foi usado pela primeira vez para Abu Bakr, que foi eleito o chefe da comunidade muçulmana, logo após a morte de Maomé, em 632.

Embora exista discussão a respeito do tempo de duração desse califado, atribui-se a ele o período dos quatro primeiros califas, chamados de Califas Probos, a saber: Abu Bakr (632-634), Omar ibn al-Khattab (634-644), Uthman ibn Affan (644-656) e Ali ibn Abi Talib (656-661). Durante esse período aconteceu a expansão do islamismo e começou a se formar o império islâmico propriamente dito.

Segundo Loretta Napoleoni:

"Abu Bakr al-Baghdadi é o primeiro líder islâmico, desde o 31º Califa, Abdülmecid I (1823-61), a reivindicar esse título e a buscar a materialização da nostalgia de um mundo perdido, uma sociedade associada com o período áureo do Islã quando, sob a liderança dos primeiros quatro califas, sucessores do profeta, o Islã se expandiu territorialmente e prosperou culturalmente."[160]

Esse projeto de califado foi proclamado, oficialmente, em 26 de junho de 2014, na véspera do Ramadã, numa entrevista coletiva concedida por Abu Bakr al-Baghdadi, que se autoproclamou califa, passando a adotar o nome de califa Ibrahim al-Baghdadi. Dias depois de sua proclamação como califa, al-Baghdadi dirigiu-se à mesquita de Al-Nuri, em Mossul, vestindo túnica e turbante negros, e proferiu seu discurso (ou sermão).

Como informa Michel Foucher:

"Al-Baghdadi garante ser descendente da tribo de Maomé. Para além da referência histórica e religiosa, ele faz apelo a uma representação muito forte, um mapa que evoca o califado abássida de Raqqa que reinou por alguns anos sobre aquelas terras no século VIII. Uma página gloriosa do islã, quando Raqqa sobrepujava Bizâncio. A bandeira negra dos jihadistas do Daesh evoca o estandarte negro da conquista islâmica. O recurso espetacular à decapitação, posto em cena via internet, remete à herança dos califas que exigiam que lhes trouxessem as cabeças de seus inimigos em bandejas."[161]

Em 2013, o grupo terrorista atacou a prisão de Abu Ghraib, no Iraque, e liberou seus líderes e combatentes, dando uma demonstração de força e audácia.

Não se pode narrar as atrocidades que vêm sendo praticadas pelo Estado Islâmico sem mencionar também o tráfico e o sequestro de mulheres, que lhe servem para todas as finalidades, desde aquelas domésticas, como cozinhar, lavar, passar, cuidar de suas necessidades pessoais, até as chamadas escravas sexuais. Essas mulheres, vítimas de atos abomináveis praticados por esses psicopatas, são sequestradas de suas famílias, para depois serem transacio-

---

[159] ONFRAY, Michel. *Pensar el islam*, p. 95.

[160] NAPOLEONI, Loretta. *A fênix islamista*: o Estado Islâmico e a reconfiguração do Oriente Médio, p. 67.

[161] FOUCHER, Michel. Uma ambição territorial. In: Éric Fottorino (org.). *Quem é o estado islâmico?* Compreendendo o novo terrorismo, p. 33-34.

nadas, isto é, compradas e vendidas, inicialmente entre eles próprios, por variadas quantias, começando por 50 dólares, aumentando-se o valor de acordo com cada mulher, ou seja, dependendo da sua idade, beleza etc. Normalmente, as escravas sexuais têm entre 14 e 21 anos.

Cada mulher sequestrada e comprada por um desses combatentes fica alguns dias ou semanas por ele sendo violada sexualmente, até que a vende para outro, num ciclo que só termina quando essa mulher consegue fugir, é vendida pelos terroristas aos seus familiares, deles exigindo um resgate, ou, infelizmente, quando não suportam mais o sofrimento e se suicidam, quando não são mortas pelos próprios terroristas.

Os relatos das sobreviventes, que conseguiram fugir das garras de seus algozes, são estarrecedores. A jornalista espanhola Ángela Rodicio compilou, em seu festejado livro intitulado *Las novias de la yihad: ¿por qué una adolescente europea decide irse con el Estado Islámico?*, depoimentos que mais se parecem com verdadeiras histórias de filmes de terror. Estupros coletivos e espancamentos gratuitos são praticados com frequência.

Ao contrário da imagem que insistem em divulgar na mídia, fazendo-se passar por "heróis", por aqueles que abominam bebidas alcoólicas e drogas, a grande maioria faz uso dessas substâncias. Ángela Rodicio nos relata uma das conclusões a que chegou quando de suas investigações feitas pessoalmente nas fronteiras da Síria e do Iraque, buscando dados para o seu livro sobre as mulheres que eram escravizadas pelo Estado Islâmico:

> "(...) os terroristas do Daesh, além do álcool, consomem drogas sintéticas em quantidades industriais. Muito pouco islâmico, no sentido da pureza recorrente para justificar seu zelo intransigente, criminoso. As drogas clássicas, ópio, heroína, cocaína, lhes estão proibidas. Pelo contrário, as que se ingerem em forma de pílulas são consideradas medicinais, e minha opinião é que lhes servem de combustível tanto como a gasolina para o motor dos carros.
>
> De fato, se conseguiram colocar no dicionário de política internacional a palavra *Daesh*, preferível ao Estado Islâmico, não é menos certo que *Captagón* é a anfetamina barata que lhes mantém despertos e em pé durante dias seguidos. E essas são as bestas que estupram as escravas sexuais. Sem *Captagón* não poderiam liberar a adrenalina que lhes provoca essas pastilhas de cor semelhante aos concentrados alimentícios correntes no mercado."[162] (tradução livre)

E continua sua narração sobre essa droga sintética, que os encoraja à prática de todo tipo de atrocidades, dizendo:

> "Sua produção é barata e fácil, somente se requer um mínimo de conhecimento de química. Seu preço varia dos cinco aos vinte dólares. Um oficial de Homs revelou à agência de notícias Reuters: 'Se pode bater neles, que não sentem nenhuma dor'. Muitos deles riem histericamente, inclusive quando lhes golpeiam com objetos contundentes. Assim que decidimos deixar-lhes em paz ao menos durante 48 horas depois de fazê-los prisioneiros. Depois sim, fica fácil deles obter as informações."[163] (tradução livre)

São esses animais que, sob o efeito de álcool e drogas, agridem e estupram as mulheres que lhes servem como escravas sexuais e que, hipocritamente, por outro lado, exigem que a população em geral, que está sob seu jugo nas terras por eles dominadas, principalmente na Síria e no Iraque, se submetam às regras da *Sharia*.

---

[162] RODICIO, Ángela. *Las novias de la yihad*, p. 158-159.
[163] RODICIO, Ángela. *Las novias de la yihad*, p. 159.

A loucura desse grupo terrorista não tem limites. Desde a cobrança de multas por diversas práticas por eles não permitidas ou, se permitidas, praticadas irregularmente, fora dos padrões por eles estabelecidos, a exemplo das mulheres que não cobrem bem os olhos por detrás de suas burcas, se a barba de alguém é demasiado curta, ou mesmo para os que se barbeiam, até a possibilidade extrema de, em caso de necessidade, de fome, comer (literalmente) sua própria esposa, como esclarece Ángela Rodicio, dizendo:

> "Em caso de fome, um homem pode comer sua mulher, segundo a última *fatwa* – edito religioso islâmico –, promulgada por um imã, o influente pregador salafista saudita wahabista, Abdel Aziz Ibn Abdilá.
> A *fatwa* em questão permite ao homem 'alimentar-se de uma parte ou de todo o corpo de sua mulher em caso de que se veja obrigado pela fome extrema a recorrer a isso para salvar-se'. Uma medida excepcional do também xeique Alí, que considera sua própria *fatwa* como uma 'prova' do sacrifício e a obediência devida pela esposa ao seu marido já que os dois corpos, segundo ele, se sentam numa mesma cadeira."[164] (tradução livre)

A bandeira negra é um dos símbolos marcantes do Estado Islâmico. Por onde quer que o grupo vá, leva sempre consigo a bandeira, como símbolo de dominação, poder e unidade. No entanto, no início de sua proclamação, em 2006, o Estado Islâmico não tinha uma bandeira própria. O verde é a cor característica dos muçulmanos. Todavia, o Estado Islâmico optou pela cor preta, uma vez que concluíram que a maioria dos relatos sobre Maomé indica uma bandeira negra. De acordo com William McCants:

> "O desenho da profissão de fé muçulmana do Estado Islâmico é único, diferente de todos os outros intentos de replicar a bandeira do profeta: 'Não há outro Deus que Alá' está escrito em branco na parte superior e 'Maomé é seu profeta' está colocado em negro dentro de um círculo branco. Como assinalaram os autores, tomaram o desenho circular de um selo do profeta utilizado em cartas supostamente escritas em seu nome e recolhidas em um palácio de Topkapi, na Turquia."[165] (tradução livre)

14. RECRUTAMENTO, RADICALIZAÇÃO E FINANCIAMENTO DO TERRORISMO

A atividade terrorista não se limita à prática do ato covarde e cruel que culmina com a morte ou lesões em pessoas inocentes, ou mesmo a destruição de patrimônios alheios. Sua organização ocorre com muita antecedência, desde o recrutamento de pessoas ligadas à causa do grupo ao financiamento necessário para a manutenção da organização terrorista, que, diga-se de passagem, envolve muito dinheiro, uma vez que, à exceção dos chamados "lobos solitários" (ou "ratos solitários", melhor dizendo), seus treinamentos, hoje em dia, equiparam-se àqueles levados a efeito pelos exércitos oficiais, com aquisição de uniformes, armamentos, alimentação, pagamento dos seus "soldados", ou seja, existe a necessidade de uma estrutura organizada, mantida a um alto custo.

Podem ser considerados, portanto, como fases que antecedem ao planejamento operacional de um atentado terrorista: *a)* recrutamento; *b)* radicalização; *c)* financiamento ou aquisição de recursos financeiros.

---

[164] RODICIO, Ángela. *Las novias de la yihad*, p. 263.

[165] MCCANTS, William. *El apocalipsis del Isis*: la historia, la estrategia y los objetivos del estado islámico, p. 33.

324 | CRIMES HEDIONDOS E EQUIPARADOS – ROGÉRIO GRECO

Ab initio, é preciso destacar que não existe uma modalidade única de recrutamento, e cada grupo terrorista possui técnicas próprias, que lhe são peculiares. Conforme explica o Cedin (Centro de Direito Internacional):

"O estilo e abordagem de um potencial recruta por um grupo terrorista se dará de forma diferente não somente pela ideologia do grupo terrorista, mas também conforme o contexto social, cultural, composição étnica/religiosa, nacionalidade e até mesmo a idade do potencial recruta. De um modo geral, as organizações terroristas têm um quadro de recrutadores profissionais que vão desenvolver técnicas de recrutamento sob medida para uma audiência específica"[166].

Os lugares onde esse recrutamento pode ser levado a efeito são os mais variados possíveis, desde mesquitas, igrejas, fábricas, escolas, faculdades, clubes esportivos, associações das mais diversas naturezas (religiosa, culturais etc.), sindicatos, partidos políticos e até mesmo bairros inteiros, onde costumam morar pessoas de determinado grupo social ou religioso. As prisões também são um lugar propício para o recrutamento, tal como ocorreu com o terrorismo de esquerda e, atualmente, acontece com os fundamentalistas islâmicos.

Como esclarece David J. Whittaker:

"O recrutamento e o treinamento de terroristas são, presumivelmente, sensíveis à segurança. Entre os grupos que não têm base étnica, as fontes usuais de recrutas são os estudantes das escolas secundárias e de faculdades que demonstrem interesse pela causa. Já os grupos etnicamente fundamentados conseguem novos membros entre pessoas conhecidas, com passado comprovado e, normalmente, com laços familiares na organização. A penetração da inteligência em órgãos assim constituídos é extremamente difícil."[167]

Os recrutadores devem ter habilidade suficiente de convencimento, angariando a simpatia das pessoas que querem atrair para o seu movimento terrorista. Normalmente, vão ganhando a confiança aos poucos e, paulatinamente, vão disseminando a ideologia por eles defendida, até o ponto do efetivo convite para participar, de alguma forma, da atividade terrorista, exercendo alguma função no grupo, que não necessariamente seja a de combatente. A propaganda levada a efeito pelo grupo terrorista, portanto, é uma arma indispensável ao recrutamento de pessoas. Como ressalta César Augusto Niño González:

"Por meio da propaganda, os grupos potenciam suas atividades com a intenção de 'seduzir' um interlocutor débil e maleável. A identificação do seu interlocutor está baseada no uso racional na consecução de adeptos e apoios de todo nível. Nessa ordem de ideias, os terroristas seduzem desde pequenos e jovens, até as pessoas maiores, quer dizer, não discriminam condição, raça, idade, credo e inclusive – por mais que pareça absurdo – também religião para chegar com uma mensagem cativante, dependendo do público a que buscam captar."[168] (tradução livre)

Embora a atividade de recrutamento seja imprescindível para a sobrevivência do grupo terrorista, que sofre baixas de várias maneiras (morte dos combatentes, prisões, deserções

---

[166] CEDIN. *Recrutamento, radicalização e financiamento.* Disponível em: <http://moodle.cedin.com.br/moodle/file.php/561/Texto_Base/Unidade_2/modulo_3-texto_1.pdf>. Acesso em: 4 abr. 2016.

[167] WHITTAKER, David J. *Terrorismo: um retrato*, p. 66.

[168] NIÑO GONZÁLEZ, César Augusto. *El terrorismo como régimen internacional subterráneo*: más allá de una lógica convencional, p. 127.

etc.), ela não é feita aleatoriamente. Nem todas as pessoas que se habilitam serão aceitas pelo grupo, uma vez que existem, em quase todos eles, critérios de seleção. Isso inibe, pelo menos parcialmente, o ingresso de agentes estatais infiltrados, ou mesmo aqueles que, desde logo, se percebe que não possuem o perfil do grupo e somente poderão atrapalhar seus objetivos. Mesmo após o ingresso, o candidato poderá ser eliminado do grupo, se não demonstrar que suas aptidões servirão à causa por ele defendida.

Na verdade, o recrutamento é um processo que pode ser longo, em que são investigados os antecedentes daquele que pretende ingressar no grupo, sua família, seus amigos, suas ideologias, sua personalidade, suas habilidades etc.

Não necessariamente o recrutamento deve ser objetivo, no sentido de o recrutador convidar o candidato a fazer parte daquele grupo. Muitas vezes, o processo pode ser gradual, acontecendo pouco a pouco, com a participação do recrutado em atividades que o levem até o seio do grupo.

Quando aceito, o recrutado pode assumir diversas posições, iniciando-se, como de costume, pelas mais simples, até que atinja o grau de confiança necessário para assumir postos de maior importância. Pode começar desde a simples prática de conduzir membros do grupo em veículos, carregar armas etc., até ocupar as posições de execução das missões do grupo.

Tal como ocorre com as forças de segurança pública estatais, que possuem campos de treinamento para aqueles que nelas ingressam mediante concurso público, como é o caso do Brasil, e fazem testes para sua permanência, existem também campos de treinamento terroristas, a exemplo do que ocorre com a Al-Qaeda e o Estado Islâmico, em que o candidato poderá ser aprovado ou mesmo rejeitado pelo grupo terrorista, caso não obtenha sucesso nos testes para sua permanência. São submetidos a desde avaliações psicológicas até aquelas de natureza física, podendo ser reprovados, mesmo após o recrutamento inicial.

Hoje em dia, principalmente por conta da rede mundial de computadores, as ideologias terroristas têm tido ampla publicidade, sendo, infelizmente, atrativas para muitas pessoas que, equivocadamente, almejam se engajar em determinada causa, devido à propaganda, quase heroica, que é divulgada. O grupo Estado Islâmico tem se valido dessas propagandas mórbidas, com exibição de armas pesadas, seus treinamentos, ataques contra soldados ocidentais, decapitação de pessoas, sobretudo cristãs, em virtude de suas opções religiosas divergentes do islamismo etc. Há, portanto, uma glamourização dessas atividades, iludindo as pessoas que as assistem. A maior parte desse recrutamento, no Ocidente, tem sido feita *on-line*, sendo a maioria captada por meio do Twitter ou do Facebook.

Conforme esclarece Luis de la Corte Ibáñez:

"Os meios de comunicação de massas constituem um recurso muito efetivo para captar simpatizantes. A própria retransmissão dos atentados e suas reivindicações pode predispor positivamente os terroristas a um certo público. É possível que a difusão midiática das ameaças de bin Laden e dos atentados da Al-Qaeda haja despertado numerosa simpatia entre muçulmanos previamente radicalizados de todo o planeta."[169] (tradução livre)

Depois que o primeiro contato é realizado, os recrutadores partem para outros meios, a exemplo das conversas realizadas mediante o WhatsApp ou o Skype.

A criatividade desses grupos extremistas é tão grande, a ponto de criarem sua própria versão do Facebook, chamada de *MuslimBook*, além de aplicativos para celulares, a exemplo

---

[169] IBÁÑEZ, Luis de la Corte. *La lógica del terrorismo*, p. 310.

do chamado *Dawn of Glad Tidings*, que mantém o usuário atualizado sobre a organização do grupo terrorista. Se não bastasse, também copiam e adaptam jogos de *videogame*, nos quais matam soldados americanos, colocam artefatos explosivos, fazem emboscadas a grupos que lhe são rivais, enfim, seus especialistas criam todo um aparato para atrair outros simpatizantes para as suas fileiras e entreter seus próprios combatentes, como nos informa Ángela Rodicio, em sua obra sobre o recrutamento de meninas para a *jihad* islâmica[170].

No entanto, conforme bem destacado pela antropóloga francesa Dounia Bouzar, que já acompanhou mais de 130 famílias de jovens que foram atraídos pelo Estado Islâmico:

> "Nem todos esses jovens são 'atraídos pela jihad'. A astúcia dos recrutadores consiste justamente em fisgá-los com outras missões: cuidar das crianças impunemente atacadas com gás por Bashar al-Assad, salvar o mundo de sociedades secretas conspiratórias que querem eliminar os povos, etc. Alguns vão realmente e conscientemente para 'combater'. Mas uma boa metade vai persuadida de que está partindo para uma missão humanitária. A tipologia é portanto bastante ampla.
>
> Antes os terroristas arregimentavam principalmente o que se costuma chamar de jovens 'frágeis', 'sem pai nem referências', fracasso escolar, nenhuma esperança social, dificuldades familiares, bairros desfavorecidos. Hoje não é mais assim. Os recrutadores sofisticaram tanto suas técnicas de doutrinação que conseguem atingir jovens de todos os meios sociais, inclusive estudantes talentosos dos bairros nobres de Paris."[171]

E continua, dizendo:

> "As redes visam em primeiro lugar os jovens que buscam um ideal mas não conhecem o islã. A doutrinação nesses casos é mais fácil e mais rápida. Um jovem assim pode cair na rede em menos de três meses... Os pais pertencem majoritariamente às classes médias ou altas."[172]

Jovens são recrutados de todas as partes do mundo, inclusive por meio de contatos nas redes sociais como o Facebook, o Twitter, o Instagram etc.

Não é incomum pessoas serem abordadas por recrutadores terroristas que possuem amplo conhecimento em informática e monitoram acessos de páginas ligadas a eles. Assim, percebem a curiosidade de pessoas por suas causas e, sorrateiramente, entram em contato e procuram cooptá-las.

Como bem detectado por uma jornalista francesa, cujo pseudônimo é Anna Erelle, que se fez passar por uma das muitas mulheres iludidas pelo Estado Islâmico:

> "Os hábitos de certos adolescentes de hoje só contribuem para aumentar a brecha por onde se infiltra o Daesh. Pouco importa o meio social ou as secretas motivações de cada um; a organização terrorista tem argumentos imbatíveis para atraí-los em suas redes. Que o candidato queira combater ou fazer trabalho humanitário, o Daesh tem uma solução para todos. A organização cria a ilusão de dar valor a esses meninos perdidos para melhor valorizá-los e reformatá-los. Como um guru recrutando fiéis. A rede também permite quem aspira a

---

[170] RODICIO, Ángela. *Las novias de la Yihad*, p. 91.

[171] BOUZAR, Dounia. Os jovens franceses da *jihad*. In: Éric Fottorino (org.). *Quem é o estado islâmico? Compreendendo o novo terrorismo*, p. 51-52.

[172] BOUZAR, Dounia. Os jovens franceses da *jihad*. In: Éric Fottorino (org.). *Quem é o estado islâmico? Compreendendo o novo terrorismo*, p. 52.

Parte II • Capítulo 2 • TERRORISMO | 327

ser califa a se tornar um de fato. Afinal, sua arma favorita é a internet, e os pobres jihadistas aprendizes só passam do *status* de massa de manobra digital para o de bucha de canhão."[173]

Não somente a internet é utilizada nesse recrutamento. Existem as abordagens diretas, realizadas, principalmente, quando determinados grupos terroristas dominam certa região onde fazem, ostensivamente, sua propaganda, induzindo as demais pessoas a segui-los.

Como esclarece o Cedin (Centro de Direito Internacional):

"Estas ferramentas de comunicação utilizadas no recrutamento de novos terroristas podem ser *diretas*, como conversas ou convites cara a cara, sermões, palestras, treinamento etc., ou *indiretas*, como discursos, vídeos ou textos na internet, artigos em jornais e revistas, programas de rádio e televisão etc. Da mesma forma, estas comunicações podem se dar tanto em foro público quanto privado."[174]

Além disso, organizações terroristas, como ocorre com o Estado Islâmico, cooptam crianças e adolescentes a partir dos 8 anos e os levam para seus campos de treinamento, fazendo-os jurar fidelidade ao grupo, tornando-se aquilo que denominam "pequenos jihadistas", sendo chamados, ainda, de "fihotes do califado", aprendendo a lutar e a atirar com todo tipo de armas, doutrinados, inclusive, para, se for preciso, atuar como "homens-bomba". São obrigados a assistir a vídeos que mostram toda a brutalidade do grupo, além de presenciar execuções ou até mesmo participar de alguma delas, matando reféns com tiros, ou mesmo decapitando-os. São forçados a acreditar que fazem parte do chamado "exército de Deus", com a promessa de que, se forem mortos, alcançarão o paraíso. Conforme assevera Christine Schirrmacher, "somente aqueles que morrerem na *jihad*, o empenho para difundir o islã, podem ter certeza do acesso imediato ao paraíso"[175].

A pobreza extrema e as condições difíceis de vida também são molas propulsoras para o ingresso dessas crianças e adolescentes em grupos terroristas. Os que não aceitam ingressar no grupo são severamente punidos, ocorrendo, inclusive, amputações de membros, normalmente uma das mãos ou um dos pés, sendo documentado o momento da amputação, e mostrado aos demais, para que sirvam de exemplo do que ocorre com os infiéis a causa.

No entanto, como alerta Eugenio Diniz:

"O *recrutamento* é um problema, pois o caráter clandestino dos grupos terroristas exige extremo cuidado na seleção de possíveis novos membros, já que estes muito rapidamente terão acesso a informações sensíveis com relação ao grupo; falhas nessa etapa podem produzir danos graves. Entretanto, quem combate o terrorismo só pode explorar essa vulnerabilidade de uma maneira: procurando infiltrar agentes nas organizações, de maneira a obter informações relevantes sobre o grupo, sobre sua organização interna, sobre seus objetivos e, eventualmente, sobre atentados que venham a ser planejados."[176]

---

[173] ERELLE, Anna. *Na pele de uma jihadista*: a história real de uma jornalista recrutada pelo Estado Islâmico, p. 61.

[174] CEDIN. *Recrutamento, radicalização e financiamento*. Disponível em: <*http://moodle.cedin.com.br/moodle/file.php/561/Texto_Base/Unidade_2/modulo_3_-_texto_1.pdf*>. Acesso em: 4 abr. 2016.

[175] SCHIRRMACHER, Christine. *Entenda o islã*: história, crenças, política, charia e visão sobre o cristianismo, p. 130.

[176] DINIZ, Eugenio. *A guerra contra a Al-Qaeda*: avaliação e perspectivas. In: HERZ, Mônica; AMARAL, Arthur Bernardes do. (org.). *Terrorismo e relações internacionais*: perspectivas e desafios para o século XXI, p. 174.

Contudo, não existe um padrão de terrorista, ou seja, tanto pode assumir esse *status* aquele que se considera alijado pela sociedade, oriundo de famílias humildes, sem oportunidade na vida, segregados socialmente etc., quanto aquele que tem uma capacidade econômica invejável, vindo de uma família rica, portador de excelente instrução escolar. Enfim, por mais que se tente, não se pode traçar um padrão daqueles que irão se engajar em uma causa terrorista. Jonathan Barker, analisando um provável perfil do terrorista, com precisão, esclarece:

> "Embora os líderes das organizações terroristas costumem ser filhos das classes médias acomodadas, seus seguidores provêm das zonas marginais onde reina a pobreza e o desemprego. Os partidários da violência na Irlanda pertencem à classe trabalhadora, e as FARC, na Colômbia, el LTTE, no Sri Lanka, e o PKK, na Turquia, recrutam ativistas que procedem dos entornos urbanos e rurais pobres.
>
> Por outro lado, na Europa e no Japão, os grupos terroristas de esquerda e anarquistas dos anos 70 estavam formados por filhos da classe média e tinham formação universitária. O grupo terrorista alemão Facção do Exército Vermelho (também chamado grupo Baader-Meinhof) tinha entre seus membros Gudrun Ensslin, filha de um pastor evangélico; Suzanne Albrecht, filha de um rico advogado; Andreas Baader, filho de um historiador; Ulrike Meinhof, filha de um historiador de arte; Horst Mahler, filho de um dentista; e Holger Meins, filho de um alto executivo.
>
> Esses dados confirmariam que a pobreza não é a mãe direta do terrorismo. A humilhação a que estão sujeitas essas pessoas é que desperta o sentimento em alguns jovens de classe média para praticarem atos terroristas."[177] (tradução livre)

Não podemos nos esquecer, ainda, que a própria violência empregada pelos países que, supostamente, estão atuando no combate ao terrorismo pode ser o estopim para que inocentes, vítimas dessa violência, se revoltem e acabem aderindo, volitivamente, à causa do terrorismo. Assim, por exemplo, em países como Síria, Iraque e Afeganistão, quando um jovem toma conhecimento de que seus familiares foram mortos em um bombardeio, que suas irmãs foram estupradas por soldados, que seu comércio fora fechado arbitrariamente, enfim, tais fatos acabam por gerar uma revolta, uma sensação de injustiça, cuja única saída que praticamente lhe resta, a fim de combater essa tirania, é a de se juntar às fileiras daqueles que estão lutando contra os que praticaram essas atrocidades, sejam eles considerados terroristas ou não. Isso é o que menos importa. Pegar em armas ou mesmo até morrer nesse tipo de combate, para eles, é melhor do que assistir, passivamente, a esses atos desumanos.

Embora o recrutamento seja feito em âmbito global, como diz acertadamente Débora de Souza de Almeida:

> "É inegável que o recrutamento tem avançado sobre jovens na Europa ocidental, principalmente homens, em busca de emoção, *status*, vingança e, sobretudo, identidade. A vulnerabilidade pela crise de identidade é um fator proeminente e que atinge muçulmanos de segunda geração, que não conseguem se adaptar à vivência entre duas culturas diferentes (a de sua família e a do país onde mora), e que se sentem tratados como estrangeiros tanto pelos europeus de sua nacionalidade quanto pelos cidadãos de nações muçulmanas."[178]

---

[177] BARKER, Jonathan. *El sinsentido del terrorismo*, p. 136-137.

[178] ALMEIDA, Débora de Souza de et al. *Terrorismo*: comentários, artigo por artigo, à Lei 13.260/2016 – aspectos criminológicos e político-criminais, p. 31.

Por *radicalização* podemos entender o processo por meio do qual a pessoa recrutada passa a internalizar os valores, os ideais, as visões e os sentimentos relativos ao grupo terrorista a que passou a pertencer. Aqui, muitas vezes, ocorre um processo de "lavagem cerebral", passando o recrutado a acreditar somente naquilo que é colocado pelo grupo, desprezando tudo que não seja ligado a ele.

No processo de radicalização, existe a chamada *despersonalização*, ou seja, um processo psicológico em que o membro integrante do grupo deixa de se considerar individualmente e passa a se enxergar como pertencente a um coletivo, em que apenas a vontade deste último é que deve prevalecer e, para tanto, adotará qualquer comportamento por ele exigido.

Conforme nos esclarece Christine Schirrmacher:

"O primeiro passo na 'pré-radicalização' refere-se ao aspirante não religioso, pouco notado e aberto a coisas novas. O participante típico tende a não ter ficha criminal significativa; é homem, instruído, com frequência casado, e não raro pai de mais de um filho. Os convertidos que se sentem marginalizados pela sociedade e buscam um lugar totalmente novo a que possam pertencer também são considerados indivíduos com risco de se radicalizar. Cerca de 25% de todos os jihadistas são convertidos. Quanto mais isolado e rigidamente estruturado for o aspirante, mais suscetível ele será à cosmovisão jihadista. Ele se vê numa sociedade que não lhe dá um lugar ao sol. Subjetivamente falando, ele se vê como alguém que é vítima de zombaria e se protege da sociedade afastando-se dela e tornando-se membro de um grupo jihadista."[179]

Ao contrário de Christine Schirrmacher, Luis de la Corte Ibáñez afirma que os terroristas são, normalmente, pessoas jovens, na maioria homens entre 19 e 25 anos e solteiros, pois, como esclarece:

"Os jovens estão muito mais abertos que os adultos a experimentar com diferentes regras, novas formas de pensar e atuar, para rebelar-se contra todo tipo de proibições."[180] (tradução livre)

São inúmeras as técnicas utilizadas pelos terroristas para que possam, principalmente, incutir no recrutado esse sentimento de radicalização com relação à causa que serve, pela qual está disposto, inclusive, a dar sua vida. Podem ocorrer *justificativas morais*, em que o terrorista passa a entender que seu comportamento deve ser levado a efeito, tendo em vista a busca de um bem maior, ou seja, o sucesso da sua causa; *desconsideração das consequências*, que é uma forma de diminuir os impactos psicológicos que o resultado da sua ação pode proporcionar; *desumanização*, ou seja, a mudança do olhar para o outro, passando a enxergá-lo de forma diferente, de modo que mereça aquilo que vier a recair sobre ele; *manipulação da culpa*, isto é, passa-se a entender que a culpa de tudo que está acontecendo é da própria vítima; *demonização*, extremamente utilizada por fundamentalistas religiosos, quando o inimigo é classificado como demônio, tal como acontece com os fundamentalistas islâmicos, pois, para eles, somente existem duas classes de partidos, vale dizer, o partido de Alá, em que se encontram todos os fiéis, e o partido de Satanás, que abrange todos aqueles que não seguem o islã, isto é, os infiéis.

---

[179] SCHIRRMACHER, Christine. *Entenda o islã:* história, crenças, política, charia e visão sobre o cristianismo, p. 446.

[180] IBÁÑEZ, Luis de la Corte. *La lógica del terrorismo*, p. 190.

O uso de *eufemismos* também auxilia o processo de radicalização. Como informa o Cedin:

"O uso de eufemismos se torna uma poderosa ferramenta para mascarar ações que têm algum aspecto repreensível além de contribuir para criar uma áurea de legitimidade/ilegitimidade. O eufemismo tem um poder desinibitório. O uso de palavras como 'descartar', 'terminar', 'apagar', 'cumprir o contrato' etc. para se referir a *matar* ou *assassinar* por militares e agentes terroristas são exemplos do uso de eufemismo como mecanismo de desengajamento moral. Outras expressões são exemplos deste processo: 'guerreiros da liberdade', ao invés de terroristas; 'ataques cirúrgicos'; 'efeito colateral'; 'fogo amigo' e mesmo 'técnicas de interrogatório avançadas.'"[181]

Importante frisar, ainda, o chamado ritual de passagem, que marcará o seu ingresso no grupo e o fará reconhecido pelos demais membros. Esse ritual tem um efeito simbólico muito importante, mesmo que realizado de forma simplificada, e a distância, quando o recrutado recita determinadas frases, demonstrando, principalmente, sua lealdade e fidelidade ao grupo do qual passará a fazer parte.

O *adestramento* pode ser considerado também uma das formas para o processo de radicalização daquele que ingressou no grupo terrorista, e ser, inclusive, realizado a distância. Como ressalta César Augusto Niño González:

"O adestramento terrorista pode ser executado de maneira remota. Quer dizer, para um simpatizante que se encontre em Estocolmo e que queira contribuir de distintas maneiras com a causa terrorista das FARC, na Colômbia, não é necessário saber sobreviver na selva, saber disparar um fuzil AK-47 ou ser especialista em explosivos; para adestrar-se não é necessário estar no centro das operações do grupo, basta estar em Londres, Bogotá, Madri, Amsterdã ou Paris e ter vontade de fazê-lo. Internet facilita a motivação da vontade no adestramento, pois por meio da rede é extremamente fácil gerar um vínculo à causa terrorista para o indivíduo, sem necessidade de um desgaste organizacional e mobilidade de recursos, bastando uma simples, mas profunda cativação."[182] (tradução livre)

O terrorismo precisa ser *financiado*, já que os custos para a manutenção de sua organização são altíssimos. Cada grupo terrorista procura, portanto, angariar fundos para que se mantenha ativo, para que possa continuar, portanto, com suas atividades criminosas.

A fim de dificultar, combater ou mesmo impedir o financiamento ao terrorismo, em 1989 foi criado o Gafi (Grupo de Ação Financeira Internacional), ou, em inglês, o FATF (Financial Action Task Force), cuja finalidade consiste na formulação de recomendações visando à prevenção e à repressão da lavagem de dinheiro, do financiamento do terrorismo, do confisco dos lucros do crime, bem como da cooperação internacional nessa matéria.

São inúmeras as formas de *financiamento* dos grupos terroristas, indo desde a prática de crimes como extorsões mediante sequestro, como ocorre com as Farc, roubo a bancos e a carros-fortes, extorsões de comerciantes e empresas, fraudes em cartões de crédito, lavagem de dinheiro, contrabando de produtos, exploração de poços de petróleo, tráfico de drogas, tráfico de pessoas, doações de pessoas ricas, que adotam a causa terrorista, Estados

---

[181] CEDIN. *Recrutamento, radicalização e financiamento*. Disponível em: <http://moodle.cedin.com.br/moodle/file.php/561/Texto_Base/Unidade_2/modulo_3_-_texto_1.pdf>. Acesso em: 4 abr. 2016.

[182] NIÑO GONZÁLEZ, César Augusto. *El terrorismo como régimen internacional subterráneo*: más allá de una lógica convencional, p. 132-133.

que os alimentam, sob falsos fundamentos ou desviando dinheiro público etc. No que diz respeito ao financiamento do terrorismo praticado pelo próprio Estado, Luis de la Corte Ibáñez esclarece:

"Depois do final da Guerra Fria os pagamentos estatais a organizações terroristas decaíram consideravelmente, o que as obrigou a buscar outras fontes alternativas de financiamento. Algumas delas têm a ver com a delinquência organizada e o crime comum, mas outras são fontes legais. Não seria exagerado afirmar que o desenvolvimento da economia de mercado ajudou a que algumas organizações terroristas se convertessem em grupos empresariais."[183] (tradução livre)

Como milhões de dólares pertencentes aos grupos terroristas já foram identificados e bloqueados pelos bancos oficiais de cada país, os terroristas têm se utilizado de uma estratégia muito comum no meio muçulmano, chamada *hawalas*, que é uma modalidade de transferência de dinheiro que não transita pelo sistema bancário. Por meio da *hawala*, que existe por pura confiança entre as partes, aquele que quiser fazer uma transferência de um país para outro é só se dirigir a um desses locais e entregar a importância que quer que seja transferida ao outro país. O país de origem recebe o dinheiro e, imediatamente, dá um comando ao país de destino para que entregue a importância naquele recebida, cobrando uma pequena taxa. Isso dificulta enormemente o rastreio desse dinheiro, já que não existem documentos bancários oficiais, sendo tudo feito na base da confiança.

Da mesma forma, em vez de depositarem grandes somas, a fim de dificultar a fiscalização exercida pelas instituições financeiras, passaram a levar a efeito inúmeras operações de depósitos bancários, com valores menores, evitando, dessa maneira, a apreensão das importâncias transferidas.

Esse financiamento, portanto, pode ser oriundo tanto de meios lícitos quanto ilícitos. Muitos grupos terroristas se utilizam, ainda, de ONGs para a obtenção de recursos, bem como de pessoas jurídicas com alguma atividade considerada lícita, destinando seu lucro à causa terrorista.

Como esclarece Esteban Fullin:

"O terrorismo tradicional, como o do ETA na Espanha, ou do IRA na Irlanda e Grã Bretanha, mantém uma estrutura hierarquizada, de estruturas definidas com funções concretas, com um organismo diretivo definido, fundamento político e uma divisão da estrutura em uma frente política (que costuma ser lícita) e uma frente armada encarregada de levar adiante a atividade terrorista.

Por outro lado, o terrorismo radical islâmico costuma ser uma estrutura não hierarquizada, que carece de vínculos visíveis e de laços orgânicos ou funcionais, e que se divide em células com fundamentos religiosos, financiadas por Estados ou grandes fortunas que apoiam o terrorismo ou mesmo pelo trabalho, lícito ou não, da própria célula terrorista.

Com respeito ao financiamento das organizações hierarquizadas, elas têm uma dupla fonte de fundos: por um lado, a frente armada por meio de atividades criminosas como sequestro, extorsão de pessoas e negócios comerciais e contrabando de armas costumam ter uma fonte de fundos ilícitos; por outro, a frente política também coleta fundos de doações lícitas por parte dos adeptos à ideia política do grupo.

---

[183] IBÁÑEZ, Luis de la Corte. *La lógica del terrorismo*, p. 140-141.

As organizações não hierarquizadas costumam ter duas fontes de financiamento: o microfinanciamento e o macrofinanciamento. O macro financia a estrutura global da organização através de ONGs, grandes riquezas de pessoas ou empresas e em alguns casos de criminalidade organizada; a micro financia as células ou ações concretas, se baseiam em um fundamento religioso e recebem dinheiro de seu próprio trabalho legal ou de sua atividade criminosa ilícita. Também se descobriu casos nos quais recebem dinheiro de caridade religiosa. No geral, utilizam dinheiro em espécie ou a contratação de empréstimos financeiros lícitos, prévios à realização do atentado terrorista."[184] (tradução livre)

Grande parte da fortuna de Osama bin Laden era proveniente de seus negócios imobiliários, de exportação e importação, da agricultura, enfim, atividades lícitas que serviam para alimentar seu propósito terrorista.

A internet também tem sido um meio utilizado para angariar fundos, via ataques virtuais levados a efeito por *hackers* terroristas, praticando golpes de toda sorte, invadindo sistemas financeiros e montando *sites* fraudulentos, por intermédio dos quais recebem doações de pessoas que se identificam com a causa terrorista.

Conforme os ensinamentos de Eugenio Diniz:

"Como qualquer organização, um grupo terrorista necessita de recursos para poder funcionar. É preciso financiar o deslocamento de militantes, adquirir equipamentos, sustentar locais de treinamento e de refúgio, viabilizar o treinamento, a atuação de militantes em tempo integral, garantir financeiramente determinados tipos de apoio ou de tolerância etc. Agir sobre a rede de financiamento é uma ação óbvia no sentido de inviabilizar a ação de grupos terroristas. Entretanto, nem sempre isso é fácil, em função da dificuldade de se obter informações relevantes, seja de onde se procurar, seja em função da existência de entraves legais e políticos à investigação. Essa atuação pode ser dificultada, ainda, pela existência eventual de proteção política significativa para o grupo terrorista. Quando esses entraves podem ser superados e quando é possível reunir informações suficientes, estrangular financeiramente os grupos pode ser uma ação bastante promissora. Esse tipo de atuação pode levar o nome de *sufocamento financeiro* do grupo terrorista."[185]

Enfim, a atividade terrorista é extremamente complexa, atuando como se fosse uma empresa, cuja toda organização deve funcionar perfeitamente para que consiga alcançar seus objetivos.

15. O 11 DE SETEMBRO DE 2001 E SUAS CONSEQUÊNCIAS

O dia 11 de setembro de 2001 foi um marco, um divisor de águas para os ataques terroristas. Naquela manhã fatídica, um grupo terrorista, pertencente a Al-Qaeda, liderado por Osama bin Laden, assumiu o controle de quatro aviões comerciais, dos quais dois atingiram as torres gêmeas do World Trade Center, na cidade de Nova York, outro colidiu contra o Pentágono, em Washington, e o quarto caiu na Pensilvânia depois de, neste último, aparen-

---

[184] FULLIN, Esteban. Ámbitos de actuación del lavado de activos y el financiamiento del terrorismo: análisis de tipologías. In: GUIÑAZÚ-RICARDES, Serpa (coord.). *Delincuencia transnacional organizada*: lavado de activos, narcotráfico y financiamiento del terrorismo, p. 69-70.

[185] DINIZ, Eugenio. *A guerra contra a Al-Qaeda: avaliação e perspectivas*. In: HERZ, Mônica; AMARAL, Arthur Bernardes do. (org.). *Terrorismo e relações internacionais*: perspectivas e desafios para o século XXI, p. 176.

temente, os passageiros lutarem com os sequestradores, impedindo-os de alcançar o alvo que pretendiam inicialmente, que, segundo especulações, poderia ser o Capitólio, sede do Congresso norte-americano, ou mesmo a Casa Branca.

Como diz, acertadamente, Mark Bowden:

"Os eventos não tinham precedentes. Os norte-americanos já tinham tido sua quota de derramamento de sangue, invasão e ataques de surpresa. Pearl Harbor era uma lembrança viva para milhões. No entanto, graças à televisão, nada na história americana se comparava ao impacto do Onze de Setembro. Pearl Harbor ficava a mais de 3 mil quilômetros de distância do continente, numa época em que as ilhas havaianas eram apenas um território norte-americano. Relatos dos ataques japoneses chegavam via rádio e em matérias de jornais. Os ataques de Onze de Setembro aconteceram ao vivo na TV e foram transmitidos para o mundo inteiro. Os momentos principais foram repetidos em câmera lenta em ciclos intermináveis. Não havia nada de indireto naquilo. Lá estava um massacre de cidadãos americanos sem qualquer sentido, bem diante de nossos olhos."[186]

Somente na cidade de Nova York foram mais de três mil vítimas. O mundo assistiu, estarrecido, à queda das duas torres. O coração comercial dos EUA havia sido atacado. Nunca antes os EUA haviam sofrido uma baixa tão grande, com um impacto tão assustador em seu território. Infelizmente, naquela oportunidade, o terror havia vencido.

Hugo Arend narra, parcialmente, esses acontecimentos, dizendo:

"Na manhã do dia 11 de setembro de 2001, o NORAD (*North American Aerospace Defense Comand*) preparava-se para um exercício militar que compreendia a interceptação de quatro caças russos que invadiam o espaço aéreo norte-americano. O exercício estava quase começando quando, às 8h38min, a FAA (*Federal Aviation Agency*) notifica o NORAD sobre o sequestro de um avião comercial que estaria dirigindo-se à Nova Iorque. O militar que recebeu a ligação mostrava-se incrédulo – o último sequestro de aeronaves nos EUA fora em 1993 – e pergunta se se tratava de exercício ou de 'mundo real'. Para sua surpresa, tratava-se de 'mundo real. Prontamente, todo centro de comando passou a monitorar os acontecimentos, comunicando-se diretamente com a FAA.

(...)

Ao contrário do exercício militar em andamento no NORAD, a ameaça à segurança dos EUA não foi detectada primeiramente pelos militares, mas pelos civis, pelos controladores de voo de Boston. Às 8h32min, foi ouvida uma 'transmissão de rádio suspeita' e, a partir de então, o voo 11 da American Airlines passou a ser monitorado. Ao perceberem que se tratava de um sequestro, Boston comunicou a FAA e esta aos militares do NORAD, e os procedimentos-padrão passaram a ser seguidos: o caminho da aeronave é liberado para que pousasse em Nova Iorque em segurança para que as negociações tivessem início.

Quando o avião desapareceu nos céus de Manhattan, às 8h42min, já era tarde. Segundos depois, o avião atingia a torre norte do World Trade Center (WTC). Quase quinze minutos se passaram até o segundo avião ser jogado contra a torre sul. O tempo que se passou entre os dois impactos foi de muita confusão, incerteza e informações desencontradas entre as autoridades civis e militares. Os limites de suas responsabilidades e atribuições estavam sendo desafiados. Foi o segundo impacto que, por instantes, desconcertou o mundo e, logo

---

[186] BOWDEN, Mark. *A caçada*: como os serviços de inteligência americanos encontraram Osama bin Laden, p. 35-36.

em seguida, assegurou a todos de que se tratava de um ataque deliberado, de um ataque terrorista 'inimaginável'. O dia 11 de setembro de 2001 se tornara 'o 11/9'.

Já não restavam dúvidas: o primeiro avião não se chocara por acidente. Aeronaves civis estavam sendo deliberadamente usadas como mísseis"[187].

As cenas apresentadas pelos canais de TV mostravam uma população amedrontada, abalada física e psicologicamente com esse tipo de ataque covarde. Até então, os EUA eram um território inexpugnável, onde seus cidadãos sentiam-se protegidos. A partir daquele momento, a insegurança começou a reinar. O terrorismo havia mudado sua tática cruel, mantendo, contudo, uma das suas principais características: a surpresa.

No entanto, não era a primeira vez que Nova York havia sido alvo de ataques terroristas. Conforme relembra Rolf Tophoven:

> "Já em 1993, parecia que o apocalipse tinha chegado a Nova Iorque. Um grupo de islamitas leva a cabo uma explosão gigante numa das garagens do World Trade Center. Morrem seis pessoas e muitas outras ficam feridas. Acasos felizes, a estática e a pouca potência da bomba fazem com que este primeiro atentado não seja o primeiro 'superatentado'. Mas a mensagem do ataque fica bem clara: é em Nova Iorque que a economia e a política dos poderosos ocidentais vão ser atacados. Além disso, este ato de terrorismo contra o World Trade Center mostra onde é que vão ter lugar os futuros ataques terroristas: nas megametrópoles da sociedade industrial moderna. Pela primeira vez no coração dos EUA revela-se em Nova Iorque o fenômeno do novo terrorismo, cada vez mais forte, de cunho e inspiração islâmica. Esse novo desafio é acolhido de braços abertos por terroristas fanáticos e cheios de energia, que transformam as lições do Alcorão numa ideologia política. O agente determinante desta posição é um ódio profundo em relação ao mundo ocidental e aos seus sistemas sociais. Este ódio dirige-se, do mesmo modo, aos países árabes que sejam aliados do Ocidente."[188]

O Presidente George W. Bush, por seu turno, a partir daquele instante, ou seja, dos ataques de 11 de setembro de 2001, oficializou aquilo que convencionou chamar de "guerra ao terror", e várias medidas foram tomadas para que houvesse um efetivo combate ao terrorismo, principalmente o de natureza transnacional. Assim, alguns diplomas legais foram editados, destacando-se, entre eles, os *USA Patriotic Act*, sigla para *Uniting and Strengthening America by Providing Appropriete Tools Required to Intercept and Obstruct Terrorism Act of 2001*, ou seja, *Unindo e Fortalecendo a América ao Prover os Instrumentos Apropriados Requeridos para Interceptar e Obstruir o Terrorismo*, editado em 2001, que, segundo Mônica Herz e Arthur Bernardes do Amaral, diz respeito a:

> "Um pacote legislativo aprovado em 26 de outubro de 2001 pelo Congresso norte-americano e pelo presidente George W. Bush com o intuito de reformular o arcabouço jurídico que regula as medidas de prevenção e combate ao terrorismo adotadas pelo governo norte-americano dentro e fora dos Estados Unidos. Por meio desta lei, por exemplo, agências de segurança foram autorizadas a investigar comunicações dos cidadãos por telefone e *e-email*, além de ter acesso a históricos médicos e dados financeiros pessoais de suspeitos de envolvimento em atividades terroristas. Devido a essas e outras medidas excepcionais de monitoramento

---

[187] AREND, Hugo. *O 11/9 e seus significados teóricos e políticos para a segurança internacional*: direitos humanos e terrorismo, p. 85-86.

[188] TOPHOVEN, Rolf. Prefácio. POHLY, Michael; DURÁN, Khalid. *Ussama bin Laden e o terrorismo internacional*, p. 6.

dos cidadãos, a Lei Patriótica tem sido frequentemente criticada por ONGs e outros atores internacionais, que a consideram ofensiva em relação à privacidade e à liberdade individuais, além de permissiva de violações de direitos civis e humanos."[189]

Logo após o ataque, os serviços secretos americanos, principalmente a CIA, deram início a uma profunda investigação de quem teria sido o seu autor, e tudo conduzia para um grupo terrorista, denominado Al-Qaeda, comandado pelo milionário saudita Osama bin Laden, que tinha suas bases alicerçadas nas montanhas do Afeganistão e atuava sob a proteção de outro grupo terrorista, ou seja, os talibãs.

Com precisão, Abdel Bari Atwan esclarece:

"Os acontecimentos de 11 de setembro tiveram um profundo impacto no mundo todo. A Al-Qaeda tornou-se extremamente perigosa na história da guerrilha como o primeiro grupo a explicitamente encorajar o assassinato em massa de civis, uma direção que continua a perseguir com horrendas atrocidades, como os bombardeios em Bali, em Madri e em Londres, entre outros lugares.

Para o movimento *jihad*, no entanto, o 11 de setembro foi um dia de vitória completa; o dia que definiu a Al-Qaeda como uma força militar a ser reconhecida e bin Laden como sua figura-chave para o ressurgimento do mundo muçulmano. Eles conseguiram atacar o coração do inimigo e, simbolicamente, aquilo que lhe seria mais caro – o World Trade Center representava o poder financeiro; o Pentágono, o poder militar; e ainda havia a intenção de atacar seu terceiro alvo, a Casa Branca, centro da democracia americana, que também seria destruída.

Os ocidentais assistiram assustados ao vídeo de bin Laden em que orgulhosamente descreve o colapso do World Trade Center e celebra sua vitória, mas, da perspectiva da jihad, esse foi um enorme trinfo militar."[190]

Osama bin Laden passou a se esconder em cavernas no Afeganistão e a ser considerado o inimigo número 1 dos EUA, dando ensejo a uma "caçada" que durou, aproximadamente, 10 anos, quando foi morto, no Paquistão, na cidade de Abbottabad após uma missão realizada pela equipe *Seal – Team Six*, soldados pertencentes às forças de operações especiais da marinha americana.

Importante frisar que esse mesmo terrorista – Osama bin Laden –, membro de uma família saudita extremamente rica (e muitos de seus irmãos foram morar ou mesmo empreender negócios nos EUA), foi um dos idealizadores da organização terrorista Al-Qaeda, após o governo americano ter auxiliado os talibãs, com o fornecimento de tecnologia de guerra, armas, treinamento etc., a combater os soldados da extinta União Soviética, que invadiram o Afeganistão.

Essas mesmas armas, treinamento e tecnologias foram usadas, posteriormente, contra os EUA, após os talibãs terem vencido a guerra travada no Afeganistão. Como diz o ditado popular, que sempre se repete, infelizmente, "o feitiço virou contra o feiticeiro".

Noam Chomsky, com precisão, relatando esse fato histórico, ou seja, a invasão soviética ao Afeganistão, em 1979, e o consequente armamento dos talibãs pelos EUA, aduz:

---

[189] HERZ, Mônica; AMARAL, Arthur Bernardes do (org.). *Política, violência e terrorismo(s) nas relações internacionais. Terrorismo e relações internacionais*: perspectivas e desafios para o século XXI, p. 10.

[190] ATWAN, Abdel Bari. *A história secreta da Al-Qaeda*, p. 99-100.

"A história desse episódio permanece de alguma forma obscura. A organização dessas forças iniciou-se em 1979, se dermos crédito ao Consultor de Segurança Nacional do governo Carter, Zbigniew Brzezinski. Ele afirma, e pode ainda estar contando vantagem, que em meados de 1979 estimulou um apoio secreto à luta dos *mujahadim* contra o governo do Afeganistão, de modo a atrair os russos para o que chamou de 'arapuca afegã', uma expressão que vale a pena retermos na memória. Ele se mostrou bastante orgulhoso do fato de ter conseguido que os russos caíssem nessa 'arapuca afegã', enviando forças militares para apoiar o governo, seis meses mais tarde, com as consequências que todos conhecemos. Os EUA, juntamente com seus aliados, reuniram um enorme exército mercenário, composto talvez por mais de cem mil homens, arregimentados dos setores mais radicais que puderam encontrar, que eram justamente os islâmicos radicais, também chamados de 'islâmicos fundamentalistas', e isso trazendo homens de todas as partes, principalmente de fora do Afeganistão. São os chamados *afeganis*, mas, assim como bin Laden, muitos deles vêm de outros países.

Bin Laden juntou-se a esse exército em algum momento dos anos de 1980. Ele estava envolvido com as redes de arrecadação de fundos, que provavelmente ainda existem. Essas forças lutaram uma guerra santa contra os invasores russos. E desencadearam o terror no próprio território russo. Eles venceram a guerra, e os invasores russos bateram em retirada. Mas a guerra não era a única ocupação que tinham. Em 1981, forças organizadas a partir daqueles mesmos grupos assassinaram o presidente do Egito, Anwar Sadat, que foi um instrumento de peso na formação do exército mercenário. Em 1983, um atentado suicida à bomba, talvez ainda relacionado a essas mesmas forças, foi decisivo para a retirada das forças americanas do Líbano. E a coisa continuou.

Já em 1989, haviam vencido a guerra santa no Afeganistão. Logo que os EUA estabeleceram uma presença militar permanente na Arábia Saudita, bin Laden e seus pares anunciaram que, do seu ponto de vista, tal fato se comparava à ocupação do Afeganistão pelos russos, e assim voltaram suas armas contra os americanos, como já havia acontecido em 1983, quando os EUA tinham forças militares no Líbano."[191]

Entre os ataques de 11 de setembro de 2001 e a morte de Osama bin Laden, em 2011, vários países foram objeto de ataque pelos EUA, podendo-se destacar a guerra que foi travada contra o Iraque, em março de 2003, sob o falso argumento de que possuía armas de destruição em massa, sendo, consequentemente, uma ameaça mundial, levando à deposição e à posterior morte por enforcamento do ditador Saddam Hussein.

Como esclarece Abdel Bari Atwan:

"Não resta dúvida de que Saddam foi um ditador implacável. Curdos, dissidentes, comunistas, desertores do exército e outros foram massacrados durante seu governo. Seu método de lidar com oponentes políticos era extremamente brutal – em 1979, para dar um exemplo, tendo forçado a renúncia de seu predecessor, Ahmad Hassan Bakr, ele compeliu seus líderes Ba'th a pessoalmente executarem 68 civis e líderes militares (também membros do Ba'th), porque achava que poderiam desafiar sua legitimidade."[192]

Na verdade, a guerra travada contra o Iraque não teve a reação que o mundo esperava. Os EUA se impuseram de uma vez e passaram a dominar o país. Os canais de TV mostraram, em tempo real, muitos desses ataques. Várias cidades ficaram destruídas. O poderio bélico dos EUA havia predominado. O Iraque estava, agora, subjugado. Uma das nações que faziam

---

191 CHOMSKY, Noam. *11 de setembro*, p. 94-96.
192 ATWAN, Abdel Bari. *A história secreta da Al-Qaeda*, p. 216.

parte daquilo que George W. Bush havia intitulado como eixo do mal, ou seja, Irã, Iraque e Coreia do Norte, havia sido eliminada.

Como esclarecem Joanisval Brito Gonçalves e Marcus Vinícius Reis:

"Enquanto a ação contra o Talibã (Guerra do Afeganistão, 2001 – presente) foi respaldada pela comunidade internacional, a Guerra do Iraque (ou Segunda Guerra do Golfo, 2003), colocou os EUA diante de profundas críticas e, ainda que baseada em uma coalizão de três dezenas de países, foi condenada pela ONU."[193]

Posteriormente, o mundo veio a saber que a motivação principal daquela invasão havia sido inventada, isto é, nunca foram descobertos sequer vestígios de que o Iraque fabricava, ou pelo menos tentava fabricar, armas químicas ou biológicas de destruição em massa. Agora já era tarde. Uma dessas nações que compunham o eixo do mal já estava destruída. Era um inimigo a menos. O petróleo, abundante naquela região, virou despojo de guerra para os EUA.

Emanuel de Moraes, analisando a guerra travada entre os EUA e o Iraque, com precisão, conclui:

"Apesar de a acusação da existência de armas químicas ou biológicas, e de um programa nuclear, no Iraque de Saddam Hussein, ter sido uma invenção da espionagem norte-americana e britânica, que resultou numa manobra política ou simplesmente um equívoco ingênuo da imaginação aterrorizada dos governantes dos Estados Unidos e da Grã-Bretanha, de que os fanáticos islâmicos desejam possuir a bomba atômica, a fim de acabar com a vida terrestre, num suicídio universal, é verdadeira a afirmação, que já tem sido feita, de que 'o mundo não se dá conta de que, para o suicídio em busca do Paraíso, não há diferença entre morrer para matar dezenas de pessoas ou morrer para matar milhões'. Esta, por certo, é uma ameaça que paira sobre a humanidade, ameaça que deve ser, se possível, extirpada da história."[194]

Sobre as atrocidades praticadas por Saddam Hussein, informa Emanuel de Moraes:

"Depois da queda de Saddam Hussein, foi comum serem encontrados, enterrados, corpos decapitados, não somente de homens, mas de mulheres e de crianças. A mais chocante dessas descobertas se refere ao assassinato de curdos, no final dos anos 80. Esta a notícia da Reuters: 'Investigadores descobriram no sul do Iraque uma vala comum com cerca de 1.500 cadáveres, a maioria mulheres, crianças e adolescentes, aparentemente assassinados no local. Para os especialistas, os corpos em sua maior parte são de curdos que foram removidos à força de seus lares no final da década de 1980, sob a ditadura de Saddam Hussein'. Completando: 'Essa é uma das cerca de 300 covas coletivas que, segundo as autoridades iraquianas e americanas, foram descobertas no território do Iraque, após a queda do regime de Saddam (...). A ditadura de Saddam é acusada de ter assassinado, com gás letal, cerca de 5.000 curdos residentes no vilarejo de Halabja, próximo à fronteira com o Irã."[195]

Não resta dúvida, no entanto, de que 11 de setembro de 2001 foi um divisor de águas no que diz respeito à chamada "guerra ao terror", travada, principalmente, pelos norte-americanos contra os diversos grupos terroristas espalhados pelo mundo, sobretudo aqueles de

---

[193] BRITO GONÇALVES, Joanisval; REIS, Marcus Vinícius. *Terrorismo: conhecimento e combate*, p. 98.

[194] MORAES, Emanuel de. *A atual guerra islâmica: o terrorismo*, p. 85.

[195] MORAES, Emanuel de. *A atual guerra islâmica: o terrorismo*, p. 86.

cunho fundamentalista islâmico. Os talibãs, a Al-Qaeda e, mais recentemente, o Estado Islâmico passaram a receber uma atenção especial dos governantes dos EUA.

Como relembra Jason Burke:

> "Na noite de 10 de setembro, os sequestradores estavam posicionados. Todos os grupos tinham uma cópia de uma carta, provavelmente ditada por Atta Abdulaziz al-Omari: 'Quando vocês entrarem no avião', dizia o texto, 'lembrem-se de que esta é uma batalha em nome de Deus, que vale pelo mundo inteiro e por tudo que está nele'. Os sequestradores foram lembrados de que, como mártires, seriam recompensados com o paraíso: 'E quando chegar a hora zero, abram o peito e deem boas-vindas à morte pela causa de Deus... E que suas últimas palavras sejam: Alá é o único Deus e Maomé é o Seu mensageiro'."[196]

Quanta loucura praticada em nome de Deus. Com toda certeza, Ele não tem nada a ver com isso...

16. INTELIGÊNCIA, ANTITERRORISMO E CONTRATERRORISMO

Em um mundo globalizado, onde as fronteiras perderam seus traços, a criminalidade organizada transnacional conquista cada vez mais terreno. Se, por um lado, as novas tecnologias fizeram que a sociedade evoluísse assustadoramente, por outro, estão sendo utilizadas como um potente instrumento a serviço da criminalidade.

O Estado, devido à sua irritante burocracia, não consegue acompanhar a evolução com que o mundo do crime se desenvolve. Contudo, as antigas técnicas de investigação já estão se transformando em história, tal qual peças de museu. Hoje em dia, mais do que em qualquer momento, existe a necessidade de serem aprimorados os chamados serviços de inteligência. As agências estatais não podem – e não devem – trabalhar isoladas, uma vez que o crime organizado transnacional espalha seus tentáculos por diversos países.

Entre os crimes praticados por essas organizações transnacionais, o terrorismo encontra lugar de destaque, merecendo um tratamento adequado. Percebe-se, com clareza, que o terrorismo do final do século XX e início do século XXI ganhou novos contornos, principalmente no que diz respeito ao chamado terrorismo religioso. De lugares isolados, inóspitos, encravados em vales, do interior de cavernas, por exemplo, são planejados os ataques mais inesperados, que promovem o pânico e a morte de incontáveis pessoas, normalmente civis.

Identificar as pessoas, os grupos terroristas, descobrir exatamente de onde são planejados e tentar impedir que sejam efetivamente executados esses atentados covardes é a missão hercúlea que compete aos serviços de inteligência de todas as nações.

Joanisval Brito Gonçalves e Marcus Vinícius Reis resumem, com clareza, as atividades de inteligência, antiterrorismo e contraterrorismo, dizendo:

> "A *atividade de inteligência* é essencial para o combate ao crime e ao terrorismo. A reunião (por coleta ou busca) de dados e informação, a produção do conhecimento e a difusão desse conhecimento são atividades críticas na luta contra o terror. Não existe qualquer possibilidade de qualquer organismo policial ou de segurança ser bem-sucedido em sua atividade sem o emprego da inteligência. Seja da forma mais simples ou da mais sofisticada, o Estado não pode se dar ao luxo de combater o terror sem ações de inteligência.

---

[196] BURKE, Jason. *Al-Qaeda*: a verdadeira história do radicalismo islâmico, p. 259.

O *antiterrorismo* pode ser definido como 'a atividade que engloba as medidas defensivas de prevenção, a fim de minimizar as vulnerabilidades dos indivíduos e das propriedades aos atentados terroristas'. Envolve, portanto, alvos, melhoria dos sistemas de proteção e segurança, cooperação entre empresas privadas e órgãos de segurança governamentais, preparação de policiais e outros profissionais de segurança, campanhas de prevenção etc.

Contraterrorismo é 'a atividade que engloba as medidas ofensivas de caráter eminentemente repressivo, a fim de impedir, dissuadir, antecipar e responder aos atentados terroristas'. Refere-se, assim, a ações de ataque, normalmente levadas a cabo por forças especiais do Estado (policiais e militares) treinadas para lidar com situações extremas, como sequestros, ataques com explosivos, assassinatos, crises institucionais etc."[197]

Sem pretensão de qualquer exagero, podemos dizer que, espalhados ao redor do mundo, existem dezenas (se não centenas) de grupos terroristas, desde os maiores, como o Estado Islâmico, a Al-Qaeda, entre outros, até aqueles compostos de pouquíssimos integrantes, cada qual agindo de acordo com suas motivações e convicções. Temos grupos de extrema esquerda, de extrema direita, racistas, ecológicos, religiosos, étnicos, enfim, existe um incalculável número de motivações e razões que levam tanto à criação como à manutenção desses grupos terroristas. Dessa forma, para que um serviço de inteligência possa funcionar a contento, identificando seus membros, auxiliando a prisão, dissolvendo ou mesmo prevendo ações futuras desses grupos, é preciso que ocorra uma imersão em sua história. Como nos alerta John Horgan:

> "Estudar a história do terrorismo deve ser obrigatório para tratar de compreender o terrorismo, como bem ilustra o comunicado do IRA feito público em 1970, em Dublin. Em um intento de preparar o mundo para o nascimento do IRA como força de combate, as primeiras linhas do citado comunicado, intitulado 'A postura do Sinn Fein', declaravam que 'nos inspiramos no passado.'"[198] (tradução livre)

O século XX nos proporcionou – e o século XXI ainda nos está proporcionando – exemplos de várias ações de contraterrorismo, principalmente em virtude do terrorismo ligado ao fundamentalismo religioso. Após os ataques terroristas de 11 de setembro de 2001, os EUA envidaram uma campanha de ataque ao Afeganistão, onde o grupo Talibã havia assumido o poder e, como apurado pelo setor de inteligência, abrigavam e mantinham campos de treinamento de Osama bin Laden. Da mesma forma, com o argumento de que o Iraque mantinha armas químicas e biológicas de destruição em massa, em 2003, efetuaram um ataque grandioso àquele país, destituindo do poder o ditador Saddam Hussein. Em 2014, o grupo terrorista Estado Islâmico, após praticar e divulgar inúmeras atrocidades pelas redes sociais, invadiu e dominou as cidades de Mossul, no Iraque, e Raqqa, na Síria, querendo, dessa forma, estabelecer um Estado muçulmano, que seria regido pela *Sharia*.

Em todos esses casos, muitos ataques foram levados a efeito não somente pelos EUA como também por nações a eles aliadas no combate ao terrorismo, expulsando, por exemplo, o grupo Talibã do poder, destituindo o ditador Saddam Hussein e atacando, fortemente, as cidades dominadas pelo Estado Islâmico no Iraque e na Síria, o qual vem perdendo seu poder e domínio territorial. Isso, consequentemente, afetou enormemente a população civil e gerou um número gigantesco de refugiados, que se viam em meio ao fogo cruzado entre

---

[197] BRITO GONÇALVES, Jonisval; REIS, Marcus Vinícius. *Terrorismo: conhecimento e combate*, p. 156-157.

[198] HORGAN, John. *Psicología del terrorismo*: cómo y por qué alguien se convierte en terrorista, p. 62-63.

aqueles que estavam ali para acabar com os terroristas e estes últimos, os quais defendiam suas posições e ideais.

Incontáveis vezes, em virtude dessa guerra irregular, pessoas inocentes foram mortas ou feridas por aqueles que, supostamente, estavam ali para ajudá-las, começando a despertar o ódio na população local contra as forças aliadas que combatiam os grupos terroristas. Por essa razão, é de extrema importância o alerta feito por David J. Whittaker, quando diz:

> "Reações extremadas contraterroristas podem produzir efeitos piores que os dos próprios atos terroristas. A morte e a destruição retaliatórias a torto e a direito podem ajudar a causa dos terroristas ao desenvolverem uma reação de simpatia pelas vítimas inocentes e uma condenação moral quanto à natureza brutal da contrarreação. Combater o terror com o terror gera com frequência novos terroristas e proporciona justificativa para violência que provavelmente mais escalará do que diminuirá o terrorismo. De fato, algumas atividades terroristas são planejadas exatamente para gerar limitações para as liberdades individuais e outras medidas repressivas domésticas que possam semear a insatisfação pública com o sistema. As reações extremadas contraterroristas podem, assim, fazer o jogo dos terroristas."[199]

Nos dias atuais, veja-se o que ocorre com grupos como o Estado Islâmico, que pretende voltar ao passado, ao século VII, com a instalação do califado e a consequente aplicação da *sharia*, ou mesmo grupos denominados ecoterroristas, como o Animal Liberation Front ou o Earth Liberation Front, que atuam na defesa de causas ecológicas, dos direitos dos animais, de reformas ambientais etc. Para que possa investigá-los com sucesso, o serviço de inteligência deve fazer uma imersão em suas histórias, em seus pensamentos, nos atos que os desagradam e que motivam suas ações, enfim, cada grupo merecerá um estudo próprio, não se podendo, consequentemente, criar um padrão único.

O contraterrorismo, portanto, visa, principalmente, neutralizar os grupos terroristas, identificando e prendendo seus membros (quando possível), procurando, com isso, evitar futuros ataques. Para que se cumpra esse objetivo, é preciso que várias agências nacionais e estrangeiras atuem de forma conjunta, sobretudo no que diz respeito ao chamado terrorismo transnacional, que não encontra fronteiras. Esse auxílio mútuo é indispensável para o sucesso da neutralização dos grupos terroristas.

O contraterrorismo é um ato legítimo levado a efeito pelos Estados. No entanto, como já ressaltamos anteriormente, deve-se ter cuidado para não se exagerar na resposta ao grupo terrorista, uma vez que civis inocentes podem vir a ser vítimas desses atos, colocando a sociedade contra esse tipo de ataque, mesmo feito inicialmente no exercício do seu direito de defesa.

17. FUNDAMENTALISMO RELIGIOSO

Ultimamente, a palavra *fundamentalismo* tem frequentado os noticiários dos jornais, principalmente em razão dos atentados terroristas de cunho religioso. São, portanto, os fundamentalistas religiosos que, no início do século XXI, em maior proporção, têm trazido pânico e terror à população ao redor do mundo. Mais especificamente, são os fundamentalistas islâmicos que têm causado, rotineiramente, a sensação de medo e insegurança, com suas ações covardes e criminosas.

---

[199] WHITTAKER, David J. *Terrorismo: um retrato*, p. 437.

Como esclarece Leonardo Boff:

"O nicho do fundamentalismo se encontra no protestantismo norte-americano, especialmente entre os *Pilgrims* que vieram da Holanda e da Inglaterra, expulsos em 1620 por exigirem reforma no cristianismo, e acabaram sendo os pais da pátria norte-americana. No final do século XIX, ele ressurgiu de forma mais organizada quando um grupo de pastores de várias denominações publicou, entre 1890 e 1915, uma pequena coleção de 12 fascículos teológicos que formavam a série *Fundamentals: a testimony of the truth* (*Os fundamentos: um testemunho da verdade*). Estes fascículos tratavam sobre pontos que, segundo os autores, seriam fundamentais para a fé cristã e eram explicitamente contra o liberalismo."[200]

E continua, dizendo:

"Os *Fundamentals* apresentavam a proposta de um cristianismo extremamente rigoroso, ortodoxo e dogmático, que servia como orientação aos fiéis diante da avalanche de secularização e modernização que invadia toda a sociedade norte-americana. Eles não iam contra a modernização tecnológica, mas combatiam o liberalismo, novo espírito que proclamava a liberdade de opinião, de religião e outras liberdades e que foi condenado duramente pelos papas a partir dos meados do século XIX. Para os fundamentalistas, tais movimentos punham em risco a segurança e a tranquilidade de espírito que a fé cristã sempre oferecera. Importava condená-los."[201]

De acordo, ainda, com Leonardo Boff, hoje, o fundamentalismo:

"Representa a atitude daquele que confere caráter absoluto ao seu ponto de vista.
Sendo assim, imediatamente surge uma grave consequência: quem se sente portador de uma verdade absoluta não pode tolerar outra verdade e seu destino é a intolerância que gera o desprezo do outro, e o desprezo, a agressividade, e a agressividade, a guerra contra o erro a ser combatido e exterminado. Irrompem conflitos religiosos e ideológicos com incontáveis vítimas."[202]

Na verdade, parece-nos que houve uma distorção no que diz respeito à palavra *fundamentalista*, que passou a receber uma conotação de *fanatismo*, o que é diferente. Quando se imputa a alguém a pecha de fundamentalista, isso deveria significar, na verdade, que aquela pessoa se baseia em determinados fundamentos, que são a base, o alicerce, de suas ideias e crenças. Ao contrário, o fanático é aquele que atua de todas as formas possíveis para que suas ideias prevaleçam, ele possui uma noção de mundo completamente independente da realidade. Como nos esclarece Luis de la Corte Ibáñez:

"A palavra 'fanatismo' foi cunhada no século XVII para designar o excessivo entusiasmo com o qual certos indivíduos ou grupos se aferravam a suas crenças e atitudes religiosas."[203] (tradução livre)

No entanto, neste tópico e durante as demais passagens deste livro, utilizaremos a expressão já consagrada internacionalmente, vale dizer, o *fundamentalismo religioso*, princi-

---

[200] BOFF, Leonardo. *Fundamentalismo, terrorismo, religião e paz*: desafio para o século XXI, p. 9.

[201] BOFF, Leonardo. *Fundamentalismo, terrorismo, religião e paz*: desafio para o século XXI, p. 10.

[202] BOFF, Leonardo. *Fundamentalismo, terrorismo, religião e paz*: desafio para o século XXI, p. 49-50.

[203] IBÁÑEZ, Luis de la Corte. *La lógica del terrorismo*, p. 213.

palmente o de natureza islâmica, para lidar com a radicalização da defesa de suas ideias e crenças religiosas. Isso não quer dizer, todavia, que não exista esse tipo de fundamentalismo nas demais religiões, a exemplo do que ocorre com o cristianismo e o judaísmo. Contudo, no momento, vamos nos ater a somente um tipo de fundamentalismo religioso: o fundamentalismo islâmico.

O Islã foi a última grande religião que surgiu, tendo sido criada no século VII, pelo profeta Maomé. A palavra "Islã" significa submissão ou resignação absoluta à vontade de Alá. Quem segue o islã é chamado de *muçulmano*, ou seja, aqueles que se submetem.

Em árabe, *Alcorão* significa *recitação*, razão pela qual suas palavras, seus textos, são sempre recitados, ou seja, lidos em voz alta. Ao fazer isso, os muçulmanos acreditam que se comunicam diretamente com Alá, seu Deus. Ao lermos os textos do Alcorão, percebemos que, em muitos deles, há semelhanças com as Escrituras judaicas e cristãs, e narram histórias similares.

Seus versos são considerados os mais belos textos em árabe. Seu formato, no entanto, dificulta o entendimento, pois, ao contrário do que ocorre com a Bíblia, seus textos não possuem uma cronologia ou mesmo uma narrativa sequencial. Seus 114 capítulos ou suratas são ordenados por tamanho, sendo os mais longos localizados em seu início, e os mais curtos no final. Diferentemente de outros livros sagrados, o Alcorão não conta a história daquele para quem Alá supostamente o transmitiu, vale dizer, o profeta Maomé.

Os muçulmanos entendem e acreditam ser o Alcorão uma mensagem de Deus para sua criação, sendo um guia para manter os fiéis no caminho correto. Não há uma unificação no que diz respeito à interpretação dos textos do Alcorão, razão pela qual, o que não é incomum, várias pessoas interpretam de forma diferente o mesmo texto.

Antes do Alcorão, e da adoção do Islã, muitos árabes adotavam a fé judaica, ou mesmo a fé cristã, que são monoteístas, ou seja, acreditam na existência de um único Deus. Entretanto, no século VI, o politeísmo prevalecia naquela região da Arábia, existindo um número incontável de deuses. Foi nessa época, dentro desse contexto histórico, mais precisamente no século VII, que os muçulmanos creem que Deus se revelou ao profeta Maomé e lhe concedeu os textos que comporiam o seu livro sagrado – o Alcorão –, repelindo as práticas politeístas.

Meca era dominada por aqueles que adoravam uma multidão de deuses, e os ídolos, as estátuas de escultura, eram os intermediários entre os deuses e os homens. As pessoas iam a Meca para poderem adorar na Caaba, que significa "o Cubo", um santuário que havia se tornado um panteão. Durante os meses sagrados, os peregrinos de toda a península Arábica viajavam até Meca para adorar seus deuses, entoando cânticos, fazendo sacrifícios e, em um ritual, cujas origens são desconhecidas, davam sete voltas em torno da Caaba.

Em meados do século VI, havia, de acordo com Dave Hunt:

> "Cerca de trezentas e sessenta imagens que representavam as diversas divindades tribais adotadas por qualquer um que porventura estivesse viajando numa das imensas caravanas comerciais que passavam por Meca. Allá (uma contração de Al-Llah, literalmente 'o deus principal') era reconhecido como o mais importante dentre os ídolos da Caaba. Vários séculos antes do nascimento de Maomé, ele já era o deus oficial de sua tribo."[204]

Isso, obviamente, era uma fonte de lucro para aqueles que viviam naquela região, pois vendiam de tudo que era possível oferecer a esses deuses, como animais a serem sacrificados, imagens dos próprios ídolos etc.

---

[204] HUNT, Dave. *Terrorismo islâmico*: enfrentando a dura realidade, p. 7-8.

A escravidão era uma prática normal em Meca, sendo as meninas consideradas sem valor. Quando havia o nascimento de uma menina, o pai tinha o direito de matá-la, podendo, como acontecia com frequência, enterrá-la ainda viva. Esse período pré-islâmico é considerado pelos muçulmanos como sendo a "Idade da Ignorância", ou *Yahilya*, em árabe.

Foi em Meca onde nasceu Muhammad Ibn Abdullah, em 570[205], na tribo dos coraixitas, a tribo beduína mais rica e forte, um menino pobre que se transformou em um profeta de uma das maiores religiões do mundo. Não existem muitos registros sobre a sua vida, mas a história conta que seu pai morreu antes de vê-lo nascer e, aos 6 anos, ficou órfão de sua mãe. Assim, foi morar com seu avô Abdel Muttalib, que faleceu dois anos após. Maomé, no entanto, tinha um tio, Abud Talib, com muitas posses, que o ajudou durante todo o tempo e, aos 25 anos, já era considerado um comerciante bem-sucedido.

Era um homem íntegro e, por essa razão, foi contratado por uma viúva muita rica, chamada Kadidja, que solicitou seus serviços para comandar uma caravana especial à Síria. Pouco tempo depois, casou-se com ela, mesmo sendo, aproximadamente, 15 a 20 anos mais velha do que ele. Após a morte de Kadidja, Maomé casou-se com outras mulheres (não se sabendo o número certo, variando a informação entre 9 e 15 esposas, além das concubinas), e uma delas, Aisha, a ele havia sido prometida quando tinha somente 6 anos, tendo consumado o casamento, segundo Dave Hunt, "quando ela tinha apenas 9 anos e ainda brincava de boneca"[206].

Não se conformava com o politeísmo que imperava na Arábia nem com seus rituais. Gostava de se retirar para meditar e contemplar a natureza. Foi num desses retiros, em 610, no monte Hira, em uma caverna próxima a Meca, que Maomé teve revelada a ele a palavra de Deus. Na sua mente, ele ouvia uma voz que dizia: Recite! Recite! Essa voz, tradicionalmente, é atribuída ao anjo Gabriel, e Maomé dizia: Não tenho nada a recitar. Foi aí que o arcanjo revelou o primeiro verso do Alcorão. Como assevera Reza Aslan, "essa foi a sarça ardente de Maomé"[207] (tradução livre), traçando um paralelo com aquilo que aconteceu com Moisés.

Esse foi um dos momentos mais importantes para a religião islâmica, pois, a partir dali, Maomé deixa de ser somente um comerciante importante na sua região e passa a ser um profeta, aquele que escuta e transmite a palavra de Deus. No entanto, como acontecia com a maioria dos profetas, Maomé imaginou que estivesse ficando louco e pensou em se matar. Foi sua esposa Kadidja que o impediu de praticar esse ato extremo, sendo convencido por ela de que Deus realmente o havia escolhido para ser um profeta, e que não podia fugir a esse destino.

Conforme preleciona Reza Aslan:

"Segundo todas as tradições, Maomé, a princípio, restringiu a Revelação a seus amigos íntimos e familiares. A primeira pessoa que aceitou sua mensagem foi obviamente Kadidja, que, desde o momento em que o conheceu até sua morte, permaneceu ao lado de seu marido, sobretudo nas épocas de maior desalento. Se bem existe muito debate sectário entre os muçulmanos

---

[205] Nota: embora esse seja o ano apontado como sendo o do nascimento do profeta Maomé, existem estudos mais recentes apontando para 552 a.C., conforme relata Reza Aslan, in *Solo hay un dios – breve historia de la evolución del islam*, p. 31, quando diz que "hoje em dia ninguém sabe quando nasceu Maomé, como ninguém o sabia tampouco naqueles tempos, porque na sociedade árabe pré-islâmica a data de nascimento não era necessariamente um dado importante. Pode ser que nem o próprio Maomé soubesse em que ano nasceu".

[206] HUNT, Dave. *Terrorismo islâmico*: enfrentando a dura realidade, p. 74.

[207] ASLAN, Reza. *Solo hay un dios*: breve historia de la evolución del islam, p. 38.

acerca de quem foi a segunda pessoa que aceitou a mensagem, cabe supor, sem medo de errar, que foi o primo de Maomé, Ali, quem, como filho de Abu Talib, foi criado na mesma casa que o Profeta e era a pessoa mais próxima a ele, depois de sua esposa.

Para Maomé, a aceitação de Ali representou um grande alívio, porque não somente era seu primo, senão também seu mais próximo aliado: o homem a quem o Profeta se referiu repetidamente como 'irmão'. Com o tempo, Ali amadureceria até converter-se no guerreiro mais respeitado do islam. Contrairia matrimônio com Fátima, a querida filha de Maomé, e proporcionaria ao Profeta seus legendários netos Hasán e Husain."[208] (tradução livre)

Segundo a tradição, foram 22 anos, a partir de 610, ouvindo as palavras ditadas por Deus, até que morreu em 632. Nos primeiros anos de revelação, Maomé decorava os versos e só os dizia a sua esposa e seus amigos íntimos. EM 612, Maomé foi até o centro de Meca e começou a pregar o Deus único, dizendo que haveria o dia do Seu julgamento, e que as pessoas seriam responsabilizadas por aquilo que haviam feito. Como se percebe, a pregação não era nova, pois judeus e cristãos já prenunciavam o julgamento de Deus e chamavam todos ao arrependimento. A diferença era que essa revelação chegava ao povo árabe no seu próprio idioma.

Todavia, conforme esclarece Dave Hunt:

"As dúvidas continuavam a assolar Maomé, e ele tentou o suicídio várias vezes, nos anos que se seguiram. Depois de receber a nonagésima sexta surata, a 'inspiração' ficou suspensa por vários meses. Deprimido com isso, Maomé novamente pensou em suicídio. Suas tendências suicidas, reconhecidas por todas as autoridades islâmicas, não parecem ser a marca de um grande líder espiritual que está debaixo da inspiração divina.

Essas supostas inspirações (no total foram cento e quatorze suratas) apresentavam uma ideia revolucionária. Alá não era simplesmente o deus *principal* da Caaba, mas o *único* deus, existente em toda parte; Maomé era o único profeta de Alá, e o mundo inteiro tinha que ser levado à submissão a Alá. Naturalmente, essa nova doutrina encontrou oposição por parte dos habitantes de Meca. Elas não achavam boa ideia desfazer-se de todos os deuses, exceto Alá – isso diminuiria drasticamente a lucratividade de seus negócios na Caaba."[209]

Naquela época, eram poucas as pessoas que sabiam ler ou escrever. Ao que parece, embora fosse um próspero comerciante, que necessitava, consequentemente, ter conhecimentos básicos de leitura, Maomé também fazia parte desse número. Por isso, recitava os versos do Alcorão que havia memorizado, e os demais ouvintes também os guardavam na memória, como era comum na época, quando as tradições e as histórias eram passadas de pai para filho, sem nada escrito. Era uma cultura oral. Conseguiu, assim, um pequeno número de seguidores, que foram chamados de "muçulmanos", ou seja, aqueles que se submetem a Deus.

Como os muçulmanos, da mesma forma que os judeus e os cristãos, criam em um Deus único e invisível e também abominavam as imagens. Isso gerou um conflito em Meca, pois esse tipo de pregação contrariava os interesses dos comerciantes locais, principalmente os coraixitas, que passaram a persegui-los impiedosamente.

Quando sua mulher e seu tio morreram, Maomé e seus seguidores resolveram fugir de Meca, devido às intensas perseguições que sofriam. Em 622, a convite de um grupo de pessoas que veio a Meca, e que vivia em um Oásis, Maomé e seus seguidores resolvem partir

---

[208] ASLAN, Reza. *Solo hay un dios*: breve historia de la evolución del islam, p. 46

[209] HUNT, Dave. *Terrorismo islâmico*: enfrentando a dura realidade, p. 9.

para Yathrib, que ficava a 320 km de Meca, que veio, posteriormente, a se chamar Medina, a cidade do profeta. Nesse novo local, Maomé tornou-se um líder, e suas pregações, baseadas nas revelações por ele recebidas de Deus, diziam respeito, agora, a como criar e governar uma sociedade, passando, portanto, a editar leis, que tinham essa finalidade. As revelações em Medina estabeleceram as bases da lei islâmica.

Essa fuga, em 622, veio a ser chamada de *hégira* e marca o início do calendário muçulmano.

De acordo com os relatos de Dave Hunt, a cidade de Yathrib foi fundada por judeus:

"Maomé contou suas 'revelações' a eles, e também aos cristãos que viviam nas vizinhanças. Quando eles não aceitaram Alá (que sabiam ser o principal ídolo da Caaba) como Deus, nem Maomé como seu profeta, ele se voltou contra os cristãos e judeus, matando todos os que se recusaram a se tornar muçulmanos e não conseguiram fugir. Depois de se renderem diante da superioridade do exército muçulmano, com a promessa de que a vida deles seria poupada, todos os homens judeus de Yathrib com idade de pegar em armas foram massacrados e seus corpos foram enterrados na praça principal. As mulheres e crianças foram tomadas como 'esposas' ou escravizadas. O nome da cidade foi mudado para Medina, que significa 'cidade do profeta'."[210]

Assim, a cidade de Medina converteu-se, forçosamente, ao islã, e as leis dos versos do Alcorão, ditadas por Maomé, passaram a ser as leis da cidade. A partir desse momento, essas revelações permitiam que os muçulmanos se armassem para se defenderem, principalmente pelo fato de que Meca ainda mantinha a recompensa para quem matasse Maomé, pois suas práticas religiosas haviam prejudicado imensamente o comércio local e ameaçado sua economia, razão pela qual não o toleravam como líder de Medina.

Em 622, Meca declarou guerra contra Maomé e seus seguidores. O Alcorão deu ordem para que eles se defendessem dos seus agressores. Na surata 2, versículos 190 e 191, está escrito:

"**190** Combatei, pela causa de Deus, aqueles que vos combatem; porém, não pratiqueis agressão, porque Deus não estima os agressores.

191 Matai-os onde quer se os encontreis e expulsai-os de onde vos expulsaram, porque a perseguição é mais grave do que o homicídio. Não os combatais nas cercanias da Mesquita Sagrada, a menos que vos ataquem. Mas, se ali vos combaterem, matai-os. Tal será o castigo dos incrédulos."

Os muçulmanos lutaram contra Meca por 8 anos em toda a península Arábica. Em 630, eles atacaram com um exército de 10 mil homens, e a cidade acabou se rendendo. Maomé perdoou os que sobreviveram, e a cidade toda se converteu ao islamismo. Maomé entrou na Caaba e destruiu todos os deuses, dizendo que só havia um único Deus, o criador de todas as coisas.

Dois anos depois de voltar a Meca, ou seja, em 632, Maomé morreu, aos 62 anos de idade, envenenado pela viúva de um homem que ele havia assassinado, segundo Dave Hunt[211], tendo sido enterrado na cidade de Medina, onde seu túmulo permanece até hoje. Com a morte de Maomé, surgiu a dúvida sobre quem deveria ser o seu sucessor, ficando à frente da

---

[210]   HUNT, Dave. *Terrorismo islâmico*: enfrentando a dura realidade, p. 20.

[211]   HUNT, Dave. *Terrorismo islâmico*: enfrentando a dura realidade, p. 47.

346 | CRIMES HEDIONDOS E EQUIPARADOS – ROGÉRIO GRECO

umma, ou seja, da comunidade muçulmana, que crescia a passos largos, principalmente pelo fato de que o Profeta não havia designado ninguém, embora houvesse rumores, como relata Reza Aslan, de que "numerosos muçulmanos tinham a convicção de que Maomé, durante sua última peregrinação a Meca, havia designado publicamente como seu sucessor a Alí, seu primo e genro (casado com Fátima, a querida filha de Maomé)"[212] (tradução livre). Havia consenso, no entanto, de que somente alguém pertencente à tribo de Maomé, ou seja, a tribo coroaxita, é que poderia ser seu sucessor.

Depois de muita discussão, foi feita uma consulta tribal, em que Abu Bakr foi eleito chefe da comunidade muçulmana, recebendo o título de *khalifat Rasul Allah*, ou seja, o sucessor do mensageiro de Deus, e passou a ser reconhecido, resumidamente, como "Califa". Entretanto, como ressalta Reza Aslan:

> "Certamente, aquele não foi um processo democrático; Abu Bakr foi nomeado mediante a consulta com um grupo seleto de patriarcas, e não eleito pela *umma*. Mas o grande esforço que realizaram os companheiros de Maomé para alcançar uma aparência de unanimidade é prova de que a eleição de Abu Bakr havia carecido de significado sem o consentimento de toda a comunidade."[213] (tradução livre)

Vale destacar que, após a morte de Maomé e a instalação do califado, conforme ressalta Bernard Lewis:

> "Dos quatro honrados califas que seguiram o Profeta à frente da comunidade islâmica, três foram assassinados. O segundo, Umar, foi apunhalado por um escravo cristão imbuído de um ressentimento particular. Sabendo disso, o califa, no leito de morte, agradeceu a Deus por não ter sido assassinado por um dos fiéis. Até essa consolação foi negada a seus sucessores Uthmã e Ali, golpeados ambos por árabes muçulmanos, o primeiro por um grupo de furiosos insurrectos, o segundo por um fanático religioso. Nos dois assassinatos, seus agentes se consideraram tiranicidas, que libertavam a comunidade de um governante iníquo, e ambos encontraram quem concordasse com eles."[214]

O Alcorão ainda não havia sido escrito, mas sobrevivia na memória dos seguidores de Maomé e ainda era transmitido de forma oral. Eram considerados como depositários vivos dos *hadices*, ou seja, os relatos orais que recordavam as palavras e os fatos de Maomé.

Como era normal, o islã estava se expandindo, e as pessoas começavam a recitar os versos já com algumas modificações. Isso fez que houvesse a necessidade de registrá-los. Assim, de acordo com a tradição, o terceiro califa, chamado Uthman, designou um comitê para compilar todos os versos, que se encontravam espalhados na lembrança daqueles que os recitavam. Após a verificação da veracidade dos versos que estavam na memória e em alguns textos escritos, 20 anos depois da morte de Maomé foram registrados em pergaminhos.

Importante a ressalva feita por Dave Hunt, quando diz:

> "Ao contrário da Bíblia, da qual existem milhares de manuscritos antigos, o Corão foi anotado em folhas de palmeira, gravetos, pedras, cascas de árvore ou qualquer material que estivesse à mão quando Maomé começava a ditar. Algumas revelações eram recitadas de memória, sem nenhum texto escrito que as sustentasse. A esposa favorita de Maomé, Aisha, disse que,

---

212 ASLAN, Reza. *Solo hay un dios*: breve historia de la evolución del islam, p. 84.
213 ASLAN, Reza. *Solo hay un dios*: breve historia de la evolución del islam, p. 89.
214 LEWIS, Bernard. *Os assassinos*: os primórdios do terrorismo no islã, p. 142.

só em um capítulo, faltavam mais de cem versos, que tinham sido comidos por animais domésticos quando estavam em sua guarda.

Os quatro califas que sucederam Maomé imediatamente são denominados 'os quatro califas bem guiados'. O Corão (que foi 'revelado' ao longo de um período de dezesseis anos) não foi compilado enquanto Maomé era vivo, mas muitos anos depois, na época de Uthman Ibn Affan, o terceiro desses quatro califas. Quando propuseram a Abu Bakr, sogro e primeiro sucessor de Maomé, que organizasse uma versão oficial do Corão, ele foi contra a ideia, porque Maomé não tinha dito nada sobre isso. Algumas pessoas que haviam memorizado o Corão enquanto Maomé ainda era vivo protestaram dizendo que a versão de Uthman não estava correta. Ele reagiu a essas preocupações justas mandando destruir todas as compilações que discordavam da sua."[215]

Os muçulmanos, no entanto, dizem que todos os seus versos foram preservados na forma como foram revelados por Deus a Maomé, afirmando, por seu turno, que as escrituras sagradas dos judeus e cristãos foram sendo alteradas ao longo dos anos, por conta de questões políticas, religiosas etc. Assim, não creem na sua completa autenticidade. Dessa forma, os muçulmanos acreditam que o Alcorão corrige os erros dessas escrituras, conforme está escrito na surata 3, versículo 78, que diz:

"**78** E também há aqueles que, com suas línguas, deturpam os versículos do Livro, para que penseis que ao Livro pertencem, quando isso não é verdade. E dizem: Estes (versículos) emanam de Deus, quando não emanam de Deus. Dizem mentiras a respeito de Deus, conscientemente."

Contudo, ao contrário do que afirmam os muçulmanos, Reza Aslan, preleciona:

"De fato, o estudioso húngaro Ignaz Goldziher documentou numerosos *hadices* que, segundo seus transmissores, se derivavam de Maomé e, sem embargo, eram na realidade versículos da Torá e dos Evangelhos, fragmentos de ditos rabínicos, antigas máximas persas, passagens da filosofia grega, provérbios índios e inclusive uma reprodução quase palavra por palavra do Pai Nosso. Ademais, por volta do século IX, quando se deu forma à lei islâmica, circulavam muitos falsos *hadices* na comunidade, que os juristas muçulmanos classificaram de maneira um tanto caprichosa em duas categorias: mentiras contadas a fim de obter lucros materiais e mentiras contadas a fim de obter proveito ideológico."[216] (tradução livre)

Vale destacar, ainda, a importância da língua árabe para o Alcorão. Como enfatiza Christine Schirrmacher:

"Se Deus se revelou de um modo perfeito nessa língua, segue-se, então, que o árabe do Alcorão deve ser expressão da mais elevada perfeição e de beleza linguística insuperável."[217]

E continua, dizendo:

"Por esse motivo, o Alcorão, durante muito tempo, não só era copiado exclusivamente à mão, mas também não era traduzido em outros idiomas, uma vez que a tradução já não poderia

---

[215] HUNT, Dave. *Terrorismo islâmico*: enfrentando a dura realidade, p. 37-38.

[216] ASLAN, Reza. *Solo hay un dios*: breve historia de la evolución del islam, p. 140.

[217] SCHIRRMACHER, Christine. *Entenda o islã:* história, crenças, política, charia e visão sobre o cristianismo, p. 39.

mais ser considerada o Alcorão genuíno, senão simplesmente uma expressão aproximada do seu conteúdo. Daí, portanto, na contracapa de muitas edições do Alcorão em alemão, o subtítulo não é 'Tradução', e sim 'Significado aproximado do Alcorão.'"[218]

Para o Alcorão, Jesus foi apenas um profeta, negando seja Ele o Filho de Deus, e também nega sua execução na cruz, dizendo que Deus o fez subir aos céus, conforme consta da surata 4, versículos 157 e 158:

> "**157** E por dizerem: Matamos o Messias, Jesus, filho de Maria, o Mensageiro de Deus, embora não sendo, na realidade, certo que o mataram, nem o crucificaram, senão que isso lhes foi simulado. E aqueles que discordam, quanto a isso, estão na dúvida, porque não possuem conhecimento algum, abstraindo-se tão somente em conjecturas; porém, o fato é que não o mataram.
>
> **158** Outrossim, Deus fê-lo ascender até Ele, porque é Poderoso, Prudentíssimo."

Os muçulmanos acreditam que, por conta das distorções das escrituras (judaicas e cristãs), foi preciso que Deus revelasse Sua Palavra pela última vez, e o fez por meio da pessoa de Maomé, considerado, por eles, como o último profeta de Deus.

No entanto, conforme esclarece Dave Hunt:

> "Várias suratas do Corão têm títulos tão estranhos que nem mesmo os estudiosos do Corão sabem o que eles significam: 'Taha', 'Ya Sin', 'Sad', 'Caf', 'Nun'. Outras têm nomes inexpressivos, como 'As Formigas'. Este capítulo descreve uma batalha entre o exército de Salomão, composto por gênios (seres espirituais, que podem ser bons, mas geralmente são maus), homens e pássaros, e um exército de formigas. Salomão ouve uma formiga chamada Tahina a cinco quilômetros de distância. Existe uma poupa (pássaro) que está atrasada porque esteve com a rainha de Sabá. Salomão a envia de volta para pregar o 'evangelho'. E essa é a revelação de Alá. Grande parte do Corão se parece com histórias infantis árabes. 'O Elefante' fala sobre uma batalha entre elefantes e abutres. 'A Vaca' conta a história de judeus que foram transformados em macacos por desrespeitarem o sábado (por isso os muçulmanos frequentemente chamam os judeus de 'macacos'), e fala de dois anjos que seduzem pessoas na Babilônia através da magia, e de um judeu assassinado por seu primo. Deus manda Moisés matar uma vaca e bater com um pedaço dela na cabeça do morto. O morto revive, denuncia seu assassino e morre de novo."[219]

Embora se possa identificar, no Alcorão, como fez Dave Hunt, várias passagens estranhas, os muçulmanos devem simplesmente aceitá-las, sem emitir qualquer tipo de crítica, ou levantar dúvidas quanto ao seu texto, pois, conforme bem observado por Christine Schirrmacher:

> "A crítica ao Alcorão deve ser tão evitada quanto a crítica a Deus, pois o livro não apenas comunica a Palavra de Deus, mas é, palavra por palavra, a própria revelação de Deus. Fazer questionamentos críticos sobre o Alcorão – em relação à história de suas origens ou ao seu conteúdo – coloca o questionador próximo da posição de impiedade e heresia. A única atitude possível em relação a Deus e à sua Palavra é a submissão humilde da parte do fiel, e não

---

[218] SCHIRRMACHER, Christine. *Entenda o islã*: história, crenças, política, charia e visão sobre o cristianismo, p. 39.

[219] HUNT, Dave. *Terrorismo islâmico*: enfrentando a dura realidade, p. 38-39.

questionamentos críticos ou mesmo acusações. (...) quem tentar interpretar o Alcorão em um sentido moderno pode rapidamente perder sua função de ensino ou mesmo a vida."[220]

Por essa razão, em 4 de fevereiro de 1989, o ex-líder religioso do Irã, Aiatolá Khomeini, expediu um decreto (*fatwa*) determinando a morte de Salman Rushdie, um escritor britânico-indiano que escreveu o livro *Os Versos Satânicos*, em que criticava algumas passagens do Alcorão. Esse livro fez que houvesse ataques ao redor do mundo, principalmente a pessoas ligadas à sua edição. Militantes muçulmanos queimaram os livros na Inglaterra, e, em vários países, sua edição foi proibida. O autor viveu na clandestinidade por quase uma década, fugindo de seus carrascos, que procuravam encontrá-lo a fim de executar a pena de morte decretada pelo Aiatolá. Ao que parece, somente em 1998 Salmon Rushdie pôde voltar a ter uma vida normal, após o governo iraniano anunciar que não incentivaria o cumprimento do decreto religioso. No entanto, sua vida corre risco até os dias de hoje.

Em muitos países, são aplicadas severas punições àquele que danificar ou destruir textos do Alcorão, devendo ser ressaltado, ainda, o fato de que somente pode tocá-lo quem se encontre em estado de pureza.

Para os muçulmanos, a única forma de ter alguma esperança de salvação no dia do juízo final é seguir ao Alcorão. Cada pessoa, todavia, faz a sua própria interpretação do que seja a vontade de Deus. Daí a existência de tantos conflitos e violência, não somente contra os chamados infiéis, ou seja, aqueles que não professam a religião islâmica, como também entre os próprios muçulmanos. Existem cinco pilares que devem ser obedecidos e seguidos pelos muçulmanos, que reforçam essa esperança, e não certeza, de salvação, a saber: a *confissão de fé*; a *oração*, em árabe, cinco vezes ao dia, voltado para Meca; a *doação de esmolas aos pobres*; os *30 dias de jejum* no mês do Ramadã; e a *peregrinação* a Meca, que deve ocorrer pelo menos uma vez na vida.

No que diz respeito, especificamente, às orações, Christine Schirrmacher nos esclarece que:

"O muezim (em árabe, *mu'addin*) conclama os fiéis a orar do alto do minarete da mesquita. Atualmente, isso em geral é feito por meio de uma gravação. Quando o chamado é feito ('Alá é maior (...) Não existe outro Deus além de Alá (...) Maomé é enviado de Alá'), só podem ser feitas orações rituais, e não orações livremente formuladas, conforme reza a tradição muçulmana. A oração ritual deve ser feita em horários definidos. Em muitas mesquitas deparamos com cinco relógios, para que o fiel muçulmano saiba quando a oração deve ser feita. À medida que o tempo muda um pouco de um dia para o outro, a oração da manhã deve ser feita antes do nascer do sol (no verão, poderá ser antes das 4 da manhã); a oração do meio-dia, pouco antes de o sol chegar ao seu zênite; a oração da tarde, depois que o sol atingiu o zênite, mas antes de se pôr; a oração vespertina, depois do pôr do sol; e a oração da noite, quando já está escuro. Em outras horas (específicas), a oração é proibida, como, por exemplo, durante o nascer do sol ou quando o sol tiver atingido o zênite. As orações de não muçulmanos em princípio não são válidas."[221]

Como acontece, igualmente, com outras religiões, o islã inflama paixões em pessoas que não se importam em dar suas vidas para defendê-lo, e para vê-lo dominar o mundo, com

---

[220] SCHIRRMACHER, Christine. *Entenda o islã:* história, crenças, política, charia e visão sobre o cristianismo, p. 41.

[221] SCHIRRMACHER, Christine. *Entenda o islã:* história, crenças, política, charia e visão sobre o cristianismo, p. 133.

a instalação de um califado, ou seja, um mundo onde todos a ele se submetam sob a autoridade das palavras do Alcorão, e também da *Sharia*, que veremos mais detalhadamente o que significa, posteriormente. Nascem, daí, portanto, os chamados fundamentalistas islâmicos, pessoas radicais que querem impor seus pensamentos religiosos a qualquer custo, principalmente mediante o emprego da violência e do terror.

Na surata 58, versículo 5, está escrito que:

"**5** Sabei que aqueles que contrariam Deus e Seu Mensageiro serão exterminados, como o foram os seus antepassados; por isso Nós lhes enviamos lúcidos versículos e, aqueles que os negarem, sofrerão um afrontoso castigo."

Conforme esclarece Dave Hunt:

"O decreto de Maomé ordenando que os apóstatas deveriam ser mortos ainda é fundamental no Islã. E mesmo que a pessoa nunca tenha sido muçulmana, o Corão declara que os pagãos que recusam a oportunidade de se submeterem ao Islã devem ser mortos. O termo 'pagão' é aplicado a todos os não muçulmanos – exceto os cristãos e judeus, que são chamados de 'povo do livro'. Embora certamente não seja seguida na maioria dos casos de terrorismo (nem na longa e violenta história do Islã), a opção de conversão ou morte é dada sempre que possível, até mesmo no Ocidente."[222]

E continua, dizendo:

"Hoje em dia, as coisas continuam exatamente como eram no início: não é permitido abandonar o Islamismo. Ainda é lei dentro do Islamismo que qualquer muçulmano que se converter a uma outra religião deve ser morto, de preferência decapitado. Essa pena ainda é aplicada sem o menor constrangimento em execuções públicas – ou em particular, pela própria família, que é a responsável principal. Na Arábia Saudita, as execuções são realizadas diante de uma grande multidão, na infame 'praça corta corta', em Riad. Entretanto, o mundo ocidental faz vista grossa. Para os talibãs, as execuções se transformaram no novo esporte que ocupou os estádios de futebol abandonados, onde até mesmo os que não queriam eram obrigados a assistir e a esconder sua desaprovação, para não colocar a própria vida em risco. Os talibãs não eram fanáticos, mas sim verdadeiros muçulmanos que tentaram, como Maomé, forçar os relutantes a aderir ao Islamismo.

A flagelação (o recorde é de quatro mil açoites administrados publicamente a um egípcio na Arábia Saudita) e a amputação de membros são amplamente utilizadas como penas judiciais. Os prisioneiros geralmente não recebem nenhum aviso de que vão ser executados. Eles são levados a uma praça pública, são vendados, forçados a se ajoelharem, e decapitados diante da multidão que assiste dando gritos de aprovação. Essa pena foi aplicada recentemente a um pai e a seu filho, que tinham se tornado seguidores de Cristo."[223]

O grupo terrorista Estado Islâmico tem, com frequência assustadora, realizado decapitações públicas, principalmente de cristãos que se recusaram a se converter ao islamismo. Há cenas, por eles próprios divulgadas, em que o número de decapitações de cristãos é tão grande que o mar ficou completamente vermelho, tingido do sangue dessas pessoas mortas covardemente, porque não se renderam a eles e não negaram sua fé. Vale ressaltar que os mu-

---

222 HUNT, Dave. *Terrorismo islâmico*: enfrentando a dura realidade, p. 48.

223 HUNT, Dave. *Terrorismo islâmico*: enfrentando a dura realidade, p. 52-53.

Parte II • Capítulo 2 • TERRORISMO 351

çulmanos tentam cooptar pessoas das demais religiões, convertendo-as ao islã. No entanto, nenhuma outra religião pode ser pregada nos países muçulmanos. Caso um muçulmano se converta, por exemplo, ao cristianismo, sua pena de morte já está decretada. O correto seria aplicar a lei da reciprocidade, ou seja, somente seria permitida a pregação das palavras do Alcorão nos países não islâmicos, se as demais religiões pudessem também pregar seus ensinamentos nos países cuja religião oficial é o islã.

O filósofo francês Michel Onfray, analisando o islã, com veemência, assevera:

"Os meios dominantes repetem em coro, e com eles a classe política, a afirmação de um islã como sendo uma 'religião de paz, de tolerância e de amor'. É preciso não ter lido nunca o Alcorão, as *hadices* do Profeta e sua biografia para se atrever a defender coisa semelhante. Se alguém aduz esses textos, é reconhecido como um literalista islamofóbico."[224] (tradução livre)

O islamismo é uma das religiões que mais crescem no mundo, atingindo, atualmente, mais de um bilhão de pessoas. Cinco vezes ao dia, os muçulmanos oram em direção a Meca.

De acordo com as lições de Jason Burke:

"Ao lado do Corão está a compilação de tradições narrativas que relatam o comportamento e os dizeres, o exemplo, do Profeta, chamada *sunna*. Esses textos são conhecidos como os *hadith*. Foram reunidos por seguidores de Maomé e organizados em coletâneas muito depois de terem sido transmitidos oralmente pelos muçulmanos mais antigos, e portanto sua autoridade é variável, sendo tradicionalmente citados como uma descrição de sua proveniência. No todo, os *hadith* não foram 'revelados', mas têm origem nos atos e dizeres de Maomé em sua qualidade de ser humano, enquanto o Corão é entendido como as palavras diretas de Deus, sem nenhuma contribuição humana. Maomé, embora escolhido por Deus para ser Seu mensageiro, era totalmente humano. Os muçulmanos não adoram Maomé nem o Corão, mas Alá e somente Alá. Qualquer sugestão de que Maomé, cuja essência é diferente da de Deus, possa ser adorado será vista pelos muçulmanos devotos como uma depreciação dos conceitos da primazia e unidade absolutas de Deus."[225]

Além do Alcorão, aos muçulmanos aplica-se a *sharia*. A palavra *sharia* provém do árabe, cuja raiz quer dizer *caminho*, caminho esse que leva a Deus. Não se pode separar a *sharia* do islã e vice-versa. Um muçulmano tem que seguir os mandamentos de Deus, goste ou não.

Sharia é, na verdade, um conjunto de regras, não necessariamente expressadas em forma de leis ou códigos, aplicadas aos muçulmanos. Para eles, a *sharia* é a lei de Deus e se aplica a todos os crentes. Não é fácil defini-la, uma vez que ela rege, de modo geral, a conduta de vida de todo muçulmano, e não somente se limita à aplicação de penas em casos de infrações, principalmente aquelas que contradigam o Alcorão. É composta, portanto, de regras éticas, morais, sociais, civis, penais, enfim, procura disciplinar tudo que diga respeito ao comportamento de um muçulmano. Essas regulamentações estão sujeitas, consequentemente, a interpretações e são originárias de múltiplas fontes, não estando reunidas, como já dissemos anteriormente, em um código ou mesmo um livro.

---

224 ONFRAY, Michel. *Pensar el islam*, p. 44.
225 BURKE, Jason. *Al-Qaeda*: a verdadeira história do radicalismo islâmico, p. 44-45.

CRIMES HEDIONDOS E EQUIPARADOS – ROGÉRIO GRECO

No entanto, a *sharia* tem como base três fontes concretas, vale dizer, o Alcorão, a tradição (*hadith*), sobretudo no que diz respeito à história de Maomé e seus seguidores, e as interpretações feitas por juristas e teólogos islâmicos, até o século X[226].

De acordo com as explicações de Christine Schirrmacher:

> "Uma vez que a *sharia* foi concedida pelo próprio Deus, ela essencialmente não pode ser reformada nem contestada. Criticar a *sharia* significa colocar as considerações humanas acima da lei de Deus. Portanto, criticá-la também é algo sem sentido e errado, pois no final dos tempos o islã será a única religião existente, e a *sharia* será imposta a todas as pessoas. Pelo menos é isso o que diz a teologia conservadora. Há também outras perspectivas liberais, mas sua influência é muito pequena.
>
> Como a *sharia* contém normas para todas as áreas da vida, não existem áreas seculares que sejam independentes da religião."[227]

Christine Schirrmacher nos esclarece, ainda, que:

> "Em momento algum da história, a *sharia* propriamente dita foi aplicada por completo. Embora os fundamentalistas islâmicos exijam hoje o 'retorno' a *sharia* em sua plenitude (como no Sudão e na Arábia Saudita), resta saber se isso é realmente possível. Até os tempos modernos, a *sharia* havia sido aplicada a áreas específicas, como o Direito de Família. Ela jamais foi aplicada em sua inteireza em lugar algum.
>
> Portanto, o termo *sharia* indica um *corpus ideal* de lei (leis e regras dadas por Deus), o qual jamais foi posto em prática. Hoje, os códigos de leis de diferentes países islâmicos são, em sua maior parte, uma mistura de regras do Alcorão, leis consuetudinárias locais, elementos de códigos de leis que datam da época dos persas ou dos romanos e alguns elementos de codificações de leis europeias."[228]

Jihad (guerra santa)

No Alcorão, existe uma palavra extremamente polêmica e, em virtude dela, a violência tem se propagando em todas as partes. A palavra é *jihad*. No seu sentido original, quer dizer *luta* e tem duas formas distintas: uma *jihad superior*, que tem o sentido de uma luta interna do ser humano, para viver de acordo com o islã, e melhorar a própria alma, tornando-se um ser humano melhor; e uma *jihad inferior*, no sentido de luta física, a fim de se defender dos ataques externos contra seu corpo, sua fé etc.

De acordo com a surata 22, versículo 39:

> "**39** Ele permitiu (o combate) aos que foram atacados; em verdade, Deus é Poderoso para socorrê-los."

---

[226] SCHIRRMACHER, Christine. *Entenda o islã:* história, crenças, política, charia e visão sobre o cristianismo, p. 216.

[227] SCHIRRMACHER, Christine. *Entenda o islã:* história, crenças, política, charia e visão sobre o cristianismo, p. 215-216.

[228] SCHIRRMACHER, Christine. *Entenda o islã:* história, crenças, política, charia e visão sobre o cristianismo, p. 335-336.

No começo, o islã via os cristãos e judeus como povos amigos, que acreditavam no mesmo Deus. Posteriormente, esse pensamento foi modificado, mesmo constando na surata 2, versículo 62, o seguinte:

"**62** Os fiéis, os judeus, os cristãos, e os sabeus, enfim todos os que creem em Deus, no Dia do Juízo Final, e praticam o bem, receberão a sua recompensa do seu Senhor e não serão presas do temor, nem se atribularão."

Depois de Meca e Medina, a terceira cidade sagrada para o islã é Jerusalém, que vem sendo palco de disputas desde que começou a expansão do islã pelo mundo, a partir do século VII, e o chamado Domo da Rocha marca, segundo os muçulmanos, o local exato onde houve a assunção de Maomé ao céu. Jerusalém, portanto, desde a morte de Maomé, em 632, estava sendo dominada pelos muçulmanos. Em 1096, aconteceu a primeira cruzada, que tinha por finalidade reconquistar a cidade de Jerusalém pelos cristãos, tendo também uma conotação de "guerra santa". Quando os cruzados, após três anos de viagem, partindo da Europa, chegaram em Jerusalém, depois de um cerco que durou, aproximadamente, um mês, conseguiram entrar na cidade e fizeram uma carnificina, e essa lembrança permanece até hoje, entre os muçulmanos, que as transmitem de geração em geração.

Por essa razão é que Reza Aslan afirma, com precisão:

"De fato, o termo 'guerra santa' não se origina com o islã, senão com as Cruzadas cristãs, que o utilizaram inicialmente para outorgar legitimidade teológica ao que era na realidade uma luta pelo território e as rotas comerciais."[229] (tradução livre)

Os muçulmanos foram buscar no Alcorão as respostas para uma derrota tão devastadora e se perguntavam onde tinham errado, onde tinham descumprido as palavras sagradas. Voltaram-se, portanto, para a *Jihad* e estabeleceram sua guerra santa, com o fim de retomar a cidade perdida.

Na surata 9, versículos 5, 14, 29 e 123, por exemplo, falando a respeito da *Jihad*, diz o Alcorão:

"**5** Mas quando os meses sagrados houverem transcorrido, matai os idólatras, onde quer que os acheis; capturai-os, acossai-os e espreitai-os; porém, caso se arrependam, observem a oração e paguem o *zakat* (*tributo*), abri-lhes o caminho. Sabei que Deus é Indulgente, Misericordiosíssimo.
(...)
14 Combatei-os! Deus os castigará, por intermédio das vossas mãos, avilta-los-á e vos fará prevalecer sobre eles, e curará os corações de alguns fiéis.
(...)
29 Combatei aqueles que não creem em Deus e no Dia do Juízo Final, nem abstêm do que Deus e Seu Mensageiro proibiram, e nem professam a verdadeira religião daqueles que receberam o Livro, até que, submissos, paguem o *Jizya* (*tributo*).
(...)
123 Ó fiéis, combatei os vossos vizinhos incrédulos para que sintam severidade em vós; e sabei que Deus está com os tementes."

---

[229]   ASLAN, Reza. *Solo Hay un Dios*: breve historia de la evolución del islam, p. 118.

Em 1174, um muçulmano chamado Saladino, começou a planejar a retomada de Jerusalém. Era um guerreiro nato e comandou suas tropas contra os cruzados, dando início a sua *Jihad*. Anos mais tarde, Saladino conseguiu conquistar Jerusalém e, ao contrário do que haviam feito os cruzados, não matou aqueles que se renderam, e os expulsou da cidade mediante determinado pagamento, poupando-lhes a vida. Queria, outrossim, mostrar um comportamento diferente, baseado no Alcorão.

Em 1189, houve outra cruzada liderada, agora, pelo rei da Inglaterra, Ricardo Coração de Leão. Da mesma forma que Saladino, Ricardo era conhecido pela sua fé e pelas suas bravuras em batalhas. Foram inúmeras batalhas que travaram, havendo vitórias e derrotas de ambas as partes. Em 1192, Saladino e Ricardo Coração de Leão celebraram uma trégua.

Essas feridas, na verdade, nunca cicatrizaram, e séculos mais tarde voltaram a acontecer novas "guerras santas", principalmente por parte dos muçulmanos que almejavam a sua expansão e a criação, como já dissemos, de um califado.

Jihad, portanto, é a chamada "guerra santa", que é feita em nome de Alá. Crianças muçulmanas são ensinadas desde cedo a amá-la. São incitadas, nas escolas, a recitar poesias, enaltecendo a *jihad*. Morrer em nome de Alá. Ser um mártir de Alá é uma das únicas formas de que se tem certeza de que o paraíso será alcançado. São adeptos, portanto, de um islamismo radical.

Os jihadistas islâmicos nutrem um ódio imensurável pelos EUA, e também por Israel, além de outros países, a exemplo da Inglaterra, França etc. Em seu discurso impregnado de ódio e violência, dizem que os jihadistas têm o direito de matar todos os infiéis, ou seja, todos aqueles que não professam a mesma religião, de acordo com o alcorão.

A palavra *jihad*, no árabe literal, significa "luta", "esforço" e é originária da palavra *jahada*, que quer dizer lutar e, no sentido tradicional, quer dizer "luta interna".

Conforme esclarece Loretta Napoleoni:

"Criada após a morte do profeta Maomé pela *Ulema* (a comunidade global de eruditos religiosos muçulmanos), a *jihad* é fruto do aprimoramento dos ensinos do Alcorão e do Profeta. Contudo, existem dois tipos de jihad: a jihad maior, que é quase que exclusivamente espiritual, ou seja, que envolve a luta cotidiana de cada um dos fiéis contra as tentações do mundo, e a jihad menor, a luta material contra um inimigo."[230]

E continua, dizendo:

"Formulada quando o Mundo Islâmico já era uma superpotência, a ideia da jihad menor refletia um espírito de soberania. Era um instrumento usado para proteger a comunidade dos fiéis. Eruditos religiosos desse período defendiam o conceito da existência de duas formas de jihad menor: a defensiva e a ofensiva. A primeira obrigava todos os membros da comunidade a pegar em armas contra o inimigo para salvaguardar o islã. A conclamação para o desencadear da jihad ofensiva, por outro lado, podia ser feita somente pelo Califa, o governador da comunidade. Seu objetivo era o de expansão do Islã, e não o de protegê-lo. A jihad que o Estado Islâmico está empreendendo agora se enquadra nessas duas categorias."[231]

Embora não concordem com a conclusão constante do texto que será transcrito a seguir, Michael Pohly e Khalid Durán trazem à colação os estudos levados a efeito pelo es-

---

[230] NAPOLEONI, Loretta. *A fênix islamista*: o Estado Islâmico e a reconfiguração do Oriente Médio, p. 97.
[231] NAPOLEONI, Loretta. *A fênix islamista*: o Estado Islâmico e a reconfiguração do Oriente Médio, p. 97.

tudante cego Omar Abdel Rahman, na tese de conclusão do seu doutoramento na Escola Superior de Teologia Azhar, no Egito, a mais conceituada sobre estudos a respeito do Islã, quando dizem que, nas mais de duas mil páginas sobre o tema *Jihad*:

"O doutorando argumentou que a tradição do Pequeno e do Grande *jihad* tem algo de inventado, pois o profeta Maomé nunca tinha feito tal distinção. *Jihad* tem um só e único significado: pegar em armas e exigir que os infiéis adiram à fé ou se entreguem e se rendam ao domínio muçulmano. Todas as outras interpretações do conceito podem ser consideradas apologéticas (isto é, justificação científica de princípios religiosos) e nasceram do medo da prepotência dos poderes coloniais. E a conversa sobre a autopurificação enquanto Grande *Jihad* é de rejeitar, pois é ridícula.

O doutorando acrescentou ainda a explicação – historicamente insustentável – de que o islão sempre se impôs pelo meio das armas. Sem a violência das armas, nunca se teria conseguido uma expansão tão grande do islão por todo mundo. E, no futuro, o islão só se poderá afirmar através da violência das armas."[232]

A *jihad* está sendo usada no Oriente Médio como uma luta, principalmente, contra o povo judeu, e também uma luta contra o mundo ocidental, ou seja, contra os chamados de infiéis pelo Alcorão. Na verdade, a *jihad* não tem limites, não tem fronteiras para sua atuação, pois nenhuma nação do mundo está a salvo de suas investidas, com o fim de disseminar o islã, à força, como tem sido feito desde a sua criação.

Conforme nos lembra Luis de la Corte Ibáñez:

"Quando os porta-vozes do *yihadismo* reivindicam seus atentados mais espetaculares os apresentam como prova da benção de Alá a sua missão. Segundo Al Zawahiri, essa era a interpretação que devia se extrair dos atos de martírio e do temor que esses sacrifícios suscitaram entre os ocidentais. No mesmo sentido, não convém menosprezar que a retirada das tropas soviéticas do Afeganistão teve no desenvolvimento do posterior movimento *yihadista*, um êxito real que os ideólogos da Al-Qaeda gostam de recordar minuciosamente a seus seguidores. 'Se a Rússia pode ser destruída, os Estados Unidos podem assim mesmo ser decapitados', disse uma vez bin Laden."[233] (tradução livre)

Aquele que pratica a *jihad* é chamado de *mujahid*. Ao contrário, aquele que não se presta a participar dela é reconhecido como *qa'idin*, cuja tradução literal significa *aqueles que ficam em casa*, ou seja, os preguiçosos.

Jihadismo, portanto, de acordo com as lições de Michael Pohly e Khalid Durán:

"Significa luta por um domínio islâmico em todo o mundo contra as forças que se lhe oponham. Num dos seus discursos nos EUA, Omar Abdel Rahman resumiu esse objectivo com as seguintes palavras: 'Nós estamos aqui para expandir o islão. Se alguém se mete no nosso caminho, então temos *jihad*'.

O *Jihadismo* engloba o antiamericanismo em geral e a rejeição do 'Ocidente' e do modo de vida e de pensamento ocidental, que predomina em todo mundo."[234]

---

[232] POHLY, Michael; DURÁN, Khalid. *Ussama bin Laden e o terrorismo internacional*, p. 20.

[233] IBÁÑEZ, Luis de la Corte. *La lógica del terrorismo*, p. 263.

[234] POHLY, Michael; DURÁN, Khlalid. *Ussama bin Laden e o terrorismo internacional*, p. 41.

O tema principal da mídia islâmica radical é a disseminação ao ódio contra os EUA, Israel e o mundo ocidental, de forma geral. De acordo com sua visão deturpada, são considerados infiéis e inimigos de Deus. Há um processo de demonização dessas nações que, segundo os radicais islâmicos, merecem ser exterminadas da face da terra.

Consoante Dave Hunt:

"Maomé afirmou que nenhum muçulmano morto poderia ressurgir dos mortos, ou entrar no paraíso, com exceção dos mártires da jihad (guerra santa), enquanto todos os judeus do mundo não fossem mortos. Não poderia haver motivação melhor para defender o antissemitismo – até a morte."[235]

Conforme já dissemos anteriormente, os canais de televisão, bem como as redes sociais, têm mostrado, com uma frequência assustadora, integrantes de grupos radicais, a exemplo do chamado Estado Islâmico, que matam covardemente suas vítimas, ou seja, os que eles denominam infiéis, porque não aceitaram se converter ao islamismo, ou mesmo muçulmanos que entendem como heréticos, a exemplo dos xiitas.

Uma das formas mais comuns de execução dessas vítimas é a decapitação. Esses grupos, seguem, segundo sua loucura, aquilo que está determinado no próprio Alcorão, como podemos observar pelos versículos 12 e 13 da surata 8, que dizem:

"**12** E de quando o teu Senhor revelou aos anjos: Estou convosco; firmeza, pois, aos fiéis! Logo infundirei o terror nos corações dos incrédulos; decapitai-os e decepai-lhes os dedos!
13 Isso, porque contrariaram Deus e o Seu Mensageiro; saiba, quem contrariar Deus e o Seu Mensageiro, que Deus é Severíssimo no castigo."

São, portanto, fanáticos que querem impor a sua religião a qualquer custo, ou seja, querem o estabelecimento do califado, com a imposição de suas principais leis, vale dizer, o alcorão e a *sharia*. A tolerância religiosa passa distante desses grupos, que têm por objetivo infundir o terror com suas ações criminosas.

Conforme ressalta Alessandro Visacro:

"Para os profissionais militares, o fundamentalismo islâmico revelou-se um componente psicológico complexo, difícil de ser contornado, que ampliou sensivelmente os aspectos subjetivos da guerra. Tal dificuldade não se restringe, simplesmente, à supressão do terrorismo fundamentalista local ou internacional, ou mesmo à erradicação das longas 'filas de espera' daqueles que se oferecem como voluntários para explodirem seus corpos como mártires em atentados suicidas. A real dificuldade está no modo como a população muçulmana, suscetível ao proselitismo fundamentalista, passou a ver e a entender a guerra, suas causas, seus objetivos e sua natureza."[236]

Do califado

A finalidade de expansão do islamismo é a criação de um *califado*. Como vimos anteriormente, a palavra *califa*, em árabe, significa *sucessor*. Após a morte de Maomé, em 632 d.C., a *umma* (comunidade muçulmana), além de não ter sistematizado e registrado por

---

[235] HUNT, Dave. *Terrorismo islâmico*: enfrentando a dura realidade, p. 54.
[236] VISACRO, Alessandro. *Guerra irregular*: terrorismo, guerrilha e movimentos de resistência ao longo da história, p. 193.

escrito suas leis, já que o Alcorão era transmitido oralmente, perdeu também sua liderança, e houve a necessidade de se eleger um sucessor (califa) do profeta. Como era de se esperar, houve grande discussão para se poder apontar quem teria condições de suceder Maomé. O grupo vencedor, conforme esclarece Christine Schirrmacher, tinha uma posição no sentido de que somente:

> "Um líder militar bem qualificado da tribo dos coraixitas, que deveria ser eleito e confirmado por um conselho, viesse a se tornar o sucessor do profeta. Esse grupo foi chamado posteriormente de 'sunitas', que são hoje a maioria entre os muçulmanos do mundo todo."[237]

Os quatro primeiros califas ou sucessores de Maomé eram sunitas. O quinto califa, Hasan Ibn Ali, era sobrinho e genro de Maomé, casado com sua filha Fátima. Uma corrente contrária ao pensamento sunita entendia que apenas um parente direto poderia ser considerado sucessor de Maomé, pois, como preleciona Christine Schirrmacher:

> "O poder de abençoar repousa exclusivamente sobre esse parente, e sobre ninguém mais. Como na época em que o profeta morreu ela já não tinha mais nenhum de seus filhos vivos, os descendentes mais próximos seriam os filhos de sua filha Fátima (m.632), seus netos Al-Hasan (m.670/678) e Al-Hussein (m.680), os quais, entretanto, ainda eram crianças quando Maomé morreu e, por esse motivo, não podiam ser considerados sucessores diretos do profeta."[238]

Esse grupo que exigia a relação de parentesco direto com Maomé foi denominado *xiita*, cujo nome se origina da palavra *shi'a*, que quer dizer partido de Ali, sobrinho de Maomé. Os sunitas, por sua vez, exigem somente que o califa descenda da tribo de Maomé, vale dizer, os coraixitas.

Assim, durante séculos, sunitas e xiitas disputam entre si a possibilidade de restabelecer o califado, travando entre eles próprios uma guerra sangrenta e cruel. O próprio grupo terrorista Estado Islâmico odeia mais os xiitas do que propriamente os judeus e cristãos. Suas diferenças são inconciliáveis e fazem que esses dois grupos sintam repugnância um pelo outro.

Podemos concluir com Christine Schirrmacher quando diz que:

> "A rivalidade e a animosidade caracterizam a relação entre sunitas e xiitas desde o princípio. A questão principal girava em torno da legitimidade do governo, mas havia também disputas acerca do texto 'correto' do Alcorão e da tradição 'correta', além de inúmeras questões legais em que os lados até hoje se acusam mutuamente de 'descrença' e de 'heresia'."[239]

18. HOMENS-BOMBA (MARTÍRIO E ATENTADOS SUICIDAS)

Seja qual for o objetivo declarado, a missão dos chamados *charrids*, homens ou mulheres-bomba, é "morrer, matando".

Segundo Eric Hobsbawm:

---

[237] SCHIRRMACHER, Christine. *Entenda o islã:* história, crenças, política, charia e visão sobre o cristianismo, p. 59.

[238] SCHIRRMACHER, Christine. *Entenda o islã:* história, crenças, política, charia e visão sobre o cristianismo, p. 67.

[239] SCHIRRMACHER, Christine. *Entenda o islã:* história, crenças, política, charia e visão sobre o cristianismo, p. 370.

"(...) ele tem origem como uma derivação da revolução iraniana de 1979, impregnado da poderosa ideologia islâmica xiita, que idealiza o martírio, e foi empregado pela primeira vez com o objetivo de produzir efeitos decisivos em 1983, contra os americanos, pelo Hezbollah, no Líbano. Sua eficácia foi tão clara que a prática se estendeu aos Tigres tâmeis em 1987, ao Hamas, na Palestina, em 1993, e a Al-Qaeda e outros extremistas islâmicos, na Caxemira e na Chechênia, em 1998-2000."[240]

Na verdade, a história bíblica nos remete a fatos muito mais antigos de atentados suicidas com finalidade de atacar inimigos do que os relatados por Hobsbawm. Os capítulos 13 a 16 do livro de Juízes relatam a história de Sansão, um hebreu, da tribo de Dã, a quem Deus havia concedido uma força sobrenatural e que seria consagrado como nazireu, não se podendo passar navalha na sua cabeça, ou seja, cortar seu cabelo, nem mesmo beber vinho ou outra bebida forte, pois sua missão seria livrar o povo de Israel do jugo dos filisteus.

Sansão se apaixonou por Dalila, uma mulher filisteia que, insistentemente, a pedido dos governantes do seu povo, clamava para que lhe contasse o motivo de tamanha força, uma vez que, até aquele momento, ninguém conseguia derrotar Sansão nas batalhas. Infelizmente, Sansão cedeu aos pedidos de Dalila e contou a ela que sua força residia nos seus cabelos. Como narrado no versículo 19 do capítulo 16 do livro de Juízes:

"Então, Dalila fez dormir Sansão nos joelhos dela e, tendo chamado um homem, mandou rapar-lhe as sete tranças da cabeça; passou ela a subjugá-lo; e retirou-se dele sua força."

E continua o versículo 21, dizendo:

"Então, os filisteus pegaram nele, e lhe vazaram os olhos, e o fizeram descer a Gaza; amarraram-no com duas cadeias de bronze, e virava um moinho no cárcere."

No entanto, o tempo foi passando e os cabelos de Sansão cresceram. Durante uma festa em homenagem a seu deus Dagom, os filisteus quiseram humilhar ainda mais Sansão e pediram que o trouxessem a público. Nesse momento, ao ser conduzido àquele local por um moço que o puxava pelas mãos, Sansão pede a ele que o coloque próximo às colunas de sustentação daquele imponente prédio. Em seguida, continua o relato bíblico, nos versículos 27 a 30 do capítulo 16 do livro de Juízes:

"Ora, a casa estava cheia de homens e mulheres, e também ali estavam todos os príncipes dos filisteus; e sobre o teto havia uns três mil homens e mulheres, que olhavam enquanto Sansão os divertia.
Sansão clamou ao Senhor e disse: Senhor Deus, peço-te que te lembres de mim, e dá-me forças só esta vez, ó Deus, para que me vingue dos filisteus, ao menos por um dos meus olhos.
Abraçou-se, pois, Sansão com as duas colunas do meio, em que se sustinha a casa, e fez força sobre elas, com a mão direita em uma e com a esquerda na outra.
E disse: Morra eu com os filisteus. E inclinou-se com força, e a casa caiu sobre os príncipes e sobre todo o povo que nela estava; e foram mais os que matou na sua morte do que os que matara na sua vida."

Além disso, há relatos na história da Segunda Guerra Mundial sobre os chamados kamikazes, ou seja, pilotos da força aérea japonesa que carregavam explosivos em suas aero-

---

[240] HOBSBAWN, Eric. *Globalização, democracia e terrorismo*, p. 130-131.

naves, cujo objetivo era realizar ataques suicidas contra navios das nações aliadas inimigas. Mais de 2.500 pilotos morreram nesses ataques suicidas, utilizados como último recurso antes da derrocada final do Japão, ao término da Segunda Grande Guerra Mundial, que durou de 1939 a 1945.

Da mesma forma, durante a guerra do Vietnã, que ocorreu entre 1955 e 1975, os chamados vietcongues praticaram inúmeros atentados suicidas contra os soldados norte-americanos, utilizando-se de homens-bomba, que, normalmente, usavam explosivos colados aos seus corpos.

Como esclarece Abdel Bari Atwan:

"O ataque suicida não é, historicamente, apenas uma tática muçulmana, mas os muçulmanos detêm o recorde de sua utilização nos conflitos com as potências ocidentais. De acordo com Stephen Dale, ao longo dos séculos 18, 19 e início do 20, os muçulmanos se engajaram em jihads suicidas contra as potências colonizadoras europeias, particularmente na Ásia e no sudeste da Índia, no norte de Sumatra e no sul das Filipinas. Sem capacidade militar para investir com eficácia contra o inimigo no combate tradicional, os primeiros suicidas simplesmente se arremessavam para dentro do núcleo das tropas, matando tantos quanto possível e utilizando-se de quaisquer armas disponíveis à mão antes de inevitavelmente serem eles próprios mortos."[241]

Por menos que isso possa parecer, o atentado suicida é uma atividade complexa, organizada, em regra, pelo grupo terrorista a que pertence o "mártir". Inicialmente, é escolhida uma pessoa disposta a se imolar pela causa que defende. Da mesma forma, o alvo deve ser predeterminado, bem como o modo como se dará a ação suicida, ou seja, o momento em que haverá o ataque, além dos instrumentos a serem utilizados, que são os mais variados possíveis (aviões, caminhões, armamentos, explosivos etc.). Tudo deve ser feito rigorosamente como planejado. Alguns atentados, a exemplo do que ocorreu nos EUA, podem ser planejados e preparados anos antes do ataque. Nada é feito por acaso, a não ser, em algumas situações, com veremos a seguir, dos chamados "lobos solitários", que agem por sua própria conta, mas com um ideal vinculado a um grupo terrorista.

É, no entanto, uma das formas mais econômicas e eficazes de ataque, pois o fator surpresa é de suma importância e, dependendo do lugar escolhido como alvo, sua execução será extremamente simples, além do fato de que o grupo terrorista não terá que se preocupar com qualquer plano de fuga, já que a finalidade, como dissemos logo no início deste tópico, é matar, morrendo. Portanto, qualquer lugar desprovido de medidas de segurança adequadas pode ser um alvo fácil para o terrorista suicida. O requisito básico, contudo, diz respeito não somente à quantidade de mortos que o atentado proporcionará mas também a sua visibilidade perante, principalmente, a mídia mundial, mediante uma propaganda extraordinária do grupo, com a propagação do pânico, do pavor generalizado, fazendo que a sensação de insegurança paire por todos os lugares ameaçados pelo grupo terrorista.

Normalmente, há uma cerimônia, com apresentação daqueles que são chamados de guerreiros suicidas. Cumprem um ritual, gravando vídeos de despedida, às vezes na presença de familiares, registrando suas últimas declarações de vontade. Na Palestina, após a sua morte, geralmente, uma tenda é erguida em frente à casa de sua família, onde deixam expostas suas fotografias, últimas mensagens etc. Há uma celebração, em vez de choro, e a comida servida é paga pela organização terrorista que lhe entregou essa missão suicida. Muitas vezes,

---

[241] ATWAN, Abdel Bari. *A história secreta da Al-Qaeda*, p. 106.

a família do mártir recebe uma considerável quantia, como se fosse uma premiação pelo ato praticado, que honrou sua comunidade. Como lembra Nelson Asnis:

> "Nos jornais palestinos, as mortes dos homens-bomba assumem a forma de anúncio de casamento, quando, com imenso orgulho, anuncia-se que o suicida se casou no paraíso com uma das virgens prometidas."[242]

Esses atentados, ultimamente, têm sido filmados pelos companheiros dos homens--bomba suicidas e postados nas redes sociais quase que imediatamente após a sua realização. Os vídeos mais parecem produções cinematográficas hollywoodianas, com músicas jihadistas ao fundo e gritos de incentivo dos demais terroristas. As explosões são mostradas cuidadosamente e em câmera lenta, bem como os mortos e feridos pelo atentado terrorista. Cuida-se, assim, de mais uma maneira de cooptar outros para aquela causa.

Há muitas formas de ataques suicidas, em que são utilizados os cinturões, colocados sob as roupas, ou mesmo sacolas plásticas comuns, mochilas e veículos carregados de explosivos etc.

Existem basicamente três tipos de mártires islâmicos, ou seja: aqueles que querem alcançar o paraíso por meio de sua ação; os que querem ser famosos; e os que querem que a sua comunidade os considere boas pessoas.

Luis de la Corte Ibáñez acrescenta, ainda, que:

> "Existem dados contraditórios sobre os terroristas suicidas, a quem os meios de comunicação costumam apresentar como jovens desesperados que vivem na miséria e que optam pelo suicídio para favorecer as suas famílias com a recompensa econômica que se promete aos mártires de Alá. Prestigiosos especialistas como Ariel Merri, conhecido pelos seus estudos sobre os mártires palestinos, e Jessica Stern, referindo-se aos suicidas da Cachemira, têm oferecido informações que confirmam a imagem do mártir pobre. Ao contrário, Hassan assinala que a maioria dos suicidas palestinos provém de famílias de classe média, e outro estudo sobre eles, realizado na Universidade de Princeton, indica que aqueles palestinos desfrutavam de um standard de vida que não equivale à pobreza que afeta a generalidade de seus compatriotas. Se a pobreza não é uma condição compartida por todos os suicidas palestinos, cabe duvidar de que se constitua uma causa social determinante."[243] (tradução livre)

O mártir islâmico acredita que irá ao paraíso e terá à sua disposição 72 virgens, sempre que as desejar. Interessante que essas 72 virgens nunca deixam de ser virgens. É como se houvesse uma regeneração do hímen, a cada relação sexual. Conforme esclarece Christine Schirrmacher:

> "No Alcorão, o mártir tem a promessa de entrada direta no paraíso (3.195), enquanto todos os demais fiéis devem, primeiramente, passar por um interrogatório meticuloso feito pelos anjos da sepultura e, talvez, até mesmo por um período de castigo. O mártir, portanto, é o único que, do lado de cá da morte, pode ter certeza sobre o Além: 'E não creiais que aqueles que sucumbiram pela causa de Deus estejam mortos; ao contrário, vivem agraciados, ao lado do seu Senhor.'"[244]

---

[242] ASNIS, Nelson. *Homem-bomba*: o sacrifício das pulsões, p. 91.

[243] IBÁÑEZ, Luis de la Corte. *La lógica del terrorismo*, p. 94.

[244] SCHIRRMACHER, Christine. *Entenda o islã*: história, crenças, política, charia e visão sobre o cristianismo, p. 55.

No entanto, o martírio não é aceito unanimemente pela comunidade islâmica. De qualquer forma, os muçulmanos tentam traçar a distinção entre o suicídio e o martírio, esclarecendo ser aquele um ato egoísta, em que o suicida almeja fugir de seus problemas pessoais causando a própria a morte. Ao contrário, o martírio é enaltecido por grande parte dos muçulmanos, uma vez que a morte não é alcançada com fins egoísticos, mas, sim, em prol de ideais comuns à sua comunidade. O corpo do mártir é utilizado como uma arma. Normalmente, o homem-bomba suicida, por exemplo, é profundamente admirado e aplaudido pelo grupo social em que estava inserido. Como bem definido por Nelson Asnis:

> "Para a psicanálise freudiana, o suicídio pode ser compreendido como uma forma de autopunição e um desejo de morte originalmente dirigido contra outrem que se vira contra o próprio sujeito, dinâmica essa que se faz evidente na melancolia. Nessa, os principais sintomas são um desânimo profundo, perda de interesse pelo mundo externo, comprometimento da capacidade de amar, inibição de toda e qualquer atividade, diminuição dos sentimentos de autoestima, autorrecriminação, autopunição, bem como sentimentos opostos de amor e ódio."[245]

Essas não são, certamente, as características dos homens-bomba, que se orgulham do seu ato, que buscam um reconhecimento social em virtude de estar defendendo seus ideais, que usam seu próprio corpo como uma arma contra seus inimigos, potencialmente mais fortes. Conforme diz Nelson Asnis:

> "Diferentemente do depressivo melancólico que tira sua vida, não parece haver no suicida fundamentalista sentimentos de autopunição, desânimo, baixa autoestima, autorrecriminação, culpa e desesperança; ao contrário, (...) os fundamentalistas dirigem-se à morte com esperança de recompensas, convictos e orgulhosos de sua ação."[246]

Em lugares como a Palestina, os meninos almejam o martírio da mesma forma que aqueles que vivem em sociedades ocidentais almejam ser jogadores de futebol.

José Roberto Bonome, buscando mergulhar nos motivos que podem levar uma pessoa ao martírio, aduz:

> "Morrer significa sair da marginalidade produzida pelo capitalismo, significa resgatar a dignidade própria tirada pelo outro. Um ato terrorista pode significar a quebra da barreira, do último muro da separação entre o sagrado e o profano ou entre os que possuem e os despossuídos, entre os que têm acesso aos bens de produção, capital, qualidade de vida e os que não têm acesso às benesses do capitalismo. Explodir, nestes casos, significa a ausência definitiva de separações, dos guetos, da miséria e marginalidade em que se encontram, mas também significa a esperança de um mundo melhor. A atitude terrorista não é motivada por fundamentalismo religioso, ela é justificada por ele."[247]

Não somente os homens mas também as mulheres palestinas têm sido utilizadas para ataques em Israel. São mulheres-bomba, que escolhem alvos fáceis, onde existe uma grande aglomeração de pessoas, como em bares, restaurantes, boates, hotéis, lojas comerciais, ruas movimentadas etc. Entre 2002 e 2006, aproximadamente 80 mulheres praticaram atentados suicidas, matando dezenas de israelenses.

---

[245] ASNIS, Nelson. *Homem-bomba*: o sacrifício das pulsões, p. 18.

[246] ASNIS, Nelson. *Homem-bomba*: o sacrifício das pulsões, p. 105.

[247] BONOME, José Roberto. *Fundamentalismo religioso e terrorismo político*, p. 82.

A primeira mulher-bomba palestina a se suicidar foi Wafa Idris, que contava com 28 anos de idade, estava divorciada, era enfermeira e morava no campo de refugiados Al-Amari, em Ramallah, na Cisjordânia. Wafa foi abandonada pelo marido quando este soube que era estéril e não podia engravidar. O atentado terrorista foi cometido no dia em que nasceu o filho do ex-marido de Wafa, em 27 de janeiro de 2002, que havia se casado novamente. Seu enterro foi acompanhado por mais de dois mil palestinos, sendo aclamada como uma heroína pela multidão.

Seu atentado terrorista, realizado dentro de uma sapataria, em Jerusalém, culminou na morte de uma pessoa, um senhor de 81 anos, e centenas de feridos. Depois de Wafa, como dissemos anteriormente, dezenas de outras fundamentalistas foram enviadas pelo Hamas, para serem "mártires" de sua causa, uma vez que a autoridade palestina levou a efeito uma verdadeira campanha no sentido de encorajar mais mulheres palestinas a se tornarem mártires.

Para tanto, deixavam de se vestir com as roupas exigidas pela sua religião, e se "disfarçavam" com roupas ocidentais, como calças jeans etc., e colocavam seus explosivos em mochilas, que, normalmente, carregavam nas costas. O que restou do corpo de Wafa está em um cemitério especial, para terroristas suicidas.

Como esclarece Rolf Tophoven:

> "O terrorismo suicida – como nos ataques efetuados nos Estados Unidos, em Nova Iorque e Washington – define-se como um meio tático pérfido e quase impossível de evitar. Um terrorista suicida consegue passar os sensores do mundo altamente tecnológico. Está pronto para morrer numa 'missão sagrada' e consegue enganar a tecnologia duma superpotência apenas com os seus conhecimentos para a execução do atentado e sua vontade fanática. O perfil duma operação suicida pode caracterizar-se do seguinte modo: os comandos suicidas causam muitas vítimas e uma grande destruição. Conseguem derrubar o moral da população, com garantido êxito mediático. Sob o ponto de vista tático, o terrorista pode determinar sozinho quando é que a bomba deverá explodir ou quando, como piloto suicida, deve encaminhar seu avião para o World Trade Center. Quando um comando suicida decide por esse caminho, o 'êxito' da ação fica garantido. As hipóteses de defesa são praticamente nulas. Uma outra 'vantagem' para quem planeja uma ação suicida é não ser necessário preparar um plano de fuga para o autor do crime. A missão é uma viagem sem regresso."[248]

Os homens-bomba são considerados, atualmente, uma das "armas" mais eficazes do terrorismo, tendo em vista que a sua atuação torna o evento quase que impossível de ser evitado, causando, consequentemente, uma sensação de insegurança e pânico na população em geral.

Como diz, acertadamente, Abdel Bari Atwan:

> "Há muito pouco que alguém possa fazer diante de um guerreiro que não apenas está querendo morrer mas também está ativamente procurando a morte. Trata-se de um comportamento assustadoramente irracional que nenhuma forma de punição ameaçadora pode impedir e que poucas intervenções podem abalar."[249]

---

[248] TOPHOVEN, Rolf. Prefácio. POHLY, Michael; DURÁN, Khalid. *Ussama bin Laden e o terrorismo internacional*, p. 14.

[249] ATWAN, Abdel Bari. *A história secreta da Al-Qaeda*, p. 104.

E continua, dizendo:

"Os homens-bomba suicidas têm diversas vantagens militares. A primeira é o elemento surpresa: por mais que ouçamos a respeito desses ataques, eles permanecem incompreensíveis à maioria dos seres humanos, governados por forte instinto de sobrevivência; portanto, é pouco provável que consigamos detectar ou antecipar essas bombas. Um homem-bomba suicida tem a mesma facilidade de penetrar em um alvo, seja ele uma mesquita xiita, seja um recrutamento do Exército do Iraque, seja um ponto de checagem de Israel. Homens-bomba suicidas podem ser extremamente precisos; tudo o que fazem é parar diante ou ao lado do alvo e detonar.

Talvez sua grande vantagem militar seja identificada por al-Zawahiri, que fala com um pragmatismo implacável sobre 'operações de martírio' como 'a maneira mais bem-sucedida de infligir danos contra os oponentes e de menor custo para os mujahedin em termos e baixas. Em geral, ataques suicidas têm entre dez e quinze vezes mais probabilidade de causar morte que os ataques comuns ou bombardeios."[250]

O próprio Osama bin Laden, em gravação divulgada em novembro de 1996, disse, com espantosa serenidade, que "o que as pessoas no Ocidente não compreendem é que nós amamos muito mais a morte do que eles amam a vida"[251].

Ao contrário do que muitos pensam, os homens-bomba suicidas não são somente aqueles oriundos das classes sociais mais baixas, desprovidos de riquezas ou que possuem uma condição de vida miserável. São provenientes de todos os meios sociais, incluindo os pertencentes à elite. Não são, ainda, psicopatas ou portadores de algum distúrbio que os faça querer intensamente a morte, embora alguma experiência ou vivência traumática possa fazê-los desejar a própria morte, com o fim de alcançar algum resultado para a sociedade em que estão inseridos, como é o caso frequente dos palestinos que praticam atentados contra Israel.

Não há idade para ser um homem-bomba suicida. No entanto, na maioria, são jovens entre os 18 e 30 anos.

Importante a visão de Nelson Asnis, ao aduzir:

"Quando o ódio se reveste de 'amorosidade', quando a morte é buscada como 'forma de vida', quando os pais preparam seus filhos para morrer e matar, quando se chega ao 'paraíso' após se explodir com bombas, não mais se trata de considerar uma visão ocidental ou islâmica do acontecido, mas, sim, de perceber a gravidade de uma ação decorrente de uma mente humana profundamente perturbada. Trata-se da constatação do ato mais evidente da destrutividade humana, daquele que nega a possibilidade de promoção de cooperação e proximidade entre os homens, que detona com seus coletes de bomba as pulsões de autoconservação. O ato do homem-bomba, ou seja, o suicídio fundamentalista, é o exemplo mais claro do papel arrasador e destrutivo das forças que silenciosamente trabalham contra a vida. Constata-se, portanto, ser o suicídio fundamentalista uma demonstração da infinita capacidade de destruição do ser humano e acredita-se que, para combatê-lo, é preciso abordá-lo considerando os mais variados aspectos presentes em sua complexidade."[252]

Essas características dos homens-bomba nos levam a refletir sobre o caráter de prevenção geral das penas, em ambas as vertentes, vale dizer, positiva e negativa. A prevenção especial,

---

[250] ATWAN, Abdel Bari. *A história secreta da Al-Qaeda*, p. 115.

[251] Apud ATWAN, Abdel Bari. *A história secreta da Al-Qaeda*, p. 103.

[252] ASNIS, Nelson. *Homem-bomba*: o sacrifício das pulsões, p. 108-109.

seja ela positiva (ressocialização), seja negativa (segregação momentânea do agente), restaria também afastada, por óbvio, em caso de morte do homem-bomba. Somente seria discutida se o atentado fosse frustrado, com a sobrevivência do autor. Enfim, trata-se de questão que merece análise, já que, de acordo, principalmente, com a legislação penal brasileira, as penas devem não apenas reprovar mas também prevenir a prática de futuras infrações penais.

Assim, sem ingressar, no momento, na questão da prevenção especial, como ficaria a situação dos homens-bomba, diante das chamadas teorias relativas ou prevencionistas, no que diz respeito à prevenção geral da pena? Será que, por mais grave que seja a pena cominada ao delito de terrorismo, isso teria o condão de impedir a prática do atentado, influenciando, assim, a psique daquele que o levaria a efeito?

Se as teorias preventivas, hoje em dia, são extremamente questionáveis no que diz respeito à contenção da criminalidade comum, quanto ao terrorismo, podemos afirmar que são absolutamente inócuas. Não importa que tipo de pena é cominado em abstrato, inclusive a pena de morte, nos países onde é permitida, pois isso jamais impediria a ação do terrorista suicida, ou seja, aquele que se reputa como um mártir, cuja missão fundamental é "morrer, matando". Por isso, como bem esclarecido por Débora de Souza de Almeida:

> "Mesmo em países que contavam com uma lei antiterrorismo rigorosa, de penas altíssimas e supressão de garantias penais e processuais penais, o terrorismo não restou intimidado: suas ações, cada vez mais tendentes a desfechos suicidas, se tornaram frequentes. Isso é um sinal que a prevenção geral, ainda que endurecida, não é suficiente para a dissuasão."[253]

19. LOBOS SOLITÁRIOS (RATOS SOLITÁRIOS)

Lobos solitários são aqueles terroristas que, sem vínculo formal ou ligação com qualquer grupo terrorista, atuam, de forma isolada, motivados por ideais que impulsionam seus atos criminosos.

O século XXI tem testemunhado inúmeros ataques dessa natureza. São praticamente impossíveis de serem evitados, já que o monitoramento dessas pessoas, pelas autoridades encarregadas da prevenção do terrorismo, é tarefa extremamente difícil.

De acordo com as lições de Joanisval Brito Gonçalves e Marcus Vinícius Reis, o termo "lobo solitário":

> "Surgiu nos anos 1990 pela necessidade da extrema direita norte-americana, de cunho racista, atacar seus alvos de forma descentralizada sem ser detectada pelas forças de segurança daquele país. Era uma forma de insurgência violenta contra o Estado, e sem a cadeia de comando. Um dos criadores dessa expressão foi o ex-integrante de uma facção afiliada à Klu Klux Klan, Alex Curtis, defensor da luta individual, fora de uma organização, contra o governo multiétnico dos EUA."[254]

Esse lobos solitários, ou, melhor dizendo, "ratos solitários", são, normalmente, convencidos por discursos fundamentalistas de grupos terroristas, a exemplo da Al-Qaeda ou do Estado Islâmico, mesmo que atuem sem qualquer vínculo ou subordinação a eles, que divulgam suas mensagem nas redes sociais, fazendo-os crer, como na hipótese do funda-

---

[253] ALMEIDA, Débora de Souza de et al. *Terrorismo*: comentários, artigo por artigo, à Lei 13.260/2016 – aspectos criminológicos e político-criminais, p. 69.

[254] BRITO GONÇALVES, Joanisval; REIS, Marcus Vinícius. *Terrorismo: conhecimento e combate*, p. 187.

mentalismo religioso, que, se assim agirem, estarão fazendo sua própria *jihad*, ou seja, sua guerra santa contra os infiéis, isto é, todos aqueles que não seguem o islã.

O termo "lobo solitário" tem sido substituído por "rato solitário", a fim de que esses terroristas não se vejam com qualquer *status* que lhes dê imponência. Os lobos são caçadores respeitados em seu *habitat* natural, são admirados por sua inteligência, beleza, espírito de equipe. Os ratos, diferentemente, possuem um *status* inferior, sendo esse termo sempre utilizado de forma pejorativa, a fim de diminuir alguém. Chamar alguém de "rato" constitui uma ofensa, ao contrário do que ocorre, normalmente, quando chamamos alguém de lobo. Assim, a tendência é abandonar a expressão "lobo solitário" e adotar o termo pejorativo "rato solitário", tachando o ato sempre como desprezível.

Importante a ressalva feita por Débora de Souza de Almeida, quando diz:

> "'Lobo ou rato solitário' e 'terrorista individual' são termos que sofrem divergência nas literaturas penal e criminológica. Enquanto alguns autores acreditam se tratar de situações distintas, outros sustentam que não passam de fenômenos idênticos. De outro lado, há quem defenda inclusive uma relação de espécie e subespécie.
>
> Todavia, uma definição precisa dessas figuras se apresenta imprescindível, pois, a depender das características de cada uma, o crime de terrorismo, observada a lei penal de cada país, restará caracterizado ou não.
>
> Primeiramente, cabe mencionar que o FBI (*Federal Bureau of Investigation*) atualmente denomina o lobo solitário (*lone wolf*) como rato solitário (*rat wolf*), por entender que a primeira expressão oferece certa glamorização. Contudo, como se trata de uma denominação recente, muitas obras acadêmicas ainda não a contemplam."[255]

Traçando, corretamente, a distinção entre o lobo ou rato solitário e o terrorista individual, Débora de Souza de Almeida aponta as seguintes diferenças, a saber: o *lobo solitário* atua sempre sozinho, não pertence a grupo terrorista, age sem influência direta de um líder, utiliza táticas e métodos próprios, sem qualquer direção externa; já o *terrorista individual* pode agir em pequenos grupos, faz parte de um grupo terrorista, está submetido à vontade de um líder e é dirigido por alguém para a prática do seu atentado[256].

Independentemente das distinções apontadas, ainda permanece a divergência doutrinária no que diz respeito à distinção entre esses dois termos – lobo (rato) solitário e terrorista individual.

O discurso de ódio feito por esses grupos terroristas contamina pessoas facilmente influenciáveis, menosprezadas e excluídas pela sociedade, que enxergam nesse comportamento um ato heroico, praticado em nome da causa de "deus".

Dissemos anteriormente que seu controle é quase impossível pelos serviços de inteligência, a não ser aqueles que anunciam, principalmente nas redes sociais, sua intenção de agir, isoladamente, contra uma sociedade "perdida", composta de "infiéis". Quando isso ocorre, há possibilidade de monitorar e prender esse agente individual, que aderiu à ideologia de algum grupo terrorista fundamentalista. Caso contrário, sua prisão somente ocorrerá se houver uma falha no momento em que executar seu plano criminoso ou mesmo, quando já preparado para a prática do ato extremo, demonstrar um comportamento suspeito que

---

[255] ALMEIDA, Débora de Souza de et al. *Terrorismo*: comentários, artigo por artigo, à Lei 13.260/2016 – aspectos criminológicos e político-criminais, p. 44.

[256] ALMEIDA, Débora de Souza de et al. *Terrorismo*: comentários, artigo por artigo, à Lei 13.260/2016 – aspectos criminológicos e político-criminais, p. 45.

induz as autoridades policiais a abordá-lo, encontrando com ele, por exemplo, os explosivos contidos em sua mochila, ou mesmo acoplados em seu corpo, com os quais praticaria o atentado.

Assim, o lobo solitário (rato solitário) tem uma probabilidade enorme de sucesso em sua prática criminosa, pois diversos instrumentos, até mesmo lícitos, estão à sua disposição para que possa levar a efeito os atos violentos contra os alvos por ele escolhidos, que podem variar desde pessoas – autoridades ou não – até edificações de certo valor, a exemplo do que aconteceu na cidade de Nice, na França, em 14 de julho de 2016, quando centenas de pessoas estavam reunidas, comemorando o "Dia da Bastilha", um terrorista, Mohamed Lahouaiej Bouhlel, com 31 anos, de origem tunisiana, dirigindo um caminhão semirreboque, atropelou mais de cem pessoas, matando em torno de 85 delas e ferindo as demais, tendo sido morto a tiros por policiais franceses. Não foi comprovada sua vinculação com qualquer grupo terrorista, embora tenha atuado motivado por um fundamentalismo religioso.

No entanto, como dizem, acertadamente, Joanisval Brito Gonçalves e Marcus Vinícius Reis:

"Apesar de agirem de forma individual, investigações policiais e relatórios de inteligência têm assinalado que esses lobos solitários não são tão solitários assim. Suas ideias e ações são discutidas e acompanhadas por muitas pessoas pela internet e em outros fóruns. Em verdade, representam essas pessoas o desejo de muitas outras que compartilham da mesma visão distorcida e doente do mundo e da sociedade. Preconceitos, intolerância, baixa autoestima, inveja, ódio são algumas características dos lobos solitários e de seus simpatizantes. E o pior, as ações desses loucos podem motivar diversos outros que se encontram adormecidos ou no limiar de comportamentos violentos contra os que julgam seus inimigos."[257]

Como já afirmamos anteriormente, é uma tarefa quase impossível para as autoridades estatais preverem a atuação de um lobo solitário, principalmente pelo fato de que não existe um padrão nos meios de execução do atentado, que podem ser levados a efeito com a utilização de explosivos, armas de fogo, armas brancas, e até mesmo veículos, de pequeno ou grande porte. Isso dificulta, sobremaneira, os serviços de inteligência, já que seu rastreio se torna extremamente complicado.

Não é incomum, ainda, que, em havendo a morte do lobo (rato) solitário, algum grupo terrorista, como ocorre frequentemente com o Estado Islâmico, assuma imediatamente a sua autoria ideológica, dizendo ser o seu autor pertencente ao grupo, aproveitando-se, assim, da mídia proporcionada pelo evento criminoso.

Há situações, contudo, em que, embora agindo isoladamente, sem a orientação e direção de qualquer grupo criminoso, o autor do atentado não pratica um ato considerado terrorista, ainda que sua ação violenta sempre espalhe o terror. Essa verificação dependerá de cada legislação, em que a motivação do autor será o fundamento para se reconhecer ou não o ato como terrorista. Infelizmente, os meios de comunicação têm informado, com frequência assustadora, atos dessa natureza, praticados, principalmente, nos EUA, onde atiradores, munidos de um forte arsenal, efetuam disparos em direção a multidões, aglomerações de pessoas, enfim, atuam com vontade de matar, por motivos, normalmente, egoísticos, ou por abalos psicológicos, sem que essa ação possa ser interpretada, legalmente, como terrorista. Em suma, só o caso concreto, conhecendo as motivações do autor, poderá esclarecer se foi ação de um lobo (rato) solitário, ou de um autor de um crime comum, sem natureza terrorista.

---

[257] BRITO GONÇALVES, Joanisval; REIS, Marcus Vinícius. *Terrorismo: conhecimento e combate*, p. 187.

20. A CRIMINALIZAÇÃO DO TERRORISMO

Em 16 de março de 2016, foi editada a Lei nº 13.260 com o objetivo de regulamentar o disposto no inciso XLIII do art. 5º da Constituição Federal, que diz, *in verbis*:

> (...)
> XLIII – a lei considerará crimes inafiançáveis e insuscetíveis de graça ou anistia a prática da tortura, o tráfico ilícito de entorpecentes e drogas afins, o terrorismo e os definidos como crimes hediondos, por eles respondendo os mandantes, os executores e os que, podendo evitá-los, se omitirem;
> (...).

O referido diploma legal veio não somente regulamentar o inciso apontado na Lei Maior, considerado um *mandado explícito de criminalização*, obrigando, assim, o legislador infraconstitucional, mas também – principalmente – suprir uma lacuna no nosso ordenamento jurídico penal, uma vez que o Brasil, mediante a adesão a vários tratados internacionais, havia se comprometido a criar uma legislação específica para o combate ao terrorismo.

O terrorismo, de acordo com a referida disposição constitucional, bem como previsto pela Lei nº 8.072/90, é considerado uma infração penal equiparada aos delitos hediondos elencados por este último diploma legal, conforme se verifica também pela leitura do seu art. 2º, como veremos posteriormente.

Na verdade, já existia, no Brasil, alguns tipos penais que faziam menção ao terrorismo, mas não um diploma específico com o objetivo de regulamentá-lo. Praticamente, desde a época das chamadas Ordenações Filipinas, que foram aplicadas em solo brasileiro até o advento do Código Criminal do Império, em 1830, passando pela Constituição de 1937, sempre se fez menção à defesa do Estado, à Segurança Nacional etc., mas não se utilizavam as palavras *terror* ou *terrorismo*. Isso veio a acontecer, pela primeira vez, com o art. 122 da referida Constituição da República dos Estados Unidos do Brasil de 1937, que dizia, na alínea *h* do seu item 13, com a redação que lhe foi conferida pela Lei Constitucional nº 1, de 16 de maio de 1938:

> **Art. 122.** A Constituição assegura aos brasileiros e estrangeiros residentes no País o direito à liberdade, à segurança individual e à propriedade, nos termos seguintes:
> (...)
> 13) Não haverá penas corpóreas perpétuas. As penas estabelecidas ou agravadas na lei nova não se aplicam aos fatos anteriores. Além dos casos previstos na legislação militar para o tempo de guerra, a pena de morte será aplicada nos seguintes crimes:
> (...)
> h) atentar contra a segurança do Estado praticando devastação, saque, incêndio, depredação ou quaisquer atos destinados a suscitar terror;
> (...).

Ao longo dos anos, foram inúmeras as tentativas de se criminalizar o terrorismo, sendo, no entanto, infrutíferas, já que nenhuma delas trazia qualquer definição sobre o tema, mas tão somente traziam, em seus tipos penais, as palavras *terror* e *terrorismo*.

O século XX, principalmente após a sua segunda metade, foi marcado por atentados terroristas. Isso não passou despercebido pelo legislador brasileiro que, ao promulgar a Constituição Federal de 1988, mencionou o terrorismo em duas situações, vale dizer, no inc. VIII do art. 4º, no qual afirma o repúdio ao terrorismo, e também no inc. XLIII do art. 5º, já transcrito anteriormente.

Neste último caso, de acordo com a redação constitucional, o legislador infraconstitucional estava obrigado a regulamentar a matéria, o que veio a acontecer, parcialmente, com a edição da Lei nº 8.072, de 25 de julho de 1990, cujo art. 2º impõe uma série de restrições para o terrorismo, como a impossibilidade de concessão de anistia, graça e indulto, ou mesmo a fiança, determinando o início do cumprimento da pena em regime fechado etc., sendo, ainda considerado uma infração penal comparada aos delitos hediondos. Além disso, o art. 8º da Lei nº 8.072/90 determinou que seria de três a seis anos de reclusão a pena prevista no art. 288 do Código Penal, quando se tratasse de crimes hediondos, prática da tortura, tráfico ilícito de entorpecentes e drogas afins ou terrorismo.

No entanto, ainda não se tinha editado um tipo penal específico sobre o tema. Vários diplomas legais posteriores, contudo, passaram, de alguma forma, a mencionar o terrorismo, tal como ocorreu com a Lei nº 9.613, de 3 de março de 1998, que dispunha sobre os crimes de "lavagem" ou ocultação de bens, direitos e valores; a prevenção da utilização do sistema financeiro para os ilícitos previstos naquela lei; além de criar o Conselho de Controle de Atividades Financeiras (Coaf), cujo art. 1º dizia, textualmente, configurar-se crime o fato de ocultar ou dissimular a natureza, origem, localização, disposição, movimentação ou propriedade de bens, direitos ou valores provenientes, direta ou indiretamente, de infração penal, e o seu inciso II mencionava, expressamente, como um desses crimes, o terrorismo.

Os incisos do referido art. 1º foram revogados pela Lei nº 12.683, de 9 de julho de 2012, que alterou toda a Lei nº 9.613/98, para tornar mais eficiente a persecução penal dos crimes de lavagem de dinheiro, não fazendo mais menção expressa ao terrorismo.

Em 9 de outubro de 2003, foi editada a Lei nº 10.744, que dispôs sobre a assunção, pela União, de responsabilidades civis perante terceiros no caso de atentados terroristas, atos de guerra ou eventos correlatos, contra aeronaves de matrícula brasileira operadas por empresas brasileiras de transporte aéreo público, excluídas as empresas de táxi aéreo, cujo § 4º do seu art. 1º diz entender-se *por ato terrorista qualquer ato de uma ou mais pessoas, sendo ou não agentes de um poder soberano, com fins políticos ou terroristas, seja a perda ou dano dele resultante acidental ou intencional.* Era, assim, um início de definição do que poderia ser um ato terrorista, embora ainda não houvesse um tipo penal específico, já que a mencionada lei somente previa a responsabilidade civil em virtude desse ato considerado terrorista, que, para ser reconhecido com tal, dependeria, segundo seu art. 3º, do Ministro da Justiça, ouvidos os órgãos competentes.

O Decreto Presidencial nº 5.484, de 30 de junho de 2005, aprovou a Política de Defesa Nacional, nele prevendo, igualmente, em algumas de suas passagens, a exemplo do item 4.8, o repúdio ao terrorismo, e no inc. XI do item 7.1, no qual aponta suas diretrizes, diz que o Estado brasileiro deve dispor de uma estrutura capaz de contribuir para a prevenção de atos terroristas e conduzir operações de contraterrorismo.

A Lei nº 12.850, de 2 de agosto de 2013, que definiu a organização criminosa e dispôs sobre a investigação criminal, os meios de obtenção da prova, infrações penais correlatas e o procedimento criminal, desde sua redação original previa sua aplicação às organizações terroristas, embora limitada, inicialmente, apenas ao chamado terrorismo internacional, o que foi corrigido posteriormente pela Lei nº 13.260, de 16 de março de 2016, que deu nova redação ao inc. II do § 2º do art. 1º, o qual diz ser a lei aplicada também:

> (...)
> II – às organizações terroristas, entendidas como aquelas voltadas para a prática dos atos de terrorismo legalmente definidos.

Finalmente, atendendo aos reclamos internacionais, e considerando a proximidade dos jogos olímpicos na cidade do Rio de Janeiro, onde poderia ser um palco aberto para atos terroristas, de visibilidade mundial, devido à intensa cobertura da mídia, foi publicada a Lei nº 13.260, de 16 de março de 2016, em que se procurou tipificar os atos considerados de terrorismo, fazendo jus, portanto, à aplicação, sobre eles, das legislações citadas anteriormente.

O Brasil, depois de muito anos, passaria a ter um tipo penal específico sobre esse tema, mesmo que formulado de maneira completamente equivocada, como veremos posteriormente, fruto de uma política corrupta e irracional, que destruiu nosso país, como se verifica nos dias de hoje. Assim, não se podia esperar nada de melhor, a não ser uma lei simbólica que, praticamente, não conseguirá resolver as hipóteses de terrorismo. Como observa, com precisão, Débora de Souza de Almeida:

> "Desde 1991, quando tramitou na Câmara dos Deputados o primeiro projeto de lei sobre o tema, a 2016, quando finalmente a Lei Antiterrorismo foi publicada, houve, no total 25 anos de divergência legislativa sobre o tema, materializada em mais de uma centena de propostas que visavam tipificar o utilizar o terrorismo para embasar outras leis. E este impasse dava-se não apenas pela observação de que o Brasil não se via realmente sob a ameaça de sofrer um ataque terrorista, mas, sobretudo, pela confusão que ocorre em muitos países entre método e ideologia terrorista, e que culmina em sugestões de incluir crimes comuns e até manifestações políticas e movimentos sociais nesta categoria penal."[258]

No Brasil, pela misericórdia de Deus, não temos grupos terroristas como os encontrados no exterior; no entanto, temos políticos que fazem que os atos terroristas sejam considerados de pouca importância, mesmo exagerando no desabafo, diante do poder destruidor desses genocidas corruptos, que matam milhões de pessoas e saem impunemente às ruas.

Quando os Poderes constituídos não dão uma resposta à altura desses políticos corruptos e inescrupulosos, em países acostumados na defesa de seus direitos, a população se revolta e, muitas vezes, acabam surgindo grupos terroristas. Quando a população não pode contar com a sua Justiça, pois comprometida com esses mesmos políticos corruptos, surge um alerta vermelho, ou seja, abre-se a possibilidade de surgimento de grupos terroristas que, em não raras as vezes, buscam a modificação do sistema político por meio de atos de terror. Esse não é o caso do Brasil, pois nossa população é extremamente pacata. Se os casos existentes no Brasil fossem praticados em outros países, certamente grupos extremistas radicais já teriam sido criados.

Cuidou também a Lei Antiterrorismo das disposições investigatórias e processuais, bem como reformulou o conceito de organização terrorista, conforme analisaremos mais adiante.

No que diz respeito à natureza hedionda do delito de terrorismo, como informam Débora de Souza de Almeida, Fábio Roque Araújo e Ronaldo Batista Pinto, surgiram duas correntes:

> "1ª) O crime de terrorismo está apenas no art. 2º e é o único da Lei 13.260/16 equiparado a hediondo (posição da coautora Débora de Souza de Almeida);

---

[258] ALMEIDA, Débora de Souza de et al. *Terrorismo*: comentários, artigo por artigo, à Lei 13.260/2016 – aspectos criminológicos e político-criminais, p. 151-152.

2ª) Todos os tipos penais da Lei 13.260/16 são terrorismo e, portanto, todos são equiparados a hediondo (posição dos coautores Rogério Sanches Cunha e Ronaldo Batista Pinto)."[259]

Para essa primeira corrente, que se vale, como defende, das interpretações literal, restritiva, teleológica, histórica e sistemática do texto da Lei nº 13.260/2016, embora existente no corpo da Lei Antiterrorismo, os arts. 3º a 6º do citado diploma legal não poderiam gozar do *status* de hediondo, uma vez que, na verdade, não se configuram infração penal de terrorismo, mas, sim, infrações penais afins com ele. Isso porque, conforme argumentam, o crime de terrorismo somente possui tipificação no art. 2º da Lei nº 13.260/2016, que traduz, principalmente, a sua motivação, além dos atos reputados como configuradores do terrorismo.

Em que pese o brilhantismo com que é defendida essa tese pela primeira corrente, entendemos que todas as infrações penais constantes da Lei nº 13.260/2016 se amoldam ao conceito de terrorismo e, consequentemente, deverão ser equiparadas aos crimes hediondos, recebendo, outrossim, o tratamento que lhes é dispensado pela Lei nº 8.072/90. Sem ir muito longe, já que serão analisados, mais adiante, e em ordem, cada tipo penal constante da Lei Antiterrorismo, o próprio art. 17 deste último diploma legal determina, expressamente, a aplicação das disposições da Lei de Crimes Hediondos a *todos* os crimes previstos na Lei nº 13.260/2016. Se é assim, como não entender como terrorismo as demais infrações da mencionada lei, evitando-se, por isso, a aplicação da Lei nº 8.072/90, determinada pelo citado art. 17? Como não entender que alguém que faz parte de uma organização terrorista não se encaixa na visão geral do crime de terrorismo, ou mesmo aquele que financia a prática dos atos de terrorismo?

Assim, concluindo, todos os tipos penais previstos na Lei nº 13.260/2016 são considerados terrorismo e infrações penais equiparadas aos crimes hediondos, aplicando-se, necessariamente, a Lei nº 8.072/90.

21. TERRORISMO: CONFIGURAÇÃO

Tal como ocorre com as principais legislações estrangeiras, a Lei nº 13.260/2016 não conceituou o terrorismo em si, mas definiu os atos que, se praticados pelas razões por ela elencadas, e se tiverem a finalidade de provocar o terror social ou generalizado, configurarão o delito de terrorismo.

Ab initio, diz o art. 2º que o terrorismo consiste na prática por um ou mais indivíduos, ou seja, para que reste configurada a infração penal não é exigido um número mínimo de pessoas, tal como ocorre com o delito de associação criminosa, tipificado no art. 288 do Código Penal.

Pela redação, podemos concluir que se trata de um delito comum, isto é, que pode ser praticado por qualquer pessoa, não havendo, portanto, qualquer qualidade especial indicativa do sujeito ativo. Da mesma forma, qualquer pessoa pode figurar como sujeito passivo do crime.

Exige o tipo penal, no entanto, para efeito de configuração do terrorismo, que a conduta praticada seja uma daquelas elencadas no rol previsto nos incs. I, IV e V do seu § 1º, vale dizer: usar ou ameaçar usar, transportar, guardar, portar ou trazer consigo explosivos, gases tóxicos, venenos, conteúdos biológicos, químicos, nucleares ou outros meios capazes de cau-

---

[259] ALMEIDA, Débora de Souza de et al. *Terrorismo*: comentários, artigo por artigo, à Lei 13.260/2016 – aspectos criminológicos e político-criminais, p. 160.

sar danos ou promover destruição em massa; sabotar o funcionamento ou apoderar-se, com violência, grave ameaça a pessoa ou servindo-se de mecanismos cibernéticos, do controle total ou parcial, ainda que de modo temporário, de meio de comunicação ou de transporte, de portos, aeroportos, estações ferroviárias ou rodoviárias, hospitais, casas de saúde, escolas, estádios esportivos, instalações públicas ou locais onde funcionem serviços públicos essenciais, instalações de geração ou transmissão de energia, instalações militares, instalações de exploração, refino e processamento de petróleo e gás e instituições bancárias e sua rede de atendimento; atentar contra a vida ou a integridade física de pessoa. Tais condutas serão analisadas mais detidamente à frente.

Os atos de terrorismo anteriormente elencados devem ter sido levados a efeito pelas seguintes razões:

a) xenofobia;
b) discriminação ou preconceito de raça, cor, etnia ou religião.

A palavra *xenofobia* é de origem grega – o prefixo "xenos" significa "estrangeiro", e o sufixo "phóbos" pode ser traduzido por "medo". Assim, xenofobia, deveria significar, tão somente, medo de estrangeiros. No entanto, seu conceito é muito mais amplo e importa aversão, ódio, asco, intolerância, repugnância, hostilidade, não somente a pessoas como também a coisas provenientes do estrangeiro.

Temos vivido tempos difíceis. As guerras, o terrorismo, as guerrilhas, as ditaduras, razões econômicas, a pobreza extrema, enfim, crises humanitárias em sentido amplo, têm feito que ocorra um processo migratório, em busca de qualidade de vida. Isso, por outro lado, tem gerado um sentimento de xenofobia nas nações para onde essas pessoas migraram. Obviamente que nem todos pensam dessa maneira, muito pelo contrário. A maioria dos seres humanos se compadece do sofrimento alheio. Entretanto, há grupos radicais que pregam a intolerância contra esses estrangeiros e querem vê-los expulsos do seu país.

A preocupação com a xenofobia é de tal grandeza que a ONU, no 13º Congresso das Nações Unidas sobre Prevenção do Delito e Justiça Penal, realizado entre 12 e 19 de abril de 2015, aprovou a Declaração de Doha, capital do Catar, sobre a Integração da Prevenção do Delito e a Justiça Penal no Marco mais Amplo do Programa das Nações Unidas para abordar os Problemas Sociais e Econômicos e Promover o Estado de Direito em Âmbito Nacional e Internacional e a Participação Pública, e asseverou, na alínea *r* do seu tópico 5, o compromisso de:

> "(r) Redobrar nossos esforços nos planos nacional e internacional para eliminar todas as formas de discriminação, como o racismo, a intolerância religiosa, a xenofobia e a discriminação por motivos de gênero, entre outras coisas mediante a conscientização, a elaboração de materiais e programas educativos e, quando proceda, a elaboração e aplicação de leis contra a discriminação"[260].

A Europa e os EUA, principalmente, vivem um problema sério de xenofobia. Existe uma "onda" de refugiados, que pedem abrigo junto a outras nações. É a maior crise de refugiados, desde a Segunda Grande Guerra Mundial, que durou entre 1939 e 1945. Grupos

---

[260] Disponível em: <http://www.unodc.org/documents/congress//Declaration/V1504154_Spanish. pdf>. Acesso em: 21 nov. 2017.

nacionalistas radicais, sobretudo os de extrema direita, infundem terror, destilando seu ódio às comunidades estrangeiras.

No Brasil, felizmente, são raros esses episódios, pois somos considerados uma nação acolhedora, que recebe bem aqueles que ingressam em nosso território. Contudo, isso não impede que alguém, ou mesmo um grupo, como diz a Lei Antiterror, possa praticar atos xenofóbicos dessa magnitude, que constituam crime de terrorismo.

Como observam Débora de Souza de Almeida e Fábio Roque Araújo:

"A literatura especializada no tema refere que a manifestação de xenofobia, por negar ao ofendido o direito de ser tratado como um ser humano igual aos demais, atenta, em primeiro plano, contra a dignidade humana, vulnerando direitos humanos e liberdades fundamentais. Secundariamente, afeta a pluralidade e o desenvolvimento normal da convivência entre grupos humanos. Não por acaso, o sujeito passivo de tal ação é apontado como pessoa de procedência internacional, ou mais especificamente: pessoa humana de procedência internacional. Neste caminho, a agressão por razão de intolerância à pessoa jurídica de origem estrangeira (por esta ser ou conter uma marca vinculada a um suposto 'símbolo do capitalismo' internacional, por exemplo) não caracteriza xenofobia."[261]

O delito ainda poderá ser praticado em virtude de discriminação ou preconceito de raça, cor, etnia ou religião. *Discriminar* tem o sentido de tratar com diferença, distinção, colocar à parte; *preconceito* se traduz em um sentimento hostil, intolerante, ou mesmo em ideias, opiniões ou sentimentos desfavoráveis, formado sem conhecimento abalizado ou mesmo influenciado ideologicamente.

Tanto a discriminação como o preconceito previstos na Lei Antiterror devem dizer respeito à:

a) *raça* (categorização que pretende classificar os seres humanos, pautando-se em caracteres físicos e hereditários. Grupo de indivíduos cujos caracteres biológicos são constantes e passam de uma geração para outra: raça branca, raça negra etc.[262]);

b) *cor* (refere-se à classificação de acordo com a coloração da pele do ser humano, por exemplo: branco, negro, vermelho e amarelo);

c) *etnia* (conforme esclarecem Débora de Souza de Almeida e Fábio Roque Araújo, a "expressão *etnia* advém da grega 'ethnikos', que é adjetivo de 'ethos', e significa nação ou povo. Trata-se, em suma, de conceito antropológico relativo a grupos humanos que, longe de serem meros agrupamentos, são formados por (...) pessoas conscientes, ao menos em forma latente, de terem origens e interesses comuns. Desse modo, como explica Zarur, etnia está intrinsicamente ligada à identidade, e desvinculada de causas biológicas. Neste sentido, raça seria uma acepção relacionada a traços físicos, ao passo que etnia, a traços socioculturais"[263]);

d) *religião* (crença de que existem forças superiores (sobrenaturais), sendo estas responsáveis pela criação do universo; crença de que essas forças sobrenaturais regem o destino do ser humano e, por isso, devem ser respeitadas. Comportamento

---

[261] ALMEIDA, Débora de Souza de et al. *Terrorismo*: comentários, artigo por artigo, à Lei 13.260/2016 – aspectos criminológicos e político-criminais, p. 185.

[262] Disponível em: <https://www.dicio.com.br/raca/>. Acesso em: 18 mar. 2019.

[263] ALMEIDA, Débora de Souza de et al. *Terrorismo*: comentários, artigo por artigo, à Lei 13.260/2016 – aspectos criminológicos e político-criminais, p. 189-190.

moral e intelectual que é resultado dessa crença. Reunião de princípios, crenças e/ou rituais particulares a um grupo social, determinado de acordo com certos parâmetros, concebidos a partir do pensamento de uma divindade e de sua relação com o indivíduo; fé ou culto: religião protestante[264]).

O agente deve agir com a finalidade de provocar terror social ou generalizado, que já expusemos com mais detalhes quando do estudo do chamado terrorismo global, para onde remetemos o leitor, expondo a perigo a pessoa, o patrimônio, a paz pública ou a incolumidade pública, sendo estes, portanto, os bens juridicamente protegidos pela Lei Antiterror.

22. ATOS DE TERRORISMO

22.1. Explosivos, gases tóxicos, venenos, conteúdos biológicos, químicos e nucleares

22.1.1. Introdução

A lei não define o que venha a ser terrorismo, mas elenca os atos que terão essa conotação, se praticados por razões de xenofobia, discriminação ou preconceito de raça, cor, etnia e religião, quando cometidos com a finalidade de provocar terror social ou generalizado, expondo a perigo a pessoa, o patrimônio, a paz pública ou a incolumidade pública.

De acordo com o inc. I do § 1º do art. 2º da Lei nº 13.260/2016, são os seguintes comportamentos que se configuram atos de terrorismo:

a) *usar* ou *ameaçar usar*, isto é, utilizar efetivamente, ou mesmo tão somente levar a efeito ameaças sobre sua possível utilização;

b) *transportar*, aqui entendido no sentido de levar de um lugar a outro;

c) *guardar*, ou seja, ter sob sua guarda em determinado lugar;

d) *portar ou trazer consigo*. O porte dá a ideia de levar junto ao próprio corpo; já a expressão *trazer consigo* abrange não somente o porte como também situações em que as substâncias, embora não estejam junto ao corpo do agente, estão próximas a ele.

Todas essas condutas – usar ou ameaçar usar, transportar, guardar, portar ou trazer consigo – devem ter como objeto explosivos, gases tóxicos, venenos, conteúdos biológicos, químicos, nucleares, entre outros meios capazes de causar danos ou promover destruição em massa.

22.1.1.1. Explosivos

Explosivo, de acordo com a definição do Esquadrão Antibombas do Batalhão de Operações Policiais Especiais (Bope) do Estado de Minas Gerais, é o produto que, por meio de uma excitação adequada, se transforma rápida e violentamente de estado gerando gases, altas pressões e elevadas temperaturas, sendo a explosão o escape súbito e repentino de gases do interior de um espaço limitado, gerando alta pressão e elevada temperatura[265]; ou, ainda, conforme preleciona Walter Dornberger:

---

[264] Disponível em: <https://www.dicio.com.br/religiao/>. Acesso em: 18 mar. 2019.

[265] Materiais de instrução cedidos gentilmente pelo Te. Francis Albert Cotta, explosivista do Bope-MG.

"(...) explosivos são substâncias ou compostos que, por ação de uma causa externa (calor, choque, descarga elétrica etc.) são capazes de gerar explosão, uma reação química caracterizada pela liberação, em breve espaço de tempo e de forma violenta, de calor, gás e energia mecânica. São usados como carga em bombas, granadas e minas; como propelentes para projéteis de armas leves e artilharia; e em engenharia, terraplanagem, mineração e demolição (militar ou comercial) de construções e outras estruturas. Explosivos são classificados em 'baixo' e 'alto' poder explosivo. Baixo-explosivos agem por 'deflagração', através de combustão, da queima do material, com a explosão se propagando a alta velocidade subsônica, da ordem de centímetros ou metros por segundo, exemplo: pólvora negra e todos os propelentes. Alto-explosivos agem por 'detonação', através da quebra da estrutura molecular do material, com a explosão se propagando a velocidade supersônica, da ordem de 1.000 a 10.000 metros por segundo, exemplo: nitroglicerina e todos os explosivos modernos."[266]

De acordo com José Sérgio Marcondes:

"A descoberta dos explosivos se deu na China no ano 1000 d.C., com a descoberta da pólvora: um pó preto formado pela mistura de carvão, enxofre e salitre (nitrato de potássio), utilizado então apenas para fabricar fogos de artifício.

Possuem em sua composição química componentes que possuem alta energia interna, os quais, quando sensibilizados por um acionador, liberam essa energia na forma de calor e ondas de choque.

As ondas de choque são, normalmente, responsáveis pela maior quantidade de danos ocasionados por uma explosão.

Para ser considerada um explosivo a substância tem que ter uma instabilidade natural que possa ser acionada por uma chama, choque, atrito ou calor."[267]

Os explosivos podem ser classificados em: *a)* explosivos industrializados e comercializados (*EOD – explosive ordinance disposal*); *b)* artefatos explosivos improvisados (*IEDD – improvised explosive device disposal*); ou *c)* munições não explodidas (*UXO – Unexpoded ordinance*).

O Exército Brasileiro, por meio de Comando Logístico, editou a Portaria nº 03, de 10 de maio de 2012, aprovando as Normas Relativas às Atividades com Explosivos e seus Acessórios, além de outras providências, em que, em seu Anexo I, inseriu um glossário de nomenclaturas genéricas e abreviaturas, que deverão ser utilizadas na interpretação do conceito de explosivo, utilizado pelo § 4º-A do art. 155 do Código Penal, dizendo:

> (...)
>
> I – explosivos tipo ANFO: são misturas de nitrato de amônio e óleos combustíveis;
>
> II – explosivos granulados industriais: são composições explosivas que, além de nitrato de amônio e óleo combustível, possuem aditivos como serragem, casca de arroz e alumínio em pó (para correção de densidade, balanço de oxigênio, sensibilidade e potencial energético); também são conhecidos comercialmente como granulados, pulverulentos, derramáveis ou nitrocarbonitratos;

---

[266] DORNBERGER, Walter. *Explosivos, incendiários e pirotécnicos*. Disponível em: <http://www.clubedos generais.org/site/artigos/154/2014/08/explosivos-incendiarios-e-pirotecnicos/>. Acesso em: 27 maio 2018.

[267] MARCONDES, José Sérgio. *Explosivo: o que é? Definições, tipos, classificação, legislação*. Disponível em: <https://www.gestaodesegurancaprivada.com.br/explosivo-o-que-sao-quais-os-tipos/>. Acesso em: 27 maio 2018.

Parte II • Capítulo 2 • TERRORISMO | 375

III – explosivos tipo DINAMITE: são todos os que contêm nitroglicerina em sua composição, exigindo maior cuidado em seu manuseio e utilização devido à elevada sensibilidade;

IV – explosivos tipo EMULSÃO: são misturas de nitrato de amônio diluído em água e óleos combustíveis obtidas por meio de um agente emulsificante; contêm microbolhas dispersas no interior de sua massa responsáveis por sua sensibilização; normalmente são sensíveis à espoleta comum nº 8 e, eventualmente, necessitam de um reforçador para sua iniciação; podem ser de dois tipos:

a) explosivos tipo EMULSÃO BOMBEADA: são explosivos tipo emulsão a granel, bombeados e sensibilizados diretamente no local de emprego por meio de unidades móveis, de fabricação ou de bombeamento; e

b) explosivos tipo EMULSÃO ENCARTUCHADA: são explosivos tipo emulsão embalados em cartuchos cilíndricos, normalmente de filme plástico, sensibilizados desde a fabricação.

V – emulsão base ou pré-emulsão: é a mistura base de explosivos tipo emulsão bombeada ainda não sensibilizada; as unidades industriais móveis de transferência e de fabricação transportam apenas a emulsão base, que só é sensibilizada no momento de utilização;

VI – explosivos tipo LAMA: são misturas de nitratos diluídos em água e agentes sensibilizantes na forma de pastas; também conhecidos como "*slurries*" (ou, no singular, "*slurry*");

VII – cargas moldadas: são explosivos com formato fixo, predefinido, de acordo com um molde inicial; o tipo mais comum possui um orifício cônico em seu corpo destinado a concentrar a energia da explosão em uma direção específica; o funcionamento desses dispositivos é baseado no efeito *Monroe* ou "carga oca", é muito utilizado em munições para perfuração de blindagens;

VIII – gelatina explosiva: é uma mistura de nitrocelulose e nitroglicerina utilizada na fabricação de explosivos tipo dinamite; em decorrência, algumas DINAMITES são denominadas gelatinosas ou semigelatinosas conforme a quantidade de gelatina explosiva presente em sua composição;

IX – explosivos plásticos: são massas maleáveis, normalmente à base de ciclonite (RDX), trinitrotolueno, nitropenta e óleos aglutinantes, que podem ser moldadas de acordo com a necessidade de emprego; por sua facilidade de iniciação (é sensível à espoleta comum nº 8), poder de destruição e praticidade, são os explosivos mais cobiçados para fins ilícitos; também são conhecidos como cargas moldáveis;

X – espoleta comum: tubo de alumínio, contendo, em geral, uma carga de nitropenta e um misto de azida e estifinato de chumbo, é destinado à iniciação de explosivos, sendo o tipo mais utilizado a espoleta comum nº 8; também é conhecida como espoleta não elétrica ou pirotécnica;

XI – cordel detonante: tubo flexível preenchido com nitropenta, RDX ou HMX, destinado a transmitir a detonação do ponto de iniciação até à carga explosiva; seu tipo mais comum é o NP 10, ou seja, aquele que possui 10 g de nitropenta/RDX por metro linear. Para fins de armazenamento, a unidade a ser utilizada é o metro;

XII – sistema iniciador não elétrico: conjunto de espoleta de retardo e tubo flexível oco com revestimento interno de película de mistura explosiva ou pirotécnica suficiente para transmitir a onda de choque ou de calor sem danificar o tubo;

XIII – sistema iniciador elétrico: conjunto de espoleta acoplada a um circuito elétrico com o mesmo efeito de uma espoleta comum, mas acionado por corrente elétrica;

XIV – sistema iniciador eletrônico: conjunto de espoleta acoplada a um circuito eletrônico que permite a programação dos retardos; é acionado por um conjunto de equipamentos de programação e detonação específicos para esse fim;

XV – reforçadores: são acessórios explosivos destinados a amplificar a onda de choque para permitir a iniciação de explosivos em geral não sensíveis à espoleta comum nº 8 ou cordel detonante; normalmente são tipos específicos de cargas moldadas de TNT, nitropenta ou pentolite;

XVI – retardos: são dispositivos semelhantes a espoletas comuns, normalmente com revestimento de corpo plástico, que proporcionam atraso controlado na propagação da onda de choque; são empregados para a montagem de malhas em que se precisa de uma defasagem na iniciação do explosivo em diferentes pontos ou mesmo para detonações isoladas, com a finalidade de oferecer maior segurança à operação;

XVII – estopins: são tubos flexíveis preenchidos com pólvora negra destinados a transmitir a chama para iniciação de espoletas;

> XVIII – acessórios iniciadores: constituem-se de espoleta elétrica, espoleta pirotécnica, espoleta eletrônica, estopim, elemento de retardo, acendedor de fricção, detonador não elétrico, espoleta pirotécnica montada com estopim e conjunto iniciador montado, constituído de espoleta pirotécnica acoplada a tubo transmissor de onda de choque ou de calor;
> (...).

22.1.1.2. Gases tóxicos, venenos, conteúdos biológicos, químicos

A Primeira Grande Guerra Mundial (1914-1918) foi palco da utilização dos chamados gases tóxicos, principalmente o gás de cloro, o gás de mostarda e o gás fosgênio. Realmente, não tem limites a imaginação do ser humano em fazer mal a outro semelhante, insensível ao sofrimento alheio. Naquela guerra, não havia inocentes, e ambos os lados se valeram desse meio a fim de atingir o inimigo (fosse de que lado fosse). Os gases produziam desde ressecamentos das vias respiratórias, asfixia, até erupções na pele, cegueira instantânea e ruptura dos vasos sanguíneos.

Por conta dessas atrocidades, em 17 de junho de 1925, foi assinado o chamado Protocolo de Genebra, tendo como signatários Bélgica, França, Itália, Canadá, Grã-Bretanha, Holanda, Polônia e ex-União Soviética, com que expressamente aquiesceram com seus termos, tendo entrado em vigor em 1928. O Protocolo de Genebra proíbe o emprego, na guerra, de armas biológicas e químicas.

A utilização de gases tóxicos diz respeito ao chamado terrorismo biológico ou bioterrorismo.

Em 1º de março de 1999, foi publicado o Decreto Presidencial nº 2.977, que promulgou a Convenção Internacional sobre a Proibição do Desenvolvimento, Produção, Estocagem e Uso de Armas Químicas e sobre a Destruição das Armas Químicas Existentes no Mundo, assinada em Paris, em 13 de janeiro de 1993.

Diz o art. II da referida Convenção:

> 1. Para os efeitos desta Convenção:
> Por "armas químicas" entende-se, conjunta ou separadamente:
> a) As substâncias químicas tóxicas ou seus precursores, com exceção das que forem destinadas para fins não proibidos por esta Convenção, desde que os tipos e as quantidades em questão sejam compatíveis com esses fins;
> b) As munições ou dispositivos destinados de forma expressa para causar morte ou lesões mediante as propriedades tóxicas das substâncias especificadas no subparágrafo a) que sejam liberadas pelo uso dessas munições ou dispositivos; ou
> c) Qualquer tipo destinado de forma expressa a ser utilizado diretamente em relação com o uso das munições ou dispositivos especificados no subparágrafo b).
> 2. Por "substância química tóxica" entende-se:
> Toda substância química que, por sua ação química sobre os processos vitais, possa causar morte, incapacidade temporal ou lesões permanentes a seres humanos ou animais. Ficam incluídas todas as substâncias químicas dessa classe, seja qual for sua origem ou método de produção, independentemente de serem produzidas em instalações, como munições ou de outra forma.
> (Para os efeitos da aplicação desta Convenção, as substâncias químicas tóxicas sobre as quais foi prevista a aplicação de medidas de verificação estão relacionadas nas Tabelas incluídas no Anexo sobre Substâncias Químicas.)
> 3. Por "precursor" entende-se:
> Qualquer reagente químico que intervenha em qualquer fase da produção, por qualquer método, de uma substância química tóxica. Fica incluído qualquer componente chave de um sistema químico binário ou de multicomponentes.

(Para os efeitos da aplicação desta Convenção, os precursores sobre os quais foi prevista a aplicação de medidas de verificação estão relacionados nas Tabelas incluídas no Anexo sobre Substâncias Químicas.)

Por "componente chave de sistemas químicos binários ou de multicomponentes" (doravante denominado "componente chave") entende-se:

O precursor que desempenha a função mais importante na determinação das propriedades tóxicas do produto final e que reage rapidamente com outras substâncias químicas no sistema binário ou de multicomponentes.

5. Por "antigas armas químicas" entende-se:

a) As armas químicas produzidas antes de 1925; ou

b) As armas químicas produzidas entre 1925 e 1946 que se deterioraram a tal ponto que não mais poderão ser usadas como armas químicas.

6. Por "armas químicas abandonadas" entende-se:

As armas químicas, inclusive as antigas armas químicas, abandonadas por um Estado, depois de 1º de janeiro de 1925, no território de um outro Estado sem o consentimento deste último.

7. Por "agente de repressão de distúrbios" entende-se:

Qualquer substância química, não relacionada numa Tabela, que possa rapidamente produzir nos seres humanos irritação sensorial ou efeitos incapacitantes físicos que em pouco tempo desaparecem após concluída a exposição ao agente.

8. Por "instalação de produção de armas químicas" entende-se:

a) Qualquer equipamento, assim como qualquer prédio onde esse equipamento estiver localizado, que tiver sido projetado, construído ou utilizado em qualquer momento a partir de 1º de janeiro de 1946:

i) Como Parte da etapa de produção de substâncias químicas ("etapa tecnológica final") em que os fluxos de materiais incluam, quando o equipamento esteja em funcionamento:

1) Qualquer substância química relacionada na Tabela 1 do Anexo sobre Substâncias Químicas; ou

2) Qualquer outra substância química que não tenha aplicações, em quantidade superior a uma tonelada por ano, no território do Estado-Parte ou em qualquer outro lugar sob sua jurisdição ou controle, para fins não proibidos por esta Convenção, mas que possa ser usada para propósitos de armas químicas; ou

ii) Para carregar armas químicas, incluídas, *inter alia,* a carga de substâncias químicas relacionadas na Tabela 1 em munições, dispositivos ou recipientes de estocagem a granel; a carga de substâncias químicas em recipientes que façam parte de munições e dispositivos unitários montados; e a carga dos recipientes e submunições químicas nas respectivas munições e dispositivos;

b) Não se considera incluída:

i) Qualquer instalação cuja capacidade de produção para a síntese das substâncias químicas especificadas no item i) do subparágrafo a) for inferior a uma tonelada;

ii) Nenhuma instalação onde seja produzida uma substância química especificada no item i) do subparágrafo a) como subproduto inevitável de atividades destinadas a fins não proibidos por esta Convenção, desde que essa substância química não ultrapasse 3% do produto total e que a instalação esteja sujeita a declaração e inspeção conforme o Anexo sobre Aplicação e Verificação (doravante denominado "Anexo sobre Verificação"); nem

iii) A instalação única em pequena escala destinada à produção de substâncias químicas relacionadas na Tabela 1 para fins não proibidos por esta Convenção, referidos na Parte VI do Anexo sobre Verificação.

9. Por "fins não proibidos por esta Convenção" entende-se:

a) Atividades industriais, agrícolas, de pesquisa, médicas, farmacêuticas ou realizadas para outros fins pacíficos;

b) Fins de proteção, isto é, aqueles diretamente relacionados com a proteção contra substâncias químicas tóxicas e contra armas químicas;

c) Fins militares não relacionados com o uso de armas químicas que não dependam das propriedades tóxicas das substâncias químicas como método de guerra;

d) Manutenção da ordem, incluindo a repressão interna de distúrbios.

> 10. Por "capacidade de produção" entende-se:
>
> O potencial quantitativo anual de fabricação de uma substância química específica sobre a base do processo tecnológico efetivamente utilizado ou, no caso de processos que ainda não sejam operacionais, que exista o propósito de utilizá-los na instalação em questão. Será considerado como equivalente à capacidade nominal ou, se ela não estiver disponível, à capacidade segundo o projeto. A capacidade nominal é o produto total nas condições mais favoráveis para que a instalação de produção produza a quantidade máxima em uma ou mais séries de testes. A capacidade segundo o projeto é o correspondente produto total calculado teoricamente.
>
> 11. Por "Organização" entende-se a Organização para a Proibição das Armas Químicas estabelecida em conformidade com o Artigo VIII da presente Convenção.
>
> 12. Para os efeitos do Artigo VI:
>
> a) Por "produção" de uma substância química entende-se sua formação mediante reação química;
>
> b) Por "elaboração" de uma substância química entende-se um processo físico, tal como a formulação, extração e purificação, no qual a substância química não é convertida em uma outra;
>
> c) Por "consumo" de uma substância química entende-se sua conversão, mediante reação química, em uma outra substância.

No que diz respeito ao veneno, como adverte, com precisão Genival Veloso de França, sua definição é extremante difícil. Até mesmo:

"Os alimentos e os medicamentos podem, em determinadas situações, ser prejudiciais à vida ou à saúde, especialmente quando sua nocividade sofre profundas modificações em face da dosagem posta, da resistência individual, da maneira de ministração e do veículo utilizado. Veja-se só: a estricnina em pequenas doses serve de estimulante, porém, em dosagem excessiva, é mortal.

Entre os elementos da resistência individual que alteram a maior ou menor ação maléfica do veneno, citem-se os seguintes: a idade, o sexo, a tolerância adquirida, as condições hepáticas, o estado de repleção do estômago, entre outros.

O veículo adotado é de suma valia. Assim, o cianeto de potássio, associado ao meio glicosado, perde acentuadamente o poder mortal.

Pode-se conceituar o veneno como qualquer substância que, introduzida pelas mais diversas vias no organismo, mesmo homeopaticamente, danifica a vida ou a saúde."[268]

E segue, dizendo:

"Os venenos se classificam em:

a) *Quanto ao estado físico*: líquidos, sólidos e gasosos;

b) *Quanto à origem*: animal, vegetal, mineral e sintético;

c) *Quanto às funções químicas*: óxidos, ácidos, bases e sais (funções inorgânicas); hidrocarbonetos, álcoois, acetonas e aldeídos, ácidos orgânicos, ésteres, aminas, aminoácidos, carboidratos e alcaloides (funções orgânicas);

d) *Quanto ao uso*: doméstico, agrícola, industrial, medicinal, cosmético e venenos propriamente ditos."[269]

---

[268] FRANÇA, Genival Veloso. *Medicina legal*, p. 112.
[269] FRANÇA, Genival Veloso. *Medicina legal*, p. 113.

Conforme relembra Ângelo Fernando Facciolli:

"Até o conflito na Síria, o último registro de uso de agente químico proibido em guerra foi em 1988, durante a 'era' de Saddam Hussein, nos últimos meses do conflito travado contra o vizinho Irã. O alvo escolhido foi uma minoria curda, habitante de parcela do território iraquiano. Em 16 de março daquele ano, uma força liderada pelo general Ali Hassan al-Majid – um primo de Saddam que viria a ganhar o apelido de 'Ali Químico' –, lançou uma ofensiva com bombas de gás sarin e mostarda contra o vilarejo de Halabja. Estima-se que de 2.000 a 5.000 pessoas morreram, dentre mulheres, crianças e civis indefesos."[270]

E continua suas lições, dizendo:

"A utilização de agentes químicos e de precursores de guerra química por parte de organizações terroristas deve ser uma preocupação constante das autoridades.

Podemos apontar as principais características de um ataque químico-terrorista, qual sejam:

a) É provável que as vítimas sofram o mesmo tipo de efeito nocivo – a magnitude do prejuízo, contudo, poderá ser diferente (pessoas contaminadas, pessoas não contaminadas, pessoas com medo de serem contaminadas etc.);

b) A toxicidade das armas químicas geralmente é elevada e pode produzir intoxicações graves, mesmo em doses muito pequenas, num curto espaço de tempo – requerem intervenção médica rápida e antídotos específicos;

c) Somente pessoal devidamente instruído e protegido por equipamentos adequados ao perigo poderá ingressar na área contaminada – tais como: médicos e policiais civis e militares. As ambulâncias e os profissionais de saúde não devem ingressar nessas áreas;

d) Os efeitos tóxicos podem atingir um lugar específico ou mesmo expandirem-se a ponto de colocar em perigo uma comunidade toda – a isto damos o nome de persistência;

e) Alto risco de contaminação secundária. As vítimas expostas podem representar 'um novo risco' para o pessoal de resgate, que pode se contaminar ao entrar em contato com elas. Por conseguinte, uma descontaminação oportuna deve ser feita preferencialmente antes que as vítimas sejam atendidas por pessoal médico. Para prevenir exposições desnecessárias, qualquer pessoa envolvida no processo de resgate deve ser considerada contaminada.

f) Os hospitais (e outras instalações para tratamento) e as vias de acesso a eles podem estar dentro da zona contaminada; é provável que o acesso seja bloqueado e/ou não seja possível receber novos pacientes em um período considerável. Portanto, os planos devem incluir a montagem e operação de instalações médicas temporárias – tipo 'móveis' – em escolas, centros esportivos etc.;

g) É provável que o conhecimento acerca das propriedades e dos efeitos de muitos produtos químicos perigosos não seja completo. É impositivo identificá-los e repassar essas informações aos grupos de resgate e pessoas que possam precisar delas;

h) Devem ser realizados estudos toxicológicos ambientais ou dos fluidos biológicos em pacientes contaminados. Por isso, é fundamental identificar, previamente, os laboratórios que tenham capacidade técnica para realizar esse tipo de análise; e

i) As comunidades afastadas do lugar onde ocorreu o ataque também podem ser afetadas indiretamente pela contaminação do ar, água ou alimentos."[271]

---

[270] FACCIOLLI, Ângelo Fernando. *Introdução ao terrorismo*: evolução histórica, doutrina, aspectos táticos, estratégicos e legais, p. 288.

[271] FACCIOLLI, Ângelo Fernando. *Introdução ao terrorismo*: evolução histórica, doutrina, aspectos táticos, estratégicos e legais, p. 289.

22.1.1.3. Nucleares

O Decreto nº 2.864, de 7 de dezembro de 1988, promulgou o Tratado sobre a Não Pro-liferação de Armas Nucleares, assinado em Londres, Moscou e Washington, em 1º de julho de 1968.

Já o Decreto nº 95, de 16 de abril de 1991, por seu turno, promulgou a Convenção sobre a Proteção Física do Material Nuclear, e, em seu art. 1º, alíneas *a*, *b* e *c*, definiu, respectiva-mente, os conceitos de *material nuclear, urânio enriquecido em seus isótopos 235 ou 233* e *transporte nuclear internacional*, dizendo:

> (...)
> a) entende-se por "material nuclear" o plutônio, à exceção do plutônio cuja concentração isotópica em plutônio 238 superar 80%, o urânio 233, o urânio enriquecido em seus isótopos 235 ou 233, o urânio contendo a mistura de isótopos encontrada na natureza, salvo se sob a forma de minério ou resíduo de minério, bem como qualquer material contendo um ou mais dos elementos ou isótopos acima;
> b) entende-se por "urânio enriquecido em seus isótopos 235 ou 233" o urânio contendo os isótopos 235, ou 233, ou, ainda, ambos esses isótopos, em quantidade tal que a razão entre a soma desses dois isótopos e o isótopo 238 seja superior à razão entre o isótopo 235 e o isótopo 238 no urânio natural;
> c) entende-se por "transporte nuclear internacional" o transporte do material nuclear consignado por qualquer meio de transporte destinado a ir além do território do meio de transporte destinado a ir além do território do Estado onde o transporte tem início, começando com sua partida de uma insta-lação do expedidor naquele Estado e terminando com sua chegada em uma instalação do destinatá-rio no território do Estado de destino final.

22.1.1.4. Outros meios capazes de causar danos ou promover destruição em massa

A parte final do inc. I do § 1º do art. 2º da Lei Antiterror se vale do emprego da chama-da interpretação analógica quando, depois de apontar os explosivos, gases tóxicos, venenos, conteúdos biológicos, químicos, nucleares, se utiliza da expressão *outros meios capazes de causar danos ou promover destruição em massa*, a exemplo do que ocorre com a utilização de mísseis, que podem percorrer, muitas vezes, milhares de quilômetros até atingirem seus alvos.

Importante frisar, contudo, as observações levadas a efeito por Débora de Souza de Almeida e Fábio Roque Araújo, quando alertam:

> "Não se pode descurar que ao estampar a expressão 'outros meios capazes de produzir danos', a norma traz um perigoso grau de indeterminação, deixando ao intérprete a avaliação de quais meios serão ou não criminalizados. Esta situação é altamente temerária nas hipóteses de guardar, trazer consigo e portar, pois, no mundo, há inúmeros meios capazes de produzir danos, mas que podem ser utilizados para outros fins. Se tais meios fossem taxativamente elencados, os cidadãos poderiam evitar guardá-los, trazer consigo ou portá-los, protegen-do-se de eventual suspeita de que estariam incorrendo em tal crime. Seria um critério de segurança. Do contrário, somente a análise do elemento subjetivo é que responderá se o agente está praticando o crime deste inc. I ou não."[272]

---

[272] ALMEIDA, Débora de Souza de et al. *Terrorismo*: comentários, artigo por artigo, à Lei 13.260/2016 – aspectos criminológicos e político-criminais, p. 203.

Em que pese a força do raciocínio dos renomados autores, entendemos que foi justamente essa a intenção da lei, ou seja, não permitir que hipóteses parecidas com as situações por ela elencadas anteriormente, vale dizer, nos casos em que o agente viesse, por exemplo, a usar explosivos, gases tóxicos, venenos, conteúdos biológicos, químicos, nucleares com finalidade *de causar danos ou promover destruição em massa*, não fossem abrangidas pelo tipo penal em estudo.

Como o legislador não tem a capacidade de prever todas as situações possíveis e imagináveis, justamente por isso se vale do recurso da interpretação analógica, uma vez que, a uma fórmula casuística (explosivos, gases tóxicos, venenos, conteúdos biológicos, químicos, nucleares), se segue uma fórmula genérica (outros meios capazes de causar danos ou promover destruição em massa). Não fosse assim, situações extremamente parecidas poderiam ficar de fora do tipo *sub examen*, o que não seria razoável, lembrando que a nossa legislação penal a utiliza em diversas ocasiões, a exemplo do que ocorre com o inc. III do § 2º do art. 121 do Código Penal, que, após mencionar que o emprego de veneno, fogo, explosivo, asfixia e tortura qualifica o homicídio, alerta que, além deles, cometerá crime qualificado o agente que vier a se utilizar de qualquer outro meio insidioso ou cruel, ou de que possa resultar perigo comum.

Assim, concluindo, entendemos que agiu com acerto o legislador em se valer, *in casu*, da ferramenta hermenêutica da chamada *interpretação analógica*, evitando-se que situações semelhantes recebam tratamentos diversos.

22.1.2. Classificação doutrinária

Crime comum, com relação tanto ao sujeito ativo quanto ao sujeito passivo; doloso, material; de forma vinculada, plurissubsistente; monossubjetivo; de perigo comum (quando a conduta é de tão somente ameaçar usar, transportar, guardar, portar ou trazer consigo) material (quando o agente efetivamente utiliza gases tóxicos, venenos, conteúdos biológicos, químicos, nucleares ou outros meios capazes de causar danos ou promover destruição em massa); pluriofensivo; de ação múltipla ou conteúdo variado; permanente (na modalidade guardar); não transeunte (como regra, pois será possível, na maioria dos casos, o exame pericial); de perigo concreto (em que há necessidade de efetiva demonstração do perigo para efeitos de configuração do delito).

22.1.3. Objeto material e bem juridicamente protegido

Conforme lições de Débora de Souza de Almeida e Fábio Roque Araújo:

> "Os bens juridicamente protegidos são a incolumidade pública, especialmente o perigo comum que pela conduta pode ser desencadeado, e a paz pública, pela sensação de intranquilidade ou insegurança gerada."[273]

Na verdade, podemos extrair da parte final do *caput* do art. 2º da lei em estudo os bem juridicamente protegidos, a saber: a pessoa, o patrimônio, a paz pública ou a incolumidade pública.

Objeto material é a pessoa ou a coisa contra a qual recai a conduta praticada pelo agente.

---

[273] ALMEIDA, Débora de Souza de et al. *Terrorismo*: comentários, artigo por artigo, à Lei 13.260/2016 – aspectos criminológicos e político-criminais, p. 195.

22.1.4. Sujeitos ativo e passivo

Qualquer pessoa pode ser considerada como sujeito ativo do delito em estudo.

Sujeito passivo é o Estado, assim como as pessoas contra as quais o delito foi praticado.

22.1.5. Consumação e tentativa

O delito se consuma quando o agente, efetivamente, usa, ameaça usar, transporta, guarda ou traz consigo explosivos, gases tóxicos, venenos, conteúdos biológicos, químicos, nucleares ou outros meios capazes de causar danos ou promover destruição em massa, por razões de xenofobia, discriminação ou preconceito de raça, cor, etnia e religião, com a finalidade de provocar terror social ou generalizado, expondo a perigo a pessoa, o patrimônio, a paz pública ou a incolumidade pública.

Em se tratando de crime plurissubsistente, em que se pode fracionar o *iter criminis*, será admissível a tentativa.

22.1.6. Elemento subjetivo

O dolo é o elemento subjetivo exigido pelo inc. I do § 1º do art. 2º da Lei Antiterror, não havendo previsão para a modalidade de natureza culposa.

Merece ser ressaltado que todos os comportamentos previstos no mencionado inciso, vale dizer, usar ou ameaçar usar, transportar, guardar, portar ou trazer consigo explosivos, gases tóxicos, venenos, conteúdos biológicos, químicos, nucleares ou outros meios capazes de causar danos ou promover destruição em massa, devem ser praticados por razões de xenofobia, discriminação ou preconceito de raça, cor, etnia e religião, quando cometidos com a finalidade de provocar terror social ou generalizado, expondo a perigo a pessoa, o patrimônio, a paz pública ou a incolumidade pública.

22.1.7. Modalidades comissiva e omissiva

Os núcleos usar, ameaçar usar, transportar, guardar, portar ou trazer consigo pressupõem um comportamento comissivo por parte do agente, não havendo que se falar em crime omissivo.

22.1.8. Pena, ação penal e competência para julgamento

A pena prevista para o delito tipificado no inc. I do § 1º do art. 2º da Lei Antiterror é de reclusão, de doze a trinta anos, além das sanções correspondentes à ameaça ou à violência.

A ação penal é de iniciativa pública incondicionada.

Nos termos do art. 11 do diploma legal em análise, para todos os efeitos legais, considera-se que os crimes previstos nessa lei são praticados contra o interesse da União, cabendo à Polícia Federal a investigação criminal, em sede de inquérito policial, e à Justiça Federal o seu processamento e julgamento, nos termos do inc. IV do art. 109 da Constituição Federal.

22.2. Sabotagem e apoderamento

22.2.1. Introdução

O inc. IV do § 1º do art. 1º da Lei Antiterror, como não poderia deixar de ser, prevê também, como atos de terrorismo, tanto a *sabotagem* quanto o fato de *apoderar-se* com

Parte II • **Capítulo 2** • TERRORISMO | **383**

violência, grave ameaça a pessoa ou servindo-se de mecanismos cibernéticos, do controle total ou parcial, ainda que de modo temporário, de meio de comunicação ou de transporte, de portos, aeroportos, estações ferroviárias ou rodoviárias, hospitais, casas de saúde, escolas, estádios esportivos, instalações públicas ou locais onde funcionem serviços públicos essenciais, instalações de geração ou transmissão de energia, instalações militares, instalações de exploração, refino e processamento de petróleo e gás e instituições bancárias e sua rede de atendimento.

São dois, portanto, os comportamentos previstos pelo inciso em estudo:

a) sabotagem;

b) apoderamento.

Por sabotagem devemos entender a conduta que tem por finalidade destruir, inutilizar, deteriorar, prejudicar, impedir ou comprometer o funcionamento de determinados bens, meios ou serviços. Embora parte de nossa doutrina pareça entender que a sabotagem somente ocorre quando é feita de forma sorrateira[274], oculta e insidiosa[275], nada impede que seja praticada à vista de todos, inclusive mediante o emprego de violência ou grave ameaça a pessoa.

Nosso ordenamento jurídico-penal já previa a sabotagem em várias passagens, a exemplo do art. 15 da revogada Lei nº 7.170, de 14 de dezembro de 1983 (Lei de Segurança Nacional), dos arts. 260 a 266, inseridos no capítulo II (Dos Crimes contra a Segurança dos Meios de Comunicação e Transporte e Outros Serviços Públicos) do Título VIII (Dos Crimes contra a Incolumidade Pública) do Código Penal, ou mesmo dos arts. 262 a 265[276] do Código Penal Militar.

---

[274] HABIB, Gabriel. *Leis penais especiais*: volume único, p. 624.

[275] CABETTE, Eduardo Luiz Santos; NAHUR, Marcius Tadeu Maciel. *Terrorismo:* Lei 13.260/16 comentada, p. 110.

[276] **"Dano em material ou aparelhamento de guerra**

Art. 262. Praticar dano em material ou aparelhamento de guerra ou de utilidade militar, ainda que em construção ou fabricação, ou em efeitos recolhidos a depósito, pertencentes ou não às fôrças armadas:

Pena – reclusão, até seis anos.

Dano em navio de guerra ou mercante em serviço militar

Art. 263. Causar a perda, destruição, inutilização, encalhe, colisão ou alagamento de navio de guerra ou de navio mercante em serviço militar, ou nêle causar avaria:

Pena. reclusão, de três a dez anos.

§ 1º Se resulta lesão grave, a pena correspondente é aumentada da metade; se resulta a morte, é aplicada em dôbro.

§ 2º Se, para a prática do dano previsto no artigo, usou o agente de violência contra a pessoa, ser-lhe-á aplicada igualmente a pena a ela correspondente.

Dano em aparelhos e instalações de aviação e navais, e em estabelecimentos militares

Art. 264. Praticar dano:

I – em aeronave, hangar, depósito, pista ou instalações de campo de aviação, engenho de guerra motomecanizado, viatura em comboio militar, arsenal, dique, doca, armazém, quartel, alojamento ou em qualquer outra instalação militar;

II – em estabelecimento militar sob regime industrial, ou centro industrial a serviço de construção ou fabricação militar:

Pena – reclusão, de dois a dez anos.

Parágrafo único. Aplica-se o disposto nos parágrafos do artigo anterior.

A sabotagem, hoje tipificada no art. 359-R do Código Penal, é uma estratégia adotada, com frequência, por guerrilheiros e grupos terroristas. Ângelo Fernando Facciolli, com precisão, sintetizou seu conceito, suas características e suas finalidades, dizendo:

"O termo sabotar deriva de sabotagem, traduzindo-se na ideia de destruir ou danificar propositalmente material, instalações, maquinarias, ferramentas, ou interferência secreta na produção ou nos negócios de uma empresa industrial, de transportes ou de qualquer outro gênero com fins políticos. A sabotagem é uma técnica de guerra irregular, destinada a interferir, direta ou indiretamente, no funcionamento normal de quaisquer sistemas ou subsistemas que movimentem o Estado, quer no campo político, econômico, psicossocial etc. A sabotagem funciona como um torniquete, pois interrompe o funcionamento de um sistema normalmente vital, causando danos, muitas das vezes irreparáveis. Como arma, torna-se eficaz, quando empregada com propriedade e oportunidade no desencadeamento de ações de natureza terroristas."[277]

Além da sabotagem, prevê a lei o chamado *apoderamento*, que tem o sentido de se apoderar, assumir o controle, tomar posse. Ao contrário do que ocorre na sabotagem, em que o agente atua no sentido de destruir, inutilizar, deteriorar, prejudicar, impedir ou comprometer o funcionamento de determinados bens, meios ou serviços, no apoderamento o agente quer assumir o controle, total ou parcial, ainda que de modo temporário, de meio de comunicação ou de transporte, de portos, aeroportos, estações ferroviárias ou rodoviárias, hospitais, casas de saúde, escolas, estádios esportivos, instalações públicas ou locais onde funcionem serviços públicos essenciais, instalações de geração ou transmissão de energia, instalações militares, instalações de exploração, refino e processamento de petróleo e gás e instituições bancárias e sua rede de atendimento.

Com o apoderamento, poderá haver o controle total ou parcial, ainda que de modos temporários, dos bens, meios e serviços elencados no inc. IV do § 1º do art. 1º da Lei Antiterror.

Os meios empregados para que o agente leve a efeito qualquer dos comportamentos previstos no tipo penal em estudo são:

a) violência ou grave ameaça à pessoa;
b) mecanismos cibernéticos.

Como determina o inciso IV em estudo, e tal como ocorre em diversas passagens no Código Penal, a violência e a grave ameaça devem recair sobre a pessoa. Assim, não se poderá falar em violência, por exemplo, quando estiver diante daquela que é praticada contra coisas, como ocorre na hipótese em que o agente destrói um muro a fim de invadir uma escola para dela se apoderar, ou o que derruba as portas de segurança de uma instituição bancária, com a mesma finalidade.

O chamado crime cibernético é uma realidade dos nossos tempos. O século XXI está experimentando um avanço tecnológico inacreditável. Situações que, em um passado não mui-

---

Desaparecimento, consunção ou extravio

Art. 265. Fazer desaparecer, consumir ou extraviar combustível, armamento, munição, peças de equipamento de navio ou de aeronave ou de engenho de guerra motomecanizado:

Pena – reclusão, até três anos, se o fato não constitui crime mais grave."

[277] FACCIOLLI, Ângelo Fernando. *Introdução ao terrorismo*: evolução histórica, doutrina, aspectos táticos, estratégicos e legais, p. 309.

to distante, eram retratadas em filmes e desenhos infantis como hipóteses futuristas, hoje, se fazem presentes em nosso dia a dia. As conversas *on-line*, com visualização das imagens dos interlocutores, seja por meio de computadores, seja por *smartphones*, que pareciam incríveis no início da segunda metade do século XX, atualmente, fazem parte da nossa realidade.

Enfim, vivemos novos tempos e temos de nos adaptar, consequentemente, ao mau uso de todo esse aparato tecnológico. A internet revolucionou o mundo e o fez parecer muito menor.

Originalmente, a internet teve utilização militar. A ideia de uma rede interligada surgiu em 1962, durante a Guerra Fria, e foi imaginada, conforme esclarece Augusto Rossini, "para proteger a rede de computadores do governo norte-americano durante um ataque nuclear. Planos detalhados foram apresentados em 1967, tendo sido criada a ARPANET em 1968, estabelecendo-se o germe do que é hoje Internet"[278], concebida, entre outros, por Paul Baran, da empresa Rand Corporation, também com a finalidade de suprir as deficiências e fragilidades da rede telefônica AT&T, utilizada, ainda, nas décadas de 1980 e 1990, como meio de comunicação científica interuniversitária.

Conforme nos esclarece Juan José López Ortega:

"(...) em seus primeiros anos de existência, a internet parecia pressagiar um novo paradigma de liberdade. Um espaço isento de intervenções públicas, no qual os internautas desfrutavam de um poder de ação ilimitado. A liberdade para se comunicar e se expressar se estendia sem possibilidade de censura a todos os cantos do planeta. A propriedade intelectual, necessariamente, devia ser compartilhada e a intimidade se encontrava assegurada preservando o anonimato da comunicação e pelas dificuldades técnicas de rastrear as fontes e identificar os conteúdos.

As novas tecnologias de recolhimento dos dados, associadas à economia do comércio eletrônico, transformaram a liberdade e a privacidade na internet, e isso em consequência direta de sua comercialização. A necessidade de assegurar e identificar a comunicação para ganhar dinheiro por meio da rede, junto com a necessidade de proteger os direitos de novas arquiteturas de *software*, que possibilitam o controle da comunicação. Tecnologias de identificação (senhas, marcadores digitais, processos de identificação), colocadas nas mãos das empresas e dos governos, deram passo ao desenvolvimento de tecnologias de vigilância que permitem rastrear os fluxos de informação.

Através destas técnicas, qualquer informação transmitida eletronicamente pode ser recolhida, armazenada, processada e analisada. Para muitos, isso supôs o fim da privacidade e, se não é assim, ao menos obriga a redefinir o âmbito do privado na internet, um espaço no qual por sua dimensão global já não basta garantir o controle dos dados pessoais. Noções até agora válidas, como 'fichário' ou 'base de dados', deixam de ter significado. A nova fronteira não é o computador pessoal ou a internet, senão a rede global, e isso tem consequências ao delimitar o conteúdo do direito à intimidade, que no espaço digital se transmuda como o direito ao anonimato."[279] (tradução livre)

Muito se tem discutido, atualmente, a respeito dos chamados delitos de informática, também reconhecidos, doutrinariamente, por meio das expressões: crimes de computador, crimes digitais, crimes cibernéticos, crimes via internet, entre outras.

---

[278] ROSSINI, Augusto. *Informática, telemática e direito penal*, p. 26.

[279] LÓPES ORTEGA, Juan José. *Intimidad informática y derecho penal*: derecho a la intimidad y nuevas tecnologías, p. 109-110.

Na verdade, sob essa denominação se abrigam não somente os crimes cujo objeto material da conduta praticada pelo agente é um componente informático, a exemplo dos programas de computador, ou as próprias informações existentes em um dispositivo informático, como também – e o que é mais comum – todas as demais infrações penais nas quais a informática é utilizada como verdadeiro instrumento para sua prática, a exemplo do que vem acontecendo com o ciberterrorismo.

Como informa Ângelo Fernando Facciolli:

"A guerra cibernética é uma realidade atual, da qual nenhum organismo, Estado ou estrutura política pode estar imune.

As Tecnologias da Informação e Comunicação (TIC) correspondem aos recursos de modernidades que interferem e medeiam os processos informacionais e comunicativos dos seres. Ainda, podem ser entendidas como um conjunto de recursos tecnológicos integrados entre si, que proporcionam – por intermédio das funções de *hardware, software* e telecomunicações – automação e comunicação dos processos, de negócios, pesquisa científica e ensino.

Qualquer infraestrutura TIC, a princípio, pode ser objeto de um ataque terrorista. Um bom exemplo seria a 'interrupção' de um sistema de controle de tráfego de uma rede de metrôs. De outro lado, a infraestrutura TIC poderia ser não o alvo, mas a ferramenta utilizada em um ataque, como uma intencional alteração de dados de trajeto – 'sabotagem cibernética' – de uma determinada linha de metrô, que pudesse produzir um acidente."[280]

Tanto a sabotagem como o apoderamento podem, portanto, ser praticados por meio de mecanismos cibernéticos, tendo como alvo o seguinte: meio de comunicação ou de transporte, de portos, aeroportos, estações ferroviárias ou rodoviárias, hospitais, casas de saúde, escolas, estádios esportivos, instalações públicas ou locais onde funcionem serviços públicos essenciais, instalações de geração ou transmissão de energia, instalações militares, instalações de exploração, refino e processamento de petróleo e gás e instituições bancárias e sua rede de atendimento.

Devemos ressaltar que, ao definir os alvos, o legislador criou um rol de natureza taxativa. Isso quer dizer que qualquer outro alvo que não esteja previsto no elenco do inciso IV do artigo em exame não importará no reconhecimento dessa infração penal.

Assim, por exemplo, se a conduta terrorista for dirigida contra um parque de diversões ou mesmo um teatro, não haverá o delito tipificado no inc. IV do § 1º do art. 1º da Lei Antiterror.

22.2.2. Classificação doutrinária

Crime comum, com relação ao sujeito ativo, e próprio no que diz respeito ao sujeito passivo, uma vez que o tipo penal aponta aqueles que podem figurar nessa condição (meio de comunicação ou de transporte, de portos, aeroportos, estações ferroviárias ou rodoviárias, hospitais, casas de saúde, escolas, estádios esportivos, instalações públicas ou locais onde funcionem serviços públicos essenciais, instalações de geração ou transmissão de energia, instalações militares, instalações de exploração, refino e processamento de petróleo e gás

---

[280] FACCIOLLI, Ângelo Fernando. *Introdução ao terrorismo*: evolução histórica, doutrina, aspectos táticos, estratégicos e legais, p. 313.

e instituições bancárias e sua rede de atendimento); doloso, material[281]; de dano[282]; de forma vinculada (uma vez que o tipo indica os meios de execução); pluriofensivo; comissivo (podendo, no entanto, ser praticado via omissão imprópria); plurissubsistente; monossubjetivo; de ação múltipla ou de conteúdo variado; não transeunte (como regra, pois será possível, na maioria dos casos, o exame pericial).

22.2.3. Objeto material e bem juridicamente protegido

Os bens juridicamente protegidos pelo tipo em análise, segundo apontam Débora de Souza de Almeida e Fábio Roque Araújo, são "os patrimônios e serviços público e privado, bem como a incolumidade pública e a paz pública"[283].

Objeto material é a pessoa ou os bens, meios e serviços elencados no inc. IV do § 1º do art. 1º da Lei Antiterror.

22.2.4. Sujeitos ativo e passivo

Qualquer pessoa pode ser sujeito ativo do delito em análise, tratando-se, pois, de um delito comum.

Sujeito passivo imediato, ainda de acordo com as lições de Débora de Souza de Almeida e Fábio Roque Araújo, "é o ente que detém o controle dos bens ou serviços enumerados neste inciso, bem como a coletividade. Já o sujeito passivo mediato é o Estado"[284].

22.2.5. Consumação e tentativa

O crime se consuma quando o agente consegue levar a efeito a sabotagem destruindo, inutilizando, deteriorando, prejudicando, impedindo ou comprometendo o funcionamento, total ou parcialmente, de determinados bens, meios ou serviços que fazem parte do rol previsto no inc. IV do § 1º do art. 1º da Lei Antiterror, ou quando se apodera, também total ou parcialmente, de alguns desses mesmos bens, meios ou serviços já referidos, podendo-se valer, para tanto, do emprego de violência ou grave ameaça à pessoa, ou servindo-se de mecanismos cibernéticos.

Em se tratando de crimes plurissubsistentes, será possível o reconhecimento da tentativa.

---

[281] Obs.: parte de nossa doutrina entende tratar-se de crime formal e também de perigo concreto, a exemplo de Gabriel Habib (*Leis penais especiais*, p. 625) e Débora de Souza de Almeida et al. (*Terrorismo: comentários, artigo por artigo, à Lei 13.260/2016 – aspectos criminológicos e político-criminais* p. 209). Contudo, entendemos que a conduta narrada do tipo diz respeito à finalidade de causar dano, e não simplesmente produzir uma situação de perigo. Da mesma forma, cuida-se de crime material, em que há necessidade da produção do resultado naturalístico para o reconhecimento da consumação, ou mesmo o início de execução para que ocorra a tentativa. Assim, se um agente tenta, por meio de mecanismos cibernéticos, assumir o controle de determinado aeroporto, invadindo seu sistema informático, com o fim de sabotá-lo, mas, devido a um eficiente sistema de defesa, não consegue seu objetivo, deverá ser responsabilizado pela tentativa, e não pelo crime consumado, como seria o raciocínio correspondente a um crime de natureza formal.

[282] Obs.: *vide* nota anterior.

[283] ALMEIDA, Débora de Souza de et al. *Terrorismo*: comentários, artigo por artigo, à Lei 13.260/2016 – aspectos criminológicos e político-criminais, p. 209.

[284] ALMEIDA, Débora de Souza de et al. *Terrorismo*: comentários, artigo por artigo, à Lei 13.260/2016 – aspectos criminológicos e político-criminais, p. 209.

22.2.6. Elemento subjetivo

O dolo é o elemento subjetivo exigido pelo tipo penal em estudo, não havendo previsão para a modalidade de natureza culposa.

Além da demonstração do elemento subjetivo, deverá ficar evidenciado que o agente atuou por razões de xenofobia, discriminação ou preconceito de raça, cor, etnia e religião, com a finalidade de provocar terror social ou generalizado.

22.2.7. Modalidades comissiva e omissiva

As condutas de sabotar e apoderar-se pressupõem um comportamento comissivo por parte do agente.

No entanto, dependendo do caso concreto, poderão ser praticadas via omissão imprópria, na hipótese de o agente gozar do *status* de garantidor. Assim, imagine-se a hipótese daquele que, exercendo as funções de vigia, e insatisfeito com o tratamento que vinha recebendo da direção de determinado hospital, durante a noite, não efetua o trancamento das portas que davam acesso àquele nosocômio, mesmo já tendo sido alertado de uma possível invasão por grupos terroristas, que dele ameaçaram se apoderar. Nesse caso, o vigia também responderia pela infração penal *sub examen*, na qualidade de garantidor porque, mesmo podendo, não tentou impedir a produção do resultado, conforme o disposto no § 2º do art. 13 do Código Penal.

22.2.8. Pena, ação penal e competência para julgamento

A pena prevista para o delito tipificado no inc. IV do § 1º do art. 2º da Lei Antiterror é de reclusão, de doze a trinta anos, além das sanções correspondentes à ameaça ou à violência.

A ação penal é de iniciativa pública incondicionada.

Nos termos do art. 11 do diploma legal em análise, para todos os efeitos legais, considera-se que os crimes previstos nessa lei são praticados contra o interesse da União, cabendo à Polícia Federal a investigação criminal, em sede de inquérito policial, e à Justiça Federal o seu processamento e julgamento, nos termos do inc. IV do art. 109 da Constituição Federal.

22.3. Atentar contra a vida ou a integridade física de pessoa

22.3.1. Introdução

Situação extremamente comum, infelizmente, é a prevista no inc. V do § 1º do art. 2º da Lei nº 13.260/2016. Em regra, é atentando contra a vida ou a integridade física das pessoas que o terrorismo alcança um dos seus maiores objetivos, qual seja, o de disseminar o terror social, o pânico generalizado.

São incontáveis os casos em que terroristas lançaram toda sua fúria contra pessoas indefesas, causando mortes e lesões. Somente a título de exemplo, e sem fazer uma imersão muito distante, em 13 de novembro de 2015, em Paris, armados com fuzis, em uma série de ataques, incluindo o levado a efeito na famosa casa de *shows Bataclan*, mataram mais de cem pessoas e feriram quase trezentas; em 19 de dezembro de 2016, um caminhão invadiu uma feira natalina no centro de Berlim, matando 12 e ferindo mais de 50 pessoas; em 17 de agosto de 2017, um motorista avançou com um veículo contra uma multidão em uma avenida localizada no centro de Barcelona, matando 16 pessoas e ferindo mais de 100.

Como se percebe, os atentados terroristas não requerem muita sofisticação, tal como aconteceu com aqueles ocorridos em 11 de setembro de 2001, nos EUA. Qualquer instrumento pode ser utilizado para produzir a morte ou causar lesão às pessoas, tal como vem acontecendo ultimamente com o emprego de caminhões e até mesmo automóveis. Não se requerem explosivos com grande poder de destruição, ou mesmo a utilização de fuzis. Os chamados lobos, ou melhor, ratos solitários, se valem de qualquer instrumento que possa levar à morte ou ferir as pessoas inocentes, que pagam o preço por não aderirem à sua causa.

O núcleo *atentar*, utilizado pelo inciso V em estudo, diz respeito ao fato de praticar um comportamento com a finalidade de causar a morte ou mesmo lesão nas pessoas. Atentar, aqui, ao contrário do que preconiza parte da doutrina, não diz respeito à prática de um crime tentado, mas, sim, ao início da prática de um crime contra a vida ou mesmo contra a integridade física de alguém.

Não se pune a morte ou as lesões corporais produzidas, mas simplesmente o fato de ter dado início a essa conduta por razões de xenofobia, discriminação ou preconceito de raça, cor, etnia e religião, com a finalidade de provocar terror social ou generalizado. Conforme esclarecem Eduardo Luiz Santos Cabette e Marcius Tadeu Maciel Nahur:

> "Trata-se do atentado contra a vida ou a integridade da pessoa. Ao usar o singular, deixou clara a legislação que para a configuração do ato terrorista não há necessidade de pluralidade vitimal. Portanto, desde que informada a conduta pelos elementos subjetivos previstos no art. 2º, *caput*, não há diferença se o alvo é uma pessoa específica ou um grupo determinado ou indeterminado de pessoas. É claro que o atingimento ou o intento de atingir um número elevado de vítimas poderá ser levado em consideração pelo juiz no momento de dosimetria da pena-base, nos termos do art. 59, CP (circunstâncias judiciais).
>
> Observa-se ainda que ao empregar a palavra 'atentado', o legislador cria um tipo penal conhecido na doutrina como 'crime de atentado, de empreitada ou de empreendimento', sendo fato que não há necessidade de efetiva lesão (morte ou lesão corporal), bastando a prática do ato com o intento de obter esses resultados para configurar o crime já consumado. Vale dizer: se um terrorista detona uma bomba numa praça pública porque ali se acham norte-americanos (xenofobia) e chega a matar e a ferir pessoas, o crime está consumado. Se detona a bomba e não chega a ferir ninguém, também está o crime igualmente consumado. A única diferença será novamente a questão da dosimetria da pena-base, de acordo com o art. 59, CP, levando em conta o desvalor do resultado que é diverso em cada um dos exemplos (consequências da infração)."[285]

Aqui, portanto, se o agente atuar no sentido de atentar contra a vida ou a integridade física de alguém, motivado por razões de xenofobia, discriminação ou preconceito de raça, cor, etnia e religião, com a finalidade de provocar terror social ou generalizado, se não houver qualquer resultado morte ou lesão, responderá tão somente pela infração penal tipificada no inc. V do § 1º do art. 2º da Lei nº 13.260/2016. Contudo, se, efetivamente, vier a causar morte ou lesões a pessoas, deverá incidir a regra do chamado concurso formal impróprio, uma vez que o preceito secundário do mencionado artigo determina que a pena será de reclusão, de doze a trinta anos, *além das sanções correspondentes à ameaça ou à violência*.

---

[285] CABETTE, Eduardo Luiz Santos; NAHUR, Marcius Tadeu Maciel. *Terrorismo:* Lei 13.260/16 comentada, p. 113-114.

Como afirma, corretamente, Renato Augusto Pereira Maia:

"É de se ter em vista, ainda, que a Lei Antiterrorismo deixa claro que, no caso desse tipo, além da pena do terrorismo, teríamos as penas de violência ou ameaça.
Se o indivíduo mata 20 pessoas em ato de terrorismo responderá por 20 homicídios em concurso formal impróprio e um terrorismo. Não há falar em consunção."[286]

Em sentido contrário, Gabriel Habib preleciona:

"Questão relevante versa sobre a hipótese de o agente atentar contra a vida ou a integridade física de alguém e, efetivamente, causar a morte ou a lesão corporal da vítima. Nesse caso, haveria concurso de crimes entre o presente tipo penal e o tipo penal de homicídio ou de lesão corporal? Pensamos que a resposta seja negativa. Isso porque, como dito, o tipo penal ora comentado é um crime de perigo e os delitos de homicídio e lesão corporal são delitos de dano. Aplica-se, portanto, o princípio da consunção na vertente do crime progressivo, segundo a qual o crime de dano absorve o crime de perigo. Portanto, o agente responde apenas pelo delito de homicídio ou lesão corporal. Até porque se o presente tipo penal é um crime de perigo, o dolo do agente não pode ser de efetivamente causar um dano ao bem jurídico. Ou o agente gera uma situação de perigo aos bens jurídicos e responde por esse tipo penal, ou causa um dano efetivamente (com dolo de dano) e responde por homicídio ou por lesão corporal."[287]

Em que pese a força do raciocínio do querido amigo, entendemos que, *in casu*, não estamos diante de uma infração penal de perigo, como ocorre em outros tipos penais previstos na Lei Antiterror, mas, sim, um delito de dano. Isso porque a redação é clara, dizendo: *atentar* contra a vida ou a integridade física de pessoa. Quem atenta contra a vida ou a integridade física de alguém não age com dolo de perigo, mas, sim, com dolo de dano, razão pela qual a incompatibilidade apontada pelo renomado autor restaria completamente afastada.

Se não bastasse, interpretando fato similar, o Supremo Tribunal Federal, em julgamento em que se discutia a possibilidade de reconhecimento de concurso de crimes entre o delito de genocídio e os homicídios praticados pelo agente, embora não viesse a reformar a decisão que não o acatou, reconheceu que esse seria o raciocínio correto, uma vez que seria inimaginável que o agente viesse a se beneficiar com esse fato, como se percebe pela leitura de parte da ementa que segue:

Concurso de crimes. Genocídio. Crime unitário. Delito praticado mediante execução de doze homicídios como crime continuado. Concurso aparente de normas. Não caracterização. Caso de concurso formal. Penas cumulativas. Ações criminosas resultantes de desígnios autônomos. Submissão teórica ao art. 70, *caput*, segunda parte, do Código Penal. Condenação dos réus apenas pelo delito de genocídio. Recurso exclusivo da defesa. Impossibilidade de *reformatio in peius*. Não podem os réus, que cometeram, em concurso formal, na execução do delito de genocídio, doze homicídios, receber a pena destes além da pena daquele, no âmbito de recurso exclusivo da defesa.
Competência criminal. Ação penal. Conexão. Concurso formal entre genocídio e homicídios dolosos agravados. Feito da competência da Justiça Federal. Julgamento cometido, em tese, ao tribunal do

---

[286] PEREIRA MAIA, Renato Augusto. Terrorismo – Lei 13.260/16: uma análise da tipificação do terrorismo no ordenamento jurídico brasileiro. *Conteúdo Jurídico*, 10.04.2018. Disponível em: <https://conteudojuridico.com.br/consulta/Artigos/51533/terrorismo-lei-13-260-16-uma-analise-da-tipificacao-do-terrorismo-no-ordenamento-juridico-brasileiro>. Acesso em: 27 fev. 2019.

[287] HABIB, Gabriel. *Leis penais especiais*: volume único, p. 626.

> júri. Inteligência do art. 5º, XXXVIII, da CF, e art. 78, I, cc. art. 74, § 1º, do Código de Processo Penal. Condenação exclusiva pelo delito de genocídio, no juízo federal monocrático. Recurso exclusivo da defesa. Improvimento. Compete ao tribunal do júri da Justiça Federal julgar os delitos de genocídio e de homicídio ou homicídios dolosos que constituíram modalidade de sua execução (RE 351.487/RR, Pleno, Rel. Min. Cezar Peluso, j. 03.08.2006).

Assim, concluindo, se do atentado não houver a produção de mortes ou lesões corporais, o agente deverá ser responsabilizado tão somente pelo delito de terrorismo, tipificado no inc. V do § 1º do art. 2º da Lei nº 13.260/2016. Por outro lado, se do atentado terrorismo advierem mortes ou lesões corporais, deverá ser aplicada a regra do concurso formal impróprio.

22.3.2. Classificação doutrinária

Crime comum, com relação tanto ao sujeito ativo quanto ao sujeito passivo; doloso, formal; de dano; de forma livre; pluriofensivo; comissivo (podendo, no entanto, ser praticado via omissão imprópria); plurissubsistente; monossubjetivo; de ação múltipla ou conteúdo variado; não transeunte (como regra, pois será possível, na maioria dos casos, o exame pericial).

22.3.3. Objeto material e bem juridicamente protegido

Não somente a paz pública como também a vida e a integridade física das pessoas são os bens juridicamente protegidos pelo inc. V do § 1º do art. 2º da Lei nº 13.260/2016.

A pessoa ou as pessoas contra as quais são dirigidos os atentados são o objeto material do tipo penal em estudo.

22.3.4. Sujeitos ativo e passivo

Em se tratando de um crime comum, qualquer pessoa pode ser considerada sujeito ativo da infração penal *sub examen.*

Da mesma forma, qualquer pessoa pode figurar como sujeito passivo, não havendo nenhuma qualidade ou condição especial exigida pelo tipo penal.

22.3.5. Consumação e tentativa

O delito se consuma no exato instante em que o agente pratica o atentado contra a vida ou a integridade física de alguém, por razões de xenofobia, discriminação ou preconceito de raça, cor, etnia e religião, com a finalidade de provocar terror social ou generalizado.

Aqui não importa se obteve, ou não, sucesso na sua empreitada criminosa, causando morte ou lesões corporais nas pessoas contra as quais foram dirigidos os atentados. Matando ou não, ferindo ou não, o delito já está consumado com a simples prática da conduta de atentar contra alguém, com essa finalidade. Nesse caso, a tentativa de homicídio ou mesmo a tentativa de lesões corporais, mesmo que consideradas brancas, ou seja, sem que as vítimas tenham sido atingidas, já servirão para efeito de reconhecimento da infração penal sem que, para tanto, seja aplicada a causa geral de redução de pena prevista no parágrafo único do art. 14 do Código Penal.

22.3.6. Elemento subjetivo

O dolo é o elemento subjetivo exigido pelo tipo penal em estudo, não havendo previsão para a modalidade de natureza culposa.

Conforme esclarece Gabriel Habib:

"Sempre devem estar presentes neste tipo penal, de forma cumulativa, os dois especiais fins de agir descritos no *caput* do art. 2º: razões de xenofobia, discriminação ou preconceito de raça, cor, etnia e religião; e a finalidade de provocar terror social ou generalizado."[288]

22.3.7. Modalidades comissiva e omissiva

O delito de atentar contra a vida ou a integridade física de pessoa pode ser praticado comissiva ou omissivamente, desde que estejamos diante de alguém que goze do *status* de garantidor.

Assim, tanto pode praticar o delito em análise aquele que se utiliza de um fuzil AK 47 e atira em direção às pessoas que estavam no interior de um teatro quanto aquele que, com o fim de causar a morte ou lesões, não leva a efeito o desvio dos trilhos de um trem de passageiros, sendo essa a sua responsabilidade, fazendo, assim, que venha a colidir com outro.

22.3.8. Pena, ação penal e competência para julgamento

A pena prevista para o delito tipificado no inciso V do § 1º do art. 2º da Lei Antiterror é de reclusão, de doze a trinta anos, além das sanções correspondentes à ameaça ou à violência.

A ação penal é de iniciativa pública incondicionada.

Nos termos do art. 11 do diploma legal em análise, para todos os efeitos legais, considera-se que os crimes previstos nessa Lei são praticados contra o interesse da União, cabendo à Polícia Federal a investigação criminal, em sede de inquérito policial, e à Justiça Federal o seu processamento e julgamento, nos termos do inciso IV do art. 109 da Constituição Federal.

23. CAUSAS DE ATIPICIDADE FORMAL (CLÁUSULAS DE CONTENÇÃO DO TIPO PENAL)

Diz o § 2º do art. 2º da Lei nº 13.260/2016:

> (...)
> § 2º O disposto neste artigo não se aplica à conduta individual ou coletiva de pessoas em manifestações políticas, movimentos sociais, sindicais, religiosos, de classe ou de categoria profissional, direcionados por propósitos sociais ou reivindicatórios, visando a contestar, criticar, protestar ou apoiar, com o objetivo de defender direitos, garantias e liberdades constitucionais, sem prejuízo da tipificação penal contida em lei.

Há muitos movimentos sociais que mais se parecem com grupos terroristas, devido, principalmente, à sua atuação violenta, à forma como levam a efeito suas reivindicações. A Lei Antiterror é falha em vários aspectos. Na verdade, parece que suas lacunas ou falhas foram propositais. Editada no governo da presidente afastada Dilma Rousseff, impregnada de seu viés ideológico, não poderia ter sido diferente.

Como deixar de lado o chamado terrorismo político? Como não inibir a violência de movimentos travestidos de defensores de "bandeiras sociais"? É claro que, num Estado Democrático de Direito, não se pode "calar a boca" da população, amedrontando-a com uma punição de natureza penal. Por outro lado, não se pode tolerar situações que causam pânico ou terror generalizado na sociedade.

---

[288] HABIB, Gabriel. *Leis penais especiais*: volume único, p. 626.

Veja-se o exemplo que ocorre com o grupo de baderneiros denominado *black blocs*. Qual a razão de destruir o patrimônio alheio, público e privado, de impregnar as cidades com sua violência, com o fim de verem atendidas algumas reivindicações? Como ficar impune praticando agressões físicas contra policiais encarregados de manter a ordem nas manifestações públicas?

No entanto, vale o alerta feito por Eduardo Luiz Santos Cabette e Marcius Tadeu Maciel Nahur, quando asseveram ser:

> "Mister que haja realmente uma norma de contenção para evitar que a Lei Antiterror se converta em instrumento de perseguição, intimidação, domínio e, enfim, cerceamento e efetiva destruição de direitos e garantias fundamentais imprescindíveis à caracterização de um Estado Democrático de Direito.
>
> Um exemplo típico do uso do pretexto do 'terrorismo' para oprimir as pessoas foi a condenação à morte por fuzilamento em Cuba, em 2003, de sequestradores de uma balsa que não causaram ferimento em ninguém, mas apenas se apossaram da embarcação com o intuito de utilizá-la para se evadirem da ilha.
>
> Não é possível admitir que, sob pretexto da segurança pública, da segurança nacional, da ordem pública ou seja lá de que expressão equívoca se pretenda utilizar, seja possível afrontar as liberdades basilares do homem. E a verdade é que o fenômeno do terrorismo, exatamente pelo pânico e sensação de insegurança que enseja, tem a qualidade de ocasionar uma boa oportunidade para a conversão de excepcionalidade em regras, subvertendo qualquer traço de proporcionalidade ou razoabilidade."[289]

24. ORGANIZAÇÃO TERRORISTA

24.1. Introdução

O art. 3º da Lei nº 13.260/2016 criou a figura da *organização terrorista*, que podemos entender como uma subespécie de organização criminosa. Não esclareceu, contudo, as suas características principais, a exemplo do que ocorreu com o § 1º do art. 1º da Lei nº 12.850, de 2 de agosto de 2013, que definiu organização criminosa.

Assim, indagamos: ao se referir à organização terrorista, a Lei nº 13.260/2016 utilizou, como paradigma, a lei que definiu organização criminosa, ou seja, a organização terrorista, como subespécie de organização criminosa, exige, para sua configuração, os mesmos requisitos previstos no § 1º do art. 1º da Lei nº 12.850/2013? Entendemos que sim, pois, caso contrário, não teria recebido essa denominação.

Nesse sentido, com precisão, aduz Fábio Roque Araújo:

> "O tipo penal contido no art. 3º criminaliza condutas que dizem respeito à organização terrorista. Releva notar, porém, que a Lei em comento não conceitua organização terrorista. Razoável que se compreenda tratar-se de uma modalidade de organização criminosa que se dedica à prática de atos terroristas, tal como definido no art. 2º da presente Lei."[290]

---

[289] CABETTE, Eduardo Luiz Santos; NAHUR, Marcius Tadeu Maciel. *Terrorismo*: Lei 13.260/16 comentada, p. 115-116.

[290] ARAÚJO, Fábio Roque et al. *Terrorismo*: comentários, artigo por artigo, à Lei 13.260/2016 – aspectos criminológicos e político-criminais, p. 232.

Dessa forma, adotando o conceito de organização criminosa anteriormente transcrito, o transportaremos para a organização terrorista, adaptando-o às suas especificidades. Importante ressaltar que o próprio inc. II do § 2º do art. 1º da Lei nº 12.850/2013 determina sua aplicação às organizações terroristas.

Como a própria expressão nos induz, para que seja reconhecida como tal, é preciso que exista uma *organização*, isto é, uma estrutura hierarquizada, especialmente criada com a finalidade de praticar qualquer das infrações penais tipificadas na Lei nº 13.260/2016. Dessa maneira, o § 1º do art. 1º da Lei nº 12.850/2013 aponta os elementos necessários à sua caracterização, dizendo que se considera organização criminosa (aqui entendida como organização terrorista) a associação de 4 (quatro) ou mais pessoas estruturalmente ordenada e caracterizada pela divisão de tarefas, ainda que informalmente, com objetivo de praticar os delitos previstos na Lei Antiterror.

Assim, podemos apontar, de acordo com o referido diploma legal, os seguintes elementos que deverão estar presentes para o efeito de reconhecimento de uma organização criminosa terrorista, a saber:

a) associação de 4 (quatro) ou mais pessoas;
b) estrutura ordenada;
c) divisão de tarefas;
d) mediante a prática de atos de terrorismo legalmente definidos.

a) *Associação de 4 (quatro) ou mais pessoas:* a lei que definiu a organização criminosa exigiu, para efeito de sua configuração, a presença de, do mínimo, quatro pessoas. Era o número mínimo exigido para a configuração do antigo delito de quadrilha ou bando, tipificado no art. 288 do Código Penal, antes da modificação introduzida pela Lei nº 12.850, de 2 de agosto de 2013, que, além de modificar o nome de sua rubrica para *associação criminosa*, reduziu a três pessoas o número de seus participantes.

Percebe-se, aqui, a opção político-criminal levada a efeito pelo legislador que, ao exigir um mínimo de quatro pessoas, entendeu que esse era o número adequado a uma empresa criminosa minimamente estruturada, da mesma forma que reduziu a três, como afirmamos anteriormente, o número mínimo exigido para o reconhecimento do delito de *associação criminosa*, tipificado no art. 288 do Código Penal, ou mesmo a duas pessoas, tal como ocorre com a associação para as práticas dos delitos previstos nos arts. 33, *caput* e § 1º, e 34 da Lei Antidrogas, conforme o disposto em seu art. 35.

Inicialmente, para que se reconheça a organização criminosa, é preciso concluir que a palavra *associação*, empregada no tipo penal, diz respeito àquela com caráter duradouro. Tal como ocorre com o delito tipificado no art. 288 do Código Penal, essa *associação* se refere a uma reunião não eventual de pessoas. Assim, por exemplo, os integrantes do grupo não se reúnem apenas, por exemplo, para o cometimento de um único delito de terrorismo.

Não se exige, para efeito do número mínimo requerido ao reconhecimento da organização terrorista, vale dizer, 4 (quatro) pessoas, sejam todos os integrantes considerados imputáveis, podendo as pessoas inimputáveis fazer parte desse cômputo. Assim, poderá uma organização terrorista ser composta de, no mínimo, uma pessoa imputável, sendo as demais consideradas inimputáveis, desde que presentes os demais requisitos necessários ao seu reconhecimento.

Da mesma forma, nada impede o reconhecimento da organização terrorista se nem todos os agentes forem identificados, bastando, no entanto, que se confirme o número mínimo de quatro pessoas.

Se a organização terrorista contava, em sua formação, com o número mínimo de participantes, vale insistir, quatro pessoas, se uma delas deixá-la após a sua constituição, a organização criminosa restará desfeita, só respondendo pelo tempo em que se considerou como efetivamente constituída.

b) *Estrutura ordenada:* para que se possa concluir por uma organização terrorista, como o próprio nome nos está a induzir, é necessário que exista uma estrutura mínima, principalmente contando com hierarquias. Essa estrutura permite que a organização planeje e execute suas ações, levando a efeito tudo que for necessário ao cometimento dos crimes por ela objetivados.

Dependendo do tamanho da organização terrorista, tal como ocorre, *v.g.*, com o Estado Islâmico, a Al-Qaeda, as Farc etc., essa estrutura poderá ser extremamente complexa, podendo, inclusive, muitos de seus membros desconhecer a participação uns dos outros. Aqui, mais do que em qualquer outro grupo criminoso, são aplicados os conceitos da chamada *autoria de escritório* ou os denominados *aparatos organizados de poder*, em que o mandante, muitas vezes, desconhece quem seja o executor da ordem e vice-versa. Isso porque a engrenagem é perfeita, funcionando como se fossem, realmente, grandes empresas, cada qual exercendo uma função para a qual foi chamado.

Dissertando sobre a autoria de escritório, Zaffaroni e Pierangeli aduzem, com precisão, que esta "pressupõe uma 'máquina de poder', que pode ocorrer tanto num Estado em que se rompeu com toda a legalidade, como organização paraestatal (um Estado dentro do Estado), ou como numa máquina de poder autônoma 'mafiosa', por exemplo"[291].

c) *Divisão de tarefas:* numa organização terrorista as tarefas, normalmente, são de natureza heterogênea e divididas entre seus participantes, cada um deles atuando conforme sua habilidade ou "missão" para a qual foi recrutado, visando ao sucesso das infrações penais planejadas pelo grupo criminoso. Aplica-se, *in casu*, para efeito de reconhecimento do concurso de pessoas existente na organização terrorista, a teoria do domínio funcional sobre o fato, segundo a qual cada participante detém o domínio do fato, vale dizer, do comportamento que, somado aos demais, culminará com o sucesso das empreitadas criminosas.

Assim, os líderes dessas organizações terroristas serão responsabilizados criminalmente por tudo aquilo que o grupo vier a praticar, mesmo que não levem a efeito, diretamente, os chamados atos de execução.

De acordo com as lições de Juan Carlos Ferré Olivé et al.:

"Devem existir quatro requisitos imprescindíveis para se atribuir o domínio do fato ao autor por detrás: (I) poder de mando; (II) desvinculação do aparato organizado do ordenamento jurídico; (III) fungibilidade do executor imediato; e (IV) disponibilidade do fato consideravelmente elevada por parte do executor material."[292]

---

[291] ZAFFARONI, Eugenio Raúl; PIERANGELI, José Henrique. *Manual de direito penal brasileiro*: parte geral, p. 672.

[292] FERRÉ OLIVÉ, Juan Carlos et al. *Direito penal brasileiro*: parte geral – princípios fundamentais e sistema, p. 552.

Importante frisar, contudo, a crítica a essa exigência legal levada a efeito por Marllon Sousa quando, acertadamente, afirma não ser essencial:

"A divisão de tarefas, sendo comum a existência de grupos criminosos nos quais todas as pessoas realizam os mesmos atos de execução, nas mais diversas etapas do cometimento do delito. Portanto, é uma questão muito mais de tipificação penal em concurso de pessoas, a ser aferida no momento da aplicação da pena, do que um traço essencial para uma investigação processual penal.

Segundo, por se mostrar inócua a previsão de que a divisão de tarefas, aptas a caracterizar a organização criminosa, não precisa ser formal, pois é evidente que não há um contrato escrito, firmado entre aqueles que se reúnem para a prática de delitos, estabelecendo rigorosamente quais as atribuições de cada indivíduo nas empreitadas criminosas que estão por vir. Melhor que não houvesse essa previsão. Além de supérflua, apenas serviu para mostrar, mais uma vez, como nosso legislador vive em um mundo isolado daquele vivenciado na sociedade brasileira."[293]

d) *Mediante a prática de atos de terrorismo legalmente definidos:* O terrorismo, nos termos definidos no *caput* do art. 2º da Lei nº 13.260, de 16 de março de 2016, consiste na prática por um ou mais indivíduos dos atos previstos nesse artigo, por razões de xenofobia, discriminação ou preconceito de raça, cor, etnia e religião, quando cometidos com a finalidade de provocar terror social ou generalizado, expondo a perigo pessoa, patrimônio, a paz pública ou a incolumidade pública.

O § 1º do referido artigo aponta os atos de terrorismo, dizendo, *verbis*:

> § 1º São atos de terrorismo:
> I – usar ou ameaçar usar, transportar, guardar, portar ou trazer consigo explosivos, gases tóxicos, venenos, conteúdos biológicos, químicos, nucleares ou outros meios capazes de causar danos ou promover destruição em massa;
> II – (VETADO);
> III – (VETADO);
> IV – sabotar o funcionamento ou apoderar-se, com violência, grave ameaça a pessoa ou servindo-se de mecanismos cibernéticos, do controle total ou parcial, ainda que de modo temporário, de meio de comunicação ou de transporte, de portos, aeroportos, estações ferroviárias ou rodoviárias, hospitais, casas de saúde, escolas, estádios esportivos, instalações públicas ou locais onde funcionem serviços públicos essenciais, instalações de geração ou transmissão de energia, instalações militares, instalações de exploração, refino e processamento de petróleo e gás e instituições bancárias e sua rede de atendimento;
> V – atentar contra a vida ou a integridade física de pessoa: (...).

Aqui, ao contrário de uma organização criminosa "comum", cujo objetivo é obter, direta ou indiretamente, vantagem de qualquer natureza, mediante a prática de infrações penais cujas penas máximas sejam superiores a 4 (quatro) anos, ou que sejam de caráter transnacional, a organização terrorista tem como finalidade o cometimento de atos de terrorismo, por razões de xenofobia, discriminação ou preconceito de raça, cor, etnia e religião, quando cometidos com a finalidade de provocar terror social ou generalizado, expondo a perigo a pessoa, o patrimônio, a paz pública ou a incolumidade pública.

---

[293] SOUSA, Marllon. *Crime organizado e infiltração policial*: parâmetros para a validação da prova colhida no combate às organizações criminosas, p. 28.

Uma vez entendido o conceito de organização terrorista, passaremos a analisar cada uma das condutas previstas no tipo penal em análise. Trata-se de um tipo misto alternativo, em que a prática de mais de um comportamento importará em uma única infração penal.

Eduardo Luiz Santos Cabette e Marcius Tadeu Maciel Nahur, com precisão, esclarecem:

> "– Promover – com significado de dar impulso, trabalhar a favor, favorecer o progresso, fazer avançar, fomentar, diligenciar, causar, originar ou propor. Tem ligação com a própria criação e desenvolvimento da organização.
>
> – Constituir – significa dar base, formar, compor, organizar, estabelecer, conduta que também é relacionada com a criação da organização. Como a lei não tem palavras inúteis, parece que uma boa interpretação seria que o 'promover' estaria mais ligado ao impulso inicial da organização, enquanto que o 'constituir' já se referiria aos atos de formação e início das atividades.
>
> – Integrar – significa fazer parte, compor, ser um dos participantes, atuar na organização criminosa;
>
> – Prestar auxílio – cooperar com, auxiliar, ajudar, acolitar."[294]

Esses comportamentos podem ser praticados pessoalmente pelo agente, ou mesmo por interposta pessoa que pode, ou não, saber que, de alguma forma, contribui, coopera, com a organização terrorista. Se a interposta pessoa souber efetivamente o que faz, estaremos diante da hipótese, muitas vezes, de concurso de pessoas com o agente que dela se valeu. Ambos, portanto, praticarão o delito previsto no art. 3º *sub examen*. Se essa interposta pessoa não tinha conhecimento de que, de alguma forma, por exemplo, prestava auxílio a uma organização terrorista, até mesmo porque desconhecia sua existência, estaremos diante de um caso de autoria mediata, somente respondendo aquele que determinou que essa interposta pessoa fizesse algo que auxiliasse a organização terrorista.

Assim, por exemplo, imagine-se a hipótese em que o agente peça para que interposta pessoa entregue um passaporte falso a um integrante de uma organização criminosa, que o ajudaria a atravessar a fronteira de determinado país, onde seria praticado o atentado terrorista. Nesse caso, a interposta pessoa não sabia da falsidade do documento, tampouco que a pessoa a quem o havia entregado pertencia a uma organização terrorista. Aqui, apenas o agente que dele se utilizou é que responderá pelo delito em estudo, tipificado no art. 3º da Lei Antiterror.

24.2. Classificação doutrinária

Crime comum, com relação tanto ao sujeito ativo quanto ao sujeito passivo; doloso; formal (tendo em vista a ausência de resultado naturalístico para efeitos de seu reconhecimento); de forma livre; plurissubsistente (sendo possível o fracionamento do *iter criminis*); monossubjetivo (de concurso eventual); de perigo comum; de ação múltipla ou de conteúdo variado; permanente (nas modalidades constituir e integrar); transeunte e também não transeunte (dependendo da possibilidade, ou não, de realização do exame pericial); de perigo abstrato (em que não há necessidade de efetiva demonstração do perigo para efeitos de configuração do delito, bastando, simplesmente, a prática de um dos comportamentos previstos pelo tipo penal).

---

[294] CABETTE, Eduardo Luiz Santos; NAHUR, Marcius Tadeu Maciel. *Terrorismo:* Lei 13.260/16 comentada, p. 123.

24.3. Objeto material e bem juridicamente protegido

A paz pública é o bem juridicamente protegido pelo tipo penal constante do art. 3º da Lei Antiterror.

Não há objeto material.

24.4. Sujeitos ativo e passivo

Qualquer pessoa pode ser considerada sujeito ativo do delito em estudo.

Sujeito passivo é o Estado.

24.5. Consumação e tentativa

O delito se consuma quando o agente vem, efetivamente, a promover, constituir, integrar ou a prestar auxílio, pessoalmente ou por interposta pessoa, a organização terrorista.

Entendemos que estamos diante de um delito plurissubsistente, razão pela qual será possível o reconhecimento do *conatus*. Assim, por exemplo, imagine-se a hipótese em que o agente, com a finalidade de prestar auxílio a uma organização terrorista, tenha combinado com seus membros de abrir e manter aberta, indevidamente, uma das portas de um ambiente que se encontrava imediatamente abaixo da estrutura de um prédio comercial, onde seriam colocados os explosivos que, após a sua detonação, em virtude do local escolhido, fariam que todo o prédio viesse abaixo. Quando estava já com as chaves na fechadura, o agente é impedido de levar adiante o seu plano criminoso, que já havia sido descoberto pela polícia, frustrando a ação terrorista. Nesse caso, entendemos pela possibilidade de reconhecimento da tentativa.

Em sentido contrário, Eduardo Luiz Santos Cabette e Marcius Tadeu Maciel Nahur entendem pela impossibilidade de reconhecimento da tentativa, pois consideram como sendo de natureza unissubsistente o delito em estudo, aduzindo:

> "A tentativa é inviável, seja pelo fato de tratar-se de crime unissubsistente, cuja consumação se dá num único ato, impossível de fracionamento, seja porque se trata de crime de empreitada, em que a consumação já ocorre com aquilo que normalmente seria uma mera cogitação."[295]

Em que pese a força do raciocínio dos renomados autores, ousamos dele discordar. Isso porque, como já deixamos antever, entendemos que estamos diante de um delito plurissubsistente, em que somente o caso concreto é que nos permitirá saber se haverá ou não possibilidade de reconhecimento da tentativa, principalmente quando a conduta do agente importar na chamada prestação de auxílio, como exemplificamos anteriormente.

24.6. Elemento subjetivo

As condutas previstas pelo tipo penal constante do art. 3º da Lei Antiterror somente podem ser praticadas a título de dolo, não havendo previsão para a modalidade de natureza culposa.

Merece ser ressaltado que todos os comportamentos previstos no art. 3º da Lei Antiterror devem ser praticados por razões de xenofobia, discriminação ou preconceito de raça, cor,

---

[295] CABETTE, Eduardo Luiz Santos; NAHUR, Marcius Tadeu Maciel. *Terrorismo:* Lei 13.260/16 comentada, p. 124.

etnia e religião, quando cometidos com a finalidade de provocar terror social ou generaliza-do, expondo a perigo pessoa, patrimônio, a paz pública ou a incolumidade pública.

24.7. Modalidades comissiva e omissiva

Os núcleos promover, constituir, integrar ou prestar auxílio pressupõem um comportamento comissivo por parte do agente, não havendo previsão para conduta de natureza omissiva.

24.8. Pena, ação penal e competência para julgamento

A pena prevista para o delito tipificado no art. 3º da Lei Antiterror é de reclusão, de cinco a oito anos, e multa.

A ação penal é de iniciativa pública incondicionada.

Nos termos do art. 11 do diploma legal em análise, para todos os efeitos legais, considera-se que os crimes previstos nessa lei são praticados contra o interesse da União, cabendo à Polícia Federal a investigação criminal, em sede de inquérito policial, e à Justiça Federal o seu processamento e julgamento, nos termos do inc. IV do art. 109 da Constituição Federal.

25. ATOS PREPARATÓRIOS DE TERRORISMO

25.1. Introdução

Uma das infrações penais mais polêmicas da Lei nº 13.260/2016 é aquela justamente prevista no art. 5º, que assevera que será punido com as penas correspondentes ao delito consumado, diminuída de um quarto até a metade, aquele que realizar *atos preparatórios* de terrorismo com o propósito inequívoco de consumar o delito.

Nosso *iter criminis* é composto de cinco fases, a saber: cogitação – preparação – execução – consumação – exaurimento (embora parte de nossa doutrina aponte somente quatro delas, não incluindo o exaurimento).

A regra constante do inc. II do art. 14 do estatuto repressivo exige que, para efeitos de responsabilidade penal, o agente dê início, pelo menos, aos chamados atos de execução, punindo-o pela tentativa, dizendo, *in verbis*:

> **Art. 14.** Diz-se o crime:
> I – consumado, quando nele se reúnem todos os elementos de sua definição legal;
> II – tentado, quando, iniciada a execução, não se consuma por circunstâncias alheias à vontade do agente.

Já há muito tempo se discute, doutrinária e jurisprudencialmente, a diferença entre atos preparatórios e atos de execução, sendo aqueles considerados, como regra, impuníveis.

Visando elucidar esse problema, inúmeras teorias surgiram ao longo dos anos, podendo-se citar as que ganharam proeminência, a saber:

a) *Teoria subjetiva* – haveria tentativa quando o agente, de modo inequívoco, exteriorizasse sua conduta no sentido de praticar a infração penal. Essa teoria se satisfaz tão somente com o fato de o agente revelar sua intenção criminosa por meio de atos inequívocos, não fazendo distinção, outrossim, entre atos preparatórios e atos de execução. Segundo Hungria, para os adeptos dessa teoria, o inc. II do art. 14 do Código Penal deveria estar assim redigido: "Tentativa é a manifestação, por atos inequívocos, da intenção de cometer um crime, que não se consuma por circunstâncias independentes da vontade do agente"[296]. A título de exemplo, praticaria um homicídio tentado aquele que, depois de ter sido agredido por outrem, fosse rapidamente até a sua casa buscar uma arma para, logo em seguida, colocar-se à espera de seu agressor, no caminho em que este habitualmente passava, mas que, por desconfiar da vingança do agente, tomara rumo diverso[297]. Consoante a teoria subjetiva, tais atos demonstrariam, de maneira inequívoca, a intenção criminosa do agente, razão pela qual deveria responder pela tentativa, uma vez que a consumação só não ocorrera por circunstâncias alheias à sua vontade.

b) *Teoria objetivo-formal* – segundo esta, formulada por Beling, somente poderíamos falar em tentativa quando o agente já tivesse praticado a conduta descrita no núcleo do tipo penal. Tudo o que antecede a esse momento é considerado ato preparatório. Na precisa lição de Juarez Cirino dos Santos:

"A teoria objetiva formal indica a ação do tipo como elemento do início da execução. A tentativa se caracteriza pelo início da execução da ação do tipo: ações anteriores são preparatórias; ações posteriores são executivas. Como a ação do tipo é o objeto do dolo, o início de execução da ação do tipo é o início de realização do dolo. Assim, no homicídio com arma de fogo, a ação de matar começa no acionamento do gatilho da arma carregada apontada para a vítima; no furto com destreza, a ação de furtar começa da remoção da coisa do bolso da vítima."[298]

c) *Teoria objetivo-material* – busca ser um complemento da primeira, de natureza formal. De acordo com Carlos Parma, por intermédio dela se incluem "ações que por sua necessária vinculação com a ação típica, aparecem como parte integrante dela, segundo uma natural concepção ou que produzem uma imediata colocação em perigo de bens jurídicos"[299]. Essa teoria aplica-se, por exemplo, ao homicídio, com o fato de apontar a arma para a vítima, ao furto com destreza e à conduta dirigida à coisa que se encontra no bolso da vítima.

d) *Teoria da hostilidade ao bem jurídico* – era a teoria preconizada por Mayer. Para se concluir pela tentativa, teria de se indagar se houve ou não uma agressão direta ao bem jurídico.

"Ato executivo (ou de tentativa) é o que ataca efetiva e imediatamente o bem jurídico; ato preparatório é o que possibilita, mas não é ainda, sob o prisma objetivo, o ataque ao bem jurídico."[300]

e) *Teoria da impressão* – ultimamente, tem ganhado força a chamada teoria da impressão a qual, segundo os ensinamentos de Paulo César Busato:

"Justifica a punibilidade da tentativa em função da impressão provocada pela conduta do agente. Toda conduta que produz na comunidade a impressão de uma agressão ao direito, prejudicando sua validade na consciência comunitária, é perigosa e, como tal, merecedora de castigo."[301]

---

[296] HUNGRIA, Nélson. *Comentários ao Código Penal*, v. I, t. II, p. 79.

[297] O exemplo citado também é de Hungria.

[298] SANTOS, Juarez Cirino dos. *Teoria do crime*, p. 80-81.

[299] PARMA, Carlos. *La tentativa*, p. 56.

[300] *Apud* HUNGRIA, Nélson. *Comentários ao Código Penal*, v. I, t. II, p. 84.

[301] BUSATO, Paulo César. *Direito penal*: parte geral, p. 678.

Como se percebe, sem muito esforço, a teoria da impressão, em vez de resolver a questão, nos traz mais insegurança, pois, conforme salienta Paulo César Busato, baseando-se em termos vagos como perigo ao ordenamento jurídico, ou impressão da generalidade das pessoas, "a vagueza de tais termos abre passo a valorações que dificultam a determinação do grau de abstração das ideias de 'idoneidade' ou 'periculosidade'"[302].

Na verdade, não obstante os esforços expendidos por um grande número de doutrinadores a fim de demarcar a fronteira entre os atos preparatórios e os de execução, tal tarefa, mesmo nos dias de hoje, ainda não foi superada. Agora, a Lei Antiterror nos coloca um outro problema, pois pune expressamente aquele que realiza atos preparatórios, mas não nos aponta como identificá-los.

Analisando o art. 5º da Lei Antiterror, Paulo César Busato, com a precisão que lhe é peculiar, nos alerta que:

"O art. 5º representa mais um dos muitos avanços de barreiras de imputação próprios desta lei. Mas, neste caso, a flagrante falta de técnica legislativa praticamente destrói a imputação."

Perceba-se que, da referência descritiva da pretensão conceitual de relevância, não se identifica qualquer conduta em concreto, pois se anuncia simplesmente *realizar atos preparatórios de terrorismo com o propósito inequívoco de consumar tal delito*.

A primeira questão que se põe, ao contrário do que poderia, a princípio, parecer, não é o fato de incriminarem-se atos preparatórios, mas, sim, a evidente violação do "princípio da legalidade"[303].

Busato, em continuidade a suas contundentes e legítimas críticas, diz:

"O aparente *núcleo do tipo* é *realizar*, que não é capaz de traduzir absolutamente nada desvinculado de seu objeto. Ao ser um verbo transitivo direto, é preciso avaliar que quem realiza deve realizar algo. Este algo seriam atos preparatórios. No entanto, atos preparatórios é uma expressão que em nada pode esclarecer o conteúdo do núcleo do tipo, por ser ela própria uma expressão que pode traduzir uma multiplicidade de coisas. Acontece que são várias as teorias que procuram separar os atos preparatórios dos atos de execução, de modo que, a depender da teoria que se adote, os atos em questão poderão ou não ser identificados como preparatórios.

Por exemplo, especialmente os autores vinculados a uma matriz positivista científica chegavam a considerar inútil a própria divisão do *iter criminis*, pregando não ser possível delimitar a diferenciação entre atos preparatórios e atos de execução. Daí a denominação de *teoria negativa*, ou seja, o reconhecimento de que é impossível definir o limite através de uma regra geral, devendo ficar a cargo do juiz, topicamente, estabelecer o que venha a ser ato preparatório e ato de execução. De ser assim, haveria de se reconhecer que o tipo penal em questão remeteria ao nada, deixando completamente ao arbítrio do juiz delimitar o âmbito do punível, o que é absurdo."[304]

Assim, imagine-se a hipótese daquele que começa a fazer um mapeamento dos locais que poderiam ser considerados futuros alvos de uma ação terrorista, anotando os bares e restaurantes que concentram uma maior aglomeração de pessoas, ou mesmo aquele que

---

[302] BUSATO, Paulo César. *Direito penal*: parte geral, p. 680-681.

[303] BUSATO, Paulo César (coord.) et al. *Lei Antiterror anotada*, p. 89.

[304] BUSATO, Paulo César (coord.) et al. *Lei Antiterror anotada*, p. 90.

adquire uma faca tática com a qual, durante uma festividade que aconteceria em determinada cidade, atuaria no sentido de causar a morte do maior número de pessoas possível; ou, ainda, aquele que começa a comprar os materiais necessários à confecção de um artefato explosivo caseiro. Nesses casos, o agente já poderia ser punido pelo delito tipificado no art. 5º da Lei Antiterror?

A redação do tipo penal é falha e, portanto, como salientou Busato, ofensiva ao princípio da legalidade, pois não existe clareza suficiente para sua aplicação. O preceito primário narra a conduta de realizar atos preparatórios de terrorismo com o propósito inequívoco de consumar tal delito. Entretanto, o que seria propósito inequívoco de consumar o delito? Somente se estará diante de um propósito inequívoco de consumar o crime quando o agente der início aos atos de execução, e não quando estivermos diante de atos preparatórios.

Gabriel Habib, da mesma forma, criticando o artigo em análise, preleciona, corretamente:

"Trata-se de uma incriminação vaga e imprecisa, que fere de morte o princípio da legalidade, na vertente da taxatividade. Isso porque uma das vertentes do princípio da legalidade reside no *nullum crimen, nulla poena sine lege certa*, segundo o qual a lei penal deve ser clara, certa e precisa, proibindo-se o emprego de conceito vagos e imprecisos que geram incerteza na interpretação e na aplicação da norma penal incriminadora. Quanto mais conceitos vagos e imprecisos o tipo penal contiver, mais intensa é a insegurança jurídica gerada. Vejamos. O que seriam 'atos preparatórios de terrorismo'? Não há a identificação dos elementos do tipo penal. Todo tipo penal descreve uma conduta humana em seu preceito primário. Neste tipo penal, o legislador não traz uma conduta determinada, individualizada. Trata-se de um tipo penal de aplicação inviável."[305]

25.2. Das condutas equiparadas aos atos preparatórios (ou atos preparatórios em espécie)

Diz o § 1º do art. 5º da Lei Antiterror, *in verbis*:

> § lº Incorre nas mesmas penas o agente que, com o propósito de praticar atos de terrorismo:
> I – recrutar, organizar, transportar ou municiar indivíduos que viajem para país distinto daquele de sua residência ou nacionalidade; ou
> II – fornecer ou receber treinamento em país distinto daquele de sua residência ou nacionalidade.

Aqui, ao contrário do que ocorreu com a hipótese prevista no *caput* do mencionado art. 5º, especificou o tipo penal os atos considerados preparatórios que, se praticados, farão que o agente seja condenado com as mesmas penas previstas no preceito secundário do tipo penal em exame, vale dizer, a correspondente ao delito consumado, diminuída de um quarto até a metade.

Percebe-se, *in casu*, que o legislador se valeu daquilo que se pode denominar interpretação analógica às avessas. Isso porque, ao contrário do que normalmente ocorre com a chamada interpretação analógica, em que, a uma fórmula casuística, exemplificativa, se segue uma fórmula genérica, o legislador, no *caput* do art. 5º da Lei Antiterror não especificou as condutas que poderiam ser consideradas espécies de atos preparatórios, fazendo-o, contudo, nos incs. I e II do seu § 1º.

---

[305] HABIB, Gabriel. *Leis penais especiais*: volume único, p. 630-631.

Luiz Flávio Gomes, explicitando cada um dos comportamentos previstos no inc. I do § 1º do art. 5º da Lei Antiterror, disserta:

"(1) Recrutar significa cooptar, aliciar, angariar, reunir, convocar, alistar ou atrair pessoas para um determinado propósito.

(2) Organizar é pôr em ordem, arrumar, dispor para funcionar, acomodar, sistematizar, coordenar, ordenar, estruturar.

(3) Transportar é levar de um lugar para outro, remover, carregar de um ponto a outro.

(4) Municiar é abastecer, munir, prover, apetrechar, armar. Em sentido estrito seria garantir ou conceder munição. Mas o verbo permite um uso mais amplo para abranger também outros objetos, como municiar alguém de informações, projetos, planos ou esquemas.

(5) Qualquer pessoa pode ser recrutada ou comandada ou transportada ou municiada. Não se exige nenhuma qualidade especial dessa pessoa (que passará a funcionar como instrumento individual da organização). Aliás, nem sequer se exige que ela tenha consciência de que está fazendo parte de uma organização terrorista. O requisito subjetivo especial é exigido do agente do fato, não do 'instrumento individual' do fato.

(6) Se a pessoa instrumentalizada 'viajar para país distinto daquele de sua residência ou nacionalidade', incide o § 1º do art. 5º (ora sob análise). Viajar exige o efetivo deslocamento de um país para outro. Não basta o bilhete de avião de mão (por exemplo). Não basta a intenção de viajar. Mais: viajar para o alto-mar (zonas que estão excluídas das soberanias estatais) não é suficiente para a incidência do § 1º citado. Residir é habitar, morar (não requer propósito ou ânimo definitivo). Se a pessoa instrumentalizada não viajar para outro país, aplica-se o § 2º do art. 5º (...)."[306]

O inc. II do § 1º do art. 5º da Lei Antiterror também pune aquele que fornece ou recebe treinamento em país distinto daquele de sua residência ou nacionalidade.

São, portanto, dois os comportamentos – fornecer e receber. Dessa forma, tanto aquele que ministra, transmite as instruções, em que são ensinadas as táticas a serem utilizadas, as técnicas de defesa pessoal, o uso de armamentos, de explosivos, doutrinação a respeito do grupo terrorista etc., quanto aqueles que ali se encontram para receber essas instruções se amoldam ao inciso II em estudo, desde que tais treinamentos sejam realizados em país distinto daquele de sua residência ou nacionalidade.

A título de exemplo, veja-se o que ocorre com o grupo terrorista Estado Islâmico, que recruta pessoas e, em regra, as treina em seus campos na Síria e no Iraque. Assim, se algum brasileiro, ou mesmo alguém de outra nacionalidade, mas que seja residente no Brasil, sair do território nacional a fim de receber esse treinamento, já terá incorrido na infração penal em exame, desde que isso efetivamente ocorra no outro país. Não basta só a viagem com essa finalidade, pois entendemos que o efetivo treinamento é que faz que se configure o delito ora analisado.

Da mesma forma ocorre com a situação inversa, ou seja, alguém que não seja brasileiro pode vir para o território nacional a fim de treinar ou receber treinamento destinado a práticas terroristas, ministradas por outro estrangeiro. A lei não faz distinção, pois diz que incorre na prática do crime aquele que fornece ou recebe treinamento em país distinto daquele de sua residência ou nacionalidade. Essa instrução pode ser tanto dentro como fora do território nacional, desde que atendidos os requisitos do § 1º do art. 5º da Lei Antiterror.

---

[306] GOMES, Luiz Flávio et al. *Terrorismo*: comentários, artigo por artigo, à Lei 13.260/2016 – aspectos criminológicos e político-criminais, p. 241-242.

Discordando da segunda possibilidade, ou seja, de estrangeiro ou de brasileiro residente fora do país também ser responsabilizado criminalmente pelo inc. II do § 1º do art. 5º da Lei Antiterror quando o treinamento é realizado em território brasileiro, Ângelo Fernando Facciolli aduz que:

"Quem recebe ou ministra instruções (táticas, técnicas e procedimentos) terrorista em país diferente de sua residência ou nacionalidade, comete o crime descrito neste inciso. O legislador não considerou 'crime' a conduta praticada – treinamento – em território nacional, direcionada a brasileiros ou estrangeiros, o que chega a ser incoerente e deslegítimo.
Esta conduta tentou inibir a propagação do terrorismo além-fronteiras. Tanto o ato de fornecer (instruir) como o de receber (ser instruído) é relevante, mas o legislador pecou – repetimos mais uma vez – por não criminalizar a difusão dos conhecimentos em solo nacional."[307]

Nas hipóteses previstas pelos incs. I e II do § 1º do art. 5º do diploma legal citado, a pena será a correspondente ao delito consumado, diminuída de um quarto até a metade.

Determina o § 2º do art. 5º da Lei Antiterror que, nas hipóteses do § 1º, quando a conduta não envolver treinamento ou viagem para país distinto daquele de sua residência ou nacionalidade, a pena será a correspondente ao delito consumado, diminuída de metade a dois terços.

Analisando o aludido parágrafo, Luiz Flávio Gomes, acertadamente, assevera:

"A diminuição (no § 2º) é maior que a prevista no § 1º. A razão da diferença é a seguinte: há muito mais desvalor da ação (maior periculosidade não ação) quando o treinamento ou a viagem é para país distinto da residência ou nacionalidade das pessoas envolvidas nesses atos. Dá-se, nesse caso, a internacionalização do terrorismo, que representa maior periculosidade na conduta e sofisticação da organização. Em tese, é muito mais potente uma organização internacionalizada que uma nacional."[308]

Assim, pode ocorrer que um brasileiro, em território nacional, passe a fornecer treinamento para ações terroristas, ao passo que também outros brasileiros, com afinidade naquela causa, nele se reúnam para receber as instruções. Nesse caso, seria aplicável o referido § 2º.

Por essa razão, não podemos concordar com Gabriel Habib quando preleciona:

"No inciso II, por sua vez, o tipo exige o fornecimento ou o recebimento do treinamento, igualmente, em país distinto daquele de residência ou de nacionalidade do agente. Logo a hipótese contemplada pelo § 2º não existe, ou seja, é inviável a possibilidade de a conduta do agente não envolver viagem ou treinamento em país distinto daquele de sua residência ou de sua nacionalidade, razão pela qual esse dispositivo torna-se inaplicável."

Os atos de terrorismo mencionados pelo § 1º do art. 5º da Lei Antiterror são aqueles previstos pelo art. 2º, § 1º, I, IV e V, da mesma Lei, razão pela qual estamos diante da chamada norma penal em branco homogênea homovitelina (em sentido amplo ou homóloga), tendo em vista que o seu complemento é oriundo da mesma fonte legislativa que editou a norma que necessita desse complemento.

---

[307] FACCIOLLI, Ângelo Fernando. *Introdução ao terrorismo*: evolução histórica, doutrina, aspectos táticos, estratégicos e legais, p. 343.

[308] GOMES, Luiz Flávio et al. *Terrorismo*: comentários, artigo por artigo, à Lei 13.260/2016 – aspectos criminológicos e político-criminais, p. 242-243.

Conforme preleciona o Min. Félix Fisher, em voto proferido no Recurso Ordinário em *Habeas Corpus* nº 9.834 – São Paulo (2000/0029128-5) do STJ:

> As normas penais em branco de complementação homóloga homovitelina são aquelas cuja norma complementar é do mesmo ramo do Direito que a principal, ou seja, a lei penal será complementada por outra lei penal. Exemplo desse tipo é o art. 338 do CP (reingresso de estrangeiro expulso), que é complementado pelo art. 5º, § 1º, do CP (define a extensão do território nacional para efeitos penais). As normas penais em branco de complementação homóloga heterovitelina têm suas respectivas normas complementares oriundas de outro ramo do Direito. É o caso, por exemplo, art. 178 do CP (emissão irregular de conhecimento de depósito ou *warrant*), que é complementado pelas normas (comerciais) disciplinadoras desse título de crédito.

25.3. Classificação doutrinária

Crime comum, com relação tanto ao sujeito ativo quanto ao sujeito passivo; doloso; de forma livre; plurissubsistente (sendo possível o fracionamento do *iter criminis*); instantâneo (com relação às condutas de recrutar, organizar, fornecer e receber) e permanente (no que diz respeito ao núcleo transportar); monossubjetivo (de concurso eventual); de perigo comum; de ação múltipla ou de conteúdo variado; transeunte e também não transeunte (dependendo da possibilidade, ou não, de realização do exame pericial); de perigo abstrato (em que não há necessidade de efetiva demonstração do perigo para efeitos de configuração do delito, bastando, simplesmente, a prática de um dos comportamentos previstos pelo tipo penal).

25.4. Objeto material e bem juridicamente protegido

A paz pública é o bem juridicamente protegido pelo tipo penal constante do art. 5º da Lei Antiterror.

Não há objeto material.

25.5. Sujeitos ativo e passivo

Qualquer pessoa pode ser considerada sujeito ativo do delito em estudo, tratando-se, pois, de um delito comum.

Sujeito passivo é o Estado, assim como a coletividade.

25.6. Consumação e tentativa

No que diz respeito ao *caput* do art. 5º da Lei Antiterror, o delito se consuma quando o agente pratica qualquer ato considerado preparatório de terrorismo, com o propósito inequívoco de consumar o crime. Como já dissemos anteriormente, no *caput* do art. 5º citado, o legislador não teve o cuidado de especificar os comportamentos que poderiam ser entendidos como atos preparatórios, ao contrário do que ocorreu com os incisos I e II do seu § 1º.

Assim, somente a análise do caso concreto poderá dizer se estaremos diante ou não de um ato preparatório de terrorismo, com todas as dificuldades que lhe são inerentes.

Com relação ao § 1º do art. 5º da Lei Antiterror, o delito se consuma quando o agente, efetivamente, *recruta, organiza, transporta ou municia* indivíduos para que viajem para país distinto daquele de sua residência ou nacionalidade (inciso I). Em se tratando de um crime formal, de consumação antecipada, não há necessidade de a viagem ter sido realizada, bastando, por exemplo, o recrutamento ou mesmo sua organização. Em sentido contrário, Gabriel Habib sustenta que ocorre a consumação "com a efetiva realização das condutas descritas no tipo e a efetiva viagem para país distinto, independentemente da prática posterior de atos de terrorismo"[309].

Consuma-se o delito, nas hipóteses previstas pelo inc. II do § 1º do art. 5º da Lei Antiterror quando o agente fornece ou recebe treinamento em país distinto daquele de sua residência ou nacionalidade, com o propósito de praticar atos de terrorismo, independentemente do fato de estes últimos virem a ser realizados, cuidando-se, pois, como já dissemos, de um crime de natureza formal.

Somente o caso concreto dirá se se admitirá ou não a tentativa com relação ao comportamento previsto no *caput* do art. 5º da Lei Antiterror. Ao contrário, será possível seu raciocínio quando estivermos diante das hipóteses constantes dos incs. I e II de seu § 1º, tendo em vista a possibilidade de fracionamento do *iter criminis*, ou seja, haveria uma *tentativa de preparação de atos de terrorismo*, por mais estranho que isso possa parecer.

25.7. Elemento subjetivo

As condutas previstas pelo tipo penal constante do art. 5º da Lei Antiterror somente podem ser praticadas a título de dolo, não havendo previsão para a modalidade de natureza culposa.

Deverá o agente atuar, ainda, com o chamado especial fim de agir, pois o *caput* do art. 5º do diploma mencionado exige seu *propósito inequívoco de consumar* o delito de terrorismo.

Merece ser ressaltado que todos os comportamentos previstos no art. 5º da Lei Antiterror devem ser praticados por razões de xenofobia, discriminação ou preconceito de raça, cor, etnia e religião, quando cometidos com a finalidade de provocar terror social ou generalizado, expondo a perigo a pessoa, o patrimônio, a paz pública ou a incolumidade pública.

25.8. Modalidades comissiva e omissiva

Os núcleos *realizar* (*caput*), *recrutar*, *organizar*, *transportar*, *municiar* (inciso I), *fornecer* e *receber* (inciso II) pressupõem um comportamento comissivo por parte do agente, não havendo previsão para a modalidade omissiva.

25.9. Pena, ação penal e competência para julgamento

A pena prevista para o delito tipificado tanto no *caput* como no § 1º do art. 5º da Lei Antiterror é a correspondente ao delito consumado, diminuída de um quarto até a metade.

Nas hipóteses do § 1º, quando a conduta não envolver treinamento ou viagem para país distinto daquele de sua residência ou nacionalidade, a pena será a correspondente ao delito consumado, diminuída de metade a dois terços, conforme determina o § 2º do art. 5º da lei em comento.

A ação penal é de iniciativa pública incondicionada.

Nos termos do art. 11 do diploma legal em análise, para todos os efeitos legais, considera-se que os crimes previstos nessa lei são praticados contra o interesse da União, cabendo à Polícia Federal a investigação criminal, em sede de inquérito policial, e à Justiça Federal o seu processamento e julgamento, nos termos do inc. IV do art. 109 da Constituição Federal.

---

[309] HABIB, Gabriel. *Leis penais especiais*: volume único, p. 632.

26. PLANEJAMENTO, PREPARAÇÃO E EXECUÇÃO

26.1. Introdução

Nenhuma organização criminosa, principalmente as terroristas, consegue sobreviver sem dinheiro. Quando se está diante de um lobo (rato) solitário, isso não é problema, pois qualquer meio é suficiente para levar o terror, a exemplo do que ocorreu em Nice, na França, onde um homem, em 14 de julho, na comemoração do Dia da Bastilha, dirigindo um caminhão, atropelou e matou 84 pessoas, deixando dezenas de feridos, durante um percurso de quase 2 km; ou em Barcelona, na Espanha, onde, em 17 de agosto de 2017, um homem, dirigindo uma *van*, atropelou vários pedestres em La Rambla, matando 13 pessoas e ferindo aproximadamente 100.

Contudo, quando estamos diante de uma organização terrorista, existem muitos gastos para sua manutenção.

Andressa Paula de Andrade e Leonardo Henriques da Silva, analisando, com precisão, os comportamentos previstos no *caput* do art. 6º da Lei Antiterror, asseveram:

"O *caput* do art. 6º é delito de ação múltipla ou conteúdo variado. No total, oito modalidades de condutas, além de seus possíveis desdobramentos, *vide* o núcleo *prover* – criminalizadas: a) *receber*: trata-se de conduta voluntária dependente de um ato de terceiro, a saber, exige-se que um terceiro tome a iniciativa (comportamento positivo) de dar/entregar recursos, ativos, bens, direitos, valores ou serviços de qualquer natureza; b) *prover*: o verbo em questão é tentacular. Isto porque, prover pode significar abastecer, custear, fornecer, pagar, munir etc., recursos, ativos, bens, direitos, valores ou serviços de qualquer natureza; c) *oferecer*: é necessário uma conduta positiva em que se apresenta e/ou presenteia de forma gratuita as espécies de objetos financeiros (bens, recursos, serviços etc.) visando subsidiar o planejamento, a preparação ou a execução dos crimes da Lei nº 13.260/2016; d) *obter*: busca-se criminalizar a conduta exitosa que obteve recursos financeiros ali delimitados. Tal conduta pode eventualmente se confundir a modalidade de *recebimento* e a diferença radica que a ação de obter deve ser proativa, havendo uma iniciativa para a obtenção de recursos financeiros, ao contrário do recebimento onde é o terceiro que manifesta o comportamento positivo ao entregar/dar recursos ao sujeito. Acrescenta-se que essa obtenção pode ser por meios lícitos e/ou ilícitos. Quanto aos atos ilícitos, estes podem se dar através de delitos de estelionato (art. 171, CP), extorsão (art. 158, CP), furto (art. 155, CP), roubo (art. 157, CP) etc.; e) *guardar*: o sujeito deverá exercer a vigilância e proteção sobre os recursos/bens financeiros do *caput* que se dá geralmente por meio de ocultação. Ex.: o sujeito guarda determinado veículo que será utilizado para a prática de condutas previstas na Lei Antiterrorista; f) *manter em depósito*: a conduta deve ser temporalmente transitória. Isto é, busca-se armazenar bens – que neste caso deve ser os bens móveis – com a finalidade de utilização futura para a prática delitiva. Ex.: pode-se manter em depósito carros que serão utilizados para a perpetração de delitos futuros ou determinados bens de alto valor como joias que serão comercializadas futuramente com a finalidade de adquirir armamento e pagamento de pessoas para o planejamento e execução de crimes; g) *solicitar*: a conduta deve ser positiva, havendo uma tomada de iniciativa de recebimento de objetos/recursos financeiros a que se refere o *caput*; h) *investir*: trata-se de um dispositivo interessante. Investir traz a ideia de capitalização, posse, bens, ações, bolsa de valores e todo o universo do sistema financeiro. Ex.: uma pessoa ou um grupo de pessoas criam uma pessoa jurídica com a finalidade única e exclusiva para movimentar bens/recursos financeiros lícitos, mas para a utilização desses proventos em fins ilícitos. Isto é, para que se perpetre os delitos da Lei em comento. Visando expandir o negócio espúrio, a empresa se torna aberta, cujo patrimônio se divide em cotas, possibilitando sua distribuição entre os investidores. Todavia, é importante relembrar que a finalidade empresarial em questão é o financiamento de atos terroristas. Ainda, acrescenta-se que a conduta de investir transcende a Lei nº 13.260/2016, a saber, busca-se tutelar também a inviolabilidade e credibilidade do sistema financeiro, buscando salvaguardar seu regular e lícito funcionamento. Portanto, *investir* pode ser um ato complexo pela possibilidade de desdobramento e difusão no seio corporativo."[310]

Todos esses comportamentos, que foram eximiamente explicados, têm uma só finalidade, vale dizer, serão levados a efeito para que se tenha sucesso no planejamento, na preparação e, finalmente, na execução dos crimes previstos na Lei Antiterror.

Tal como ocorre com uma infração penal comum, os delitos de terrorismo passam pelas mesmas fases de realização da ação, isto é, as fases interna e externa. Na fase interna, o agente representa e antecipa mentalmente o resultado que quer alcançar; em seguida, parte para as escolhas dos meios necessários à obtenção do sucesso na sua empreitada criminosa; por fim, considera os chamados efeitos colaterais ou concomitantes, tendo em vista os meios por ele selecionados. Na fase externa, o agente exterioriza sua conduta, colocando em prática o plano criminoso, procedendo a uma realização no mundo exterior.

Vale aqui, ainda, o alerta feito por Eduardo Luiz Santos Cabette e Marcius Tadeu Maciel Nahur, quando, analisando a *preparação* para o cometimento de qualquer das infrações penais previstas na Lei Antiterror, mencionada expressamente no *caput* do art. 6º do referido diploma legal, aduzem:

"Quando o tipo penal menciona a 'preparação' de crimes de terrorismo, pode surgir uma dúvida como distinguir o artigo 6º do artigo 5º do mesmo diploma. A única via que se enxerga é entender que as condutas do artigo 6º devem ser dirigidas a uma atividade, pessoa ou grupo já implantado, em ação, em atuação, que será então, a partir da conduta do agente, financiado, mantido ou custeado. Já no artigo 5º, a lei trata de situações em que não há uma prática em andamento que vem a ser objeto de manutenção por qualquer pessoa.
Exemplificando (...): numa primeira situação, um indivíduo adquire um apartamento com o fito de um dia, talvez, no futuro incerto, vir a abrigar terroristas após atos por eles perpetrados (artigo 5º). Numa segunda situação, um indivíduo adquire esse mesmo apartamento para utilização de uma célula terrorista já existente e em atividade."[311]

Em se tratando de um crime de ação múltipla ou de conteúdo variado, a prática de mais de uma conduta importará em crime único.

26.2. Modalidade equiparada

Diz o parágrafo único do art. 6º da Lei Antiterror que incorrerá na mesma pena quem oferecer ou receber, obtiver, guardar, mantiver em depósito, solicitar, investir ou de qualquer modo contribuir para a obtenção de ativo, bem ou recurso financeiro, com a finalidade de financiar, total ou parcialmente, pessoa, grupo de pessoas, associação, entidade, organização criminosa que tenha como atividade principal ou secundária, mesmo em caráter eventual, a prática dos crimes previstos nessa lei.

---

[310] ANDRADE, Andressa Paula de et al. *Lei Antiterror anotada*, p. 104-105.
[311] CABETTE, Eduardo Luiz Santos; NAHUR, Marcius Tadeu Maciel. *Terrorismo: Lei nº 13.260/16 comentada*, p. 134.

Se, no *caput* do art. 6º em estudo, a finalidade das condutas de receber, prover, oferecer, obter, guardar, manter em depósito, solicitar, investir, de qualquer modo, direta ou indiretamente, recursos, ativos, bens, direitos, valores ou serviços de qualquer natureza destinava-se, efetivamente, ao *planejamento*, à *preparação* ou à *execução* dos crimes previstos na Lei Antiterror, as condutas previstas no parágrafo único do mesmo artigo têm como destinatário, agora, pessoa, grupo de pessoas, associação, entidade ou organização criminosa que tenha como atividade principal ou secundária, mesmo em caráter eventual, a prática dos crimes também previstos no diploma legal em análise.

Andressa Paula de Andrade e Leonardo Henriques da Silva, comparando a redação do parágrafo único com o *caput* do art. 6º da Lei Antiterror, com precisão, apontam:

> "A diferença em relação ao *caput* é crucial, vez que na cabeça se encontra a ideia de que a gestão dos recursos financeiros será feita por aquele(s) que cometerão os atos descritos na Lei, vez que tais subsídios serão utilizados para o planejamento, a preparação e a execução dos crimes previstos nesta Lei. Trata-se, portanto, do *autofinanciamento* ao terrorismo.
>
> Já o parágrafo único se aparta dessa ideia, cujo financiador não realizará os atos terroristas, mas tão somente os financiará, vez que se criminaliza condutas perpetradas com a finalidade de financiar, total ou parcialmente, pessoa, grupo de pessoas, associação, entidade, organização criminosa que tenha como atividade principal ou secundária, mesmo em caráter eventual, a prática dos crimes previstos nessa lei. Temos aqui uma espécie de *heterofinanciamento* do terrorismo, feita por terceiro que sem assumir a condição de autor de terrorismo presta auxílio material a terroristas.
>
> Destarte, a independência do parágrafo único configura mais uma exceção (cf. arts. 124, 317 e 333, CP) pluralista à teoria monista ou unitária de autor."[312]

Pessoa diz respeito a qualquer ser humano considerado individualmente; *grupo* é a reunião de pessoas, sem que haja uma constituição formal; *associação* é uma organização formal, criada com determinado objetivo, com ou sem fins lucrativos, formada pela reunião de duas ou mais pessoas; *entidade*, em regra, é uma pessoa jurídica que dirige as atividades de uma classe; organização criminosa é aquela prevista no § 1º do art. 1º da Lei nº 12.850, de 2 de agosto de 2013, assim definida:

> **Art. 1º** Esta Lei define organização criminosa e dispõe sobre a investigação criminal, os meios de obtenção da prova, infrações penais correlatas e o procedimento criminal a ser aplicado.
>
> § 1º Considera-se organização criminosa a associação de 4 (quatro) ou mais pessoas estruturalmente ordenada e caracterizada pela divisão de tarefas, ainda que informalmente, com objetivo de obter, direta ou indiretamente, vantagem de qualquer natureza, mediante a prática de infrações penais cujas penas máximas sejam superiores a 4 (quatro) anos, ou que sejam de caráter transnacional.

Ao contrário do que ocorre com a natureza original da organização criminosa e também da organização terrorista, que exige, para seu reconhecimento, um caráter duradouro, o parágrafo único do art. 6º da Lei Antiterror disse, expressamente, que haveria o delito mesmo que a organização criminosa só eventualmente praticasse os delitos previstos na Lei Antiterror.

---

[312] ANDRADE, Andressa Paula de et al. *Lei Antiterror anotada*, p. 111.

410 | CRIMES HEDIONDOS E EQUIPARADOS – ROGÉRIO GRECO

Assim, vale a observação levada a efeito por Gabriel Habib quando destaca:

"Caso a organização tenha caráter permanente, será a disposta no art. 3º. De outro giro caso a organização tenha caráter eventual, não poderá ser a do art. 3º, mas, sim, um grupo de pessoas que age em coautoria na prática do terrorismo."[313]

A fim de dificultar, combater ou mesmo impedir o financiamento ao terrorismo, em 1989 foi criado o Gafi (Grupo de Ação Financeira Internacional), ou, em inglês, o FATF (Financial Action Task Force), cuja finalidade consiste na formulação de recomendações visando à prevenção e à repressão da lavagem de dinheiro, do financiamento do terrorismo, do confisco dos lucros do crime, bem como da cooperação internacional nessa matéria.

O Gafi editou 40 Recomendações que servem como um guia para que os países adotem padrões e promovam a efetiva implementação de medidas legais, regulatórias e operacionais para combater a lavagem de dinheiro e o financiamento do terrorismo e da proliferação, além de outras ameaças à integridade do sistema financeiro relacionadas a esses crimes. Hoje, esses padrões são adotados por mais de 180 países[314].

Cuida-se, aqui, de um crime de ação múltipla ou de conteúdo variado, em que a prática de mais de uma conduta importará em crime único.

26.3. Classificação doutrinária

Crime comum, com relação tanto ao sujeito ativo quanto ao sujeito passivo; pluriofensivo; doloso; de forma livre; plurissubsistente (sendo possível o fracionamento do *iter criminis*); instantâneo (no que diz respeito às condutas de receber, prover, oferecer, obter, solicitar, investir e contribuir) e permanente (com relação aos núcleos guardar e manter em depósito); de perigo comum; de ação múltipla ou de conteúdo variado; transeunte e também não transeunte (dependendo da possibilidade, ou não, de realização do exame pericial); de perigo abstrato (em que não há necessidade de efetiva demonstração do perigo para efeitos de configuração do delito, bastando, simplesmente, a prática de um dos comportamentos previstos pelo tipo penal).

26.4. Objeto material e bem juridicamente protegido

A paz pública é o bem juridicamente protegido pelo tipo penal constante do art. 6º da Lei Antiterror.

Objeto material são os recursos, ativos, bens, direitos, valores ou serviços de qualquer natureza.

26.5. Sujeitos ativo e passivo

Em se tratando de um delito comum, qualquer pessoa pode ser considerada sujeito ativo dos delitos tipificados no art. 6º e seu parágrafo único da Lei Antiterror.

Sujeito passivo é o Estado, assim como a coletividade.

---

[313] HABIB, Gabriel. *Leis penais especiais*: volume único, p. 635.

[314] Disponível em: <http://www.fazenda.gov.br/assuntos/atuacao-internacional/prevencao-e-combate-a-lavagem-de-dinheiro-e-ao-financiamento-do-terrorismo/gafi>.

26.6. Consumação e tentativa

Os delitos se consumam com a prática dos comportamentos previstos tanto no *caput* quanto no parágrafo único do art. 6º da Lei nº 13.260/2016, não havendo necessidade, na primeira hipótese, de que tenham sido utilizados para o planejamento, a preparação ou a execução dos crimes de terrorismo, ou, na segunda, que tenham, efetivamente, financiado, total ou parcialmente, pessoa, grupo de pessoas, associação, entidade ou organização criminosa que tenha como atividade principal ou secundária, mesmo em caráter eventual, a prática dos delitos citados, pois se cuidam de infrações penais de natureza formal, de consumação antecipada, bastando que as condutas tenham sido levadas a efeito com a finalidade prevista em cada tipo penal.

Em se tratando de delitos plurissubsistentes, em que se pode fracionar o *iter criminis*, será possível o raciocínio correspondente à tentativa, que deverá ser avaliada de acordo com o caso concreto.

26.7. Elemento subjetivo

As condutas previstas pelos tipos constantes do art. 6º, *caput* e parágrafo único, da Lei Antiterror somente podem ser praticadas a título de dolo, não havendo previsão para a modalidade de natureza culposa.

Deverá o agente atuar, ainda, com o chamado especial fim de agir, pois o *caput* do art. 6º do diploma mencionado exige que as condutas sejam levadas a efeito para o planejamento, a preparação ou a execução dos crimes previstos na Lei nº 13.260/2016. Com relação ao parágrafo único, o especial fim de agir reside no fato de que os comportamentos devem ser praticados com a finalidade de financiar, total ou parcialmente, pessoa, grupo de pessoas, associação, entidade ou organização criminosa que tenha como atividade principal ou secundária, mesmo em caráter eventual, a prática dos crimes previstos na Lei Antiterror.

Merece ser ressaltado que todos os comportamentos previstos no art. 6º, *caput* e parágrafo único, da Lei nº 13.260/2016 devem ser praticados por razões de xenofobia, discriminação ou preconceito de raça, cor, etnia e religião, quando cometidos com a finalidade de provocar terror social ou generalizado, expondo a perigo a pessoa, o patrimônio, a paz pública ou a incolumidade pública.

26.8. Modalidades comissiva e omissiva

As condutas previstas nos tipos em estudo somente podem ser praticadas comissivamente, não havendo previsão de comportamentos omissivos próprios.

26.9. Pena, ação penal e competência para julgamento

A pena prevista para o delito tipificado tanto no *caput* como no parágrafo único do art. 6º da Lei Antiterror é de reclusão, de quinze a trinta anos.

A ação penal é de iniciativa pública incondicionada.

Nos termos do art. 11 do diploma legal em análise, para todos os efeitos legais, considera-se que os crimes previstos nessa Lei são praticados contra o interesse da União, cabendo à Polícia Federal a investigação criminal, em sede de inquérito policial, e à Justiça Federal o seu processamento e julgamento, nos termos do inciso IV do art. 109 da Constituição Federal.

27. LESÃO CORPORAL GRAVE – MAJORANTES

Prevê o art. 7º da Lei Antiterror duas majorantes, que serão consideradas no chamado critério trifásico de aplicação da pena, previsto no art. 68 do Código Penal, quando, em qualquer dos crimes previstos no referido diploma legal, resultar lesão corporal grave, caso em que o aumento da pena a ser aplicado será de um terço, ou se resultar morte, aumentando-se a pena, neste caso, da metade.

Por lesão corporal grave devem ser entendidas aquelas previstas nos §§ 1º e 2º do art. 129 do Código Penal. Embora o art. 7º mencione, tão somente, a lesão corporal de natureza grave, ou seja, aquela cujo rol se encontra previsto no § 1º do referido art. 129, temos que levar a efeito uma interpretação denominada analógica a fim de abranger, consequentemente, a lesão corporal considerada gravíssima, elencada no § 2º do art. 129 do diploma repressivo.

Trata-se, ainda, de resultado que somente pode ser atribuído ao agente a título de culpa, isto é, não pode o *terrorista* ter atuado com dolo de causar lesão corporal de natureza grave ou mesmo a morte de qualquer pessoa. Caso isso ocorra, deverá ser responsabilizado pelo ato de terrorismo de *atentar contra a vida ou a integridade física de pessoa*, por razões de xenofobia, discriminação ou preconceito de raça, cor, etnia e religião, com a finalidade de provocar terror social ou generalizado, previsto no inc. V do § 1º do art. 2º da Lei nº 13.260, de 16 de março de 2016.

Conforme assevera, com precisão, Ângelo Fernando Facciolli:

"O inc. V do § 2º do art. 2º da Lei classificou como ato de terrorismo atentar contra a vida ou a integridade física de pessoas. A lesão corporal advinda do agir, que seja ela considerada como grave ou que venha a causar a morte, faz parte da conduta (em si), do tipo penal. Portanto, é uma elementar do crime (ato) terrorista.

Por outro lado, ainda exemplificando, se determinado grupo terrorista emprega – aciona – explosivos em um terminal de trens, para interromper esse serviço e, do ato, redundar na lesão corporal grave e mortes de pessoas, aplicar-se-á o aumento previsto neste artigo.

Essa situação será aplicada em situações em que o resultado final advindo da conduta vai além da intenção do agente, ao executar todos os atos – percorrer todo o *iter criminis*. O legislador chamou essa situação de preterdolo; são figuras preterdolosas. No Código Penal, temos vários exemplos de situações preterdolosas, tais como nos crimes (comuns) de incêndio, explosão, desastre ferroviário, atentado contra meios de transporte etc."[315]

Aproveitando o exemplo do renomado autor, experiente ex-Coronel do Exército Brasileiro, e uma das maiores autoridades sobre o assunto, temos que ressaltar que, se o agente, *v.g.*, querendo interromper o serviço de trens urbanos, emprega explosivos mesmo sabendo que pessoas poderiam ser feridas gravemente ou mortas, se, ainda assim, mesmo tendo a antevisão desses resultados, prosseguir com seu comportamento criminoso, concluiremos que atuou com dolo eventual com relação a esses resultados e, *in casu*, não será a ele aplicada a causa especial de aumento de pena prevista no art. 7º *sub examen*, mas, sim, terá que ser responsabilizado pelo delito previsto pelo inc. V do § 1º do art. 2º da Lei nº 13.260, de 16 de março de 2016, que admite o dolo eventual.

Nesse caso, serão afastadas as causas especiais de aumento de pena, sob pena de ser aplicado o chamado *bis in idem*, ou seja, o mesmo fato incidindo duas vezes em prejuízo do

---

[315] FACCIOLLI, Ângelo Fernando. *Introdução ao terrorismo*: evolução histórica, doutrina, aspectos táticos, estratégicos e legais, p. 352.

agente, e é justamente isso que se quer evitar com a redação inicial do referido art. 7º quando diz que – *salvo quando for elementar da prática de qualquer crime previsto nesta Lei...*

28. DESISTÊNCIA VOLUNTÁRIA

De acordo com a redação constante do art. 10 da Lei Antiterror, aplica-se o instituto da desistência voluntária mesmo diante de atos caracteristicamente preparatórios, como ocorre com o art. 5º do mesmo diploma legal.

O *caput* do art. 5º da Lei nº 13.260, de 16 de março de 2016, assevera, textualmente:

> **Art. 5º** Realizar atos preparatórios de terrorismo com o propósito inequívoco de consumar tal delito:
> Pena – a correspondente ao delito consumado, diminuída de um quarto até a metade.

Cuidando da desistência voluntária e do arrependimento eficaz, diz o art. 15 do Código Penal:

> **Art. 15.** O agente que, voluntariamente, desiste de prosseguir na execução ou impede que o resulta-do se produza, só responde pelos atos já praticados.

Como se percebe, para que ocorra a desistência voluntária, o agente já deve ter ingressado na fase dos chamados atos de execução, ou seja, a terceira fase propriamente do *iter criminis*, que é composta de: cogitação, preparação, execução e exaurimento do crime.

Assim, se o agente dá início aos atos de execução do crime e, voluntariamente, desiste de com eles prosseguir, ou impede que o resultado se consume, nos termos do mencionado art. 15 do Código Penal deve responder somente pelos atos já praticados, a exemplo daquele que, com a finalidade de causar a morte de alguém, dá início aos disparos e, voluntariamente, os interrompe, após se comover com as súplicas da vítima. Nesse caso, somente responde pelos resultados já produzidos, ou seja, pode ser responsabilizado pelas lesões corporais nela produzidas, que poderiam ter sido leves, graves ou gravíssimas.

Conforme as precisas lições de Luiz Flávio Gomes, dissertando sobre a desistência voluntária e o arrependimento eficaz:

"Ambos os institutos pressupõem o início de execução do crime. O art. 10 (...) manda aplicar o art. 15 do CP 'mesmo antes de iniciada a execução do crime de terrorismo'. Ou seja, criou uma *desistência voluntária antecipada*, que consiste em desistir da prática dos atos preparatórios."[316]

E continua suas lições, dizendo:

"O art. 10 em análise inova o ordenamento jurídico-penal e manda aplicar a estrutura normativa (a lógica) dos clássicos institutos do art. 15 na fase dos atos preparatórios. Com o Direito Penal expansionista (fundado na ilusão de que o Direito Penal seria instrumento de solução de problemas), o legislador vem ampliando o âmbito da tutela penal para campos anteriores à execução do crime.

Por força do art. 5º acima comentado, os atos preparatórios também são puníveis (é a mesma lógica da Lei de Drogas). Ora, se os atos executórios (muito mais próximos da consumação)

---

[316] GOMES, Luiz Flávio et al. *Terrorismo*: comentários, artigo por artigo, à Lei 13.260/2016 – aspectos criminológicos e político-criminais, p. 259.

permitem a famosa 'ponte de ouro' (criada por von Liszt), que beneficia o agente que desiste de prosseguir na execução ou que se arrepende eficazmente, evitando a consumação do crime, não há como negá-la ao agente que desiste do prosseguimento dos atos preparatórios já iniciados, evitando-se voluntariamente a execução do crime. Se a desistência voluntária clássica pressupõe atos executórios, a nova desistência voluntária (a antecipada) requer a realização dos atos preparatórios.

Quando o agente ainda está na fase dos 'atos preparatórios', o que ele pode fazer é abster de passar para a fase seguinte, a da execução. Essa abstenção poderia se chamar desistência voluntária antecipada."[317]

Por fim, conclui o renomado autor:

A característica essencial da desistência antecipada é a cessação do processo de preparação; essa desistência evita o resultado inicialmente desejado. O agente, nesse caso, não precisa praticar nenhuma conduta positiva para salvar o bem jurídico que está em risco, basta abster-se, basta interromper os atos preparatórios já iniciados. O núcleo central da desistência reside numa abstenção. Podia prosseguir e não quis."[318]

Embora a lei não tenha feito distinção na aplicação do art. 15 do Código Penal, seja no que diz respeito à desistência voluntária, seja quanto ao arrependimento eficaz, entendemos que o art. 10 da Lei nº 13.260, de 16 de março de 2016, somente tem aplicação com relação ao primeiro instituto jurídico, vale dizer, a desistência voluntária. Com toda razão, asseveram Eduardo Luiz Santos Cabette e Marcius Tadeu Maciel Nahur:

"A inovação em que consiste o art. 10 da Lei Antiterror forma muito difícil imaginar um caso de verdadeiro *arrependimento eficaz antecipado* em relação a atos preparatórios, que são o campo de abrangência do disposto no artigo 5º sob comento. Desistir voluntariamente da prática de atos preparatórios é ainda imaginável, mas o arrependimento eficaz está por demais ligado ao exaurimento dos atos de execução à chamada 'tentativa perfeita', na qual o agente esgota seu potencial lesivo executório, para poder ser aplicado a um crime de empreitada como é o caso do artigo 5º, da Lei 13.260/16. Em nossa visão, embora o legislador não tenha imposto limites à aplicação do art. 15, CP ao artigo 5º da Lei 13.260/16, há uma incompatibilidade genética entre o instituto do arrependimento eficaz e o crime de empreendimento. Quando o espaço para o arrependimento eficaz surgir, já terá sido superado o campo de abrangência do artigo 5º, da Lei Antiterror. Isso porque aqui não se satisfaz a lei com o mero 'arrependimento', mas exige uma 'eficácia' desse em impedir um resultado que, portanto, deve ter sua execução iniciada. Já na desistência, o que se exige é apenas a voluntariedade e a desistência em si, o que não é incompatível com a realização de meros atos preparatórios."[319]

29. INVESTIGAÇÃO, PROCESSAMENTO E JULGAMENTO

O terrorismo é como uma metástase, que se espalha pelo corpo da nação onde é praticado, quando não atinge também outras nações. Por isso, com acerto, determinou a Lei

---

[317] GOMES, Luiz Flávio et al. *Terrorismo*: comentários, artigo por artigo, à Lei 13.260/2016 – aspectos criminológicos e político-criminais, p. 260.

[318] GOMES, Luiz Flávio et al. *Terrorismo*: comentários, artigo por artigo, à Lei 13.260/2016 – aspectos criminológicos e político-criminais, p. 261.

[319] CABETTE, Eduardo Luiz Santos; NAHUR, Marcius Tadeu Maciel. *Terrorismo:* Lei 13.260/16 comentada, p. 139-140.

Antiterror que, independentemente da Comarca onde foram levados a efeito os crimes por ela previstos, serão sempre reconhecidos como sendo praticados contra o interesse da União, cabendo, consequentemente, à Polícia Federal a sua investigação, por meio de inquérito policial, e à Justiça Federal o seu processamento e julgamento, nos termos do inc. IV do art. 109 da Constituição Federal, que diz:

> **Art. 109.** Aos juízes federais compete processar e julgar:
> (...)
> IV – os crimes políticos e as infrações penais praticadas em detrimento de bens, serviços ou interesse da União ou de suas entidades autárquicas ou empresas públicas, excluídas as contravenções e ressalvada a competência da Justiça Militar e da Justiça Eleitoral;
> (...).

Fábio Roque Araújo, com o brilhantismo que lhe é peculiar, questionando a redação do art. 11, preleciona:

> "No caso em questão, na hipótese de o crime afrontar interesse da União será de competência federal, com fundamento no próprio texto constitucional (art. 109, IV, CF). Desse modo, da redação do art. 11 da Lei de Terrorismo extrai-se uma das seguintes conclusões:
> 1ª) ou as hipóteses que caracterizam crime de terrorismo já são de interesse da União e, portanto, o dispositivo legal é absolutamente inócuo; ou
> 2ª) ou as hipóteses que caracterizam crime de terrorismo não são, necessariamente, de interesse da União e, portanto, o dispositivo legal é inconstitucional, porquanto pretende dilatar as hipóteses de competência federal taxativamente previstas na Constituição Federal. Acreditamos na segunda, e o dispositivo legal encontra-se eivado de inconstitucionalidade"[320].

No mesmo sentido, também advogando a tese da inconstitucionalidade do art. 11 da Lei Antiterror, Eduardo Luiz Santos Cabette e Marcius Tadeu Maciel Nahur advertem:

> "É bastante plausível a tese da inconstitucionalidade do art. 11 da Lei Antiterrorismo. Isso porque a verdade é que não necessariamente a prática terrorista irá ter repercussão em interesse da União. Esse interesse, previsto no artigo 109, IV, CF deve ser 'de fato', 'in concreto' e não imposto a fórceps e abstratamente pela lei ordinária. Não fosse assim, bastaria ao legislador ordinário dizer, em seu texto, que tal ou qual matéria será, para 'efeitos legais', contra ou de interesse da União para levar a competência para a Justiça Federal de qualquer maneira de forma abstrata, o que, na verdade, somente é dado à Constituição Federal determinar. A técnica utilizada no artigo em destaque é uma evidente burla ao dispositivo constitucional que limita a competência da Justiça Federal e mesmo ao dispositivo que estabelece a atribuição de Polícia Judiciária da União da Polícia Federal (artigos 109, IV c/c 144, I, § 1º, I e IV, CF)."[321]

Com o devido respeito às posições adotadas pelos queridos amigos, ousamos deles discordar. Isso porque quis o legislador esclarecer que o terrorismo, seja ele de que natureza for – doméstico, internacional ou transnacional –, sempre será de interesse da União, inde-

---

[320] ARAÚJO, Fábio Roque et al. *Terrorismo*: comentários, artigo por artigo, à Lei 13.260/2016 – aspectos criminológicos e político-criminais, p. 265.

[321] CABETTE, Eduardo Luiz Santos; NAHUR, Marcius Tadeu Maciel. *Terrorismo*: Lei 13.260/16 comentada, p. 141.

pendentemente do local onde for praticado no território nacional, afastando-se, outrossim, a competência da Justiça Estadual.

Trata-se de uma norma de natureza explicativa, uma vez que a própria Constituição Federal não poderia elencar tudo aquilo que considerasse de interesse da União, cabendo ao legislador infraconstitucional essa tarefa.

Não há, portanto, qualquer vício de constitucionalidade; não se está burlando o inc. IV do art. 109 da Constituição Federal. Na verdade, evitam-se, assim, discussões infindáveis, que somente retardariam a investigação, o processamento e o julgamento de um fato criminoso grave, como é o terrorismo.

30. MEDIDAS ASSECURATÓRIAS

Medidas assecuratórias, de acordo com as lições de Guilherme de Souza Nucci:

"São as providências tomadas, no processo penal, para garantir a futura indenização ou reparação à vítima da infração penal, o pagamento das despesas processuais ou das penas pecuniárias ao Estado ou mesmo para evitar que o acusado obtenha lucro com a prática criminosa."[322]

Conforme o Capítulo VI do Título VI (Das Questões e Processos Incidentes) do Código de Processo Penal, são consideradas medidas assecuratórias, a saber:

a) sequestro;
b) especialização de hipoteca legal;
c) arresto.

De acordo com os arts. 125 e 132 do Código de Processo Penal, caberá a medida judicial do *sequestro* dos bens móveis e imóveis, adquiridos pelo indiciado ou pelo acusado com os proventos da infração penal, ainda que tenham sido transferidos a terceiros.

Para que a medida assecuratória do sequestro seja decretada, bastará a existência de indícios veementes da proveniência ilícita dos bens, conforme esclarece o art. 126 do citado diploma processual. Essa medida poderá ser decretada tanto na fase inquisitorial, antes do oferecimento da denúncia ou queixa, quanto em qualquer fase do processo. Realizado o sequestro, o juiz ordenará a sua inscrição do Registro de Imóveis (art. 128 do CPP), evitando-se, outrossim, que alguém de boa-fé o adquira, sem conhecer o gravame. O sequestro será autuado em autos apartados da ação penal em que se está apurando qualquer dos delitos previstos na Lei Antiterror, admitindo-se embargos de terceiros (art. 129 do CPP).

Nos termos do art. 130 do Código de Processo Penal, *in verbis*:

> **Art. 130.** O sequestro poderá ainda ser embargado:
> I – pelo acusado, sob o fundamento de não terem os bens sido adquiridos com os proventos da infração;
> II – pelo terceiro, a quem houverem os bens sido transferidos a título oneroso, sob o fundamento de tê-los adquirido de boa-fé.
> Parágrafo único. Não poderá ser pronunciada decisão nesses embargos antes de passar em julgado a sentença condenatória.

---

[322] NUCCI, Guilherme de Souza. *Curso de Direito Penal*, p. 475.

Parte II • Capítulo 2 • TERRORISMO | **417**

Transitada em julgado a sentença condenatória, o juiz, de ofício ou a requerimento do interessado ou do Ministério Público, determinará a avaliação e a venda dos bens em leilão público cujo perdimento tenha sido decretado. Do dinheiro apurado, será recolhido aos cofres públicos o que não couber ao lesado ou a terceiro de boa-fé. O valor apurado deverá ser recolhido ao Fundo Penitenciário Nacional, exceto se houver previsão diversa em lei especial (art. 133, *caput* , e §§ 1º e 2º do CPP).

A *hipoteca legal* é uma medida assecuratória que diz respeito a um direito real de garantia, que recai sobre os imóveis do indiciado ou acusado, e que poderá ser requerida pelo ofendido em qualquer fase do inquérito ou do processo, embora o art. 134 do Código de Processo Penal faça menção, equivocamente, somente a este último, desde que haja certeza da infração penal e indícios suficientes de autoria.

É levada a efeito em um procedimento denominado *especialização de hipoteca legal*. Assim, nos termos do art. 135 do diploma processual penal, pedida a especialização mediante requerimento, em que a parte estimará o valor da responsabilidade civil, e designará e estimará o imóvel ou imóveis que terão de ficar especialmente hipotecados, o juiz mandará logo proceder ao arbitramento do valor da responsabilidade e à avaliação do imóvel ou dos imóveis.

De acordo com o art. 135 da legislação processual penal:

> **Art. 135.** Pedida a especialização mediante requerimento, em que a parte estimará o valor da responsabilidade civil, e designará e estimará o imóvel ou imóveis que terão de ficar especialmente hipotecados, o juiz mandará logo proceder ao arbitramento do valor da responsabilidade e à avaliação do imóvel ou imóveis.
>
> § 1º A petição será instruída com as provas ou indicação das provas em que se fundar a estimação da responsabilidade, com a relação dos imóveis que o responsável possuir, se outros tiver, além dos indicados no requerimento, e com os documentos comprobatórios do domínio.
>
> § 2º O arbitramento do valor da responsabilidade e a avaliação dos imóveis designados far-se-ão por perito nomeado pelo juiz, onde não houver avaliador judicial, sendo-lhe facultada a consulta dos autos do processo respectivo.
>
> § 3º O juiz, ouvidas as partes no prazo de dois dias, que correrá em cartório, poderá corrigir o arbitramento do valor da responsabilidade, se lhe parecer excessivo ou deficiente.
>
> §4º O juiz autorizará somente a inscrição da hipoteca do imóvel ou imóveis necessários à garantia da responsabilidade.
>
> § 5º O valor da responsabilidade será liquidado definitivamente após a condenação, podendo ser requerido novo arbitramento se qualquer das partes não se conformar com o arbitramento anterior à sentença condenatória.
>
> § 6º Se o réu oferecer caução suficiente, em dinheiro ou em títulos de dívida pública, pelo valor de sua cotação em Bolsa, o juiz poderá deixar de mandar proceder à inscrição da hipoteca legal.

Preconiza o art. 137 do Código de Processo Penal que, se o responsável não possuir bens imóveis ou os possuir de valor insuficiente, poderão ser *arrestados* bens móveis suscetíveis de penhora, nos termos em que é facultada a hipoteca legal dos imóveis.

Tal como ocorre com o sequestro, o processo de especialização da hipoteca e do arresto correrá em autos apartados. Após o trânsito em julgado da sentença penal condenatória, os autos da hipoteca ou do arresto serão remetidos ao juiz cível (arts. 138 e 143 do CPP).

De acordo com o art. 12 em estudo, as medidas assecuratórias serão decretadas pelo juiz:

a) de ofício;

b) a requerimento do Ministério Público;

c) ou mediante representação do delegado de polícia, ouvido o Ministério Público, em vinte e quatro horas.

Ao contrário do que ocorre com os arts. 127 e 134 do Código de Processo Penal, não houve previsão para que o ofendido requeresse qualquer uma das medidas assecuratórias. Como alertam Rogério Sanches Cunha e Ronaldo Batista Pinto:

"Lembre-se que o art. 2º, inc. V, da lei em exame, tipifica como *ato de terrorismo*, 'atentar contra a vida ou a integridade física de pessoa', o que, em tese, poderia configurar eventual interesse (*rectius*: utilidade), do ofendido na decretação de uma medida assecuratória, a fim de assegurar-lhe futura reparação. Cremos, todavia, que se tratando de crime de terrorismo, não há que se ampliar a legitimidade para além do que previsto pelo legislador. Pensar-se de forma diversa implicaria no emprego da analogia (com o Código de Processo Penal), em prejuízo do agente, o que temos como inviável."[323]

Para que seja possível essa decretação, deverá existir *indícios suficientes de crime* previsto na Lei nº 13.260, de 16 de março de 2016, que poderá ser levada a efeito tanto na fase investigativa, após a instauração do inquérito policial, quanto na fase judicial, depois de iniciada a ação penal.

Nosso legislador é especialista em confusões. Para que se tenha uma ideia, no art. 126 do Código de Processo Penal, cuidando do sequestro, fala em *existência de indícios veementes da proveniência ilícita dos bens*. Já, no art. 134, quando menciona a hipoteca legal, exige, para sua decretação, que *haja certeza da infração e indícios suficientes da autoria*. Aqui, no art. 12 *sub examen*, menciona somente *indícios suficientes de crime*. Enfim, para que se possa decretar qualquer das medidas assecuratórias, nos termos do art. 12 da Lei Antiterror, basta a existência de *indícios suficientes de crime*, ou seja, um lastro probatório mínimo que possa nos induzir à possibilidade de prática do crime.

O art. 239 do Código de Processo Penal, cuidando dos indícios, nos esclarece:

> **Art. 239.** Considera-se indício a circunstância conhecida e provada, que, tendo relação com o fato, autorize, por indução, concluir-se a existência de outra ou outras circunstâncias.

Como preleciona a Ministra do Superior Tribunal de Justiça Maria Thereza Rocha de Assis Moura:

"Indício é todo rastro, vestígio, sinal e, em geral, todo fato conhecido, devidamente provado, suscetível de conduzir ao conhecimento de fato desconhecido, a ele relacionado, por meio de operação de raciocínio."[324]

Levando a efeito a distinção entre indício e presunção, Antonio Felipe da Silva Neves nos esclarece:

"Os penalistas chamam indícios ao que os civilistas chamam presunções, mas tem sido um espinhoso problema distinguir indício de presunção, porque em ambos existe raciocínio que parte de um fato conhecido para um fato desconhecido. A diferença estaria em que no indício

---

[323] CUNHA, Rogério Sanches et al. *Terrorismo*: comentários, artigo por artigo, à Lei 13.260/2016 – aspectos criminológicos e político-criminais, p. 267.

[324] ASSIS MOURA, Maria Thereza Rocha de. *A prova por indícios no processo penal*, p. 33.

há um fato que estava provado, ao passo que a presunção é a simples conjectura sobre a existência do fato probando e que pode levar à presunção, um juízo sobre a existência de um fato."[325]

Essas medidas assecuratórias, como vimos, podem incidir sobre bens, direitos ou valores do investigado ou acusado, ou existentes em nome de interpostas pessoas, que sejam instrumento, produto ou proveito dos crimes previstos nessa lei.

Por *instrumento do crime* podemos entender tudo aquilo que foi utilizado materialmente para a prática da infração penal tipificada na Lei Antiterror, a exemplo de explosivos e armas de fogo, e até mesmo, ao contrário do que ocorre com o art. 91, II, *a*, do Código Penal, que ressalva aqueles cujo fabrico, alienação, uso, porte ou detenção constitua fato ilícito, podemos abranger aqueles considerados lícitos, tal como vem ocorrendo com a utilização de veículos (caminhões, automóveis etc.) para atropelar dolosamente as pessoas, ou mesmo com os computadores utilizados como ferramenta de promoção da prática terrorista.

Fernando Galvão, com precisão, traçando a distinção entre produto e proveito do crime, assevera:

"O produto do crime é o objeto que o criminoso diretamente obtém com a prática delitiva. É o veículo no furto de automóvel. O proveito, por sua vez, é a vantagem econômica decorrente da utilização do produto do crime. Nesse caso, o dinheiro ou as mercadorias adquiridas com o dinheiro proveniente do tráfico de entorpecentes constituem proveito do crime."[326]

Aqui, tal qual criminosos comuns, os terroristas se valem de furtos, roubos, extorsões, extorsões mediante sequestro, tráfico de drogas etc. para levantar fundos para sua causa, havendo, outrossim, necessidade de aplicação dessas medidas assecuratórias.

30.1. Alienação antecipada

> § 1º Proceder-se-á à alienação antecipada para preservação do valor dos bens sempre que estiverem sujeitos a qualquer grau de deterioração ou depreciação, ou quando houver dificuldade para sua manutenção.

O § 1º do art. 12 da Lei Antiterror possui a mesma redação do § 1º do art. 4º da Lei nº 9.613, de 3 de março de 1998, que dispôs sobre os crimes de "lavagem" ou ocultação de bens, direitos e valores.

O art. 144-A, inserido no Código de Processo Penal pela Lei nº 12.694, de 24 e julho de 2012, por seu turno, possui redação similar à constante no § 1º do art. 12 da Lei Antiterror, dizendo:

> **Art. 144-A.** O juiz determinará a alienação antecipada para preservação do valor dos bens sempre que estiverem sujeitos a qualquer grau de deterioração ou depreciação, ou quando houver dificuldade para sua manutenção.
> § 1º O leilão far-se-á preferencialmente por meio eletrônico.
> § 2º Os bens deverão ser vendidos pelo valor fixado na avaliação judicial ou por valor maior. Não alcançado o valor estipulado pela administração judicial, será realizado novo leilão, em até 10 (dez) dias contados da realização do primeiro, podendo os bens ser alienados por valor não inferior a 80% (oitenta por cento) do estipulado na avaliação judicial.

---

[325] SILVA NEVES, Antonio Felipe da. *Da prova indiciária no processo penal*, p. 5-6.

[326] GALVÃO, Fernando. *Direito penal*: parte geral, p. 860.

> § 3º O produto da alienação ficará depositado em conta vinculada ao juízo até a decisão final do processo, procedendo-se à sua conversão em renda para a União, Estado ou Distrito Federal, no caso de condenação, ou, no caso de absolvição, à sua devolução ao acusado.
>
> § 4º Quando a indisponibilidade recair sobre dinheiro, inclusive moeda estrangeira, títulos, valores mobiliários ou cheques emitidos como ordem de pagamento, o juízo determinará a conversão do numerário apreendido em moeda nacional corrente e o depósito das correspondentes quantias em conta judicial.
>
> § 5º No caso da alienação de veículos, embarcações ou aeronaves, o juiz ordenará à autoridade de trânsito ou ao equivalente órgão de registro e controle a expedição de certificado de registro e licenciamento em favor do arrematante, ficando este livre do pagamento de multas, encargos e tributos anteriores, sem prejuízo de execução fiscal em relação ao antigo proprietário.
>
> § 6º O valor dos títulos da dívida pública, das ações das sociedades e dos títulos de crédito negociáveis em bolsa será o da cotação oficial do dia, provada por certidão ou publicação no órgão oficial.
>
> § 7º (Vetado).

Não é incomum que bens apreendidos de criminosos se percam em pátios administrados pela Justiça. Automóveis, aeronaves, barcos, quadros valiosos, enfim, uma série de bens que poderiam estar sendo devidamente empregados no próprio combate à criminalidade, se perdem por falta de cuidados necessários à sua manutenção. O mesmo ocorre com bens imóveis, que ficam abandonados e sujeitos às mesmas deteriorações.

Por isso, com acerto, permite a lei que o julgador determine a alienação antecipada para preservação do valor dos bens sempre que estiverem sujeitos a qualquer grau de deterioração ou depreciação, ou quando houver dificuldade para sua manutenção.

Importante salientar que não estamos falando em "perda" desses bens. A lei menciona a antecipação da alienação, o que é diferente. Como explicam Eduardo Luiz Santos Cabette e Marcius Tadeu Maciel Nahur:

> "Essa alienação, em hasta pública, poderá ser então adiantada, antecipada sempre que, por decisão fundamentada do magistrado, for demonstrado ser isso absolutamente necessário para a preservação dos bens em relação a deterioração ou depreciação em razão de dificuldades para a sua manutenção.
>
> Considerando o disposto no *caput*, isso pode se processar de ofício pelo juiz, a requerimento do Ministério Público ou por representação do delegado de polícia.
>
> Com essa alienação antecipada, procura-se preservar não somente o interesse social na manutenção do valor correspondente, mas também do próprio réu ou investigado acaso posteriormente tenha o direito de receber o reembolso do valor."[327]

30.2. Liberação dos bens, direitos e valores

O § 2º do art. 12 da Lei Antiterror possui a mesma redação do § 2º do art. 4º da Lei nº 9.613, de 3 de março de 1998, que dispôs sobre os crimes de "lavagem" ou ocultação de bens, direitos e valores.

> (...)
>
> § 2º O juiz determinará a liberação, total ou parcial, dos bens, direitos e valores quando comprovada a licitude de sua origem e destinação, mantendo-se a constrição dos bens, direitos e valores necessários e suficientes à reparação dos danos e ao pagamento de prestações pecuniárias, multas e custas decorrentes da infração penal.

---

[327] CABETTE, Eduardo Luiz Santos; NAHUR, Marcius Tadeu Maciel. *Terrorismo:* Lei 13.260/16 comentada, p. 154.

Se comprovada a licitude dos bens, direitos ou valores do indiciado ou acusado de algum dos crimes previstos na Lei Antiterror, sobre os quais recaiu uma medida assecuratória, nada mais justo do que a sua liberação, total ou parcial.

Contudo, tais medidas permanecerão no que diz respeito aos bens, direitos e valores necessários e suficientes à reparação dos danos e ao pagamento de prestações pecuniárias, multas e custas decorrentes da infração penal.

Como esclarece Ângelo Fernando Facciolli:

"A licitude da origem e/ou destinação dos bens, direitos e valores decorrentes da decretação de medidas assecuratórias não isenta o acusado do ressarcimento dos valores, decorrentes de custos administrativos e operacionais da infração penal. A Lei autoriza a reparação dos danos e o pagamento de prestações pecuniárias, multas e custas processuais pelos acusados/envolvidos, independentemente da origem dos bens assegurados – confiscados.

A Lei informa, ainda, que a liberação dos bens (direitos e valores) poderá ser total ou parcial. Na prática será sempre parcial, pois, mesmo lícitos, parte desses bens e valores será empregada para pagamento de prestações, multas ou custas decorrentes do processo penal."[328]

30.3. Comparecimento pessoal do acusado ou de interposta pessoa

O 3º do art. 12 da Lei Antiterror possui a mesma redação do § 3º do art. 4º da Lei nº 9.613, de 3 de março de 1998, que dispôs sobre os crimes de "lavagem" ou ocultação de bens, direitos e valores.

> (...)
> § 3º Nenhum pedido de liberação será conhecido sem o comparecimento pessoal do acusado ou de interposta pessoa a que se refere o caput deste artigo, podendo o juiz determinar a prática de atos necessários à conservação de bens, direitos ou valores, sem prejuízo do disposto no § 1º.

Para que o pedido de liberação seja concedido, haverá necessidade de comparecimento pessoal do acusado (ou mesmo do indiciado), ou de interposta pessoa, ou seja, aquela em nome de quem se encontram os bens, direitos e valores.

Trata-se, portanto, de uma condição de procedibilidade para que seja procedida a liberação.

Vale ressaltar, como fez a parte final do § 3º em análise, que o juiz poderá determinar a prática dos atos necessários à conservação de bens, direitos e valores, sem prejuízo da alienação antecipada dos bens, sempre que estiverem sujeitos a qualquer grau de deterioração ou depreciação, ou quando houver dificuldade para sua manutenção.

30.4. Medidas assecuratórias para reparação do dano ou pagamento de prestação pecuniária, multa e custas

O § 4º do art. 12 da Lei Antiterror possui a mesma redação do § 4º do art. 4º da Lei nº 9.613, de 3 de março de 1998, que dispôs sobre os crimes de "lavagem" ou ocultação de bens, direitos e valores.

---

[328] FACCIOLLI, Ângelo Fernando. *Introdução ao terrorismo*: evolução histórica, doutrina, aspectos táticos, estratégicos e legais, p. 364.

(...)

§ 4º Poderão ser decretadas medidas assecuratórias sobre bens, direitos ou valores para reparação do dano decorrente da infração penal antecedente ou da prevista nesta Lei ou para pagamento de prestação pecuniária, multa e custas.

Conforme salienta Gabriel Habib:

"A presente lei ampliou a finalidade de decretação de medidas assecuratórias para permiti-las como forma de garantir pagamentos futuros, como a reparação do dano, prestação pecuniária, multa e custas processuais. Note-se que o legislador fez menção à 'infração penal antecedente', o que não faz nenhum sentido, tendo em vista que o delito de terrorismo não é um crime acessório, como é o delito de lavagem de dinheiro. Ao que parece, o legislador copiou o art. 4º da Lei de Lavagem de Dinheiro 9.613/98 sem o cuidado devido."[329]

30.5. Administração dos bens, direitos ou valores sujeitos a medidas assecuratórias

Tal como ocorreu com o art. 12 e seus parágrafos, a Lei Antiterror reproduziu, em seu art. 13, o art. 5º da Lei nº 9.613, de 3 de março de 1998, que dispôs sobre os crimes de "lavagem" ou ocultação de bens, direitos e valores.

Há situações em que a Justiça se vê incapacitada de cuidar devidamente dos bens, direitos ou valores sujeitos a medidas assecuratórias por ela própria determinadas. Mesmo naquelas consideradas mais simples, muitas vezes percebemos essa incapacidade. Quem lida com a Justiça Penal, com certeza, já presenciou pátios superlotados de veículos apreendidos, que se deterioram, dia após dia, pois ali permanecem ao relento, sem os mínimos cuidados. Carros importados, veículos zero-quilômetro ou pouquíssimo rodados, vão perdendo seu valor devido a essa incapacidade de cuidado por parte do próprio Estado.

Por isso, o art. 13 em análise, de forma correta, determina que, quando as circunstâncias o aconselharem, o juiz, ouvido o Ministério Público, nomeará pessoa física ou jurídica, qualificada para a administração dos bens, direitos ou valores sujeitos a medidas assecuratórias, mediante termo de compromisso. Assim, imagine-se a hipótese na qual um cavalo de corrida é objeto de uma dessas medidas, ou mesmo uma coleção raríssima de selos ou de obras de arte. Se a Justiça é incapaz de cuidar de um simples automóvel, que dirá de bens que ensejam um cuidado mais do que especial.

Aqui, terá aplicação o art. 159 do Código de Processo Civil, que diz, *in verbis*:

Art. 159. A guarda e a conservação de bens penhorados, arrestados, sequestrados ou arrecadados serão confiadas a depositário ou a administrador, não dispondo a lei de outro modo.

Como esclarece Leonardo Henriques da Silva:

"Em relação à pessoa do administrador é certo que sua escolha e designação são prerrogativas do Juízo, dispondo o artigo que a nomeação se dará 'quando as circunstâncias o aconselharem'. Tanto pessoas físicas quanto jurídicas podem ser nomeadas pelo Juízo para exercer o múnus, desde que possuam qualificações para tanto. É de se ter cautela neste particular, uma vez que a mera qualificação profissional como administrador de empresas ou gestor patrimonial, por si só, pode ser insuficiente para a adequada preservação e de ativos ou manutenção de atividades produtivas.

---

[329] HABIB, Gabriel. *Leis penais especiais*: volume único, p. 638.

A qualificação do administrador, a nosso ver, dever guardar estrita relação com a natureza dos bens, direitos ou valores submetidos à constrição judicial, o que vale também para a pessoa jurídica (o estatuto social deve prever como objetivo da pessoa jurídica a administração de bens de terceiros, bem como seus funcionários e dirigentes devem ter formação compatível com a natureza dos ativos, direitos ou valores a serem administrados). Nesse sentido é possível recorrer à previsão do art. 21 da Lei 11.105/2005 para fins de saneamento de lacuna na Lei Antiterror."[330]

Embora o art. 13 não mencione expressamente, entendemos que a defesa deverá ser ouvida, da mesma forma que o Ministério Público, preservando-se, dessa forma, o contraditório e a ampla defesa, de acordo com o devido processo legal.

Uma vez escolhido o administrador – pessoa física ou jurídica –, deverá ser assinado o termo de compromisso.

30.6. Remuneração do administrador

Não seria razoável uma pessoa (física ou jurídica) se encarregar da administração dos bens, direitos ou valores sujeitos a medidas assecuratórias impostas pelo Poder Judiciário sem que, para tanto, recebesse qualquer contrapartida pelo seu trabalho. Por essa razão é que o inc. I do art. 14 da Lei Antiterror, com acerto, determina que fará jus a uma remuneração, fixada pelo juiz, que será satisfeita, preferencialmente, com o produto dos bens objeto da administração.

Não há, contudo, um valor predeterminado para essa remuneração, que variará de acordo com o grau de complexidade da administração, os custos que terá para a correta manutenção dos bens que estarão sob sua responsabilidade etc. Assim, por essa razão, deverá ser aplicado o art. 160 do Código de Processo Civil, que diz:

> **Art. 160.** Por seu trabalho o depositário ou o administrador perceberá remuneração que o juiz fixará levando em conta a situação dos bens, ao tempo do serviço e às dificuldades de sua execução.

Uma das obrigações do administrador é informar, periodicamente, o Juízo sobre a situação dos bens sob a sua administração, bem como explicações e detalhamentos sobre investimentos e reinvestimentos realizados, conforme determina o inc. II do art. 14 do diploma em estudo.

O administrador tem que desempenhar sua atividade, que é remunerada, da melhor forma possível, pois por qualquer prejuízo que trouxer, devido à sua conduta dolosa ou culposa, deverá ser responsabilizado, conforme determina o art. 161 do Código de Processo Civil, *in verbis*:

> **Art. 161.** O depositário ou o administrador responde pelos prejuízos que, por dolo ou culpa, causar à parte, perdendo a remuneração que lhe foi arbitrada, mas tem o direito a haver o que legitimamente despendeu no exercício do encargo.

De acordo com o parágrafo único do art. 14 da Lei Antiterror, os atos relativos à administração dos bens serão levados ao conhecimento do Ministério Público, que requererá o que entender cabível. Atua, aqui, o Ministério Público, na fiscalização do cumprimento do encargo assumido pelo administrador, podendo requerer o que for necessário para que seja

---

[330] SILVA, Leonardo Henriques da et al. *Lei Antiterror anotada*, p. 154-155.

levada a efeito a melhor administração sobre os bens, direitos ou valores sujeitos às medidas assecuratórias.

Embora não conste expressamente nos incisos do art. 14 em análise, o indiciado ou acusado também poderá se dirigir ao Juízo e informar qualquer irregularidade ou ilegalidade por parte daquele encarregado da administração de seus bens, direitos ou valores, evitando-se, assim, que venha a ocorrer algum prejuízo.

31. TRATADO OU CONVENÇÃO INTERNACIONAL

O terrorismo transnacional é uma realidade assustadora, que não encontra mais fronteiras. Para que seja eficientemente prevenido e combatido, há necessidade de cooperação entre os países, facilitando essa prevenção em combate.

Por essa razão, são editados os tratados e convenções internacionais, previstos em nossa Constituição Federal, cujo inc. VIII do seu art. 84 assevera:

> **Art. 84.** Compete privativamente ao Presidente da República:
>
> (...)
>
> VIII – celebrar tratados, convenções e atos internacionais, sujeitos a referendo do Congresso Nacional;

O Código de Processo Civil, por seu turno, introduziu a chamada cooperação internacional, dizendo, em seus arts. 26 e 27:

> **Art. 26.** A cooperação jurídica internacional será regida por tratado de que o Brasil faz parte e observará:
>
> I – o respeito às garantias do devido processo legal no Estado requerente;
>
> II – a igualdade de tratamento entre nacionais e estrangeiros, residentes ou não no Brasil, em relação ao acesso à justiça e à tramitação dos processos, assegurando-se assistência judiciária aos necessitados;
>
> III – a publicidade processual, exceto nas hipóteses de sigilo previstas na legislação brasileira ou na do Estado requerente;
>
> IV – a existência de autoridade central para recepção e transmissão dos pedidos de cooperação;
>
> V – a espontaneidade na transmissão de informações a autoridades estrangeiras.
>
> § 1º Na ausência de tratado, a cooperação jurídica internacional poderá realizar-se com base em reciprocidade, manifestada por via diplomática.
>
> § 2º Não se exigirá a reciprocidade referida no § 1º para homologação de sentença estrangeira.
>
> § 3º Na cooperação jurídica internacional não será admitida a prática de atos que contrariem ou que produzam resultados incompatíveis com as normas fundamentais que regem o Estado brasileiro.
>
> § 4º O Ministério da Justiça exercerá as funções de autoridade central na ausência de designação específica.
>
> **Art. 27.** A cooperação jurídica internacional terá por objeto:
>
> I – citação, intimação e notificação judicial e extrajudicial;
>
> II – colheita de provas e obtenção de informações;
>
> III – homologação e cumprimento de decisão;
>
> IV – concessão de medida judicial de urgência;
>
> V – assistência jurídica internacional;
>
> VI – qualquer outra medida judicial ou extrajudicial não proibida pela lei brasileira.

Podemos citar, ainda, a título de ilustração, os seguintes tratados, convenções, resoluções e planos de ação que, de alguma forma, dizem respeito ao terrorismo:

1. Convenção para Prevenção e Punição do Terrorismo – Liga das Nações, Genebra, 1937 (mencionada somente a título histórico, já que nunca entrou em vigor, bem como ao término da Liga das Nações);
2. Convenção Relativa às Infrações e a Certos Outros Atos Cometidos a Bordo de Aeronaves – ONU, Tóquio, 1963;
3. Convenção para Repressão ao Apoderamento Ilício de Aeronaves – ONU, Haia, 1970;
4. Convenção para a Repressão de Atos Ilícitos Contra a Segurança da Aviação Civil – ONU, Montreal, 1971;
5. Convenção sobre a Prevenção e Punição de Crimes Contra Pessoas que Gozam de Proteção Internacional, Inclusive Agentes Diplomáticos – ONU, Assembleia Geral das Nações Unidas, 1973;
6. Convenção internacional contra a tomada de reféns – ONU, Assembleia Geral das Nações Unidas, 1979;
7. Convenção sobre a Proteção Física dos Materiais Nucleares – ONU, Viena, 1980;
8. Protocolo para a Repressão de Atos Ilícitos de Violência em Aeroportos que Prestem Serviços à Aviação Civil Internacional, Complementar à Convenção para a Repressão de Atos Ilícitos Contra A Segurança Da Aviação Civil – ONU, Montreal, 1988;
9. Convenção para a Repressão dos Atos Ilícitos Contra a Segurança da Navegação Marítima – Roma, 1988;
10. Protocolo para a Repressão de Atos Ilícitos Contra a Segurança das Plataformas Fixas na Plataforma Continental – ONU, Roma, 1988;
11. Convenção para a Marcação de Explosivos Plásticos para Fins de Detecção – ONU, Montreal, 1991;
12. Convenção Internacional sobre a Supressão de Atentados Terroristas com Bombas – ONU, Assembleia Geral das Nações Unidas, 1997;
13. Convenção Internacional para a Supressão do Financiamento do Terrorismo – ONU, Assembleia das Nações Unidas, 1999;
14. Resolução nº 1.368, de 12 de setembro de 2001, do Conselho de Segurança das Nações Unidas – qualquer ato de terrorismo internacional constitui uma ameaça para a paz e a segurança internacional;
15. Convenção Interamericana contra o Terrorismo – OEA, junho de 2002;
16. Resolução nº 58/174 da Assembleia Geral da ONU, 58ª sessão, relatório do terceiro comitê, intitulado "Direitos Humanos e o Terrorismo";
17. Convenção para a Supressão de Atos de Terrorismo Nuclear, aprovada, por consenso, pela Assembleia Geral das Nações Unidas em abril de 2005;
18. Resolução nº 2.170 do Conselho de Segurança das Nações Unidas, de 14 de agosto de 2014;
19. Resolução nº 2.178 do Conselho de Segurança das Nações Unidas, sobre combatentes terroristas estrangeiros, de 24 de setembro de 2014;
20. Diretiva (EU) nº 2015/849 do Parlamento Europeu e do Conselho, relativa à prevenção da utilização do sistema financeiro para a lavagem de capitais ou financiamento do terrorismo, de 20 de maio de 2015;
21. Plano de Ação para Prevenir o Extremismo Violento (2015), aprovado pela Assembleia Geral da ONU em fevereiro de 2016.

Assim, de acordo com o *caput* do art. 15 da Lei Antiterror, o juiz determinará, na hipótese de existência de tratado ou convenção internacional e por *solicitação de autoridade estrangeira competente*, medidas assecuratórias sobre bens, direitos ou valores oriundos de crimes descritos nessa lei praticados no estrangeiro.

Identificando quem poderia ser reconhecido como autoridade estrangeira competente, Rogério Sanches Cunha e Ronaldo Batista Pinto, com precisão, aduzem:

> "A autoridade estrangeira aludida pelo legislador será, via de regra, uma autoridade judicial, nada impedindo, contudo, segundo a legislação interna de cada Nação, que se trate de uma autoridade que, conquanto não pertencente ao Poder Judiciário, esteja investida por lei nessa função."[331]

Somente poderá ocorrer a determinação judicial impondo a aplicação das medidas assecuratórias, por solicitação de autoridade estrangeira competente, sobre bens, direitos ou valores oriundos de crimes descritos nessa lei *praticados no estrangeiro*. Isso quer significar que se, por exemplo, alguém praticar, no estrangeiro, um terrorismo de natureza política, não previsto pela legislação brasileira, infelizmente, não poderão ser determinadas, no Brasil, as medidas assecuratórias. Deve existir, portanto, a chamada dupla imputação, ou seja, o mesmo delito praticado no estrangeiro, que motivou o pedido de aplicação de medidas assecuratórias, deve ter seu correspondente no Brasil.

Vale, contudo, a advertência feita por Acácio Miranda da Silva Filho quando alerta:

> "A falta de precisão legislativa pode conduzir a algumas interpretações, quais sejam: a) o legislador fez referência à possibilidade de aplicação da regra nos casos em que o crime seja da competência do Brasil, mesmo quando praticado no estrangeiro, e as medidas assecuratórias sejam requeridas pelo Brasil para serem realizadas em outro país. Ocorre que, ao adotar-se esse entendimento, estar-se-ia diante de uma hipótese de extraterritorialidade, além das citadas no artigo 7º, do Código Penal; b) o legislador quis correlacionar as legislações dos países envolvidos na cooperação, ao exigir que os elementos dos tipos penais que configuram o terrorismo no Brasil também estejam presentes na legislação da outra parte – país, mesmo que esta correlação não seja um tipo penal especificamente de terrorismo; c) há, apesar da pobreza da redação, a exigência do critério objetivo da dupla imputação, ou seja, é necessário que haja tipo(s) análogo(s) na legislação da outra parte – país."[332]

Determina o § 1º do art. 15 que se aplica o disposto no mencionado artigo, independentemente de tratado ou convenção internacional, quando houver *reciprocidade* do governo do país da autoridade solicitante.

De acordo, ainda, com as lições de Acácio Miranda da Silva Filho:

> "A reciprocidade constitui a aceitação mútua de determinadas obrigações por um Estado soberano, quando o outro Estado aceita igualmente o seu conteúdo, só havendo necessidade da sua existência quando não há um tratado ou convenção internacional regulando o tema, ou quando um, ou ambos, países não são signatários destes.
>
> A lei em comento indicou a possibilidade na sua realização exatamente por isso. Como se sabe, alguns países recusam a assinatura de determinados tratados por entenderem que o

---

[331] CUNHA, Rogério Sanches et al. *Terrorismo*: comentários, artigo por artigo, à Lei 13.260/2016 – aspectos criminológicos e político-criminais, p. 299.

[332] SILVA FILHO, Acácio Miranda da et al. *Lei Antiterror anotada*, p. 161.

conteúdo destes fere a sua soberania, ou porque o conteúdo é contrário aos seus preceitos internos, por questões políticas, econômicas, ou por qualquer razão plausível.

Em relação a estes países, o Brasil poderá realizar a cooperação passiva, desde que o país assuma a obrigação de realizar para o Brasil quando necessária."[333]

Determina, ademais, o § 2º do artigo *sub examen* que, na falta de tratado ou convenção, os bens, direitos ou valores sujeitos a medidas assecuratórias por solicitação de autoridade estrangeira competente ou os recursos provenientes da sua alienação serão repartidos entre o Estado requerente e o Brasil, na proporção de metade, ressalvado o direito do lesado ou de terceiro de boa-fé.

---

[333] SILVA FILHO, Acácio Miranda da et al. *Lei Antiterror anotada*, p. 162-163.

Capítulo 3

TRÁFICO ILÍCITO DE ENTORPECENTES E DROGAS AFINS

As drogas, com seus efeitos devastadores, têm se espalhado pelo mundo todo. Nações se uniram buscando o combate, principalmente, do seu tráfico ilícito. Muitas economias de países subdesenvolvidos são, infelizmente, sustentadas, ainda, pelo poder das drogas. A luta é intensa e, ao que parece, sem fim.

As drogas trazem consigo um sem-número de infrações penais, que lhes são periféricas. Homicídios, lesões corporais, furtos, roubos, extorsões mediante sequestro, ameaças, estupros, enfim, há uma infinidade de delitos que são praticados, tendo como motivo o tráfico ou mesmo o uso de drogas.

O número de pessoas presas pelo tráfico de drogas cresce assustadoramente, sobretudo com relação às mulheres. Famílias inteiras são destruídas. O Estado Social fica à deriva, vendo sua população se transformar, pouco a pouco, em verdadeiros zumbis. O sistema de saúde implode, pois não consegue acolher esse número gigantesco de viciados, principalmente aqueles ligados a drogas mais letais, a exemplo do *crack*.

Embora a Constituição Federal tenha usado, no inc. XLIII do seu art. 5º, a expressão tráfico ilícito de entorpecentes e drogas afins, essa não é utilizada pela Lei nº 11.343, de 23 de agosto de 2006, que faz referência a tráfico ilícito de drogas, e não menciona mais a palavra entorpecente, como fazia a revogada Lei nº 6.368, de 21 de outubro de 1976, razão pela qual utilizaremos somente a expressão atual, ou seja, tráfico ilícito de drogas.

Vale, ressaltar, no entanto, que, embora seja considerado como uma infração penal equiparada aos crimes hediondos, na Lei nº 11.343/2006 não se encontra nenhuma rubrica com esse título, cabendo, portanto, ao intérprete identificar, entre os delitos nela elencados, quais deles podem se amoldar ao conceito de tráfico de drogas, o que, de certa forma, gera uma situação de insegurança, de incerteza jurídica.

Dessa forma, apenas a análise individualizada de cada tipo penal previsto na Lei nº 11.343/2006 é que permitirá concluir se estamos diante, ou não, de um comportamento que poderá estar ligado, de alguma forma, ao tráfico de drogas, permitindo que seja equiparado a uma infração penal de natureza hedionda, impondo-lhe, outrossim, as consequências previstas pela Lei nº 8.072/90.

A redação constante do *caput* do art. 44 da Lei nº 11.343/2006 nos induz a entender quais seriam os tipos penais ligados ao tráfico de drogas que poderiam ser equiparados aos crimes hediondos, dizendo:

> **Art. 44.** Os crimes previstos nos arts. 33, *caput* e § 1º, e 34 a 37 desta Lei são inafiançáveis e insuscetíveis de *sursis*, graça, indulto, anistia e liberdade provisória, vedada a conversão de suas penas em restritivas de direitos.

Assim, conforme as precisas lições de Renato Brasileiro de Lima:

"Se a tais delitos foi estabelecida uma série de restrições, algumas delas próprias dos crimes hediondos e equiparados, somos levados a acreditar que, à exceção do art. 35 (associação para fins de tráfico), que jamais foi considerado equiparado a hediondo na vigência da lei anterior (art. 14 da Lei nº 6.368/76), os delitos citados no art. 44, *caput*, da Lei nº 11.343/2006 (art. 33, *caput*, e § 1º, art. 34, art. 36 e art. 37) são tidos como 'tráfico de drogas'."[1]

E conclui o renomado autor, dizendo:

"Interpretando-se a *contrario sensu* o art. 44 da Lei nº 11.343/2006, não podem ser rotulados como 'tráfico de drogas' e, portanto, equiparados a hediondos, os crimes previstos nos arts. 28 (porte ou cultivo para consumo próprio), 33, § 2º (auxílio ao uso), 33, § 3º (uso compartilhado), 38 (prescrição ou ministração culposa) e 39 (condução de embarcação ou aeronave após o uso de drogas)."[2]

Importante frisar, ainda, que a aplicação da causa de redução de pena prevista no § 4º do art. 33 da Lei nº 11.343/2006 afasta a equiparação aos crimes de natureza hedionda, de acordo com a posição majoritária de nossos Tribunais Superiores, quando diz que:

> (...)
> § 4º Nos delitos definidos no *caput* e no § 1º deste artigo, as penas poderão ser reduzidas de um sexto a dois terços, desde que o agente seja primário, de bons antecedentes, não se dedique às atividades criminosas nem integre organização criminosa.

Nesse sentido, trazemos à colação os seguintes julgados:

> 1. A Lei n. 13.964/2019 não retirou o caráter de equiparado a hediondo do crime de tráfico de drogas. O caráter hediondo somente é retirado quando incide a figura do tráfico privilegiado, o que não é o caso dos autos, conforme já decidido pelo Supremo Tribunal Federal no HC n. 118.533/MS.
> 2. Dir-se-á que a previsão do § 5º, do art. 112, da Lei n. 7.210/1984 (LEP), de que "Não se considera hediondo ou equiparado, para fins deste artigo, o crime de tráfico de drogas previsto no § 4º do art. 33 da Lei 11.343, de 23 de agosto de 2006", antessupõe norma legal que arrole o tráfico de drogas como crime hediondo ou equiparado, premissa que tem sustentabilidade um tanto vulnerável depois que a Lei n. 13.964, de 24/12/2019, revogou o § 2º, do art. 2º, da Lei n. 8.092/1990, mas, de toda forma, essa é a jurisprudência estabilizada do STJ (STJ, AgRg no HC 772.776/SC, 6ª T., Rel. Min. Jesuino Rissato (Desembargador convocado do TJDF), j. 07.02.2023).
> 1. A equiparação do tráfico de drogas a delitos hediondos decorre de previsão constitucional assente no art. 5º, XLIII, da Constituição Federal. 2. A jurisprudência desta Corte Superior de Justiça pacificou-se no sentido de que as alterações providas pela Lei n. 13.964/2019 apenas afastaram o caráter hediondo ou equiparado do tráfico privilegiado, previsto no art. 33, § 4º, da Lei n. 11.343/2006, nada dispondo sobre os demais dispositivos da Lei de Drogas (STJ, AgRg no HC 754.913/MG, 5ª T., Rel. Min. Jorge Mussi, j. 06.12.2022).

Conforme preleciona Guilherme de Souza Nucci:

"O tráfico ilícito de entorpecentes, assim como o porte ilegal de arma de fogo (somente para mencionar um exemplo ilustrativo e comparativo), é um crime de perigo (há uma probabilidade de dano ao bem jurídico tutelado) abstrato (independente de prova dessa probabilidade de dano, pois presumida pelo legislador na construção do tipo). Não vemos, com a devida vênia, nenhum obstáculo de natureza técnica ou mesmo atentatória a princípios constitucionais garantistas, como parcela da doutrina insiste em sustentar. Alguns mencionam que a presunção absoluta (*juris et de jure*) não permite ao acusado fazer pova em sentido contrário, vale dizer, que seu comportamento seria inofensivo ao bem jurídico

---

[1] LIMA, Renato Brasileiro de. *Legislação criminal especial comentada*, p. 57.

[2] LIMA, Renato Brasileiro de. *Legislação criminal especial comentada*, p. 58.

protegido. Assim ocorrendo, haveria ofensa a vários princípios penais, dentre os quais o da responsabilidade pessoal, o da culpabilidade e o da presunção de inocência. Nada disso ocorrerá se o legislador agir dentro dos parâmetros democráticos que dele se espera para a construção de tipos penais de perigo abstrato, baseado em regras de experiência sólidas e estruturadas, apontando para a necessidade de se proibir determinada conduta, pois a sua prática envolve o perecimento de bens considerados indispensáveis à vida em sociedade"[3].

---

[3]   NUCCI, Guilherme de Souza. *Leis penais e processuais penais comentadas*, p. 336-337.

PARTE III

CARACTERÍSTICAS DOS CRIMES HEDIONDOS E EQUIPARADOS

Capítulo 1
PROIBIÇÕES

1. PROIBIÇÃO DE CONCESSÃO DE ANISTIA, GRAÇA E INDULTO

Anistia, graça e indulto são causas extintivas da punibilidade previstas no inc. II do art. 107 do Código Penal.

Na precisa lição de Giuseppe Maggiore:

> "Uma das mais antigas formas de extinção da pretensão punitiva é a *indulgência do príncipe*, que se expressa em três instituições: a anistia, o indulto e a graça. A *indulgentia principis* se justifica como uma medida equitativa endereçada a suavizar a aspereza da justiça (*supplementum iustitiae*), quando particulares circunstâncias políticas, econômicas e sociais, fariam esse rigor aberrante e iníquo. Desse modo, atua como um ótimo meio de pacificação social, depois de períodos turbulentos que transtornam a vida nacional e são ocasião inevitável de delitos."[1] (tradução livre)

Pela anistia, o Estado renuncia ao seu *ius puniendi*, perdoando a prática de infrações penais que, normalmente, têm cunho político. A regra, portanto, é de que a anistia se dirija aos chamados crimes políticos[2]. Contudo, nada impede que a anistia também seja concedida a crimes comuns.

A concessão da anistia é de competência da União, conforme preceitua o art. 21, XVII, da Constituição Federal, e se encontra no rol das atribuições do Congresso Nacional, sendo prevista pelo art. 48, VIII, de nossa Lei Maior. Pode ser concedida antes ou depois da sentença penal condenatória, sempre retroagindo a fim de beneficiar os agentes. Segundo Aloysio de Carvalho Filho:

> "A anistia pode ser concedida em termos *gerais* ou *restritos*. Quando a anistia restrita exclui determinados fatos, ou determinados indivíduos, ou grupos, ou classes de indivíduos, diz-se *parcial*; quando estabelece cláusulas para a fruição do benefício, diz-se *condicional*. A anistia geral ou absoluta não conhece exceção de crimes ou de pessoas, nem se subordina a limitações de qualquer espécie."[3]

De acordo com o art. 2º, I, da Lei nº 8.072/90, os crimes hediondos, a prática de tortura, o tráfico ilícito de entorpecentes e drogas afins e o terrorismo são insuscetíveis de anistia.

---

[1] MAGGIORE, Giuseppe. *Derecho penal*, v. II, p. 357.

[2] Conforme a Lei nº 6.683, de 28 de agosto de 1979, que, por intermédio de seu art. 1º, concedeu anistia *a todos quantos, no período compreendido entre 2 de setembro de 1961 e 15 de agosto de 1979, cometeram crimes políticos ou conexos com estes, crimes eleitorais, aos que tiveram seus direitos políticos suspensos e aos servidores da Administração Direta e Indireta, de Fundações vinculadas ao Poder Público, aos servidores dos Poderes Legislativo e Judiciário, aos militares e aos dirigentes e representantes sindicais, punidos com fundamento em Atos Institucionais e Complementares.*

[3] CARVALHO FILHO, Aloysio de. *Comentários ao Código Penal*, v. IV, p. 126.

O art. 187 da Lei de Execução Penal determina:

> **Art. 187.** Concedida a anistia, o juiz, de ofício, a requerimento do interessado ou do Ministério Público, por proposta da autoridade administrativa ou do Conselho Penitenciário, declarará extinta a punibilidade.

A anistia ainda pode ser reconhecida como: *a) própria*, quando concedida anteriormente à sentença penal condenatória; *b) imprópria*, quando concedida após a sentença penal condenatória transitada em julgado.

A graça e o indulto são da competência do Presidente da República, embora o art. 84, XII, da Constituição Federal somente faça menção a este último, subentendendo-se ser a graça o indulto individual. A diferença entre os dois institutos é que a graça é concedida individualmente a uma pessoa específica, enquanto o indulto é concedido de maneira coletiva a fatos determinados pelo chefe do Poder Executivo.

Nos termos do art. 188 da Lei de Execução Penal, a graça, modernamente conhecida como indulto individual, poderá ser provocada por petição do condenado, por iniciativa do Ministério Público, do Conselho Penitenciário ou da autoridade administrativa, e a petição, acompanhada dos documentos que a instruírem, será entregue ao Conselho Penitenciário para a elaboração de parecer e posterior encaminhamento ao Ministério da Justiça (art. 189 da LEP).

O indulto coletivo, ou simplesmente indulto, é, normalmente, concedido anualmente pelo Presidente da República, por meio de decreto. Pelo fato de ser editado próximo ao final de ano, esse indulto acabou sendo conhecido como *indulto de Natal*.

Ao contrário da redação constante da parte inicial do inc. XLIII do art. 5º da Constituição Federal, que diz que *a lei considerará crimes inafiançáveis e insuscetíveis de graça ou anistia*, o art. 2º, I, da Lei nº 8.072/90 assevera que os crimes hediondos, a prática da tortura, o tráfico ilícito de entorpecentes e drogas afins e o terrorismo são insuscetíveis de anistia, graça e indulto.

Assim, a lei ordinária impôs uma vedação além daquelas previstas no texto constitucional, vale dizer, não somente a graça e a anistia estão proibidas pela Lei nº 8.072/90 mas também a concessão de indulto. À vista disso, indagamos: poderia a lei infraconstitucional determinar outras proibições além daquelas constantes do texto de nossa Lei Maior? Duas correntes se formaram.

A primeira delas, defendida por Alberto Silva Franco, Rafael Lira e Yuri Felix, preleciona que:

> "A regra do inc. XLIII do art. 5º da Constituição Federal que veda a incidência de causas extintivas de punibilidade em relação a determinados delitos, constitui uma restrição constitucional. O exercício do poder de restrição não comporta alargamentos em lei intermediadora. Além disso, se a Constituição Federal incluiu a concessão de indulto e a comutação de penas, entre as atribuições privativas do Presidente da República (art. 84, XII, da CF) e se ela própria não excepcionou, em situação alguma, o exercício dessa competência, não caberia, evidentemente, ao legislador ordinário, limitá-lo. O dispositivo do inc. I do art. 2º da Lei nº 8.072/90 está, portanto, eivado de flagrante inconstitucionalidade no tópico em que estende aos delitos especificados na referida lei a proibição do indulto. O Presidente da República não ficará, assim, obstado de conceder indulto ou, até mesmo, de comutar pena,

Parte III • Capítulo 1 • PROIBIÇÕES | 437

no que tange aos crimes hediondos, à tortura, ao tráfico ilícito de entorpecentes e drogas afins e ao terrorismo."[4]

Em sentido contrário, a nosso ver corretamente, afirma Renato Brasileiro de Lima que prevalece:

"O entendimento de que a expressão *graça* a que se refere o art. 5º, XLIII, da Constituição Federal, deve ser objeto de interpretação extensiva para também abranger a vedação da concessão do indulto, já que as duas causas extintivas da punibilidade são espécies de clemência soberana, com a única diferença de que aquela é concedida de maneira individualizada e esta para um grupo indeterminado de condenados. Destarte, a proibição de um instituto – graça (indulto individual) – permite ao legislador infraconstitucional a proibição do outro – indulto coletivo. Consequentemente, ao se referir à competência do Presidente da República para a concessão do indulto, o art. 84, XII, da Carta Magna, refere-se não apenas à concessão do indulto coletivo como também à concessão do indulto individual (graça)."[5]

Merece destaque, ainda, o chamado indulto humanitário, ou seja, aquele que, em regra, é concedido às pessoas nacionais ou estrangeiras condenadas, que tenham sido acometidas: I – por paraplegia, tetraplegia ou cegueira, adquirida posteriormente à prática do delito ou dele consequente, comprovada por laudo médico oficial, ou, na sua falta, por médico designado pelo juízo da execução; II – por doença grave permanente, que, simultaneamente, imponha severa limitação de atividade e exija cuidados contínuos que não possam ser prestados no estabelecimento penal, comprovada por laudo médico oficial, ou, na sua falta, por médico designado pelo juízo da execução; III – por doença grave, como neoplasia maligna ou síndrome da deficiência imunológica adquirida (aids), em estágio terminal e comprovada por laudo médico oficial, ou, na sua falta, por médico designado pelo juízo da execução; ou outras hipóteses que importem no mesmo raciocínio.

Por razões de ordem humanitária, o entendimento doutrinário majoritário é no sentido de que mesmo aqueles condenados por infrações penais previstas pela Lei nº 8.072/90 poderiam ser beneficiados com essa modalidade especial de indulto.

O Supremo Tribunal Federal, no entanto, se posicionou em sentido contrário à concessão do indulto humanitário quando a infração penal disser respeito ao tráfico ilícito de drogas, como se percebe pelo julgado a seguir colacionado:

> *Habeas corpus.* 2. Tráfico e associação para o tráfico ilícito de entorpecentes (arts. 33 e 35 da Lei 11.343/2006). Condenação. Execução penal. 3. Sentenciada com deficiência visual. Pedido de concessão de indulto humanitário, com fundamento no art. 1º, inciso VII, alínea *a*, do Decreto Presidencial n. 6.706/2008. 4. O Supremo Tribunal Federal já declarou a inconstitucionalidade da concessão de indulto a condenado por tráfico de drogas, independentemente da quantidade da pena imposta [ADI n. 2.795 (MC), Rel. Min. Maurício Corrêa, Pleno, *DJ* 20.6.2003]. 5. Vedação constitucional (art. 5º, inciso XLIII, da CF) e legal (art. 8º, inciso I, do Decreto n. 6.706/2008) à concessão do benefício. 6. Ausência de constrangimento ilegal. Ordem denegada (HC 118213, 2ª T., Rel. Min. Gilmar Mendes, julgado em 06.05.2014).

Importante ressaltar, ainda, o fato de que a Lei nº 9.455/97 omitiu-se com relação ao indulto, dizendo, no § 6º do art. 1º, que:

---

[4] FRANCO, Alberto Silva; LIRA, Rafael; FELIX, Yuri. *Crimes hediondos*, p. 291-292.

[5] LIMA, Renato Brasileiro de. *Legislação criminal especial comentada*, p. 61.

> (...)
> § 6º O crime de tortura é inafiançável e insuscetível de graça ou anistia.

Assim, seria possível a concessão de indulto ao condenado pela prática do crime de tortura, já que a Lei nº 9.455/97, que cuida especificamente do tema, não apontou expressamente essa proibição?

O Supremo Tribunal Federal também já se posicionou sobre o tema, entendendo que:

> Agravo regimental no recurso ordinário em *habeas corpus*. Impossibilidade de concessão de indulto aos condenados por crimes hediondos, de tortura, terrorismo ou tráfico ilícito de entorpecentes e drogas afins. agravo a que se nega seguimento. I – No julgamento da adi 2.795-MC, de relatoria do ministro Maurício Corrêa, o plenário deste supremo tribunal assentou revelar-se "(...) inconstitucional a possibilidade de que o indulto seja concedido aos condenados por crimes hediondos, de tortura, terrorismo ou tráfico ilícito de entorpecentes e drogas afins, independentemente do lapso temporal da condenação". II – Agravo a que se nega provimento (RHC 176.673 Agr, 2ª T., Rel. Min. Ricardo Lewandowski, j. 14.02.2020).

2. PROIBIÇÃO DE CONCESSÃO DE FIANÇA

Inicialmente, a redação original do inc. II do art. 2º da Lei nº 8.072/90 dizia que os crimes hediondos, a prática de tortura, o tráfico ilícito de entorpecentes e drogas afins e o terrorismo eram insuscetíveis de fiança e liberdade provisória.

A Lei nº 11.464, de 28 de março de 2007, dando nova redação ao mencionado inciso II, afastou a proibição da concessão de liberdade provisória, permanecendo, somente, como não poderia deixar de ser, a vedação da fiança, em obediência ao disposto no inc. XLIII do art. 5º da Constituição Federal, que diz que *a lei considerará crimes inafiançáveis a prática da tortura, o tráfico ilícito de entorpecentes e drogas afins, o terrorismo e os definidos como crimes hediondos, por eles respondendo os mandantes, os executores e os que, podendo evitá-los, se omitirem*, não fazendo nenhuma referência à proibição da liberdade provisória.

A fiança, conforme as lúcidas lições de Renato Marcão, espécie ligada ao:

> "(...) gênero liberdade provisória, é uma garantia real que se presta como contracautela de escorreita prisão em flagrante leva a efeito, com a finalidade de ver restituída a liberdade do autuado e para que assim permaneça durante o transcurso da investigação policial e de eventual processo criminal relacionados ao delito que se lhe imputa.
>
> Pode ser efetivada mediante pagamento em dinheiro ou entrega de bens e valores."[6]

O inc. II do art. 323 do Código de Processo Penal, com a nova redação que lhe foi conferida pela Lei nº 12.403, de 4 de maio de 2011, da mesma forma que o inc. XLIII do art. 5º da Constituição Federal e o inc. II do art. 2º da Lei nº 8.072/90, diz que:

> **Art. 323.** Não será concedida fiança:
> I – (...);
> II – nos crimes de tortura, tráfico ilícito de entorpecentes e drogas afins, terrorismo e nos definidos como crimes hediondos;
> (...)

---

[6] MARCÃO, Renato. *Código de Processo Penal comentado*, p. 857.

Capítulo 2
PRISÃO E PENAS

1. POSSIBILIDADE DE CONCESSÃO DE LIBERDADE PROVISÓRIA

Embora, como vimos anteriormente, esteja completamente vedada a fiança, seria possível a concessão de liberdade provisória para os crimes hediondos, a prática de tortura, o tráfico ilícito de entorpecentes e drogas afins e o terrorismo?

Diz o art. 310 do Código de Processo Penal, com a nova redação que lhe foi conferida pela Lei nº 13.964, de 24 de dezembro de 2019:

> **Art. 310.** Após receber o auto de prisão em flagrante, no prazo máximo de até 24 (vinte e quatro) horas após a realização da prisão, o juiz deverá promover audiência de custódia com a presença do acusado, seu advogado constituído ou membro da Defensoria Pública e o membro do Ministério Público, e, nessa audiência, o juiz deverá, fundamentadamente:
>
> I – relaxar a prisão ilegal; ou
>
> II – converter a prisão em flagrante em preventiva, quando presentes os requisitos constantes do art. 312 deste Código, e se revelarem inadequadas ou insuficientes as medidas cautelares diversas da prisão; ou
>
> III – conceder liberdade provisória, com ou sem fiança.
>
> § 1º Se o juiz verificar, pelo auto de prisão em flagrante, que o agente praticou o fato em qualquer das condições constantes dos incisos I, II ou III do *caput* do art. 23 do Decreto-Lei nº 2.848, de 7 de dezembro de 1940 (Código Penal), poderá, fundamentadamente, conceder ao acusado liberdade provisória, mediante termo de comparecimento obrigatório a todos os atos processuais, sob pena de revogação.
>
> § 2º Se o juiz verificar que o agente é reincidente ou que integra organização criminosa armada ou milícia, ou que porta arma de fogo de uso restrito, deverá denegar a liberdade provisória, com ou sem medidas cautelares.
>
> § 3º A autoridade que deu causa, sem motivação idônea, à não realização da audiência de custódia no prazo estabelecido no *caput* deste artigo responderá administrativa, civil e penalmente pela omissão.
>
> § 4º Transcorridas 24 (vinte e quatro) horas após o decurso do prazo estabelecido no *caput* deste artigo, a não realização de audiência de custódia sem motivação idônea ensejará também a ilegalidade da prisão, a ser relaxada pela autoridade competente, sem prejuízo da possibilidade de imediata decretação de prisão preventiva.

O art. 321 do mesmo diploma processual penal, por seu turno, assevera que:

> **Art. 321.** Ausentes os requisitos que autorizam a decretação da prisão preventiva, o juiz deverá conceder liberdade provisória, impondo, se for o caso, as medidas cautelares previstas no art. 319 deste Código e observados os critérios constantes do art. 282 deste Código.

A doutrina, de forma majoritária, tem se posicionado no sentido da possibilidade de concessão de liberdade provisória para as infrações penais previstas na Lei nº 8.072/90. Renato Brasileiro de Lima, a nosso ver corretamente, assevera que:

> "Não se pode concordar com o argumento de que a proibição de liberdade provisória nos processos por crimes hediondos e assemelhados decorre da própria inafiançabilidade imposta pela Constituição à legislação ordinária, a não ser que se admita equivocadamente que

há uma única hipótese de liberdade provisória em nosso ordenamento jurídico, a saber, a liberdade provisória *com fiança*.

Quando a Constituição se refere à inafiançabilidade para determinados delitos, a única conclusão que se pode extrair é a vedação da concessão de liberdade provisória *com fiança*. Não há falar em proibição de aplicação da liberdade provisória *sem fiança*, cumulada, se for o caso, com as medidas cautelares diversas da prisão (à exceção da fiança), na medida em que não houve referência expressa na Constituição – e é a própria Constituição que reconhece a existência do regime de liberdade provisória *com ou sem fiança* (art. 5º, LXVI). A impossibilidade de concessão de fiança a que se refere a Constituição Federal quer significar apenas que a lei infraconstitucional não pode prever como condição suficiente para a concessão da liberdade provisória o mero recolhimento da fiança."[1]

No mesmo sentido, são os ensinamentos de Renato Marcão, quando diz que:

"Demorou, mas a Lei nº 11.464/2007 deu nova redação ao art. 2º da Lei nº 8.072/90, que em razão das modificações sofridas *deixou de proibir expressamente a concessão da liberdade provisória* em se tratando da prática de crimes que menciona.

Desde então, afastada a inconstitucional vedação *ex lege*, o cabimento deverá ser analisado no caso concreto."[2]

Nessa perspectiva, já decidiu o STF:

A atual jurisprudência desta Corte admite a concessão de liberdade provisória em crimes hediondos ou equiparados, em hipóteses nas quais estejam ausentes os fundamentos previstos no artigo 312 do Código de Processo penal. Precedentes desta Corte (HC 92.880, 2ª T., Rel. Min. Joaquim Barbosa, julgado em 20/05/2008). (grifos nossos)

2. REGIME INICIAL DE CUMPRIMENTO DE PENA

Com o advento da Lei nº 11.464, de 28 de março de 2007, o § 1º do art. 2º da Lei nº 8.072/90, que anteriormente determinava que as penas para as infrações penais por ela previstas seriam cumpridas *integralmente* em regime fechado, passou a exigir que o regime de pena seja *inicialmente* fechado.

No entanto, por maioria de votos, o Plenário do Supremo Tribunal Federal (STF) concedeu, durante sessão extraordinária realizada em 27 de junho de 2012, o *Habeas Corpus* (HC) 111.840 e declarou, incidentalmente, a inconstitucionalidade do § 1º do art. 2º da Lei nº 8.072/90, com redação dada pela Lei nº 11.464/2007, o qual prevê que a pena por crime de tráfico será cumprida, inicialmente, em regime fechado.

No HC, a Defensoria Pública do Estado do Espírito Santo pediu a concessão do *habeas corpus* para que um condenado por tráfico de drogas pudesse iniciar o cumprimento da pena de seis anos em regime semiaberto, alegando, para tanto, a inconstitucionalidade da norma que determina que os condenados por tráfico devem cumprir a pena em regime inicialmente fechado.

O julgamento teve início em 14 de junho de 2012 e, naquela ocasião, cinco Ministros se pronunciaram pela inconstitucionalidade do dispositivo: Dias Toffoli (Relator), Rosa Weber,

---

[1]   LIMA, Renato Brasileiro de. *Legislação criminal especial comentada*, p. 75.

[2]   MARCÃO, Renato. *Código de Processo Penal comentado*, p. 851-852.

Cármen Lúcia Antunes Rocha, Ricardo Lewandowski e Cezar Peluso. Em sentido contrário, pronunciaram-se os Ministros Luiz Fux, Marco Aurélio e Joaquim Barbosa, que votaram pelo indeferimento da ordem.

Na sessão de 27 de junho de 2012, em que foi concluído o julgamento, os Ministros Gilmar Mendes, Celso de Mello e Ayres Britto acompanharam o voto do Relator, Ministro Dias Toffoli, pela concessão do HC para declarar a inconstitucionalidade do § 1º do art. 2º da Lei nº 8.072/90. De acordo com o entendimento do Relator, o dispositivo contraria a Constituição Federal, especificamente no ponto que trata do princípio da individualização da pena (art. 5º, inc. XLVI).

Em que pese a pacificação desse raciocínio, com a declaração de inconstitucionalidade do § 1º do art. 2º da Lei nº 8.072/90, não podemos com ela concordar. Justamente o fundamento maior da decisão, ou seja, o fato de que o mencionado parágrafo contrariava o dispositivo constitucional que previa o princípio da individualização da pena é o motivo da nossa discordância.

Isso porque o inc. XLVI do art. 5º da Constituição Federal diz, textualmente:

> (...)
> XLVI – a lei regulará a individualização da pena e adotará, entre outras, as seguintes:
> a) privação ou restrição da liberdade;
> b) perda de bens;
> c) multa;
> d) prestação social alternativa;
> e) suspensão ou interdição de direitos;
> (...).

Como se percebe pela redação do mencionado inciso, a própria Constituição Federal está dizendo que a *lei* regulará a individualização da pena, ou seja, houve uma delegação ao legislador infraconstitucional, a fim de que pudesse individualizar a pena e, consequentemente, sua execução. Assim, seria razoável entender que os crimes considerados hediondos e assemelhados são, entre todas as infrações penais existentes em nosso ordenamento jurídico, aqueles que merecem um tratamento mais severo.

Não se pode comparar, por exemplo, um crime hediondo com outro que não goze desse *status*, razão pela qual sua própria denominação, vale dizer, hediondo, o difere dos demais.

Desse modo, entendemos que a determinação de início de cumprimento de pena em regime fechado, independentemente do *quantum* da condenação, é perfeitamente legítima, e atende aos interesses propostos pela nossa Lei Maior, ao denominar hediondas certas infrações penais elencadas pelo legislador infraconstitucional como sendo as mais graves existentes em nosso ordenamento jurídico-penal.

Portanto, embora já pacificada essa discussão, concluímos que decidiu equivocadamente nossa Suprema Corte, dando uma interpretação que foge às finalidades de tratamento previstas em nossa Constituição Federal.

Nesse sentido:

> O Pleno do eg. Supremo Tribunal Federal, no julgamento do HC n. 111.840/ES, por maioria de votos, declarou, incidentalmente, a inconstitucionalidade do art. 2º, § 1º, da Lei n. 8.072/1990, com a nova redação dada pela Lei n. 11.464/2007, por ofender a garantia constitucional de individualização da pena (art. 5º, XLVI, da Constituição Federal). Afastou, dessa forma, a obrigatoriedade de imposição do regime inicial fechado para os condenados pela prática de crimes hediondos e dos demais delitos a eles equiparados. Em tal contexto, nos termos do art. 33, §§ 1º, 2º e 3º, do Código Penal, para a fixação

do regime inicial de cumprimento de pena, o Julgador deverá observar a quantidade da reprimenda aplicada, a eventual existência de circunstâncias judiciais desfavoráveis e, em se tratando dos crimes previstos na Lei n. 11.343/2006, como no caso, deverá levar em conta a quantidade e a natureza da substância entorpecente apreendida (art. 42 da Lei n. 11.343/2006) (STJ, HC 761.095/SP, 5ª T., Rel. Min. Messod Azulay Neto, j. 13.12.2022).

A imposição automática do regime inicial de cumprimento fechado, tal como prevista na Lei dos Crimes Hediondos, revela-se inconstitucional, considerado o princípio da individualização da pena. Precedente: *Habeas Corpus* nº 111.840, Pleno, relator ministro Dias Toffoli. PENA – cumprimento – regime. O regime de cumprimento da pena é definido ante o patamar da condenação e as circunstâncias judiciais – artigo 33, parágrafos 2º e 3º, do Código Penal (STF, RHC 116.675, 1ª T., Rel. Min. Marco Aurélio, j. 28.09.2020).

3. PROGRESSÃO DE REGIME

O § 2º do art. 33 do Código Penal determina que as penas privativas de liberdade deverão ser executadas em forma progressiva, segundo o mérito do condenado.

A progressão é um misto de tempo mínimo de cumprimento de pena (critério objetivo) com o mérito do condenado (critério subjetivo). Ela é uma medida de política criminal que serve de estímulo ao condenado durante o cumprimento de sua pena. A possibilidade de ir galgando regimes menos rigorosos faz que os condenados tenham a esperança de retorno paulatino ao convívio social.

O § 2º do art. 2º da Lei nº 8.072/90 foi expressamente revogado pelo art. 19 da Lei nº 13.964, de 24 de dezembro de 2019. Nele, havia previsão para efeitos de progressão de regime para os casos relativos às condenações por crimes hediondos ou afins, dizendo que ocorreria após o cumprimento de 2/5 (dois quintos) da pena, se o apenado fosse primário, e de 3/5 (três quintos), se reincidente.

Hoje, prevalece a regra constante do art. 112 da Lei de Execução Penal, com a nova redação que lhe foi dada pela Lei nº 13.964, de 24 de dezembro de 2019, cujos incisos V a VIII, dizem:

Art. 112. A pena privativa de liberdade será executada em forma progressiva com a transferência para regime menos rigoroso, a ser determinada pelo juiz, quando o preso tiver cumprido ao menos:

(...)

V – 40% (quarenta por cento) da pena, se o apenado for condenado pela prática de crime hediondo ou equiparado, se for primário;

VI – 50% (cinquenta por cento) da pena, se o apenado for:

a) condenado pela prática de crime hediondo ou equiparado, com resultado morte, se for primário, vedado o livramento condicional;

b) condenado por exercer o comando, individual ou coletivo, de organização criminosa estruturada para a prática de crime hediondo ou equiparado; ou

c) condenado pela prática do crime de constituição de milícia privada;

VII – 60% (sessenta por cento) da pena, se o apenado for reincidente na prática de crime hediondo ou equiparado;

VIII – 70% (setenta por cento) da pena, se o apenado for reincidente em crime hediondo ou equiparado com resultado morte, vedado o livramento condicional.

(...)

§ 5º Não se considera hediondo ou equiparado, para os fins deste artigo, o crime de tráfico de drogas previsto no § 4º do art. 33 da Lei nº 11.343, de 23 de agosto de 2006.

Suponhamos que o agente tenha sido condenado pela prática de um delito de homicídio qualificado, ao cumprimento de uma pena de quinze anos de reclusão, em regime fechado. Sendo primário, após ter cumprido 40% da pena, nos termos do inc. V do art. 112 da Lei de Execução Penal, ou seja, 6 anos, abre-se a possibilidade de progressão para o regime semiaberto. A decisão do juiz que determinar a progressão de regime será sempre motivada e precedida de manifestação do Ministério Público e do defensor, conforme determina o § 2º do mencionado art. 112 do referido diploma legal, com a redação que lhe foi dada pela Lei nº 13.964, de 24 de dezembro de 2019.

Ponto que gera dúvida em nossa doutrina diz respeito aos cálculos para a *segunda progressão de regime*.

No exemplo anteriormente citado, a primeira progressão ocorreu quando o condenado cumpriu 40% da pena que lhe fora imposta. Assim, tendo sido condenado a quinze anos de reclusão, cumpridos seis anos, foi-lhe concedida a progressão, uma vez que estamos partindo do princípio, em todos os casos, de que, além de ser primário, a condição subjetiva estava preenchida, ou seja, havia mérito do condenado para tanto.

Agora, suponhamos que o condenado, após a sua progressão, já esteja cumprindo sua pena em regime semiaberto. A partir de quando terá direito a uma nova progressão para o regime aberto? O cálculo relativo aos 40% da pena cumprida deverá ser realizado sobre o total da condenação (15 anos) ou sobre o tempo que resta a cumprir (9 anos)? Se fosse sobre o total da condenação, somente após seis anos é que o condenado poderia ingressar no regime aberto. Entendemos não ser essa a melhor interpretação da legislação penal. O período de seis anos, que foi considerado para efeito de progressão de regime, já é tido como tempo de pena efetivamente cumprida. Os futuros cálculos, portanto, apenas poderão ser realizados sobre o tempo restante a cumprir, ou seja, nove anos. Assim, calculando-se 40% sobre nove anos, chegaríamos à conclusão de que o condenado, depois de três anos e seis meses já teria direito a uma nova progressão.

Ressalte-se que a progressão também não poderá ser realizada por "saltos", ou seja, deverá sempre obedecer ao regime legal imediatamente seguinte ao qual o condenado vem cumprindo sua pena. Assim, não há possibilidade de, por exemplo, progredir diretamente do regime fechado para o regime aberto, deixando de lado o regime semiaberto.

O STJ editou a Súmula nº 439, publicada no *DJe* de 13 de maio de 2010, com a seguinte redação:

> **Súmula nº 439.** Admite-se o exame criminológico pelas peculiaridades do caso, desde que em decisão motivada.

Desse modo, de acordo com as posições assumidas pelos nossos Tribunais Superiores, embora tenha sido modificado o art. 112 da LEP, em que deixou de ser consignada a exigência de realização do exame criminológico para efeitos de concessão de progressão de regime, poderá o julgador, no caso concreto, se entender necessário, determinar a sua realização.

No que diz respeito à progressão de regime para a condenada gestante, ou que for mãe ou responsável por crianças ou pessoas com deficiência, deverão ser observados os §§ 3º e 4º, incluídos no art. 112 da Lei de Execução Penal pela Lei nº 13.769, de 19 de dezembro de 2018, que dizem, *in verbis*:

> (...)
> § 3º No caso de mulher gestante ou que for mãe ou responsável por crianças ou pessoas com deficiência, os requisitos para progressão de regime são, cumulativamente:
> I – não ter cometido crime com violência ou grave ameaça a pessoa;
> II – não ter cometido o crime contra seu filho ou dependente;

III – ter cumprido ao menos 1/8 (um oitavo) da pena no regime anterior;

IV – ser primária e ter bom comportamento carcerário, comprovado pelo diretor do estabelecimento;

V – não ter integrado organização criminosa.

§ 4º O cometimento de novo crime doloso ou falta grave implicará a revogação do benefício previsto no § 3º deste artigo.

O § 5º do art. 112 da Lei de Execução Penal assevera que *não se considera hediondo ou equiparado, para os fins deste artigo, o crime de tráfico de drogas previsto no § 4º do art. 33 da Lei nº 11.343, de 23 de agosto de 2006.*

Conforme já decidido pelo STJ:

1. A Lei n. 13.964/2019 não retirou o caráter de equiparado a hediondo do crime de tráfico de drogas. O caráter hediondo somente é retirado quando incide a figura do tráfico privilegiado, o que não é o caso dos autos, conforme já decidido pelo Supremo Tribunal Federal no HC n. 118.533/MS. 2. Dir-se-á que a previsão do § 5º, do art. 112, da Lei n. 7.210/1984 (LEP), de que "Não se considera hediondo ou equiparado, para fins deste artigo, o crime de tráfico de drogas previsto no § 4º do art. 33 da Lei 11.343, de 23 de agosto de 2006", antessupõe norma legal que arrole o tráfico de drogas como crime hediondo ou equiparado, premissa que tem sustentabilidade um tanto vulnerável depois que a Lei n. 13.964, de 24/12/2019, revogou o § 2º, do art. 2º, da Lei n. 8.092/1990, mas, de toda forma, essa é a jurisprudência estabilizada do STJ (AgRg no HC 772.776/SC, 6ª T., Rel. Min. Jesuíno Rissato (Desembargador convocado do TJDFT), j. 07.02.2023).

No que diz respeito ao condenado por integrar organização criminosa ou por crime praticado por meio desta, diz o § 9º do art. 2º da Lei nº 12.850, de 2 de agosto de 2013, incluído pela Lei nº 13.964, de 24 de dezembro de 2019, *in verbis*:

(...)

§ 9º O condenado expressamente em sentença por integrar organização criminosa ou por crime praticado por meio de organização criminosa não poderá progredir de regime de cumprimento de pena ou obter livramento condicional ou outros benefícios prisionais se houver elementos probatórios que indiquem a manutenção do vínculo associativo.

4. POSSIBILIDADE DE RECORRER EM LIBERDADE

Diz o § 3º do art. 2º da Lei nº 8.072/90 que:

(...)

§ 3º Em caso de sentença condenatória, o juiz decidirá fundamentadamente se o réu poderá apelar em liberdade.

Quer isso significar que a própria Lei de Crimes hediondos não impede, em caso de decisão condenatória pela prática de qualquer dos crimes nela previstos, possa o sentenciado interpor recurso de apelação sem que, para tanto, tenha que se recolher preso, podendo, portanto, apelar em liberdade.

No entanto, a redação constante do mencionado § 3º nos dá a ideia, equivocada, por sinal, de que a regra é a prisão daquele em desfavor do qual foi prolatada uma decisão condenatória, somente podendo recorrer em liberdade se o julgador assim o permitir, fundamentadamente.

Primeiramente, o equívoco já diz respeito à necessidade de fundamentação em caso de interposição de recurso, em virtude de sentença condenatória. Na verdade, mais do que uma necessidade, a fundamentação das decisões judiciais é uma exigência constitucional, conforme se verifica pela redação constante do inc. IX do art. 93 de nossa Lei Maior, que diz:

> **Art. 93.** Lei complementar, de iniciativa do Supremo Tribunal Federal, disporá sobre o Estatuto da Magistratura, observados os seguintes princípios:
>
> (...)
>
> IX – todos os julgamentos dos órgãos do Poder Judiciário serão públicos, e fundamentadas todas as decisões, sob pena de nulidade, podendo a lei limitar a presença, em determinados atos, às próprias partes e a seus advogados, ou somente a estes, em casos nos quais a preservação do direito à intimidade do interessado no sigilo não prejudique o interesse público à informação;
>
> (...).

Cuida-se, portanto, do chamado princípio da motivação das decisões judiciais.

Na verdade, são várias as situações que podem ocorrer durante o curso do processo. Se o réu estava solto, e for condenado, normalmente, recorrerá em liberdade, a não ser que surja algum fato que dê ensejo à sua prisão preventiva, nos termos do art. 312 do Código de Processo Penal. Se estava preso quando da prolação da sentença condenatória, também continuará recolhido à prisão, salvo se hajam cessado os motivos que deram ensejo à sua prisão preventiva.

Roberto Delmanto, Roberto Delmanto Júnior e Fábio M. de Almeida Delmanto resumem bem a situação, dizendo que:

> "O § 3º deste art. 2º, ao demonstrar um tratamento mais severo por parte do legislador, no tocante aos condenados (em primeira instância) por crimes hediondos ou equiparados, exige que, em caso de sentença condenatória, o juiz fundamente se o réu pode apelar em liberdade. O dispositivo em comento merece ser interpretado à luz da Constituição Federal, porque a regra é que todo acusado apele em liberdade, somente sendo admissível a prisão *ante tempus* se presentes os requisitos da prisão preventiva. Assim, se o acusado respondeu ao processo sob prisão preventiva, para que essa prisão seja mantida por ocasião da sentença condenatória, é preciso que os seus pressupostos e requisitos (CPP, arts. 312 e 313) continuem presentes; nesse caso, todavia, o juiz deverá fundamentar o motivo pelo qual não concede a apelação em liberdade, e demonstrar a existência dos referidos pressupostos e requisitos da prisão preventiva, sob pena de nulidade da decisão (CF, art. 93, IX) e caracterização de manifesto constrangimento ilegal. Já se o acusado respondeu ao processo em liberdade, a condenação, por si só, não pode levá-lo à prisão, salvo se presentes, como dito, os pressupostos e requisitos da prisão preventiva. De toda forma, a decisão que permite ou não a apelação em liberdade há que ser fundamentada (CF, art. 3º, IX), sob pena de nulidade."[3]

5. PRISÃO TEMPORÁRIA

De acordo com os precisos ensinamentos de Nestor Távora e Rosmar Rodrigues Alencar:

> "A temporária é a prisão de natureza cautelar, com prazo preestabelecido de duração cabível exclusivamente na fase do inquérito policial – ou de investigação preliminar equivalente, consoante o art. 283, CPP, com redação dada pela Lei nº 12.403/2011 –, objetivando o encarceramento em razão das infrações seletamente indicadas na legislação. A Lei nº 7.960/1989 só indica o cabimento de prisão temporária durante a tramitação de inquérito policial, porém

---

[3] DELMANTO, Roberto; DELMANTO JUNIOR, Roberto; DELMANTO, Fabio M. de Almeida. *Leis penais especiais comentadas*, p. 162.

o CPP ampliou o âmbito de incidência da medida cautelar ao disciplinar o seu cabimento durante as investigações, sem restringir-se ao inquérito policial (art. 282, § 2º CPP)."[4]

A Lei nº 11.464, de 28 de março de 2007, incluiu o § 4º ao art. 2º da Lei nº 8.072/90, que diz:

> (...)
> § 4º A prisão temporária, sobre a qual dispõe a Lei nº 7.960, de 21 de dezembro de 1989, nos crimes previstos neste artigo, terá o prazo de 30 (trinta) dias, prorrogável por igual período em caso de extrema e comprovada necessidade.

Nos termos dos incs. I, II e III do art. 1º da Lei nº 7.960, de 21 de dezembro de 1989, conjugados com o mencionado § 4º do art. 2º da Lei de Crimes Hediondos, caberá prisão temporária por 30 (trinta) dias, prorrogáveis por igual período: I – quando imprescindível para as investigações do inquérito policial; II – quando o indiciado não tiver residência fixa ou não fornecer elementos necessários ao esclarecimento de sua identidade; III – quando houver fundadas razões, de acordo com qualquer prova admitida na legislação penal, de autoria ou participação do indiciado nos crimes, elencados pela Lei nº 8.072/90.

Renato Brasileiro de Lima, com a clareza que lhe é peculiar, assevera que:

> "Decorrido o prazo da prisão temporária, o preso deverá ser colocado imediatamente em liberdade, sem necessidade de expedição de alvará de soltura, salvo se houver prorrogação da temporária ou se tiver sido decretada sua prisão preventiva. Relembre-se que a prisão temporária não pode ser decretada ou mantida após o recebimento da peça acusatória. Portanto, após o decurso do prazo da temporária, deve o inquérito ser remetido à Justiça, oferecendo o Ministério Público a denúncia, ao mesmo tempo em que requer a decretação da prisão preventiva, se acaso necessária."[5]

6. ESTABELECIMENTO PENAL FEDERAL DE SEGURANÇA MÁXIMA

O art. 3º da Lei nº 8.072/90 assevera:

> **Art. 3º** A União manterá estabelecimentos penais, de segurança máxima, destinados ao cumprimento de penas impostas a condenados de alta periculosidade, cuja permanência em presídios estaduais ponha em risco a ordem ou incolumidade pública.

A Lei nº 11.671, de 8 de maio de 2008, dispôs sobre a transferência e a inclusão de presos em estabelecimentos penais federais de segurança máxima, esclarecendo, de acordo com a nova redação que lhe foi dada pela Lei nº 13.964, de 24 de dezembro de 2019, que tal medida se justificaria no interesse da segurança pública ou do próprio preso, condenado ou provisório.

> **Art. 1º** A inclusão de presos em estabelecimentos penais federais de segurança máxima e a transferência de presos de outros estabelecimentos para aqueles obedecerão ao disposto nesta Lei.
> (...)

---

[4] TÁVORA, Nestor; ALENCAR, Rosmar Rodrigues. *Curso de Direito Processual Penal*, p. 744-745.

[5] LIMA, Renato Brasileiro de. *Legislação criminal especial comentada*, p. 102.

Art. 3º (...)

§ 1º A inclusão em estabelecimento penal federal de segurança máxima, no atendimento do interesse da segurança pública, será em regime fechado de segurança máxima, com as seguintes características:

I – recolhimento em cela individual;

II – visita do cônjuge, do companheiro, de parentes e de amigos somente em dias determinados, por meio virtual ou no parlatório, com o máximo de 2 (duas) pessoas por vez, além de eventuais crianças, separados por vidro e comunicação por meio de interfone, com filmagem e gravações;

III – banho de sol de até 2 (duas) horas diárias; e

IV – monitoramento de todos os meios de comunicação, inclusive de correspondência escrita.

Os estabelecimentos penais federais de segurança máxima deverão dispor de monitoramento de áudio e vídeo no parlatório e nas áreas comuns, para fins de preservação da ordem interna e da segurança pública, vedado seu uso nas celas e no atendimento advocatício, salvo expressa autorização judicial em contrário (§ 2º do art. 3º).

As gravações das visitas não poderão ser utilizadas como meio de prova de infrações penais pretéritas ao ingresso do preso no estabelecimento (§ 3º do art. 3º).

Os diretores dos estabelecimentos penais federais de segurança máxima ou o Diretor do Sistema Penitenciário Federal poderão suspender e restringir o direito de visitas previsto no inc. II do § 1º do art. 3º da Lei nº 11.671/2008 por meio de ato fundamentado (§ 4º do art. 3º).

O referido diploma legal condicionou a admissão do preso à decisão prévia e fundamentada do juízo federal competente, após receber os autos de transferência enviados pelo juízo responsável pela execução penal ou pela prisão provisória (art. 4º), e, uma vez aceita a transferência, a execução penal ficaria a cargo do juízo federal da seção ou subseção judiciária em que estiver localizado o estabelecimento penal federal de segurança máxima ao qual foi recolhido o preso (art. 2º).

São legitimados a requerer a transferência do preso para o estabelecimento penal de segurança máxima a autoridade administrativa, o Ministério Público e o próprio preso. A Lei nº 11.671, de 8 de maio de 2008, determinou, ainda, nos parágrafos do seu art. 5º, procedimento próprio para a formalização do pedido de transferência.

Uma vez admitida a transferência, o juízo de origem deverá encaminhar ao juízo federal os autos da execução penal (art. 6º).

Rejeitada a transferência, o juízo de origem poderá suscitar o conflito de competência perante o Tribunal competente, que o apreciará em caráter prioritário (art. 9º).

A inclusão do preso em estabelecimento penal federal de segurança máxima é de natureza excepcional, devendo, inclusive, ser determinado o prazo de sua duração, que não poderá ser superior a 360 (trezentos e sessenta) dias, podendo ser renovado, também excepcionalmente, quando solicitado motivadamente pelo juízo de origem, observados os requisitos de transferência. Rejeitada a renovação, igualmente poderá ser suscitado, pelo juízo de origem, conflito de competência, e, enquanto não resolvido, o preso permanecerá no estabelecimento penal federal (art. 10 e parágrafos).

O Tribunal competente para o julgamento do conflito deverá sempre observar a lotação máxima do estabelecimento penal de segurança máxima, devendo ponderar até mesmo sobre a manutenção de um número inferior à sua capacidade máxima, visando sempre à sua possibilidade de utilização imediata em casos emergenciais (art. 11 e parágrafos).

As decisões relativas à transferência ou à prorrogação da permanência do preso em estabelecimento penal federal de segurança máxima, à concessão ou à denegação de benefícios prisionais ou à imposição de sanções ao preso federal poderão ser tomadas por órgão colegiado de juízes, na forma das normas de organização interna dos tribunais (art. 11-A).

De acordo com o § 8º do art. 2º da Lei nº 12.850, de 2 de agosto de 2013, inserido pela Lei nº 13.964, de 24 de dezembro de 2019:

> (...)
> § 8º As lideranças de organizações criminosas armadas ou que tenham armas à disposição deverão iniciar o cumprimento da pena em estabelecimentos penais de segurança máxima.

A Lei nº 11.671, de 8 de maio de 2008, foi regulamentada pelo Decreto nº 6.877, de 18 de junho de 2009, e, em seu art. 3º, definiu as características do preso que poderá ser incluído ou transferido para o estabelecimento penal federal de segurança máxima, dizendo:

> **Art. 3º** Para a inclusão ou transferência, o preso deverá possuir, ao menos, uma das seguintes características:
> I – ter desempenhado função de liderança ou participado de forma relevante em organização criminosa;
> II – ter praticado crime que coloque em risco a sua integridade física no ambiente prisional de origem;
> III – estar submetido ao Regime Disciplinar Diferenciado – RDD;
> IV – ser membro de quadrilha ou bando, envolvido na prática reiterada de crimes com violência ou grave ameaça;
> V – ser réu colaborador ou delator premiado, desde que essa condição represente risco à sua integridade física no ambiente prisional de origem; ou
> VI – estar envolvido em incidentes de fuga, de violência ou de grave indisciplina no sistema prisional de origem.

De acordo com a Secretaria Nacional de Políticas Penais do Ministério da Justiça, até 2023, haviam sido criadas cinco penitenciárias federais, localizadas nos municípios de Catanduvas (PR), Campo Grande (MS), Porto Velho (RO), Mossoró (RN) e Brasília (DF).

7. LIVRAMENTO CONDICIONAL

Durante o cumprimento de sua pena, o condenado poderá fazer jus a uma série de benefícios legais, podendo destacar-se, entre eles, o livramento condicional. Este, como medida de política criminal, permite que o condenado abrevie sua reinserção no convívio social, cumprindo parte da pena em liberdade, desde que presentes os requisitos de ordem subjetiva e objetiva, mediante o cumprimento de determinadas condições.

O livramento condicional assume, portanto, papel de grande importância na ressocialização do condenado, fazendo que tenha esperança de um retorno mais abreviado à sociedade, evitando sua prolongada permanência no cárcere.

O pedido de livramento condicional deverá ser dirigido ao juiz da execução, que, depois de ouvidos o Ministério Público e o Conselho Penitenciário, deverá concedê-lo, se presentes os requisitos do art. 83, incisos e parágrafo único, do Código Penal, pois trata-se de direito subjetivo do condenado, e não uma faculdade do julgador, como induz a redação contida no *caput* do art. 83 do estatuto repressivo.

O § 2º do art. 112 da Lei de Execução Penal determina, ainda, que a decisão será sempre motivada e precedida de manifestação do Ministério Público e do defensor.

O art. 83, incisos e parágrafo único, do Código Penal traçam os requisitos necessários à concessão do livramento condicional, *in verbis*:

> **Art. 83.** O juiz poderá conceder livramento condicional ao condenado a pena privativa de liberdade igual ou superior a 2 (dois) anos, desde que:
> I – cumprida mais de um terço da pena se o condenado não for reincidente em crime doloso e tiver bons antecedentes;
> II – cumprida mais da metade se o condenado for reincidente em crime doloso;
> III – comprovado:
> a) bom comportamento durante a execução da pena;
> b) não cometimento de falta grave nos últimos 12 (doze) meses;
> c) bom desempenho no trabalho que lhe foi atribuído; e
> d) aptidão para prover a própria subsistência mediante trabalho honesto;
> IV – tenha reparado, salvo efetiva impossibilidade de fazê-lo, o dano causado pela infração;
> V – cumpridos mais de dois terços da pena, nos casos de condenação por crime hediondo, prática de tortura, tráfico ilícito de entorpecentes e drogas afins, tráfico de pessoas e terrorismo, se o apenado não for reincidente específico em crimes dessa natureza.
> Parágrafo único. Para o condenado por crime doloso, cometido com violência ou grave ameaça à pessoa, a concessão do livramento ficará também subordinada à constatação de condições pessoais que façam presumir que o liberado não voltará a delinquir.

Vejamos, agora, *per se*, todos os requisitos necessários à concessão do livramento condicional referentes às infrações penais elencadas pela Lei nº 8.072/90.

7.1. Pena privativa de liberdade igual ou superior a dois anos

O primeiro requisito de natureza objetiva diz respeito ao tempo mínimo de pena aplicada ao condenado. Para que seja viabilizado o livramento condicional, é preciso que o total das penas privativas de liberdade aplicadas seja igual ou superior a 2 (dois) anos, mesmo que, para se chegar a esse *quantum*, sejam somadas todas as penas correspondentes às diversas infrações penais praticadas, nos termos do art. 84 do Código Penal.

Com base na exigência contida no *caput* do art. 83 do Código Penal, poderá surgir uma hipótese em que o julgador tenha aplicado ao réu uma pena inferior a dois anos, como pode ocorrer com a tentativa de lesão corporal gravíssima (inc. I-A do art. 1º da Lei nº 8.072/90), impedindo-o, portanto, de pleitear o livramento condicional, em face da ausência desse requisito de natureza objetiva.

7.2. Comprovado bom comportamento durante a execução da pena; não cometimento de falta grave nos últimos 12 (doze) meses; bom desempenho no trabalho que lhe foi atribuído; e aptidão para prover a própria subsistência mediante trabalho honesto

O inc. III do art. 83 do Código Penal foi modificado pela Lei nº 13.964, de 24 de dezembro de 2019. Além de uma mudança pequena no texto anterior, a única diferença foi a inclusão da necessidade de aferição do não cometimento de falta grave nos últimos 12 (doze) meses.

O condenado deverá comprovar que, durante a execução de sua pena, cumpriu as obrigações que lhe são determinadas pelo art. 39 da Lei de Execução Penal, bem como teve um comportamento disciplinado, obedecendo aos servidores responsáveis pelo serviço de carceragem e respeitando-os, opondo-se aos movimentos individuais ou coletivos de fuga ou subversão da ordem ou da disciplina, executando os trabalhos, as tarefas e as ordens recebidas, enfim, demonstrando que a pena estava cumprindo a sua função ressocializadora.

450 | CRIMES HEDIONDOS E EQUIPARADOS – ROGÉRIO GRECO

Exige a alínea *b* do inc. III em estudo que o condenado não tenha cometido falta grave nos últimos 12 (doze) meses. Os arts. 50, 51 e 52 da LEP apontam quais são as faltas consideradas graves, dizendo:

> **Art. 50.** Comete falta grave o condenado à pena privativa de liberdade que:
> I – incitar ou participar de movimento para subverter a ordem ou a disciplina;
> II – fugir;
> III – possuir, indevidamente, instrumento capaz de ofender a integridade física de outrem;
> IV – provocar acidente de trabalho;
> V – descumprir, no regime aberto, as condições impostas;
> VI – inobservar os deveres previstos nos incisos II e V, do artigo 39, desta Lei;
> VII – tiver em sua posse, utilizar ou fornecer aparelho telefônico, de rádio ou similar, que permita a comunicação com outros presos ou com o ambiente externo;
> VIII – recusar submeter-se ao procedimento de identificação do perfil genético.
> Parágrafo único. O disposto neste artigo aplica-se, no que couber, ao preso provisório.
> **Art. 51.** Comete falta grave o condenado à pena restritiva de direitos que:
> I – descumprir, injustificadamente, a restrição imposta;
> II – retardar, injustificadamente, o cumprimento da obrigação imposta;
> III – inobservar os deveres previstos nos incisos II e V, do artigo 39, desta Lei.

O art. 52 da LEP, com a nova redação que lhe foi conferida pela Lei nº 13.964, de 24 de dezembro de 2019, assevera que a prática de fato previsto como crime doloso constitui falta grave.

Exige-se também que o condenado tenha um bom desempenho no trabalho que lhe foi atribuído, esforçando-se para dar o seu melhor, exercendo, com excelência, as atividades que lhe foram conferidas.

O condenado deverá, igualmente, comprovar sua aptidão para prover a própria subsistência mediante trabalho honesto. Não se está exigindo, aqui, que o condenado tenha, por exemplo, uma promessa de trabalho na qual terá a sua carteira devidamente registrada. Há, no país, um percentual considerável correspondente àqueles que trabalham no chamado "mercado informal." São camelôs, vendedores ambulantes, artesãos etc., que, embora não tenham registro em sua carteira profissional, conseguem se manter, recebendo, muitas vezes, importâncias superiores às da classe assalariada. Dessa forma, não está a lei exigindo que o condenado comprove que terá a sua carteira registrada quando estiver em liberdade, mas, sim, que, mediante um trabalho honesto, lícito, seja ele qual for, poderá subsistir.

7.3. Tenha reparado, salvo efetiva impossibilidade de fazê-lo, o dano causado pela infração

A reparação do dano causado pela infração penal levada a efeito pelo agente constitui um dos requisitos de ordem subjetiva elencados pelo art. 83 do Código Penal. Segundo as lições de Mirabete, "não pode postular o benefício o sentenciado que, não demonstrando haver satisfeito as obrigações civis resultantes do crime, igualmente não faça a prova da impossibilidade de reparar o dano causado pelo delito"[6].

A simples ausência de propositura de ação de indenização por parte da vítima não supre a necessidade de o condenado comprovar que não reparou o dano por absoluta impossibilidade de fazê-lo. Nesse sentido, decidiu o STF:

---

[6] MIRABETE, Júlio Fabbrini. *Manual de direito penal*: parte geral, p. 336.

Parte III • Capítulo 2 • PRISÃO E PENAS **451**

> Livramento condicional – Condições de admissibilidade – Prova – Reparação do dano ou impossibilidade de fazê-lo – Ônus que incumbe ao réu e que não pode ser suprido com a apresentação de certidão negativa de ação indenizatória promovida pela vítima – Omissão que implica indeferimento do pedido – Inteligência dos arts. 83, IV, do CP, 710, V, do CPP e 131 da Lei nº 7.210/84 (HC, MS, Rel. Francisco Rezek)[7].

Não tendo o condenado condições de reparar o dano causado pela infração penal, deverá comprovar essa situação nos autos. Se assim o fizer, poderá ser-lhe concedido o benefício, preenchidos os demais requisitos.

7.4. Cumpridos mais de dois terços da pena, nos casos de condenação por crime hediondo, prática de tortura, tráfico ilícito de entorpecentes e drogas afins, tráfico de pessoas e terrorismo, se o apenado não for reincidente específico em crimes dessa natureza

O inc. V foi introduzido no art. 83 do Código Penal pela Lei nº 8.072/90, aumentando o tempo de cumprimento de pena para fins de livramento condicional para os crimes por ela previstos. Trouxe-nos de volta, ainda, o instituto da *reincidência específica*, que terá o condão de impedir a concessão do livramento condicional. Vejamos as novas situações criadas pela Lei nº 8.072/90.

A primeira delas diz respeito ao tempo de cumprimento da pena. Anteriormente à Lei nº 8.072/90, o condenado deveria cumprir mais de um terço de sua pena, se não reincidente em crime doloso e de bons antecedentes, ou mais da metade, se reincidente em crime doloso ou portador de maus antecedentes. Agora, um novo estágio para cumprimento da pena foi introduzido ao art. 83 do Código Penal, vale dizer, mais de dois terços se o agente vier a praticar qualquer das infrações penais previstas pela Lei nº 8.072/90, desde que não seja reincidente específico em crimes dessa natureza.

Almejando recrudescer o tratamento daqueles que praticaram os delitos elencados pelo seu art. 1º, a Lei nº 8.072/90 aumentou, como vimos anteriormente, o tempo de cumprimento da pena destinado à concessão do livramento condicional.

Contudo, além do tempo maior de cumprimento da pena, o condenado não poderá ser considerado reincidente específico em crimes dessa natureza. Cuidando do tema, Alberto Silva Franco, Rafael Lira, e Yuri Felix asseveram:

> "O segundo requisito é tratado, no texto legal, de forma negativa. Não basta que tenha fluído, na fase executória, lapso temporal superior a dois terços da duração da pena privativa de liberdade para que possa ser aplicada, ao condenado, a medida penal do livramento condicional. É mister ainda que o apenado não seja 'reincidente específico'. No baú dos trastes penais, num canto de entretecidas teias de aranha, o legislador de 90 descobriu o conceito já tão dilapidado de 'reincidência específica' e cuidou de reanimá-lo. Ao dar-lhe nova vida, não se preocupou, contudo, em redefini-lo para efeito de alargar ou de restringir sua conhecida área de significado."[8]

O que significa a expressão *reincidência específica em crimes dessa natureza*? O inc. II do art. 46 da revogada Parte Geral do Código Penal de 1940 dizia haver a reincidência específica quando os crimes são da mesma natureza, e o § 2º do mesmo artigo assim a concei-

---

7   *RT* 649/361.

8   FRANCO, Alberto Silva; LIRA, Rafael; FELIX, Yuri. *Crimes hediondos*, p. 323-324.

tuava: "Consideram-se crimes da mesma natureza os previstos no mesmo dispositivo legal, bem como os que, embora previstos em dispositivos diversos, apresentam, pelos fatos que os constituem ou por seus motivos determinantes, caracteres fundamentais comuns".

A Lei nº 8.072/90, ao inserir o inc. V ao art. 83 do Código Penal, expressou de forma diversa daquela mencionada pela Parte Geral do Código Penal de 1940, ao impossibilitar o livramento condicional ao apenado reincidente específico em crimes dessa natureza. Essa locução levou parte de nossa doutrina a entender a reincidência específica em crimes dessa natureza, prevista no inc. V do art. 83 do Código Penal, da seguinte forma, conforme deixa claro Antonio Lopes Monteiro:

"O texto diz que o condenado não deve ser reincidente específico 'em crimes dessa natureza', referindo-se aos anteriormente mencionados: 'crime hediondo, prática da tortura, tráfico ilícito de entorpecentes e drogas afins[9] e terrorismo'. De modo que reincidente específico, para efeito da lei, é o sujeito que comete crime hediondo, terrorismo, de drogas ou tortura depois de transitar em julgado sentença que, no País ou no estrangeiro, o tenha condenado por um desses mesmos crimes. E dentro do elenco pode haver diversificação: o primeiro delito pode referir-se a drogas; o segundo pode ser hediondo; o anterior pode ser a tortura; o segundo, terrorismo."[10]

Colocando-se contrariamente à posição anterior, Alberto Silva Franco, Rafael Lira e Yuri Felix prelecionam:

"A interpretação da locução 'em crimes dessa natureza', por apresentar um feitio literal, de caráter puramente gramatical, não se acomoda à noção comum, correntia, de reincidência específica. Não se trata, no caso, de uma reincidência qualquer, isto é, do cometimento pelo agente de um novo crime, indiferentemente de seus caracteres fundamentais, depois do trânsito em julgado da sentença que o tenha condenado por crime anterior. A reincidência que deve ser levada em conta tem características próprias, exclusivas: tem sua especificidade. E tal especificidade reside, exatamente, na comunicabilidade dos dados de composição típica dos dois delitos. (...) O que relaciona o estupro, simples ou qualificado, ao delito de terrorismo? O que há de comum entre o crime de epidemia com resultado morte e o delito de tortura? Evidentemente, nada. Em ponto algum de relevo, os referidos tipos suportam um juízo aproximativo. Onde buscar, então, a conotação específica dessa reincidência?."[11]

Entendemos que a expressão *reincidência específica em crimes dessa natureza* deve ser analisada sob dois aspectos: 1º) somente se fala em reincidência específica nas infrações previstas pela Lei nº 8.072/90; 2º) o bem juridicamente protegido deve ser idêntico, não havendo necessidade de ser, exatamente, o mesmo tipo penal, seja na modalidade simples, seja na qualificada. Assim, se tiver sido condenado anteriormente por um estupro e, depois, cometer um latrocínio, como os bens juridicamente protegidos são diversos, embora todos estejam previstos na Lei nº 8.072/90, acreditamos não haver a reincidência específica em crimes dessa natureza, possibilitando, portanto, a concessão do livramento condicional.

---

[9]   Obs.: o crime de tráfico de pessoas foi inserido no inc. V do art. 83 do CP pela Lei nº 13.344, de 6 de outubro de 2016.

[10] MONTEIRO, Antonio Lopes. *Crimes hediondos*, p. 215-216.

[11] FRANCO, Alberto Silva; LIRA, Rafael; FELIX, Yuri. *Crimes hediondos*, p. 325.

7.5. Crimes cometidos com violência ou grave ameaça à pessoa

O parágrafo único do art. 83 do Código Penal diz, textualmente:

> Parágrafo único. Para o condenado por crime doloso, cometido com violência ou grave ameaça à pessoa, a concessão do livramento ficará também subordinada à constatação de condições pessoais que façam presumir que o liberado não voltará a delinquir.

Pela redação do mencionado parágrafo, estão dispensados desse prognóstico de que não voltarão a delinquir os condenados por crimes culposos, bem como por aqueles cometidos sem violência ou grave ameaça à pessoa. Sendo dolosa a infração penal e havendo, ainda, como elemento do tipo a violência ou a grave ameaça à pessoa, embora a lei penal não exija formalmente qualquer exame, seria de bom alvitre a realização do exame criminológico, previsto no art. 8º da Lei de Execução Penal, visando constatar as condições pessoais do condenado que façam presumir que, se concedido o livramento condicional, não voltará a delinquir.

No que diz respeito à realização do exame criminológico, o STJ editou a Súmula nº 439, publicada no *DJe* em 13 de maio de 2010, com o seguinte teor:

> **Súmula nº 439.** Admite-se o exame criminológico pelas peculiaridades do caso, desde que em decisão motivada.

7.6. Impossibilidade do livramento condicional nos crimes hediondos com resultado morte

No que diz respeito à prática de crimes hediondos com resultado morte, a Lei nº 13.964, de 24 de dezembro de 2019, proibiu a concessão de livramento condicional, conforme se verifica pela leitura dos incs. VI, *a*, e VIII do art. 112 da Lei de Execução Penal, por ela inseridos, que dizem, *in verbis*:

> **Art. 112.** A pena privativa de liberdade será executada em forma progressiva com a transferência para regime menos rigoroso, a ser determinada pelo juiz, quando o preso tiver cumprido ao menos:
> (...)
> VI – 50% (cinquenta por cento) da pena, se o apenado for:
> a) condenado pela prática de crime hediondo ou equiparado, com resultado morte, se for primário, vedado o livramento condicional;
> (...)
> VIII – 70% (setenta por cento) da pena, se o apenado for reincidente em crime hediondo ou equiparado com resultado morte, vedado o livramento condicional.

8. PRIORIDADE PARA A TRAMITAÇÃO DOS PROCESSOS QUE APUREM A PRÁTICA DE CRIMES HEDIONDOS

O art. 394-A, inserido no Código de Processo Penal pela Lei nº 13.285, de 10 de maio de 2016, determina a prioridade da tramitação dos processos que apurem a prática de crimes hediondos, dizendo, *in verbis*:

> **Art. 394-A.** Os processos que apurem a prática de crime hediondo terão prioridade de tramitação em todas as instâncias.

Capítulo 3
ASSOCIAÇÃO CRIMINOSA

O art. 8º da Lei nº 8.072/90 criou uma modalidade qualificada de associação criminosa, dizendo:

> **Art. 8º** Será de três a seis anos de reclusão a pena prevista no art. 288 do Código Penal, quando se tratar de crimes hediondos, prática da tortura, tráfico ilícito de entorpecentes e drogas afins ou terrorismo.

Assim, para que se configure a infração penal em estudo, e considerando a nova redação conferida pela Lei nº 12.850, de 2 de agosto de 2013, ao tipo penal constante do art. 288, *caput*, do diploma repressivo, devemos apontar os seguintes elementos:

a) a conduta de se associarem três ou mais pessoas;
b) para o fim específico de cometer crimes.

O núcleo *associar* diz respeito a uma reunião não eventual de pessoas, com caráter relativamente duradouro, ou, conforme preconiza Hungria:

> "*Associar-se* quer dizer reunir-se, aliar-se ou congregar-se *estável* ou *permanentemente*, para a consecução de um fim comum. (...) reunião estável ou permanente (que não significa *perpétua*), para o fim de perpetração de uma indeterminada série de crimes. A nota da estabilidade ou permanência da aliança é essencial."[1]

Assim, consoante as precisas lições de Hungria, o que difere, *ab initio*, o delito de associação criminosa (*societas delinquendi*) de um concurso eventual de pessoas (*societas criminis* ou *societas in crimine*) é o fato de a reunião criminosa, naquela situação, possuir, como dissemos, caráter relativamente duradouro. Dessa forma, os integrantes do grupo não se reúnem apenas, por exemplo, para o cometimento de um ou dois delitos, sendo a finalidade do grupo a prática constante e reiterada de uma série de crimes, seja a cadeia criminosa *homogênea* (destinada à prática de um mesmo crime), seja *heterogênea* (cuja finalidade é praticar delitos distintos, a exemplo de roubos, furtos, extorsões, homicídios etc.).

Para efeitos de configuração do delito de *associação criminosa*, o art. 288 do Código Penal, com a nova redação que lhe foi dada pela Lei nº 12.850, de 2 de agosto de 2013, reduziu o número de integrantes, passando a exigir um mínimo de três pessoas, uma vez que utiliza a expressão *três ou mais pessoas*, ao contrário do que ocorria com o delito de quadrilha ou bando, em que era exigido um número mínimo de quatro integrantes.

Tratando-se de crime formal, de consumação antecipada, o delito de *associação criminosa* se configura quando ocorre a adesão do *terceiro* sujeito ao grupo criminoso, que terá por finalidade a prática de um número indeterminado de crimes. Não há necessidade, para efeitos de configuração do delito, que seja praticada uma única infração penal, nem sequer

---

[1] HUNGRIA, Nélson. *Comentários ao Código Penal*, v. 9, p. 177-178.

em virtude da qual a *associação criminosa* foi formada. Se houver a prática dos delitos em razão dos quais a associação criminosa foi constituída, haverá concurso material de crimes entre eles.

Após o advento da Lei nº 11.343, de 23 de agosto de 2006, o art. 8º da Lei nº 8.072/90 deixou de ser aplicado à associação criminosa relacionada ao tráfico ilícito de drogas, uma vez que o art. 35 da Lei Antidrogas, que cuida especificamente do tema, diz, *in verbis*:

> **Art. 35.** Associarem-se duas ou mais pessoas para o fim de praticar, reiteradamente ou não, qualquer dos crimes previstos nos arts. 33, *caput* e § 1º, e 34 desta Lei:
> Pena – reclusão, de 3 (três) a 10 (dez) anos, e pagamento de 700 (setecentos) a 1.200 (mil e duzentos) dias-multa.

Assim, para que se reconheça a modalidade qualificada da associação criminosa em estudo, deve existir uma reunião não eventual de, no mínimo, três pessoas, além de ser dirigida finalisticamente ao cometimento de crimes hediondos, à prática da tortura e ao terrorismo, não se aplicando, pois, quando a associação criminosa disser respeito ao tráfico de drogas.

Importante frisar, ainda, que o delito de associação criminosa qualificada, previsto no art. 8º da Lei nº 8.072/90, por si só, não goza do *status* de crime hediondo. Desse modo, por exemplo, se a associação criminosa fosse formada com a finalidade, por exemplo, de cometer delitos de extorsão mediante sequestro, mas, felizmente, seus integrantes fossem descobertos e presos antes mesmo de praticarem um único crime, nesse caso não lhes seria reconhecida a natureza hedionda da infração penal já consumada, vale dizer, a associação criminosa qualificada, e, dessa forma, não lhes seriam atribuídas as consequências previstas na Lei nº 8.072/90.

1. APLICAÇÃO DA CAUSA ESPECIAL DE AUMENTO DE PENA DO PARÁGRAFO ÚNICO DO ART. 288 DO CP À ASSOCIAÇÃO CRIMINOSA QUALIFICADA

Seria possível a aplicação da causa especial de aumento de pena, prevista no parágrafo único do art. 288 do Código Penal (se a associação é armada ou se houver a participação de criança ou adolescente), ao delito de associação criminosa qualificada, previsto pelo art. 8º da Lei nº 8.072/90? Duas correntes se formaram.

A primeira delas, a nosso ver equivocadamente, entende não ser possível a aplicação da majorante à modalidade qualificada de associação criminosa, haja vista que enxerga o *bis in idem* na referida aplicação, uma vez que a pena da modalidade qualificada é superior, obviamente, àquela prevista no *caput* do art. 288 do diploma repressivo, além do fato de que, fosse intenção da lei aumentar especialmente a pena na associação criminosa qualificada, o teria feito de maneira expressa.

A segunda corrente, à qual nos filiamos, entende ser perfeitamente viável a aplicação da majorante à associação criminosa qualificada, visto que o próprio art. 8º da Lei nº 8.072/90 remete, expressamente, ao art. 288 do Código Penal. Na verdade, é uma situação extremamente comum essa modalidade qualificada-majorada, uma vez que muitas das infrações penais previstas na Lei nº 8.072/90 são levadas a efeito com o emprego de arma, ou com a participação de criança ou adolescente. Tecnicamente, ainda, não podemos deixar de mencionar que, se a modalidade qualificada tivesse sido inserida diretamente no Código Penal, como um parágrafo do art. 288, deveríamos levar em consideração sua situação topográfica, a fim de saber se foi a intenção da lei a aplicação da causa especial de aumento de pena.

Esclarecendo melhor a discussão, de acordo com as regras de interpretação mais utilizadas, os parágrafos se aplicam a tudo que os antecede. Assim, a título de raciocínio, se a associação criminosa qualificada figurasse como § 1º do art. 288 do Código Penal, e a majorante como § 2º do mesmo artigo, ela, certamente, seria aplicada. Agora, se fosse o contrário, ou seja, se a qualificadora viesse após o parágrafo que determinou a causa de aumento de pena, essa majorante a ela não seria aplicada.

2. DELAÇÃO PREMIADA NO CRIME DE ASSOCIAÇÃO CRIMINOSA PARA FINS DE PRÁTICA DE DELITOS PREVISTOS NA LEI Nº 8.072/90

Diz o parágrafo único do art. 8º da Lei nº 8.072/90 que:

> Parágrafo único. O participante e o associado que denunciar à autoridade o bando ou quadrilha, possibilitando seu desmantelamento, terá a pena reduzida de um a dois terços.

Atualmente, após as modificações introduzidas pela Lei nº 12.850, de 2 de agosto de 2013, o tipo penal do art. 288 não prevê mais o delito de quadrilha ou bando, mas, sim, o de *associação criminosa*. Dessa forma, por se tratar de um parágrafo que diz respeito diretamente ao art. 288 do Código Penal, onde se lê *quadrilha* ou *bando* leia-se *associação criminosa*.

Trata-se, portanto, de uma modalidade de delação premiada específica para o delito de associação criminosa, cuja finalidade era a prática dos delitos previstos na Lei nº 8.072/90.

Assim, nos termos do referido parágrafo único, para que seja aplicada a causa especial de redução de pena de um a dois terços, é preciso que o participante e o associado denunciem à autoridade a associação criminosa, possibilitando seu desmantelamento.

Conforme as lições de Alexandre de Moraes e Gianpaolo Poggio Smanio: "A lei não indica no que consiste o *desmantelamento* do bando ou da quadrilha, devendo, portanto, ser interpretada no sentido da necessidade da total interrupção das atividades da associação criminosa"[2].

---

[2]   MORAES, Alexandre de; SMANIO, Gianpaolo Poggio. *Legislação penal especial*, p. 81.

BIBLIOGRAFIA

ABREU, Allan de. *Cocaína*: a rota caipira – o narcotráfico no principal corredor de drogas do Brasil. Rio de Janeiro: Record, 2017.

AFP. Estado Islâmico arrecada US$ 3 bilhões ao ano com tráfico. *G1*, 13.04.2016. Disponível em: <https://g1.globo.com/mundo/noticia/2016/04/estado-islamico-arrecada-us-3-bilhoes-ao-ano-com-trafico.html>. *Acesso* em: 17 jun. 2023.

ALLEGRITTI, Pablo. *As redes secretas do poder*: grandes estruturas em um plano mestre para o século XXII. São Paulo: Editora Planeta do Brasil, 2010.

ALMEIDA, Débora de Souza de et al. *Terrorismo*: comentários, artigo por artigo, à Lei 13.260/2016 – aspectos criminológicos e político-criminais. Salvador: Editora Juspodivm, 2017.

AMORIM, Carlos. *CV – PCC*: a irmandade do crime. 13. ed. Rio de Janeiro: Editora Record, 2015.

ANDRADE, Andressa Paula. *Lei Antiterror anotada*. Coordenação Paulo César Busato. Indaiatuba: Editora Foco, 2018.

ANDREUCCI, Ricardo Antonio. *Legislação penal especial*. 8. ed. São Paulo: Saraiva, 2011.

ANISTIA INTERNACIONAL. *Tortura e maus-tratos no Brasil*: desumanização e impunidade no sistema de justiça criminal. Brasil, 2001. Disponível em: <www.amnesty.org/en/wp-content/uploads/2021/10/amr190222001pt.pdf>. Acesso em: 17 jun. 2023.

ARAÚJO, Fábio Roque et al. *Terrorismo*: comentários, artigo por artigo, à Lei 13.260/2016 – aspectos criminológicos e político-criminais. Salvador: Editora Juspodivm, 2017.

AREND, Hugo. *O 11/9 e seus significados teóricos e políticos para a segurança internacional*: direitos humanos e terrorismo. Porto Alegre: EdiPUCRS, 2014.

ASLAN, Reza. *Solo hay un dios*: breve historia de la evolución del islam. Barcelona: Urano, 2015.

ASNIS, Nelson. *Homem-bomba*: o sacrifício das pulsões. Porto Alegre: Buqui, 2013.

ASSIS MOURA, Maria Thereza Rocha de. *A prova por indícios no processo penal*. São Paulo: Saraiva, 1994.

ATWAN, Abdel Bari. *A história secreta da Al-Qaeda*. São Paulo: Larousse do Brasil, 2008.

BACILA, Carlos Roberto. Da ação controlada: delimitação, efetividade, limites de validade e risco para o bem jurídico. In: AMBOS, Kai; ROMERO, Enéas (coord.). *Crime organizado*: análise da Lei nº 12.850/2013. São Paulo: Marcial Pons, 2017.

BADARÓ, Gustavo et al. Hipóteses que autorizam o emprego de meios excepcionais de obtenção de prova. In: AMBOS, Kai; ROMERO, Enéas (coord.). *Crime organizado*: análise da Lei nº 12.850/2013. São Paulo: Marcial Pons, 2017.

BAIGENT, Michael; LEIGH, Richard. *A inquisição*. Rio de Janeiro: Imago, 2001.

BANDEIRA DE MELLO, Celso Antônio. *Curso de Direito Administrativo*. 5. ed. São Paulo: Malheiros Editores, 1994.

BARKER, Jonathan. *El sinsentido del terrorismo*. Barcelona: Intermón Oxfam, 2004.

BARROS, Francisco Dirceu. *Os agentes passivos do homicídio funcional*: Lei nº 13.142/2015. A controvérsia da terminologia autoridade e o filho adotivo como agente passivo do homicídio funcional. 06.08.2015. Disponível em: <http://jus.com.br/artigos/41302/os-agentes-passivos-do-homicidio--funcional-lei-n-13-142-2015>. Acesso em: 5 ago. 2015.

BAR-ZOHAR, Michael; MISHAL, Nissim. *Mossad*: as grandes missões do serviço secreto israelense. Rio de Janeiro: Solomon Editores, 2015.

BATISTA, Weber Martins. *O furto e o roubo no direito e no processo penal*. 2. ed. Rio de Janeiro: Forense, 1995.

BETINI, Eduardo Maia. O programa V.I.G.I.A. e a segurança multidimensional nas fronteiras. *Defesanet*, 15.04.2020. Disponível em: <www.defesanet.com.br/fronteiras/noticia/36436/o-programa-v-i-g-i--a-e-a-seguranca-multidimensional-nas-fronteiras/#:~:text=tem%20como%20intuito%20fortale-cer%20o,Na%20dimens%C3%A3o%20informacional%20o%20V.I.G.I.A>. Acesso em: 17 jun. 2023.

BIERRENBACH, Sheila; FERNANDES LIMA, Walberto. *Comentários à Lei de Tortura*. Rio de Janeiro: Lumen Juris, 2006.

BITENCOURT, Cezar Roberto. *Tratado de direito penal*. São Paulo: Saraiva, 2013. v. 3.

BITENCOURT, Cezar Roberto. *Tratado de direito penal*: parte especial. 7. ed. São Paulo: Saraiva, 2013. v. 4.

BOFF, Leonardo. *Fundamentalismo, terrorismo, religião e paz*: desafio para o século XXI. Petrópolis: Editora Vozes, 2009.

BONOME, José Roberto. *Fundamentalismo religioso e terrorismo político*. Goiânia: Kelps, 2009.

BOUZAR, Dounia. Os jovens franceses da *jihad*. In: Éric Fottorino (org.). *Quem é o estado islâmico?* Compreendendo o novo terrorismo. Trad. Fernando Scheibe. Belo Horizonte. Autêntica, 2016.

BOWDEN, Mark. *A caçada*: como os serviços de inteligência americanos encontraram Osama bin Laden. Rio de Janeiro: Objetiva, 2013.

BRITO GONÇALVES, Jonisval; REIS, Marcus Vinícius. *Terrorismo*: conhecimento e combate. Niterói: Editora Impetus, 2017. (Série Inteligência, Segurança e Direito).

BUENO ARÚS, Francisco. *Terrorismo*: algunas cuestiones pendientes. Valencia: Tirant lo Blanch, 2009.

BURKE, Jason. *Al-Qaeda*: a verdadeira história do radicalismo islâmico. Rio de Janeiro: Jorge Zahar Editor, 2007.

BUSATO, Paulo César (coord.) et al. *Lei Antiterror anotada*. Indaiatuba: Editora Foco, 2018.

BUSATO, Paulo César. *Direito penal*: parte geral. São Paulo: Atlas, 2014.

CABETTE, Eduardo Luiz Santos. *A Lei nº 11.923/2009 e o famigerado sequestro-relâmpago. Afinal, que raio de crime é esse?* 06.05.2009. Disponível em: <http://jus2.uol.com.br/doutrina/texto. asp?id=12760>. Acesso em: 29 ago. 2009.

CABETTE, Eduardo Luiz Santos. *Homicídio e lesões corporais de agentes de segurança pública e forças armadas*: alterações da Lei nº 13.142/2015. Disponível em: <http://jus.com.br/artigos/40830/ homicidio-e-lesoes-corporais-de-agentes-de-seguranca-publica-e-forcas-armadas-alteracoes-da--lei-13-142-15>. Acesso em: 5 ago. 2015.

CABETTE, Eduardo Luiz Santos; NAHUR, Marcius Tadeu Maciel. *Terrorismo*: Lei 13.260/16 comentada. Rio de Janeiro: Freitas Bastos Editora, 2017.

CALLEGARI, André Luís. Crimen organizado: concepto y posibilidad de tipificación delante del contexto de la expansión del derecho penal. *Revista de Derecho Penal e Criminología*, v. XXXI, n. 91, p. 15-39, jul.-dic. 2010.

CALLEGARI, André Luís. *Lavagem de dinheiro*. 2. ed. rev. e ampl. São Paulo: Atlas, 2017.

CALLEGARI, André Luís et al. *O crime de terrorismo*: reflexões críticas e comentários à Lei de Terrorismo. Porto Alegre. Livraria do Advogado, 2016.

CALVO OSPINA, Hernando. *A CIA e o terrorismo de estado*: Cuba, Vietnã, Angola, Chile, Nicarágua. Florianópolis: Editora Insular, 2013.

CAMELLO TEIXEIRA, Flávia. *Da tortura*. Belo Horizonte: Del Rey, 2004.

CANÊDO, Carlos. *O genocídio como crime internacional*. Belo Horizonte: Del Rey, 1999.

CAPEZ, Fernando. *Curso de Direito Penal*. 3. ed. São Paulo: Saraiva, 2003. v. 2.

CAPEZ, Fernando. *Curso de Direito Penal*: legislação penal especial. 10. ed. São Paulo: Saraiva, 2015. v. 4.

CARDOSO, Tatiana de Almeida Freitas R. *A mundialização do terrorismo: a (re)definição do fenômeno após o 11 de setembro*: direitos humanos e terrorismo. Porto Alegre: EdiPUCRS, 2014.

CARR, Caleb. *A assustadora história do terrorismo*. São Paulo: Ediouro, 2002.

CARRANCA, Adriana. *O Afeganistão depois do Talibã*. Rio de Janeiro: Civilização Brasileira, 2011.

CARTILHA DE ARMAMENTO E TIRO. Disponível em: <https://www.gov.br/pf/pt-br/assuntos/armas/ cartilha-de-armamento-e-tiro.pdf>. Acesso em: 28 maio 2018.

CARVALHO FILHO, Aloysio de. *Comentários ao Código Penal*. Rio de Janeiro: Forense, 1958. v. IV.

CAVALCANTE, Eunício Precílio. *Guerra & terrorismo*. Rio de Janeiro: Impressio, 2008.

CHAMPLIM, Russell Norman; BENTES, João Marcos. *Enciclopédia de Bíblia, teologia e filosofia*. 4. ed. São Paulo: Editora e Distribuidora Candeia, 1997. v. 5.

CHE GUEVARA, Ernesto. *La guerra de guerrillas*. Madrid: Ediciones Júcar, 1977. (Colección Biblioteca Histórica del Socialismo, n. 96).

CHOMSKY, Noam. *11 de setembro*. Rio de Janeiro: Bertrand Brasil, 2002.

CHRISTINO, Marcio Sergio; TOGNOLLI, Claudio. *Laços de sangue*: a história secreta do PCC. São Paulo: Matrix Editora, 2017.

COCKBURN, Patrick. *A origem do Estado Islâmico*: o fracasso da "guerra ao terror" e a ascensão jihadista. São Paulo: Autonomia Literária, 2015.

COCKBURN, Patrick. *ISIS*: el retorno de la Yihad. Barcelona: Ariel, 2016.

COIMBRA, Mário. *Tratamento do injusto penal da tortura*. São Paulo: Ed. RT, 2002.

CONSERINO, Cassio Roberto. *Crime organizado e institutos correlatos*. Organização Clever Rodolfo Carvalho Vasconcelos e Levy Emanuel Magno. São Paulo: Atlas, 2011.

COSTA JÚNIOR, Paulo José da. *Curso de Direito Penal*: parte especial. São Paulo: Saraiva, 1991. v. 3.

CRENSHAW, Martha. O terrorismo visto como um problema de segurança internacional. In: HERZ, Mônica; AMARAL, Arthur Bernardes do. (org.). *Terrorismo e relações internacionais*: perspectivas e desafios para o século XXI. Rio de Janeiro: PUC-Rio: Edições Loyola, 2010.

CRUMPTON, Henry A. *A arte da inteligência*: os bastidores e segredos da CIA e do FBI. São Paulo: Novo Século, 2013.

CUNHA, Rogério Sanches. *Manual de direito penal*: parte especial, volume único. São Paulo: Juspodivm, 2022.

CUNHA, Rogério Sanches. *Nova Lei nº 13.142/15*: breves Comentários. Disponível em: <http://www.portalcarreirajuridica.com.br/noticias/nova -lei-13-142-15-breves-comentarios-por-rogerio--sanches-cunha>. Acesso em: 5 ago. 2015.

CUNHA, Rogério Sanches et al. *Legislação criminal especial*. 2. ed. rev., atual. e ampl. São Paulo: Ed. RT, 2010.

CUNHA JÚNIOR, Dirley da. *Curso de Direito Constitucional*. Salvador: Editora Juspodivm, 2008.

DAMIÁN MORENO, Juan. Especialidades procesales del derecho español en materia de terrorismo. In: FERNANDES, Antonio Scarance; ZILLI, Marcos (coord.). *Terrorismo e Justiça Penal*: reflexões sobre a eficiência e o garantismo. Belo Horizonte: Editora Fórum, 2014.

DELMANTO, Celso et al. *Código Penal comentado*. 6. ed. Rio de Janeiro: Renovar, 2002.

DELMANTO, Roberto; DELMANTO JUNIOR, Roberto; DELMANTO, Fabio M. de Almeida. *Leis penais especiais comentadas*. 2. ed. São Paulo: Saraiva, 2015.

DÍAZ-PLAJA, Fernando. *A la sombra de la guillotina*: la cara sangrienta de la Revolución Francesa cuando el trágico invento era dueño de Francia. Barcelona: Editorial Planeta, 1988.

DINIZ, Eugenio. A guerra contra a Al-Qaeda: avaliação e perspectivas. In: HERZ, Mônica; AMARAL, Arthur Bernardes do. (org.). *Terrorismo e relações internacionais*: perspectivas e desafios para o século XXI. Rio de Janeiro: PUC-Rio: Edições Loyola, 2010.

DORNBERGER, Walter. *Explosivos, incendiários e pirotécnicos*. Disponível em: <*http://www.clubedos generais.org/site/artigos/154/2014/08/explosivos-incendiarios-e-pirotecnicos/*>. Acesso em: 27 maio 2018.

DUARTE, João Paulo. *Terrorismo*: caos, controle e segurança. São Paulo: Editora Desatino, 2014.

ERELLE, Anna. *Na pele de uma jihadista*: a história real de uma jornalista recrutada pelo Estado Islâmico. São Paulo: Editora Schwarcz, 2015.

ESSADO, Tiago Cintra. Terrorismo conforme o direito norte-americano. In: FERNANDES, Antonio Scarance; ZILLI, Marcos (coord.). *Terrorismo e justiça penal*: reflexões sobre a eficiência e o garantismo. Belo Horizonte: Editora Fórum, 2014.

FACCIOLLI, Ângelo Fernando. *Introdução ao terrorismo*: evolução histórica, doutrina, aspectos táticos, estratégicos e legais. Curitiba: Juruá, 2017.

FALEIROS, Eva. T. Silveira. In: LIBÓRIO, Renata Maria Coimbra; SOUSA, Sônia M. Gomes (org.) *A exploração sexual de crianças e adolescentes no Brasil*: reflexões teóricas, relatos de pesquisas e intervenções psicossociais. São Paulo: Casa do Psicólogo; Goiânia: Editora da UCG, 2004.

FELTRAN, Gabriel. *Irmãos*: uma história do PCC. São Paulo: Companhia das Letras, 2018.

FERNANDES, Antonio Scarance. Terrorismo: eficiência e garantismo. In: FERNANDES, Antonio Scarance; ZILLI, Marcos (coord.). *Terrorismo e Justiça Penal*: reflexões sobre a eficiência e o garantismo. Belo Horizonte: Editora Fórum, 2014.

FERRÉ OLIVÉ, Juan Carlos et al. *Direito penal brasileiro*: parte geral – princípios fundamentais e sistema. 2. ed. São Paulo: Saraiva, 2017.

FOUCHER, Michel. Uma ambição territorial. In: Éric Fottorino (org.). *Quem é o estado islâmico?* Compreendendo o novo terrorismo. Trad. Fernando Scheibe. Belo Horizonte. Autêntica, 2016.

FRAGOSO, Heleno Cláudio. *Lições de direito penal*: parte especial (arts. 121 a 160 CP). Rio de Janeiro: Forense: 1984.

FRAMIS, Andrea Giménez-Salinas; ESPADA, Laura Requena; IBÁÑEZ, Luis de la Corte. ¿Existe un perfil de delincuente organizado? Exploración a partir de una muestra española. *Revista Electrónica de Ciencia Penal y Criminología*, n. 13-03, p. 03:1-03:32, 2011.

FRANÇA, Genival Veloso. *Medicina legal*. 7. ed. Rio de Janeiro: Guanabara Koogan, 2004.

FRANCO, Alberto Silva. Tortura: breves anotações sobre a Lei nº 9.455/97. *Revista Jurídica do Uniaraxá*, v. 2, n. 2, 1998.

FRANCO, Alberto Silva; LIRA, Rafael; FELIX, Yuri. *Crimes hediondos*. 7. ed. rev., atual. e ampl. São Paulo: Ed. RT, 2011.

FULLIN, Esteban. Ámbitos de actuación del lavado de activos y el financiamiento del terrorismo: análisis de tipologías. In: GUIÑAZÚ-RICARDES, Serpa (coord.). *Delincuencia transnacional organizada*: lavado de activos, narcotráfico y financiamiento del terrorismo. Buenos Aires: Cathedra Juridica, 2011.

GALAIN PALERMO, Pablo; ROMERO SÁNCHEZ, Angélica. Criminalidad organizada y reparación. ¿Puede la reparación ser un arma político-criminal efectiva en la lucha contra la criminalidad organizada? Derecho Penal y Criminología, v. 22, n. 73, p. 45-68, 2001.

GALVÃO, Fernando. *Direito penal*: parte geral. 5. ed. São Paulo: Saraiva, 2013.

GARCÍA, Antonio del Moral. Justicia Penal y corrupción: análisis singularizado de la ineficiencia procesal. In: MORENO, Abraham Castro; GONZÁLEZ, Pilar Otero (dir.); GONZÁLEZ, Luisiana Valentina Graffe (coord.). *Prevención y tratamiento punitivo de la corrupción en la contratación pública y privada*. Madrid: Editorial Dykinson, 2016.

GARRIDO, Vicente; STANGELAND, Per; REDONDO, Santiago. *Principios de criminología*. 2. ed. Valencia: Tirant lo Blanch, 2001.

GARZÓN VALDÉS, Ernesto et al. Terrorismo y derechos fundamentales: EL terrorismo político no institucional. Madrid: Fundación Coloquio Jurídico Europeo, 2010.

GOMES, Luiz Flávio; CUNHA, Rogério Sanches. *Comentários à reforma penal de 2009 e a convenção de Viena sobre o direito dos tratados*. São Paulo: Ed. RT, 2009.

GOMES, Luiz Flávio et al. *Terrorismo*: comentários, artigo por artigo, à Lei 13.260/2016 – aspectos criminológicos e político-criminais. Salvador: Editora Juspodivm, 2017.

GÓMEZ FUENTE, Ángel, in La 'Ndrangheta, la mafia calabresa, es la "empresa" más floreciente de Italia. *ABC.es*. Disponível em: <https://www.abc.es/internacional/20140329/abci-ndrangheta--mafia-calabresa-empresa-201403282023.html>. Acesso em: 29 ago. 2016.

GONÇALVES, Luiz Carlos dos Santos. *Primeiras impressões sobre a nova conceituação do crime de estupro, vinda da Lei nº 12.015/2009*. Disponível em: <http:// www.cpcmarcato.com.br/arquivo_interno. php? un=1&arquivo=41>. Acesso em: 2 set. 2009.

GRECO, Rogério. *Curso de Direito Penal*: parte especial. 15. ed. Niterói: Impetus, 2019. v. II.

GRECO, Rogério. *Curso de Direito Penal*: parte especial. 15. ed. Niterói: Impetus, 2019. V. III.

GRECO, Rogério. *Curso de Direito Penal*: parte geral. 15. ed. Niterói: Impetus, 2019. v. I.

GROSSMAN, Dave. *Matar*: um estudo sobre o ato de matar. Rio de Janeiro: Biblioteca do Exército Editora, 2007.

HABIB, Gabriel. *Comentários à Lei de Organização Criminosa*: Lei nº 12.850/13. São Paulo: Saraiva, 2014.

HABIB, Gabriel. *Leis penais especiais*. 2. ed. Salvador: Editora Juspodivm, 2010. t. I.

HABIB, Gabriel. *Leis penais especiais*: volume único. 10. ed. Salvador: Editora Juspodivm, 2018.

HEFENDEHL, Roland. ¿La criminalidad organizada como fundamento de un Derecho Penal de enemigo o de autor? *Derecho Penal y Criminología*, v. 25, n. 75, p. 57-70, jun. 2004.

HERTOGHE, Alain; LABROUSSE, Alain. *Sendero Luminoso Peru*: reportagem. São Paulo: Editora Brasiliense, 1990.

HERZ, Mônica; AMARAL, Arthur Bernardes do (org.). Política, violência e terrorismo(s) nas relações internacionais. *Terrorismo e relações internacionais*: perspectivas e desafios para o século XXI. Rio de Janeiro: PUC-Rio: Edições Loyola, 2010.

HOBSBAWN, Eric. *Globalização, democracia e terrorismo*. São Paulo: Companhia das Letras, 2014.

HORGAN, John. *Psicología del terrorismo*: cómo y por qué alguien se convierte en terrorista. Barcelona: Editorial Gedisa, 2006.

HUNGRIA, Nélson. *Comentários ao Código Penal*. Rio de Janeiro: Forense, 1958. v. I. t. II.

HUNGRIA, Nélson. *Comentários ao Código Penal*. Rio de Janeiro: Forense, 1967. v. VII.

HUNGRIA, Nélson. *Comentários ao Código Penal*. Rio de Janeiro: Forense, 1967. v. VIII.

HUNGRIA, Nélson. *Comentários ao Código Penal*. Rio de Janeiro: Forense, 1967. v. IV.

HUNT, Dave. *Terrorismo islâmico*: enfrentando a dura realidade. Porto Alegre: Actual Editora, 2006.

HUSTER, Stefan; GARZÓN VALDÉS, Ernesto; MOLINA, Fernando. *Terrorismo y derechos fundamentales*. Madrid: Fundación Coloquio Jurídico Europeo, 2010.

IBÁÑEZ, Luis de la Corte. *La lógica del terrorismo*. Madrid: Alianza Editorial, 2006.

IBÁÑEZ, Luis de la Corte; FRAMIS, Andrea Giménez-Salinas. *Crimen.org*: evolución y claves de la delincuencia organizada. Barcelona: Editorial Planeta, 2010.

JAKOBS, Günther; MELIÁ, Manuel Cancio. *Derecho penal del enemigo*. Madrid: Civitas, 2003.

JESUS, Damásio Evangelista de. *Direito penal*. 22. ed. São Paulo: Saraiva, 1999. v. 2.

JESUS, Damásio Evangelista de. *Estágio atual da "delação premiada" no direito penal brasileiro*. 04.11.2005. Disponível em: <http://jus.com.br/artigos>. Acesso em: 17 jun. 2023.

JIMÉNEZ CORTES, Pablo. *La estrategia de Hitler*: las raíces ocultas del Nacionalsocialismo. Madrid: Nowtilus, 2004.

JAIME-JIMÉNEZ, Óscar; MORAL, Lorenzo Castro. La criminalidad organizada en la Unión Europea. *Revista CIDOB d'Afers Internacionals*, n. 91, p. 173-194, 2010.

JORDÁ-SANZ, Carmen; RAQUENA-ESPADA, Laura. ¿Cómo se organizan los grupos criminales según su actividad delictiva principal? Descripción desde una muestra española. *Revista Criminalidad*, Bogotá, v. 55, n. 1, p. 31-48, enero-abr. 2013.

JORIO, Israel Domingos. *Latrocínio*. Belo Horizonte: Del Rey, 2008.

KHAN, Mahvish Rukhsana. *Diário de Guantánamo*: os detentos e as histórias que eles me contaram. São Paulo: Larousse do Brasil, 2008.

KRUPP DA LUZ, Cícero. O paradoxo da manutenção do *status quo* da política internacional: as quatro falácias do código binário terrorismo/direitos humanos. In: BORGES, Rosa Maria Zaia; AMARAL, Augusto Jobim do; PEREIRA, Gustavo Oliveira de Lima (org.). *Direitos humanos e terrorismo*. Porto Alegre: EdiPUCRS, 2014.

KURNAZ, Murat. *Cinco anos da minha vida*: a história de um inocente em Guantánamo. São Paulo: Editora Planeta, 2008.

LAHARENAS, Iván Valencia. *Guerra y barbarie*: aproximación al estudio del comportamiento atroz. Bogotá: Fundación Educativa San Francisco de Assis – Fesfa, 2003.

LANDAU, Elaine. *Osama bin Laden*: uma guerra contra o Ocidente? Lisboa: Publicações Dom Quixote, 2001.

LEWIS, Bernard. *Os assassinos*: os primórdios do terrorismo no islã. Rio de Janeiro: Jorge Zahar Editor, 2003.

LIMA, Renato Brasileiro de. *Legislação criminal especial comentada*: volume único. 5. ed. rev., atual. e ampl. Salvador: Editora Juspodivm, 2017.

LOPES JR., Aury. *Direito processual penal*. 15. ed. São Paulo: Saraiva, 2018.

LOPES JR., Aury; ROSA, Alexandre Morais da; COUTINHO, Jacinto Nelson de Miranda. *Delação premiada no limite*: a controvertida Justiça negocial *made in Brazil*. Florianópolis: Emais, 2018.

LÓPES ORTEGA, Juan José. *Intimidad informática y derecho penal*: derecho a la intimidad y nuevas tecnologías. Madrid: Consejo General del Poder Judicial, 2004.

LUZÓN PEÑA, Diego-Manuel. *Enciclopedia penal básica*. Granada: Comares Editorial, 2002.

MAGGIORE, Giuseppe. *Derecho penal*. Bogotá: Temis, 1972. v. II.

MALAN, Diogo. Da captação ambiental de sinais eletromagnéticos, óticos ou acústicos e os limites relativos à privacidade. In: AMBOS, Kai; ROMERO, Enéas (coord.). *Crime organizado*: análise da Lei nº 12.850/2013. São Paulo: Marcial Pons, 2017.

MANSO, Bruno Paes; DIAS, Camila Nunes. *A guerra*: a ascensão do PCC e o mundo do crime no Brasil. São Paulo: Todavia, 2018.

MANUAL de Implementação ao Protocolo Facultativo à Convenção da ONU contra a Tortura. São José da Costa Rica: Instituto Interamericano de Direitos Humanos (IIDH), 2010.

MARANHÃO, Odon Ramos. *Curso Básico de Medicina Legal*. São Paulo: Malheiros, 2005.

MARCÃO, Renato. *Código de Processo Penal comentado*. São Paulo: Saraiva, 2016.

MARCÃO, Renato; GENTIL, Plínio. *Crimes contra a dignidade sexual*. São Paulo: Saraiva, 2011.

MARCONDES, José Sérgio. *Explosivo: o que é? Definições, tipos, classificação, legislação*. Disponível em: <https://www.gestaodesegurancaprivada.com.br/explosivo-o-que-sao-quais-os-tipos/>. Acesso em: 27 maio 2018.

MARCONI, Marina de Andrade; PRESOTTO, Zelia Maria. *Antropologia*: uma introdução. 5. ed. São Paulo: Atlas, 2001.

MARIGHELLA, Carlos. *Manual do guerrilheiro urbano*. Digitalizado em 2003 pela editora Sabotagem. Disponível em: <https://www.documentosrevelados.com.br/wp-content/uploads/2015/08/carlos--marighella-manual-do-guerrilheiro-urbano.pdf>. Acesso em: 17 jun. 2023.

MARSDEN, Peter. *Os talibã*: guerra e religião no Afeganistão. Lisboa: Instituto Piaget, 2002.

MARTINS, Flávia Bahia. *Direito constitucional*. 3. ed. Niterói: Impetus, 2013.

MASSON, Cleber. *Direito penal esquematizado*: parte especial. São Paulo: Método, 2013. v. 2.

MASSON, Cleber. *Direito penal esquematizado*: parte especial. 3. ed. São Paulo: Método, 2013. v. 3.

MASSON, Cleber; MARÇAL, Vinícius. *Crime organizado*. 4. ed. rev. e ampl. Rio de Janeiro: Forense; São Paulo: Método, 2018.

MCCANTS, William. *El apocalipsis del Isis*: la historia, la estrategia y los objetivos del estado islámico. Barcelona: Deusto, 2016.

MENDOZA CALDERÓN, Silvia. El delito de terrorismo como crimen internacional: su consideración como crimen de lesa humanidad. In: CONTRERAS, Guilhermo Portilla; CEPEDA, Ana Isabel Pérez (coord.). *Terrorismo y contraterrorismo en el siglo XXI*: un análisis penal y político criminal. Salamanca: Ratio Legis, 2016.

MENDRONI, Marcelo Batlouni. *Crime de lavagem de dinheiro*. 4. ed. rev. e ampl. São Paulo: Atlas, 2018.

MENDRONI, Marcelo Batlouni. *Crime organizado*: aspectos gerais e mecanismos legais. 6. ed. rev., atual. e ampl. São Paulo: Atlas, 2016.

MERCK et al. *Manual Merck de Medicina*. 16. ed. São Paulo: Roca, 1992.

MERINO HERRERA, Joaquín; PAÍNO RODRÍGUEZ, Francisco Javier. *Lecciones de criminalidad organizada*. Madrid: Servicio Publicaciones Derecho UCM, 2016.

MIRABETE, Júlio Fabbrini. *Manual de direito penal*. 16. ed. São Paulo: Atlas, 2000. v. I.

MONTEIRO, Antonio Lopes. *Crimes hediondos*. 10. ed. rev. e atual. São Paulo: Saraiva, 2015.

MORAES, Alexandre de; SMANIO, Gianpaolo Poggio. *Legislação penal especial*. 5. ed. rev. e ampl. São Paulo: Atlas, 2002.

MORAES, Emanuel de. *A atual guerra islâmica*: o terrorismo. Rio de Janeiro: Edições Galo Branco, 2006.

MUÑOZ CONDE, Francisco. *Edmund Mezger e o direito penal de seu tempo*. 4. ed. Valencia: Tirant lo Blanch, 2003.

NAPOLEONI, Loretta. *A fênix islamista*: o Estado Islâmico e a reconfiguração do Oriente Médio. Rio de Janeiro: Bertrand Brasil, 2016.

NAVARRETE, Miguel Polaino. Epílogo. In: REINALDI, Víctor Félix. *El derecho absoluto a no ser torturado*. Córdoba: Lerner Editora, 2007.

NEPOMUCENO, Marcio Santos; HOMEM, Renato. *Marcinho*: verdades e posições – o direito penal do inimigo. Rio de Janeiro: Gramma, 2017.

BIBLIOGRAFIA | **465**

NIÑO GONZÁLEZ, César Augusto. *El terrorismo como régimen internacional subterráneo*: más allá de una lógica convencional. Bogotá: Ediciones USTA, 2017.

NORONHA, Edgard Magalhães. *Direito penal*. 25. ed. São Paulo: Saraiva, 1991. v. 2.

NORONHA, Edgard Magalhães. *Direito penal*. São Paulo: Saraiva, 1991. v. 4.

NUCCI, Guilherme de Souza. *Código Penal comentado*. 3. ed. São Paulo: Ed. RT, 2003.

NUCCI, Guilherme de Souza. *Leis penais e processuais penais comentadas*. São Paulo: Ed. RT, 2006.

NUCCI, Guilherme de Souza. *Crimes contra a dignidade sexual*: comentários à Lei nº 12.015, de 7 de agosto de 2009. São Paulo: Ed. RT, 2009.

NUCCI, Guilherme de Souza. *Curso de Direito Penal*. 15. ed. Rio de Janeiro: Forense, 2017.

NUCCI, Guilherme de Souza. *Organização criminosa*. 3. ed. São Paulo: Forense, 2017.

ONFRAY, Michel. *Pensar el islam*. Bogotá: Editorial Planeta Colombiana S.A., 2016.

PACELLI, Eugênio. Curso de Processo Penal. 21. ed. São Paulo: Atlas, 2014.

PACEPA, Ion Mihai; RYCHLAK, Ronald J. *Desinformação*: ex-chefe de espionagem revela estratégias secretas para solapar a liberdade, atacar a religião e promover o terrorismo. Campinas: Vide Editorial, 2015.

PAREDES, Carlos. *La hora final*: la verdad sobre la captura de Abimael Guzmán. Lima: Planeta, 2017.

PARMA, Carlos. *La tentativa*. Mendoza: Cuyo, 1996.

PAZ, Isabel Sánchez García de. El coimputado que colabora con la justicia penal. *Revista Electrónica de Ciencia Penal y Criminología*, n. 07-05, p. 05:1-05:33, 2005.

PEIXINHO, Manoel Messias. *A interpretação da Constituição e os princípios fundamentais*. Rio de Janeiro: Lumen Juris, 2003.

PEREIRA MAIA, Renato Augusto. Terrorismo – Lei 13.260/16: uma análise da tipificação do terrorismo no ordenamento jurídico brasileiro. *Conteúdo Jurídico*, 10.04.2018. Disponível em: <https://conteudojuridico.com.br/consulta/Artigos/51533/terrorismo-lei-13-260-16-uma-analise-da--tipificacao-do-terrorismo-no-ordenamento-juridico-brasileiro>. Acesso em: 27 fev. 2019.

PEREIRA, Flávio Cardoso. *Crime organizado e sua infiltração nas instituições governamentais*. São Paulo: Atlas, 2015.

PIERRI, Miguel Ángel. *Cuando todo es violencia*: construir una sociedad de responsabilidad. Buenos Aires, Ediciones B, 2009.

PIOVESAN, Flávia. Terrorismo e direito internacional dos direitos humanos: desafios e perspectivas. In: HERZ, Mônica; AMARAL, Arthur Bernardes do. (org.). *Terrorismo e relações internacionais*: perspectivas e desafios para o século XXI. Rio de Janeiro: PUC-Rio: Edições Loyola, 2010.

PISANO, Isabel. *Yo terrorista*: hablan los protagonistas. Barcelona: Plaza Janés, 2004.

POHLY, Michael; DURÁN, Khalid. *Ussama bin Laden e o terrorismo internacional*. Lisboa: Terramar, 2001.

PORTOCARRERO, Cláudia Barros. *Leis penais especiais comentadas para concursos*. 2. ed. rev. e atual. Niterói: Impetus, 2012.

PRADO, Luiz Regis. *Curso de Direito Penal Brasileiro*: parte especial. 8. ed. São Paulo: Ed. RT, 2010. v. 3.

RAMAYANA, Marcos. *Leis penais especiais comentadas*. Niterói: Impetus, 2007.

REINALDI, Víctor Félix. *El derecho absoluto a no ser torturado*. Córdoba: Lerner Editora, 2007.

RODICIO, Ángela. *Las novias de la Yihad*: ¿por qué una adolescente europea decide irse con el Estado Islámico? Barcelona: Espasa Libros, 2016.

RODRÍGUEZ, Laura Zuñiga. *Criminalidad de empresa y criminalidad organizada*. Lima: Jurista Editores, 2013. (Colección de Ciencias Penales, n. 4).

RODRÍGUEZ, Laura Zuñiga. Modelos de política criminal frente a la criminalidad organizada: la experiencia italiana. *Revista General de Derecho Penal*, n. 23, mayo 2015.

RODRÍGUEZ, Laura Zúñiga. Problemas de interpretación de los tipos de organización criminal y grupo criminal estudio a la luz de la realidad criminológica y de la jurisprudencia. In: ÁLVAREZ, Fernando Pérez; RODRÍGUEZ, Laura Zúñiga (dir.); CORTÉS Lina Mariola Díaz (coord.). *Instrumentos jurídicos y operativos en la lucha contra el tráfico internacional de drogas*. Madrid: Editorial Aranzadi, 2015.

RODRÍGUEZ, Laura Zúñiga. *Revista Criminalidad*, Bogotá, v. 55, n. 1, enero-abr. 2013.

ROSSINI, Augusto. *Informática, telemática e direito penal*. São Paulo: Memória Jurídica Editora, 2004.

ROXIN, Claus. *El dominio de organización como forma independiente de autoría mediata*. Conferencia pronunciada el 23 de marzo de 2006 en la Clausura del Curso de Doctorado Problemas Fundamentales del Derecho penal y la Criminología, de la Universidad Pablo de Olavide, Sevilla, Espanha.

SANTOS, Juarez Cirino dos. *Teoria do crime*. Rio de Janeiro: Forense, 1985.

SAVIANO, Roberto. *Zero Zero Zero*. São Paulo: Companhia das Letras, 2013.

SCHIRRMACHER, Christine. *Entenda o islã*: história, crenças, política, charia e visão sobre o cristianismo. Trad. A. G. Mendes. São Paulo: Vida Nova, 2017.

SILVA FILHO, Acácio Miranda da et al. *Lei Antiterror anotada*. Coordenação Paulo César Busato. Indaiatuba: Editora Foco, 2018.

SILVA SÁNCHEZ, Jésus-Maria. *La expansión del derecho penal*. 2. ed. Madrid: Civitas, 2001.

SOUSA, Marllon. *Crime organizado e infiltração policial*: parâmetros para a validação da prova colhida no combate às organizações criminosas. São Paulo: Atlas, 2015.

SOUZA, Fatima. *PCC*: a facção. Rio de Janeiro: Editora Record, 2007.

SOUZA, Renato; CAVALCANTI, Leonardo. PCC firma parceria comercial com o Hezbollah e amplia poder financeiro. *Correio Braziliense*, 23.07.2017. Disponível em: <http://www.correiobraziliense.com.br/app/noticia/brasil/2017/07/23/internas_polbraeco,611759/pcc-brasileiro-tem-parceria--com-o-hezbollah.shtml>. Acesso em: 15 ago. 2017.

SUTTI, Paulo; RICARDO, Silvia. *As diversas faces do terrorismo*. São Paulo: Editora Harbra, 2009.

TÁVORA, Nestor; ALENCAR, Rosmar Rodrigues. *Curso de Direito Processual Penal*. São Paulo: Juspodivm, 2019.

TERESTCHENKO, Michel. *O bom uso da tortura*: ou como as democracias justificam o injustificável. São Paulo: Edições Loyola, 2011.

TOPHOVEN, Rolf. Prefácio. POHLY, Michael; DURÁN, Khlalid. *Ussama bin Laden e o terrorismo internacional*. Lisboa: Terramar, 2001.

UCHÔA, Romildson Farias et al. *Facções criminosas no Brasil*: fronteiras e crimes violentos. Coordenação Élcio D'Angelo. São Paulo: CL Edijur, 2019.

VALENTE, Manuel Monteiro Guedes. *Direito penal do inimigo e o terrorismo*: o "progresso ao retrocesso". Coimbra: Edições Almedina, 2010.

VAN DIJK, J. *The world of crime*: breaking the silence on problems of security, justice and development across the world. London: Sage, 2008.

VASCONCELLOS, Vinicius Gomes de. *Colaboração premiada no processo penal*. 2. ed. rev. e ampl. São Paulo: Ed. RT, 2018.

VISACRO, Alessandro. *Guerra irregular*: terrorismo, guerrilha e movimentos de resistência ao longo da história. São Paulo: Editora Contexto, 2009.

WASDIN, E. Howard; TEMPLIN, Stephen. *Seal Team Six*: a incrível história de um atirador de elite e da unidade de operações especiais que matou Osama Bin Laden. São Paulo: Seoman, 2012.

WHITTAKER, David J. *Terrorismo*: um retrato. Rio de Janeiro: Biblioteca do Exército Editora, 2005.

ZAFFARONI, Eugenio Raúl; PIERANGELI, José Henrique. *Manual de direito penal brasileiro*: parte geral. 13. ed. São Paulo: Ed. RT, 2019.

ZILLI, Marcos. O terrorismo como causa, o horror como consequência e a liberdade como vítima. In: FERNANDES, Antonio Scarance; ZILLI, Marcos (coord.). *Terrorismo e Justiça Penal*: reflexões sobre a eficiência e o garantismo. Belo Horizonte: Editora Fórum, 2014.

Sites

<http://www.aconteceuemitu.org/p/estatuto-pcc-1533.html>. Acesso em: 21 ago. 2017.

<http://www.midiaeviolencia.com.br/index.php?option=com_content&view=article&id=9%3Asequestro-de-roberto-medina&catid=25&Itemid=140>. Acesso em: 29 jan. 2016.

<https://anistia.org.br/noticias/tortura-uma-crise-global/>. Acesso em: 24 fev. 2016.